武斌 著

中国接受海外文化史

第二卷
大唐盛世与全面开放

SPM 南方出版传媒 广东人民出版社
·广州·

图书在版编目（CIP）数据

中国接受海外文化史 / 武斌著 . —广州：广东人民出版社，2022.1
ISBN 978-7-218-15338-4

Ⅰ . ①中⋯ Ⅱ . ①武⋯ Ⅲ . ①文化交流—文化史—中国 Ⅳ . ① K203

中国版本图书馆 CIP 数据核字（2021）第 215385 号

ZHONGGUO JIESHOU HAIWAI WENHUA SHI

中国接受海外文化史

武 斌 著

版权所有　翻印必究

出 版 人：肖风华

出版统筹：柏　峰
责任编辑：陈其伟　赵　璐
装帧设计：书窗设计
责任技编：吴彦斌　周星奎

出版发行：广东人民出版社
地　　址：广州市海珠区新港西路 204 号 2 号楼（邮政编码：510300）
电　　话：（020）85716809（总编室）
传　　真：（020）85716872
网　　址：http://www.gdpph.com
印　　刷：广州市浩诚印刷有限公司
开　　本：787mm×1092mm　1/16
印　　张：137.5　插　页：28　字　　数：2300 千
版　　次：2022 年 1 月第 1 版
印　　次：2022 年 1 月第 1 次印刷
定　　价：598.00 元（全 4 册）

如发现印装质量问题，影响阅读，请与出版社（020-85716808）联系调换。
售书热线：（020）85716826

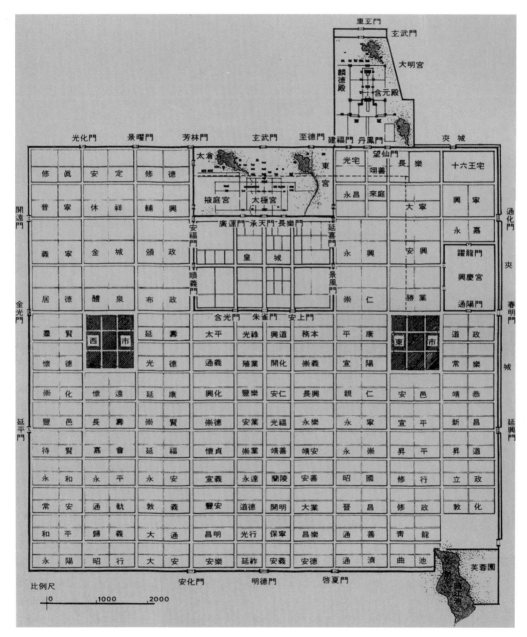

《唐长安城示意图》。此图采自［英］爱德华·伯曼著，纪永滨、齐渭波译：《长安向西，罗马向东：骏马、线路与探索者》，陕西人民出版社2016年版

唐佚名《宫苑图》。故宫博物院藏

日本贞治三年（1346）手绘《五天竺图》。图中红线所绘为玄奘西行所经过的地区。日本法隆寺藏

明宗旭《达摩面壁图》。旅顺市博物馆藏

明吴彬《达摩图》。故宫博物院藏

元赵孟頫《红衣西域僧图卷》。辽宁省博物馆藏

唐佚名《行脚僧图》。法国国家图书馆藏

法显像。此图采自朱亚非主编：《风雨域外行》，山东画报出版社2004年版

高阶隆兼《玄奘三藏像》。日本东京国立博物馆藏

唐墓壁画《宴饮图》。陕西历史博物馆藏

唐李贤墓壁画《客使图》。陕西历史博物馆藏

唐李寿墓壁画《乐舞图》。陕西历史博物馆藏

唐周昉《内人对陆图》（局部）。美国弗利尔美术馆藏

明《马球图》。英国伦敦维多利亚·艾伯特博物馆藏

唐彩绘胡人俑。新疆　　唐黑人百戏俑。新疆　　唐彩绘胡商俑。洛阳
维吾尔自治区博物馆藏　　维吾尔自治区博物馆藏　　博物馆藏

唐白瓷胡人俑
头部。陕西历史博
物馆藏

唐彩绘釉陶卷发俑。　　　唐黑人俑。陕西历史　　　唐彩绘胡女俑。
陕西历史博物馆藏　　　　博物馆藏　　　　　　　　西安博物院藏

唐骑马女泥俑。新疆维
吾尔自治区博物馆藏

打马球的仕女俑。此图
采自［美］伊佩霞著，赵世瑜
等译：《剑桥插图中国史》，
山东画报出版社2001年版

彩绘骑马戴幂篱仕女
俑。新疆维吾尔自治区博
物馆藏

唐胡装女俑。新疆维
吾尔自治区博物馆藏

戴帷帽骑马女俑。陕
西历史博物馆藏

唐三彩胡女俑。
陕西历史博物馆藏

唐韩愈《南海神广利王庙碑》。广州黄埔南海神庙藏

陕西西安唐执失奉节墓出土的壁画《红衣舞女》。中国国家博物馆藏

唐具有安息风格的兽首玛瑙。陕西历史博物馆藏

唐鸳鸯莲瓣纹金碗。陕西历史博物馆藏

唐狮纹银花盘。南京市博物馆藏

唐狩猎纹高足银杯。中国国家博物馆藏

唐鹦鹉纹提梁银罐。陕西历史博物馆藏

5—6世纪错金银
瓶。伊犁哈萨克自治州
博物馆藏

北周时期鎏金胡瓶。固原
博物馆藏

舍利盒。日本东京
国立博物馆藏

唐鎏金舞马衔杯纹银
壶 陕西历史博物馆藏

三彩骆驼，驼鞍皮囊上有祆神图像。
洛阳博物馆藏

虞弘墓椁座浮雕前壁正中处为祆教拜火坛。山西博物院藏

北周安伽墓门门额祭司与火坛图。陕西历史博物馆藏

目录

第八章

盛唐时期的
全面开放

　　盛唐时期是中国社会继汉代之后的又一个黄金时代，是中华文化的辉煌时代。在当时的世界格局中，唐朝是最强盛、最繁荣的帝国，它疆域广大、威名远播。繁盛的唐代文化，不仅给中国人以文化滋养，而且光被四表，广泛传播于周边地区，建立起在地理上以中国本土为中心、文化上以中华文化为轴心的东亚文化秩序和中华文化圈，还远播至中亚西亚地区，促进了那里的文化发展，进而与欧洲和非洲建立起直接的文化联系。盛唐文化不仅是中华文化发展到那个时代的最高成就，而且是世界文化在那个时代的最高成就。

　　但是，盛唐文化，并不是在一个封闭的环境中独自发展起来的。相反，它的繁荣，在很大程度上得益于与世界许多国家的文化交流，广泛地吸收世界各民族先进的文化成果，并且把这些优秀的文化成果吸收、融合到中华文化的体系之中，使之成为中华文化的组成部分。日本学者木宫泰彦指出："唐朝的文化，并不单是汉人的文化，而且夹杂着来自四面八方的外国文化，尤其是夹杂着印度系统和伊朗系统的文化，这是很显著的事实。"①

　　因此我们看到，整个唐代，交通便利，商贸发达，与各个国家聘使往来，人员往来不绝于途。在这样的文化交流的洪流中，世界各地的物产、技术、艺术、宗教乃至思想成就源源不断地传入中国，不断地为中国文化的发展提供新鲜的养料、刺激和推动力，使中国文化在多元文化的交汇中不断地丰富自己、完善自己、发展自己，并且使自己走在世界文化发展的前列，使自己的文化具有了先进性和世界性。

　　所有这一切，来源于大唐盛世的中国人宽广的文化胸怀和世界眼光，而这种宽广的胸怀又来自于充分的文化自信。

一　唐朝的中外交通与交往

1. 盛唐文化与世界文化

唐太宗时，玄奘西游求法归来，著《大唐西域记》，开篇介绍世界大势，

---

① ［日］木宫泰彦著，胡锡年译：《日中文化交流史》，商务印书馆 1980 年版，第 214—215 页。

玄奘认为，世界由人、马、宝、象四主统治，这就是"四天子说"。玄奘的这种"四天子说"显然是从印度带来的，他用这种观念来概括当时世界的格局，体现了当时人们对外部世界的一种认识。"四天子"就是那个时代的中国人所了解的世界文化的基本格局。

唐高宗永徽元年（650），道宣在《释迦方志》中将四主的地域进一步明确化。按照道宣的说法，当时世界上有四大文明国家："象主"印度；"宝主"胡国，现代学者认为是指拜占庭帝国；"马主"突厥帝国；最东边的"人主"中国。

"四天子说"这种认识和理解世界的思维观念应该是受印度佛教思想的影响而产生的。早在东晋时期，从天竺来的僧人迦留陀迦所译的《佛说十二游经》记载："阎浮提（瞻部洲）中有十六大国，八万四千城，有八王国，四天子。东有晋天子，人民炽盛。南有天竺国天子，土地多名象。西有大秦国天子，土地饶金银璧玉。西北有月支天子，土地多好马。"而在此一个多世纪以前，东吴康泰在出使扶南时，也听说过类似的传闻。康泰在扶南听到的传闻，也应该来自印度。不仅如此，这种看法在阿拉伯古文献中也有相似的记载。《中国印度见闻录》记载：

> 印度人和中国人都一致认为，世界上有四个国王。而四个之中，第一个是阿拉伯人国王，他们一致毫无异议地认为阿拉伯人的国王是最伟大的国王，最富有的国王，最豪华的国王，是无与伦比的伟大宗教之主。中国国王仅次于阿拉伯人之主，位于第二。其次是罗马人国王。最后是穿耳孔人国王巴拉哈－拉雅（Ballaha-raya）。[1]

《中国印度见闻录》在这段记载之后还有一段相似的记载，是说巴士拉城的商人伊本·瓦哈卜（Ibn Wahab）曾到中国旅行，受到了中国皇帝的接见。这份文献中记载了瓦哈卜与中国皇帝的谈话。

首先，中国皇帝向这位商人打听阿拉伯的情形，还问到阿拉伯是怎样打败强大的波斯萨珊王朝的。这位商人回答说：那全是托真主的庇佑，另外也因为波斯人崇拜火和日月星辰，亵渎了真主，所以真主才帮助我们消灭了它。皇帝感慨地说：波斯是世界上最有威望、最文明、最强盛的国家，它的人民

---

[1] 穆根来等译：《中国印度见闻录》，中华书局1983年版，第11页。

聪明智慧，而阿拉伯竟然能征服它，真是了不起啊！接着，皇帝又问商人，阿拉伯人对于世界各国君主及其国力强弱是如何评论的。这位商人不知如何回答是好。于是，皇帝就让翻译告诉他说：在世界上的所有君主中，我只重视五个。第一为伊拉克国主，处世界之中心，疆土最为广大，其余的王国都围绕着它，因此为"王中之王"；第二为我国皇帝，是世界上最善于治国的君主，君臣关系和谐，臣民对皇帝的忠诚是任何国家都不能比拟的，因此称为"人类之王"；第三是"狮子王"，就是与我国相邻的突厥国王；第四是"象王"，就是印度王，也称为"智慧之王"；第五是拜占庭王，我们称他为"美男之王"，因为世界上的男子都不如拜占庭的男子英俊。这五王是世界诸王中的佼佼者，其余诸王都无法与之相提并论。皇帝又给商人展示了皇家收藏的有关诺亚方舟以及耶稣、摩西、穆罕默德等圣人的画像。另外，皇帝还将佛像和老子等圣人的画像展示给商人，并告诉他这是印度和中国的"先知"。①

据称这位阿拉伯商人是在唐末黄巢起义之前到达长安的，当时在位的皇帝是唐僖宗。许多学者对《中国印度见闻录》的这段记载提出疑义，认为不可能有中国皇帝承认阿拉伯君主为世界第一，自认为第二。但是，也有可能是作为阿拉伯人的瓦哈卜为了迎合国人的心理，而有意改变了谈话内容。在阿拉伯人的记载中，"四主"被"五主"取代，居于正中的是阿拔斯王朝的哈里发。这种划分，也反映了阿拉伯人的崛起给欧亚大陆的政治格局带来的冲击。

从南海到中亚，从印度到中国，"四天子说"的广泛流传说明，当时的人们对他们生活的世界——欧亚大陆有着某种共同的认识，"四天子说"概括了阿拉伯帝国建立之前欧亚大陆的国际形势和文明格局。② 而在阿拉伯人崛起之后，"四天子"又变成了"五天子"。

这种"四天子"的概括和我们今天对于历史地理的认识基本上是相同的。在当时的欧亚大陆上，除了大陆东端的中国，还有世界性的强大帝国：横跨欧、亚北部的东罗马，即拜占庭帝国；占有整个西亚的波斯，尤其是后来兴起的阿拉伯伍麦叶王朝和阿拔斯王朝，更是据有亚、非、欧的庞大帝国。它

---

① 穆根来等译：《中国印度见闻录》，中华书局1983年版，第103—104页。

② 参见林英：《唐代拂菻丛说》，中华书局2006年版，第6页。

们注重对外陆路交通的开拓，极力加强和中国的政治、经济联系。印度处于南端，具有古老的文化传统，一直将其丰富的文化传播到各地。这几大国家，经济发达，军事强大，文化繁盛，几大帝国之间你来我往，交流频繁，互相激荡又互相促进，共同绘制了那个时代色彩斑斓的世界文化图景。

美国学者杰里·本特利和赫伯特·齐格勒所著的《新全球史》把500年至1000年这一时段称之为"后古典时代"。他们认为，后古典时代是东半球各社会作出重大调整的时期。在这一时期，东半球社会在政治、经济和社会文化等诸方面发生了变化，而这些变化所带来的影响是长期的。他们概括"后古典时代"的基本格局是：

> 在地中海东部地区，罗马帝国的东半部作为拜占庭帝国——这是唯一度过了后古典时代的困境生存下来的帝国——继续存在，但是为了应对外在的压力，拜占庭帝国进行了政治和社会的重组和改革。在西南亚，随着伊斯兰教的兴起，阿拉伯人战胜了萨珊波斯帝国。在中国，在经历了分裂的地区性王国和游牧民族将近4个世纪的统治之后，隋唐两代王朝重建了中央集权的帝国权威。而在印度，中央集权的帝国统治一去不复返：权威被一系列的地方性王国所分享，其间也出现了一些规模较大的地方性王国。在西欧，中央集权的帝国统治只是在加洛林帝国时期即公元8、9世纪时才得到短暂的恢复，然后，经济困境和新一轮的外敌入侵使王权再度衰落……①

杰里·本特利和赫伯特·齐格勒还认为，后古典时代也是文化和宗教形成和发展的一个重要时期。在这个时期，伊斯兰教兴起并迅速在从北非到北印度的广大地区扩张，佛教在中国、日本和朝鲜等地得到广泛传播，基督教在拜占庭帝国分裂后，以君士坦丁堡为中心，形成了东正教，而罗马天主教成为西欧和北欧地区文化统一的基础。与此同时，"除了宗教信仰的扩展之外，后古典时代也见证了文学及正规教育在东半球大部分地区内的传播"②。

---

① ［美］杰里·本特利、赫伯特·齐格勒著，魏凤莲译：《新全球史》上卷，北京大学出版社2007年版，第334页。

② ［美］杰里·本特利、赫伯特·齐格勒著，魏凤莲译：《新全球史》上卷，北京大学出版社2007年版，第335页。

从世界文化的总体格局来看中国，我们就可以大体上了解隋唐时代的中华文化在其中的地位。整个欧亚大陆的各民族文化处在变动和发展之中，但盛唐文化处于遥遥领先的地位，是一座令人心向往之、难以望其项背的文化高峰。

当时，西欧社会正处在基督教会统治下的"黑暗时代"。5 世纪时西罗马帝国灭亡，经过一系列兼并战争，在这个帝国的废墟上，一些封建王国逐渐崛起。其中势力最大的法兰克王国经过墨洛温王朝和加洛林王朝的经营，由查理曼（Charlemagne）于 800 年建立了神圣罗马帝国，基本上统一了原西罗马帝国的疆域，实现了欧洲早期封建社会的统一，奠定了后来的民族国家的基础。但是，欧洲的文艺复兴，则迟至几百年后的 14 世纪才出现。在这个时代里，社会经济和文化受到巨大的破坏和摧残，基督教会人士成了唯一的受教育阶层，古代的思想文化只是以残缺不全的形象保存在基督教的精神活动之中。"中世纪只知道一种意识形态，即宗教和神学。"[①] 中世纪只有一种文化，即基督教文化。社会的全部上层建筑，包括政治、法律、道德、哲学和文学以至整个社会生活，全都浸透着基督教神学的精神，而人类的理智只在这个"黑暗时代"闪烁着微弱之光。拜占庭虽然继承了罗马帝国的广大疆域和文化传统，但很难达到当年罗马帝国那个时代的辉煌。印度出现了一些分裂的各自为政的地方性王国，以佛教为代表的传统文化开始走向衰落。而阿拉伯文化正在兴起之时，朝气蓬勃，诸多文化事项尚不完备。与此相对照，盛唐时期的中华文化正日照中天，灿烂辉煌。英国学者韦尔斯指出：

> 在唐初诸帝时代，中国的温文有礼、文化腾远和威力远被，同西方世界的腐败、混乱和分裂对照得那样地鲜明……中国确实在一个长时期内保持了领先的地位。[②]

韦尔斯还说：在 7 至 9 世纪中，中国是世界上最安定最文明的国家。在这些世纪里，欧洲和西亚的居民，不是住在陋室或有城垣的小城市里，就是住在凶残的盗贼堡垒中，而许许多多中国人，却在治理有序的、优美的、和

---

① 《马克思恩格斯选集》第 4 卷，人民出版社 2012 年版，第 231 页。

② ［英］韦尔斯著，吴文藻等译：《世界史纲——生物和人类的简明史》，人民出版社 1982 年版，第 629 页。

谐的环境中生活。当西方人的心灵为神学所缠扰而处于蒙昧黑暗之中，中国人的思想却是开放的，兼收并蓄而好探求的。费正清也说：

> 7 世纪的中国巍峨雄踞在当时世界其他一切政体的顶峰。早在汉代，中国即可与地中海世界并驾齐驱。而今，它又在证明着一个长达一千年的辉煌时代的开始，它是世界上最强大，最富饶，在许多方面堪称最先进的国家。[①]

唐朝在统一中原的同时，积极向周边地区开疆拓土，加强对边疆地区的经略与控制，扩大帝国版图。唐朝的疆域辽阔广大，极盛时势力东至朝鲜半岛，西北至葱岭以西的中亚，北至蒙古，南至印度支那。"前王不辞之土，悉清衣冠；前史不载之乡，并为州县。"（《唐大诏令·太宗遗诏》）疆域的扩大也即是文化势力的扩大。

在整个欧亚大陆上，唐朝是国力最强盛、文化最发达的大帝国，是当时世界的文化重心。英国学者艾兹赫德指出：

> 公元 400 年到 750 年，中国在世界上的地位转型完成了。
>
> 到这时，中国成为世界的宗主国，具有先进的社会制度，热情友善、充满活力、彬彬有礼、美轮美奂。中国从一个不为人知、孤立、异质的国家，一跃成为世人瞩目的焦点，成为世界的中心，成为令人羡慕的典范。
>
> 由于有事件、结构方面的优势，由于有能力强、寿命长、成功进行了体制革新的历代帝王，因此唐朝在世界上居于绝对的领先地位，即便后来处于落后时，这种领先的优越感还萦绕在中国人的心头。在拜占庭兴盛了又衰败、西欧和印度经历黑暗的中世纪，中东遭受伊斯兰统治的 300 年间，中国是真正的中央大国，是晚古时代幸运的国家。由此而带来的结果是，中国与世界的联系更密切了，交往更多了，中国自身也成了世界的中心。[②]

---

① ［美］费正清、赖肖尔和克雷格著，黎鸣等译：《东亚文明：传统与变革》，天津人民出版社 1992 年版，第 107 页。

② ［英］艾兹赫德著，姜智芹译：《世界历史中的中国》，上海人民出版社 2009 年版，第 61、78 页。

然而，处于世界文化发展前列、处于文化发展高峰的唐朝，并没有故步自封、孤芳自赏，也没有把自己看得比其他文化高大优越，而是以虚怀若谷、海纳百川的态度，积极地实行对外开放，自觉地向其他民族学习先进的文化，自觉地融入世界的潮流之中，在广泛的对外文化交流中丰富自己、充实自己，发展自己。由于社会生产力发展水平的提高，交通工具的改进，各地区、各民族之间的交往不断扩大，文化之间的传播和相互影响也远远超过前代。因此，某一地区的文化发展，这一文化成果的传播，乃至有关文化信息的传闻，都可能对别的地区、别的文化产生意想不到的影响。当时的世界文化格局，虽不及近代以来联成一体，成为一种"世界文化"，但各文化区域之间，也是息息相通，彼此相关的。

日本学者江上波夫指出：

> 8世纪在欧亚大陆或整个世界史上是一个相当重要的变动时期。而且那种变动不是某个地域的与其他地域不相干的变动，而是东自日本，西至欧洲的欧亚大陆的主要文明地带几乎联成一环或者说互相呼应式的发生变动的时期。

> 在8世纪，从欧亚大陆的东端至西端的各地区发生了极大的变动。旧的世界结束了，新的世界在展现。而且，这种变动并非是孤立的，而是相互作用乃至带有连锁反应式的特点发生的……这并不仅仅是就有关国际政治、军事形势和经济事宜而言，在文化交流方面也确实是具有世界性内容的文化以世界规模进行交流的时期。[①]

而在这种具有世界性内容的文化之中，在这种以世界规模进行的文化交流之中，盛唐文化的灿烂辉煌，异彩焕发，不但对后世中国文化产生极大影响，而且也对欧亚大陆许多地方产生了不同程度的影响，并发挥了引导世界文化发展潮流大势的功能。唐代是中华文化向海外传播最广泛的时期之一，是中华文化在世界舞台上威望最高、最令各国倾慕景仰的时期。与此同时，这一时期也是中国主动走向世界，向外部世界寻求知识和精神营养，学习、接受和融合海外文化最广泛、最丰富的时期。

---

① ［日］江上波夫：《8世纪的日本和东亚》，清华大学思想文化研究所编：《世界名人论中国文化》，湖北人民出版社1991年版，第719、729页。

2. 唐代的中外交通

唐代的对外交通已十分发达，陆路和海路并举，东西南三个方向十分畅通。白寿彝说："隋唐宋时的域外交通很发达，尤以唐的中叶为盛。无论从交通路线的远近说，或从交通密度的疏密说，唐均为隋宋所不及，并且也比秦汉时为有进步。"①

贞元时宰相贾耽在《皇华四达记》中详细记载了当时的海外交通，代表了当时人们对海外地理知识的认知水平和海外交通情况的认识。

贾耽，唐朝著名政治家和地理学家，为官47年，担任过鸿胪卿兼左右威远营使，掌管接待外国使节的工作。因为工作需要，贾耽很关注当时的边疆地理和交通，"筮仕之辰，注意地理，究观研考，垂三十年"。他利用各种机会，结合政治、军事研究地理，考察地理。他一方面采掇舆议，进行广泛的调查采访，凡外国使者和从外国出使归来的官员，以及往来的商旅，他都亲自与之交谈，"讯其山川土地之终始"，了解收集"绝域之比邻，异蕃之习俗，梯山献琛之路，乘舶来朝之人，咸究竟其源流，访求其居处。阛阓之行贾，戎貊之遗老，莫不听其言而掇其要；间阎之琐语，风谣之小说，亦收其是而芟其伪"。另一方面，"寻研史牒"，查阅中央和地方保存的旧有图籍，对"九州之夷险，百蛮之土俗，区分指画，备究源流"（以上均见《旧唐书·贾耽传》）。他掌握了许多第一手资料，积累起丰富的地理知识。《卢氏杂说》记载，贾耽"好地理学，四方之使乃是蕃虏来者，而与之坐，问其土地山川之所终始。凡三十年，所闻既备，因撰《海内华夷图》，以问其部人，皆得其实，事无虚词"。在调查研究的基础上，他撰写了较丰富的地理著作，绘制了多卷地图。

贾耽研究并绘制地图的目的很明确，是要像东汉伏波将军马援那样用米堆积立体地理模型供军事行动之用，像西汉萧何那样搜集秦国地图帮助刘邦夺天下。他羡慕前哲，绘制地图，要为唐朝的政治、军事服务。贾耽年轻时正值"安史之乱"，政治不稳定，赋税很重，人民生活困难，国力衰弱，没有足够的力量确保边疆安全，河西陇右（今河西走廊）一带被吐蕃所占。对此，贾耽深为忧虑，为了收复失地，他根据裴秀创立的制图六体的原理以及自己

---

① 白寿彝：《中国交通史》，武汉大学出版社2012年版，第95页。

采访的材料，绘制了《关中、陇右及山南九州等图》。图的范围主要是陇右，兼及关中等毗邻地区。图中绘有交通路线、军事要塞、行政区、关隘、山川等，很有实用价值。

贾耽从兴元元年（784）至贞元十七年（801），经过17年的充分准备，绘成《海内华夷图》，献给朝廷。他在表文中简要记述了绘图的目的、经过、内容及用途。

《海内华夷图》体现了贾耽在地图学上的成就。此图的幅面大，载负量丰富，"广三丈，纵三丈三尺，率以一寸折成百里。别章甫在衽，奠高山大川；缩四极于纤缟，分百郡于作绘。宇宙虽广，舒之不盈庭；舟车所通，览之咸在目"（《古今郡国县道四夷述》）。此图今已佚，但据贾耽写的献图表文及有关记载可得知此图有两个特点：第一，这是我国历史上第一幅大型地图，除绘有国内及毗邻边疆地区的山川、政区形势而外，对域外许多国家和地区的名称、方位、山川等内容，亦有适量的记载。可以说是一幅小范围的亚洲地图，比例尺为"一寸折百里"，相当于1∶1800000。图的面积约10平方丈。图的内容包括唐朝疆域沿革、行政区划、古今郡县、山川名称、方位、交通道路等。这既是一幅历史地图，又是当时的形势图。无论体例、内容都较古图充实，反映了贾耽具有丰富知识和高超的制图水平。第二，在制图技术上首创"墨朱殊文"制图法。此图不仅采用了计里画方的先进方法，而且首创"古郡国题以墨，今州县题以朱，今古殊文"的历史地图绘制方法。即用两种不同的色彩填写地名，古地名用黑色，今地名用红色。贾耽的这种方法影响久远，为后来的历史地图学家所遵循。如李兆洛的《历代地理沿革图》、杨守敬的《历代疆域形势图》。

贾耽还撰写了《古今郡国县道四夷述》40卷，是《海内华夷图》的文字说明，但其图、说各自独立成篇，可以看做是总地志性质的地理著述。"中国以《禹贡》为首，外夷以《班史》发源，郡县纪其增减，蕃落叙其衰盛"，"凡诸疏舛，悉从厘正"。如"前地理书以黔州属酉阳，今则改入巴郡；前西戎志以安国为安息，今则改入康居"。对历代地理沿革，边防及城镇都会的变迁、各地人口增减的考订，大大超过前人，对当时政治地理、物产、经济状况的叙述，也比较完备。《新唐书》对《古今郡国县道四夷述》的体例及部分内容，有简要的记述，称该书"考方域道里最详，从边州入四夷……其山川聚落，封略远近，皆概举其目"。

《贞元十道录》4 卷，为《古今郡国县道四夷述》的缩写本。此书已佚，清王谟编《汉唐地理书钞》中有辑本，敦煌有发现《贞元十道录》写本残页。所谓"十道"，指唐贞观元年依自然形势分全国为关内、河南、河北、河东、山南、陇右、淮南、江南、剑南、岭南十道。书的第一卷叙述州郡变化、道的划分与作用、四方贡赋之名产、疆域盈缩、镇戍险要的设置、河流变迁、边徼概况等。又以节度、观察、防御、经略诸使，附于卷末。其余 3 卷则以十道为准，县距州，州距西部（指长安）的道里数目，四邻地界等。每卷有图，与文字相对应，开卷尽在，披图朗然。在《贞元十道录》中，贾耽还提出了"至若护单府于并马邑以北理榆林关外，宜隶河东乐安，自乾元后河流改故道，宜隶河南。合川七郡，北与陇坻，南与庸、蜀，迥远不相应，宜于武都建都府以恢边备"等十二条订正意见。

贾耽最重要的著作是《皇华四达记》10 卷。按照贾耽的记述，唐"入四夷之路，与关戍走集最要者"，有通道 7 条。贾耽记其所经地方里数，《新唐书·地理志》也有录。第一条道路从东北直接通往朝鲜，第二条道路通过渤海湾由海上通往朝鲜半岛并至日本，第三、四条道路从西北地区通往漠西回鹘等处，第五条通往西域并再向外通至西亚乃至欧洲，第六、七条为海路，分别从安南和广州出发，下南海而至印度洋并通往西方。贾耽在谈交通路线时，也谈到边疆和域外若干城镇的地理位置、自然面貌等地理内容。如"广州通海夷道"，不仅记载了这条交通路线上的航程和航行日数，同时也记载了这条交通线上 30 多个国家或地区的名称、方位、山川、民情风俗等。

唐代前期至安史之乱，由于唐朝在西域的经略，通往西域的交通大开，形成了自汉以来东西陆路交通的极盛高潮。其时中西交往空前频繁，亦如史籍所载："伊吾之右，波斯以东，商旅相继，职贡不绝"（《讨高昌诏》），被称为"丝路的黄金时代"。关于唐代通往西域的"绿洲丝绸之路"和"草原丝绸之路"的情况，本卷第十章将有详细论述。此外，经由漠北的参天可汗道和现在称为"南方丝绸之路"的中印缅道，以及经过吐蕃、尼泊尔通往印度的道路即"吐蕃泥婆罗道"，也全面畅通。

唐代的海上交通也很发达。除了通往日本和新罗的海路以外，通往南海并进而通向印度再西行到波斯湾的海上丝绸之路，早在汉代即已开通，三国南北朝时，有了很大发展。唐代前期"绿洲丝绸之路"在中西交通中占据主导地位，但安史之乱以后，陆路阻塞，中西的交通更依赖海路，这使海上丝绸之路更为繁盛。

3. 唐朝的全面对外开放

自两汉以来，尽管中国经历了一段王朝更替、战乱频仍、南北分治的动荡时期，但有一个总的趋势没有变，就是无论是哪一个王朝，无论是南朝还是北朝，都采取积极开放的对外政策，大力扩展对外的交往、贸易和文化交流，积极地吸纳外来文化。这种文化大开放、大交流的浪潮在隋唐时期达到了高潮。吴小如说："隋唐的统一和开放政策，为中外交流开辟了新的时代。""唐代的对外开放展现出更开阔的气象。"① 美国学者孟德卫（David E. Mungello）指出：

> 公元200年到900年的7个世纪中，中国一直对外邦及其文化敞开大门。那个时代，先是来自中亚的僧侣将佛教传入中国，尔后中国的僧侣不远万里去印度取经。那个时代，中国迎来了鼎盛的大唐王朝，那是一个世界性的、高度发达的、对于非汉族人种——不论是从中亚来的土耳其人还是阿拉伯的穆斯林——广泛认同的文明。汉族人代表的是共享一种文化的民族。②

到了隋唐时期，交通的发达为国家之间的交往和民间的交流提供了更为便利的条件。隋朝建国后，积极发展对外交通，与朝鲜三国、日本、东南亚和西方一些国家有通使往来，贸易关系很密切。隋炀帝在京城长安设立四方馆，以待四方使客，各掌其方国及互市事。《隋书·百官志》记载："炀帝即位，多所改革……鸿胪寺改典客署为典蕃署。初，炀帝置四方馆于建国门外，以待四方使者，后罢之，有事则置，名隶鸿胪寺，量事繁简，临时损益。东方曰东夷使者，南方曰南蛮使者，西方曰西戎使者，北方曰北狄使者，各一人，掌其方国及互市事。每使者署，典护录事、叙职、叙仪、监府、监置、互市监及副、参军各一人。录事主纲纪，叙职掌其贵贱立功合叙者，叙仪掌小大次序，监府掌其贡献财货，监置掌安置其驼马船车，并纠察非违，互市

---

① 吴小如：《中国文化史纲要》，北京大学出版社2001年版，第132—133页。

② ［美］孟德卫著，江文君译：《1500—1800：中西方的伟大际遇》，新星出版社2007年版，第44页。

监及副掌互市，参军事出入交易。"

隋朝还派了许多使臣，四出访求异俗。在大业初年仅见于记载的出使活动就有：羽骑尉朱宽在大业三年（607）出使流求；同年，文林郎裴清出使倭国；大约同时或稍后，屯田主事常骏、虞部主事王君政出使赤土国；大业初年，遣侍御史韦节、司隶从事杜行满出使西域各国；大约同时，又遣云骑尉李昱通使波斯。在同一时期派遣如此多的使臣，出使这样多的地区或国家，这在秦汉时期对外交往史上是绝无仅有的。使臣间的交往不仅增强了隋朝与外界的相互了解和政治、经济往来，开阔了当时人的眼界，而且也大大加强了隋朝与周边地区和各国的政治、经济、文化联系。

在隋朝的基础上，唐朝的对外关系又有了进一步的发展。唐朝是明清以前中国历史上发展对外关系最积极、最活跃并且交往最广泛的时期。英国学者艾兹赫德指出：

> 所有的中国朝代都致力于发展其璀璨的文化，这也是它们存在的根本。唐朝不仅致力于自身的繁荣，也将世界繁荣作为自己的目标。唐朝是中国各个朝代中最具开放眼光的朝代，也是最不恐外、最愿意接受外来影响的朝代。①

美国学者谢弗（Edward H. Schafer）也指出：

> 对外来事物的兴趣最为浓烈的时代，却往往是那些开始或重新开始与异国他邦相互交往的时代。所以一个时代对于外来事物的兴趣是否强烈，尤其与扩大国家势力的征服以及商业扩张活动有着密切的关系。②

唐朝始终保持开放心态，积极推动中外交往和对外贸易。武德五年（622），唐高祖赐书高丽王说："朕恭膺宝命，君临率土，祗顺三灵，绥柔万国，普天之下，情均抚字，日月所照，咸使乂安。……方今六合宁晏，四海清平……方申辑睦，永敦聘好。"（《全唐文》）

---

① ［英］艾兹赫德著，姜智芹译：《世界历史中的中国》，上海人民出版社2009年版，第111页。

② ［美］谢弗著，吴玉贵译：《唐代的外来文明》，中国社会科学出版社1995年版，第50页。

唐高祖的这段话可以看做是唐初发展对外关系的总方针。唐前期的历代皇帝基本遵循"中国既安，四夷自服"这一方针。贞观十八年（644），突厥俟利苾部十余万众归附，请于胜、夏间安置。时朝廷用兵辽东，群臣恐其威胁京师，请加防范。唐太宗说："夷狄亦人耳，其情与中夏不殊，人主患德泽不加，不必猜忌异类。盖德泽洽，则四夷可使如一家；猜忌多，则骨肉不免为雠敌。"他还说："自古皆贵中华，贱夷、狄，朕独爱之如一，故其种落皆依朕如父母。我今为天下主，无问中国及四夷，皆养活之，不安者我必令安，不乐者我必令乐。"（以上均见《资治通鉴》）

此前以华夏别蛮夷，唐太宗不隔华夷，贵贱无别，爱之如一，这种"华夷一家"观念的雏形不仅是对前人的超越，也对后世的华夷观念和对应国策产生了深远影响。

贞观初年，唐朝与近20个国家有外交往来。唐太宗《正日临朝》诗说："百蛮奉遐赆，万国朝未央。"可见其时中外邦交之盛。《新唐书》记载："唐之德大矣，际天所覆，悉臣而属之，薄海内外，无不州县，遂尊天子曰'天可汗'。三王以来，未有以过之。至荒区君长，待唐玺纛乃能国，一为不宾，随辄夷缚。故蛮琛夷宝，踵相逮于廷。"

玄奘从印度归来后，上表称："奘闻乘疾风者，造天池而非远；御龙舟者，涉江波而不难。自陛下握乾符，清四海，德笼九域，仁被八区，淳风扇炎景之南，圣威镇葱山之外。所以戎夷君长，每见云翔之鸟自东来者，犹疑发于上国，敛躬而敬之，况玄奘圆首方足，亲承育化者也，既赖天威，故得往还无难。"（《大慈恩寺三藏法师传》）

到盛唐时期，唐玄宗对外交往的基本态度是"开怀纳戒，张袖延狄"，继续奉行积极对外开放的方针，真诚相待各国使者，确保睦邻友好政策的落实。开元二年（714），玄宗在即位不久便发诏令说："我国家统一寰宇，历年滋多，九夷同文，四陬来暨，夫其袭冠带，奉正朔，禹禹然响风而慕化，列于天朝，编于属国者，茋亦已众矣。我则润之以时雨，照之以春阳，淳德以柔之，中孚以信之。元风既同，群物兹遂，莫不自天壤穷海域，厥角以请吏，执贽以来庭。"（《全唐文》）

开元初，大食帝国遣使来朝，进献马及宝带等方物。在朝见玄宗时，发生了一场值得关注的"礼仪之争"，《旧唐书·大食传》有记载。

事情的经过是这样的：大食使臣来到唐朝，没有跪拜皇帝。这个"跪"与"不跪"的问题也就是"礼仪问题"。唐玄宗的态度并不固执，"大食殊俗，慕义远来，不可置罪"。由此可见，唐朝统治集团对外来使团持比较宽容与友好的心态，尊重海外殊俗，对各国"朝贡"不遵礼仪似乎也不太在乎，不太为难"不懂礼仪"的"贡使"，显示出唐朝开放兼容的大国气派。

由于唐朝的声威远播并且实行积极的对外开放政策，因而与唐朝保持政治、经济和文化联系的国家众多，来唐朝贺、奏事、进贡的使节往来更加频繁。朝鲜、日本、东南亚乃至西亚欧非诸国，频频遣使入唐，以通友好，唐朝也向各国派遣使节。开元、天宝间，与唐朝有官方往来的国家和地区有70余个。诗人李肱《省试霓裳羽衣曲》谓："开元太平时，万国贺丰岁。"王贞白《长安道》说："梯航万国来，争相贡金帛。"张九龄《开大庾岭路记》说："海外诸国，日以通商。"《通典·边防典》中列举了与中国发生联系的189个国家、政权和部族，其中，东夷19个、南蛮55个、西戎75个、北狄40个。据统计，与唐发生联系的国家和地区有300多个，包括周边少数民族政权，周边内附少数民族部众，与唐有藩属关系的国家和独立政权，甚至远在"绝域"的国家。很多内附民族和羁縻地区和唐建立了朝贡关系。不在唐有效管辖区的国家和政权所派出的数量不等的使团，除日本、新罗有遣唐使的称呼外，一般都称作朝贡使。据统计，南亚、中亚与西亚来唐使团共343个，每团少则数人，多者可达数百人。另据统计，新罗使节到唐长安89次，大食使节进入长安39次，拂菻使节有7次，师子国使节有3次，日本遣唐使到长安14次，临邑24次，真腊使节有11次。

唐朝政府还对管理外蕃事务的机构进行严格规定，做到分工明确且职责清晰，如设鸿胪寺作为国家最高机构，全面负责管理对外事务。

此外，一些具体的专项事务，则由六部等相关部门负责。如由户部的金部郎中、员外郎负责"蕃客之赐"；由礼部的主客郎中、员外郎掌握"诸蕃朝聘之事"；由兵部的职方郎中、员外郎分掌天下地图，"其外夷每有番客到京，委鸿胪寺讯其人本国山川、风土，为图以奏焉"（《唐六典·兵部》），负责了解异域他国的地理气候、风土人情；刑部的司门郎中、员外郎"掌门关出入之籍及阑遗之物……蕃客往来，阅其装重，入一关者，余关不讥"（《新唐书·有官志》）。为了方便接待外国人，鸿胪寺还设有专职翻译人员。中书省因为有大量的文书及语译，则设"翻书译语"。

唐朝政府规定，外国使节至唐，先由边境州县核查使团人数、物品等，使团随员多留在入境地等候，边境州县为使臣及副使二人颁发牒文，乘驿传到京师。日本僧人空海随同日本遣唐使团于德宗贞元二十年（804）八月十日到达福州长溪县赤岸镇海口，入京使团于十二月二十一日抵达长安以东的长乐驿。二十三日，宦官赵忠将飞龙家细马二十三匹来迎，兼持酒脯宣慰，由春明门进城，入住宣阳坊官宅。二十四日，国书、贡物附监使刘昂献上，皇帝嘉纳。可见，日本国遣唐使团到达福州之地后，福州地方州府一方面招待使团，一方面上报朝廷请示如何处理。等皇帝敕令到达后，州府乃准敕允许使团中的 23 人入京觐见，其余人等及所乘船舶回航明州以等待入京使团的返回。入京使团到达京师长安附近时，由宦官赵忠负责接待和慰劳，然后进入京城，被安置在官宅中居住。次日国书及贡物由宦官专人进献，德宗皇帝嘉纳。由此可以看出，州府在朝贡使团的入京管理上，一是行事十分谨慎严肃，二是有着明确的人数限制。从宦官赵忠率 23 匹飞龙细马迎接使团一事，可以推定 23 人的使团规模是早由"敕令"规定了的。[1]

接待外国使节的工作主要由鸿胪寺典客署负责。唐朝将有贡使关系的国家分为 5 个等级，不同等级国家的使节有不同的待遇。使节初至，先由典客署"辨其等位"，确定不同的接待礼节。对使节的食物供应有不同的名目，"常食料"之外，还有"设食料"和"设会料"，按使节所在国不同等第配给。陆路使节有"度碛程粮"，海路使节有"入海程粮"，程粮主要依据旅途所需时间的长短来供给。武周证圣元年（695）颁发的诏书称："蕃国使入朝，其粮料各分等第给，南天竺、北天竺、波斯、大食等国使，宜给六个月粮，尸利佛誓、真腊、诃陵等国使，给五个月粮，林邑国使给三个月粮。"（《唐会要》）就是依照了这样的标准。除了饮食之外，对外国使节日常起居所用什物、患病、死亡等也有具体的规定。来唐的使节有许多带有贸易的性质，有些干脆就是由商人组成。如果携带物品为"药物、滋味之属"，由少府监或市令选择"识物人"确定价值高下；如果是驼马等物，则由殿中省及太仆寺验阅，良者入殿中供御用，驽病者入太仆充群牧；如果是鹰、鹘、狗、豹之类

---

① 参见梁容若：《中日文化交流史论》，商务印书馆 1985 年版，第 140 页。

无从估价的物品，则由鸿胪寺决定价值多少，当使节返国时，由朝廷以"赏赐"的形式付给相当于"贡物"价值的物品。

唐代把朝贡与礼仪相结合，构建以唐朝为中心的国际关系，并将其作为国家礼制的一部分。《通典》说："自古至周，天下封建，故盛朝聘之礼，重宾主之仪。"周制，九州岛之外，谓之蕃国，有夷服、镇服、蕃服，代一见，各以其所贵之宝为赞。由《周礼》"六服"和"三服"所构成的"天下封建""诸侯朝聘""四夷朝贡"的理想化的"礼制—外交"体系，为唐代统治集团所取法。唐朝为显示富强，远播声威，怀柔远人，对前来"朝贡"的外国贡使一般给予丰厚的"赏赐"，从而形成一种隐藏着政治外交内涵的以物易物却不等价的朝贡贸易关系。

有唐一代，不仅礼遇来使，允许外国商民在华贸易定居，资助外国留学生学习中华文化，准许外国宗教人士来华求法宣教，而且容纳外国才智之士参加科举，在朝为官。

唐朝还积极派出使臣出访周边各国，并划拨朝廷专项经费给予支持。武周圣历三年（700），武则天诏令"东至高丽国，南至真腊国，西至波斯吐蕃，及坚昆都督府，北至契丹突厥靺鞨，并为入番。以外为绝域。其使应给料各依式"（《唐会要》）。

在唐代，从政府到民间普遍形成了一种对外开放的心态。"万国""四海""华夷""蕃汉""胡汉"等名词使用的频率很高，反映了一种开放的大民族的观念逐渐形成。在这样的观念下，对外开放成为一种全面的开放。这种全面的开放，既包括向外拓展的趋势，积极发展对外关系，也包括民族迁徙与民族融合的动态进展，还包括广泛的对外经济与文化交流的开放；既是唐朝对外的开放，也是民间的广泛的对外交流；既包含着经济贸易的物质文化交流，也包含思想、艺术、宗教等精神方面的交流。总之，唐代对外交通的发达，对外关系的活跃，促进了中外文化交流大规模地开展，呈现出空前的全面文化开放的态势。法国汉学家谢和耐指出：

> 我们可以说，这个时代的中国文明是世界性的。唐都长安是亚洲所有民族的聚会地，其中有突厥人、回纥人、吐蕃人、高丽人、于阗人和龟兹人、粟特人、伽湿弥罗人、波斯人、大食人、印度人、僧伽罗人等。中国7—8世纪的绘画和墓志铭证明，这个时代

的中国人的兴趣，已经转移到了那些肤色一般都深暗而鼻子突出的远方蕃部……异族、远方的文化成分、异国万物（奴婢、动物、植物、食物、香料、药物、织物和珠宝……）不会不对当时中国人的思想感情施加影响，同时又以它们提供的新内容而丰富着唐朝的文明。①

唐代文化以其健全的传播和接受机制，以全面开放的广阔胸襟和兼容世界文明的恢弘气度，如"长鲸吸百川"，广泛吸收外域文化，从其他文化系统中采撷英华，先后融合了中亚游牧文化、波斯文化、阿拉伯文化、印度文化乃至欧洲文化，使当时的都城长安成为中外文化汇聚的中心，使盛唐文化成为一种世界性的文化，或如西方学者说的是"世界大同主义"。对于唐代的全面开放和对外来宗教与文化的大规模吸收与接受，以及中国文化的开放性本质，钱穆说：

> 到唐代，印度思想之流入，虽逐渐枯绝，但中国对其更西方的大食、波斯一带的通商，却大大繁盛起来。那时中国各地，几乎全都有大食、波斯商人的足迹。只广州一埠，在唐代末年，就有大食、波斯商人集麇达十万人之多。那时中国除却佛教外，还有景教、祆教、摩尼教、回教等传入，这些宗教，虽在中国并不能如佛教般影响之大，但中国人对于外族宗教态度之开放，是很可注意的。

> 而且除却宗教信仰以外，其他一切，如衣服、饮食、游戏、礼俗，以及美术、工艺各方面，中国接受西方新花样的，还是不可胜举。因此我们可以说，中国不论在盛时如唐，或衰时如魏晋南北朝，对外族异文化，不论精神方面如宗教信仰，或物质方面如美术工艺等，中国人的心胸是一样开放而热忱的。因此中国文化，虽则是一种孤立而自成的，但他对外来文化，还是不断接触到。中国人虽对自己传统文化，十分自信与爱护，但对外来文化，又同时宽大肯接纳。②

---

① ［法］谢和耐著，耿昇译：《中国社会史》，中国藏学出版社 2006 年版，第 221—222 页。

② 钱穆：《中国文化史导论》，商务印书馆 1994 年版，第 206 页。

海纳百川，有容乃大。大规模的文化输入，使中华文化系统处于一种"坐集千古之智"的佳境，使整个机体保持旺盛的生命力，因而是唐代文化生机勃勃、灿烂辉煌的条件之一。日本学者井上清指出："唐朝的文化是与印度、阿拉伯和以此为媒介甚至和西欧大文化都有交流的世界性文化。"[①] 坦诚而主动地进行文化交流，广泛地吸收外来文化，正是对自己的民族和文化有着强烈的自信心的表现。正如鲁迅所说的那样，汉唐时期的中国人有一种"放开度量，大胆地，无畏地，将新文化尽量地吸收"的气魄。王国维撰作组诗《咏史》，其中写到唐朝对外开放的盛况：

西域纵横尽百城，张陈远略逊甘英。

千秋壮观君知否？黑海东头望大秦。

南海商船来大食，西京祆寺建波斯。

远人尽有如归乐，知是唐家全盛时。

正是在"唐家全盛"之时，在广泛兼容世界文明的同时，盛唐文化也大步地走向世界。与前代相比，唐代文化在海外传播的范围更加广泛，不仅在东亚地区产生了重大影响，建立起以中国为中心的东亚文化秩序，形成了中华文化圈，而且还广泛传播于东南亚地区、中亚和西亚地区，并进而传到欧洲和非洲，在那些地方都产生了不同程度的影响。唐代的全面对外开放，使中华文化全面走向世界，光被四表，辐射远方。正如范文澜所指出的：

繁荣的唐文化，吸收了域外文化而愈益丰富多彩。唐文化传播到东西方各国，起着推动各国文化发展的作用。[②]

4. 长安：国际化的文化大都市

唐代的对外交通和文化交流，是以长安为中心展开的。范文澜指出："唐朝境内的中外文化交流活动，遍及于广州、扬州、洛阳等主要都会，而以长安最为集中，最为繁盛。"之所以出现这种情况，范文澜指出，主要是因为长

---

① ［日］井上清著，天津历史研究所译：《日本历史》上册，天津人民出版社1976年版。

② 范文澜：《中国通史简编》（修订本）第3编第2册，人民出版社1965年版，第801—802页。

安独具以下这些条件：

（1）长安是唐朝的国都，全国的政治中心。各国使者宾客都需要到长安来进行政治活动。出国使者或外来使人，从这里输出唐朝的文化典籍和器物，同时也在这里输入外国文化。

（2）长安是全国的文化中心。

（3）长安是东西方交通的枢纽。

范文澜说："由于这三个独具的优越条件，使唐代长安不能不超过其他都市，成为东西方各国文化交流的集中点。""唐文化摄取外域的新成分，丰富了自己，又以自己的新成就输送给别人，贡献于世界。长安正就是这样一个各民族相互影响，各种文化相互流通的中心点。"①

中国自古就是礼仪之邦，在城市的营建上也有一套严格的建制。都城作为全国的政治和文化中心，其规模建制应使其显示出皇权的至高无上和神圣不可侵犯。所以，都城往往气势雄伟，规模宏大。唐朝是当时世界上最强盛的帝国，唐朝的都城长安则是世界文化交流融汇的中心，是一座国际化的文化大都市。长安城的规划和建设充分体现了中国古代的都城建设规制和最高水平。

长安城始建于隋朝，名"大兴城"。唐朝立国后在隋大兴城的基础上进一步修建完善，改名"长安城"。自隋开皇二年（582）动工兴建始，至唐高宗永徽五年（654）前后外郭城竣工止，大规模的建设达半个世纪之久。长安城的总面积为84平方千米，估计为现今西安市老城区面积的7倍，比明清北京城还大出24平方千米。长安也是同时期世界上最大的城市，建于800年的另一世界名城巴格达的总面积还不及长安的一半。范文澜说："像长安这样精心规划、气象宏伟的大都城，在隋唐以前的中国不曾有，在当时的世界上也不曾有。"② 岑仲勉在《隋唐史》中称赞："全城坊、市，棋布星罗，街衢宽直，制度宏伟，自古帝京，曾未之有，惜后世之不知保存也。"③

隋唐时代的长安城相当繁荣。它不仅是全国的政治中心，而且也是经济

---

① 范文澜：《中国通史简编》（修订本）第3编第2册，人民出版社1965年版，第762—763、775页。

② 范文澜：《中国通史简编》（修订本）第3编第2册，人民出版社1965年版，第764页。

③ 岑仲勉：《隋唐史》，商务印书馆2017年版，第28页。

中心、文化中心和交通枢纽。唐代长安人口最多时达到近200万，百业俱兴，商贾云集。长安城内的商业区，主要集中在东西两市。东西两市各有220行。"行"是同业店铺的总称，每行的店铺的数量很大。唐武宗会昌三年（843）东市失火，一次焚毁曹门以西24行4000余家。据此推算，东市的店铺竟有三四万家之数。长安城里还分布着很多手工业作坊，丝织业、制瓷业等手工业生产都很发达。在交通方面，"唐以长安为上都，各方路线俱自长安辐射"①。长安与各州之间都有通道，四通八达。长安起到了商品流通中心枢纽、内外销商品集散地和覆盖较大区域性市场及辐射全国甚至更大范围具有国际性意义的市场，沟通以及导向商品经济的流通渠道，激活长安城商品经济等作用。《新唐书·地理志》记载，长安向各地辐射的陆路主要有14条，水路交通则可借环绕城周的水系与渠道，沟通包括今华北地区和四川、湖南、福建、广东等在内的广大区域。因此，处于政治中心位置的长安关联、沟通的是具有全国意义和对外贸易的大市场。

唐代长安还是一个世界性的商业都会和文化交流的中心。唐帝国的兴盛发达，都城长安的雄伟壮观，中华文化的灿烂辉煌，都令世人钦慕景仰，吸引着世界各国人士。对外贸易的发展，吸引着南亚、西亚、欧洲的商旅来到长安，使长安成为东西方国际贸易的一个集会点。而唐朝则以全面开放的态势，向世界敞开大门，广迎天下来客。长安的鸿胪寺接待了70个国家的外交使节，他们多率领颇具规模的使团，出现了"万国衣冠拜冕旒"的盛大景象。其中有的外国使节还长住长安，乐不思归。长安的国子学和太学还接纳了许多来自日本、朝鲜、琉球以及西域等地的留学生，他们在这里学习中国文化典籍，其中有些人还参加了唐朝科举考试。此外，还有来自各国的旅行家、艺术家、佛教僧侣、祆教徒、摩尼教徒、景教徒和伊斯兰教徒等等。有人估计，当时住在长安的外国人约占长安人口总数的2%。见诸诗文、笔记、小说者，有商胡、贾胡、胡奴、胡姬、胡稚、蕃客、蕃儿、昆仑奴等。"从亚洲各处来的人——突厥人、印度人、波斯人、叙利亚人、越南人、朝鲜人、日本人、犹太人、阿拉伯人甚至聂斯脱利派基督教徒和拜占庭人——充塞着它的街道，增添了它的国际色彩。""他们在这座世界文化中心全都受到友好接待，

---

① 白寿彝：《中国交通史》，武汉大学出版社2012年版，第85页。

也都留下了他们存在的某些痕迹。"① 向达说："第 7 世纪以降之长安，几乎为一国际的都会，各种人民，各种宗教，无不可于长安得之。"②

除长安以外，洛阳、扬州、广州等地也已经发展成为很大规模的国际化大都市，成为对外贸易和交往的区域性中心。

二　隋唐两朝对海上丝绸之路的经略

1. 隋唐海上丝绸之路的发展

唐代前期中外交通畅达，陆路和海路都很畅通。特别是唐朝对于西域的经略，使得中西之间的交通往来十分频繁。但是到唐代中期以后，西北陆路对外通道基本阻绝，中西交通转以东南海路为主。

从中国经南海到印度洋的海上航路，大概在秦汉之际南越国时期已经贯通。随着航海技术进步，造船技术提高和东西方航海活动的增多，海上宗教传播、文化交流也随之展开，形成了南海交通发展和繁荣的局面。杜佑《通典》卷一八八记载："海南诸国，汉时通焉。大抵在交州南及西南，居大海中洲上，相去或三五千里，远者二三万里。乘舶举帆，道里不可详知……大唐贞观以后，声教远被，自古未通者重译而至，又多于梁隋焉。"

贾耽在《皇华四达记》"广州通海夷道"中，详细记述了从广州经越南、马来半岛、苏门答腊，跨越印度洋至印度、斯里兰卡，直到波斯湾沿岸各国的航线、航程，以及沿途几十个国家和地区的方位、名称、岛礁、山川、民俗等内容。贾耽"广州通海夷道"具体走向为：从广州屯门出发后，沿着传统的南海海路，穿越南海、马六甲海峡，进入印度洋、波斯湾；在乌剌国，如果沿波斯湾西海岸航行，出霍尔木兹海峡后，可以进入阿曼湾、亚丁湾和东非海岸，途经 90 余个国家和地区，航期 89 天，是 8、9 世纪世界最长的远

---

① ［美］罗兹·墨菲著，黄磷译：《亚洲史》，海南出版社、三环出版社 2004 年版，第 195、197 页。

② 向达：《唐代长安与西域文明》，河北教育出版社 2001 年版，第 42 页。

洋航线，也是唐朝最重要的对外贸易海上交通线。

贾耽所记的这条航线，所及地方已不仅仅是东南亚和南亚，而是将东亚、东南亚、南亚、波斯湾与北非、东非都联结起来了。这条航线的航程之长，航区之广，以及所体现出来的航海实力，在当时是许多擅长航海的民族也难以达到的。日本学者桑原骘藏指出，唐与五代间阿拉伯人与波斯人在南亚以东的航行，大都喜欢搭乘中国海船。《中国印度见闻录》的法文译本的译者索瓦杰（J. Sauvaget）也指出："应该承认中国人在开导阿拉伯人远东航行中的贡献。波斯湾的商人乘坐中国人的大船才完成他们头几次越过中国南海的航行。"①

另外，据日本学者高楠顺次郎的考证，唐代中国从广州至海外各地的航线，经常性的定期航行有6条：

（1）广州、南海（即东南亚）、锡兰（斯里兰卡）、阿拉伯、波斯之间（此线经阿拉伯海岸入波斯湾）；

（2）广州、南海、锡兰、美索不达米亚（即伊拉克）之间（此线经阿拉伯之南复经亚丁峡、红海）；

（3）波斯、锡兰、南海、广州之间；

（4）阿拉伯、锡兰、南海、广州之间；

（5）锡兰、阇婆（爪哇）、林邑、广州之间；

（6）广州、南海之间。②

这些航线，虽然距离远近不一，但都航行至东南亚地区，因而可知唐代中国与东南亚的海上交通是十分便利和频繁的，往来商舶络绎不绝。而便利的交通，则为中国与东南亚诸国的官方往来、贸易关系和文化交流提供了基本的条件。所以，唐代中国与东南亚诸国的交往，比之前代有相当大的发展。义净赴印度求法，走的就是海上路线。他撰写的《大唐西域求法高僧传》记载，中外西行求法僧人搭乘海舶，或从广州，或从交趾，或从占婆起航，出海后或经室利佛逝，或经诃陵，或经郎迦戍，或经裸人国而抵东印度耽摩立底；或从羯荼西南行到南印度那伽钵亶那，再转赴师子国；或复从师子国泛

①　穆根来等译：《中国印度见闻录》，中华书局1983年版，法译本《序言》，第25页。

②　参见邓端本：《广州港史（古代部分）》，海洋出版社1986年版，第49页。

舶北上到东印度诸国，或转赴西印度。

伊本·胡尔达兹比赫（Ibn Khordadhbeh）的《道里邦国志》、据苏莱曼（Sulayman）见闻所撰的《中国印度见闻录》、马苏第（Abu-I-Hasan Aliel-Mas'ud）的《黄金草原》，也有若干相关记载，可以互相印证。

伊本·胡尔达兹比赫的《道里邦国志》记载这样一条航路：从伊拉克港口巴士拉出发，经乌尔木兹出波斯湾，往东沿印度海岸经穆拉、塞兰迪布，横渡孟加拉湾抵艾兰凯巴鲁斯，经印度尼西亚群岛、菲律宾群岛、中南半岛上的栓府，到达唐朝南部城市鲁金（今河内），往北到唐朝最大的港口汉府（今广州），继续航行到达汉久（今泉州）、刚突（今江都）。这条航线全程需时87天，与"广州通海夷道"差不多。在波斯湾以东，马六甲海峡以西的印度洋航程上，往东、往西两条相反方向的线路相同。

9世纪中叶到过广州的阿拉伯商人苏莱曼记下他的航海历程，航线走向是：从西拉夫出发，经马斯喀特岬角、巴努—萨发克海岸和阿巴卡文岛至苏哈尔，再往东航行约一个月，抵达故临，进入海尔肯德海，经朗迦婆鲁斯岛航行约一个月，至箇罗，再航行10天，至潮满岛，又10天至奔陀浪山，再10天至占婆，又10天至占不劳山，穿越"中国之门"，进入"涨海"，约一个月到广州。[①] 这条航线约需时间120天，在穿越马六甲海峡之前与贾耽所记不同，不是直穿孟加拉湾，而是沿着该湾海岸航行，穿过海峡后，航线与贾耽所记相同。

据中外史料记述，唐代从广州出发到波斯湾和东非以及欧洲的海上航线，全程约14000千米（广州至巴士拉约10040千米，巴士拉至马斯喀特约1200千米，马斯喀特至桑给巴尔约3542千米）。这不仅是当时世界上最长的远洋航线，也是16世纪以前世界上最长的远洋航线。有学者概括这条航线有3个特点：

一是中国航船第一次取直线航行，即从广州至九州石至象石到占不劳山；军突弄山至海峡；伽蓝洲至师子国都是取直线航行，不再循岸走弧线，从而缩短了航程，一般3个月可到。

二是船舶航行与季风和海流方向保持一致，航行快。当时广州远洋船舶

---

① 穆根来等译：《中国印度见闻录》，中华书局1983年版，第7—9页。

去程一般是趁每年10—12月的最盛东北季风出发，顺着中国沿岸海流南下流出南海，经越南东海岸，航行十分便利。回程则利用每年4—8月的强盛西南季风，从马来半岛南部起，利用爪哇海流流经加里曼丹与苏门答腊海面，继而北上南海之势，径渡暹罗湾。特别到了越南南岸，顺流更加快速，又有暖流沿越南及海南岛东岸直流向台湾海峡，顺流到广州登陆。

三是整个航程以乌剌国为中心，前段是沿着波斯湾东岸航行，即"皆沿海东岸行"，后段"其西岸之西皆大食国"，是阿拉伯半岛及其以西地区。

在这个时期，从中国向西方的陆上丝绸之路和海上丝绸之路会合在尼罗河三角洲。地中海上常年吹拂着温润的海风，海路沟通了沿海的城市和港口。和海岸线平行的陆路更是非洲北部的大动脉，被当时的人们称为"大道"和"正路"。它东起苏伊士地峡，穿过锡尔提卡长达500千米的荒凉地带，沿着的黎波里海岸向西，一直伸展到大西洋。一路上经过巴尔卡、的黎波里、凯鲁万、塞蒂夫、提阿雷特，直达非斯。这条驿道从埃及到非斯，沿途共计146站。地中海南岸的驿路又通过沿海港口，同南欧、西欧各国连接在一起。例如，在地中海最西边的丹吉尔，从海上越过直布罗陀可以通伊比利亚半岛。756年，倭马亚王朝后裔在那里建立了独立的王朝，该王朝很快繁荣富强起来，成为吸收东方文化的一个重要的通道。另一条海上航路从突尼斯和贝贾亚通向西西里岛，9世纪穆斯林开始了征服西西里的军事行动，此后西西里一直是向意大利传播东方文明的重要跳板。

7世纪以降，阿拉伯、印度、中国及东南亚各国以印度洋—南海为中心，展开波澜壮阔的海上交通与对外贸易活动，东西方进入一个全新的海洋贸易时代。有学者提出，早在13世纪以前，在18世纪以欧洲为中心的"全球经济体系"出现之前，由于长期的贸易往来以及文化、技术与人员交流，环印度洋世界已经形成"第一个全球性经济体系"，这个经济体系对当时以及往后很长一段时期世界政治经济格局演变都产生了深刻影响。而"广州通海夷道"是沟通这个体系的重要纽带和桥梁。它一头联结海外世界，一头通向中国内地，循着四通八达的水陆交通网络，可以前往长安、洛阳和其他通都大邑。

2. 常骏出使赤土国

隋朝建立后，致力于发展海上交通，在与东南亚诸国的交通往来中，除接待一些国家的友好使节外，还派遣使臣出使南洋。隋炀帝继位之初，便派大将军刘方平复交州，并授他为日南郡骥州的行军总管，以"经略林邑"。林邑建国，当在东汉末年。林邑建国后，不断向北扩张，侵扰交州之地，当其被中国王朝击败后，便开始向中国纳贡称臣。从晋代起，便有了林邑与中国王朝交往的记载。《晋书·林邑传》说：林邑"自孙权以来，不朝中国。至武帝太康中，始来贡献"。整个晋代，有关林邑遣使入华的记载不绝于书。南北朝时期，林邑于421年遣使刘宋朝。但不久，即从424年开始不断侵略日南、九德诸郡。刘宋朝于431年、446年大举反攻，先后围困和攻破其都城区粟城。其后林邑王向刘宋朝称臣朝贡，受刘宋朝的封号。南齐时，林邑又不断地攻掠日南、九德、九真三郡，至491年，才又表示臣服。自此至陈亡，林邑与南朝一直保持着友好与藩属的关系。

隋文帝平陈后，林邑国便成为隋朝南邻。隋仁寿四年（604），刘方"亲帅大将军张愻等以舟师日出比景"，沿印支半岛东岸南下，航达林邑海口。大业元年（605），刘方率军到灵江口，与林邑王范梵志交战，隋军得利，其后深入至阇黎江，刘方击溃敌军，渡江后又再攻破林邑象阵。此后刘方行军甚为顺利，最终攻进林邑国都，范梵志奔逃。隋朝便在林邑国境设置比景郡（初称荡州）、海阴郡（初称农州）、林邑郡（初称冲州）。不久隋军撤退，林邑王范梵志返回故地复国，遣使到隋朝谢罪，其后朝贡不绝。

隋朝也派遣使臣出使南洋。如常骏出使赤土国，便是人们时常提起的中国与东南亚交通上的一个著名事件。这个赤土国，据考其地约在马来半岛南部[①]，"其地多赤，因以为号"。大业三年（607），屯田主事常骏、虞部主事王君政等人从"南海郡乘舟"，出使赤土国。《隋书·南蛮传》记载常骏等人的行程："其年十月，骏等自南海郡乘舟，昼夜二旬，每值便风，至焦石山而过，东南泊陵迦钵拔多洲。西与林邑相对，上有神祠焉。又南行，至师子石。自是岛屿连接。又行二三日，西望见狼牙须国之山。于是南达鸡笼岛，至于赤土之界。"

常骏一行到达赤土国界时，国王利富多塞遣使以船舶30艘迎接隋使。隋朝使节赍物五千段赠与赤土王。在他们返航回国时，赤土国王又遣王子那邪迦"随骏贡方物，并献金芙蓉冠、龙脑香，以铸金为多罗叶，隐起成文以为

---

① 也有人主张，赤土国之故地在今苏门答腊。

表，金函封之，令婆罗门以香花奏蠡鼓而送之"。大业六年（610）常骏经交
趾返回，"既入海，见绿鱼群飞水上。浮海十余日，至林邑东南，并山而行。
其海水阔千余步，色黄气腥，舟行一日不绝。云是大鱼粪也。循海北岸，达
于交趾"。春，常骏与那邪迦等谒见炀帝复命，"帝大悦，赐骏等物二百段，
俱授秉义尉，那邪迦等官赏各有差"。

常骏根据他们的行程撰写了《赤土国记》2 卷，《隋书·南蛮传》赤土国
部分摘录了其中部分内容，丰富了当时和后世关于南海历史、交通的知识。
其中记载："赤土国，扶南之别种也，在南海中，水行百余日而达所都，土色
多赤，因以为号。东波罗刺国，西婆罗娑国，南诃罗旦国，北拒大海，地方
数千里……不知有国近远。"

常骏出使赤土国是中国古代见诸记载的一次重要的航海与外交活动，其
行程比三国吴时朱应、康泰更远，为增进中国与南海诸国的了解作出了贡献。
此后，赤土国多次遣使朝贡，南海诸国与隋建立正式外交关系，从而打破了
中国与海南诸国长期隔绝的状态。李延寿《北史·南蛮传》对此有详细记载。

隋与赤土的友好交往，为隋朝发展海外交通创造了必要的条件。其他一
些南洋国家也遣使入隋朝贡，如《隋书·南蛮传》记载："真腊……大业十二
年遣使贡献，帝礼之甚厚。""婆利……大业十二年遣使朝贡，后遂绝。于时
南荒有丹丹、盘盘二国，亦来贡方物。"真腊在当时"去日南郡舟行六十日"，
位于今柬埔寨及越南南端一带；婆利即今印度尼西亚的巴厘岛（或有人认为
在今加里曼丹岛）；丹丹可能在马来半岛中部；盘盘可能在马来半岛北部。它
们曾派遣使臣入华，与隋朝通好。《通典·边防四》记载，婆利"自古未通中
国，（梁）武帝天监中来贡，隋大业中，又遣使贡献"。《隋书·南蛮传》记
载："于时南荒有丹丹、盘盘二国，亦来贡方物。"《通典·边防四》记载，
扶南，"隋时其国王姓古龙……隋代遣使贡献"。

常骏等人出使赤土国，以及各国使臣入隋，扩大了隋朝对南海诸国的认
识，增加了对于南海诸国以及南海交通的知识。据王应麟《玉海·地理·异
域图书》"唐西域记"记载，唐高宗时，唐州刺史达奚弘通泛海西行，横渡印
度洋，便是从赤土出海。他途经 36 国，抵达虔那。一般认为虔那在今阿拉伯
半岛南部。达奚弘通西行，应该说是建立在隋时扩大了对南海诸国认识的基
础之上的。

经过数年的经营和努力，隋朝扩大了对南海、西域诸国的认识，扩大了中西交通的规模，发展了中西之间的经济贸易往来和文化交流，也是唐朝与东南亚地区经济文化交流的全面繁荣之先导。

3. 唐朝对海上丝绸之路的经略

由于海上丝绸之路的畅通，在隋朝发展南海交通的基础上，唐朝与南海诸国的交往有了更大的发展。

唐代史籍中对南海诸国的记载以《新唐书·南蛮传》为详，《新唐书》有传的南海诸国有林邑、罗刹、婆罗、殊奈、盘盘、哥罗、拘蒌蜜、扶南、白头、真腊、参半、道明、诃陵、堕和罗、昙陵、陀洹、堕婆登、投和、瞻博、千支、哥罗舍分、修罗分、甘毕、多摩苌、室利佛逝、名蔑、单单、罗越、骠国30国，提到的国家或地区有奔浪陀、大浦、西屠夷、赤土、丹丹、甘棠、僧高、武令、迦乍、鸠密、狼牙修、不述、车渠、迦罗舍弗、迷黎车、婆岸、千支弗、舍跋若、磨腊、婆凤、多隆、萨卢、都诃庐、君那庐、真陀桓、但游、波剌、多罗磨、哥谷罗、堕罗钵底30个国家或地区。在以上众多国家或地区中，林邑、真腊、骠国、诃陵、室利佛逝诸国与唐朝交往较多。

在唐朝，林邑国不断派使者至长安，双方邦交处于友好状态。《资治通鉴》记载："武德六年二月……林邑王梵志遣使入贡。初，隋人破林邑，分其地为三郡。及中原丧乱，林邑复国，至是始入贡。"此后双方往来不绝，前后来唐聘问达26次之多。林邑输往唐朝交换的物品主要有镠锁、五色带、朝霞布、鲜白氎、火珠、象牙、琥珀、真珠、沉香及杂宝等，其他还有驯象、白象、通天犀、五色鹦鹉、白鹦鹉等唐朝境内较为少见或难得一见的珍稀禽兽。唐贞观四年（630），林邑王范头黎所献火珠"大如鸡卵，圆白皎洁，光照数尺，状如水精，正午向日，以艾承之，即火燃"。"林邑献火珠，有司以其表辞不顺，请讨之，上曰：'好战者亡，隋炀帝，颉利可汗，皆耳目所亲见也。小国胜之不武，况未可必乎！语言之间，何足介意！'"太宗令李百药为林邑五色鹦鹉作赋，称"能言之擅美，冠同类以称奇"，对林邑鹦鹉备极称许。

本书前文论及中国与扶南的交通和文化联系，以及在印度文化东传中的作用。此扶南国的地理位置，大体上在今柬埔寨南部地区。大约在6世纪中期，一个名叫真腊的属国起来反叛，扶南帝国遂告灭亡。《隋书》记载："真腊国在林邑西南，本扶南之属国也……其王姓刹利氏，名质多斯那。自其祖渐已强盛，至质多斯那，遂兼扶南而有之。"真腊位于扶南的北面，占有从上丁以北的湄公河下游和中游，其原来的中心位于蒙河口正南的巴沙地区。所以它包括了现在柬埔寨北部和老挝的南部。而在它兼并扶南以后，其势力范围又延伸到柬埔寨南部地区。隋代，真腊与中国建立官方联系。《隋书·真腊传》记载，大业十二年（616）二月己未，"真腊国遣使贡方物"。

8世纪初，真腊国分裂为两个部分，称为"陆真腊"和"水真腊"，或称"上真腊"和"下真腊"。有学者认为陆真腊相当于今日的老挝，水真腊相当于今日柬埔寨。在中国史籍中又称"上真腊"为文单国，据考证，文单国位于今老挝万象。[①] 从武德年间开始，真腊向唐朝遣使11次，携来犀牛、驯象等物。《新唐书·真腊传》记载："真腊，一曰吉蔑，本扶南属国，去京师二万七百里。""其王刹利伊金那，贞观初，并扶南有其地。""有战象五千，良者饲以肉。""自武德至圣历，凡四来朝。神龙后，分为二半。北多山阜，号陆真腊半，南际海，饶陂泽，号水真腊半。水真腊地八百里，王居婆罗提拔城；陆真腊或曰文单，曰婆镂，地七百里，王号岠屈。"陆真腊在8世纪多次遣使来唐。《册府元龟》记载："景龙四年六月丙子，文单国、真腊国朝贡使还蕃，并降玺书及帛五百匹，赐国王。""天宝十二载九月辛亥，文单国王子率其属二十六人来朝，并授其属果毅都尉，赐紫金鱼袋，随何履光于云南征讨，事讫听还蕃。"大历年间文单国副王婆弥与妻来朝，献驯象11头，唐代宗以婆弥为试殿中监，赐名宾汉。《册府元龟》记载："大历六年十一月，诏曰：文单国副王婆弥慕我中朝之化，方通南极之风，义在抚柔，礼当加等，可开府仪同三司、试殿中监。"诸国所献驯象，大多都是用于宫廷庆典表演。德宗继位之后，下诏天下不得贡珍禽异兽。"德宗以大历十四年五月即位，以文单国累献驯象，凡四十有二，皆豢于禁中，有善舞者以备元会庭实。至是，悉令放于荆山之阳。"

除了与唐朝中央保持政治、经济往来，真腊国与唐朝边疆地区也存在经常性的贸易关系，今存唐代判文中，有佚名作者写的"对真腊国人市马判"，表明了真腊与唐朝南方边疆间马匹贸易的存在。

7世纪时，在苏门答腊岛上先后兴起了摩罗游（又作末罗瑜）、都郎巴

---

① 参见黄盛璋：《文单国——老挝历史地理新探》，《历史研究》1962年第5期。

望、室利佛逝等王国，在爪哇岛上兴起了诃陵王国。诃陵、摩罗游、室利佛逝都与唐朝有密切、友好的交往关系。

诃陵国的位置，中外学者一般认为在今中爪哇，地处唐朝与印度及西亚海上交通要冲之地，是来自南印度羯陵伽的印度人建立的国家。自 7 世纪中叶至 8 世纪中叶，9 次遣使来唐。据《旧唐书》记载，诃陵国"贞观十四年，遣使来朝。大历三年四年，皆遣使朝贡。元和十年，遣使献僧祇僮五人、鹦鹉、频伽鸟，并异种名宝。以其使李诃内为果毅……十三年，遣使进僧祇女二人、鹦鹉、玳瑁及生犀等"。另据《新唐书》记载，诃陵国"讫大和，再朝贡。咸通中，遣使献女乐"。就一般情况而言，所谓女乐，应该包括了乐曲、器乐及演奏者、舞蹈者等。据这些记载可以得知，诃陵国与唐朝的关系十分密切，特别是 8 至 9 世纪，遣使入唐数次，往来很是频繁。

诃陵还是唐朝僧人由海路前往天竺途中的落脚点，在唐朝海上对印度的交往中起了中转站的作用。唐高宗麟德年间，成都僧人会宁泛海前往天竺取经，经过诃陵时，遇诃陵高僧若那跋陀罗（智贤），共译《涅槃经》，译毕寄达交州。仪凤元年（676），交州都督遣使与会宁弟子运期一起携经入京。由于此经与内地流传的大乘佛教系统的《涅槃经》颇有不同，引起了当时佛教界的注意。仪凤三年（678），大慈恩寺沙门灵会于东宫启请施行。若那跋陀罗本人虽然未履中土，但是他翻译的经典却在唐朝流传，而且他的事迹被列入中国史籍。

除了会宁和尚外，《大唐西域求法高僧传》所载的 7 世纪后半叶前往天竺取经的僧人中，还有并州常慜禅师、益州明远法师、荆州道琳法师、襄州襄阳僧人法朗等，他们均在诃陵国停留。

摩罗游国的位置在今苏门答腊占碑一带，与南部的都郎巴望同是 7 世纪时在南苏门答腊兴起的两个小王国。《册府元龟》卷九七〇记载："贞观十八年十二月，摩罗游国遣使献方物。"但是，此后不久，摩罗游和都郎巴望都被室利佛逝兼并了。

室利佛逝是 7 世纪后半期在印度尼西亚西端兴起的一个新的海上帝国。它先后征服了苏门答腊的摩罗游，占据了邦加和马来半岛的克拉地峡。它控制着马六甲海峡和克拉地峡交通要道，成为东南亚的海上强国和中西交通必经之地。澳大利亚学者霍尔指出：

室利佛逝就是这样以一个扩张中的强国出现的，它的触须一方面伸向马六甲海峡，另方面又伸向巽他海峡。巴邻旁和这两条海峡的距离差不多相等，它控制着印度与中国之间的一切贸易必经的这两条水道，就占有了极好的位置来维持它对印度尼西亚的商业霸权。阿拉伯人航海事业的发展，加上印度与中国之间贸易的扩张，使这两条海峡获得新的重要性，而巴邻旁又是东北季风时节来自中国的船只通常停泊的港口。看来它当时拥有繁盛的商业和强大的商船队，和印、中两国都维持着定期的交通。①

唐朝与室利佛逝的交往和贸易关系也很频繁。《新唐书·南蛮列传》记载："室利佛逝，一曰尸利佛誓……咸亨至开元间，数遣使者朝……又献侏儒、僧祇女各二及歌舞，官使者为折冲，以其王者为左威卫大将军，赐紫袍、金钿带。后遣子入献，诏宴于曲江，宰相命，册封宾义王，授右金吾卫大将军，还之。"另据《唐会要》卷一〇〇"占碑国"条记载，大中六年（852），占碑国佛邪葛等6人来朝，兼献象，咸通十二年（871），复遣使来贡。同书"归降官位"条还记载："天祐元年六月，授福建道佛齐国入朝进奉使都番长蒲诃粟（栗）宁远将军。"上述"占碑国"即前面提到的摩罗游国，此时早已为室利佛逝兼并，因而此占碑国即指室利佛逝，"佛齐国"即"三佛齐"，是10世纪初开始对室利佛逝用的新名称，此后一直沿用到14世纪末。《诸蕃志》"三佛齐国"条记载："其国自唐天祐始通中国。"《宋史·三佛齐传》记载："唐天祐元年贡物，授其使都番长蒲诃粟宁远将军。"

与诃陵一样，室利佛逝在唐代南海交通中的地理位置也十分重要，前面提到唐代佛教僧侣西行印度求法，有一些人走海路，其中大部分途经诃陵或室利佛逝。有些僧侣在那里逗留很长时间，甚至终老不归。例如唐代义净自671年出国西行，至695年回国，在国外游历和生活了24年，其间3次旅居室利佛逝，前后共达10年之久。义净所撰《南海寄归内法传》和《大唐西域求法高僧传》，有对室利佛逝的记载，至今仍是了解当年这个海上帝国的珍贵文献。义净称："佛逝廓下，僧众千余，学问为怀，并多行钵，所有寻读，乃

① ［澳大利亚］霍尔著，中山大学东南亚历史研究所译：《东南亚史》上册，商务印书馆1982年版，第69—70页。

与中国不殊。沙门轨仪，悉皆无别。若其唐僧欲向西方为听读者，停斯一二载，习其法式，方进中天，亦是佳也。"（《根本说一切有部百一羯磨》）将室利佛逝作为唐朝取经僧人在进入天竺之前预习天竺"法式"的首选之地。

三　唐代对外贸易的繁荣

1. 隋唐的对外贸易

隋统一中国后，把对外贸易作为重要国策，驻使西域，遣使南洋，招徕互市，在海外贸易方面有一些新举措，积极发展与海外诸国的贸易往来，在对外贸易上有了进一步的发展。为了更多地吸引外商，促进国际贸易，加强与周边各国的友好关系，大业六年（610），隋朝在洛阳东市举行盛会，邀请诸酋长、各国使者和胡商参加，集娱乐、贸易为一体。当时，"帝令都下大戏，征四方奇技异艺，陈于端门街。衣锦绮、珥金翠者，以十数万。又勒百官及民士女列坐棚阁而纵观焉。皆被服鲜丽，终月乃罢。又令三市店肆皆设帷帐，盛列酒食。遣掌蕃率蛮夷与民贸易。所至之处，悉令邀延就坐，醉饱而散。蛮夷嗟叹，谓中国为神仙"（《隋书·裴矩传》）。《资治通鉴》卷一八一"炀帝大业六年"条亦有相关记载。

据此记载，隋炀帝因为各蕃国首领都聚集在洛阳，于正月十五在端门街举办各种戏曲演出。戏场四周长五千步，场内手执各种乐器的就有18000人，乐曲声传到数十里之外。灯火辉煌，照耀天地，通宵达旦，整整一个月才结束。从此以后年年如此。隋炀帝批准各蕃国首领到丰都市场做买卖，事先下令整修装饰店铺，屋檐造型一致，店内挂满帷帐，堆积各种珍贵货物，来往的人也必须穿上华丽的服装，就连卖菜的也要用龙须席铺地。只要有外族的客人路过酒店饭馆，便令店主把他们请入店内就座，让他们吃个酒足饭饱再走，不收钱，令外族客人惊叹不已。这长达一个月的贸易盛会具有国际性质，显示了隋时中外经贸交流的盛况。

到了唐代，随着农业和手工业的发展，内外交通的发达，商业更加繁荣，唐代的海外贸易发展到前所未有的新高度。当时唐朝以长安为中心，设置驿路，贯通于全国各地，进一步刺激了对外贸易的发展。唐朝通往西域的陆路交通畅达，每年有大批波斯、阿拉伯等国商人、使节沿着丝路来中国贸易。各国商人带着从西方贩运来的香料、药材、珠宝等以换回中国的丝织品和瓷器。安史之乱以后，陆上丝绸之路交通受阻，海上交通与贸易的发展显得更为重要。沿着海上航线，中国和亚非各国的商船，往返不绝。阿拉伯商人苏莱曼到过印度和中国，《中国印度见闻录》描述了中国商船到北非的海路航线。当时，中国商船往往先把货物运到波斯湾口的西拉甫，然后换小船经红海运往埃及。在阿拉伯著名文学作品《天方夜谭》中，航海经商是重要题材之一，其中有不少故事就讲到与中国的贸易。

和其他朝代一样，唐代往来的各国使节也都兼有官方贸易的性质。外国使节的"贡品"，唐朝廷的"赏赐"，除了外交礼仪上的需要之外，在大多数情况下，有很多外商是以朝贡使团的名义从事商业活动的，其实质是一种易物贸易。通过这种官方贸易形式，许多国外物产传入中国，大批中国物产也广泛传播于海外诸国。在朝贡使的礼仪接待和贡物的回赠酬答方面，唐朝对海外诸国也实行着与周边诸蕃国相同的制度和规定。《新唐书·西域传》"赞语"条称唐对朝贡使"有报赠、册吊、程粮、传驿之费，东至高丽，南至真腊，西至波斯、吐蕃、坚昆，北至突厥、契丹、靺鞨，谓之'八蕃'，其外谓之'绝域'，视地远近而给费"。就对朝贡物品的酬答而言，唐朝也有着一套较为细致的制度。唐太宗贞观时期，"四夷大小君长争遣使入献见，道路不绝，每元正朝贺，常数百千人"。参天可汗道"置邮驿总六十六所，以通北荒""俾通贡马，以貂皮充赋税"。唐朝对朝贡使团有很多优待政策和措施，如根据路程远近给付资粮，安排住宿，馈赠物品，允许入市交易，邀请参加皇帝举办的"宴集"。

唐代民间的对外贸易也很发达，从陆海两途有大批外国商旅入华从事贩运经营活动，也有中国商队和海舶远走异国。这种不以沟通政治关系为目的、专为经商谋利的海外贸易称为市舶贸易。唐文宗下诏要求沿海各地地方长官鼓励海外商船来中国贸易。《全唐文》卷一五记载："南海蕃舶，本以慕化而来……其岭南、福建及扬州蕃客，宜委节度使常加存问。除舶脚收市进奉外，任其来往流通，自为交易。"

胡商的活跃，陆路与海路贸易的共同发展，是唐朝对外贸易的重要特色。城市工商业群体中，有相当数量的外商。外商中，既有万里求宝鬻珠的行商，也有开店设铺的坐贾，既有在民间游走的私商，也有以朝贡名义开展变相经贸活动的官商。这些外商在中国的活动范围很大，水陆交通发达的大中城市都有他们的足迹，也可以说，凡是外商经常出入或聚集人数较多的城市，必是商业或转输贸易兴盛的城市。

据不完全统计，有唐一代，来中国贸易的国家和地区，主要有：若耽浮罗国（新罗）、流求国、毛人夷亶之州国（今日本）、林邑国、扶南国、真腊国、干陀利国（今苏门答腊巨港一带）、丹丹国（马来半岛南部）、盘盘国（马来半岛彭亨）、赤土国（马来半岛南部）、骠国、室利佛逝国、诃陵国（爪哇）、婆利国（印度尼西亚的巴厘岛）、堕和罗国（泰国湄南河下游地区）、堕婆登国（苏门答腊岛东岸外的巴塔姆岛）、罽宾国、门毒国（越南归仁一带）、古笪国（越南芽庄一带）、罗越国（马来半岛柔佛）、葛葛僧祇国（苏门答腊岛东北岸外的伯劳威斯群岛）、箇罗国（马来半岛吉打）、哥谷罗国（马来半岛西部）、婆罗国（苏门答腊岛西北角大亚）、师子国、南天竺国、没来国（印度南部奎隆）、拔风日国（印度巴洛奇）、提风日国（巴基斯坦附近的提勃儿）、提罗卢和国（波斯湾西部阿巴丹附近）、乌剌国（巴士拉东的奥布兰）、末罗国（伊拉克的巴士拉）、三兰国（坦桑尼亚达累斯萨拉姆）、殁国（也门的席赫尔）、萨伊瞿和竭国（阿拉伯半岛东南岸）、殁巽国（阿曼东北部哈德角西岸的苏哈尔）、拔离哥磨难国（波斯东北部的巴林）、大食国、大秦等等。其中又以大食、波斯、印度、南洋诸国的商人居多。

唐代的外来商品，部分来自外国的"贡献"，多数来自外商的贩运。传统的进口商品如象牙、犀角、珠玑、香料等仍占相当比重，此外多为各国珍异特产。外商运进中国行销的商品种类主要是珠宝、玉石、香料、稀有珍奇动物、药材、马匹以及土特产品，运出的主要是中国的丝绸。唐中期以后，瓷器逐渐成为对外出口的大宗，海运的发展也为运输瓷器这类质重易损的商品提供了便利条件。

据史书记载，贞观时环王国献驯象、鏐锁、五色带、朝霞布、火珠，后又献五色鹦鹉、白鹦鹉。唐元和时诃陵献鹦鹉、频伽鸟、玳瑁、生犀及异种名宝。贞观间堕和罗国献象牙、火珠。贞观中堕婆登国献古贝、象牙、白檀。贞观时天竺献火珠、郁金、菩提树。天宝间波斯献玛瑙床、火毛绣舞筵、长毛绣舞筵、无孔真珠。可见，当时输入中国的外国物产，多是奇珍异宝、奇珍异兽。天宝二年（743），鉴真和尚第二次东渡日本时，购得岭南军舟一艘，备办粮食、佛像、佛典、香料、药品等一大批，计有："备办海粮：（落）脂红绿米一百石，甜豉三十石，牛苏一百八十斤，面五十石，干胡饼二车，干蒸饼一车，干薄饼一万，番（捻）头一半车；漆合子盘卅具，兼将（画）五顶像一铺，宝像一铺，金（漆）泥像一躯，六扇佛菩萨障子一具，金字《华严经》一部，金字《大品经》一部，金字《大集经》一部，金字《大涅槃经》一部，杂经、章疏等都一百部；月令（障）子一具，行天（障）子一具，道场幡一百廿口，珠幡十四条，玉环手幡八口；螺钿经函五十口，铜瓶廿口；花毡廿四领，袈裟一千领，（裙）衫一千对，坐具一千床；大铜（盂）四口，（竹叶盂）卅口，大铜盘廿面，中铜盘廿面，小铜盘四十四面，一尺铜叠八十面，少铜叠三百面；白藤簟十六领，五（色）藤簟六领；麝香廿（剂），沉香、甲香、甘松香、龙脑、香胆、唐香、安息香、栈香、零陵香、青木香、薰陆香都有六百余斤；又有毕钵、诃梨勒、胡椒、阿魏、石蜜、蔗糖等五百余斤，蜂蜜十斛，甘蔗八十束；青钱十千贯，正炉钱十千贯，紫边钱五（千）贯；罗补头二千枚，麻靴卅量，麐冒卅个。"（《唐大和上东征传》）这份采购清单上所列的物品，有一部分是国产的，还有许多是当时进口的外国商品。

2. 广州："利兼水陆，瑰宝山积"

中国古代早期，商业都市差不多全在内地，如长安、洛阳、邯郸、阳翟、定陶、临淄、寿春、合肥、成都、郢等，因为这时贸易的路线以河流为主，所以上述的都市多沿内地的河流分布，而所经营的多半为国内贸易。及唐宋时，中国海运的发达，促进了登州、扬州、明州、泉州和广州等一批以对外贸易为特点的沿海港口城市的繁荣。在这些沿海的商业都市中，广州是发展最早的城市。

秦汉以降，广州就是南方商业、手工业发达的大都会。据日本学者藤田丰八的意见，广州在秦代已经是犀角、象齿、翡翠、珠玑的集散市场。他在《宋代之市舶司与市舶条例》指出：

> 中国之海上贸易，单就记录上观察，则可远溯至古代。如《淮南子·人间训篇》所云，秦始皇之所以有南越之经略，是为得"越之犀角、象齿、翡翠、珠玑"之利，故发卒五十万为五军，以一军驻"番禺之都"。秦始皇之经略南越，其目的固然不像《淮南子》所说的那样细小，然南越之都会番禺，即广州，当时已为犀角、象齿、翡翠、珠玑集散之中心市场似无疑义。[1]

---

[1] 引自全汉昇：《宋代广州的国内外贸易》，《中国经济史研究》第 2 册，中华书局 2011 年版。

到了汉代，广州也是珠玑、犀、玳瑁等商品的集散地。《史记·货殖列传》说："番禺，亦一都会也，珠玑、犀、玳瑁、果、布之凑。"《汉书·地理志》也说："粤地……处近海，多犀、象、玳瑁、珠玑、银、铜、果、布之凑。中国往商贾者，多取富焉。番禺，其一都会也。"

六朝时期，阿拉伯人、波斯人、印度人、中国人频繁经营着从波斯湾、印度洋到南中国海的远洋贸易，南海—印度洋海上交通空前畅达，广州就成为南海贸易的主要港口。据夏德等的研究，在 3 世纪的时候，从事海上贸易的阿拉伯人已经在广州设有居留地："阿拉伯人……在沿着印度河口以南的海岸的重要港口都设立堆栈，而以三世纪在广州开辟的居留地为终极点。"①

据《晋书·吴隐之传》记载，当时有好些珍异的奢侈品由海外输入，如"广州包带山海，珍异所出。一箧之宝，可资数世"。到了南朝，广州的海外贸易更为发达。《南史·萧劢传》说："广州边海，旧饶外国舶至。多为刺史所侵，每年舶至不过三数。及劢至，纤毫不犯，岁十余至。"《梁书·王僧孺传》说："寻出为南海太守，郡常有高凉生口及海舶每岁数至，外国贾人以通货易。"

隋唐时期，由于海上交通的发达，广州的对外贸易有进一步的发展。隋代开通大运河，炀帝巡幸，"每泛舟而往江都焉。其交、广、荆、益、扬、越等州，运漕商旅，往来不绝"。李吉甫亦谓炀帝开通济渠，"自扬、益、湘南至交、广、闽中等州，公家运漕，私行商旅，舳舻相继"。到唐代，广州不仅是当时中国最大的港口，也是世界上著名的港口之一。日本学者中村久四郎说：广东在中国对外贸易通商史上占有极其重要的地位，"研究中国的交通史，就应认真注意广东的历史"②。向达指出：

> 广州之成为中西交通要地，当在汉末以后；中国之政治中心既形分裂，孙权建国江南，从事经营海上，乃有康泰、朱应宣化海南诸国之举。自是以后，广州遂为中西海上交通之重镇，六朝时广州刺史但经城门一过，便得三千万，其富庶可想矣。唐代广州犹为中西海上交通之唯一要地。泉州、明州、澉浦兴于唐末以及北宋，华亭、太仓之兴则又为元明以后之事。

---

① 马伯煌主编：《中国经济政策思想史》，云南人民出版社 1993 年版，第 712 页。
② ［日］中村久四郎：《唐代的广东》，《岭南文史》1983 年第 1、2 期。

唐代商胡大率麇聚于广州……是以黄巢攻陷广州，犹太教、火祆教以及伊斯兰教、景教等异国教徒死者至十二万人。①

随着中外交往从西北陆路转向东南海路，"地当要会，俗号殷繁"的广州贸易蓬勃兴起。广州是唐代最早设市舶司的地方，有"天子之南库"之称。上文引贾耽叙南海道路，起点即为广州港。阿拉伯地理著作如《道里邦国志》《中国印度见闻录》等也以广州为南海诸国航海东方的终点，并称广州港为"中国最大的港口"。唐人形容广州"涨海奥区，番禺巨屏，雄藩夷之宝货，冠吴越之繁华"，说广州"地际南海，每岁有昆仑乘舶，以珍物与中国交市"。天宝十年（751），张九皋为南海太守兼岭南五府节度经略等使，招徕蕃商，公平交易，中外贸易亦甚可观。萧昕《张公（九皋）神道碑》说："五府之人，一都之会；地包山洞，境阔海壖；异域殊乡，往来辐辏；金贝惟错，齿革实繁；虽言语不通，而赘币交致。公禁其豪夺，招彼贸迁；远人如归，饮其信矣。"

唐人于邵《送刘协律序》说："南海，有国之重镇，北方之东西，中土之士庶，舟宗连毂击，会合于其间者，日千百焉。"杜甫在《送重表侄王砅评事使南海》一诗中咏道："番禺亲贤领，筹运神功操。大夫出卢宋，宝贝休脂膏。洞主降接武，海胡舶千艘。"其中抵达广州的外国商船来自各个地区的许多国家，"舶交海中，不知其数"，呈现出"大舶参天，万舶争先"的壮丽图景。唐人李肇记载了广州港的盛况，称广州每年都有"南海舶"，即外国商船停泊。在"南海舶"中，师子国舶最大，这些船高达数丈，人们上下往来需要搭设梯子，船上堆满了宝货。每当"南海舶"到来时"则本道奏报，郡邑为之喧阗"。商船上都饲养了信鸽，万一在海上遇难，信鸽可以在千里之外归来报信。据记载，唐大历五年（770），进入广州港的商船竟达4000余艘，每日平均有11艘之多。据张星烺估算，开元时期，广州一年之中，来往流动的客商达80多万人次。这个估算数字与实际人数可能有出入，但在一定程度上总算是唐代广州对外贸易繁荣的一种标志。

广州市场充斥着各种各样的商品，货流庞大。时人有诗："戍头龙脑铺，关口象牙堆。""尝闻岛夷俗，犀象满城邑。"天宝二年（743）三月，玄宗幸长安望春楼，陕郡太守、江淮租庸等使韦坚集船数百艘于广运潭，接受检阅。其船

---

① 向达：《唐代长安与西域文明》，河北教育出版社2001年版，第35—36页。

"扁榜郡名，各陈郡中珍货于船背"。南海郡船即玳瑁、真珠、象牙、沉香，始安郡船即蕉葛、蚺蛇胆、翡翠，展示开元盛世濒海地区特殊的经济景观。

天宝九年（750），鉴真和尚第五次东渡日本到达广州时，对广州港帆樯林立，商货繁盛的情形，留下了深刻的印象。他看到"江中有婆罗门、波斯、昆仑等舶，不知其数，并载香药、珍宝，积载如山。其舶深六七丈，师子国、大石国、骨唐国、白蛮、赤蛮等往来居住，种类极多"（《唐大和上东征传》）。鉴真此次出海，遭风吹至海南岛，寄宿在当地酋首冯若芳家中，据称冯若芳每年劫掠往来于广州与南海的"波斯舶"二三艘，并因此致富。香材或香料，是唐朝与南海诸国贸易的一宗重要商品，冯若芳会客常用贵重的乳头香为灯烛，一次烧100余斤。而在他的住宅后面，贵重的苏方木露积如山。冯若芳由波斯舶上劫取的大量香料和香材，说明当时通过广州沿海进行的贸易量是相当惊人的。

广州与国内各通都大邑有密切的联系。唐代广州至内地交通已很便利，特别是开元四年（716）张九龄整治大庾岭道，大大方便了往来的交通，使各国前来贸易的商人通行无阻。向达指出：

> 唐代由广州向中原，大都取道梅岭以入今江西，而集于洪州……至洪州后……或则东趣仙霞，过岭循钱塘江而东以转入今日之江苏……到江苏后则集于扬州，由此转入运河以赴洛阳。是以扬州之胡商亦复不少……由洛阳然后再转长安。故唐代之广州、洪州、扬州、洛阳、长安，乃外国商胡集中之地也。①

中国商人从江淮、两京以及其他北方市场运来各地商品，投放广州，购回洋货，销往内地；外国商人则运来海外珍异，包括象牙、犀角、珠宝和香料等多种多样的土特产，购回中国商货，销往外国；也有中国商人从广州采购商品，直接运销海外市场。张九龄《开凿大庾岭路序》谓：广州商货"上足于备府库之用，下足于赡江淮之求"。沈亚之《杭州场壁记》称杭州"走闽、禺、瓯、越之宾货"。元稹《和乐天送客游岭南十二韵》诗云："俗重语儿巾，舶主腰藏宝。""语儿巾"下注："南方去京华绝远，冠冕不至，唯海路稍通，吴中商肆多榜云：'此有语儿巾。'"广州商货对于北方市场同样重要，尤其左右其药材和珠宝供应。

---

① 向达：《唐代长安与西域文明》，河北教育出版社2001年版，第36页。

广州凭靠海洋贸易的支持，与国内外市场建立起密切的商业联系，成为全国的贸易中心，连接国内外市场，"雄藩夷之宝货，冠吴越之繁华"。其城市功能超出区域体系，成为全国性中心城市。唐代以前，广州城区保持较多传统的市场形态，如坊市结构，市由官设，限制交易时间，规定交易地点，坐商有专门市籍等。唐代广州经过宋璟、杨於陵、杜佑等人的整治，城区规模扩大，旧有坊市结构开始被打破，主要街道成为营业自由、邸铺行肆林立的商业服务业经营场所。在蕃坊等繁华街区，"任蕃商列肆而市"，不仅日中为市，而且出现夜市。整个广州一时市舶麇集，列肆林立，珍货山积，商贾云集，可谓盛况空前。张籍《送郑权尚书出镇南海》诗说："蛮声喧夜市，海色浸朝台。"刘禹锡也赋诗以"大艑浮通川，高楼次旗亭。行止皆有乐，关梁似无征"，来歌颂广州的兴盛繁荣。

广州"利兼水陆，瑰宝山积"，是唐朝宫廷内外渴求的外来珍奇货物的最重要的来源之一。萧倣任节度使时，广州"夷估辐辏，至于长安宝货药肆，咸丰衍于南方之物"。为了防止外来奢侈品落入当地官员的私囊，唐朝廷特别重视广州地方官的甄选。长庆三年（823），工部尚书郑权赴广州任岭南节度使，韩愈在送别的文章中说，广州的地位十分重要，"蛮胡贾人，舶交海中，若岭南帅得其人，则一边尽治，不相寇盗贼杀，无风鱼之灾、水旱疠毒之患。外国之货日至，珠香象犀玳瑁奇物，溢于中国，不可胜用，故选帅常重于他镇"。指出广州进口的珍稀物品对朝廷的重要性和广州地方官的关键性作用，同时指出郑权贵而能贫、为仁不富，是担当此任的佳选。但是深具讽刺意味的是，郑权在任虽然不满一年，但还是以贪婪赃污、搜刮"赀珍"，在史册上留下了秽名。其实，由于对外贸易活动的浸濡，贪渎已成为当时广州地方官特具的风气，不独郑权如此。由于广州有"蛮舶之利"，珍货辐辏，地方官"作法兴利以致富，凡为南海者，靡不捆载而还"。时人甚至将广州的"货舶之风"与"贪泉之水"对举。

由于对外贸易的长足发展，广州城内聚集了大批从外国前来唐朝经商的侨民。广州的外国人不仅有固定的聚居地，也有自己推举的首领。

在南方沿海还有大大小小的港口以及具有天然掩护屏障的港湾多处，它们为海上丝绸之路的产生和发展提供了天然的良好资源。特别在以帆船航行的时代，为航海提供避风防涛、供给淡水食粮、装卸货品等极大的便利和安全。同时，这些港口、港湾又内联广东陆地的千百条河流，保证了海上丝绸之路与内地都市的联系。

3. 唐代其他外贸港口城市的繁荣

交州也是唐代的重要贸易港口。交州即安南都护府。《隋书·地理志》称："南海、交趾，各一都会也，并所处近海，多犀象、玳瑁、珠玑，奇异珍玮，故商贾至者，多取富焉。"《旧唐书·地理志》记载："隋平陈，置交州，炀帝改为交趾刺史，治龙编，交州都护制诸蛮。其海南诸国，大抵在交州南及西南，居大海中州上，相去或三五百里，三五千里，远者二三万里。乘舶举帆，道里不可详知。自汉武已来朝贡，必由交趾之道。"它在唐代海外交通贸易中的地位日显重要而直追广州。

福建沿海也是唐代开展海外贸易的重要地区。唐人沈亚之在记述饶州医者郭常的行迹时，提到福建对外贸易的情况，称"饶江其南导自闽，颇通商外夷，波斯、安息之货，国人有转估于饶者"（《全唐文》）。由此可知海外舶来品经福建而入内地的大致情形。会昌诗人薛能《送福建李大夫》诗中也有"秋来海有幽都雁，船到城添外国人"的描写，表明福建沿海在唐代的确是海外商贾的停泊之地。泉州处于福建沿海晋江下游，福州位于闽江入海处，两地都处于江、海交汇之地，地理位置非常重要。《全唐诗》收录了《送泉州李使君之任》诗，诗云："云山百越路，市井十洲人，执玉来朝远，还珠入贡频。"说明泉州八方辐辏，海外贸易非常繁荣。

唐代浙江沿海对外贸易港口主要有台州、温州和明州等，明州东临大海，西依四明，地势平坦，航道通畅，自古就属于我国古代造船与航海的发轫地之一。在日本遣唐使时代，明州是东海航线的重要港口之一，即使是停止派遣唐使之后，仍是往来于唐朝与日本的商船停泊的重要港口。

扬州是江苏沿海对外贸易最重要的港口城市，也是唐时全国最繁荣的商业城市之一。隋代初年，就已在扬州设总管府，辖制东南一方，唐朝先后在此地设立扬州大都督府和淮南节度使。扬州位于长江下游，距离长江入海处很近，而且是南北大运河的枢纽，是长江流域物资的总汇之地，是盐、铁、茶、丝、绵、药材、瓷器、珠宝等货物的转运中心。"扬州是唐朝庞大的水路运输网络的中枢，由唐朝和外国商船运来的各种货物都要在扬州换船，装入北上的运河船。所以这里也是亚洲各地商贾的聚集之所。"① "维扬右都，东南奥壤，包淮海之形胜，当吴越之要冲，阛阓星繁，舟车露委。"唐人评述国

---

① ［美］谢弗著，吴玉贵译：《唐代的外来文明》，中国社会科学出版社1995年版，第31页。

内繁盛的商业都会，"皆称扬、益"。宋人洪迈言："唐世盐铁转运使在扬州，尽斡利权，判官多至数十人，商贾如织。故谚称'扬一益二'，谓天下之盛，扬为一而益次之也。"繁荣的商业，是扬州最突出的特点之一，史称扬州"俗好商贾，不事农桑"，"多富商大贾、珠翠珍怪之产"。张祜的诗句"十里长街市井连"，杜牧的诗句"春风十里扬州路"，都是描述扬州中最繁华的一条主要街道。杜甫还有"商胡"自四川聚会钱别、顺长江下扬州的诗句："商胡离别下扬州，忆上西陵故驿楼。为问淮南米贵贱，老夫乘兴欲东流。"（《解闷十二首》）王建也有诗说道："夜市千灯照碧云，高楼红袖客纷纷。"（《夜看扬州市》）赞扬扬州的繁华景象。

"在唐朝境内游历的外国人，或者是在唐朝定居的外国人，都愿意集中在像广州、扬州那样的，充满生气的南方商业城市里。"[①] 作为海外贸易的重要地区，唐代有大批商胡在扬州兴贩谋利，进行各种各样的贸易。开元初年，李勉沿汴河南下扬州，遇波斯商胡搭乘船只，途中因病而死。李勉到达扬州之后，有"群胡左右依随"，其中有已故商胡之子。这里提到的"波斯胡"与"群胡"，是长期居住在扬州经商的外国人。据称，肃宗乾元年间，朝廷国用不给，监察御史康云间担任江淮度支，"率江淮商旅百姓五分之一，以补时用"，有波斯胡人因交易珠宝，在扬州输税款一万贯。经营珠宝业的胡商，许多在扬州开设邸店，唐代传奇中，不时可见扬州"波斯店""胡店"的记载。《太平广记》中就有不少胡商在扬州的记载。如：元和初，某盐船的守船者获得宝珠，"至扬州胡店卖之"。再如引《广异记》记载：句容县佐史因食鹿吐出一物，"状如麻鞋底"，当地"医人术士"无人能识，于是派人到扬州出售。有胡人认出是"销鱼精"，并出高价买下来。引《神仙感遇传》记载：韦弇"开元中，举进士下第。游蜀（遇到神仙，得到碧瑶杯、红蕤枕、紫玉函三件宝物），东游广陵，胡商诣弇……以数十万金易而求之"。引《通幽记》记载："天水赵旭，少孤介好学……家于广陵（遭遇神仙，得到宝物）。旭奴盗琉璃珠鬻于市，适值胡人，捧而礼之，酬价百万。"《宣室志》记载：唐建中初，有乐安任顼者，好读书……（后得到一珠）。顼后到广陵市。有胡人见之曰："此真骊龙之宝也，而世人莫可得。"以数千万为价而市之。文宗开成四年（839），日本僧人圆仁在扬州，适值扬州大都督府长史李德裕主持

---

① ［美］谢弗著，吴玉贵译：《唐代的外来文明》，中国社会科学出版社 1995 年版，第 33 页。

为扬州开元寺修瑞像阁捐款，有波斯侨民捐钱1000贯，婆国侨民捐钱200贯，可知这些商胡与当地社会的关系是很密切的。

唐代山东半岛海上对外贸易港主要集中在登州。登州出海口包括龙口、芝罘、成山、镆铘等重要海港，不仅是连接唐朝与朝鲜半岛、日本的重要出海口，而且是通往渤海和唐朝南方沿海各地的良港。登州有大批新罗侨民长期居住，从事与对外贸易有关的活动。更可注意的是，山东半岛还是唐朝与南海香材交易的重要地区，据顾况称"商胡舶舟运苏方，岁发扶南、林邑，至齐国立尽"。这里说的"齐国"，是时人对山东半岛的别称。

4. 唐朝的外贸管理制度

由于对外贸易的大发展，对外贸易的管理显得十分重要。唐朝对市舶贸易的管理在管理体制和管理内容上逐步进行了变革。最早反映唐朝管理市舶贸易的史料见于《唐会要》。《唐会要·少府监》记载："（高宗）显庆六年二月十六日敕：'南中有诸国舶，宜令所司，每年四月以前，预支应须市物，委本道长史，舶到十日内，依数交付价值。市了，任百姓交易。其官市物，送少府监简择进内。'"高宗的敕文对市舶贸易的管理进行了规范。

关于市舶贸易的管理，上引敕文所说有两个要点：一是外商以船舶载货物到达广州后，要与唐朝官方进行交易，然后才能与国内百姓进行交易，即官方具有优先购买权。二是官方购物由岭南节度使府的长史负责，即由岭南节度使的属僚负责，尚无专门的市舶贸易管理机构及管理官员的设置。不过，长史作为正五品上的职事官，为岭南节度使府的高级幕僚，这足以反映出唐朝对市舶贸易管理的重视。

后来唐朝设立市舶使，加强了对海外贸易的管理。市舶使是唐朝派驻广州、专管海路邦交贸易的使职，在唐代对外关系史上占有重要地位。《诸蕃志》记载："至唐，市舶有使招徕，懋迁之道自是益广。"关于市舶使这个官职，史志中并没有专门记载，李肇《唐国史补》称，唐广州南海舶"有蕃长为主领，市舶使藉其名物，纳舶脚，禁珍异，蕃商有以欺诈入牢狱者"。可知市舶使的主要职责为登记外国商船运载的货物，收纳关税，查禁唐朝不许进口的货物。市舶使的设置表明了朝廷已直接插手海外贸易的管理，与隋代以前海外贸易概由地方政府管理大有不同，这是唐代海外贸易管理上的一大发展。

《旧唐书·玄宗本纪》记载，开元二年（714）十二月，"时右威卫中郎将周庆立为安南市舶使，与波斯僧广造奇巧，将以进内。监选使、殿中侍御使柳泽上书谏，上嘉纳之"。《新唐书·柳泽传》说："开元中，转殿中侍御使，监岭南选。时市舶使、右威卫中郎将周庆立造奇器以进，泽上书曰……书奏，玄宗称善。"当时的市舶使周庆立的职事本官为右威卫中郎将，官阶四品，是唐朝禁卫军的高级将领。他是以禁卫军高级将领的身份出任广州市舶使。根据唐代惯例，周庆立可能是由朝廷直接任命出使的。这表明，开元二年时，市舶使已握有对市舶贸易的管理权，也反映出唐朝对市舶贸易管理愈益重视。

李翱在为岭南节度使徐申撰写的"行状"中称，徐申治理广州有方，"蕃国岁来互市，奇珠玳瑁，异香文犀，皆浮海舶以来。常贡是供，不敢有加，舶人安焉，商贾以饶"，"常贡"云云，表明广州外来物品是唐朝宫廷需求的一个经常性的来源，设立市舶使，就是为了保证这个来源的通畅。

此后不久，又出现了许多以宦官充任市舶使的情况。从玄宗开元十年（722）至唐中晚期，一直有宦官市舶使的存在，多数由朝廷差遣、少数由岭南监军使就地充任。宦官市舶使对市舶贸易并不拥有独立完全的管理权，岭南节度使也参与市舶贸易的管理，也有着对市舶贸易的管理权，形成了宦官市舶使与岭南节度使共同掌理市舶贸易的管理体制，共同负责官市，以"琛赆纳贡"，确保向朝廷"进奉"。除了市舶使由皇帝委派，直接向朝廷负责外，一般而言，市舶使与岭南节度使在对外贸易职责方面的主要区别还在于，市舶使负有监察的使命。卢钧任岭南节度使时，"为政廉洁，请监军领市舶使，己一不干预"。大中四年（851），宦官李敬实任广州市舶使，正式职衔是"广州都监兼市舶使"，"韦正贯神道碑"更是径称市舶使为"监舶使"。除了与节度使共同管理市舶事务之外，监察权是市舶使区别于节度使的一项重要职责。

从唐代佚名作者撰写的《进岭南馆王市舶使院图表》可知，市舶使创设初期分工不甚明确，机构也不完善，甚至没有固定的衙署和完整的档案材料，"伏以承前虽有命使之名，而无责成之实，但拱手监临，大略而已。素无簿书，不恒其所"。自王市舶使莅任之后，大有改观，"自臣亲承圣旨，革铲前弊，御府珍贡，归臣有司，则郡国之外，职臣所理，敢回天造，出臣匪躬，近得海阳旧馆，前临广江，大槛飞轩，高明式叙，崇其栋宇，辨其名物，陆海珍藏，徇公忘私"（《进领南馆王市舶使院图表》）。市舶使衙署和簿书文档的设立，对于市舶司机构的发展和完善，具有非常重要的意义。

关于市舶司的职责，方豪概括有如下诸项：

（1）检查入港海舶之货物及征税，名为抽解。

（2）收买、出售、保管及运输专卖品及其他船货。

（3）发给出国贸易之公券。

（4）发给买货之公凭引目。

（5）邀约外国及外舶来华与迎送外商。

（6）为往来商舶祈风。①

　　管理蕃舶的外贸事务，如登记检验货物，收纳关税，不仅是市舶使的职责，也是岭南地方官员的职责所在。地方节帅也有检视商货的权利，韩愈记述孔戣任岭南节度使期间的行迹称："蕃舶之至泊步，有下碇之税。始至有阅货之燕，犀珠磊落，贿及仆隶，公皆罢之。绝海之商，有死于吾地者，官藏其货，满三月无妻子之请者，尽没有之。公曰：海道以年计往复，何月之拘。苟有验者，悉推与之。"（《唐正议大夫尚书左丞孔公墓志铭》）所谓"阅货之燕"，就是检验商舶货物的宴会，"下碇税"即相当于所谓的"舶脚"，除了验货、收税外，岭南节度使还负责发还无主货物。高宗显庆六年（661）发布的诏令甚至明确规定，朝廷有关职能部门应在每年四月以前准备好与"南中诸国舶"交易的市物，委托本道长史在外国船舶抵达 10 日之内，与舶商交易。官方交易完毕，任由百姓交易。然后由地方将"官市物"送交少府监，由少府监简择奉进内廷。地方官员实际上参与了市舶交易的整个过程，与市舶使的职责在很大程度上是重合的。

　　外国船舶来唐朝贸易有蕃长主领，唐朝则以市舶使负责管理，对蕃舶征收所谓的"舶脚"之税，并禁限珍异之物的交易。到文宗朝时期，唐朝对市舶贸易规定了纳舶脚、收市和进奉三项具体管理，制度上的规范更加明确。

　　唐代差遣市舶使并形成制度，在中国古代海外贸易史上是一大创造，为后世提供了一套可资继承或借鉴的市舶机构和管理制度。唐朝以盐铁使体制为模式，在海外贸易管理上建立起了垂直垄断经营的新机制，使得市舶管理在制度层面实现转型。市舶之利转移到朝廷，一方面为朝廷开拓了财源，增加了内库收入，另一方面实际上分割了原来流落在地方的经济利益，这对增强中央对岭南的控制、平衡中央与地方关系也产生深远而微妙的影响。宋代把这一体制进一步完善，并从广州推广到明州、杭州、泉州等港口，从而对促进中外经贸往来和文化交流起了重要作用。

---

　　①　方豪：《中西交通史》上卷，上海人民出版社 2008 年版，第 178—179 页。

四 隋唐对外部世界的认识水平进一步提高

隋唐时期，对外交往进一步扩大，人员往来更加频繁，这扩大了人们对外部世界的了解。唐朝也很注意研究国外情况，通过多种渠道加强对域外地理人文的调查，如派出使者，亲身经历考察，向来朝使者和商人了解，在军事征战过程中勘察，阅读诸蕃国进献地图等。在调查的基础上或成图或成文，出现了不少记载域外历史、地理、交通和文化风俗等方面的著作，这些著作代表了当时人们对外部世界的认识水平。

这些著作，存书或有记载的有：佚名《大隋翻经婆罗门法师外国传》5卷；裴矩《西域图志》3卷；程士章《西域道里记》2卷；彦琮《大隋西国传》10卷；韦机《西征记》1卷；许敬宗《西域图志》60卷；贾耽《皇华四达记》2卷；戴斗《诸蕃记》1卷；达奚通《海南诸蕃行记》1卷；高少逸《四夷朝贡录》10卷；杜环《经行记》1卷；王玄策《中天竺国行记》10卷；玄奘《大唐西域记》12卷；义净《南海寄归内法传》4卷；慧超《往五天竺国传》3卷；裴矩《高丽风俗》1卷；佚名《奉使高丽记》1卷；顾愔《新罗国记》1卷；佚名《真腊国事》1卷；常骏《赤土国记》2卷；道宣《释迦方志·遗迹篇》；常愍《历游天竺记》；悟空《入天竺记》；章僚《海外使程广记》。

这些著作有的是僧人的外国行记，所记均为亲身经历和实地考察，如玄奘、义净、慧超、悟空等人的作品；有的是奉使外国行记，记载唐五代官员出使西域、南海等的经过，如王玄策《中天竺国行记》、达奚通《海南诸蕃行记》、章僚《海外使程广记》；还有唐人奉使边疆四裔诸国的旅行记，如韦机《西征记》、顾愔《新罗国记》、戴斗《诸蕃记》等。这些著作显示了隋唐时期中国人对于域外世界，有了比前代更多的认识和了解，其中有一些著作，对于今天我们了解当时的中外关系也有很高的历史价值，有些著作甚至成为对当地历史文化认识的主要依据，如玄奘的《大唐西域记》、慧超的《往五天竺国传》、义净的《南海寄归内法传》等，一再被国内外学者所研究和引述。

此外，《隋书》《旧唐书》《新唐书》等官方史书的外国传部分和《册府元龟》《酉阳杂俎》等作品，也有许多关于外国历史地理、交通物产、风土人情等方面的记载。

唐人的域外知识，主要还是以周边民族和地区为主。《旧唐书》卷一九四至卷一九九，先记述了对唐朝构成重要威胁的突厥、回纥、吐蕃，然后分南蛮、西戎、东夷、北狄四部分介绍其他民族的历史。《新唐书》卷二一五至卷二二二，也是先重点介绍突厥、回鹘、吐蕃、沙陀的历史，然后分北狄、东夷、西戎、南蛮四部分记述其他各族的历史。这种"四夷"观念基本上是唐人的世界观念。只不过与前代相比更为具体和详细，而少了想象的成分。

唐代杜佑所撰《通典》中的《边防典》，凡16卷，对前代正史及当时所能收集的民族资料进行统一的编纂，分东夷、南蛮、西戎、北狄四部分叙述各族历史，每一部分开始都有"序略"，对四个区域的民族特征进行了宏观的概述，共收入民族百余种。《边防典》记载："东夷：朝鲜、濊、马韩、辰韩、弁辰、百济、新罗、倭、夫余、虾夷、高句丽、东沃沮、挹娄、勿吉又曰靺鞨、扶桑、女国、文身、大汉、流求、闽越。南蛮：盘瓠种、禀君种、板楯蛮、南平蛮、东谢、西赵、牂牁、充州、獠、夜郎国、滇、邛都、笮都、冉駹、附国、哀牢、僬侥国、禅国、西爨、昆弥国、尾濮、木绵濮、文面濮、折腰濮、赤口濮、黑僰濮、松外诸蛮。（岭南蛮獠）黄支、哥罗、林邑、扶南、顿逊、毗骞、干陀利、狼牙修、婆利、盘盘、赤土、真腊、罗刹、投和、丹丹、边斗、杜薄、薄刺、敦焚、火山、无论、婆登、乌笃、陀洹、诃陵、多蔑、多摩长、哥罗舍分。西戎：羌无弋、湟中月氏胡、氐、葱茈羌、吐谷浑、乙弗敌、宕昌、邓至、党项、白兰、吐蕃、大羊同、悉立、章求拔、泥婆罗、楼兰、且末、扞弥、车师高昌附、龟兹、焉耆、于阗、疏勒、乌孙、姑墨、温宿、乌秅、难兜、大宛、莎车、罽宾、乌弋山离、条支、安息、大夏、大月氏、小月氏、康居、曹国、何国、史国、奄蔡、滑国、嚈哒（挹怛国）、天竺、车离、师子国、高附、大秦、小人、轩渠、三童、泽散、驴分、坚昆、呼得、丁令、短人、波斯、悦般、伏卢尼、朱俱波、揭盘陀、粟弋、阿钩羌、副货、叠伏罗、赊弥、石国、女国、吐火罗、劫国、陀罗伊罗、越底延、大食。北狄：匈奴、南匈奴、乌桓、鲜卑、轲比能、宇文莫槐、徒河段、慕容氏、拓跋氏、蠕蠕、高车、稽胡、突厥、铁勒、薛延陀、仆骨、同罗、都波、拔野古、多滥葛、斛薛、阿跌、契苾羽、鞠国、俞介、大漠、白霄、库莫奚、契丹、室韦、地豆于、乌洛侯、驱度寐、霫、拔悉弥、流鬼、回纥、骨利干、结骨、驳马、鬼国、盐漠念。"

《通典》的这些记述，大体上反映了唐人对于周边民族、地区和国家的认识水平。

第九章

"胡人"与"胡风"

　　唐代中国是一个开放的国家，唐朝社会是一个开放的社会。在唐代，大批的外国人来到中国，有的甚至长期在中国居住下来，成为"住唐"的外国侨民。这些来到中国的外国人，来自不同的国家，有的来自比邻的新罗、日本，有的来自西域、印度甚至更远的波斯、阿拉伯。他们有着不同的身份和使命，有的是外交使节，有的是留学生和传教的佛教徒以及其他宗教的教士，更多的是来从事商业活动的各国商人。他们不远万里，来到中国，成为中外文化交流的一个重要载体，他们以自己的活动，为海外文化在中国的传播作出了贡献，同时也为大唐文化的繁荣和发展作出了贡献。向达指出："中国国威及于西陲，以汉唐两代为最盛；唐代中亚诸国即以'唐家子'称中国人，李唐声威之煊赫，于是可见也。贞观以来，边裔诸国率以子弟入质于唐，诸国人流寓长安者亦不一而足，西域文明及于长安，此辈盖预有力焉。"①

一　外侨与唐代社会

1. 唐朝的外侨群体

　　早在南北朝时期，长安、洛阳就有许多外国侨民。他们有的是官方的身份，后因为某种变故不得而归，更多的是从事商业活动的商人，被称为"商胡"。他们为中外经济文化交流作出了很大的贡献。

　　到了唐代，交通便利，商贸发达，唐朝实行全面的对外开放政策，外国人进入和留居受到优待，中国发达的经济和繁荣的社会文化更吸引了大量的"外夷""蛮人""商胡"相继来到中国，从事外交、商贸、文化艺术等活动。英国学者李约瑟指出：

　　　　唐代确是任何外国人在首都都受到欢迎的一个时期。长安和巴格达一样，成为国际间著名人物荟萃之地。阿拉伯人、叙利亚人和波斯人从西方来到长安同朝鲜人、日本人、西藏人和印度支那的东京人相会，并且同中国学者在渭河之滨那座古城的壮丽亭台一起讨

---

　　①　向达：《唐代长安与西域文明》，河北教育出版社 2001 年版，第5—6页。

论宗教和文学。和阗的画家，例如尉迟跋质那和他的儿子尉迟乙僧，在长安颇有盛誉。中国的富人也相当普遍地雇佣中亚人作马夫和驼夫，印度人作魔术师，巴特克里亚人和叙利亚人作歌手和戏子。①

唐时在中国的外国人，除了日本人、新罗人之外，往往不辨其国籍，概称为"胡"，商人曰"商胡"或"贾胡"，僧曰"胡僧"，还有胡人、胡雏、胡儿、胡兵、胡客等等，也有的称"西国人"。更多的情况下，"胡人"这种称谓是指当时与唐朝交往频繁的入华西域人，包括粟特人、波斯人、大食人，乃至来自拜占庭的罗马人等。唐代的外国侨民群体数量十分庞大，活跃在外交、宗教、商业、科学、艺术等许多领域。大量的外国人涌入，在各个领域的活动和贡献，成为盛唐时代一个独特的文化风景，成为盛唐文化的一个标志。费正清说：

> 长安是唐帝国的中心，也是其高度中央集权统治的象征。它是越过中亚的商路东方的终点，也是当时世界最大帝国的首都。它汇集了来自亚洲各地的各族人。②

美国学者罗兹·墨菲在《亚洲史》中关于"盛唐时期的长安"有这样的描写：

> 长安是连接中国和中亚及更遥远国家的贸易路线东端终点。它统辖着甚至超过汉帝国和罗马帝国的世界有史以来最大的帝国。从亚洲各处来的人——突厥人、印度人、叙利亚人、越南人、朝鲜人、日本人、犹太人、阿拉伯人，甚至聂斯脱利派基督教徒和拜占庭人——充塞着它的街道，增添了它的国际色彩。③

唐朝的外侨来自新罗、日本、西域和南洋等许多国家和地区，有外交使臣、质子、流亡者、商人、留学生、艺人等多种身份，他们也以不同的身份

---

① ［英］李约瑟著，袁翰青译：《中国科学技术史》第 1 卷，科学出版社和上海古籍出版社 1990 年版，第 127 页。

② ［美］费正清、赖肖尔、克雷格著，黎鸣等译：《东亚文明：传统与变革》，天津人民出版社 1992 年版，第 106 页。

③ ［美］罗兹·墨菲著，黄磷译：《亚洲史》，海南出版社、三环出版社 2004 年版，第 195 页。

活跃在唐朝社会生活中。吴小如说："在长安，人们可以看到身穿皮裘、戴胡帽、辫发、脚穿乌皮六合靴的突厥人，戴耳环、披着肩布的印度人，以及小袖袍、小口裤、皮帽边上绣花纹镶丝网的中亚人。"①

唐朝的外侨人数众多，而且分布地区十分广泛，包括长安、广州、洛阳、扬州、凤翔、永修、南昌、宝应、睢阳等等。全国三分之一的州郡，有外国侨民的踪迹。在长安城100万总人口中，各国侨民和外籍居民大约占到总数的2%，加上突厥后裔，其数当在5%左右。上元元年（760），在扬州发生的一次变乱中，遇难的大食、波斯商人有数千人。广州城是外来穆斯林商人的主要聚居地之一，《旧唐书·李勉传》记载："大历四年，除广州刺史，兼岭南节度观察使……前后西域舶泛海至者，岁才四五。勉性廉洁，舶来都不检括。故末年至者四十余。"《中国印度见闻录》说，黄巢起义军攻陷广州，大食人、波斯人、拜火教徒、犹太教徒和基督教徒遇难者12万人。② 还有一说达20万人。这些数字虽或有夸张，却反映出来华外国人数量之众。

《太平广记》所记载的胡商活跃于唐朝各地城镇，其中有长安、洛阳、番禺、扬州等大都市，还有豫章、洪州、义兴县、陈留、魏郡、东州等内陆中小城市。从《太平广记》所载资料可以看出，唐代胡商在中国境内活动的范围较大，不仅有沿海的港口城市，还有江河口岸城市和内陆城市，甚至是小县城，也有他们活动的身影。因为活动范围广，人数众多，胡商构成了一个不可忽视的社会群体。"不管是在哪里，只要是有利可图的地方，你就会发现外国人活动的踪迹。在富庶的川中流域，或者是在洞庭湖附近湿润的低地地区，你都会发现求购丝绸锦缎的外国商人。"③ 美国学者谢弗指出：

> 唐朝境内人文荟萃，奇货云集。突厥王子仔细揣摩着来自阿曼的珠宝商的神情举止；而日本的参拜者则以惊奇的目光凝视着粟特商队的商人。难怪他们会感到诧异，因为当时的确没有任何可以想象得到的东西能够与这些民族和职业联系起来。所有的旅游者都将他们本地的各种货物带到了唐朝——或是作为国王的礼物，或是作

---

① 吴小如：《中国文化史纲要》，北京大学出版社2001年版，第138页。

② 穆根来等译：《中国印度见闻录》，中华书局1983年版，第96页。

③ ［美］谢弗著，吴玉贵译：《唐代的外来文明》，中国社会科学出版社1995年版，第37页。

为销售的商品，或是仅仅作为他们自己随身携带的附属物品。反之，他们中有些人也在唐朝获得了荣耀。①

来自世界各地的商人、使节、僧侣、旅行者、艺术家和留学生，他们住在中国的土地上，或数年，甚至二十年、三十余年，还有的终生居住，客死中国。在中国生活期间，很多外侨与中国社会融为一体，积极关心中国的时政，参与政治活动，在政府为官。唐朝后期，藩镇叛乱相继，不少外侨也加入维护国家统一，平定叛乱的行列。《资治通鉴·唐纪》说："胡客留长安久者或四十余年，皆有妻子，买田宅，举质取利，安居不欲归。"许多胡人并不讳言他们自己的胡族家世渊源，在家族墓志上镌刻着自己"家世西土""发源西海"，描述自己"本西域康国人""西域安息国人""其先安国大首领"等。

唐朝广泛吸收各族人员充当文武官员，如大食、波斯、突厥、安国、康国、天竺、高丽、新罗、百济、日本各国有不少旅居长安，接受唐朝职事的人。其中一些人世代居住长安，与唐朝士人相往还，在两国文化交流中作出了贡献。据《新唐书·表》所示，唐代共有中书（宰相）369人，其中蕃族23人；蕃将任节度使者，在开元前只有2人，但在天宝间即骤升到9人，肃宗时8人，代宗时9人，德宗时17人，直至唐末共85人。比如，波斯人阿罗憾在唐显庆年间，官至右屯卫将军、上柱国、金郡开国公，还担任过唐王朝慰抚拂菻国的大使；波斯人李元谅任唐朝潼关领军，后屡立战功，先后升任御史中丞、华州刺史兼御史大夫、镇国军节度使、铨校工部尚书、右仆射、右金吾卫上将军、陇右节度使等职务，被唐朝廷实封七百户，赐甲第女乐，并授予其儿子六品正员官。波斯人安附国任左领军左郎将、上柱国、右戎卫大将军等军职，封邑七百户。波斯人石处温任四川利州司马、万州刺史。737年，日本遣唐使中臣名代等归国，仕于唐朝的波斯人李密翳随往日本。另外还有波斯人李珫、李珣、李舜弦三兄妹，李珫随僖宗入蜀，授率府率。

大食人中，李彦升在唐及第进士，想见对汉文化造诣颇深。天竺人迦叶济，贞元间仕唐为"泾原大将试太常卿"。又有罗好心也仕于唐，《贞元新定释教目录》载其官称是"右神策军十将奉天定难功臣开府仪同三司检校太子詹事上柱国新平郡王"。《资治通鉴·唐纪》说，唐德宗避朱泚乱后，诏"诸

---

① ［美］谢弗著，吴玉贵译：《唐代的外来文明》，中国社会科学出版社1995年版，第19页。

军诸道应赴奉天及近收京城将士，皆赐名奉天定难功臣"，罗好心可能是其中的一员。

西突厥特勤史大奈，随处罗可汗入隋，从唐高祖平长安，赐姓史氏。处罗可汗子阿史那社尔，贞观间内属，娶衡阳长公主，授驸马都尉。酋长阿失思力，授左领军将军，娶九江公主。始毕可汗孙阿史那忠也娶唐宗室女，封薛国公，擢右骁卫大将军，在长安值宿卫达 48 年。昭武九姓国中，寓居长安的知名人物有：唐玄宗时康植平六胡州，有军功，唐玄宗曾在长安召见；唐肃宗时有鸿胪卿康谦；安国人李抱玉李抱真兄弟，以武勇称"有唐之良将"，"群从兄弟，或徙居京华，习文儒，与士人通婚者，稍染士风"。

新罗、高句丽、百济三国仕唐的武将，如百济的黑齿常之，高句丽的泉男生兄弟、王思礼、高仙芝，新罗的张保举，多是著名的武将。日本供职唐朝的最著名人物是阿倍仲麻吕（汉名朝衡或晁衡），其于开元间随日本遣唐使来长安留学，学成仕于唐朝，为左补阙，在长安 50 余年，后擢左散骑常侍，镇南都护。

以上仅是从史籍中钩沉出来的一些著名人物，其实际人数要更多。这样多的外国人在唐朝为官，想必也会将自己本国和民族的文化习俗带进中国朝廷，并会有一些实际的影响。

2. 唐代外侨的来源

唐朝的外国人群体，来自世界各地，有的外侨甚至将整个族群迁移到唐朝。贞观四年（630），唐军大败东突厥，15 万突厥人南下归附，入居长安的有近万家。洛阳尚善坊有阿史那忠的住宅。而阿史那忠（汉名史忠）的曾孙史璀，晚年就居住在洛阳兴敬里。[①] 武周天授元年（690），西突厥可汗斛瑟罗率残部六七万人徙居内地，斛瑟罗后来在长安去世。此后，不断有突厥人入境内附，分别安置在河套地区等地。东突厥颉利可汗的曾孙阿史那感德在武周时期任右豹韬卫将军担任宿卫，居住在洛阳从政里。[②] 处罗可汗之孙阿史那勿施任右屯卫翊府右郎将，武周神功元年（697）卒于洛阳新安里官舍。龙门石窟也有许多阿史那氏等突厥贵族的造像题记，反映出这一时期的洛阳成

---

① 参见毛阳光：《两方唐代史姓墓志考略》，《文博》2006 年第 1 期。
② 参见赵振华：《唐阿史那感德墓志考释》，《史林》2004 年第 5 期。

为突厥贵族移民的新聚居区。

咸亨年间，波斯王子卑路斯流亡到唐朝，高宗封他为右武卫将军，随行的波斯王室及贵族上千人，流寓唐朝。

唐朝时来自西域的"胡人"以粟特人居多。关于粟特人南北朝时期在中国的活动，前文已有论述。到唐代，仍有大量粟特商人活跃在丝绸之路上，粟特成为连接中国与西域交通的主要商业民族。粟特人经商的范围遍及中亚及东亚、北亚各地。为了保障商队的安全和为经商活动提供便利，他们在交通要冲之地设立了驼队棚舍和一些自我保护性的组织。随着时间的推移，初期短暂停留的过客变成了停居的侨民，而驼队棚舍的所在地也就相应地成了粟特侨民的聚落。

在新疆各地发现的资料表明，7、8世纪时，塔里木盆地周围的于阗、且末、若羌、据史德、拨换、龟兹、焉耆等地，普遍有粟特人存在。6、7世纪时，高昌就已经有了著籍的粟特人。一份《唐神龙三年高昌县崇化乡点籍样》的残文书，保存了46位户主名，其中属于粟特姓者24户，计康姓10户、安姓6户、曹姓4户、何姓2户、石姓2户，属于其他胡姓者4户计白姓2户、竹（竺）姓2户，汉姓只有18户。这件文书表明了唐西州粟特聚落的存在。在甘肃敦煌、河西、内蒙古、辽宁等地也存在大量的粟特人聚落。敦煌所出天宝十年（751）敦煌县从化乡科差簿残卷，登记了从化乡居民236人，其中康、安、石、曹、罗、何、米、贺、史等粟特姓氏占总人数的九成以上，而在他们中有四成以上仍然以粟特语起名。唐代籍账中所见粟特人很多，他们同汉族居民一样成为编户百姓，得到口分田，承担交租税、服徭役的义务，有的被编入军府，充当卫士，参加战斗，并立功受勋。而且这些粟特人多半通晓汉语，有一定的汉文化修养。洛阳出土的《翟氏墓志》记载，翟氏夫是康国大首领，入唐被授予检校折冲都尉之职，其宅第在洛阳福善坊。六胡州粟特首领安菩的妻子何氏与儿子安金藏在武周时期居住在洛阳惠和坊。

据陈寅恪研究，元稹《莺莺传》中的主角崔莺莺，其原型很可能就是与酒家胡有关的粟特女子。他认为崔莺莺原名谐音为曹九九，出身于中亚昭武九姓粟特族，莺莺所居蒲州，出产名酒"河东之乾和蒲萄"，证明中原当时的名酒产地多是中亚胡族聚居的区域。蒲州是唐河中府所在地，恰好位于唐代长安、洛阳两京之间，是来往两京必经之地，唐朝皇帝、官吏、文人、商贾均常往返其间或驻留于此，也是粟特移民的居住区。莺莺能奏乐，善操琴，"鼓霓裳羽衣序"而哀音怨乱，我们从中也隐约可见胡姬的艺术特色。陈寅恪在《元白诗笺证稿》一书补记中进一步认定"此女姓曹名九九，殆亦出于中亚种族"，"莺莺所居之蒲州，唐代以前已是中亚胡族聚居之地，可以证明"。①

　　除了粟特人之外，唐代来华的西域人还有许多是来自其他国家的，所谓"昭武九姓"，有一些移民到中原定居活动。如洛阳出土的《裴沙墓志铭》记载，疏勒人裴沙在唐前期稳定安西四镇的军事行动中立下战功，致仕后居住在洛阳。洛阳章善里还有来自中亚南部地区的吐火罗人罗甗生，其家族是在北朝时期迁居汉地的。

　　在唐的外国侨民，称之为"胡人"的，除了粟特人和其他西域人外，其中多数为阿拉伯人和波斯人。

　　唐代，随着中国和阿拉伯经济文化交流进入高潮，大批波斯人和阿拉伯人来到中国。他们或担负着官方使命，前来通好；或为商贾，从陆路和海路前来贸易；或是僧侣教徒，前来传播祆教、景教、摩尼教文化；或是波斯亡国之遗民，或是大食援唐之兵士，还有的只是慕东方文化而踏波蹈海或翻山越岭的旅行家。可以说，在唐代出现了一次西亚人涌向中国的高潮，他们为中国和阿拉伯的文化交流、为中华文化在西亚地区的传播作出了很大的贡献。他们当中有些人久居不归，定居中国，被称为"住唐"，就像汉人在海外逾岁不归者被称为"住蕃"一样。

　　唐代侨居中国的阿拉伯人和波斯人数量很大，他们大多集中在广州和长安两地，扬州、洪州、张掖也有波斯客商来往定居。肃宗乾元元年（758），广州上报朝廷，称："大食、波斯围州城，刺史韦利见逾城走，二国兵掠仓库，焚庐舍，浮海而去。"唐代广州地方官员，一向以贪污贿赂、盘剥外国舶商著称。此前，广州都督路元睿因掠取外国商船的货物，被蕃商刺杀。所以这里所谓的"兵"，很可能就是拥有武装的大食商人。前文提到，阿拉伯文献记载，唐末黄巢军攻陷广州，遇难的大食人、波斯人、拜火教徒、基督教徒、犹太教徒等外国人就达 12 万人。可见当时在广州的阿拉伯人和波斯人数量

①　参见陈寅恪：《元白诗笺证稿》，生活·读书·新知三联书店 2015 版，第 375—376 页。

之多。

不过，虽知当年入唐的波斯人和阿拉伯人人数众多，但在文献中留下姓名的则屈指可数。在阿拉伯文献中，有一位阿曼人、伊巴底叶派教长叫做阿卜·乌拜达（Abū' Ubayba' AbdallSāh b. al-Qāsim），绰号萨厄尔（al-saghīr），在758年前后从事对中国的沉香木贸易。此人来华的年份不是最早的，但是迄今所知最早留下姓名的大食商人。8、9世纪之交，巴士拉有一位名叫纳扎尔·本·麦伊蒙（al-Nazar b. Maymun）的商人，他以居间对华贸易而致富。《中国印度见闻录》中记述了商人苏莱曼和伊本·瓦哈卜游历中国的见闻。见诸中国文献的则有波斯人安附国、阿罗憾、李元谅、石处温、李珣兄妹等。这些不远万里来华的阿拉伯人和波斯人，是中国与西亚地区经济贸易交流的主要担当者。

此外，入华的外国人中还有许多印度僧人和日本的留学生、学问僧、遣唐使，也有新罗移民等等，南洋诸国前来经商和出使者也有一些人入唐不归。

3.　唐代外侨的身份和活动

来自世界各地的外国人，形形色色，从事着各种行业，有着不同的身份。向达指出：

> 唐代流寓长安之西域人，大致不出四类：魏周以来入居中夏，华化虽久，其族姓犹皎然可寻者，一也；西域商胡逐利东来，二也；异教僧侣传道中土，三也；唐时异族畏威，多遣子侄为质于唐，入充侍卫，因而久居长安，如新罗质子金允夫入朝充质，留长安至二十六年之久，即其一例；此中并有即留长安入籍为民者，四也。[①]

向达所说的这4种人物，是唐时入华外国人士中数量比较多，并且史有记载的。此外，还有一些以其他身份入华的，如留学生，等等。

（1）使节。

据唐代政书记载，从唐初到玄宗开元年间，向唐朝朝贡，即与唐朝有过外交使节来往的"四蕃之国"近400个，其中"自相诛绝及有罪见灭者"300余国，开元年间尚存者还有70国。这些国家或政权与唐朝的使臣往来，构成了唐朝官方对外交往的主要内容。

---

① 向达：《唐代长安与西域文明》，河北教育出版社2001年版，第10页。

外国使臣（包括君主）至唐，最重要的仪式就是接受皇帝召见。使节来唐后大都在名义上接受唐朝官职，唐最常授予的官职为果毅都尉、折冲都尉、中郎将、太仆卿以及诸卫将军等职。出于对唐朝文化的钦仰或其他原因，外国使节中有些自愿留在唐朝境内定居。如康国大首领康某，"因使入朝"，留在唐境内任检校折冲都尉，并娶翟氏为妻，于天宝八年（749）终于东都福善坊，留有嗣子康从远。有些人后来甚至代表唐朝出使本国。新罗"行人"金思兰出使唐朝，"恭而有礼，因留宿卫"，开元二十一年（733）被唐朝"委以出疆之任"，以太仆卿赐同正员的身份出使新罗。

波斯萨珊王朝的王族、首领和使者，因为萨珊王朝灭亡，大多留在唐朝，个别人如波斯王子卑路斯，被优养起来，而其他人则入仕唐朝，为唐朝效力。据洛阳早年出土的《阿罗憾墓铭》记载，阿罗憾原为波斯人，显庆时，高宗以其"功绩可称，名闻遐迩"，所以"出使召来"，授予将军职衔，在宫城北门侍卫。显庆三年（658）唐朝打败西突厥并占领西域后，以阿罗憾为"拂菻国诸蕃招慰大使"，到中亚宣传唐朝声威，并且在拂菻西界立碑而还。阿罗憾于景云元年（710）四月一日，以 95 岁高龄卒于东都洛阳自己的宅第里，其最终结衔为"大唐波斯国大酋长右屯卫将军上柱国金城郡开国公"。在乾陵前的蕃王石像中，还有一位"波斯大首领南昧"，他应当也是一位流亡到中国的波斯萨珊王朝的高级官员，是高宗武则天时期入华波斯人的大首领之一。

安史之乱后，吐蕃占据河陇，西域道路阻绝，安西、北庭前来朝廷奏事的官员以及西域朝贡的使节因此滞留长安，其日用所需的供给，使朝廷不堪重负。贞元三年（787）朝廷检括，得 4000 人，准备停止供给，但遭到西域国使臣的强烈反对。李泌献策，建议由唐朝组织使臣，或假道回纥，或经由海道遣返本国，有不愿归者，"授以职位，给俸禄为唐臣"。这时诸国客使在唐朝境内已滞留了 30 余年，最多者达 40 余年，结果没有一个人愿意返回本国，于是朝廷将诸国使臣分隶左右神策军，"王子、使者为散兵马使或押牙，余皆为卒"，每年节省经费达五十万缗。除了真正的客使之外，这些检括出来的胡人有许多是打着"朝贡使"名义的商胡。在西安发现的波斯人苏谅妻马氏墓志称，苏谅官职为"左神策军散兵马使"，苏谅其人很可能就是波斯流亡政权派遣出使唐朝的使节的后代。《东城父老传》称，玄宗时"都中无留外国宾"，而到元和五年（810）时，情形为之大变，"北胡与京师杂处，娶妻生子，长安中少年有胡心矣"。这种局面的形成，与贞元三年（787）之后大批西域诸国使节留居长安当然不无关系。

日本第十次遣唐的大使藤原清河，天宝十一年（752）来到唐朝，之后一直居住在中国。他与唐朝一女子结婚，生了一个女儿，取名喜娘。大历五年（770），73 岁的藤原清河去世，时喜娘年仅 7 岁。大历十三年（778），喜娘随回归日本的遣唐使到达日本，受到包括日本天皇在内的日本朝野的隆重欢迎。这一事迹写就了中日关系史上的一段佳话。

（2）质子。

人质制度是一种将人作为抵押的制度，是唐朝在对外交往中实行的一项重要的制度。人质多由输送方国王的儿子充任，所以多称作"质子"；又因为人质多在唐朝宫廷担任宿卫官职，有时又称"侍子"。据文献记载，新罗、康国、何国、石国、米国、迦湿弥罗国、护蜜国、吐火罗国、天竺诸国、波斯国等，曾向唐朝派遣人质。充当质子者主要是输质国国王的儿子、弟弟、子侄，个别还有以国王本人为质者。质子承担的官职主要为中郎将、果毅、折冲等职。充任质子的时间一般很长，有些甚至是世代为质。米国质子米继芬，其父米突骑施"遐质京师，永通国好"，历任辅国大将军，行左领卫大将军。米继芬"承袭质子"，继续在禁军宿卫，永贞元年（805）死于长安醴泉里私第，终年 92 岁。何文哲是何国国王的后裔，因祖先在永徽年间入唐为质，遂留在了长安，何文哲卒于太和三年（829），何氏后裔世代居唐已接近 200 年。

入朝质子在唐朝授官的高低主要取决于两个因素：一是质子所在国的"蕃望大小"，一是质子本人在本国的官职高下。积累年资，质子官职还可以迁转。开元六年（718）吐火罗国质子阿史那仆罗抱怨授官太低的诉状，反映了这方面的问题。仆罗本人是吐火罗国王阿史那般都泥利的弟弟，在本国任特勤，被遣入唐为质。仆罗在诉状中称："仆罗兄前后屡蒙圣泽，愧荷国恩，遂发遣仆罗入朝，侍卫玉阶。至愿献忠殉命，以为臣妾。仆罗至此，为不解汉法，鸿胪寺不委蕃望大小，有不比类流例，高下相悬，即奏拟授官。窃见石国、龟兹并余小国王子、首领等入朝，元无功效，并缘蕃望授三品将军，况仆罗身恃勤，本蕃位望与亲王一种比类，大小与诸国王子悬殊，却授仆罗四品中郎。"（《册府元龟》）并提到后来天竺质子瞿昙金刚等"数改转，位至诸卫将军"，而他本人自神龙元年（705）授左领军卫翊府中郎将以来，经 14

年没有迁转。玄宗敕鸿胪寺"准例定品秩，勿令称屈"。可知质子官职的授受和迁转都有成例可援。

此外，质子在唐还可由试官迁授正官，如当时任"试光禄卿、赐紫金鱼袋"的新罗质子金允夫在开成二年（837）的诉状中称："本国王命臣入朝充质二十六年矣。三蒙改授试官，再当本国宣慰及册立等副使。准往例，皆蒙特授正官。"（《册府元龟》）于是被授以武成王庙令。金允夫要求"特授"正官，是因为根据以往成例，凡担任唐朝使节出使本国者，都可授正官。元和七年（812），新罗质子试卫尉卿、赐紫金鱼袋金沔为试光禄少卿，充吊祭、册立副使，随正使崔棱出使新罗。元和十五年（820），新罗质子金士信也作为副使出使新罗，他在上疏中称："臣本国朝天二百余载，尝差质子宿卫阙庭，每有天使临蕃，即充副使，转通圣旨，下告国中，今在城宿卫质子，臣次当行之。"（《全唐文》）表明至少对新罗而言，以入唐质子充任唐朝副使，几乎已经成为定制。

（3）贡人。

所谓"贡人"，是将人作为"方物"，即地方土产的一种献给唐朝廷，供皇室或贵族官僚玩赏。一般而言，这些贡人大多具有迥异于常人的特点。如武德、贞观间，扶南国向唐朝贡献两位白头人，"素首，肤理如脂"。元和十年（815），诃陵国贡献的僧祗童，则以肤色黝黑为世人所称道。除了体质或生理上异于常人外，贡人常常还具有特殊的技艺。唐代最常见的贡人是一些从事歌舞或音乐职业的伎人。《酉阳杂俎》记载，宝历二年（826），东国贡舞女飞鸾、轻凤，歌声一发，如鸾凤之音，百鸟翔集，舞态艳逸，非人间所有。此外，贡人还包括一些骇人耳目的杂技艺人和魔术师。如贞观年间，西域献胡僧，能以咒术使人生死，太宗在飞骑中挑选身体强健的战士试验，结果"如言而死，如言而苏"。睿宗时，婆罗门国献人，"倒行以足舞，仰植铦刀，俯身就锋，历脸下，复植于背，髯篥者立腹上，终曲而不伤。又伏伸其手，二人蹑之，周旋百转"（《新唐书·礼乐志》）。技艺高超，使人瞠目。

除了歌舞艺人外，贡人还有解天文大慕闍、侏儒、僧耆女、金抵僮等。侏儒作为贡人，在古代中国有久远的历史，甚至在唐代，道州还仍然以侏儒作为土贡。白居易在《道州民》中写道："道州民，多侏儒，长者不过三尺余。市作矮奴年进送，号为道州任土贡。"康国、室利佛逝以侏儒作为贡物献给唐朝。"僧耆""僧祇"或"金祇"，泛指东非沿海地区。这些来自非洲的僮、女，并不是诃陵或室利佛逝的土产，他们是被这些地区的政权转手贡献给唐朝的礼物。

周边政权及唐朝地方政府也转手向朝廷贡献艺人。如大历十二年（777），渤海遣使来朝，并献日本国舞女 11 人及方物。设在西域的唐朝安西都护府也向朝廷贡献舞狮伎人。

（4）昆仑奴。

裴铏在《传奇》中记述了一个非常有名的昆仑奴的故事，称代宗大历年间，崔生家中蓄有昆仑奴磨勒。崔生容止清雅，在某高官宅偶遇美姜红绡，两人一见倾心。临别，红绡示以手语，崔生茫然不解。磨勒为崔生解释手语含意，并夜毙恶犬，携崔生入官宅，负崔生与红绡"飞出峻垣十余重"，成就双方姻缘。后事发，甲士数十包围崔生住宅，昆仑奴复持匕首"飞出高垣"，不知所向。

在唐人小说及诗歌作品中，昆仑奴屡屡见于记载。据传说，扬州六合县灌园叟成仙，家蓄昆仑奴驾牛耕田。除了充当家奴之外，唐人笔下昆仑奴最突出的特点是精通水性。唐周邯在四川境内长江流域买得一奴隶，名水精，善于潜水，为"昆仑白水之属"，周邯每每遣他在潭洞、古井中探取宝物。开元年间昆山人陶岘泛游天下，被当世人目为"水仙"，陶岘有三宝：古剑、玉环与海船昆仑奴摩诃。陶岘常常将剑、环等物投于深水，令昆仑奴潜水摸取，以为戏乐。又有传说称，东都洛阳魏王池有鼋窟，开元间，以昆仑奴数十人，持刀枪沉入窟底，杀大小鼋数十头。另一个流传甚广的昆仑奴的故事与李德裕有关。据称李德裕贬官潮州，水行经鳄鱼滩，舟船损坏，平生所蓄宝玩、书画，全都沉入水中，"遂召舶上昆仑奴取之"，昆仑奴潜入深水，见水下鳄鱼极多，无功而返。诸如此类，不胜枚举。这类传说表明，昆仑奴精通水性的特点，给唐朝人留下了极为深刻的印象。

昆仑奴多是来自东南亚一带。东南亚土人皮肤黝黑，体格强壮，尤善潜水，号称"昆仑"或"昆仑奴"。《旧唐书》谓：自林邑以南，"皆拳发黑身，通号为'昆仑'"。义净《南海寄归内法传》云："唯此昆仑，头卷体黑。"张籍写过一首《昆仑儿》诗云：

昆仑家住海中州，蛮客将来汉地游。

> 言语解教秦吉了，波涛初过郁林洲。
>
> 金环欲落曾穿耳，螺髻长卷不裹头。
>
> 自爱肌肤黑如漆，行时半脱木棉裘。

该诗对昆仑奴的来源及诸多特点作了形象的描述，其中突出强调了黝黑的皮肤和卷发。昆仑奴肤色特点，在其他记载中也有反映。据传说，贞元间，有神人骑狮，以二昆仑奴操辔。当他为患者去除病痛时，以手指在昆仑奴手掌中研摩，须臾，手指染如黑漆，以黑漆涂患处，病患即愈。在唐朝人心目中，昆仑奴的肤色甚至黑到了可以染指的程度。葛承雍认为：昆仑奴"是唐宋时代黑色皮肤人种的通称，当时对凡是经贩卖或进贡到中国来的黑色人种，只要从事奴仆、马夫、水手、艺人诸类低贱工作，都可称为'昆仑奴'"①。

广州富家豪门更多蓄奴婢，不乏昆仑奴，至宋代犹然。朱彧《萍洲可谈》谓："广中富人多蓄鬼奴，绝有力，可负数百斤，言语嗜欲不通，性淳不逃徙，亦谓之野人。色黑如墨，唇红齿白，发卷而黄……有一种近海野人，入水眼不眨，谓之昆仑奴。"

（5）僧人。

来唐佛教僧人以天竺僧为主。佛教僧人在唐朝主要从事翻译佛经的工作，他们的活动不仅促进了佛教文化在唐朝的传播，而且促进了中国与西域，尤其是与古代印度的文化交流。

除此之外，还有新罗、日本的佛教僧侣来华。自6世纪前半期新罗正式信奉佛教以来，一直到10世纪初约380年内，入唐求法的新罗高僧共有64人。除上述留学僧外，一些新罗僧还在唐朝长期定居。登州赤山村的新罗佛寺一法华院，就有30名新罗常住僧。随日本遣唐使来华的留学僧也很多，其中一些人"慕中国之风，因留不去"。如唐中期学问僧弁正，在唐朝结了婚，留下了朝元、朝庆两个儿子。朝元后来回到日本，改名秦朝元。灵仙是史书上仅见的参与唐代译经的日本僧人。他于贞元二十年（804）来华，与罽宾国僧人般若合作，由般若以梵语口授，再由灵仙译为汉文。他在中国住20余年，于大和元年（827）卒于山西五台山。

除了外国的佛教徒外，唐代还活跃着另外一些宗教人士，即"三夷教"

---

① 葛承雍：《唐韵胡音与外来文明》，中华书局2006年版，第94页。

（祆教、摩尼教和景教）教徒，他们也在唐朝开展传教活动。

（6）方士。

胡人方士在唐朝的活动史不绝书。唐朝初年，李轨在凉州称帝，有胡巫妄称"上帝当遣玉女从天而降"。李轨筑玉女台，靡费不赀，导致民怨沸腾，加速了河西大凉政权的灭亡。天宝三年（744），杨慎矜因为父墓草木流血，请教胡人术士史敬忠，史敬忠教以身戴桎梏，裸坐林中为厌胜。又在夜间"坐廷中，步星变"，以求禳灾。事发之后，杨慎矜兄弟3人尽数被赐死。居住在幽州的石国胡人术士石巨，性好服食，化作白鹤仙去，且有降雨灵验，长史李怀仙就其宅立庙，"岁时享祭焉"。

《酉阳杂俎》记载的游行蜀地的天竺方士难陀的传说，在胡人术士中最具代表性。据称难陀得如幻三昧，能入水火，贯金石，变化无穷。张延赏任剑南节度使时，难陀入蜀，留下了种种神奇的传说。传说他能将筇竹杖化为女尼，含睇调笑，逸态绝世，并善饮酒踏歌。他还在酒宴时令人将自己的头颅割下钉在屋柱上，而身体仍坐饮不辍，将酒直接倾入腔腹，"面赤而歌，手复抵节"。饮毕，自起取头颅安于腔上，头颈完好如初，了无痕迹。难陀还能预言吉凶，当他要离开成都时，百姓闭门苦留，难陀遂走入墙角，"百姓遽牵，渐入，唯余袈裟角，顷亦不见"。这些传说表明，在本地人的眼里，外国人无论如何带有一定的神秘性，故而外国方士的法术就更显奇异，也更易使人相信。如高宗永徽时，有游方胡僧"眉高隆准，颐峭眸碧"，诡称是三国时康僧会后身，甚至专靠胡貌惑众。

最可注意的是外来术士在唐朝宫廷中的活动。上文提到的印度人后裔慧智，"少而精勤，有出俗之志，天皇时从长年婆罗门僧，奉敕度为弟子"。此"婆罗门僧"以"长年"为称，应该也是活动于高宗宫廷，精通长生不老之术的印度僧人。武则天时，宫中有老胡，自称已500岁，甚得武后信重。这位"老胡"在宫廷的具体活动不太清楚，但他既以长寿著称，则应该也与求长生不老有关。与此同时，另有婆罗门僧慧范"奸娇狐魅，挟邪作蛊，咨趄媚黠，左道弄权"，武则天待以"圣僧"之礼，太平公主更是尊为"梵王"，慧范历武周、中宗、睿宗三朝，矫说妖祥，妄说祸福，势焰熏天。也有胡人术士因向朝廷兜售法术而丧命的史例。如景云年间，长安霖雨60余日，胡僧宝严自称有止雨法术，设坛场，杀羊马，祈请五十余日，雨更转盛，结果被斩首。

（7）伎艺人。

元和初年，新罗人金忠义以"机巧"进升至少府监。新罗人朴球因棋艺出众而为朝廷待诏。9世纪诗人张乔在送别朴球归国的诗中称："海东谁敌手，归去道应孤。阙下传新势，船中覆旧图。"对他的棋艺赞赏不已。开元年间，商胡穆聿以擅长识别图画，在集贤殿书院当直，"告讦搜求"书画作品，至德年间，"白身受金吾长史"。

来唐的伎艺人大体可分为音乐歌舞艺人和百戏艺人两种。音乐歌舞和百戏深受外来文化的影响。从宫廷庙堂到市井闾里，从国家节日庆典到官僚、文人的寻常家宴小聚，随处都可以欣赏到外来音乐舞蹈的表演，大历诗人王建称"城头山鸡鸣角角，洛阳家家学胡乐"，形象地道出了外来音乐舞蹈在唐朝社会各个阶层广泛流行的情形。

此外，供职于宫廷的外国人还有优伶。较著名者有僖宗朝石野猪和昭宗朝安辔新、穆刀陵等。僖宗以蹴球斗鸡为乐，尤其以步打技艺高超自许，他曾对俳优石野猪夸口说："朕若作步打进士，亦合得一状元。"石野猪回答说："或遇尧、舜、禹、汤作礼部侍郎，陛下不免且落第。"天复元年（901），李茂贞放火焚烧长安，俳优安辔新在酒宴上讥称李茂贞为火龙子，李茂贞老羞成怒，欲寻隙杀安辔新解恨。安辔新前往凤翔见李茂贞。茂贞大骂："此贼胡颜敢来邪！当求乞耳。"安辔新称，不敢有所干请。茂贞问："贫俭若斯，胡不求乞？"辔新回答说："京城近日但卖麸炭，便足一生。何在求乞！"茂贞无奈之下，只有大笑了之。此类俳优，多以戏谑、讥讽为事。光化年间，朱朴以口辩为宰相，殊无政绩，"内宴日，俳优穆刀绫（陵）作念经行者，至前朗讽曰：'若见朱相，即是非相。'翌日出宫"。穆刀陵被称作"大优"，是当时很有名的一个人物。

（8）商人。

"商胡"这个词的指称有时也比较含糊。但是就一般情况而言，多是指在唐朝境内从事商业活动的外来商贾，尤其是指以粟特胡人为主体的西域商人。他们有些已经入籍，属于唐朝的编户齐民，有些则属于并未入籍的"客胡"或"兴胡"。

在唐代载籍中，与"商胡"这个称谓类似的还有胡贾、蕃商、兴胡、客胡、海商、海胡、舶胡、西域贾等不同的名称。商胡是唐朝外国人中最活跃的一个群体，也是在唐朝经济甚至政治生活中起了重要作用的一个群体。商胡中较著名者如康谦，家赀以亿万计，天宝年间，以钱财贿赂杨国忠，得到安南都护的官职。至德元年（756），康谦随永王璘作乱。永王兵败以后，他又"出家赀佐山南驿禀"，专门掌管山南东道驿路，并任试鸿胪卿一职。安南都护、鸿胪卿以及掌管驿路的官职都是与对外贸易或经商关系密切的职务，区区商贾，竟然能够屡次以雄厚的财力得到这类官职，可见商胡在唐朝经济、政治生活中的影响。

唐朝商胡的分布及活动范围是相当广泛的。唐朝商胡活动最集中的地区，当属人口最多，经济、文化最发达，商业最繁荣的东、西两京。长安是唐朝的政治中心，也是商胡杂凑云集之地。由于经商的关系，长安的商胡许多居住在市场附近。范文澜说："长安城中的西域商人，盛时总数达数千，组成为一个极富有的集团。"① 据载，长安东市有一片低洼的隙地，有善经营者填平修建客店，"以停波斯"，每天获利一缗，未几，因此而致富。可知在长安东市落脚的胡人很多。但是长安商胡主要聚居在西市附近的地区。唐太宗贞观年间，金城坊富家被胡人劫掠，案件经久未破。雍州长史杨纂提出，将京城各坊市中的胡人抓起来讯问，但是司法参军尹伊认为牵涉面不应太广，应该从人数较多的"西市胡"入手，称："贼出万端，诈伪非一，亦有胡着汉帽，汉着胡帽，亦须汉里兼求，不得胡中直觅，请追禁西市胡，余请不问。"（《唐新语》）不久，果然在西市胡人中抓获了案犯。在唐代载籍中，往往将西市与胡人联系起来，向达列举《酉阳杂俎》《续玄怪录》《南部新书》《大唐新语》等载籍中有关"西市贾胡""西市波斯邸""西市商胡""西市胡"的种种习称，表明商胡与西市的特殊关系。

玄宗时人元澄在《秦京杂记》中记载的一则故事，也说明了大批胡人在西市从事经商活动。据载，李蔼接任京兆尹后，急需筹措 3000 缗钱，问属下何以取足，属下请他询问捕贼官韩铢。韩铢称："此事易办。来日升堂时，只要将我拖拽至庭前，责问为何西市波斯客与汉客交杂！这件事就算办成了。"李蔼不明其中缘由。次日，依言责备韩铢。韩铢回家后，"蕃商二百许家，各

---

① 范文澜：《中国通史简编》（修订本）第 3 编第 2 册，人民出版社 1965 年版，第773 页。

送压惊钱，凡得数千缗"。李蔼不仅如数筹到了需要的钱数，而且有富余。

唐东都洛阳地处天下之中，交通便利，商业繁荣，与长安相比，有更多的世俗气氛和较少的政治色彩，是商胡聚居的首选之地。延载元年（694）武三思率四夷酋长请用铜铁铸天枢，为武则天歌功颂德。天枢高90尺，"下以铁山为脚，铸铜为二麒麟，以镇四方，上有铜盘，径三丈。蛟龙人立，两足捧大火珠，望之如日初出"。这座巨大的标志物建筑，是洛阳"蕃客胡商聚钱百万亿所成"（《太平广记》）。与西京长安的西市一样，洛阳南市及附近诸坊也是商胡聚居之所。洛阳商胡康婆，"既而世袭衣缨，生资丰渥，家僮数百，藏镪巨万，招延宾俦，门多轩盖。锦衣珠服，入必珍馐；击钟鼎食，出便联骑"（《康婆墓志》）。在今天的龙门石窟，还留有《北市香行社社人造像题记》，它就是在北市从事香料贸易的胡人出资刊刻的。

除经营邸店及收购珠宝的富商大贾外，还出现了一些小商小贩，被称为"穷波斯"。如沈既济《任氏传》说："郑子早行，因门扃未发，门旁有胡人鬻饼之舍，方张灯炽炉，郑子憩其帘下，坐以侯鼓。有举人在京城，邻居有鬻饼胡，无妻，数年，胡忽然病，生存问之，遗以汤药，既而不愈。临死告曰：某在本国时大富，因乱遂逃至此，本与一乡人约来相取，故久于此不能别。"从他说的话中，可以断定他原是阿拉伯富商，后因国内动乱，到中国经商，最后落魄，只能做饼子糊口了，因病客死他乡。这个例子说明，当时在长安等商胡多的大城市，这样的胡人卖饼小店是不少的。

唐朝和新罗的贸易规模巨大，许多新罗商人也迁入中国。据9世纪来华的日本高僧圆仁写下的旅行记《入唐求法巡礼行记》所载，圆仁所到过的扬州、楚州、密州、海州、登州、青州等地，有新罗商人居住，他们安寓的旅店叫"新罗馆"或"新罗院"。各地设有管理新罗坊的"勾当新罗所"，勾当所的职员、译员都由新罗人充任。

（9）留学生。

隋唐时期，外国亦派遣大批留学生来到中国，其中大多进入太学学习。唐朝的鸿胪寺担任管理域外质子和留学生的事务。外国留学生到唐后，由鸿胪寺登记管理，获得"鸿胪寺籍"，称"留住学生"或"宿卫学生"，然后与唐生徒一起进入国子监学习。《唐语林》卷五说："太学诸生三千员，新罗、日本诸国皆遣子入朝就业。"当时国子监分国子馆、太学馆、四门馆、书学馆、律馆和算学馆等六馆。留学生各依志愿分散在国学六馆学习儒学、文学、佛学、律令各科目。他们很珍惜这样的学习机会，人人发愤读书，苦心钻研。贞观二年（628），唐太宗扩大国学规模，增筑学舍1200间，广招四方生徒，"而高丽、百济、新罗、高昌、吐蕃等诸国酋长，亦遣子弟请入国学。于是国学之内八千余人，国学之盛近古未有"（《唐会要》）。

后来，由于教学规模扩大，就学人数增多，高宗龙朔二年（662），又在洛阳增置国子监，称为"东监"，长安的国子监称"西监"。开元以后，东监也大量接纳外国留学生。但是，国子监有一定的学额限制，而与唐帝国交往的国家有70余国之多，加之六学中除律学修业年限为6年外，其余均为9年，留学年限相当长，又无以后来者接替学成者之规定，因而留学生数量越积越多，国子监无法承受，倘若一国派遣留学生太多，往往有被退回的情况。《唐会要》卷三六记载：开成二年（837）渤海来的16人中，只有6人获准上学，其余10人在青州就被遣回；新罗来的216人中，只许7人入学，剩下200余人都被放回。可见唐政府对留学生并非来者不拒，亦不致全数退回。

唐代科举取士，登第者光宠殊异。外国在唐的留学生，自亦慕羡而愿就试。然其学艺程度究竟远逊于华人，所以唐朝设立了面向外国留学生的"宾贡制"考试制度。"宾贡进士"是唐代科举中出现的一种重要的进士类别，特指新罗、渤海、大食、波斯等周边国家或政权的子弟在唐进士擢第的留学生；"宾贡科"即指对外国贡士和留学生宾礼相待，准其参加科举考试，及第者同样可以授予官职，在华立业。随着儒学向周边国家的传播和唐教育的发展，入唐学习的留学生不断增多，《新唐书·儒学列传》记载："贞观六年，诏罢周公祠，更以孔子为先圣，颜氏为先师，尽招天下师老师德以为学官……四方秀艾，挟策负素，坌集京师，文治焜然勃兴。于是新罗、高昌、百济、吐蕃、高丽等群酋长并遣子弟入学，鼓箧踵堂者凡八千余人。"唐玄宗开元七年（719）十二月，唐玄宗诏令"太学举贤，宾廷贡士"，之后又陆续颁布了几次政令，外邦的贡士越来越多，考取的人被称为"宾贡进士"。由此，在以后的唐代的科举考试制度中，由乡贡及第者称"乡贡进士"，由生徒及第者称国子进士，而外邦仕子及第者称"宾贡进士"。其中首位"宾贡进士"是新罗人金云卿，而后，越来越多的新罗及唐其他周边国家的人，参加了唐的科举考试。

据统计，自9世纪20年代新罗人金云卿第一次在唐朝"宾贡科"应试中举后，到唐末80余年间，应试中举的侨民达58人，其中最著名的是新罗人崔致远。崔致远12岁入唐求学，乾符元年（874），他一举及第，调授宜州溧水县尉，后又转迁承务郎、侍御史、内供奉等职。日本也有在朝为官的，如阿倍仲麻吕作为留学生进入"太学"学习后，以优异的成绩考中进士。他先是在太子李琰书库里任司经局校书，陪同太子研习学问，后又任从三品秘书监等职。他后改名晁（朝）衡，又称晁卿。安史之乱后，他先后担任左散骑常侍、镇南都护等职，后来又任安南节度使。大历五年（770），阿倍仲麻吕在长安逝世，唐代宗还追赠他为"潞州大都督"。

唐代留学生以新罗人为最多。严耕望在《新罗留唐学生与僧徒》一文中推算，自640年以后，新罗派往唐朝的留学生总数，大概超过2000人。"此一数字可谓相当庞大，其他诸国留唐学生之数量，远不能比。"[①] 新罗派遣来唐学习的留学生人数，因时而异，最少每次两三人，多或七八人，甚至近20人。到9世纪时，新罗人来华留学达到高潮。唐文宗开成二年（新罗僖康王三年，837）时有216名。"（开成）二年三月……新罗差人朝宿卫王子，并准旧例，割留习业学生并及先住学生等共二百十六人，请时服粮料，又请旧住学习业者放还本国。敕：新罗学生内，许七人，准去年八月敕处分。余时十马畜粮料等，既非旧例，并勒还藩。"（《唐会要》）从这年在唐留学生为216人的记载不难看出留学人员之多，但这个数字还只是官费留学的人员，而自费留学生人数由于缺少史料无法统计。

这些留学生是青年学子，留学期限通常为10年。除这些正式留学人员外，还有"大小首领"，即新罗各级官吏进修人员。新罗赴中国的留学生可每年派遣，不必等待前一批回国后再派第二批，所以，积累起来，同时在唐的新罗学生可多至一二百人，足见新罗人士留学中国之风甚盛。

4. 唐朝对外侨的管理

唐代之所以会有大批的外国人以不同的身份来到中国，一方面是因为唐代中国经济繁荣，国力强盛，具有巨大的吸引力，另一方面也是因为唐朝政府实行积极的对外开放政策，对外国人来华从事外交、商贸和文化事业以及

---

① 严耕望：《新罗留唐学生与僧徒》，张曼涛主编：《日韩佛教研究》，台北大乘文化出版社1978年版，第240、250页。

旅行定居，采取积极鼓励的政策。对外国人采取欢迎的态度，比如，积极的赋税政策，保证了商业贸易的繁荣。

《赋役令》规定"外蕃投化者复十年"，外来侨民享有免除十年租赋的优待。外国人来华游历，也像国内居民一样，只要得到唐朝政府的批准，领持官府出具的公文，上面书写持有人的姓名、性别、随身携带物品以及往来目的，即可根据公文上的路线旅行。外国侨民在中国受到的限制较少，可以在内地定居，买田置屋，娶妻生子，行旅往来不受限制，生活和营业自由。外国商人可以毫无限制地深入中国内地，而不管在内地多么偏僻的山村野店，也可以遇到同行的商胡。这种情形可由下引的记载看出："兵部李约员外尝江行，与一商胡舟楫相次，商胡病，因邀与约相见，以二女托之，皆绝色也。又遗一大珠……及商胡死，财宝数万，约皆籍送官，而以二女求配。"（《唐语林德行》）"近世有波斯胡人，至扶风逆旅，见方石在主人门外……因以钱二千求买。主人得钱甚悦，以石与之。胡载石出，对众剖得径寸珠一枚……便还本国。"（《广异记》）"康老子，即长安富家子……家产荡尽……遇一老妪，持旧锦褥货鬻，乃以半千获之。寻有波斯见，大惊，谓康曰：'何处得此？是冰蚕丝所织，若暑月陈于座，可致一室清凉'。即酬千万。"（《乐府东录·康老子》）"大安国寺……道坊焉。王尝施一宝珠，令镇常住库，云值亿万，寺僧纳之柜中，殊不为贵也……月余，有西域胡人，阅寺求宝，见珠大喜……僧问胡从何而来，而此珠复何能也。胡人曰：吾大食国人也。"（《纪闻》）

这些记载中的"商胡""波斯胡人""波斯""西域胡人"，看来是住唐的阿拉伯、波斯商人了。他们中有很多是经营珠宝的。一旦遇到主人自己不识，也不珍惜的奇珍异宝，他们会不惜出惊人的高价购买。这类故事大多见于笔记小说之中，又夹杂着许多神话成分。

当时，在贸易发达的地区，有专门接待外国商人的客店。《太平广记》卷二四三记载："唐定州何明远大富，主官中三驿。每于驿边起店停商，专以袭胡为业，资财百万，家有绫机五百张。"这位名叫何明远的人通过开客店发财，"专以袭胡为业"，似乎是专做外国人生意的。在唐时的各种旅店中，也有外国商人自己经营的客店。如《太平广记》"杜子春"条记载："（杜子春）徙行长安中，日晚未食，仿佛不知所往……（有一老人策杖于前，袖出一缗）曰：给子今夕。明日午时，候子于西市波斯邸，慎无后期。"这是长安西市的外国客店。又《太平广记》卷一七"卢李二生"条记载："（李生）贫甚，偶过扬州阿使桥，逢一人，草跻布衫，视之乃卢生……（卢生）乃与一拄杖，曰：将此于波斯店取钱。"这是扬州的外国客店。又《太平广记》卷三四"崔炜"条记载："（崔炜）遂归广州……乃抵波斯郁，潜鬻是珠。"这是广州的外国客店。从这些记载来看，大概当时往来中国的外国商人数量很大，为适应需要，才有各地所设的外国客店。

设定外侨居住区。侨居在长安、广州、扬州、泉州各通商口岸的穆斯林商人日益增加，唐政府专门划出了一个特殊居留区，供他们聚居一处，称为"蕃坊"。唐文宗开成年间，卢钧为广州刺史、岭南节度使时，留居广州的外国人营田置宅，娶妻蓄奴，俨然中国人，卢钧下令禁止，并使外国人与当地居民分开居住。《旧唐书·卢钧传》记载："先是土人与蛮獠杂居，婚娶相通，吏或挠之，相诱为乱。钧至立法，俾华蛮异处，婚娶不通，蛮人不得立田宅。由是徼外肃清，而不相犯。"这样，这些信仰伊斯兰教的穆斯林可以各按照其本国的习俗生活，信仰其原先的宗教，并自己处理他们内部事务。"蕃坊"之名始见于唐。明人顾炎武《天下郡国利病书》卷一〇四引唐人房千里《投荒录》记载："顷年在广州蕃坊，献食多用蜂蜜、脑麝，有鱼俎，虽甘香而腥臭自若也。"

《投荒录》著于唐太和年间之后，亦即至迟在唐太和年间，广州已有蕃坊了。蕃坊内部除了有住宅、旅舍、市场和清真寺外，还设有"蕃长"负责管理"蕃坊"内外国居民的日常事务，主持宗教活动。《唐国史补要》卷下有"有蕃长为主领"之语；又有唐末刘恂《岭表录异》卷中有"恂曾于番酋家，食本国将来者，色类沙糖，皮肉软烂（波斯枣）。饵之，乃火烁水蒸之味也"。唐朝指令蕃坊中的穆斯林推选出"最有德望"的一二人，由朝廷委任他们作"都蕃长"，蕃坊中设立管理机构叫"蕃长司"。而这些担任"都蕃长"的人，大多是当地管理伊斯兰教务的"筛海"（教长）和管理民事的"朵锥"（宗教法官），他们是穆斯林宗教生活的领导者和穆斯林间争议的裁决者。他们有的还被唐朝授以勋官，如《唐会要·归降官位》记载："（昭宗）天祐元年六月，授福建道佛齐国入朝进奉使、都蕃长蒲诃粟宁远将军。"有关史料表明，唐代时蕃坊蕃长、都蕃长所掌蕃坊公事主要包括：管理坊内商品交易活动、处理坊内的违法犯罪事件及主持宗教活动；所掌招邀蕃商入贡，主要是指代理外商与唐朝进行商贸交涉。具有实质意义的是，蕃长、都蕃长须由唐朝承认任命，他们实际上是代理唐朝对外商进行集中统一的管理，虽享有一定的权力，但必须对唐朝负责。另外，在蕃坊设立之前或不在蕃坊之内而在其他地方进行商品交易和商品流通的外商，也必须遵守唐朝关于商品交易和商品流通的管理制度。

蕃坊的设置给虔诚地笃信伊斯兰教的阿拉伯、波斯商人提供了很大的方便。蕃坊不仅是外国商人集中居住的地点，他们在那里"列肆而市"，使得蕃坊车马填阗，人众杂沓，从而形成一个繁华热闹的商业区。这个商业区不仅有特殊的经济地位，而且有特殊的政治地位，如蕃人犯罪不受中国法律制裁，由蕃长按照其本国法律惩处。唐宣宗大中五年（851），阿拉伯商人苏莱曼记述当时广州蕃坊的情况：

> 在商人云集之地广州，中国长官委任一个穆斯林，授权他解决这个地区各穆斯林之间的纠纷，这是照中国君主的特殊旨意办的。每逢节日，总是他带领全体穆斯林做祷告，宣讲教义，并为穆斯林的苏丹祈祷。此人行使职权，做出的一切判决，并未引起伊拉克商人的任何异议。因为他的判决是合乎正义的，是合乎尊严无上的真主的经典的，是符合伊斯兰法度的。[①]

10 世纪的阿拉伯商人哈桑（Abu Sayyid Hasan）在他的著作中也写道，在唐代，"侨居中国的穆斯林有自己的教长、法官等职权，不仅限于广州，其他中国城市，有穆斯林的地方，就有穆斯林的法官、教长、寺院和市场"[②]。可见，唐代住唐的阿拉伯、波斯商人，在中国各处城市里都享受到法律上的以及宗教信仰上的照顾。《唐律疏议》记载："诸化外人同类自相犯者各依本俗法，异类相犯者以法律论。"也说明了这点。

美国学者谢弗写到广州的外国人聚居区：

> 来自文明国家的公民（例如大食人、僧伽罗人等）与文化教养较低的商贾们（例如白蛮、赤蛮等）都居住在这里，而且他们之间

---

① 穆根来等译：《印度中国见闻录》，中华书局 1983 年版，第 7 页。

② 引自梁向明：《明末清初回族三大汉文译著家伦理思想研究》，光明日报出版社 2015 年版，第 13—14 页。

的交往都很密切。在这里，你还会发现信奉正统宗教的外国人与信仰异教的外国人之间的关系相处得也很融洽，例如印度的佛教僧侣与什叶派穆斯林之间的关系就是如此。印度来的佛教徒居住在属于他们自己的寺院里，院子内的池塘中还点缀着芬芳的蓝睡莲。而广州的穆斯林则是为了躲避呼罗珊的宗教迫害而来到远东的，他们在这里停留下来并建立了自己的清真寺。简而言之，每当午时的鼓声敲响时，居住在广州的各种肤色的外国人以及来自唐朝境内各地的汉人，都被召唤到了大市场上，他们或在店邸中密谋策划，或在商船上讨价还价，进行紧张的贸易活动；而每当日落时分的鼓声敲响时，他们又都各自散去，返回自己的居住区。有时在晚间，他们偶尔也到夜市去，操着异国腔调大声地讲价钱。①

蕃坊这种形式，对于阿拉伯、波斯蕃商经商是十分有利的。因为它使他们在全国宏观上"大分散"的情况下，在各城市的蕃坊里能在微观上"小集中"，形成密集民族商业网点和繁华的商业区。这不但对于他们加强相互联系和协作，开展商业活动有利，也对历史上回族的形成和回族商业的发展十分有利。

5. 住唐外侨对中华文化的贡献

数量巨大的外国侨民，带来了他们本民族的文化，为中华文化的发展作出了贡献。频繁往来的人员，是文化交流的主要载体。所以，在论述中外文化交流史的各个阶段时，我们总会不断提到在丝绸之路上相继往来的各国行人，他们之中有的作为国家的使节，肩负着国家的使命，直接联系两国的政治、军事、经济和文化，有的人为着宗教信仰而传教或求法，更多的是那些不辞劳苦的各国商人，他们是物质文化交流的主要担当者。沈福伟指出：

中亚各国的侨民为数极多，在唐朝的政治和军事上曾经叱咤风云，在经济生活上大显身手，在艺术领域显赫一时。他们对唐朝的军事制度、贸易往来、财政收入、艺术风格，以至宗教信仰、生活习俗都产生过深远的影响。这些定居中国的中亚各国人士，也深受

---

① ［美］谢弗著，吴玉贵译：《唐代的外来文明》，中国社会科学出版社 1995 年版，第 27 页。

中国文物、典章制度的感染，因而多数成了华化"蕃胡"的一部分。①

不管他们是什么身份，人员的往来在文化交流中担当着双重角色：一方面，他们来到中国，感受到、了解到中国文化的丰富多彩，甚为羡慕，进而成为向本国介绍中国文化的一个重要渠道，他们本身也渐染华风，成为"华化"的"胡人"；另一方面，这些来华的外国侨民，把各国的先进文化，包括丰富的物质文化、艺术文化和思想文化带到了中国，促进着中华文化与外来文化的交流、渗透和融合，共同创造着盛唐的辉煌文明。盛唐时代中华文化的灿烂成就也有这些外国侨民的一份贡献。美国学者谢弗指出，云集在大唐城市里的外国人对唐朝文化作出了贡献，"印度的宗教与天文学、波斯的纺织图案与金属工艺、吐火罗的音乐与舞蹈、突厥的服饰与习俗，都对唐朝的文化产生过影响"②。

有人说到当时"胡风"流行的一个有趣的现象："胡着汉帽，汉着胡帽。""胡"和"汉"是身份，是本位，"帽"是文化，是风俗。胡人来到唐朝，见到了"汉帽"，见到了中国文化，他们心向往之，羡慕并学习，因而"华化"了，戴上了"汉帽"；唐朝人遇到了大批来华的胡人，见到了"胡帽"，接触到他们带来的胡人文化，惊奇而向往，因而"胡化"了，戴上了"胡帽"。不同的文化，通过这些远道而来的"胡人"，碰面、接触、交流，进而互相倾慕、相互学习，成为盛唐时代的文化景观。

总之，这些来华的外国人成为中外文化交流的一座生命之桥，通过他们，海内外文化进行了双向交流，他们在这个传播的过程中承担了重要的角色。

对中国历史贡献最大的莫过于来自西域和印度的佛教僧侣，他们对于佛教在中国的传播和发展作出了巨大的贡献。我们在多处提到，佛教在中国的传播和发展，对于中华文化的发展具有重大的意义。此外，还有摩尼教、景教、祆教等教徒，他们也为其宗教在中国的传播做了大量工作。

中国自然科学技术的进步，也有外侨的努力和贡献。有的侨民从外部带来了某些先进技术，有些外侨直接从事中国的科技活动。比如，擅长天文和

---

① 沈福伟：《中西文化交流史（第2版）》，上海人民出版社2006年版，第119页。

② ［美］谢弗著，吴玉贵译：《唐代的外来文明》，中国社会科学出版社1995年版，第3版。

历算的印度学者在司天台任职，其中最为有名的是迦叶考威、拘摩罗、瞿昙悉达等人。特别是瞿昙悉达家族一连四代人都担任这方面的职务。还有波斯人担任过这个职务。

外侨中还有很多是医师。为了冀求长生不老，唐太宗和唐高宗服过印度医生的药。天竺沙门伽阿逸多因制药有功，被高宗封为怀化大将军。李珣李玹兄弟，祖先是波斯人，自隋代来华，定居中国，后随唐代国姓改姓李。李珣是个药物学家，他编撰的《海药本草》是我国古代研究外国药物的稀有而珍贵的药物典籍。李珣和他的妹妹李舜弦是唐代有名的诗人。李珣的诗作迄今还有 54 首保留在《全唐诗》中。李舜弦是前蜀主王衍的昭仪，她所作的《随驾游青城》《蜀宫应制》《钓鱼不得》，脍炙人口。

亚洲各国的音乐舞蹈，佛教的壁画、雕刻、塑像艺术不同程度地给予中国艺术以影响，其中有部分是侨民的功劳。唐代长安街头还有不少外侨艺人。《新唐书》记载，时"多幻人，能发火于颜，手为江湖，口幡眊举，足堕珠玉"。这些"善幻人至中国"，"自是历代有之"。

以上所说只是简单地概括，本卷各章要讲到不同国家、不同民族、不同身份的入华外国人，他们生活在唐朝社会里，融入当地人的生活，在不同领域作出了自己的贡献。

二 "胡人"带来的"胡风"

1. 长安胡化盛极一时

在唐代，随着中西交流的扩大，大量的西域物产输入到中国，成群结队的外国侨民涌入中国，各国侨民在中国的大城市里生活活动，胡僧在寺院里传经，胡商在市场上交易，胡姬在酒馆里翩翩起舞，各国的使臣出入官府，从而使西域文明中的一些风俗习惯，如胡服、胡妆、胡戏、胡食成为一种新奇时尚风行一时，影响了唐人社会生活的各个方面，改变了唐人的生活风貌。

鲁迅曾经说："唐室大有胡气。"①　法国学者谢和耐指出："唐朝前半期的上层阶级，酷爱和迷恋胡族人的一切，其中包括舞蹈、音乐、娱乐、烹饪、衣服、住宅……自汉以来，草原和西域一直对中国北方施加影响。"②　向达指出：

> 异族入居长安者多，于是长安胡化极盛一时，此种胡化大率为西域风之好尚：服饰、饮食、宫室、乐舞、绘画，竞事纷泊；其社会各方面，隐约皆有所化，好之者盖不仅帝王及一二贵戚达官已也。③

唐代胡化之风弥漫于社会生活的各个领域，包括饮食服饰等日常生活领域、音乐舞蹈等娱乐活动领域、诗歌绘画等艺术领域。来自外国的各种商品包括奢侈饰品以及它们的仿制品，都成为唐人竞相追逐的对象。来到唐朝的那些异域人带来了各式各样的"奇珍异巧"。④

诗人元稹描写唐代"胡化"之风：

> 自从胡骑起烟尘，毛毳腥膻满咸洛。
> 女为胡妇学胡妆，伎进胡音务胡乐。
> 火凤声沉多咽绝，春莺啭罢长萧索。
> 胡音胡骑与胡妆，五十年来竞纷泊。

美国学者谢弗提到这样一个例子：诗人白居易曾经在自己的庭院里搭了两顶天蓝色的帐篷，还在毡帐中款待宾客。⑤　这说的是在唐文宗太和三年（829），白居易称病辞去刑部侍郎职，由长安东归，以太子宾客分司东都洛阳。回到洛阳后，他居住在早年购置的履道坊宅内，在宅院内张设了一顶青毡帐，伴着青毡、红炉，度过了人生中最后的 18 个漫漫寒冬。白居易在诗文中，多次深情地提到或专门描述了"青毡帐"（或"碧毡帐""毡帐"）。如他于太和五年（831）所作的《别毡帐火炉》云：

---

① 《鲁迅书信集》上卷，人民文学出版社 1976 年版，第 379 页。

② ［法］谢和耐著，耿昇译：《中国社会史》，中国藏学出版社 2006 年版，第 221 页。

③ 向达：《唐代长安与西域文明》，河北教育出版社 2001 年版，第 42 页。

④ 参见［美］谢弗著，吴玉贵译：《唐代的外来文明》，中国社会科学出版社 1995 年版，第 47 页。

⑤ 参见［美］谢弗著，吴玉贵译：《唐代的外来文明》，中国社会科学出版社 1995 年版，第 49 页。

忆昨腊月天，北风三尺雪。

年老不禁寒，夜长安可彻？

赖有青毡帐，风前自张设。

复此红火炉，雪中相暖热。

如鱼入渊水，似兔藏深穴。

婉软蛰鳞苏，温炖冻肌活。

方安阴惨夕，遽变阳和节。

无奈时候迁，岂是恩情绝？

毳帘逐日卷，香燎随火灭。

离恨属三春，佳期在十月。

但令此身健，不作多时别。

毡帐是北方古代游牧或半游牧民族的最主要的居住形式。居住毡帐，尤其是长期居住毡帐，与都市生活是格格不入的，白居易在唐朝最繁华的都市中长期以毡帐为居，是一个非常特殊而有趣的现象。唐太宗贞观四年（630），唐灭突厥之后，大批突厥人入居内地，并将他们的生活习俗，包括居室文化带入了内地。如突厥颉利可汗在长安被安置在太仆寺内，"颉利不室处，常设穹庐廷中，久郁郁不自憀，与家人悲泣相下，状貌羸省"。太仆寺在唐西京皇城"承天门街之东，第六横街之北，从西第一"。由此可见皇城内都张设起了突厥毡帐。突厥文化甚至对唐朝皇室的生活产生了重大影响。唐太宗的太子李承乾深受突厥文化的影响，并身体力行，在日常生活中极力模仿突厥人的生活习俗。大体上与白居易在洛阳搭施毡帐同时，淮南节度使高骈的府衙内，也张设了一顶地道的"青毡帐"，这顶毡帐是幽州节度使李可举赠送的礼物。可见，当时的达官显贵也都对"毡帐"这种胡风心向往之。表现在文化上，白居易的诗也有了"胡气"。

在唐代兴起的这种弥漫于社会生活各个领域的"胡风"，来源于频繁的人员交往和物质交流，来源于源源不断进入中国的外来物产和商品，也来源于唐朝人对于域外文化的想象，这种对于域外文化的想象成为刺激本土文化发展的一个精神源泉。美国学者谢弗指出：

一只西里伯斯的白鹦，一条撒马尔罕的小狗，一本摩揭陀的奇书，一剂占城的烈性药等——每一种东西都可能以不同的方式引发唐朝人的想象力，从而改变唐朝的生活模式，而这些东西归根结底则是通过诗歌或者法令或者短篇传奇或者是某一次即位仪式而表现出来的。……传奇故事中和图画里使少年儿童赏心悦目的小狗，字形看起来非常别扭的佛经（学者们最初见到这种文字时，无不感到非常惊讶）以及神奇莫测的巫术等等，都莫不如此。所有这些都为盛唐文化的美酒增添了新的风味，而它们自身也混合在了这美酒之中，成了供酒君子品尝的佳酿中的一剂甘醇的配料。①

我们将唐朝盛行的"胡风"与17至18世纪欧洲流行的"中国风"作比较，可以看出在文化交流中许多有意思、有规律的情况。在17至18世纪，由于中国和欧洲的海上交通发达，大批量中国商品销售到欧洲各地，又由于当时来华的传教士回国后对中国文明满怀激情的宣传和介绍，以及启蒙思想家们的推波助澜，欧洲各国普遍流行起"中国风"的生活时尚。在那个年代里，品种多样、制作精美、色彩斑斓的中国商品走进了欧洲人的日常生活，丰富了他们的生活内容，提高了他们的生活品质，改变了他们的审美趣味，甚至在一定程度上改变着他们的生活方式和生活态度，使他们的日常生活丰富起来、精致起来、美化起来。所以，这些中国商品成为一种时尚，成为一种风向标，同时也成为个人品位、地位和身份的象征符号。这种风尚广泛流行于各个艺术领域，一切来自中国的工艺品，如瓷器、漆器、丝绸、餐具、陈设、家具、各种小摆件、小手工艺品等等。不仅中国货成为人们热烈追求的对象，与此同时许许多多体现中国趣味、中国风格的仿制品也大量涌现。中国风格的造园艺术风靡欧洲，到处都出现了中国式的或英—中式的花园和园林，"中国风"的装修设计也大为风行，出现了许多所谓"中国房间"，铺中国地毯，墙面贴中国壁纸，陈设中国漆绘家具，使用中国餐具，摆放着中国瓷器。这种"中国风"还出现在德川幕府时期的日本和伊儿汗时代的伊朗。总之，正是新奇的、丰富的中国商品带着中华文化，走进了那里的人们的生活之中。

在唐朝，我们也看到了同一景象。除了大量的、大批的西域物产包括植物、动物和奇珍异宝等输入到中国外，还有那些生活在唐朝的众多的外国人，他们除了外貌体征与中原人不同而引起注目外，在衣食住行和言行举止等方面，也颇为奇异独特。起初这些可能被看做是奇风异俗、奇装异服，但来的

---

① ［美］谢弗著，吴玉贵译：《唐代的外来文明》，中国社会科学出版社1995年版，第4页。

人多了，就见怪不怪，久而久之，有一些民俗文化元素就会被中原人模仿，并经过改造加工，成为新的流行时尚。上至宫廷贵族，下至街巷百姓，都成为这种流行时尚的接受者、传播者，一时全社会对其趋之若鹜。而唐诗更是对胡风、胡人、胡姬、酒家胡等等，大书特书，极力推崇、赞扬、歌咏，推波助澜。美国学者谢弗指出：

> 由于艺术家本人的气质可能会与他所处的时代中广为流行的，而且普遍受到人们信奉的文化潮流不相协调，所以每个时代都会出现一些崇尚异国情调的艺术家，这是一点也不足为奇的。①

正是这些"崇尚异国情调的艺术家"，为唐朝艺术文化的大发展作出了创造性的贡献。

后来，这种追逐外来文化的"胡风"消退了，人们再提的时候只是作为一种怀旧的对象了。这并不意味着当时流行的这些东西没有了，而是经过中国人的接受、理解、变形和改造，进入到中国文化系统之中，成为中国文化的一部分。比如："胡服"的一些元素被汉服所吸收，就成了中国传统服饰的某些元素；"胡食"经过中国人的加工改造，变成了中国传统饮食的组成部分；西域歌舞则直接进入到中国乐舞的系统之中，成为中国传统音乐舞蹈的重要成员。总之，唐代的"胡风"，促进了中国文化，尤其是民间艺术文化的发展，"胡风"也就变成了"中国风"。

我们还应该注意到，这个时代，正是佛教大为流行的时期。佛教的流行主要在两个层面：一个是佛经的翻译和研究，就是在思想文化层面，引起了中国学术、思想和精神信仰世界的重大变化；二是在民间文化层面，就是佛教信仰及其推广活动的普及，包括各种庙会和其他佛事活动，塑造和改变着人们的日常生活。佛教这种外来的精神和信仰文化与"胡风"这种外来的日常生活文化，几乎是同时在中国流行的，它们之间存在着某种同构关系。可以说，精神信仰方面的开放对于"胡风"的盛行起到了推波助澜的作用。16—18世纪欧洲在日常生活中盛行"中国风"，在哲学层面则有莱布尼茨、伏尔泰等启蒙思想家们对孔子思想的热烈赞誉和吸收。这样，上层文化和下层文化、大传统与小传统、精神文化与物质文化，就出现了全面开放的态势，

---

① ［美］谢弗著，吴玉贵译：《唐代的外来文明》，中国社会科学出版社1995年版，第50页。

当时欧洲是向中国的"全面开放"。在唐代，宫廷和民间、士大夫和老百姓、宗教人士和文人学者，也是这样怀抱着全面开放的心态，而这时的中国是向"西域"、向"胡风"的开放。

2. "女为胡妇学胡妆"

唐人大规模地模仿外国异族服饰，成为当时社会的流行时尚。刘肃《大唐新语》卷一〇记载："武德、贞观之代，宫人骑马者，依《周礼》旧仪多着幂罗，虽发自戎夷，而全身障蔽。永徽之后，皆用帷帽施裙，到颈为浅露。显庆中，诏曰：'百官家口，咸预士流。至于衢路之间，岂可全无障蔽？比来多着帷帽，遂弃幂罗；曾不乘车，只坐檐子。过于轻率，深失礼容。自今已后，勿使如此。'神龙之末，幂罗始绝。开元初，宫人马上始着胡帽，靓妆露面，士庶咸效之。天宝中，士流之妻，或衣丈夫服，靴衫鞭帽，内外一贯矣。"

刘肃说贞观时长安"胡着汉帽，汉着胡帽"非常普遍，从贵族到士庶皆以穿胡服为时尚。隋及唐初，宫人骑马，多着幂篱。永徽以后，皆用帷帽。开元初遂俱用胡帽，民间因之相习成风。《旧唐书·舆服志》有记载。

姚汝能《安禄山事迹》记载："天宝初，贵游士庶好衣胡服为豹幅，妇人则簪步摇，衣服之制度，衿袖窄小，识者窃怪之，知其戎矣。"

从大量传世和出土的唐人画塑像来看，唐代妇女所穿的"胡服"，通常由锦绣帽、窄袖袍、条纹裤、软锦靴等组成。衣式为对襟，翻领，窄袖；领子、袖口和衣襟等部位多缀有一道宽阔的锦边，腰间还系有一条革带，革带上还附缀有若干条小带，这种革带就是南北朝蹀带的遗形。唐代还流行波斯等国的胡服"卡弗坦"。卡弗坦形制为锦绣浑脱帽，翻领窄袖袍，条纹小口裤和透空软锦鞋。陕西乾县章怀太子墓、永泰公主墓出土壁画及新疆吐鲁番阿斯塔那张礼臣墓出土的绢画中，绘有穿这种服装的妇女形象。《梦溪笔谈》写道："中国衣冠，自北齐以来，乃全用胡服。窄袖、绯绿短衣，长靿靴，有鞢带，皆胡服也。"

英国学者吴芳思指出：杨贵妃"或许对中亚物品在 8 世纪风靡宫廷起到了推波助澜的作用"。她指出："在 7 世纪，女织的体态显得娇小而苗条，穿着高而紧身的束腰，衣袖也很窄小。到 8 世纪中叶，墓葬中出土的文物中的妇女形象有了明显的变化，这不仅反映在这位体态丰满的贵妃的身材上，也反映在她身穿的经丝绸之路传入的体现着中亚风尚的服饰中。她头戴加衬垫的巾帛，跟 7 世纪的美人不戴帽子、小而简洁的头饰形成鲜明的对照。穿着大袖的宽松的长裙，衣服垂感极佳，一泻而下；脚穿蓄有棕草、鞋首高而翻卷的云头锦履，在丝绸之路的出土文物还发现过这样的履。"①

中唐以后，回纥人大量进入中原，长安又流行"回鹘衣装回鹘马，就中偏称小腰身。盘凤鞍鞯闪色妆，黄金压胯紫游缰"。这种"回鹘衣装"在甘肃安西榆林窟壁画上还可看到：其制和长袍相似，也用翻领，袖子做得非常窄小，袍身则比较宽大，下长曳地，领、袖等处也镶有宽阔的锦边，鞋子是软底翘头锦鞋。

沈从文指出：

> 唐代胡服似可分前后两期。前期来自西域、高昌、龟兹，间接则出于波斯影响，特征为头戴浑脱帽，身穿圆领或翻领小袖衣衫，条纹卷口裤，透空软底锦靴。出行骑马必着帷帽。如文献所称，盛行于开天间，实早百十年。后期则如白居易新乐府所咏"时世装"形容，特征为蛮鬟椎髻，眉作八字低颦，脸敷黄粉，唇注乌膏，影响实出自吐蕃。图像反映有传世《宫乐图》《倦绣图》均具代表性，实元和间产物。②

在出土的大量唐代俑人中，可以看到当年流行的"胡服"的样式。如洛阳龙门安菩墓出土的盛唐时期的两件身着圆领窄袖长袍、腰束革带的汉族男俑，同样服饰的男俑在孟津西山头唐墓也有多件。偃师恭陵哀皇后墓中也出土了大量身着翻领窄袖长袍的骑马俑。许多女性也身着翻领窄袖以及圆领窄袖的胡服长袍，如偃师城关唐柳凯墓中出土的头戴胡帽、身着圆领窄袖长袍的女俑，洛阳关林镇唐墓出土身着翻领窄袖长袍的彩绘女俑。尖顶或卷沿的胡帽也非常流行。1985年偃师后杜楼村出土的彩绘牵马俑、褐釉牵马男胡俑以及洛阳关林镇唐墓出土的三彩牵马男胡俑都头戴尖顶帽，洛阳东北郊唐墓以及偃师前杜楼、北窑、城关镇等地唐墓也出土了头戴卷沿虚帽的彩绘男胡俑。许多洛阳妇女出行时还戴着来自西域的帷帽，如偃师杏园李嗣本墓中就出土一件骑马女俑，头戴笠帽，头颈用织物遮掩，双臂间还有一宽沿帷帽，装束与前者相似的帷帽骑马女俑在巩义二电厂90号唐墓以及北窑湾M6唐墓都有出土。

唐代妇女在发饰和化妆上也多有模仿外国样式，即所谓"胡妆"。早在梁

---

① ［英］吴芳思著，赵学工译：《丝绸之路2000年》，山东画报出版社2008年版，第61—62页。

② 沈从文：《中国古代服饰研究》，上海书店出版社2002年版，第7页。

代，徐摛《胡无人行》中就有"刻楹登鲁殿，拥絮拭胡妆"的描写，到了唐代胡妆更为流行。《新唐书·五行志》说："元和末，妇人为圆鬟椎髻，不设鬟饰，不施朱粉，惟以乌膏注唇，状似悲啼者。圆鬟者，上不自树也；悲啼者，忧恤象也。唐末，京都妇人梳发，以两鬓抱面，状如椎髻，时谓之'抛家髻'。又世俗尚以琉璃为钗钏，近服妖也。抛家、流离，皆播迁之兆云。"

天宝时期的诗人独孤及在其《送王判官赴福州序》中也有相关记述："椎髻殊俗，覆车畏途""圆鬟椎髻""抛家髻""胡人椎髻""椎髻"等，都是典型的胡妆。"椎髻"亦作"椎结""堆髻"，将头发结成锥形的髻。《汉书·李陵传》记载："后（李）陵、（卫）律持牛酒劳汉使，博饮，两人皆胡服椎结。"颜师古注："结，读曰髻，一撮之髻，其形如椎。"白居易《时世妆》一诗专咏来自于域外的流行装束，包括"堆髻"：

> 时世妆，时世妆，出自城中传四方。
> 时世流行无远近，腮不施朱面无粉。
> 乌膏注唇唇似泥，双眉画作八字低。
> 妍媸黑白失本态，妆成尽似含悲啼。
> 圆鬟无鬓堆髻样，斜红不晕赭面状。
> 昔闻被发伊川中，辛有见之知有戎。
> 元和妆梳君记取，髻堆面赭非华风。

陈寅恪在论及白居易《时世妆》时说："凡所谓摩登之妆束，多受外族之影响。此乃古今之通例，而不须详证者。又岂独元和一代为然哉？"[1]

白居易诗中说的"乌膏"是妇女用以涂唇的化妆品，"赭面"即以赤色涂脸，亦指以赤色涂红的脸。赭是红褐色，《新唐书·吐蕃传》记载："衣率毡韦，以赭涂面为好。"元和年间，妇女的面妆不施朱粉，而以乌膏涂唇，眉成八字，发作"堆髻"，面呈赭色。向达说："赭面是吐蕃风，堆髻在敦煌壁画及西域亦常见之。此种时妆或亦经由西域以至于长安。"[2] 陈寅恪也说："乐天则取胡妆别为此篇以咏之。盖元和之时世妆，实有胡妆之因素也。""白氏此诗所谓'面赭非华风'者，乃吐蕃风气之传播于长安社会者也。"[3] "堆

---

① 陈寅恪：《元白诗笺证稿》，生活·读书·新知三联书店2001年版，第261页。
② 向达：《唐代长安与西域文明》，河北教育出版社2001年版，第47页。
③ 陈寅恪：《元白诗笺证稿》，生活·读书·新知三联书店2001年版，第261页。

髻""赭面"虽非中原传统的装扮，但一流行就长达数十年，可见当时妇女对其的钟爱程度。直至五代时期，"堆髻"还有留存，牛峤《女冠子》说："绿云高髻，点翠匀红时世。月如眉，浅笑含双靥，低声唱小词。"

白居易诗中对"胡妆"屡有描述："风流夸堕髻，时世斗啼眉。"诗人自注说："贞元末，城中复为坠马髻，啼眉妆也。"堕马髻，又称坠马髻，为一种偏垂在一边的发髻；啼眉妆，又称"啼妆"，即"双眉画作八字低"，状似悲啼，让人怜惜。白居易《琵琶引》中有"夜深忽梦少年事，啼妆泪落红阑干"的描写。作为一种流行时间较长的眉妆，"啼妆"在唐诗中时有描绘："瘴塞巴山哭鸟悲，红妆少妇敛啼眉"（《瘴塞》），"弱体鸳鸯荐，啼妆翡翠衾"（《长门怨》），"殷勤为报梁家妇，休把啼妆赚后人"（《比红儿诗》），"戚戚彼何人，明眸利于月。啼妆晓不干，素面凝香雪"（《闺怨》），如此等等。

在"啼眉妆"之前，唐代妇女流行的眉妆大约如白居易《上阳白发人》中所描述的那样："今日宫中年最老，大家遥赐尚书号。小头鞋履窄衣裳，青黛点眉眉细长。外人不见见应笑，天宝末年时世妆。"李白《对酒》诗云："蒲萄酒，金叵罗，吴姬十五细马驮。青黛画眉红锦靴，道字不正娇唱歌。玳瑁筵中怀里醉，芙蓉帐底奈君何？"李白诗中的"青黛画眉"，印证白居易描写的上阳宫女"青黛点眉眉细长"及"窄衣裳"，确实是"胡风"大盛于天宝末年的"时世妆"。《唐语林·德行》记载："晟治家整肃，贵贱皆不许时世妆梳。"是说太尉西平王晟全力抵御时风，不允许家人追攀时尚。

3. "胡饼"与"鹘饼胡"

早在汉代，许多来自西域的蔬菜瓜果和其他食物就传入中国，进入到人们的日常生活中，丰富了中国人的饮食结构。汉朝人把从西域传入的食品称为"胡食"。唐代仍有一些西域植物传到中国并得到推广种植。随着大批胡人进入唐朝社会，"胡食"也在唐朝流行起来，成为当时社会生活的一个显著特点。《旧唐书·舆服志》说："太常乐尚胡曲，贵人御馔，尽供胡食。"

唐代的胡食品种很多，其中流传最广的两种面食是胡饼和饦锣。

"胡饼"是面点的一种，早在汉代就已进入中国。《太平御览》转引《续汉书》称："灵帝好胡饼，京师皆食胡饼。"《三辅决录》说："赵岐避难至北海，于市中贩胡饼。"《晋书》也有王羲之坦腹东床，啮胡饼，神色自若的记载。可知迟至晋代"胡饼"已经成为人们的日常食品了。刘熙《释名·释饮食》说："胡饼作大之漫沍也。亦言以胡麻着上也。"十六国时，"石季龙讳胡，改胡饼曰麻饼"。胡饼的一个特点是在饼上着芝麻。

在唐代，胡饼尤其盛行于社会各个阶层。《齐民要术》在"髓饼法"中，提到"胡饼炉"，可能胡饼多为烤制，所以有特制的饼炉，有人甚至径称胡饼为"炉饼"。但是也有蒸制的胡饼，据记载，刘晏五鼓入朝，天寒，途中见卖"蒸胡"处热气腾腾，"使人买之，以袍袖包裙帽底啖之。且谓同列曰：美不可言。美不可言"。唐人食用的胡饼主要有素饼、油饼、肉饼、芝麻饼等不同的种类。《唐语林》解释胡饼云："时豪家食次，起羊肉一个，层布于巨胡饼，隔中以椒豉，润以酥，入炉迫之，候肉半熟食之。"

日本圆仁和尚在开成六年（841）正月六日立春时，在长安佛寺中食用胡饼，称"时行胡饼，俗家皆然"。当时僧俗人等喜欢食用胡饼。在长安等地的街头，卖胡饼的店摊十分普遍。贺知章初到长安，投师访友，出明珠为贽见之礼，主人了不在意，嘱童持去鬻胡饼数十枚，众人共食之。据《资治通鉴》记载，安史之乱时，唐玄宗西逃至咸阳集贤宫，正值中午，"上犹未食，杨国忠自市胡饼以献"。说的是杨国忠到街市上买来胡饼给皇帝充饥。当时，除了东西两京外，至少今山东、江西、四川等地是胡饼流行的地区。唐代以长安辅兴坊胡饼店制作的芝麻胡饼最为有名，元和十四年（819），白居易在忠州刺史任上时，将忠州所出胡饼寄给万州刺史杨归厚，并写诗《寄胡饼与杨万州》说：

> 胡麻饼样学京都，面脆油香新出炉。
> 寄与饥馋杨大使，尝看得似辅兴无。

直到宋代，人们还习惯食用胡饼之类的东西。北宋黄朝英《湘素杂记》称："有鬻胡饼者，不晓名之所谓，乃易其名为炉饼。"又据宋人笔记如孟元老《东京梦华录》、周密《武林旧事》、耐得翁《都城纪胜》所记，当时东京产销胡饼的店铺众多。

唐代有一则故事称，饶州龙兴寺奴阿六，宝应中卒，以命不该绝放还。途中遇到原来相熟的胡人，此胡人在生时以鬻胡饼为业，死后在阴间仍以卖饼为业，胡人求阿六为家中捎"胡书"一封，请家中为造功德。这个故事说明，唐代鬻胡饼者多为胡人，胡人生时以制作胡饼为生，死后仍以胡饼为业。在唐人传奇故事中，鬻胡饼者往往是胡人。有一则"鬻饼胡"的故事说，鬻饼胡在本国时原本是富豪之家，至长安从事珠宝生意，因等候一起来的同乡，遂以售饼为业。

唐人传奇名篇《任氏》中提到郑六夜遇狐仙，天未明而归，"及里门，门扃未发。门旁有胡人鬻饼之所，方张灯炽炉，郑子憩于其帘下，坐以候鼓"。另一则故事中说，东平尉李麐在由东都前往东平赴任途中的一故城客店中，遇以卖胡饼为业的胡人。

"饆饠"一语源自波斯语，一般认为它是指一种以面粉作皮、包有馅心、经蒸或烤制而成的食品。唐人李匡乂认为"饆饠"这两个字当初应作"毕罗"，称："蕃中毕氏、罗氏好食此味，今字从食，非也。"段成式记载两则与饆饠有关的故事。一则说，东市恶少李和子被鬼卒拘絷，固请鬼卒饮酒，"将入饆饠肆，鬼掩鼻不肯前"。另一则说，有明经昼梦邀邻居在经常光顾的长安长兴里饆饠店饮食，梦醒之后，果然有店中伙计前来，诘问为何与客食饆饠二斤，"不计值而去"。明经解释原委之后，店主吃惊地说："初怪客前饆饠悉完，疑其嫌置蒜也。"

饆饠的做法并不限于一种，段成式具列的"衣冠家名食"中，就有韩约作的"樱桃饆饠"，据称这种饆饠甚至能使樱桃颜色保持不变。《酉阳杂俎》说："今衣冠家名食，有萧家馄饨，漉去汤肥，可以瀹茗，庚家粽子，白莹如玉，韩约能作樱桃饆饠，其色不变，有能造冷胡突鲙，鲤鱼臆，连蒸诈草，草皮索饼，将军曲良翰，能为骏鬃驼峰炙。"唐代长安有许多经营饆饠的食店，有蟹黄饆饠、猪肝饆饠、羊肾饆饠等，还有一种叫做"天花饆饠"的食品。唐代军队中宴饮时，"饆饠一人一枚，一万二千五百枚，一斗面作八十个，面一十五石六斗二升五合"。

据蔡鸿生研究，到了宋代，饆饠进一步汉化，走入百姓家，成为中国饮食文化的一部分。蔡鸿生认为饆饠汉化的标志有两个："第一，列入国宴。陆游在《老学庵笔记》卷一写道：'集英殿宴金人使，九盏：第一肉咸豉，第二爆肉双下角子，第三莲花肉油饼骨头，第四白肉胡饼，第五群仙炙太平饆饠，第六假圆鱼，第七奈花索粉，第八假沙鱼，第九水饭咸豉旋鲊瓜姜。'"第二，列入食疗。据宋代医官王怀隐等编《太平圣惠方》，有食疗功效的饆饠共3种，即有面制包馅经炉烤的"猪肝毕罗""羊肾毕罗""羊肝毕罗"，"以上3种，均配药制成馅饼，烘烤服用"。①

我国历代的美味胡食还有"胡羹""胡羊肉"等。"胡羹"是汉魏南北朝时期的名菜，传说它始于北方草原民族地区，或始于西域各国，羹中所用的

---

① 蔡鸿生：《中外交流史事考述》，大象出版社 2007 年版，第 71—72 页。

原料是西域胡地生产，故称"胡羹"。而后，各种羹料从西域各国引进种植，人们习惯食用此羹，胡羹的名字也就流传下来。《齐民要术》一书载："作胡羹法：用羊肋六斤，又肉四斤，水四升，煮，出肋切之，葱豉一斤，胡荽一两，安石榴汁数合，口调其味。""胡羊肉"是用羊肉煮、蒸之法烹制，《齐民要术》更详细记载其吃法。

在上层社会餐桌上的精美菜肴，有些是利用昂贵的进口配料制作的。特别流行的是各种添加了香料的香味食品，例如在一种叫做"千金碎香饼子"的食物中，就添加了香料。有些食品则是根据外国传来的食谱制作的，例如在笼屉中蒸制的"婆罗门轻高面"就属于这一类食品。

在胡食流行的同时，外来调味品在唐朝也很时兴，其中最有名的是胡椒。胡椒是汉代时从西域传入中国的主要香料之一，到唐时，胡椒已经成为人们烹饪的主要调料。苏恭《唐本草》称："胡椒生西戎，形如鼠李子，调食用之，味甚辛辣。"段成式更明确地称胡椒生于摩揭陀国，当地人呼为昧履支，并谓"今人作胡盘肉食皆用之"。

4."胡姬"与"酒家胡"

除了制作或出售胡食外，胡人在饮食业中经营的项目还有酒店业。当时大量的外国胡商居住在长安、洛阳、广州、扬州等地，"殖资产，开第舍，市肆美利皆归之"。胡人开设的各种店肆中，有许多酒肆。

长安的酒肆业十分繁华，城内酒肆主要分布在东西两市和东门、华清宫外阙津阳门等交通要道。长安城外的灞陵、虾蟆陵、新丰、渭城、冯翊、扶风等地也有众多酒肆。其中，长安西郊的渭城，是通往西域和巴蜀的必经之地，唐人多在渭城酒肆中为西去的故人饯行，也留下了许多渭城酒肆饯别的名句，如王维的《渭城曲》。除长安外，洛阳、扬州、益州等通都大邑外州郡治所也有酒肆。大中城市和州郡治所以下的县邑和乡村的酒肆，规模往往较小。

长安有很多胡人开的酒肆。各家酒楼用葡萄酒招揽各色顾客，用萨珊王朝产的金杯银盏，或西域特产的琥珀杯、玛瑙杯，祁连山的夜光杯斟满葡萄美酒，又有中亚西亚那些妙龄舞蹈家在悠扬婉转的胡乐伴奏下翩翩起舞，佐酒助兴，全然一派摄人魂魄的异域文化情调。文人、政府的官僚、长安两市的商贾乃至皇室贵族、军旅将士，不分男女成为胡人酒肆的常客。李白《少年行》之二写道：

五陵少年金市东，银鞍白马度春风。

落花踏尽游何处，笑入胡姬酒肆中。

在胡人酒肆中，年轻美貌的胡姬服侍饮酒，富有异国情调和浪漫色彩，成为一代风尚。

胡人酒肆常设在城门路边，人们送友远行，常在此饯行。岑参《送宇文南金放后归太原寓居因呈太原郝主簿》诗云："送君系马青门口，胡姬垆头劝君酒。"到胡肆里饮酒可以欠账，所以王绩《过酒家》诗说："有钱须教饮，无钱可别沽。来时常道贳，惭愧酒家胡。"酒肆还接受以物换酒，以物品抵押质酒，凭信用赊酒等。以物换酒，唐诗中多有反映，最著名的要数李白《将进酒》所咏："五花马，千金裘，呼儿将出换美酒，与尔同销万古愁。"据《杜阳编》所记，公主的步辇夫把宫中锦衣质在了广化坊的一个酒肆中。酒肆中除了美酒，还有美味佳肴和音乐歌舞。贺朝《赠酒店胡姬》诗生动描写了胡人酒店中的情景：

胡姬春酒店，弦管夜锵锵。
红毾铺新月，貂裘坐薄霜。
玉盘初鲙鲤，金鼎正烹羊。
上客无劳散，听歌乐世娘。

王维诗中也有"画楼吹笛妓，金碗酒家胡"的描写。元稹"野诗良辅偏怜假，长借金鞍迓酒胡""最爱轻欺杏园客，也曾辜负酒家胡"，等等，以"酒家胡"作为酒肆的代称。文人学士们"细雨春风花落时，挥鞭直就胡姬饮"，总喜欢到胡人酒肆中饮酒，欣赏胡姬歌舞。唐诗中有不少诗篇提到这些酒店和胡姬。"酒家胡"与"胡姬"成为唐代饮食文化的一个重要特征。

与此相关的是唐诗中对胡人酒肆中"当垆胡姬"的描述，杨巨源《胡姬词》称：

妍艳照江头，春风好客留。
当垆知妾惯，送酒为郎羞。
香渡传蕉扇，妆成上竹楼。
数钱怜皓腕，非是不能留。

这首诗描写了春日江边竹楼酒肆中，胡姬待客饮酒的情形。唐诗中这样的描写还很多，如李白"胡姬貌如花，当垆笑春风""胡姬招素手，延客醉金樽"；岑参"胡姬酒垆日未午，丝绳玉缸酒如乳"；施肩吾"胡姬若拟邀他宿，挂却金鞭系紫骝"；温庭筠"金钗醉就胡姬画，玉管闲留洛客吹"，等等，将胡姬作为描述的对象。

胡姬酒肆中的酒大多是从西域传入的名酒，像高昌的"葡萄酒"，波斯的"三勒浆""龙膏酒"等。波斯的"三勒酒"是菴摩勒、毗梨勒、河梨勒三种酒的合称。顺宗时宫中还有古传乌弋山离（伊朗南路）所酿的龙膏酒。"石榴酒、葡萄浆、桂兰芳、茱萸香。愿君驻金鞍，暂次共年芳。"

胡人嗜酒，但不讲究酒令，也没有其他劝人饮酒的好办法，于是出现了木偶式的劝酒用具。它以木头刻成一位胡人模样，下端为圆锥形状，可以置于盘中旋转，这个木头人倒下时指着谁谁就饮酒，故称"酒胡"。五代王定保《唐摭言》收录了一篇评述酒胡的短文："二三子逆旅相遇，贯酒于旁舍，且无丝竹，以用娱宾友，兰陵掾淮南生探囊中得酒胡子，置于座上，拱而立令，曰巡觞之胡人，心挽仰旋转，所向者举杯。胡貌类人，亦有意趣，然而倾侧不定，缓及由人，不在酒胡也。"

从一些出土的唐代文物看，和酒胡有关的酒具也带有鲜明的胡风。20世纪70年代在西安南郊何家村发现的盛唐金银器皿，其中舞马环杯壶、提梁壶、高足杯、环柄八棱杯等物，具有波斯风格，是中亚、西亚流行的酒具样式。

三　唐代艺术中的异域情调

唐时大量的外国人涌入中土，并生活在唐人中间，从事着商业、艺术等活动。由他们带进中国的"胡风"弥漫在社会生活之中，使整个唐朝对异域情调充满了欣赏和想象。唐人把这种对于异域的想象，这种对异域风情的赞颂和期待，生动地表现在艺术作品当中，从而成就了许多艺术形式的表现主题。在音乐舞蹈方面，来自西域的舞蹈家和音乐家，广泛地活跃在长安以及其他大都市，带来西域的乐舞，如胡施舞、拓枝舞等，使中土掀起强劲的西域旋风。在宗教生活方面，僧人们的俗讲和变文，奇异鬼怪的故事，吸引了大量的听众，成为一种深受欢迎的大众文化形式。诗歌创作也表现出这种浓郁的异域风情，包括胡装、胡食、酒家胡、胡姬、胡舞等，出现在许多诗人创作的诗歌之中，并表现出绚烂的色彩、浪漫的意境。

绘画也和这个时代的风尚相适合，表现外来人物成为许多画家的创作主题。这一时期的绘画作品，首先是表现域外人的形象。7世纪时，表现外来人物的画家中名气最大的画家是阎立德。阎立德是阎立本的哥哥，阎氏兄弟二人齐名。据说在表现外来人物题材方面，与阎立德同时或比他更早的画家，没有一个人能够超过他的成就。贞观三年（629）东蛮谢元深到长安朝觐，阎立德奉诏画《王会图》纪其事，以歌颂唐帝国的强大兴盛和与边远民族的友好关系。《旧唐书·南蛮西南蛮传·东谢蛮》对此有记载。他还画过《文成公主降番图》，形象地记录了贞观十五年（641）太宗命文成公主赴吐蕃与松赞干布联姻这一重大历史事件。贞观十七年（643），阎立本受命描绘太宗朝万国输诚纳贡的场面。

其他表现域外人物的绘画还有李渐与他的儿子李仲和画的骑在马上的蕃人弓箭手的形象，张南本创作的《高丽王行香图》，周昉画的《天竺女人图》，张萱的《日本女骑图》等等，此外敦煌壁画中还有一些面貌古怪、帽子奇特，留着外国发式的中亚民族人物的形象。唐朝画家描绘的这些远国绝域的居民的形象，通常是穿着他们本地的服装，而且这类绘画尤其突出地表现了异域人奇特的相貌。在所有表现外国人的艺术作品中，能够确认其年代的作品，大多数是由唐朝工匠创作的赤陶小塑像。在这些塑像中，我们可以发现头戴高顶帽、神态傲慢的回纥人，浓眉毛、鹰钩鼻的大食人，此外还有一些头发卷曲、启齿微笑的人物形象。

唐朝艺术家喜欢表现的外来题材还有外国的神和圣者，尤其是佛教发源地的神与圣人，如瘦削憔悴的印度罗汉，璎珞被体、法相庄严的菩萨，还有表现佛法的守护神和中国的殿堂门庭里的保护神的古代因陀罗和梵天，以及其他一些已经部分地同化在北方游牧民族文化和汉族文化之中的守护神。尉迟乙僧创作的《天王像》具有代表性，且一直流传到了现在。

外国山川形胜，同样也是当时表现异域情调的一个主题。在阎立本的作品中，有两幅《西域图》。距离阎氏兄弟之后一个多世纪，活跃在唐朝画坛上的是周昉与张萱两位画家。周、张二人都以擅长画仕女画而著称，他们两人都曾画过《拂菻图》。诗人王维也根据某个"异域"创作了一幅风景画。

异域的野生动物、家畜、植物，特别是唐朝人羡慕和渴望得到的那些家畜，如鹰隼、猎犬、骏马等，对唐朝的艺术家都具有强烈的吸引力。因而，唐代有许多的绘画和诗歌作品借表现这些充满异域想象的动物和植物，来寄托人们无尽的情怀。

第十章

西域文化在中国
的传播（二）

在中国古代史上，与西方的交涉和交通，一直是对外关系的重点。隋唐以前，陆路通过西域，西方的希腊罗马文化、古波斯文化、阿拉伯文化、印度文化以及东亚的中华文化，在这里汇合、交集、激荡与交流，又通过这里向东西方扩散，分别对东西方文化的发展产生重要的影响。

到了隋唐，西域文化在中国的传播还在继续，并且比前代范围更广，影响更深远。在这个时期，隋唐两朝加强了对西域的经略，使丝绸之路更加畅通，隋唐与西域诸国，以及通过西域与波斯、阿拉伯乃至拜占庭帝国都加强了联系，商业贸易有了更大的发展，大批的西域人涌向中国，开展贸易、宗教、外交和其他文化活动，并把他们的文化、习俗、宗教和艺术带到中国来，在中国社会各方面都产生了一定的影响。

一　隋唐与西域的交通与交流

1. 隋朝对西域的经略

自从张骞通西域后，西汉设西域都护府，东汉继设都护和校尉，对西域加强了管理和控制。魏晋南北朝时，中原战乱纷争，内地与西域的联系受到一定的影响，西域诸国脱离中原政权的控制，先后陷于铁勒、柔然、突厥等草原民族的统治之下，以至唐人李延寿说，齐、周二代"不闻有事西域"。当然，当时的民间交通还是存在的，文化和经贸的交流也没有中断，但显然大不如从前了。

由于长期隔绝，建国之初，隋朝对西域的情况不甚明了，《隋书·西域传》说："暨魏晋之后，互相吞灭，不可详焉。"所以，隋朝立国后，就加强了对西域的联系和经略。

隋朝建立的时候，西有吐谷浑、党项羌，西北有突厥，皆与隋朝对抗。突厥东起辽东，西至西海（今里海），势力强盛，河西走廊以北的沙碛和草原地区由突厥直接控制，以西的伊吾高昌、焉耆诸国依附突厥，以南则归吐谷浑。吐谷浑的势力西达鄯善、且末，控制着南北朝时期经过赤岭、伏俟城、鄯善、且末的东西交通线，即"河南道"。吐谷浑、突厥遏丝路要冲，对隋西北边境屡有侵扰。因此，隋初与西域虽有交通，但规模不大。《隋书·高祖纪》记载，开皇元年（581）三月，曾有白狼国"贡方物"。杜佑《通典·边防三》记载，白狼国在"蜀郡之西"。南方因有陈朝的存在，更无可能利用海上交通发展与海南以西各国的关系。

　　至开皇四年（584），由于内讧，加上隋朝的军事打击，突厥势衰，隋与突厥的力量对比发生了变化。东突厥臣服于隋，隋又赐突厥沙钵略可汗妻千金公主为杨姓，编之属籍，改封大义公主，与东突厥建立了和亲关系。此后又先后有安义公主、义成公主出嫁东突厥，信义公主出嫁西突厥，隋朝与西域诸国的交通始有开展。开皇四年（584），党项羌"千余家归化"，五年（585），其诸部落内附。六年（586），女国入隋朝贡。开皇九年（589），隋灭陈，中原统一，国势渐盛，隋之声威亦及于四邻。《隋书·西域传》记载："平陈之后，（吐谷浑主）吕夸大惧，遁逃保险，不敢为寇。"这对中西交通的开展起到了重要作用。

　　《隋书·西域传》还记载：开皇"十一年，吕夸卒，子伏立。使其兄子无素奉表称藩，并献方物，请以女备后庭"。吐谷浑新可汗要求与隋朝和亲。隋文帝未依其请，但在十二年（592）遣刑部尚书宇文弼出使吐谷浑慰抚。十六年（596），将光化公主嫁给可汗伏，与吐谷浑建立了和亲关系。第二年，吐谷浑发生政变，国人杀伏，立其弟伏允。伏允"使使陈废立之事，并谢专命之罪，且请依俗尚主，上从之。自是朝贡岁至"。开皇十六年，会州之战之后，党项羌"自是朝贡不绝"。仁寿三年（603）六月，文帝下《令州县搜扬贤哲诏》，其中有"方今区宇一家，烟火万里，百姓乂安，四夷宾服"之语。仁寿年间，文帝任命杨恭仁为甘州刺史，治理河西，进一步稳定了河西诸郡的局势。不过由于西突厥、吐谷浑的存在，丝路交通仍然不算畅通。

　　隋炀帝继位时，一度威慑西域的突厥和吐谷浑势力渐衰，西域人"引领翘首"，迫切要求加强和内地的联系。因为当时的西域诸国，如高昌、焉耆、龟兹、疏勒、于阗、康国、安国、石国、米国、史国、曹国、何国、钹汗、挹怛等，或者深受汉文化的影响，或者是汉人建立的政权。如高昌就是汉族敦煌人张孟明所建，以后统治高昌的鞠氏也是汉族人，所以这里的"风俗政令，与华夏略同"，西域各国的经济发展也与内地有很密切的联系。因此，它们迫切希望加强与隋朝、与内地的联系。另一方面，隋炀帝也有意向西发展，一方面进行军事扩张，开拓疆域；一方面遣使与海、陆两道丝路沿途国家进行交通。这就为扩大中西经济贸易与文化交流创造了重要的条件。

大业初年，炀帝派遣韦节、杜行满一行出使西域，展开了与西域的联系和交往，最远至印度王舍城。《隋书·西域传》记载："炀帝时，遣侍御史韦节、司隶从事杜行满使于西蕃诸国。至罽宾，得玛瑙杯；王舍城，得佛经；史国，得十舞女、狮子皮、火鼠毛而还。""炀帝即位之后，遣司隶从事杜行满使于西域，至其国，得五色盐。"王舍城即罗阅，是古印度摩揭陀国悉苏那伽王朝的都城，城西南的佛陀伽雅为释迦牟尼成佛之地。有学者研究认为，韦、杜西使一行很可能抵达康国后分道，韦节经由史国、挹怛，抵达罽宾和王舍城。杜行满则往赴安国，并偕安国使者于大业五年（609）归朝。与韦、杜一起出发的李昱则先随杜行满抵达安国，复自安国往赴波斯。

韦节回国后撰有《西蕃记》一书。韦节等人的出使，扩大了隋对西域的了解，打破了中原地区与西域的之前的隔绝状态。

在韦节等出使西域不久，炀帝又派裴矩驻张掖，并往来于武威、张掖间，以主持和西域的联系及商业交通事宜。隋朝建立以后，"西域诸蕃款张掖塞与中国互市"。张掖成为当时中西贸易的中心，兴盛时有40多个西域国家的商人集中在这里经商。自此，中原与西域的交往得以恢复和发展。《资治通鉴·隋记》记载："西域诸胡多到张掖交市，帝使吏部侍郎裴矩掌之。矩知帝好远略，诸商胡至者，矩诱访诸国山川风俗，王及庶人之仪形服饰，撰《西域图记》三卷，合四十四国，入朝奏之……帝于是慨然慕秦皇、汉武之功，甘心将通西域；四夷经略，咸以委之。以矩为黄门侍郎，复使至张掖，引致诸胡，啗之以利，劝令入朝。自是西域胡往来相继。"

《隋书·裴矩传》也有类似记载。

裴矩是隋炀帝时对西域政策的制定者和执行者。裴矩是河东闻喜人，裴矩及其祖、父在北齐为官，齐亡入周，渐受杨坚重用。隋平陈之后，裴矩以3000"弊卒"绥集岭南20余州，以功拜开府，赐爵闻喜县公，后来历任民部尚书、内史侍郎、尚书左丞、吏部侍郎等职。炀帝继位之后，担任过民部侍郎、黄门侍郎，是两朝重臣。

如前所述，当时吐谷浑与突厥是隋朝与西域交通的两大障碍。《隋书·西域传》"吐谷浑"条记载："铁勒遣使谢罪，请降，帝遣黄门侍郎裴矩慰抚之。"裴矩趁机"讽令（铁勒）击吐谷浑以自效。铁勒许诺，即勒兵击吐谷浑，大败之。伏允东走，保西平境"。裴矩建议炀帝同时出军，大业四年（608），炀帝先遣右翊卫大将军宇文述进攻吐谷浑，继又派右翊卫将军薛世雄出兵伊吾。五年（609），炀帝亲征吐谷浑，可汗慕容伏允逃遁。于是"自西平临羌城以西，且末以东，祁连以南，雪山以北，东西四千里，南北二千里，皆为隋所有"。六月，炀帝到达甘州，同月即于其地设立西海、河源、鄯善、且末四郡，大业五年，又立伊吾郡。隋在西域的版图以炀帝设立以上 5 郡时为最广。

大业六年（610），炀帝将西巡，遣侍御史韦节召西突厥处罗可汗，处罗不能从命，炀帝大怒，但又无如之何。裴矩建议炀帝实施分化离间，以减轻西突厥对隋西部疆域的威胁。炀帝依裴矩的计策而行，果然造成射匮与处罗的失和，射匮既与隋通好，又击破处罗，迫使处罗入朝，后来处罗还从征高丽。所以炀帝说："往者与突厥相侵扰，不得安居。今四海既清，与一家无异，朕皆欲存养，使遂性灵。"（《隋书·北狄传》）

裴矩贯彻对西域诸国进行招抚的政策，扩大了隋与西域诸国的交往。《隋书·西域传序》云："大业年中，相率而来朝者三十余国，帝因置西域校尉以应接之。"由于史书记载缺略，"事多亡失"，《隋书·西域传》所载有 20 国。《通典·边防九》还记载，炀帝还试图交通天竺，"隋炀帝志通西域，遣裴矩应接西蕃诸国，多有至者，唯天竺不通，帝以为恨"。

由于积极的外交活动，隋朝与西域各国保持着频繁的交往和友好的联系。大业四年（608），炀帝祠祭恒岳，西域十余国皆来助祭。大业五年（609），"帝将巡河右，复令矩往敦煌，矩遣使说高昌王麹伯雅及伊吾吐屯设等，啖以厚利，导之使入朝"。炀帝这次西巡取得了很大的成功。他至张掖附近的燕支山，"伯雅、吐屯设等及西域二十七国，谒于道左"，"及帝西巡，次燕支山，高昌王、伊吾设等及西蕃胡二十七国，盛服珠玉锦罽，焚香奏乐，歌舞相趋，谒于道左。复令武威、张掖士女盛饰纵观，骑乘填咽，周亘数十里，帝见之大悦"。"大业十一年春正月甲午朔，（炀帝）大宴群僚。突厥、新罗、靺鞨、毕大辞、诃咄、传越、乌那曷、波腊、吐火罗、俱虑建、忽论、诃多、沛汗、龟兹、于阗、安国、曹国、何国、穆国、毕、衣密、失范延、伽折、契丹等国并遣使朝贡。"（《隋书·炀帝本纪》）

从河源到且末，隋朝设有屯田戍卒，不久，又命薛世雄筑伊吾城，捍卫交通，所以西域与内地的经济文化交流和联系，日趋频繁，"西域诸蕃，往来相继"。中原地区与西域各国重新加强了经济贸易方面的往来。

2.《西域图记》与隋代西域交通

韦节等人的出使和裴矩的经营，使隋朝增加了对西域的认识，增进了对西域地理交通以及文化等方面的了解，扩大了中西交通的规模，发展了中西之间的经济贸易和文化交流。

韦节在大业年间出使西域，回国后著《西蕃记》。其书已佚，只在《通典·边防九》中有片断节录。其中写道："劫国，隋时闻焉。在葱岭中。""陑罗伊国，隋时闻焉。在乌茶国北，大雪山坡上。""越底延国，隋时闻焉。治辛头河北。南至婆罗门国三千里，西北至赊弥国千余里，东北至瓜州五千四百里。"韦节抵达挹怛国，"亲问其国人，并自称挹阗"。

《西蕃记》对康国记载颇为详细，有许多不见于以前文献的记载。书中说："康国人并善贾，男年五岁则令学书，少解则遣学贾，以得利多为善。其人好音声。以六月一日为岁首，至此日，王及人庶并服新衣，翦发须。在国城东林下七日马射，至欲罢日，置一金钱于帖上，射中者则得一日为王。俗事天神，崇敬甚重。云神儿七月死，失骸骨，事神之人每至其月，俱着黑叠衣，徒跣抚胸号哭，涕泪交流。丈夫妇女三五百人散在草野，求天儿骸骨，七日便止。国城外别有二百余户，专知丧事，别筑一院，院内养狗。每有人死，即往取尸，置此院内，令狗食之，肉尽收骸骨，埋殡无棺椁。"

隋朝关于西域知识的最重要的文献是裴矩所撰《西域图记》。关于撰写此书的目的，《旧唐书·裴矩传》说："矩知帝方勤远略，欲吞并夷狄，乃访西域风俗及山川险易、君长姓族、物产服章。"裴矩在《西域图记》序中说："复以春秋递谢，年代久远，兼并诛讨，互有兴亡，或地是故邦，改从今号，或人非旧类，因袭旧名，兼复部民交错，封疆移改，戎狄音殊，事难穷验。"因而，"寻讨书传，访采胡人"，在与西域商贾的交往中，请他们讲述其国的风俗与山川险易，了解各国的地理形势、气候物产和风俗习惯，并把这些材料积累起来，于大业四年（608）撰成《西域图记》一书。裴矩将此书献给炀帝，受到炀帝的赏赐，将经略西域的重任交给裴矩。

《西域图记》共3卷，记44国事，且附地图画像。原书已佚，其序保存在《隋书·裴矩传》中，是中西交通史的宝贵资料。序文叙述了西域各国的变迁，记载了从敦煌出发西行至西海（地中海）的3条路线，分析了击灭吐谷浑、突厥，混一戎夏的可能性和必要性，并提出了对西域征抚并用的战略方针。

《西域图记》介绍了当时中西交通的3条最主要的道路，将它们称作北道、中道和南道。裴矩所记的这3条大道，以敦煌为总出发点，伊吾、高昌、鄯善则分别为3条大道的起点。岑仲勉对裴矩所记三道进行了详细考证：

> 矩所称南道之东段（葱岭以东），即汉书之南道，其西段则通至印度。彼所称中道之东段（葱岭以东），即汉书之北道，其西段则接入汉书之南道。又彼所称北道之东段，乃天山北边之交通路线，汉书未之载，其西段则接入汉书之北道。序中三个西海，含义不一：南道之"西海"指印度洋，中道之"西海"指波斯湾，北道之"西海"指地中海。①

裴矩的《西域图记》反映了当时中国人对丝绸之路的认识，也说明了当时丝路的畅通情况。至唐代，丝绸之路更加通达繁荣，往来的使节、商旅、僧侣和旅行家络绎不绝，相望于途，成为唐朝经略西域和发展与西亚、欧洲经济文化交流的交通干道。英国汉学家崔瑞德指出：

> 通往中亚和西方的各条路线对隋唐来说具有非常重大的意义。它们当然是通商要道，中国人就是通过它们出口丝织品以换取种类繁多的外国货的。但当中国正处于其世界思想极为盛行、受到的外来影响甚于以前或以后任何时候之际，它们也是主要的文化联系的环节。通过这些路线，许多中国的思想和技术传到西方……②

隋炀帝积极发展对西域的关系，获取西域"宝物"是发展通商关系的主要目的之一。日本学者白鸟库吉指出："大凡世界上的交通路线都是发生于各国互相企图获得外国特产物品的欲望。"所以裴矩所称三道之中"南道"和

---

① 岑仲勉：《隋唐史》上册，中华书局1982年版，第47页。

② ［英］崔瑞德编，中国社会科学院历史研究所西方汉学研究课题组译：《剑桥中国隋唐史589—906年》，中国社会科学出版社1990年版，第35页。

"中道"可以说起自"西域人企求华丝，华人欲得印度、波斯、罗马等地的物产的欲望。"至于北道则实起于"企图获得北道中部乌拉尔及西伯利亚地方毛皮"，可呼之为"毛皮路"。①《西域图记》不只是一部西域地理著作，还是隋唐两朝开发丝绸之路的指导纲领。在《西域图记》中，裴矩指出了突厥、吐谷浑阻遏西域诸国贸易交通，导致丝路不畅的现状，提出击败吐谷浑、分化突厥、开发西域的构想。隋炀帝将"四夷经略"委任裴矩，部分实现了他的这一战略构想。

3．唐朝对西域的经略

隋朝在炀帝时虽然大力开展了对西域的交通，但是由于国祚短促，交通的深度和广度都有较大局限。在隋朝发展与西域关系的基础上，唐朝进一步加强了与西域的政治、经济和文化联系，加强了对西域的经略与控制。无论是政治上，还是军事上，唐朝都在西域取得了比前代更大的成就，从而为经陆路对外交往的空前繁荣奠定了坚实的基础。

隋末唐初，突厥势力有了极大的发展。西突厥汗国统治着金山以西，波斯以东，兴都库什山以北的广大西域地区。当时西域的部分地区即今青海和新疆南部由吐谷浑人占据；巴尔喀什湖以东以南的今新疆境内，有高昌、焉耆、龟兹、疏勒、于阗等国，在伊犁河下游、楚河、锡尔河和阿姆河流域一带，有昭武九姓，这两地在隋末唐初都受西突厥的控制。东突厥汗国占据金山以东，东海以西，大漠以北广大草原地区。唐人杜佑称此时突厥势力空前强大，"戎狄之盛，近代未有也"。

玄奘在贞观初年途经西域诸国，他在《大唐西域记》中，明确将共同处于突厥统治之下的西域诸国分成南北两个地区，铁门关以北是以河中地区为中心的"粟特地区"，玄奘称作"窣利"（粟特）；铁门关以南则是所谓的"吐火罗地区"，玄奘称为"睹货罗（吐火罗）国故地"。这种区分比较准确地反映了葱岭以西、波斯以东中亚诸国的人文和自然状况，是唐朝初年比较流行的看法。稍后于玄奘的义净在《大唐西域求法高僧传》中叙述玄奘西行求法的行程时，称玄奘"途经速利（粟特），过睹货罗，远跨胡疆，到土蕃国"。义净在《南海寄归内法传》中，也将"睹货罗、速利（即粟特）国等"

---

① 引自朱谦之：《中国另教》，商务印书馆 2017 年版，第 50 页。

与"北方诸胡"对举。所谓的"睹货罗国"或"速利国",并不是指两个独立的政权,而是代称西突厥政权统治下的西域的两个不同的地理区域。由于这两个地区具有显著的差别,所以玄奘明知它们同属突厥势力范围,但还是将粟特与吐火罗地区的分界点"铁门"称作"突厥之关塞"。

突厥汗国的威胁,是唐朝初年面临的最重大的问题。经过高祖与太宗两代的努力,唐王朝终于在太宗贞观四年(630)利用突厥汗国内部分裂的有利时机,消灭了东突厥汗国,解除了来自北方草原的威胁。此后,唐步隋后尘,转而向西方发展。

唐向西域的发展也和隋朝一样,是从反击吐谷浑开始的。贞观八年(634),吐谷浑攻凉州,唐大举反击。吐谷浑可汗伏允逃图伦碛。唐朝的胜利不仅解除了吐谷浑对河西的长期威胁,而且导致罗布泊西南瓦石峡一带的昭武九姓胡康国大首领康艳典率所属一系列城镇〔石城镇、屯城、弩支城(即新城)、蒲桃城、萨毗城等〕归附唐朝,由此打开了通往西域的道路。

贞观八年(634),西突厥沙钵罗咥利失可汗立,领有天山南北广大西域地区。西突厥大致在这个时候分为十部,每部各有酋长一人,从可汗处各领一箭,作为统领本部的权力象征,通称"十姓",或称"十箭"。十箭又分左右厢,左厢号"五咄陆",置五大啜,居碎叶以东;右厢号"五弩失毕",置五大俟斤,居碎叶以西。贞观十二年(638),西突厥酋长欲谷设自立为乙毗咄陆可汗,与沙钵罗咥利失可汗争权相攻,西突厥从此又有南北庭对立。咥利失领有龟兹、焉耆、吐火罗及康、安、史、何、穆、石等昭武九姓国,号"南庭";乙毗咄陆领有北方马、结骨等民族,号"北庭"。唐与西域诸国的往来受到以北庭的乙毗咄陆可汗为代表的西突厥势力的阻挠。

贞观十三年(639)到龙朔二年(662),是唐全面铺开经营西域的时期。贞观十二年(638)之后,乙毗咄陆可汗迅速向东方推进,引起了西域东部地区局势的大变动,原来与唐朝保持友好关系的高昌国也倒向了乙毗咄陆可汗,转而与唐朝为敌,图谋联手攻击伊州。为了扭转不利局面,唐太宗于贞观十四年(640)毅然发动了对西域的战争,驱逐了乙毗咄陆系西突厥在西域东部的势力,灭高昌国,立为西州,并分兵攻取西突厥叶护直接屯兵的可汗浮图城,立为庭州。唐在伊吾设的伊州与西州、庭州的建置是与中原相同的州县制,三州均被编入陇右道和后来分置的河西道。

贞观十八年（644），太宗因焉耆王龙突骑支与西突厥屈利啜勾结反唐，命安西都护郭孝恪攻取焉耆；贞观二十二年（648），攻取龟兹。破龟兹后，西域大震，当地各族首领摆脱了西突厥的统治，结好于唐朝，归属于唐朝，贡使通商，往来不绝。

唐于贞观十四年（640）灭高昌时，即置安西都护府于交河城，管理西域军政事务。贞观二十二年（648）破龟兹后，唐朝随即将安西都护府自高昌移至龟兹，下统龟兹、于阗、碎叶、疏勒四镇，以控扼西境，保护商路。

唐高宗继位之后，改变了唐太宗的西域政策，将被唐太宗俘虏至长安的焉耆、龟兹、于阗等国国王送回西域，并任命滞留长安的高昌王的弟弟曲智湛为安西都护兼西州刺史，担任了西域最高军事、行政首脑。但是由于唐朝在西域的行政设施有欠完备，军事力量也非常薄弱，已经担任了唐朝瀚海都督的西突厥首领阿史那贺鲁很快发动叛乱，使唐朝在西域的统治受到了极大的打击，甚至面临完全退出西域的危险。经过7年的战争，唐高宗最终平定了西突厥，在西突厥故地天山北路一带置北庭都护府，天山南北两麓遂为安西、北庭二都护府所分管，初步完善了唐朝在西域的政治统治格局，形成了以伊、西、庭三州为核心，以安西都护府为保障，以羁縻府州为依托的多层次的统治结构。自此，唐朝恢复了在西域的统治，其疆域直抵里海东岸，包括中亚广大地区。此后由于吐蕃和大食的介入，西域局势屡经变动，唐朝在西域的军事、行政组织以及羁縻府州的具体设置发生了较大的变动，到8世纪末，唐朝退出了西域，但是在将近一个半世纪的历史进程中，这种统治结构一直是维持西域社会秩序的一个最重要的因素。

唐朝在西域的直接统治，使中西交通的干道丝绸之路比以往任何时候更加通畅繁荣，中西贸易大为发展，人员往来也更为频繁。一方面，除了唐朝派往西域行使行政权的官吏、戍边的军队外，还有不少中原汉人移居西域。另一方面，西域诸国也有大批移民侨居内地。他们在带来中亚文化的同时，也深受中国文物、典章制度的熏染，因而多数成了华化的"蕃胡"。这些人员与中原人往来杂居，促进了汉族和各族人民的融合，同时也促进了经济文化的交流。

通畅的丝绸之路促使沿途的经济异常发达。在唐代，丝绸之路沿线包括西域，是闻名全国的繁华富庶之地。《资治通鉴》记载："是时中国盛强，自开远门西尽唐境，凡万二千里，间阎相望，桑麻翳路，天下称富庶者，无如陇右。"郑綮《开天传信记略》也记载："开元初，上励精图治，铲莳讹弊，不六七年，天下大治，安西诸国悉平为郡县，自开远门西行胡地万余里，入河湟之赋税，左藏库财物山积，不可胜数。""开远门"是长安城的西门，西域人入长安，均由此门进城。随着经济的繁荣，丝路沿线出现了一些较大的城市。如岑参诗句说"凉州七里十万家"。北庭都护府治所庭州，安西都护府治所高昌或龟兹，也是人口众多的大城市。据文献记载，高昌"厥土良沃，谷麦岁再熟，有葡萄酒、宜王果"。可见这里的经济文化已经比较发达。

4. 唐代的丝绸之路

随着东西交往的发展和人们地理知识的丰富，唐代对丝绸之路西段的了解和记载远远超过了隋代。唐初玄奘的《大唐西域记》，详细记录了波斯以东的西域各国及天竺各国的地理情况，德宗朝宰相贾耽撰写的《皇华四达记》和出土的吐鲁番文书，详细记载了葱岭东西，尤其是葱岭以东塔里木盆地的道路状况和由唐朝设置的烽燧馆驿。9世纪阿拉伯地理学家伊本·胡尔达兹比赫的《道里邦国志》也记叙了巴格达北通中亚，南达印度的道路状况，其中从怛罗斯到热海南岸的拔塞干城的道里和沿线诸城绝大部分与贾耽记载的路程相符合。此外义净所撰《大唐西域求法高僧传》、开元十五年（727）新罗僧人慧超的《往五天竺国传》、8世纪中叶杜环《经行记》等地理著作丰富了丝绸之路西段的记载。

有唐一代，丝绸之路东段指由长安连接敦煌的道路。从长安西通敦煌的路线有南、北路和青海道3条。南路的大体走向是长安、咸阳、扶风府、陇州汧源县、陇山，转而沿陇山西南行，经清水至秦州西行，经伏羌县、渭州襄武县、渭源县、临州，转而北上至兰州，由庄浪河北上，经广武县、凉州昌松县，至姑臧县与北道合，西行经删丹、甘州、肃州、瓜州等地至敦煌。北路从长安出发，经奉天、邠州、泾州、平凉弹筝峡，转而向北，经原州至石门关，由此向西，经会州，自乌兰关渡黄河，西北行至凉州姑臧，与南道合，至甘州、肃州、瓜州、敦煌。青海道从兰州或临州西行，经河州、鄯州、鄯城，转而西北行，渡大通河，越大雪山，经大斗拔谷至删丹县，与北道合，至甘州、肃州、瓜州、敦煌。

青海道还有两条支线，或自鄯城经青海湖北岸，沿柴达木盆地北缘至大柴旦，北上经当金口至敦煌，或自鄯城过赤岭，沿青海湖南岸至吐谷浑国故都伏俟城，沿柴达木盆地南缘，经都兰、格尔木，西出阿尔金山至新疆若羌，与裴矩所载南道合。上述南北两道和青海道，是从内地到敦煌的交通，即丝绸之路的东段。在敦煌汇合后，从玉门关、阳关出西域分两道：从鄯善，傍南山北，波河西行，至莎车为南道，南道西逾葱岭则出大月氏、安息。自车师前王庭（今吐鲁番），随北山，波河西行至疏勒（今喀什）为北道。北道西逾葱岭则出大宛、康居、奄蔡（黑海、咸海间）。北道上有两条重要岔道：一是由焉耆西南行，穿塔克拉玛干沙漠至南道的于阗；一是从龟兹（今库车）西行过姑墨（阿克苏）、温宿（乌什），翻拔达岭（别迭里山口），经赤谷城（乌孙首府），西行至怛罗斯。东汉时在北道之北另开一道，隋唐时成为一条重要通道，称"新北道"。原来的汉北道改称中道。新北道由敦煌西北行，经伊吾（哈密）、蒲类海（今巴里坤湖）、北庭（吉木萨尔）、轮台（半泉）、弓月城（霍城）、碎叶（托克玛克）至怛罗斯。

自汉以后，由于绿洲经济持续繁荣，丝路上的交通仍然侧重在天山以南地区。直到突厥族兴起，丝路北道才越来越显示其重要性。

罗马人和突厥人为了摆脱波斯人对东西方贸易的控制，直接与东方展开贸易活动，开辟了新的东西方之间交往的通道。当时东罗马和西突厥之间互派使节，东罗马使臣齐马尔科斯（Zemarchus）从西突厥返回拜占庭的路线，是和裴矩《西域图记》中的丝路新北道完全符合。可见早在隋代，丝路北道已在西突厥控制下趋于繁荣。这条道路是在波斯以北，咸海与里海之间的荒漠地区。当时主要的线路大概有两条：一是由锡尔河出发，通过咸海的北岸；另一条是沿着阿姆河，通过咸海南岸。两条线路一般是在乌拉尔河口附近的地方会合，然后通向伏尔加河。从伏尔加河开始，或者沿着顿河和黑海北岸到达君士坦丁堡，或者穿越高加索，到达黑海的港口。这条道路虽然不如从波斯通往罗马的道路那样便捷，但是在经由波斯的通道被阻塞之后，它的开通恢复了东西方的交往。新北道开通之后，突厥与东罗马之间频繁的使节往还，说明了这条道路在当时的重要作用。苏联学者在北高加索西部库班河上游莫谢瓦亚·丘巴尔卡墓葬群中发掘出了8、9世纪产于唐朝的大量丝绸、账历性质的汉文文书片断，和以"唐人牵马图"为内容的绢画等文物，出土遗物证实了这条道路的存在，而且表明唐人商贾的足迹至少已经到达了北高加索地区。

唐太宗贞观年间，唐朝连破突厥、铁勒汗国，漠北草原游牧部落在回纥的率领下臣服唐朝。贞观二十一年（647），唐朝以铁勒、回纥诸部置6都督府7州，并给玄金鱼符为符信，"于是回纥等请于回纥以南，突厥以北，置邮驿，总六十六所，以通北荒，号为参天可汗道，俾通贡焉"。回纥牙帐位于鄂尔浑河上游，所谓"参天可汗道"，就是由唐朝关内道北部军事重镇丰州向北通往回纥牙帐的交通干道，此外经由居延海和唐朝北庭也有通往漠北草原的道路。通过此"参天可汗道"，不仅加强了漠北与中原之间的联系，而且也开辟了西部与北部边疆往来的通道。从此以后，西部地区和广大漠北连成一片，因而丝路向北面获得了显著扩展。

参天可汗道与贾耽记载的通四夷七道之一的"中受降城入回纥道"约略相当。大体走向是：由长安北上至丰州，西北行经鹈鹕泉入碛，经麚鹿山、鹿耳山、错甲山、密粟山、达旦泊、野马泊、可汗泉、横岭、绵泉、镜泊至回纥牙帐。这条道路是经乌兰泊，循翁金河北上至鄂尔浑河流域的道路。居延海道从汉代以来就是重要的南北通衢。具体路线是：由甘州北出合黎山口，循张掖河（额济纳河）北上，至居延泽，复北行抵花门山堡，东北行与参天可汗道合，至回纥牙帐。

早在北朝，北庭通回纥汗庭道就是由漠北突厥汗国通往西域及天竺的重要通道，唐朝统一西域之后，这条通路的战略意义更显重要。玄宗开元八年（720），唐朝击东突厥，以朔方总管王晙自南徂北，奚、契丹率部由东而西，另由拔悉密部从北庭东入，合击漠北突厥牙帐，所行即北庭通回纥道。安史之乱以后，河陇被吐蕃攻占，河西走廊及青海道都被阻塞，官方使臣、僧侣、商贾往来西域，须取道回纥，这条道路更成了由陆路通西域的唯一通道。其大致走向为自北庭西出，经蒲类县北行抵北塔山，转而沿山东行，越阿尔泰山，东北行至回纥牙帐，整个行程约3000里。

总之，随着唐代全国的统一，丝绸之路也向南北方向大大扩展。其时丝绸之路北面已远越天山直抵漠北，南面已越过了昆仑和喀喇昆仑直接与青藏高原联结在一起。在丝绸之路向南北扩展的同时，其北面出现了经由阿尔泰山与漠北相通的道路，南面也出现了经由阿尔金山翻越喀喇昆仑和青藏高原联系的路线。与此同时，西域地区也出现了更多的横向路线。这些线路把整个丝路联结成一个整体的交通网络。这些横向线路虽然早已存在，如《隋书》所说："其三道（指北、中、南三道）诸国，亦自有路，南北交通"，但唐代结束了广大西域地区分裂割据的局面，使其相互间的联系加强了，因而各道之间的横行线路大大增加。

唐代前期，除了在西域地区建立安西、北庭两大都护府，下辖各个都督府、州外，并在各地设置"军""城""镇""守捉"等各军事据点。这些府、州所在地和各种军事据点，既是行政和军事要地，也是交通中心，它们各自有路，彼此相通，从而形成了一条条纵横交错的路线。著名的安西四镇安西、疏勒、于阗、碎叶（后为焉耆），更是四通八达、往来无阻的交通中心。此外，北庭都护府的所在地庭州和安西都护府的所在地安西，更是天山南北的交通枢纽。出土文书也能证明。由新疆发现的唐代文书《高昌县上安西都护府牒》，可见安西和弓月城相通，而且这条弓月道，还是当时丝绸之路上一条相当繁荣的横行道。

总之，在唐代前期，无数南北相通的线路，把东西走向的各条基本干线联结起来，从而构成了东西南北纵横交错的交通网。丝绸之路的开通和繁荣发展对于唐朝的发展以及这一时期的中西文化交流意义十分重大。

> 通过这些路线，许多中国的思想和技术传向西方，但在隋朝和初唐时期，中国却更多的是从西方传入思想和技术。中国的佛教是当时最活跃、最有影响和最先进的思想体系，它一直是从北印度和中亚诸国吸取新的推动力。其他新宗教，如拜火教、摩尼教、景教和以后的伊斯兰教，也从伊朗和中亚传入。除了这些思想影响外，传入中国的还有音乐、舞蹈乃至金属制作、烹饪这些技艺的新成果，以及诸如数学、语言学方面的科学和技术的重要成就。外国人，从印度僧人到波斯眼科医生、粟特的卖艺人和商人，都可以自由地进入中国。①

陆上丝路在唐代前期发展到了高峰，形成了它的"黄金时期"。到了唐代中期，随着安史之乱爆发，吐蕃乘机北上占据河陇，回鹘亦南下控制了阿尔

---

① ［英］崔瑞德编，中国社会科学院历史研究所西方汉学研究课题组译：《剑桥中国隋唐史589—906年》，中国社会科学出版社1990年版，第31—32页。

泰山一带，同时西边的大食亦加强了中亚河中地区的攻势，随之出现了三种力量之间的争夺与混战。从此，唐朝失去了对西域的控制，一时丝路上"道路梗绝，往来不通"。杜甫有诗为证，"乘槎消息断，何处觅张骞""崆峒西极过昆仑，驼马由来拥国门。数年逆气路中断，蕃人闻道渐星奔"。此后，唐朝与西方的交通，转而依靠海上丝绸之路了。

5. 西域国家与唐朝的交聘往来

由于交通便利和唐朝对西域的经略，西域诸国与唐朝的交往也日益频繁，各国纷纷遣使来朝，与唐朝关系相当密切。

唐代，粟特地区以康国为中心，形成了以康、安、曹、石、米、何、火寻、戊地、史等国为主的"昭武九姓"国。昭武九姓国是粟特及周边地区土著政权的主体。武德七年（624），康国和曹国与唐朝通贡，自此联系不绝，但是粟特地区仍在西突厥政权的统治之下。贞观元年（627）以后，西突厥的内战爆发，严重阻碍了丝绸之路沿途各国与唐朝的贸易往来，内战对以兴贩贸易为业的粟特诸国影响尤大。贞观五年（631），康国请求"内附"唐朝，即建立名义上的君臣关系。唐太宗认为招徕绝域，追求声威远播的虚名，"无益于用而糜弊百姓"，况且一旦接受内附，就要承担相应的保护义务，如果康国有难，在道义上就不得不出兵相救，结果只能"劳百姓以取虚名"，拒绝了康国的要求。粟特诸国远在葱岭以西地区，而唐朝的势力这时还没有进入西域，康国请求"内附"，只能理解为在西突厥长期内战的情况下，康国为了维持与东方的贸易关系，请求唐朝承担保护丝绸之路贸易的责任。这次事件表明，兴贩贸易对粟特诸国具有至关重要的意义。

高宗显庆三年（658），唐朝平定西突厥阿史那贺鲁叛乱之后，在西域各地建立都督府、州，在粟特及邻近地区至少设置了康居都督府（以康国置）、大宛都督府（以石国置）、佉沙州（以史国置）、安息州（以安国置）、木鹿州（以东安国置）、南谧州（以米国置）、贵霜州（以何国置）、休循州（以拔汗那国置）等羁縻都督府和羁縻州，以各国国王为都督或刺史，进一步密切了与粟特地区的关系。此后，唐朝封康国王咄曷为钦化王、西曹国王哥逻仆罗为怀德王、石国王莫贺咄吐屯为顺义王、石国王子那俱车鼻施为怀化王、米国国君为恭顺王，改"史国"为"来威国"。

玄奘将吐火罗诸国称作"睹货逻国故地"，在唐朝初年，这里与粟特地区一样，是西突厥汗国的属地。西突厥灭亡之后，唐朝于显庆三年（658）和龙朔元年（661）在这一地区设置都督府州，唐朝载籍将设置州县的使节称为"吐火罗道置州县使"。唐朝在 16 国设置州者，在各国设置的都督府有：吐火罗国月氏都督府、嚈哒国大汗都督府、诃达罗支国条支都督府、解苏国天马都督府、骨咄施国（即骨咄）高附都督府、罽宾国修鲜都督府、帆延国写凤都督府、石汗那国悦般州都督府、护时犍国奇沙州都督府、怛没国姑墨州都督府、乌拉喝国旅獒州都督府、多勒建国昆墟州都督府、俱蜜国至拔州都督府、护密国鸟飞州都督府、久越得犍国王庭州都督府、波斯国波斯都督府。都督府下各设州若干，州下设县，此外还设置了军府系统。

吐火罗故地居丝绸之路南道要冲，具有重要的战略意义。8 世纪以后，随着大食的东进和吐蕃的北上，吐火罗故地成为双方势力交汇的地方，直到 8 世纪中叶，唐朝从西域撤军为止，这些国家与唐朝间的交往一直没有断绝，唐肃宗乾元初年，吐火罗甚至发兵与西域 9 国援兵东进中原，帮助唐军打击安史乱军。吐火罗军当时被编在朔方军之下。护蜜国王纥设伊俱鼻施也在乾元元年（758）入朝，并被唐朝赐姓李氏。

8 世纪中叶，大食入侵中亚以后，中亚各国和唐朝在政治和经济上的联系仍未停止，有相当一部分统治者倾向于和唐朝保持原来的宗藩关系。直到怛罗斯战役后，唐朝承认了大食在中亚的兼并，随之它在西域的势力大大衰退。

二　传入中国的西域物产（二）

1. 形形色色的西域物产

隋唐两代，中土与西域的交通更加通畅，并且获得了进一步的发展，西域各国遣使不断，各国商旅络绎不绝，相望于道。中西交通促进了物质商品的大交流，使中国的丝绸等产品运到遥远的西方，也给中国带来了丰富的西域物产。

前文介绍了汉代到南北朝时期中原与西域的物质文化交流，那个时候传入中国的西域物产极大地丰富了中国人的物质生活。到了唐代，这样的交流仍在继续。这些物产有的是西域各国作为贡品进献的，有的是往来的僧人和旅行者带过来的，更多的是由那些行走在丝绸之路上的各国商人输入进来的。

西域各国与隋唐的经济贸易在很大程度上还带有"朝贡"色彩。各国使节前来长安通好时所携带的珍宝特产，以"朝献"的名义输入，中原的丝绸等物产则以"回赐"的形式输出。例如，唐时中亚康国、吐火罗分别数十次遣使长安，先后向唐廷赠送锁子铠、水晶杯、玛瑙瓶、金桃、银桃、胡药、质汗药、骏马、狮子、豹、驼鸟等，唐朝回赐大量的锦绸彩帛。其他昭武九姓国及西域其他国家，也与隋唐进行着这种官方经济贸易。在官方贸易之外，还进行民间贸易。中亚、西亚各国素以善商贾著称，利之所在，无所不至。西突厥强盛时，他们被西突厥统治。唐平西突厥以后，他们名义上内附于唐，但实际上唐廷并不过问他们的内政，这就更加便利了他们同唐朝的经济贸易。当时在长安的外商，以西域各国为最多。他们聚集在长安东、西两市尤其是西市，开设店铺进行经商贸易。通过官方和民间多种渠道，中国的丝绸等大宗商品被运往西域各国，西域的多种物产也销往中国内地。

唐代输入中原的西域物产，品种繁多，五光十色。贞观二十一年（647）三月，唐太宗"以远夷各贡方物，珍果咸至，其草木杂物有异于常者，诏皆使详录焉"。美国学者谢弗在其专著《唐代的外来文明》中对西域地区及西方各国输入唐朝的商品作了详尽的叙述。他将这些商品分为人、家畜、野兽、鸟、毛皮羽毛、植物、木料、食品、香料、药品、织物、颜料、矿产、珠宝、金属、上流社会日用品、神器、书籍18大类。下面又细分为169种，如："人"这一类又分为战俘、奴隶、侏儒、人质、乞丐、音乐家与舞蹈者；家畜分为马、骆驼、牛、绵羊、山羊、驴、骡、野驴和狗；野生动物分为象、犀牛、狮子、豹、猎豹、黑貂、银鼠、瞪羚、岩羚、古怪的有蹄类、猛禽、旱獭、蒙哥、伶鼬、黄鼠狼；珠宝则有碧石、水晶玻璃、光玉髓、孔雀石、青金石、玻璃、犀角、象牙、鱼齿、珍珠、玳瑁、珊瑚、琥珀等，而且每一种予以详细说明。这些物品的传入，大大丰富了中国人的物质生活和精神文化生活。谢弗还引用法国作家普鲁斯特（Marcel Proust）的话说："历史隐藏在智力所能企及的范围以外的地方，隐藏在我们无法猜度的物质客体之中。"

《酉阳杂俎》记载："咸通九年，同昌公主出降，宅于广化里，赐钱五百万贯，仍罄内库宝货以实其宅。至于房栊户牖，无不以珍异饰之。"其中有许多来自国外的奇珍异物。如：却寒之帘、犀簟牙席、龙麝凤褥、鹧鸪枕、翡翠匣、神丝绣被、带蠲忿犀、如意玉、瑟瑟幕、纹布巾、火蚕绵、九玉钗、辟寒香、辟邪香、瑞麟香、金凤香、红蜜白猿膏等。奇珍异品不可谓不多，包括珠宝、香料、医药等，有相当多的是从外国进献来的。可见当时宫廷里的外国奇珍异宝数量、品种多，用途也十分广泛。

2. 对外来物产的奇异想象

通过朝贡、商业渠道输入中国的异域珍奇物品，不仅极大地丰富了人们的生活，也进一步激起了人们对域外事物的向往和追求，丰富着那个时代人们的异域想象。因为这些物品来自遥远的地方，甚至是来自人们所不知道的地方，因而充满了神秘的色彩，并被赋予了许许多多奇异的功能。这和早期中国的丝绸传播到罗马的情况是一样的，那个时候的罗马人不知道丝绸是从哪里来的，因而就流传着许多关于丝和丝绸以及它的产地的神秘传说。这些奇妙的想象演化成神异的故事，有一些流传在唐代的文学作品中。

在很早的时候，人们就对来自异域的事物包括来自其他民族和国家的贡品，赋予了许多奇异的故事。早期的地理博物小说大致上包含了三大内容：曰殊方，即辽远的空间距离；曰异民，即表现其形体、特性和习俗的怪异；曰奇物，即或出于真实、或出于想象的各地的奇异物产。以《山海经》为例，人们对异域遐方的幻想达到了一个空前的高度。但此书所记载的物产基本上属于神话，凭空想象，并不是现实中实有之物。古人相信，国外的旅途充满着自然界的险阻和精灵鬼怪的危害，在中国范围以外的任何地方，随时随地都会有大难奇险降临头顶，这种看法进一步增加了种种神奇传说的魅力。古人总是相信，精灵鬼怪等候在山间小径的每一处拐弯的地方，潜伏在每一次热带风浪的后面。来自外国的人和物都自然地带有这种危险而又使人心醉神迷的魅力。

汉代以来，西域的开通以及各种新奇物产的流入为地理博物类小说注入了新的活力。汉魏六朝小说，根据实有之物，夸大其功能，并与仙境、理想国的幻想结合起来，使这些物产具有了神话色彩。作者通过独特的视角把自己的情感、愿望投射于西域的商品与商人，从而重新建构了一个西域世界。在汉魏六朝小说中，西域物产往往具有神奇性。《西京杂记》卷一记载："武帝时，西域献吉光裘。入水不濡，上时服此裘以听朝。"《海内十洲记》则说：

"武帝天汉三年，西国王献吉光毛裘，色黄白，盖神马之类也。裘入水数日不沉，入火不焦。"《西京杂记》卷一所载的身毒国宝镜等更是充满了神话色彩："宣帝被收系郡邸狱，臂上犹带史良娣合采婉转丝绳，系身毒国宝镜一枚，大如八铢钱。旧传此镜照见妖魅，得佩之者为天神所福，故宣帝从危获济。及即大位，每持此镜，感咽移辰……帝崩，不知所在。"在这里身毒国出产的宝镜被赋予了驱邪、祈福以及通灵的神性。在汉魏六朝文学作品中，西域物产往往又是富丽豪奢的象征。它们的名称常常是以藻饰见长的辞赋、诗歌作者乐于称引的对象，通过对这些名物的铺陈与描绘，展示熠耀焜煌、光彩炜炜的繁艳风貌。

唐代的传奇故事对于来自远方的奇珍异宝更是充满了奇异的想象。唐代传奇故事有许多都是假托叙说唐玄宗统治时期的故事。据一则故事记述，唐朝一位大臣献给唐朝皇帝"定国宝"，其中有两枚"西王母"的白玉环。这种白玉环与其他民间传说中非常有名的具有魔力的玉环很相似。据传，谁要是有了这种玉环，他就能使所有周边的国家臣服。另一个故事讲的是由交趾国进贡的一枚犀牛角，这枚犀牛角"色黄如金"，放置在皇宫的金盘里。据带来犀角的使臣解释，这种犀牛角具有驱寒的功能——在犀牛角周围也确实"温温然有暖气袭人"。与辟寒犀功能类似的，是被称作"瑞炭"的一百根炭条。据说，这种炭是由西凉国贡献的。瑞炭坚硬如铁，"烧于炉中，无焰而有光。每条可烧十日，其热气迫人而不可近也"。来自龟兹的贡礼是一件"甚朴素"的枕头。它由一块酷似玛瑙的光滑的石头制作而成。有幸能够枕在这个枕头上睡觉的人，就可以在梦中四处漫游，海洋陆地，无所不至，甚至还能到俗世凡人闻所未闻的仙境。

唐代还流传着一类关于神奇宝石的传说，这些宝石或者由诡秘的异域人带入唐朝，或者由异域人在唐朝境内寻找。这些宝石具有澄清污水的妙用，还有揭示埋藏的宝藏的功能，它能够为航海者带来顺风，或者天生能够满足人们的某些欲望。据说在玄宗朝中期，唐玄宗对于近年的贡物中没有用五色玉制成的贡品感到奇怪。虽然玄宗的库藏中有一条用美丽的五色玉作装饰制成的腰带和一个用五色玉雕成的玉杯，但这些是很久以前由西方贡献的。于是唐玄宗命令其主管安西的军将谴责进贡的诸蕃玩忽职守。这里提到的失职的诸蕃可能指于阗人。因为于阗国有着无穷无尽的玉石资源。于阗实际上并没有忘记将这种美丽的五彩宝石运往长安，不幸的是，他们派出的商队遭到了小勃律的袭击，货物也被抢劫一空。袭击商队者来自帕米尔雪原边缘的寒冷而狭窄的山谷之中，他们是一群"缠巾、食虱"的强盗。当坏消息传到宫禁之时，天子大怒，命令4万汉军和无数附属的蕃军包围抢劫者的首都，重新夺回珠宝。小勃律王很快就献出了他抢夺的珠宝，并且谦恭地请求每年向唐朝进贡的殊荣。他的请求遭到了拒绝，不幸的吉尔吉特城也惨遭劫掠。得胜的唐朝将军带着掠夺来的3000名幸存者班师还朝。勃律的一位蕃人术者宣称，唐朝将军会遭到毁灭的厄运。这位术者不幸言中了。后来这批唐朝的士兵在一场暴风雪中丧生，只有一位汉人和一位蕃人幸免于难。于是玄宗最终失去了已经到手的财宝，"即令中使随二人验之。至小海侧，冰犹峥嵘如山，隔冰见兵士尸，立者、坐者，莹彻可数。中使将返，冰忽消释，众尸亦不复见"（《太平广记》）。

写作于9世纪末叶稍前的《杜阳杂编》，它的内容几乎全是叙述外来物品。书中描写的来自域外的奇珍异宝，都具有非凡的神奇功能，看似荒诞不经，但却反映了唐代人们对异域事物的向往与想象。

据说南海某国进献的一种芳香的小麦，吃了可以使人身轻御风。此外还有一种紫色的稻米，具有返老还童，延年益寿的功能。《杜阳杂编》说："碧麦大于中华之麦粒，表里皆碧，香气如粳米，食之体轻，久则可以御风。紫米有类苣蒢，炊一升得饭一斗，食之令人髭发缜黑，颜色不老，久则后天不死。"

《杜阳杂编》卷中还记载了南海贡献的一个水晶枕，人透过这种枕头可以看到由建筑物和人物构成的奇妙景观。与水晶枕一起进献来的是一床由"水蚕丝"织成的"神锦衾"，这种织物在濡湿之后即可扩展，而当受热时又能收缩。"神锦衾，水蚕丝所织也。方二丈，厚一寸，其上龙文凤彩，殆非人工。其国以五色彩石甃池塘，采大拓叶饲蚕于池中，始生如蚊睫，游泳于其间，及老可五六寸。池中有挺荷，虽惊风疾吹，不能倾动，大者可阔三四尺。而蚕经十五月即跳入荷中，以成其茧，形如斗，自然五色。国人缫之，以织神锦，亦谓之灵泉丝。"

龙是水之神，由神龙显化，精气凝结而成的细微精妙之物，是另一种深受欢迎的贡礼。神奇的"龙角钗"是与灵光豆一起贡献给唐朝的一件贡礼。它是用一种深酱紫色、类似于翡翠的玉石制作的，"上刻蛟龙之形，精巧奇丽，非人工所制"。代宗皇帝将它赐给了美丽的宠妃独孤氏。有一天，当代宗与独孤氏在龙舟池泛舟时，一团紫云从龙角钗上生成，皇帝将钗放在手掌中，在它上面喷上了水，于是雾霭凝成两条龙，腾身跃入空中，在东方冉冉消失。

另外一个国家贡献两名舞女，一名"轻凤"，一名"飞鸾"，所谓飞鸾、轻凤是人们所能想到的最为轻盈缥缈的飞禽形象。这两位舞女头戴金冠，金冠上饰有想象中的鸟的形象，她们的得名可能就是因为头上戴的这种金冠，或者是因为她们自身具有这种想象的鸟的神韵。

南海某个不知名的国家贡献一位14岁的少女。这位少女名叫"卢眉娘"，是一位能工巧匠，她"幼而慧悟，工巧无比，能于一尺绢上绣《法华经》七卷，字之大小，不逾粟米粒，而点画分明，细于毛发。"

离奇的供暖器具是《杜阳杂编》记载的外来异物的一个特殊的类别。"常燃鼎"是一种不用生火即可做饭的器物。这种非常有实用价值的器物是由一个神秘的王国贡献的。"常燃鼎量容三斗，光洁类玉，其色纯紫，每修饮馔，不炽火而俄顷自熟，香洁异于常等。久食之，令人反老为少，百疾不生。"与常燃鼎性质相近的一种贡物是"火玉"，火玉是一种红色的玉石，它的作用与煤炭的余烬相同，"积之可以燃鼎，置之室内则不复挟纩"。

与供暖器具作用相反，但却具有同样重要的实用价值的是冰凉器具，在这本书中，有关冰凉器物的记载也非常之奇妙。"常坚冰，云其国有大凝山，中有冰千年不释。及赍至京师，洁冷如故，虽盛暑赫日终不消，嚼之即与中国者无异。""松风石"是一种半透明状的石头，"其中有树，形若古松"，松风石中的古松的枝条能够生出一阵阵凉爽的微风。每逢盛夏酷暑，皇帝就将松风石放在靠近自己的地方消暑。

《杜阳杂编》记载的奇珍异物还有南昌国献的玳瑁盆、浮光裘、夜明犀。

《杜阳杂编》记载的这些带有浓厚想象色彩的奇珍异宝，有些是真实的东西，或者是根据真实的东西加工改写而成的。如同苏鹗描写的其他许多贡品一样，由新罗的高丽王贡献给唐代宗的"五彩氍毹"就是属于这个类型。五彩氍毹"制度巧丽，亦冠绝一时，每方寸之内，即有歌舞伎乐，列国山川之象。忽微风入室，其上复有蜂蝶动摇，燕雀飞舞，俯而视之，莫辨真假"。"万佛山"也是新罗国进献的贡礼。万佛山高约十尺，是用印度尼西亚的伽罗木雕刻而成的，并且还镶嵌了宝石作为饰物。

3. "明霞锦"与"冰蚕锦"

古代中国一向是以纺织品的生产和销售著称，著名的丝绸之路就是因为中国古代纺织品的出口而得名的。美国学者谢弗指出："正是因为唐朝在当时是世界上最华美的纺织品和最精致的编织品的原产地和生产中心，所以就自然而然地产生了这样一种思想，即世上必定有比唐朝生产的所有纺织品都更美丽的织品。"① 也就是说，纺织业的发达在促进唐朝产品输出的同时，也推动了外来同类产品的输入。

养蚕制丝技术传到西域后，在当地发展起了丝绸织造业。西域国家的纺织业是在其毛纺织的基础上发展起来的，所出丝织品以锦类为主，染色、提花、刺绣等一如毛纺。这些织锦传入中国后，被人们泛称为"胡锦""西锦"。这些"胡锦"在织造技术上保持了毛纺的特点，采取斜纹组织和纬线起花等方法，以混纺为特色，多加以金、银丝线和毛、麻等，花纹图案则基本属于西域传统文化的内容，多用联珠团窠纹或在几何图形内添加动植物纹。波斯的"冰蚕锦"、女蛮国的"明霞锦"、龟兹和高昌的"龟兹锦"、疏勒的"疏勒锦"等，是西域著名的丝织品。

西域各地的丝绸产品不断地流入中国，受到中原人士的欢迎和喜爱。康国贡献给唐朝的丝绸中有一种"毛锦"，谢弗认为，毛锦可能是一种毛织品或"muster"，即丝毛的混合织物。开元十四年（726），安国王派遣使臣来到唐朝，上贡一些华美的毛毯。李贺在《感讽六首》其一中用"舞席泥金蛇，桐竹罗花床"来描写一种金蛇装饰的舞席。他在另一首诗《宫娃歌》中提到"象口吹香疑甗暖，七星挂城闻漏板"。这种波斯的羊毛毯在唐朝富豪家里已经算不上是罕见之物了。永泰元年（765），东海弥罗国献"碧玉蚕丝"，称"其国有桑，枝干盘屈，覆地而生，大者连延数十顷，小者荫百亩。其上有蚕，可长四寸，其色金，其丝碧，亦谓之金蚕丝。纵之一尺，引之一丈，捻而为鞘，表里通莹，如贯瑟瑟。虽并十夫之力，挽之不断。为琴瑟弦，则鬼神悲愁怵舞；为弩弦，则箭出一千步；为弓弦，则箭出五百步"（《杜阳杂编》）。

---

① ［美］谢弗著，吴玉贵译：《唐代的外来文明》，中国社会科学出版社 1995 年版，第429—430 页。

唐宣宗宫中有女蛮国所贡"明霞锦"，《杜阳杂编》说其"云练水香麻以为之也，光耀芬馥着人，五色相间，而美丽于中国之锦"。同昌公主有"澄水帛"，纳凉消暑功效奇特。《太平广记》卷二三七记载："一日大会韦氏之族于广化里，玉馔俱陈，暑气将盛，公主命取澄水帛以蘸之，挂于南轩，满座皆思挟纩。澄水帛长八九尺，似布而细，明薄可鉴，云其中有龙涎，故能消暑毒也。"

另外也有关于"冰蚕锦"等夸张神奇的传说。《乐府杂录》记载："康老子遇老妪持锦褥货鬻，乃以半千获之。波斯人见曰：此冰蚕丝所织也。暑月置于座，满室清凉。"

瑟瑟幕是来自鬼谷国的贡物，因为颜色与瑟瑟相同而得名。《杜阳杂编》记载："其幕色如瑟瑟，阔三丈，长一百尺，轻虚明薄，向空张之则疏，即之，纹如碧丝之贯真珠。"这种帐幕最优越的特点是不会被大雨淋湿，据说是因为上面抹了鲛人的瑞香膏。

《杜阳杂编》还记载了五彩氍毹、紫绡帐、金丝帐、却尘褥、龙绡衣、神锦衾、浮光裘、连珠帐、纹布巾、火蚕锦、澄水帛等种种外国传来的，具有神奇特点的纺织品和织物。这些外来的纺织品明显带有虚幻、想象的色彩，甚至它们的出产国也可能是虚构的。唐朝的纺织业越发达，人们就越希望能够得到更加神奇的织物，由于唐朝对外文化交流频繁，所以人们很自然地就将对纺织品的这种希望和理想寄托在了外来物品上。因而，这些来自外国的纺织品，不仅丰富了人们对于纺织品的认识，更激发了人们的想象。

除了这些美妙动人的传说之外，唐朝文人也屡以外国贡献纺织品为题作赋，如独孤授《西域献吉光裘赋》、李君房《海人献文锦赋》、张良器《海人献冰蚕赋》、韦执中《海人献冰纨赋》等。这些文章，歌颂了唐朝统治者"化之所被，物无不臻；德之所加，人或无阻"，"方五帝而可六，比三王之可四，是使贡献远物，德格异类"，还寄托了当时人们对纺织品的理想，如描述冰纨"不灼不濡，将火鼠以比义；或朱或绿，岂橦花之足方。既同练云缭绕而交映，又似仙花晔晔而含花"。

杜甫接受一位西北客人赠送的一件织成缎褥，他在一首题为《太子张舍人遗织成褥缎》诗中写道：

客从西北来，遗我翠织成。

开缄风涛涌，中有掉尾鲸。

逶迤罗水族，琐细不足名。

客云充君褥，承君终宴荣。

空堂魑魅走，高枕形神清。

领客珍重意，顾我非公卿。

……

锦鲸卷还客，始觉心和平。

振我粗席尘，愧客茹藜羹。

清代仇兆鳌在《杜诗详注》中认为，这种翠织成来自大秦国，并引《北堂书钞·异物志》云："大秦国以野蚕丝织成氍毹，以群兽五色毛杂之，为鸟兽、人物、草木、云气，千奇万变，唯意所作……织成缎褥，殆此类。"

南北朝时期，"波斯锦"及其织造技术就已经传入中国。到唐代，波斯锦继续传入中国。吐鲁番阿斯塔那173号墓出土的相当于唐代初年的衣物疏，有"波斯锦面依（衣）一具"和"波斯锦被辱（褥）一具"的记载，由此可知，这时波斯锦仍然在高昌地区流行。波斯锦的输入一直持续到了8世纪中叶，突厥首领骨吐禄和罽宾国使者还分别在开元十五年（727）和天宝四年（745）向唐朝廷贡献了"波斯锦"。不仅如此，波斯锦还通过中国传到了日本。法隆寺现在还收藏有7世纪的萨珊图式织锦。

隋唐时期，中国许多纺织品的风格受到"波斯锦"的影响。阿斯塔那6世纪末至7世纪初年的墓葬出土了不少中国仿制的具有中亚、西亚织锦特征的实物，有用中国织法而配以萨珊式花纹的产品，后来也有采用萨珊织法和萨珊式花纹的中国织锦产品。中国仿制的"波斯锦"甚至可以达到乱真的程度。

4. 胡商与珠宝

唐代载籍中所见的商胡，许多与经营珠宝贸易有关，且这些珠宝商多为西域、波斯和阿拉伯人。其实，在唐代，从事珠宝生意的不仅有西域来的粟特人、波斯和阿拉伯商人，还有南海的林邑、师子等国人，甚至有新罗和日本的商人。他们在与中国人的贸易中，把外国特别是西方的珠宝输入中国。英国学者吴芳思指出："高昌的黑色大理石，波罗的海地区的琥珀，地中海的红珊瑚和珍珠等，都经西域输入进来，增加了中国的珠宝种类。"①

唐史以前的史籍，已有波斯产珠宝的记载。如《魏书·西域传》称其多大真珠；《周书·异域传》说波斯出珍珠、离珠；《隋书·西域传》说其土多真珠。唐史中，这样的记载就更多了。《旧唐书·西域传》说波斯国出火珠，天宝九年（750），遣使献无孔真珠，大历六年（771）献真珠。慧超《往五天竺国传》也说道波斯出宝物，常于西海泛舶入南海，向师子国取诸宝物，亦泛舶汉地，直至广州取绫绢丝锦之类。

在西域和南海诸国与唐朝的官方交往中，珠宝是一种重要的"贡献物"。外国使臣带来的宝物，主要为金银、象牙、犀角、玛瑙、琥珀、珍珠、金精、石绿以及各种玻璃器皿和玉器，大多是非常珍贵的器物，如吐火罗国所献各高三尺余的两棵"玛瑙灯树"、安国所献"宝床子"、波斯所献"玛瑙床"、大食所献"宝装玉酒池瓶"等，而安国贡献的用鸵鸟蛋雕刻成的杯子，对唐朝人而言，就更属罕见之物了。《杜阳杂编》记载了许多外国进献奇珍异宝。

隋唐时许多来中国的商胡从事兴贩珠宝的职业，珠宝几乎成了商胡的象征。元稹《和乐天送客游岭南二十韵》在"舶主腰藏宝"句下注称："南方呼波斯为舶主。胡人异宝，多自怀藏，以避强丐。"这里说的"波斯"就是"商胡"的代称。张籍在《送海南客归旧岛》诗中也称"入国自献宝，逢人多赠珠"。此所谓"海南客"，也是来自南海的商胡。康国人僧道仙，初来中国以游贾为业，往来于吴蜀江海，"集积珠宝"，所获赀货满两船，值钱数十万贯。除了珠宝之外，商胡经营的宝物还有"紫靺鞨""铜碗""宝骨""冰蚕丝锦""玉清宫三宝""轻绡""消面虫""琉璃珠""象牙""碧颇黎镜""郎巾""宝剑""宝镜""流华宝爵""销鱼精""龟宝""龙食""九天液金""宝母"等，种类繁多，不一而足。

《太平广记》对商胡的活动多有记载，其凡记商胡，必与巨额财富联系在一起。他们动辄以几十万，甚至几千万的金钱购买珠宝、奇货。如《太平广记》卷三四引《传奇》记载，贞元中，有崔炜者，（在番禺得阳燧珠）"乃抵波斯邸，潜鬻是珠。有老胡人一见，遂匍匐礼手……曰'我大食国宝阳燧珠

---

① ［英］吴芳思著，赵学工译：《丝绸之路 2000 年》，山东画报出版社 2008 年版，第 68 页。

也'"。《太平广记》卷六三引《玄怪录》记载："唐开元天宝中，有崔书生，于东州逻谷口居。（从女神仙处得到一个盒子，回家后）忽有胡僧叩门求食曰：'君有至宝，乞相示也。'……崔生试出玉盒子示僧，僧起，请以百万市之。"《太平广记》卷四五七引《广异记》记载："长安至相寺有贤者……开元中（得到一夜光珠）至市高举价，冀其识者。数日，有胡人交市，定还百贯。"所以，唐人将商胡称之为"千金估胡""富波斯"等。

唐代流传着许多关于商胡与珠宝的故事，有商胡割裂腿部肌肉，将拇指大小的青泥珠"纳腿肉中"的记载，还有波斯商胡以刀破臂掖藏径寸珠等记载。《太平广记·广异记·青泥珠》记载："则天时，西国献毗娄博义天王下额骨及辟支佛舌，并青泥珠一枚……胡得珠。纳腿肉中，还西国。"《太平广记·广异记·径寸珠》记载，波斯胡人获得"径寸珠一枚，以刀破臂腋，藏其内，便还本国"。唐太宗问左右侍臣说："吾闻西域贾胡得美珠，剖身以藏之，有诸？"侍臣答："有之。"太宗于是感慨地说，人皆笑商胡"爱珠而不爱身"，但是殊不知，官吏受贿亡身、帝王奢侈亡国是性质相同的愚蠢行为。

与"贱身贵珠"的故事类似，还有商胡"身亡珠存"的故事。崔枢客居汴梁时，与一"海贾"同处，海贾感念崔枢"不以外夷见忽"，临终时奉价值万缗的宝珠一枚，请崔枢将他土殡。崔枢置珠于枢，瘗于阡陌。一年后，有"番妇"自南来寻故夫，遂剖棺得珠。另有一波斯老胡"剖股藏珠"的故事，说李勉沿汴游广陵，在睢阳遇一重病老胡，搭李勉船归扬州。中途老胡病殁，临终以珠相赠。李勉掩埋了波斯胡，并将宝珠含在了他的口中。后来，李勉在扬州见到老胡之子，遂命发墓取珠而去。还有一则故事说，李灌泊舟洪州建昌县，在蓬室中见"病波斯"危殆，遂供以粥饭。波斯人临死，以珍藏在毡中的宝珠相赠，李灌买棺葬胡，密以珠纳于胡人口中，10年后，发棺取珠，还于外蕃。与此基本相同的，前文提到过的还有兵部员外郎李约葬胡还珠的故事。"鬻饼胡"的故事也称，鬻饼胡临死，以左臂中所藏宝珠赠邻居举人，乞死后代为殡瘗。

在以上所述的这类故事中，商胡大多是重珠轻身，视珠宝为生命，直到临死才以珠托人，而唐朝人则重义轻宝，以珠宝为余物，将珠宝奉还给死者的后人。

开设珠宝店的"波斯胡"拥有雄厚的经济实力，收购珠宝不吝所费，且有良好的商业道德，在卖家不识货的情况下，往往不掩宝物所值。《广异记》中说，一士人出卖周武帝冠上缀珠，索价一千缗，胡商笑他辱没此珠，与众人核定珠价为五万缗，并共同凑钱买下。《宣室志》中讲，韦弇卖宝于广陵，胡商明告他此宝为玉清宫之宝，酬之以数千万。另外，《太平广记》的几十则胡商经营珠宝的故事将其描述成求宝若渴的搜购者，而不是出售者。

5. 唐朝的外来植物

在与西域的交往中，许多原产于西域的植物被引进到中国，丰富了中国人的食物和精神文化生活，其中最有代表性的是葡萄和苜蓿草。到了唐代，许多新的植物传播到中国。西域一些国家在给唐朝的礼品中，有奇花异草等植物。《唐会要》卷一〇〇记载："以远夷各贡方物。其草木杂物有异于常者。诏所司详录焉。叶护献马乳葡萄一房，长二尺，子亦稍大。其色紫。摩伽国献菩提树，一名波罗，叶似白杨。康国献黄桃，大如鹅卵，其色如金，亦呼金桃。伽毗国献郁金香，叶似麦门冬，九月花开，状如芙蓉，其色紫碧，香闻数十步，华而不实，欲种取其根。罽宾国献俱物头花，其花丹白相间，而香远闻。伽失毕国献泥楼钵罗花，叶类荷叶，圆缺，其花色碧，而蕊黄，香芳数十步。健达国献佛土叶，一茎五叶，花赤，中心正黄，而蕊紫色。泥婆罗国献波棱菜，类红蓝花，实似蒺藜，火熟之，能益食味。又酢菜，状如菜，阔而长，味如美鲜苦菜，状如苣，其叶阔。味虽少苦，久食益人。胡芹，状如芹，而味香。浑提葱，其状如葱而白，辛嗅药，其状如兰，凌冬而青，收干作末，味如桂椒，其根能愈气疾。"这段记载描述了各国争献奇花异草的盛况。唐朝引进的植物，可分为树木、观赏性植物和蔬菜几大类。

（1）树木。唐朝引进的树木主要是果木和一些带有宗教意义的树木。在果木中，最有名的应该就是从中亚康国移植的桃树。据载，康国出产一种灿黄的桃，"大如鹅卵，其色如金"，被称作"金桃"。康国遣使献金桃、银桃，太宗"诏令植之苑囿"。

枣椰树，又称"波斯枣"或"千年枣"，唐朝人还知道它的波斯名"窟莽"或"鹘莽"，以及可能是由古埃及语音译的"无漏"。段成式《酉阳杂俎》详细描述了枣椰树及其果实的各种性状，称："波斯枣，出波斯国，波斯国呼为窟莽。树长三四丈，围五六尺，叶似土藤，不凋。二月生花，状如蕉花，有两甲，渐渐开罅，中有十余房。子长二寸，黄白色，有核，熟则紫黑，状类干枣，味甘如饴，可食。"天宝五年（746），陀拔思单国曾向唐朝献"千年枣"。史书没有明确记载这次贡献的千年枣是果实还是植株，但是昭宗时刘恂亲眼见到广州城内种植的枣椰树，他将广州枣椰树的果实与"番酋"带入唐朝的本地物产及北方的青枣进行了比较，并携回枣核，尝试在北方种植，但没有成功。唐代药物学家对枣椰子补中益气、止咳去痰的功效也已经有了比较详细的了解。

菩提树，即荜钵罗树。根据佛教传说，佛祖释迦牟尼是在一棵荜钵罗树下得道觉悟的，所以又将荜钵罗树称作"菩提树"。菩提（Bodhi）意译为"觉"，因而菩提树也称"觉树"。早在南朝时，菩提树就已引进到中国，但是直到唐代，菩提树依旧保持着强烈的外来色彩和浓郁的宗教意义。贞观十五年（641）和二十一年（647），天竺国和摩揭陀国分别遣使向唐朝献菩提树。

娑罗树。据说，释迦牟尼当年是在一片娑罗林中涅槃，并因此得到了"娑罗树王"的称号。天宝初年，唐朝安西四镇至少两度从拔汗那采进娑罗枝条，向朝廷进奉。张谓在《进娑罗树枝状》中，称娑罗树"特称奇绝，不庇凡草，不栖恶禽"，"但以生非得地，誉终因人，荣枯长在于异方，委叶不闻于中土"，故有必要在唐朝移植。前一年安西已采进娑罗树枝，但"伏以凡遵播殖，贵以滋多。今属阳和之时，愿助生成之德。近差官于拔汗那计会，又采前件树枝二百茎，并堪进奉"，所以遣军将李滔押领赴京。

此外，段成式在《酉阳杂俎》中记载了许多外国的树木，并准确记录了它们的外国名称，包括：龙脑香树（出婆利国）、安息香树（出波斯国）、无石子树（出波斯国）、紫矿树（出真腊国）、婆那娑树（出波斯国、拂菻国）、偏桃树（出波斯国）、盘砮穭树（出波斯国、拂菻国）、齐暾树（出波斯国、拂菻国）、没树（出波斯国）、胡榛子树（生西国）以及大食勿斯离国生长的果实重达五六斤的石榴树，等等。段成式记载的这些树木主要是果木和能够提取香脂的树木。

（2）观赏性植物。唐朝引进的观赏性植物主要有伽毕失国的泥楼婆罗花（青睡莲），罽宾国俱物头花（白睡莲），"生西国，胡人将来"的红莲花和白莲花。段成式记载了唐代以前就早已传入的红莲花、白莲花、那伽花、水仙和茉莉花等。他将水仙称作"捺祇"（中古波斯语 nargi），并谓"捺祇出拂菻国，苗长三四尺，根大如鸭卵，叶似蒜叶，中心抽条甚长，茎端有花六出，红白色，花心黄赤，不结子"。他还特别指出："取其花，压以为油，涂身，除风气，拂菻国王及国内贵人皆用之。"在野悉蜜（茉莉的中古波斯语名 yāsmīr 的译音）下也说，"西域人常采其花，压以为油，其香滑"。

（3）蔬菜。英国学者吴芳思指出："食物仍然是丝绸之路进口的重要物品。在唐朝，茳蓝经河西走廊来到了中国，甜菜（波斯名）可能是由阿拉伯人引进的。尼泊尔国王在 647 年送来一组'奇特的外来植物'，它们并不是在尼泊尔土生土长的，其中包括一种叫韭葱的新品种，这是一种像莴苣一样的植物，另外还有'西芹'和菠菜。"①

贞观二十一年（647），通过泥婆罗国引进的有波棱菜、酢菜、胡芹和浑提葱。"波棱菜"就是今天特别常见的菠菜。菠菜在印度斯坦语的名称叫"palak"，汉语"波棱"应该是来源于与这个字类似的某种印度方言的译音。菠菜最初可能起源于波斯，所以又称为"波斯草"。孟诜在《食疗本草》中指出："北人食肉、面，食之即平；南人食鱼鳖、水米，食之即冷，故多食，冷大小肠也。"菠菜有利五脏、通肠胃热、解酒毒的特点。酢菜是莴苣属植物的一种，产自西方。浑提葱"状如葱而白"，这种葱属植物的名称可能是中古波斯语"gandena"的译音。杜环《经行记》称末禄国蔬菜有"军达"。军达又作"莙达"，是波斯语甜（荙）菜（"gundar"或"gundur"）的译音。这种植物原产于地中海和亚洲西部，可能由阿拉伯人传到唐朝，后保留了波斯语的名称。苏恭《唐本草》称荙菜"叶似升麻苗，南人蒸鱼食之，大香美"。可知唐朝对这种蔬菜的性状已有了很透彻的了解，而且形成了特殊的食用方法。

6. 葡萄酒酿造技术在中国的传播

汉魏时期，葡萄酒就已经作为贡品和商品从西域进入到中国，为人们所喜爱。魏文帝曾专门下诏书，提倡葡萄酒。但当时葡萄酒的酿造技术还没有被引进来。中国人自己酿造葡萄酒是从唐朝开始的。《太平御览》记载："葡萄酒，西域有之，前代或有贡献。及破高昌，收马乳葡萄实，于苑中种之，

---

① ［英］吴芳思著，赵学工译：《丝绸之路 2000 年》，山东画报出版社 2008 年版，第 65 页。

并得其酒法。太宗自损益，造酒成，凡有八色，芳春酷列，味兼缇盎，既颁赐群臣，京师始得其味。"

这则记载说明唐以前西域的葡萄酒已进入皇宫，其后唐太宗亲自倡导学习葡萄酒的酿制技法。柳宗元《龙城录·魏徵善治酒》说："魏左相能治酒，有名曰醹渌、翠涛，常以大金罍内贮盛，十年饮不歇，其味即世所未有。太宗文皇帝尝有诗赐公，称'醹渌胜兰生，翠涛过玉薤。千日醉不醒，十年味不败。'……公此酒本学酿于西胡人，岂非得大宛之法？"钱易《南部新书》卷丙说："太宗时，并得酒法，仍自损益之，造酒绿色，长安始识其味。太白命蒲萄之色以为绿者，本此也。"

唐军破高昌是在 640 年，这也是葡萄酒酿造技术引进中国的年份。唐太宗从高昌国获得马乳葡萄种和葡萄酒法后，不仅在皇宫御苑里大种葡萄，还亲自参与葡萄酒的酿制。酿成的葡萄酒不仅色泽很好，味道也很好，并兼有清酒与红酒的风味。

唐代葡萄酒的产地，有今新疆吐鲁番市的"西州"、甘肃武威市的"凉州"和山西太原市的"并州"。"西州"，由故"高昌国"改设。《新唐书·地理志》说：西州"土贡：丝、氍布、毡、刺蜜、蒲萄、五物酒浆煎皴干"。元稹《西凉伎》写道："吾闻昔日西凉州，人烟扑地桑柘稠。蒲萄酒熟恣行乐，红艳青旗朱粉楼。楼下当垆称卓女，楼头伴客名莫愁。"李浚《松窗杂录》说："开元中，李龟年遽以李太白所作词进，上命梨园子弟约略调抚丝竹，遂促龟年以歌。太真妃持玻璃七宝杯，酌西、凉州蒲萄酒，笑领意甚厚。上因调玉笛以倚曲，每曲遍将换，则迟其声以媚之。太真饮罢，饰绣巾重拜，上意龟年常话于五王，独忆以歌，得自胜者，无出于此，抑亦一时之极致耳。"《张说之集·元仁惠石柱铭》记载："寻加朝散大夫，守凉州都督府长史。分乘两蕃，人康颂作。化澄巴濮，无侵橘柚之园；教溢河湟，不饮蒲萄之酒。离歌就昊，岁梦临辰。命颠修途，荣惭厚德。""并州"的葡萄酒，经久不衰。白居易说到山西的葡萄酒："豹尾交牙戟，虬须捧佩刀。通天白犀带，照地紫麟袍。羌管吹杨柳，燕姬酌蒲萄。银含凿落盏，金屑琵琶槽。遥想从军乐，应忘报国劳。紫微留北阙，绿野寄东皋。"蒲萄酒出太原。刘禹锡在《蒲桃歌》中写了从种植葡萄到收获葡萄的全过程，包括修剪、搭葡萄架、施肥、灌溉等栽培管理，并且获得了丰收："我本是晋人，种此如种玉，酿之成美酒，尽日饮不足。"

　　唐朝是我国葡萄酒酿造史上很辉煌的时期，宫廷里盛行品评葡萄酒。《太平御览》卷九七二记载："《唐景龙文馆记》曰：四月上巳日，上幸司农少卿王光辅庄，驾返顿后，中书侍郎南阳岑羲设茗饮蒲萄浆，与学士等讨论经史。又曰：大学士李峤入东都袷庙，学士等祖送城东。上令中官赐御馔及蒲萄酒。"这是皇帝向臣下赐酒，以示优宠。与此同时，葡萄酒的酿造已经从宫廷走向民间，民间酿造和饮用葡萄酒也十分普遍。长安城有许多酒肆，其中许多是胡人开的，出售西域进口的葡萄酒和一些本地产的酒。自称"五斗先生"的王绩不仅喜欢喝酒，还精于品酒，写过《酒经》《酒谱》。他在《过酒家五首》中写道：

> 竹叶连糟翠，蒲萄带曲红。
>
> 相逢不令尽，别后为谁空。

　　这是一首十分得体的劝酒诗。朋友聚宴，杯中的美酒是竹叶青和葡萄酒。唐诗的许多诗句与葡萄酒有关。如白居易的《和梦游春诗一百韵》有"带襕紫蒲萄，袴花红石竹"的诗句，《房家夜宴喜雪戏赠主人》有"酒钩送盏推莲子，烛泪粘盘垒蒲萄"的诗句，《寄献北都留守裴令公》有"羌管吹杨柳，燕姬酌蒲萄"的诗句。

　　到了宋代，葡萄酒产业有了很大的发展，葡萄酒的饮用十分普遍。无论是京畿，还是地方，都很喜欢这种饮品。宋人王应麟《玉海·淳化喜雨诗》说："淳化五年三月癸丑朔，时雨沾足，近臣称贺。四月癸卯，上谓宰相曰：膏泽霶霈，上天之贶也。命以蒲萄酒、建茶、珍果赐近臣。诏曰：喜此甘泽，与卿等同庆。"时人对"蒲萄酒"的赞美和向往，充斥纸翰，由此可见这种饮料十分受欢迎，已经达到家喻户晓的程度。

7. 胡商与香料贸易

　　早在汉代，香料便从西域进入中国，成为中国上层社会生活中必不可少的用品。

　　许多商胡专门从事东西方的香料贸易。香料来自于热带芬芳类植物和动物分泌的香胶，有止痒杀菌、去腥除臭、清洁环境的作用，其药用功效更多。海南大盗冯若芳在南海"波斯舶"上掠取大量香材或香料，并以此致富。唐穆宗长庆四年（824），波斯人李苏沙向朝廷进贡沉香亭子材，此人是以兴贩香材为业的胡商。又据记载，番禺牙侩徐审与"舶主何罗吉"是朋友，这位何罗吉也是从事香料贸易的胡商。他们临别时，何罗吉赠 3 枚鹰嘴香给徐审，据称可避时疫。后来番禺遭遇大疫，徐审全家焚香得以幸免，后来这种香就被称为"罗吉香"。武后永昌元年（689），洛阳北市"香行社"造像记中，记录了社官、录事及社人等 20 余人的姓名，其中有安僧达、史玄策、康惠登、何难迪、康静智等，这些人的姓氏为粟特胡姓，他们很可能就是来自中亚的商胡或其后裔。

广州是唐代最大的香药集散地之一，鉴真在广州见到江中来自婆罗门、昆仑等地的海舶，装满了香药珍宝，其积如山。丁谓《天香传》说："占城所产栈沉至多，彼方贸迁，或入番禺，或入大食。大食贵重栈沉香与黄金同价。乡耆云：比岁有大食番舶，为飓风所逆，寓此属邑，首领以富有，大肆筵设席，极其夸诧。州人私相顾曰：以赀较胜，诚不敌矣，然视其炉烟蓊郁不举、干而轻、瘠而燋，非妙也。遂以海北岸者，即席而焚之，高烟杳杳，若引东溟，浓腴涓涓，如练凝漆，芳馨之气，持久益佳。大舶之徒，由是披靡。"

诗人王建《送郑权尚书南海》一诗描述了广州繁忙的香药生意：

> 七郡双旌贵，人皆不忆回。
>
> 戍头龙脑铺，关口象牙堆。
>
> 敕设薰炉出，蛮辞咒节开。
>
> 市喧山贼破，金贱海船来。
>
> 白氎家家织，红蕉处处栽。
>
> 已将身报国，莫起望乡台。

到宋代，输入的香药数量更多。大食蕃客罗辛一次就"贩乳香值三十万缗"。据南宋泉州市舶官员叶廷珪《香录》和赵汝适《诸蕃志》以及清人徐松《宋会要辑稿》等史料所载，当时由国外进口的香药种类达 330 多种，其中明确记载产自大食的主要有乳香、苏合香、安息香、丁香、桅子香、蔷薇水、龙涎香、没药、血褐、金颜香、龙脑香等。如"蔷薇水，大食国花露也"，金颜香"特自大食，贩入中国"。

唐代扬州香药市场十分兴隆，鉴真由扬州东渡日本时，在扬州采购了由"波斯舶"贩运而来的麝香、沉香、甲香、甘松香、龙脑香、胆唐香、安息香、栈香、零陵香、青水香、熏陆香、毕钵、诃梨勒、胡椒、阿魏等近千斤香料，其香药多购自这里的"胡店"。唐时日本多次派人来中国求香药，日本正仓院珍藏的香药物品有相当大一部分产自阿拉伯地区，它们有从扬州购买去日本的，或经由扬州转运到日本的。唐代诗人皎然在《买药歌送杨山人》中有"江南药少淮南有""扬州喧喧卖药市"之句，描述了当时扬州香药市场的繁荣。唐代的魏郡，也有同样的香药市场，据《太平广记》记载，当时贩卖香药时，"其药有难求未备者，日日于市邸谒胡商觅之"。香药是当时非常名贵的药物，"龙涎香每两与金等"。《新纂香谱》记载："海贾窝真龙涎二钱，云三十万贯可咨，胃时明节皇后许酬以二十万贯，不售。"可见香药属物贵价昂之物，以至连皇后欲买都不予削价。

香料或香材也是外国政府向唐朝进贡的重要物品，据史书不完全统计，天竺、乌苌、耨陀洹、伽毗、林邑、诃陵等国向唐朝"贡献"香料，其种类主要有郁金香、龙脑香、婆律膏、沉香、黑沉香等等。唐人有时将外国贡献的香料径称作"异香"，即稀见的香料，这些外来的香料也被他们赋予了种种神秘的特性。

香料在唐人生活中具有重要的作用，皇室和贵族对香料或香材的使用几乎达到了奢侈无度的程度。在唐代，香料的制作更加精细和考究，品类更为丰富，用香无处不在，甚至融入了礼制，数量众多的咏香诗文涌现，跳动的音韵伴着馥郁的氤氲融汇成蔚为壮观的盛世景象。

据史书记载，唐时每逢宫中开花，以重顶帐篷蒙蔽在栏杆上，使香气不散，称为"括香"。和花香的短暂易逝、不能随时随意取得相比，香药能长期储存的优点满足了人们对香气的渴望。当时还引进和开发了能用于各种场合的香具：镇压地毯一角的重型香炉；帐中熏香的鸭形香炉；悬挂在马车和屋檐上的香球；藏于袖中而动止皆香的香囊等等。花蕊夫人《宫词》写道："青锦地衣红绣毯，尽铺龙脑郁金香。"据称唐朝皇帝"宫中每欲行幸，即先以龙脑、郁金藉地"（《唐语林》）。《明皇杂录》记载，唐玄宗在宫中置长汤屋数十间，即大型室内温泉，银镂漆船及白香木船置其中，楫橹皆饰以珠玉，汤中以绿宝石和丁香，堆叠成瀛洲、方丈（传说中的海上仙山）的模样。开元中，宫中开始流行赏木芍药（牡丹花），玄宗与杨贵妃在沉香亭赏花，召李白作诗，李白遂作《清平调词三首》。宋人陶谷《清异录》卷下记载，唐敬宗用龙脑香、麝香粉末造纸箭，与嫔妃们在宫中戏乐："宝历中，帝造纸箭、竹皮弓，纸间密贮龙麝末香，每宫嫔群集，帝躬射之。中者，浓香触体，了无痛楚。宫中名'风流箭'，为之语曰：'风流箭中的人人愿。'"宁王每与人谈话，先将沉香、麝香嚼在口中，"方启口发谈，香气喷于席上"。每逢腊日，君王还要赏赐臣下各种香药、香脂等。张九龄在《谢赐香药面脂表》中说："某至，宣敕旨，赐臣裹衣香、面脂及小通中散等药。捧日月之光，寒移雪海；沐云雨之泽，春入花门。"

皇室之外，达官显贵也嗜香成风。杨国忠有"四香阁"，"用沉香为阁，檀香为栏，以麝香、乳香和为泥饰壁"，甚至比皇宫中的沉香亭更为奢华。长安富商王元宝在床前置木雕矮童二人，捧七宝博山炉，彻夜焚香。柳宗元收到韩愈寄来的诗后，"先以蔷薇露灌手，熏以玉蕤香，然后发读"。中宗时，宗楚客兄弟、纪处讷、武三思以及皇后韦氏诸亲属等权臣常举办雅会，"各携名香，比试优劣，名曰斗香"。以上所说都是见于记载的用香故事。

风流所及，在唐朝无论男女，讲求名香熏衣，香汤沐浴，以至柳仲郢"衣不熏香"，竟被作为"以礼法自持"的证据。唐代"中国社会的上层阶级，就生活在一种神香和各种香料焚烧的烟雾缭绕之中。香水浴、按摩、香油、呼吸的香气、涂敷、焚烧、消遣、保健、儒释道宗教仪轨……"[1]

唐代的文人普遍用香，也写出了很多关于香的诗词，王维、杜甫、李白、白居易、李商隐、李贺等都有此类作品。李贺在《贵公子夜阑曲》中，具体而微地说明了沉香的重要作用，诗中描写了一位贵公子在孤寂的房屋中等待黎明的情景："袅袅沉水烟，乌啼夜阑景。曲沼芙蓉波，腰围白玉冷。"李贺其他诗也有对沉香的描述："沉香火暖茱萸烟，酒觥绾带新承欢。""归来无人识，暗上沉香楼。""沉香熏小像，杨柳伴啼鸦。"据学者统计，涉及用香的唐诗有102首，可分为皇宫用香、寝中用香、日常用香、军旅用香、释道用香、制香原料、合香种类、香品形式、香具类型、香笼的使用等，其中直接指出的长安宫殿名称就有红楼院、大明宫、日高殿、华清宫，长安东南角的芙蓉苑和城东的夹城。宫中在除夕夜傩戏逐煞、元旦朝贺、正月十五灯节酺宴、妃产子以及值夜、清晨上朝等不同季节、时辰以及遇重要事情时，使用不同的香。平民百姓在一般日常生活中，无论晨起、更衣、宴饮、观舞、熏衣被

---

① ［法］布尔努瓦著，耿昇译：《丝绸之路》，山东画报出版社2001年版，第274页。

也都点香、熏香。

佛教和道教，也把用香作为其宗教活动的一项重要内容。《释氏会要》《华严经》《楞严经》《戒德香经》《大唐西域记》《妙法莲华经》等，有很多佛教用香的记载。《大方广佛华严经》具体谈到了"一切和香、一切熏香、一切涂香、一切末香"这四种香的使用方法。佛教也认为用香有助于修行，譬如香严童子即因闻香而悟道，进而证得罗汉果位，所谓"香者……不假文字、声音、语言诠表善恶，但闻香气便能入证，即皆获德藏三昧"。因此透过鼻根香尘的修行，也是证道的法门之一。以香"浴佛"是重要的佛教供养。《浴佛功德经》提到多种香料混合的浴佛方法："若浴佛像时，应以牛头、栴檀、白檀、紫檀、沉水、熏陆、郁金香、龙脑香、零陵、藿香等，于净石上磨作香泥，用为香水，置净器中，于清净处，以好土作坛，或方或圆，随时大小，上置浴床，中安佛像，灌以香汤，净洁洗沐。"

这则记载说明佛教寺院用香的品种很多，且也有定制。法门寺出土文物中有各式香炉、香合（盒）、香垒子、香迭子、香案子、香匙、香碗子、羹碗子、香匙、香筋、火筋、檀香、丁香、沉香、香囊、手炉、香宝子、波罗子、香笼子等。道教借鉴了佛教的很多仪式，其中也包括用香。此外，人们在日常生活中，比如饮食、医药等方面，用香也是十分普遍的。

在这种社会风气的熏染下，唐朝香料或香材的需求量非常大，而本土出产的又非常有限，所以进口香料就成了一个重要的来源。唐朝进口的香料主要有沉香、紫藤香、榄香、樟脑、苏合香、安息香、哇爪香、乳香、没药、丁香、青木香、广藿香、茉莉油、玫瑰香水、阿末香、甲香等品种。"在唐代，广州港成了世界上香料和药品的最大港口。藏红花经印度和布哈拉传入中国（迦湿弥罗变成了其最大的藏红花出口地）；水仙花被认为是来自罗马帝国，但它很可能是原产于波斯；神香阿魏是一种树的树胶、树脂，它生长在伊朗省份拉雷斯坦和坎大哈地区……液体苏合脂出自东南亚的一种芳香性植物；'安息香'一词在指 bdellium（没药）之后，又用于称印度支那和印度尼西亚的一种香脂钓樟属或山胡椒属植物。"[1]

8. "年年买马阴山道"

唐朝引进的家畜以马居多。自从赵武灵王提倡"胡服骑射"以来，骑兵

---

① ［法］布尔努瓦著，耿昇译：《丝绸之路》，山东画报出版社 2001 年版，第 275 页。

在中国军队中就具有特别重要的地位，骑兵就是当时的现代化部队。汉武帝为了得到大宛马或称"天马"，不惜发动一场战争。因为在冷兵器时代，马不仅是非常重要的役畜，而且是衡量武力强弱的重要指标，是重要的战略物资或战略装备。汉武帝对于天马的需求，不能从个人喜好去理解，而应该说是当时国家军事力量发展的需要。到了唐代，从西域进口马匹仍然具有重大的战略意义。唐高宗永隆二年（681）唐朝监牧的马死了18万匹，后来的史臣在评价这件事时说："马者，国之武备，天去其备，国将危殆。"在西域各国与唐朝的交往中，马匹是一项重要的贡品，史籍上对此多有记载。此外，唐朝在与各国进行贸易时，马匹也是进口的大宗商品。唐朝不满足于西域诸国的"贡马"，还利用一切机会，前往西域购求良马。

引进外来马，不仅意味着唐朝国家控制的马匹数量增多，而且对马匹品种的改良也具有关键的意义，所以唐朝对于马的引进非常重视。陈寅恪指出：

> 至弓矢之用，若不与骑马配合，则仅能防守，而不能进攻，只能处于被动之地位，而无以发挥主动进攻之效用。故言射而不言骑，则只得军事技术之一面。若骑射并论，自必师法胡人，改畜胡种之马，且任胡人血统之人主持牧政。①

唐朝外来马主要是从西域昭武九姓诸国和大食国引进的，前者是自汉代以来盛传的"天马"即大宛马的产地，后者是优良的阿拉伯马的故乡。《唐会要》明确记载康国马"是大宛马种，形容极大，武德中，康国献四千匹，今时官马犹是其种"。唐初马匹缺乏，耕畜严重不足，"大唐接周隋乱离之后，承天下征战之弊，鸠括残烬，仅得牝牡三千"。而中亚马匹的输入有力地解决了这一困难。仅武德中，康国就献马4000匹，一直到唐德宗时，官马"犹是其种"。

日本学者松田寿男认为，古代羊马与缯帛的交易，早在唐朝之前的汉魏南北朝就存在，是中原与北方诸族的一种主要贸易形式。《隋书·北狄突厥传》记载："突厥部落大人相率遣使贡马万匹，羊二万口，驼、牛各五百头。寻遣使请缘边置市，与中国贸易，诏许之。"突厥与隋既有朝贡贸易，又设缘边互市贸易。唐朝建国后与突厥的羊马缯帛交易时断时续。贞观十五年

---

① 陈寅恪：《金明馆丛稿初编》，上海古籍出版社1980年版，第269页。

（641），唐太宗遣使往西域册立西突厥叶护可汗，使节未还，"又令人多赍金帛，历诸国市马"。魏徵虽然就此提出了不同的意见，但是主旨并不是反对购马，而是如何使"诸国之马，不求自至"。开元九年（721），唐玄宗在给突厥可汗的国书中说道："国家买突厥羊马，突厥受国家缯帛，彼此丰给。自数十年来，不复如旧，正由默啜无信，口和心叛，数出盗兵，寇抄边鄙。"（《资治通鉴》）可能是此前唐朝与突厥的绢马贸易有过中断，但自此以后，此项交易进入全盛。开元十五年（727），唐与突厥毗伽可汗把西受降城作为互市之地，"每岁赍缣帛数十万匹就市戎马"。这种交易到开元末仍维持着相当规模。朔方节度使王忠嗣，"每至互市时，即高估马价以诱之，诸蕃闻之，竞来求市，来辄买之"（《旧唐书·姜师度传》）。招徕诸蕃马，来辄买之，表明唐朝与突厥诸蕃之间缣马贸易供求两旺。

据唐人《刘元尚墓志》记载，元尚"解褐拜掖庭监作，大食市马使，燕王市于骏骨，伯乐顾之龙马，遂使三军迎送，万里循环，荣宠是加，超公内寺伯"。所谓"三军迎送"云云，说明这次前往大食市马的规模是很大的，并有专门的"大食市马使"。

唐与回纥也有长期的绢马贸易。陈寅恪在为白居易《阴山道》诗笺证时提到："回鹘每以多马贱价倾售，唐室则减其马数而依定值付价。"又据白居易诗文"疏织短截充匹数，藕丝蛛网三丈余，回鹘诉称无用处"，提出"付回鹘马价者，则如藕丝蛛网，此即所谓疏织也。其恶滥至此，宜回鹘之诉称无用处矣。观唐回马价问题，彼此俱以贪诈行之，既无益，复可笑。乐天此篇诚足为后世言国交者之鉴戒也。又史籍所载，只言回鹘之贪，不及唐家之诈……可补旧史之阙"。[1] 陈寅恪注意到唐朝与回鹘绢马贸易中存在的纠纷问题。唐人崔元略所撰《内侍李辅光墓志》说："时有北虏入觐，将以戎马充献，数盈累万。国朝故事，每一马皆酬以数十缣帛，拒之即立为边患，受之即玉府空竭。公承命为印纳使，迎之朔陲，谕以信实。交领之际，虏不敢欺。"

元稹《阴山道》诗中也说道："年年买马阴山道，马死阴山帛空耗。"白居易的同题诗中也说："五十匹缣易一匹，缣去马来无了日。养无所用去非宜，每岁死伤十六七。"讲的都是唐在与回纥的绢马贸易中所受的损失的

---

① 陈寅恪：《元白诗笺证稿》，生活·读书·新知三联书店2001年版，第266—267页。

情况。

输入唐朝的西域马匹，影响了唐朝马政。中亚马"形容极大""精力异常"，这些良马进入中原，使唐朝马种得到改良，"既杂胡种，马乃益壮"。中亚马的输入，提高了唐军的战斗力，"秦汉以来，唐马最盛，天子又锐志武事，遂弱西北番"。中亚良马也改良了唐朝民间马种，刘禹锡《吊马文》记载："初，玄宗羁大宛而尽有良马，命典牧以时起居。洎西幸蜀，往往民间得其种而蕃焉，故良毛色者率非中土类也。"唐在边地多置监牧，置 8 坊 48 监，占田地 1000 多顷。自唐贞观至麟德 40 年间，所养官马达 70 余万匹。

唐朝人非常重视官马品种的改良，而外来马也在唐朝官马中占了非常重要的地位。唐诗中有许多描写西域贡马的。乔知之《赢骏篇》写道：

> 喷玉长鸣西北来，自言当代是龙媒。
> 万里铁关行入贡，九重金阙为君开。
> 蹀躞朝驰过上苑，趁趣暝走发章台。
> 玉勒金鞍荷装饰，路旁观者无穷极。

诗中所谓"当代是龙媒"，就是指康国良种马。杜甫有一首《高都护骢马行》的咏马诗，写道：

> 安西都护胡青骢，声价欻然来向东。
> 此马临阵久无敌，与人一心成大功。
> 功成惠养随所致，飘飘远自流沙至。
> 雄姿未受伏枥恩，猛气犹思战场利。
> 腕促蹄高如踏铁，交河几蹴曾冰裂。
> 五花散作云满身，万里方看汗流血。
> 长安壮儿不敢骑，走过掣电倾城知。
> 青丝络头为君老，何由却出横门道？

杜甫诗中的"高都护"即指高仙芝，当时在安西都护府任都护。他的毛色青白相间的骢马，随着主人东至长安，名声与身价也随之骤增："声价欻然来向东。"高仙芝从西域回到长安，其马肯定也是西域良马。而杜甫诗中则写尽了这匹良马的风采和魅力。

三　西域医药学在中国的传播

1. 输入中国的胡药

药物的进口是唐代中国与西域进行的大宗贸易。这些国家的医药学知识和药物传入中国，并受到中国医药学家的高度重视，中国的医药学家积极吸收和借鉴，将其融入中国医药学的体系中，丰富了中国医药学的内容。

在唐代，更加便利的交通促使中外交流扩大，与此同时外国医药学知识和药物更大量地传入中国。西域药物的主要输出国以天竺、波斯、大食、大秦等为主，还包括南海诸国甚至拜占庭等更远的地方。在此，我们把唐代西药的传入以及中医药学对外国医药学的接受、利用与借鉴，做一总体的梳理。

在唐代的中外医药学交流中，最突出的是大量的外国药物传到中国。外国药物进入中国的一个重要渠道是政府间的交往即外国使臣将其作为礼品或贡品带入中国的。这样的事例在史籍上多有记载。如在乾元二年（759），西域龟兹叶护贡赠给唐朝的礼品有200多种贵重药材和许多香料味品。这些贡品有一部分被投放进市场售卖。《唐六典》规定：“若诸蕃献药物、滋味之属，入境州县与蕃使苞匦封印，付客及使，具其名数牒寺。寺司勘讫，牒少府监及市，各一官领识物人定价，量事奏送；仍牒中书，具客所将献物。应须引见、宴劳，别听进止。”此外，有一些药品是宗教信徒作为礼品携带而来。主要渠道是作为商品销售到中国，通过这一渠道运来的药品更大宗、品种更多。《南海寄归内法传》卷三第二十七条“先体病源”说道：“西方则多足诃黎勒，北道则时有郁金香，西边乃阿魏丰饶，南海则少出龙脑。三种豆蔻，皆在杜和罗。两色丁香，咸生堀沦国。”义净提到的这些药物是出口到中国的大宗货物。

唐代输入的西域药物，有很多来自阿拉伯地区和波斯。在唐代，波斯、阿拉伯与中国的商贸关系十分密切，双方有大量的商品在相互流通。《西阳杂俎》《海药本草》《宋史》《岭外代答》和《诸蕃志》等文献对此有记载，其中来自阿拉伯和波斯的有：矿物类药物有：炉甘石、密陀僧、石硫黄、绿盐、水银、白铜、生银、硼砂、金钱矾、白矾等；植物类药物有：乳香、没药、安息香、珊瑚、珑拍、芦荟、胡芦巴、押不卢、漪萝、胡黄连、砂仁、苏合香、石蜜、阿月浑子、无石子（没食子）、五味子、木香、丁香、肉豆蔻、阿魏、偏桃（婆淡，巴旦杏）、薰陆香、波斯枣（窟莽）、诃黎勒、阿勒勃、婆那婆（波罗蜜）、胡薄荷、齐曔（橄榄叭翻齐）、阿异、指甲花等；动物类药物有：象牙、眼朋脐、牛黄、犀角、狗宝等；此外还有蔷薇水、甘露等。

《酉阳杂俎》对来自波斯和阿拉伯的药物有比较具体的记载："阿魏，出伽阇那国，即北天竺也。伽阇那呼为形虞。亦出波斯国，波斯国呼为阿虞截。树长八九丈，皮色青黄，三月生叶，叶似鼠耳，无花实。断其枝，汁出如饴，久乃坚凝。""安息香树，出波斯国。波斯呼为辟邪树。长三丈，皮色黄黑，叶有四角，经寒不凋。二月开花，黄色，花心微碧，不结实。刻其树皮，出胶如饴，名安息香。""香齐，出波斯国。佛林呼为预勃黎咃。长一丈余，围一尺许。皮色青薄而极光净，叶似阿魏，每三叶生于条端，无花实。西域人常八月伐之……七月断其枝，有黄汁，其状如蜜，有香气，入药疗病。""龙脑香树，出婆利国。婆利呼为固不婆律。亦出波斯国，树高八九丈，大可六七围。叶圆而背白，无花实。其树有肥有瘦，瘦者出婆律膏香。在木心中，断其树，劈取之，膏于树端流出……入药用。""荜拨，出摩伽陀国，呼为荜拨梨。佛林国呼为阿梨诃咃。苗长三四尺，茎细如箸，叶似蕺叶，子似桑葚。八月采。""无石子，出波斯国，波斯呼为摩贼。树长六七丈……叶如桃叶而长……花白色，花心微红，子圆如弹丸，入药用。""磐砮穰树，出波斯国……压为油以涂身，可去风痒。""奈祇出拂菻国……压以为油，涂身，除风气。""阿勃参出拂菻国……以涂疥癣，无不者瘥。"

从这些输入的药物名称看，它们大多出于阿拉伯、波斯语的译音或译义。如"密陀僧"是波斯语"murde eng"的音译，"乳香"是阿拉伯语"luban"的意译，"胡芦巴"是阿拉伯语"huibah"的译音，"押不卢"是阿拉伯语"auh"的译音，"琉拍"是波斯语"Jha"的音译，"盼萝"是波斯语"zua"的音译，"忽野檐默"是阿拉伯语"ziynmhambar"的音译，"齐曔"是波斯语"zeitun"的音译，"阿择"是波斯语"emir"的音译，"没树"是波斯语"mart"的音译，"没药"是波斯语"myrrh"或阿拉伯语"mwr"的音译，"郁齐"是波斯语"biz'"的音译，"芦荟"是阿拉伯语"Alga"的音译，"阿魏"是波斯语"angtve"的音译，"诃黎勒"是波斯语"habla"的音译，"婆罗得"是波斯语"baladw"的音译，等等。有些药物则直接以其产地命名，如"波斯枣""安息香"等。

在当时文献罗列的经丝绸之路流通到中国的西域商品中，或介绍一些国家物产的清单中，药物（特别是香药）占有一定的份额，所以有的学者将丝路也称为"香药之路"。随着海上丝绸之路的兴盛，外来药物在中土的巨大商业利润无疑更刺激了商胡的贸易热情。所以，唐代的许多外国商人在经营珠宝、香料的同时，也从事药物贸易。许多文献，包括文学作品，有关于商胡从事香药贸易的描写。

姚崇新通过对吐鲁番文书的研究，认为在唐代的吐鲁番地区有一个规模颇大的药材市场，这个市场是中国内地与西域药材交易的集散地。吐鲁番出土的唐官方文书《唐天宝二年交河郡市估案》显示，当时唐朝颁布了关市令，规定每10日立物品上中下三等分别定价的制度，该文书就是以"行"为单位将市内的物价进行归纳整理以提给交河郡都督府的官方文书断片。文书中有各种"行"，分别是谷麦行、米面行、果子行、帛练行、彩帛行、凡器行、药材行，等等。据姚崇新统计，《市估案》中残存的"药材行"所列药材约130种，保留至今的名称有69种。所列药材有43种是出自中国内地，有26种或产自域外，或域内域外都有出产。姚崇新认为：

> 西州似乎是七八世纪位于亚洲腹地东缘的一个重要的药材贸易中心，其药材来源十分广泛，几乎涵盖了亚洲大部分区域。从种类和数量对比看，虽然内地所产药物占多数，但涉外药物也占有相当比例。
>
> 西州市场的涉外药物如果单从它们的域外产地考虑，其来源应以波斯、印度（包括北印度和南印度）为主……西州市场涉外药物的地域分布与中古时期中西文化交流的地域格局基本一致……可视为唐朝对外医药文化交流实态的部分缩影。[1]

胡商贩运药物入华，其去向也有多种：或是直接进贡给皇室或官府；或是由市舶司等官方机构收购；还有运输商自主经营药店，批发给胡商或华商

---

[1] 姚崇新：《中古艺术宗教与西域历史论稿》，商务印书馆2011年版，第415—416页。

分别（或联手）经营的药行与药店；或贩卖给寺院一类的宗教组织等。胡商在中土卖药的地点分布较广，一般是在几个大都市或者交通要津。长安和洛阳有专门从事药材贸易的胡商和商业组织"行"与"市"。洛阳龙门石窟药方洞南上方的香行佛龛题记，记载了武后永昌元年（689）北市香行名录，其中有胡人安僧达、史玄策、康惠登、何难迪等，更多的是汉人坐商，这说明唐初洛阳北市有由胡汉商人共同组成的香药贸易行。《太平广记》卷一九四记载："唐大历中，有崔生者……时家中有昆仑奴磨勒，顾瞻郎君曰：'心中有何事，如此抱恨不已，何不报老奴？'……后十余年，崔家有人，见磨勒卖药于洛阳市，容颜如旧耳。"表明中唐时期胡人在洛阳卖药是很普通的事情。

唐代长安有"宝货药肆"，东市有药行。出自康居的京兆崇福寺僧沙门法藏所集《华严经传记》卷五记载了"以调露二年五月一日染患遂亡"的居士康阿禄山游地府死而复生的故事："尝时见东市药行人阿容师。师去调露元年患死。为生时煮鸡子，与七百人入镬汤地狱……又往东市卖药阿家。以容师之言，具告行证……到永隆元年八月，庄严周毕，请大德沙门庆经设供。禄山尔日亦在会中。"

这虽是一则神游冥府的离奇故事，但其中"东市药行"和"东市卖药阿家"则有一定的真实性。阿容师很可能与康阿禄山一样，是来自康国的粟特人，故事中阿容师的儿子行证"于西大原寺康法藏师处请《华严经》"，也从侧面证明这些在长安的粟特人和佛教僧团之间有着密切的联系。圆仁《入唐求法巡礼行记》卷四记载，会昌三年（843）六月"廿七日夜三更，东市失火。烧东市曹门以西十二行四千余家，官私钱物金银绢药等总烧尽"。同卷还记载，会昌五年（845）正月，道士求仙用药，"敕令于市药行觅，尽称无"。可见，从初唐到晚唐，长安东市的药行一直存在。胡商也在两都之外的其他地区从事药物贸易。

唐代笔记《三水小牍》卷上的"赵知微雨夕登天柱峰玩月"条，记载了一个道士购药的故事。《太平广记》卷八五"赵知微"条，也有同样记载。道士赵知微在九华山炼丹，派遣门徒皇甫玄真到京师购买炼丹用的"西土药"。京师是最大的胡商集散地之一，也是胡药的贸易中心之一，因此，皇甫玄真轻松完成了师命，也掌握了黄白术的精妙之处。

佛教徒建立曼荼罗坛场，所需要的域外药物也要向商胡求购，只有在求购不得的情况下，才用本地的药物去替代。上都大兴善寺沙门慧琳依诸大乘经集所著的《建立曼荼罗及拣择地法》云："又取五种药：所谓娑贺揖啰、娑贺祢缚、建吒迦哩、儗（霓以反）哩羯啰拏（二合）、勿哩（二合）贺底，当于外国估客处求觅。若无此药，即以唐国所出灵药替之，所谓赤箭、人参、茯苓、石菖蒲、天门冬。"

商胡所从事的药材贸易多是一些名贵药材。《太平广记》卷二八引《纪闻》记载："（定襄令段之子）天宝五载，行过魏郡，舍于逆旅。逆旅有客焉，自驾一驴，市药数十斤，皆养生辟谷之物也，而其药有难求未备者，日日于市邸谒胡商觅之。"平日难见之药需要到商胡那里去买，而这种"难求"的药物必定有许多异域所产。

商胡贩卖的多是比较难求的药物，物以稀为贵，其价格自然不菲，利润颇丰。至德年间进士顾况在《苏方一章》诗中说："苏方之赤，在胡之舶，其利乃博。"其题注曰："苏方，讽商胡舶舟运苏方，岁发扶南、林邑，至齐国立尽。"苏方，即苏方木，"自南海昆仑来，交州、爱州亦有"。其性能是"主破血"，治"产后血胀闷欲死者"。商胡从扶南转运苏方木到山东、河北一带，销路良好，显然是为了其高额利润。牛僧孺《玄怪录》卷一所载的"张老"故事叙及"扬州北邸卖药王老家"，此人"当肆陈药"，表明王老经营的是一个药店。此故事的主人"张老"有昆仑奴为仆，暗示其外来的背景，而王老能轻易拿出一千万，其药店很可能贩卖胡药。这虽然是一个传奇故事，故事发生的时间设定在"梁天监中"，但流传的时间是在唐文宗"太和初"，因此，这则故事实际上反映了中晚唐时期扬州有胡药店的情况。《唐阙史》卷下"丞相兰陵公晚遇"条记载："唐丞相兰陵公萧倣，清誉俭德，时所推伏。尝统戎于番禺，有酌泉投香之誉。以是夷估辐辏，至于长安，宝货药肆，咸丰衍于南方之物，由从人情归美。"

隋唐时期外来药物种类繁多，可达数百种。唐代郑虔的《胡本草》、唐末李珣的《海药本草》记载了大量的外来药物。历代医籍凡所及药物，冠以"胡"者，多系外来药物。日本正仓院不仅留有罕见的唐代药材实物，而且其药账单和鸟毛立女屏风裱褙文书有来自波斯、印度、南海和西域的胡药记载，其多是盛唐时期从西亚、印度运到中国，转口至新罗，最终到了日本。

1970年，考古工作者在西安南郊出土了两瓮唐代窖藏文物计1000多件，其中有许多金银器物和金石药品。这些文物的出土地点相当于唐长安城义宁坊，它们很可能是唐玄宗的堂兄邠王李守礼的后人的遗物。据报告，出土的药物有丹砂 7081 克、钟乳石 2231 克、紫石英 2177 克、白石英 505 克、琥珀 10 块、颇黎 16 块、金屑 787 克、密陀僧 16 斤和珊瑚若干。这些药物多与养生有关，而且许多属于舶来品，即通过海上贸易得到的外来药物。外来药物在唐朝上流社会的盛行程度于此可见一斑。

2. 中国医生对胡药品质的肯定

来自波斯和阿拉伯的药物在唐代很受欢迎。这些药物有些在唐朝境内不生产，有些药效明显优于本土药物。中国文献多有"波斯者良""波斯者为上"或者"性能不如波斯者"这样的比较说法。在一般情况下，唐朝人总是认为本土药物的质量不及外国同类药优良。如《新修本草》卷一七"石蜜"说："出益州及西戎……西戎来者佳。近江左亦有，殆胜蜀者。"敦煌出土《食疗本草》指出："石蜜，寒，右心腹胀热、口干渴。波斯者良。注少许于目中，除去热膜，明目。蜀川者为次。今东吴亦有，并不如波斯。此皆是煎甘蔗汁及牛膝汁，煎则细白耳。"唐代佚名的《金石簿五九数诀》提及黄花石说："本有名无用，中有黄花，石出波斯国者上……波斯国生，即是真也。"又说不灰木："出波斯国，是银石之根……余所出处，不堪所用。波斯者为上。"《云笈七签》卷七七"方药"引《张少真炼九转铅精法》说，青铅"屎多者曰杯铅，泽精者曰唐，并不堪用，唯伊阳及波斯计紫者为上"。唐慎微《证类本草》卷一一"鹤虱"条说："今按别本注云……出波斯者为胜，今上党亦有。力势薄于波斯者。"《证类本草》卷九引《开宝本草》说，补骨脂"生广南诸州及波斯国……其舶上来者最佳"。《图经本草》也说，补骨脂"生广南诸州及波斯国，今岭外山坂间多有之，不及蕃舶者佳"。固然不能否定这种情况可能确实与药物本身的质量有关，但更重要的是，它反映了外来药物在唐朝人心目中的崇高地位。这种认识更反映了对于外来物品特别是奢饰品和珍贵物品的热烈向往和追求，是当时唐朝社会"胡风"弥漫的一种表现。

这种认识表现在每一种具体的药物上。如人们普遍认为诃黎勒以"波斯舶上来者"质量为良，这种药物的叶片有下气、消痰及止痢的功效。天宝诗人包佶在病中得到友人相赠的诃黎勒叶，喜不自禁，作诗称：

一叶生西微，赍来上海查。

岁时经水府，根本别天涯。

方士真难见，商胡辄自夸。

此香同异域，看色胜仙家。

茗饮暂调气，梧丸喜伐邪。

幸蒙祛老疾，深愿驻韶华。

　　再如石硫黄，陶弘景指出："今第一出扶南林邑，色如鹅子初出壳，名昆仑黄。次出外国，从蜀中来，色深而煌煌。"陈少微《大洞炼真宝经九还金丹妙诀》也说："石硫黄，本出波斯南明之境。禀纯阳火石之精气，结而成质。"李珣《海药本草》记载，石硫黄"蜀中雅州亦出，光腻甚好，功力不及舶上来者"。苏颂《图经本草》也说，石硫黄"今惟出南海诸蕃，岭外州郡或有，而不甚佳。以色如鹅子初出壳者为真，谓之昆仑黄"。这些记载都是说本土所产的石硫黄不如外来的。

　　关于代赭，《图经本草》指出："然则赭以西土者为贵，垩有五色，入药惟白者耳。"《图经本草》的自豆蔻"出伽古罗国，今广州、宜州亦有之，不及蕃舶者佳"。独孤滔《丹方鉴源》卷上说：雌黄"舶上如喂血者上"。又说黄矾"舶上者好、瓜州者上，文会者次"。芥子是中土常见之物，其中白芥子却是外来品。《证类本草》引《唐本注》指出："又有白芥，子粗大白色，如白粱米，甚辛美，从戎中来"，还引"蜀本《图经》云：一种叶大，子白且粗，名曰胡芥。啖之及药用最佳，而人间未多用之"。说明从西方来的白芥子是诸种芥子中性味最好的。

　　寇宗奭《本草衍义》说，玛瑙"非石、非玉，自是一类。有红、白、黑色三种，亦有其纹如缠丝者，出西裔者佳"。《本草衍义》还列举了众多犀角，称川犀、南犀、乌犀、黄犀"皆不及西蕃所出"，连犀角尖也是"西蕃者佳"。唐代李复言在《续玄怪录》卷三"钱方义"的故事中说："蓬头者又曰：'登以阴气侵阳，贵人虽福力正强，不成疾病，亦当有少不安。宜急服生犀角、生玳瑁，麝香塞鼻，则无苦矣。'方义到中堂，闷绝欲倒，遽服麝香等并塞鼻。尚书门人王直温者，居同里，久于江岭从事，飞书求得生犀角，又服之，良久方定。"

　　钱方义于唐敬宗宝历元年（825）独居于长安长乐坊的宅子中，王直温

"久于江岭从事"，家里的生犀角自然是外来的海货，很可能就是南犀。

从硝石的使用中，我们更可得知在实际应用时本土货与外来货两者之间的巨大差异。《金石簿五九数诀》说："硝石：本出益州、羌、武都、陇西，今乌长国者良。近唐麟德年甲子岁，有中人婆罗门支法林负梵甲来此翻译。请往五台山巡礼，行至汾州灵石县，问云：'此大有硝石，何不采用？'当时有赵如硅、杜法亮等一十二人，随梵僧共采，试用全不堪，不如乌长者。又行至泽州，见山茂秀，又云：'此亦有硝石，岂能还不堪用？'故将汉僧灵悟共采之。得而烧之，紫烟烽烟。曰：'此之灵药，能变五金，众石得之，尽变成水。较量与乌长，今方知泽州者堪用。金频试炼，实表其灵。若比乌长国，乃泽州者稍软。'"

乌苌国的硝石在唐代颇负盛名。孙思邈《千金翼方》记载此硝石用于治疗大风病，"黄、青、白消石等是百药之王，能杀诸虫，可以长生，出自乌场国，采无时。此方出《耆婆医方·论治疾风品法》中"。关于硝石的性能与真伪辨认，宋代姚宽《西溪丛语》卷下记载："升玄子《伏汞图》有'试乌场硝石法'，云：'其色青，取白石英炙令热，将点上，便消入石中。《道书》言，出乌场国，能消金石为水，服之，尽得长生。其石出处，气极秽恶，飞鸟不能过其上。人或单服从之过，身上诸虫悉化为水而得长生矣。形若鹅管者佳。'"姚宽还指出当时所使用的硝石"有正有赝"。

同一种外来的药物由于产地不同，其质量也有高下之分。《金石簿五九数诀》记载："石硫黄：出荆南、林邑者，名昆仑黄。光如琅璃者上，波斯国亦堪所事用特生。"《酉阳杂俎》"紫矿树"条说，该药"昆仑国者善，波斯国者次之"。李珣《海药本草》说到波斯白矾，"多入丹灶家，功力逾于河西石门者。近日语州诸番往往亦有，可用也。"琥珀"复有南舶，不及舶上来者"。《本草衍义》说蓬砂"南番者，色重褐，其味和，其效速；西戎者，其色白，其味焦，其功缓，亦不勘作焊"。

以上所列中土的同类药物多不如外来者，但也不乏性能差不多的。《海药本草》中有出自波斯的银屑，"又烧朱粉瓮下多年沉积有银，号铅银，光软甚好，与波斯银功力相似，只是难得。"中土的"铅银"不比波斯银差，但并非常见。李珣还认为："云南长河中亦有阿魏，与舶上来者滋味相似一般，只无黄色。"《证类本草》卷二三说"乳柑子"本生江南及岭南，而据"臣禹锡等谨按萧炳云：出西戎者佳"。

移植到中土的外来药材，由于水土的关系，其质量也可能略逊一筹。苏颂《图经本草》的"葫芦巴"条指出："葫芦巴，生广州，或云种出海南诸蕃，盖其国芦菔子也。舶客将种莳于岭外亦生，然不及蕃中来者真好。"《证类本草》说到大枣，"波斯枣……舶商亦有携本国生者至南海"。但移植的枣子也无法与波斯原货相比。

此外，中土仿制的外来药材的质量就更等而下之。《一切经音义》卷一八"琉璃"条指出："上音留，下音离，青色宝也。有假有真，真者难得，出外国。假者即此国炼石作之，染为五色也。"《海药本草》"绿盐"条说："舶上将来，为之石绿，装色久而不变。中国以铜、醋造者，不堪入药，色亦不久。"中土用铜和醋所造的绿盐竟然不能入药。

当然，并不是所有的波斯药物都最好，也有"次之"的情况，如波斯的雄黄就不如武都所产。《金石簿五九数诀》说："雄黄：出武都，色如鸡冠，细腻红润者上，波斯国赤色者为下。"独孤滔《丹方鉴源》卷上也指出，雄黄"武都者上，西蕃者次"。《海药本草》引《广志》云，广南山谷的白茅香"合诸名香甚奇妙，尤胜舶上来者"。周去非《岭外代答》指出："广东舶上生熟速结等香，当在海南笺香之下。"

不过，即使有些本土所产的药物超过外来的，有人还是喜欢选用后者。《图经本草》记载蘹香子"今交广诸蕃及近郡皆有之。入药多用蕃舶者，或云不及近处者有力"。蒟酱生于巴蜀，"西戎亦时将来"，与出自波斯国的荜拨（荜茇）一样，均具有"温中下气"的功效，但《图经本草》明示"今惟贵荜拨而不尚蒟酱，故鲜有用者"。中土不同地域的人们对同样的外来药材（尤其香药），有不同的取舍。范成大《桂海虞衡志》"志香"描述了海南香的良好功效，而"北人多不甚识，盖海上亦自难得。省民以牛博之于黎，一牛博香一担，归自差择，得沈水十不一二。中州人士但用广州舶上占城、真腊等香，近年又贵丁流眉来者。余试之，乃不及海南中、下品。舶香往往腥烈，不甚腥者，意味又短，带木性，尾烟必焦。其出海北者，生交趾，及交人得之海外蕃舶而聚于钦州，谓之钦香。质重实，多大块，气尤酷烈，不复风味，惟可入药，南人贱之"。

唐代胡商药物贸易已颇具规模，使用胡药已经成为中国医生无可回避的选择。与此同时，一些伪劣假冒的胡药也混迹在市场上。关于这一现象，古籍多有记载。比如北宋温格《琐碎录》明确指出："广州蕃药多有伪者。"

卖假药是胡商的惯常行为，中土商人也有贩卖假胡药的。胡药的造假手段多种多样，如：所卖的药材不变，但更换名目，或是编造讹言，附会某种神异的色彩；经过一段时间后发现相同的药材中土也有出产，就有可能用本地药材冒名顶替，托名"胡中来"；夸张药物的性能；"亦容杂伪"，以次充好或以假乱真；在本土已经使用了一次，为再次利用转卖到中土，如此等等。

胡药的造假问题已被当时的人们所认识，久而久之人们对胡药产生了怀疑或不认可的态度，以至"谚云：黄芩无假，阿魏无真。以其多伪也"，说的是以黄芩为代表的本土药材多是真的，而像阿魏那样的外来药物却多是假的。

由于市场上伪胡药盛行，百姓多受其苦，官方、民间在著本草著作时多注明具体的方法以鉴别胡药真伪。在编写官修本草著作之前，朝廷有司组织征集真实药材的实物，与本草著作的文字相匹配，编写出相应的药图，作为医疗实践的指导，也是购买外来药物的参考指南。医方类的著作中甚至出现专门辨伪的章节，唐宋医方中提倡使用真的外来药物，唯有真货才有良好的疗效。道教徒炼丹时亦强调使用外来的真货。

为了适应这种要求，唐代出现了一些专门讨论"胡药"的本草著作。较著名者有郑虔《胡本草》7卷和李珣《海药本草》5卷。

郑虔曾任协律郎，后以私撰国史罪，坐谪10年，再后来为广文馆博士，在诗歌、书法、绘画等方面俱有高深造诣，被玄宗誉为"郑虔三绝"，《封氏闻见记·图画》《新唐书·文艺列传中·郑虔》均有记载。郑虔还长于地理之学，撰写过《天宝军防录》，是一个百科全书式的博学者。杜甫对其敬佩有加，尊称"郑老""老画师"，写《何将军山林十首》《醉的歌》《选郑十八虔》笃名诗，赞扬他的多方面才华："神农极阙漏，黄石愧师长。药篆西极名，兵流指诸常。"

郑虔所撰《胡本草》是唐代第一部主要记载外来药物的本草学专著，被历代文献所著录，如《新唐书·艺文志》《通志》《唐诗纪事》等。李时珍《本草纲目》卷一"历代诸家本草"中说："又郑虔有《胡本草》七卷，皆胡中药物，今不传。"

郑虔《胡本草》早已佚散，只有6条引文存于唐代段公路《北户录》之中，即：《北户录》卷二：红盐、黄盐；卷三：山胡桃、白杨梅、红梅、山花燕支。从残存的条文来看，《胡本草》主要描绘了药物的产地、形状、颜色和气味等。

出土的简帛文献说明，外来药开始输入我国的时间要早于南北朝时期。槟榔、丁香、肉豆蔻、降真香、阿魏等药，早在秦汉时就已引入我国，但使用还不广泛。在李珣的《海药本草》补充了这些药物的有关资料后，这些药渐为医药界所使用。

李珣是唐末以贩运香药定居中国的波斯商人的后代，即所谓的"土生波斯"。据载，当黄巢攻陷关中后，李珣的父祖辈在广明元年（880）随僖宗入蜀，被授以率府率。率府率是东宫侍卫之官，由此可知他的祖先是充任宫廷侍从的波斯胡人。李珣具有深厚的汉文化修养，以宾贡及第，成为少数取得进士资格的胡人之一。李珣以写词闻名于世，是"花间派"的重要词人之一。

李珣能有广博的香药知识，应该与其出生于从事香药生意的家庭有关。李珣的弟弟李玹"举止温雅，颇有节行"，"以鬻香药为业"，是一位专门从事香药买卖的商人。李玹又称李四郎，他不热衷官禄，"毕生以金丹延驻为务"，"暮年以炉鼎之费，家无余财，唯道书药囊而已"，积累了丰富的矿物学、植物学和化学知识。李珣的好友尹鹗戏谑他说："异域从来不乱常，李波斯强学文章。假饶折得东堂桂，胡臭熏来也不香。"

《海药本草》6卷，是一部药物学著作，主要叙述唐朝的外来药物，收药124种，其中以阿拉伯和波斯的药物居多。据统计，与波斯相关的药物有17种，此外还有大秦、大食国的药物。《海药本草》引用前人的文献有50多种，其中以地方志居多。《海药本草》原书久佚，但许多内容屡被后世的本草著作所引用。北宋绍圣五年（1098）前后，四川蜀州人唐慎微编纂了《经史证类备急本草》，书中收录了《海药本草》的100多条资料。从辑录的内容来看，《海药本草》将药物分为玉石、草、木、兽、鱼虫、果6类，分别记载了药物的名义、出处、产地、形态、优劣、鉴别、采收、炮制、性味、主治、附方、用法、禁忌、畏恶等多方面的内容。其中16种药物为首载：如车渠、金线矾、波斯白矾、瓶香、钗子股、宜南草、藤黄、返魂香、海红豆、落雁木、莎木、栅木皮、无名木皮、奴会子、郎君子、海蚕沙。在已知记录产地的药物中，产于南海者32种，岭南者10种，广南10种，波斯15种，大秦5种，西海 5 种，产地多集中在岭南、南海和海外，与所称《海药本草》正相符契。宋代李朝正所著《备急总效方》引录了多种医方、本草和医经著作，其中有 8 处引证《海药本草》。

《海药本草》对引进的香药的气味和主治，有许多新发现，对《神农本草》《名医别录》《唐本草》《食疗本草》《本草拾遗》等起到了补充作用。如零陵香药，前人只知能治心腹恶气、齿痛、鼻塞，李珣指出它的"偏性"，即服多会令人出现气喘现象；又如奄摩勒，《唐本草》说它"甘寒无毒"，李珣则纠正为"苦酸甘微寒油"；藕车香，前人陈藏器讲其辛温，李珣纠正为微寒；还有艾纳香，唐人知其能"治癣辟蛇"，而李珣补充道："可取寸白，合蜂案浴脚气良。"

3. 传入中国的西域药方

与此同时，一些外来的本草著作和验方也经译介大批传入了中国。在唐朝初年，中国所知外来医学著作至少有《龙树菩萨药方》4 卷、《西域诸仙所说药方》23 卷、《香山仙人药方》10 卷、《西域波罗仙人方》3 卷、《西域名医所集要方》4 卷、《婆罗门诸仙药方》20 卷、《婆罗门药方》5 卷、《耆婆所述仙人命论方》2 卷、《乾陀利治鬼方》10 卷、《新录乾陀利治鬼方》4 卷、《龙树菩萨养性方》1 卷。这些来自西域的药方给中医学增添了许多新剂新方，丰富了中国医家的医药知识。

据《太平广记》卷四一四记载，唐代高仙芝在西域获一大食偏方："高仙芝伐大食，得诃黎勒。长五六寸，初置抹肚中，便觉腹痛，因快痢十余行，初谓诃黎勒为祟，因欲弃之，以问大食长老，长老云：'此物人带。一切病消，痢者出恶物耳。'仙芝甚宝惜之，天宝末被诛，遂失所在。"

胡方的传播往往带有神秘或诡异的色彩，或者反映传播过程的惊心动魄。如唐代洛阳人吕西华得到胡僧药方的故事。《苏沈良方》记载吕西华生疽快死，"忽有一胡僧，振锡而至，视其疮曰：'膜尚完，可治也。'乃出合中药，涂于软帛上，贴四五日生肌，八九日肉乃平，饮膳如故。僧云：'吾将它适，虑再发，此疾无药疗。'因示其方，令秘之"。后来许多人都想从吕西华那里得到这个药方，最后还是一位朋友从吕西华手里得到了这个药方。这个药方后来在许多医书上有记载："白麦饭石（颜色黄白类麦饭者，曾作磨者尤佳。炭火烧赤，醋中浸之，十遍止，为末）、白蔹末（与石等分）、鹿角（三二寸，截之。不用自脱者。凡带脑骨者，即非自脱。炭火烧之，烟尽为度，捣为末，倍前二味）上并捣，筛令细。取多年米醋，于铛中煎，并令鱼眼沸，即下前件末，调如稀饧。以篦子涂敷肿上，只当疮头留一指面地，勿令合，以出热气。如未脓，当内消；若已作头，当撮小。若日久疮甚，肌肉损烂，筋骨出露，即于布上涂药，贴之疮上，干即再换，但以鬲中不穴，无不瘥。疮切忌手触，宜戒之。"

唐代本草著作对当时传入中国的西域药方多有记载。如张仲景在《金匮要略》中记录了使用诃黎勒的药方："长服诃黎勒丸方，诃黎勒（煨）、陈皮、厚朴（各三两）。右三味，末之，炼蜜丸如梧子大，酒饮服二十丸，加至三十丸。"

诃黎勒原产地为波斯，其用于药物也是始于波斯。唐代孙思邈的《千金要方》和《千金翼方》及王焘的《外台秘要》，对阿拉伯—伊斯兰医方也多有记载。孙思邈在《千金翼方》中记载了一首波斯医方"悖散汤"，又名"服牛乳补虚破气方"，可治痢疾。"牛乳（三升），荜茇（半两，末之，绵裹），上二味，铜器中取三升水和乳合，煎取三升，空肚顿服之，日一。二七日除一切气，慎面猪鱼鸡蒜生冷。张澹云：波斯国及大秦甚重此法，谓之悖散汤。"此方又称"乳煎荜拨方"。唐太宗患"气痢"，靠此方得以痊愈，给太宗献药的张宝藏因此官升至三品。《太平广记》卷一四六引《独异志》记载了这件事。

《大观本草》中亦收有唐代诃陵国舶主李摩诃所献医方"补骨脂方"。补骨脂是一种草本植物，"自外蕃随海舶而来，非中华所有"。虽然说是诃陵国人进献的，但从方意及用药来看，应为波斯、大食的药方。《续传信方》记载了郑絪任岭南节度使时服用胡桃合补骨脂验方的故事。苏颂《本草图经》说："补骨脂……生广南诸州及波斯国，今岭外山坂间多有之，不及蕃舶者佳。胡人呼若婆固脂，故别名破固纸。今人多以胡桃合服。此法出于唐，郑相国自叙云：予为南海节度，年七十有五，越地卑湿，伤于内外，众疾俱作，阳气衰绝，服乳石补益之药，百端不应。元和七年，有诃陵国舶主李摩诃，知予症状，遂传此方并药。予初疑而未服，摩诃稽颡固请，遂服之；经七八日而觉应验。自尔常服，其功神验。十年二月，罢郡归京，录方传之。破故纸十两，净择去皮洗过，捣筛令细，用胡桃瓤二十两，汤浸去皮，细研如泥，即入前末，更以好蜜和搅，令匀如饴糖。盛于瓷器中，旦日以暖酒二合，调药一匙服之，便以饭压。如不饮水，以暖熟水调亦可。服弥久则延年益气，悦心明目，补添筋骨。但禁食芸台、羊血。此物本自外蕃随海舶而来，非中华所有，蕃人呼为补骨鸱，语讹为破故纸也。"

据郑絪自称，在岭南任上，因老弱不服水土，"伤于内外，众疾并作"，服用各种药物都不见效。诃陵国商人赠予补骨脂方药，其病乃愈。

《外台秘要》卷一三记载"阿魏药安息香方"："阿魏药即涅盘经云央匮是也。服法旦取枣许大研之为末。又取牛乳一大升煎之五六沸。停令热定。取鸭子许大和搅服之。更以余乳荡盏。饮之取尽。至暮。又取安息香亦如枣许大。分十日。近者不过五日。如过三十日不愈。便停。只得食脯肉之属。但是一切菜不得近口。特忌特忌。礼部孙侍郎家中有此病。所在访问。有人从梁汉来云：官人百姓服此得效者十余家。孙侍郎即令依方进服。七八日即效。便以此法传授亲知。得验者非一。"

《外台秘要》卷二一有"崔氏疗三五十年眼赤并胎赤方"，也是来自阿拉伯的药方。其中写道："崔氏疗三五十年眼赤并胎赤方。（西域法太常丞昌才道效）生乌麻油（半鸡子许着铜器中以细蛎石磨之使述述不能研乃止）、熟艾（三升）、杏仁（一升去尖皮）、黄连（一两）、鸡粪（一升）、盐（一合）、乱头发（如半碗许大）。上七味，穿一坑其形如瓶，口小里大，烧使干，别开一小风孔，以前药并艾等一重重布着坑内，状如灸炷，以火烧之。将前所磨铜器以盖坑口，烟尽，收取铜器上脂烟敷眼疮上，欲卧时著。"

除了阿拉伯—伊斯兰医学的方剂东传外，阿拉伯药剂的使用也使中国药物剂型发生了变化。传统中医是以汤药为主要剂型的，而阿拉伯—伊斯兰医学多用树脂类药，富含挥发性油，如果熬制，势必失去其有效成分。因此，必须根据医治目的、药性、药状之不同，做成丸、散、膏、丹、配等。到宋代，这种情形则更加普遍。丸、散的比重增大，汤剂减少。以《太平惠民和剂局方》为例，丸、散跃居一、二位，汤剂则退居第三，说明中医使用阿拉伯药物的数量在急剧增加。《圣济总录》载有治胃虚冷的"苹茇丸方"，其成分为草茇、高良姜、肉豆蔻、桂、缩砂、附子、白术、胡椒、诃黎勒。以上药物，多为阿拉伯医方的常用药。此外，还有以阿拉伯药物"无名异"为医方名的"无名异散方"，有治"毒箭所伤"的"红散子方"。它们是见载于阿拉伯医学家伊本·西拿《医典》中的药物。宋代官药局以阿拉伯医方制作成药，为医家广泛采用，如金银箔丸衣，即是这时由阿拉伯传入的医方。赵璞珊在《中国古代医学》中指出："宋代应用金银箔做丸衣又很可能是受到中东医药的影响。"宋代《太平圣惠方》卷三二还载有"大食国胡商灌顶油法"，以治疗眼中障蜡。

《志雅堂杂钞》记载："回回国之西数千里，地产一物极毒，全似人形，如人参之状，其名押不芦，生于地中，深数丈。或从伤其皮，则炉毒之气，着人即死。取之之法，先开大坑，令四旁可容人，然后轻手以皮条结终之。其皮条之前，则系于大犬之足。既而用杖打犬，犬奔逸，则此物拔起。犬感此气即毙，然后别埋他土中，经岁后取出暴干，别用药以制之。其性以少许磨酒饮入，即通身麻痹而死，虽刀斧加之，不知也。然三日，别以少药投之即活。古者华佗能剖肠涤脏治疾者，或用此药也。闻今御药院中有二枚，此神药也。"从押不芦能使"通身麻痹而死"的药效看，它应为东传的伊斯兰麻醉药。

在药引的使用上，中医也受到阿拉伯医方的影响。宋人唐慎微著于 11 世纪末的《证类本草》引《经验方》道，兔头加乳香制成催生丹，服用时，用"醋汤下"。这正与阿拉伯医学家伊本·西拿（Ibn·Sina）《医典》中"野兔的胃洗净后，用醋浸泡三日，然后服用，能顺产。并能除净子宫的湿液"之记载相似。在此之前，7 世纪中期唐人苏敬的《新修本草》在记"兔头骨疗难产"医方中，所用药引是酒。用蜜、糖做药剂、药引是阿拉伯医方的一大特点。《回回药方》"长生马准"方，即用"沙糖或蜜调合，每服五钱"。另在"阿夫戒蒙"方内记有"右同为细末。沙糖水调和为丸"。《辍耕录》记道："回回田地有年七八十岁老人，自愿舍身济众者，绝不饮食，惟澡身啖蜜，经月，便溺皆蜜。"死后所用石棺满用蜜浸，然后密封落葬，百年后启封，便成蜜剂。"凡人损折肢体，食少许，立愈，虽彼中亦不多得。俗曰蜜人，番言木乃伊。"这种蜜剂是宋元时民间流传的药剂，因非常罕见，或难以得到，故传说神乎其神。

阿拉伯的药露燕馏法也于北宋年间输入中国，并为民间所掌握。《铁围山丛谈》的作者蔡絛于南宋初年记道："旧说蔷薇水乃外国采蔷薇花上露水，殆不然。实用白金为甑，采蔷薇花，蒸气成水，则屡采屡蒸，积而为香，此所以不败。但异域蔷薇花气馨烈非常，故大食国蔷薇水虽贮琉璃缶中，蜡密封其外，然香犹透彻，闻数十步，洒着人衣袂，经十数日不歇也。至五羊效外国造香，则不能得蔷薇，第取素馨，茉莉花为之，亦足袭人鼻观，但视大食国真蔷薇水，犹奴尔。"

宋代以来，在中国医方中出现了许多以阿拉伯香药为主的药剂。在《圣济总录》中，"诸风"一门有乳香丸8种、乳香散3种、乳香丹1种、木香丸5种、木香汤1种、没药丸5种、没药散2种、安息香丸2种等。《太平惠民和剂局方》中，以阿拉伯香药为主并以其标名的方剂在绍兴元年（1131）以前有10种，绍兴年间续添3种，宝庆年间再增4种，淳祐年间续增18种。宋代名医陈自明的《外科精要》共载医方68个，其中25%使用了香药。据宋代各种医学著作的记载，以香药作汤剂和成剂的，不下二三百种。

宋代人们对阿拉伯香药的医疗功能有了更多的认识，香药用于医疗和临床治病的范围扩大了。如苏合香丸，"凡疾自内作，不晓其名者，服此往往得救"。《苏沈良方》记载："淮南监司官谢执方呕血时久，手足皆冷，鼻息都绝，后以半两苏合香丸灌之，即刻苏醒。""又有一船工子患伤寒，日久而死，但心窝尚暖，服四丸苏合香丸即省人事。"有的香药原来不作药用，至宋代才认识到其药用价值。如沉香，以前认为它无药用价值，这时已知有降气调中，温肾助阳的作用，可用来治疗脾胃虚寒引起的胸腹作痛等症。降真香在唐代只知用来"辟邪恶气"，宋代注意到它有理气、止血、定痛等功效。

李时珍的《本草纲目》对阿拉伯药物和方剂也有所记载。如卷一三"草部"记载："番红华"，即"泊夫蓝"，或"撒法郎"，"出西番回回地面及天方国，即彼地红蓝花也。元时以入食馔用。按张华《博物志》言：张骞得红蓝花种于西域，则此即一种，或方域地气稍有异耳。气味甘、平，无毒。主治心忧郁积，气闷不散，活血，久服令人心喜，又治惊悸。附方：伤寒发狂，惊怖恍惚。用撒法郎二分，水一盏，浸一夕服之。天方国人所传"。

卷二九"果部"记载："巴旦杏"，或"八担杏""忽鹿麻"，"出回回旧地，今关西诸土亦有。树如杏而叶差小，实亦尖小而肉薄。其核如梅核，壳薄而仁甘美。点茶食之，味如榛子。西人以充方物。气味甘、平、温，无毒。主治止咳下气，消心腹逆闷，出《饮膳正要》。"

卷一一附录"诸石"中说："《普济方》眼科去翳用水飞朵梯牙，火煅大海螺，碗糖霜为末，日点。又方，用可铁刺一钱，阿飞勇一钱，李子树胶四钱，白雪粉八钱为末，鸡子白调作锭。每以乳女儿汁磨点之。又方，安咱芦，出回回地面，黑丁香，即蜡粪，海螺蛸，各为末，日点。"

据研究，文中"朵梯牙"，为阿拉伯语、波斯语 Niya 的音译，意为洗眼剂，是一种眼药软膏。"安咱芦"，为阿拉伯语、波斯语 anzaroot 的音译，意为"树胶、树脂、骨胶"。阿飞勇，为阿拉伯语 own、波斯语 Apyoon 的音译，意为鸦片，也译作阿芙蓉，是瞿粟的凝脂。李子树胶，为阿拉伯语"树胶"黝叭沙的意译。碗糖霜，即砂糖。以上药物，均为来自西域的伊斯兰药物。《本草纲目》"朵梯牙"条目内的 3 个医方也是东传的伊斯兰医方。这 3 个伊斯兰医方实际为《普济方》中的白末眼药、白定眼药和青末眼药。

《普济方·眼目门》还另载有 4 个伊斯兰医方：（1）"黄末眼药"，治风眼冷泪赤烂，用诃子五钱去核，姜黄一两，干姜五钱，草羞，黄连各一钱二分，青盐一钱，朵揉（梯）牙一两二钱为末水飞，右用生葡萄汁浸，日晒为末，每用少许点之。（2）"红定眼药"，去血丝定痒。以珍珠水飞，枇杷叶各四钱，李子树胶，可铁刺无，以红粉代之，没药各一钱，血揭，咱甫兰各二钱，红石扁豆一钱，回回地面红石头如扁豆者，炼酥铜入火醋热八钱，红珊瑚四钱，水飞过研细末为用。右为细末，鸡子清为锭，以女儿乳汁调均，磨药针，无时点之，可点赤烂及暴发眼。（3）"红水眼药"。止泪去疹肉。用胡椒，荜茇，干姜，回回黑诃子，诃子皮，银珠各五钱，海螺蛸，牡丹皮，丁香各四钱，芦荟，硼砂各一钱，右为细末，每用少服点眼。（4）"方钩割后用刀剪药"。用安咱卢，绿豆粉，砂糖霜，李子树胶各一两，上为末，每用点疮上。

有唐一代，除了多种胡药，大批胡人医师来到中国，他们活跃在中国的城乡各地，将不同的验方和医术带入了唐朝境内，丰富了中国古代的医学宝库，拓展了本土医学界的视野与思路，推动了当时中国医学的发展，并对唐代以后中国中医药学的发展产生了很大的影响。如中亚粟特康国向唐朝献"眼药瓶子"，粟特胡人米遂撰写了"明堂经脉"类著作《明堂论》。于阗国名医、译师甘居卡根（ganjoqaghen）当年指导汉族医人和吐蕃僧人尉露扎纳（meylozana，据说也是西域于阗人）等共同翻译了许多医药典籍，并写出了《月季药金》等医学名著。

随着外药在中土的传播，外来的医方与药物逐渐得到中医学者尤其是本草学家的认可，胡药大量进入日常医疗活动以及中医本草的谱系之中，使唐代本草及方剂学知识较前代大为丰富。

4. 回鹘医药学在中原的传播

回鹘唐以前称"回纥"。回鹘人曾在安史之乱时协助唐朝平乱，对摩尼教在中国的传播起到很大作用。842年以后，回鹘人陆续西迁，一部分建立了高昌回鹘政权，此后居住在西北和天山南北的其他部落和民族逐步被回鹘同化。

回鹘创制和积累了各种医学成果，创立了回鹘医药营养学。回鹘医学以"土、水、火、空气"为代表的"四大物质学说"和"血津、痰津、胆津、黑胆津"为代表的"四津体液学说"为基本理论，它深刻解释了人体与自然环境的关系，创立了一整套治疗疾病的方法，如诊断疾病重视查脉、望诊和问诊相结合。考古学家们在新疆吐鲁番盆地火焰山地区发掘了距今2000多年的十多具干尸，有的尸体腰带上挂着的皮袋里装有碾碎的丸状药物等，有的尸体脑部和腹部有手术的痕迹，手术部位用毛发缝合。这些干尸是西汉以前居住在西域的高昌（高车）国人，根据高昌人、塔里木人的物证，可以断定回鹘人的医学文明是有着悠久历史的。

在高昌回鹘时期，回鹘人已有了回鹘文的医书，其中有许多内科、外科、眼科、皮肤科、妇产科的药方，这些药方有以食物作为药物的记载，并且记载了当年回纥名医在脑、眼部手术以及治愈白癜风方面取得巨大成功的史实。

唐宋时期的回鹘医学，主要是通过东来行商、传教和参军的回鹘先民传入中原。通过互市，各种香料、药材和制药治病的技术也被传入内地，甚至更远的东方。从传入的药物名称来看，它们大多出于回鹘等族先民生活的天山南北地区，更远的西域各国，甚至波斯、土耳其和阿拉伯人生活的地区。

回鹘的医药常见的有硇砂、琥珀、乳香等。其中，硇砂是一种盛产于古代西域的氯化铵矿物，金岭（今天山）、龟兹的阿羯山（今哈玛木山）、高昌、北庭和于阗等地的煤田中都有出产。产硇砂的矿床下面，常有一个洞，里面堆积着青泥状质体，一旦被开采出洞，与空气接触，发生氧化后，即变成硇砂。宋代苏颂《图经本草》称："西戎来者，颗块光明，大者如拳，重三五两，小者如指面，入药最紧。"琥珀是由碳、氢、氧组成的有机物，产于煤层之中，西域多有出产，是地质时代中植物树脂经过石化的产物，有化瘀、利尿、安神之效，外敷可治疮疡。乳香，又名陆熏香，是由松树脂结成的块状白胶，可作药用，多产于于阗一带。这些回鹘药物被大量运往内地，如实地反映了回鹘医药在当时受欢迎的程度。

唐代颁行的官修药物文献《新修本草》，记载了出产的药物100多种，其中包含了回鹘医药学的部分成果。开元十八年（730），从西域龟兹来到中原的回鹘名医楠突（nantu）为不幸双目失明的扬州人鉴真治疗眼疾。鉴真在历次东渡日本前均从扬州香药市场的西域回鹘人开的"胡店"中买漆器以及"奇效丸""多病药""丰心丹"等几十种药材和香料。

唐代诗人皎然在《买药送杨山人》中写到"江南药少淮南有……扬州喧喧卖药市"。当年运河、淮河两岸城镇的药材香料集市确实通过回鹘人、波斯人等各色商人的不断迁入和努力而日益繁荣起来，所以，中原人所称道的回鹘医药、医术在唐宋时期的名人笔记中多有记载。另外《新唐书·西域传》《唐代名医传》《通典》等史籍也有不少相关记载。

四 西域乐舞在中国的传播与影响（二）

1. 龟兹乐舞在中原的传播

在西域诸国多民族文化中，乐舞艺术十分发达。早在周朝时，中原已有西域乐舞的踪迹。汉代和南北朝时期，西域乐舞大规模传入中国内地，并对中国的宫廷乐舞和民间乐舞都产生了很大的影响，中国乐舞艺术经历了发展的一次高潮。到了唐代，原来传入中国的西域乐舞持续流行，并且和中国的乐舞艺术相融合。唐代中国和西域的交通往来，又使这些艺术以新的形式向内地传播，唐代的乐舞艺术因此大为丰富，促成了中国乐舞艺术发展的又一次高潮。

早在北朝时，龟兹乐就已经传入中国内地。龟兹人苏祗婆随嫁给北周武帝宇文邕的阿史那皇后来到长安，在隋初参与宫廷乐制改革，为中国音乐的发展作出重大贡献。在中国音乐史上，苏祗婆的名字一再被提到，她对中国音乐的发展，特别是隋唐音乐的发展，具有重要的影响。

从苏祗婆入长安的北周、隋朝起，一直到唐开元、天宝之际，龟兹乐一直是中国诸乐中的主旋律，是传入中国内地的西域乐舞中影响最大的。

在丝绸之路西域绿洲乐舞中记载最多、最负盛名的当然是龟兹乐舞。这是因为：一是龟兹乐舞传入中原并入隋唐时九部乐、十部乐对中原乐舞影响最大；二是无论是文献还是考古发现，留下了龟兹乐舞的可信证据；三是琵琶演奏家和音乐理论家苏祗婆的五旦七调音乐理论丰富和发展了中华民族音乐宝库；四是龟兹乐舞本身就是东西乐舞艺术相互影响、融合的产物。①

龟兹乐舞在整个唐朝的乐舞体系中具有特殊的地位，为"胡乐之首"，"管弦伎乐，特善诸国"，伊州乐、高昌乐受到了它的影响。《新唐书·礼乐志》说："周、隋管弦杂曲数百，皆西凉乐也。鼓舞曲，皆龟兹乐也。"至开元时，玄宗"又分乐为二部：堂下立奏，谓之立部伎；堂上坐奏，谓之坐部伎"。立部伎有安舞、太平乐、破阵乐、庆善乐、大定乐、上元乐、圣寿乐、光圣乐等8种。"安舞、太平乐，周、隋遗音也。破阵乐以下皆用大鼓，杂以龟兹乐，其声震厉。"可知立部伎8种中有6种"杂以龟兹乐"。坐部伎乐有燕乐、长寿乐、天授乐、鸟歌万岁乐、龙池乐、小破阵乐等6种。"自长寿乐以下，用龟兹舞，唯龙池乐则否。"可知坐部伎6种中有4种用龟兹乐。立、坐两部伎共14种，其中有10种用龟兹乐，而鼓舞曲，亦"皆龟兹乐也"。

龟兹乐的声势，《旧唐书·音乐志》说："自破阵舞以下，皆雷（擂）大鼓，杂以龟兹之乐，声振百里，动荡山谷。"当时鼓声为众音之首，羯鼓声又为诸乐之领袖，起着乐队指挥的作用。"羯鼓，正如漆桶，两手具击，以其出羯中，故号羯鼓，亦谓之两杖鼓。"唐玄宗善击羯鼓，常说："羯鼓，八音之领袖，诸乐不可方也。""其音太蔟一均（韵），龟兹、高昌、疏勒、天竺部皆用之，其声焦杀，特异众乐。"由此可见，羯鼓虽出自北方羯族，后西传，又经西域龟兹等地传入长安，大盛于时。

龟兹乐舞的音律悦耳，舞姿优美。《通典》卷一四六记载："龟兹乐，二人皂丝布头巾，绯丝布袍，锦袖，绯布袴。舞者四人，红抹额，绯袄，白袴帑，乌皮靴。乐用竖箜篌一，琵琶一，五弦琵琶一，笙一，横笛一，箫一，

---

① 仲高：《丝绸之路艺术研究》，新疆人民出版社 2008 年版，第 173 页。

筚篥一，毛员鼓一，都昙鼓一，答腊鼓一，腰鼓一，羯鼓一，鸡娄鼓一，铜钹一，贝一。"龟兹乐舞，"皆初声颇复闲缓，度曲转急躁……或踊或跃，乍动乍息，跗脚弹指，撼头弄目，情发于中，不能自止"。

新疆拜城的克孜尔、库车库木吐拉等石窟龟兹壁画有乐舞的形象。在克孜尔千佛洞第38窟内前室两侧有《天宫伎乐图》，此伎乐图以二人半身在一个楣式龛框中为一组，东西壁各7组共28个乐伎，每组有二位伎人，有的是一舞一乐，有的是二乐伎，有的是二舞伎，乐器有五弦、阮咸、凤首箜篌、横笛、筚篥、排箫、手鼓、答腊鼓、铜钹等。舞伎有的在舞动彩带，有的捧托花盘，有的击掌合节。各组乐舞伎人情意交流，互为呼应，个个神态逼真，栩栩如生：吹奏乐器者，运气启唇，玉指开闭；弹奏乐器者，指滑柱间，信手轻拨；持鼓者，双手击鼓，雅合节奏；舞蹈者，有的屈肘耸肩，含胸扭腰，有的与伴奏者依偎交流，若即若离，有的手捏花瓣，倾间欲散。

库车苏巴什古遗址（即著名的昭怙厘寺址）出土了一件舍利盒，它是1903年由日本大谷光瑞探险队发掘出土的，现存于日本。据日本学者研究测定，这具舍利盒是7世纪的遗物，很可能为当地一位德高望重的高僧所用。舍利盒表面被红、灰白、深蓝三种颜色覆盖，盒内仅盛骨灰，一直没有为人们所注意。直到半个世纪以后，人们才发现颜色层内有绘画的痕迹。剥去表面颜色后，盒面露出精美的图像。这具舍利盒盒身为圆柱体，盒盖呈尖顶形，盒身周围绘有一队造型十分生动的乐舞图，图像大部分清晰，形象鲜明，是一幅极为罕见的反映龟兹音乐舞蹈艺术的珍品。舍利盒上的乐舞图，共有21位乐舞伎。乐队由9人组成，前面是两个儿童抬一面大鼓，一位鼓手正舞槌击鼓，其后是弹竖箜篌者、弹凤首箜篌者、吹排箫者、击鼗鼓和鸡娄鼓者、吹铜角者。乐手们的装束完全是龟兹世俗男子的形象，身穿翻领紧袖花边长袍，腰系联珠纹式的腰带，下穿长裤，足登高腰皮靴，裤带上佩一把宝剑，留着短发。6个舞蹈者，3男3女，在手持舞旄的一对男女的引导下，依次牵着手做出不同舞姿。紧随其后的是一位舞棍的独舞者，接着是乐队，最后又是一个持棍的独舞者，并有3个儿童围绕其旁。6个舞蹈者和两个独舞者都头戴面具，身着甲胄般的彩色服装，面具形象有披肩方巾的英俊武士，盔冠长须的威武将军，竖耳钩鼻的鹰头，浑脱尖帽的人面和戴兜状帽子的老者。两个独舞者，一个面具似猴子，另一个头部画面较模糊，似为竖耳猴面，拖着长尾巴，一幅生动的假面舞图画。

"在所有西域音乐文化中，龟兹音乐对唐朝音乐的影响最大，远远超出了其他音乐对唐朝音乐的影响。尤其是龟兹乐中的'鼓舞曲'，更是唐朝雅俗共赏的一种乐曲。龟兹乐工演奏的乐器也备受唐朝人的赞赏。"① 西域龟兹舞传入中原后，不仅在宫廷乐舞中占据显赫地位，而且深受广大臣民的喜爱。1973 年陕西三原唐高祖献陵陵前的李寿墓出土，专家们定其石椁上的石刻线画乐图为龟兹部乐。在开元年间教坊乐舞中的《龟兹乐》，是 46 首大曲之一。天宝十三年（754）太乐署更改了许多在中原有影响的乐曲名称，其中将《龟兹佛曲》改为《金华洞真》，《急龟兹佛曲》改为《急金华洞真》。《唐会要·诸乐》和晚唐成书的《乐府杂录》，将"龟兹部"与"雅乐部""云韶部""清商部""鼓吹部"并列，足见"龟兹乐"在中原影响之广大。

唐代皇帝还将"龟兹乐"作为文化精品，赠送给周边民族或国家。景龙三年（709），中宗将雍王李守礼的女儿金城公主嫁给吐蕃赞普尺带珠丹时，"赐锦缯别数万，杂伎诸工悉从，给龟兹乐"。天宝初年，南诏国王皮逻阁（蒙归义）派遣其孙凤伽异（阁罗凤之子）入朝，玄宗任他为鸿胪少卿，归时赐龟兹乐一部。40 余年后，"皇帝赐胡部、龟兹音声二列，今丧亡略尽，唯二人（笛工、歌女）故在"。

2. 风靡唐朝的"三大乐舞"

传入中原的西域乐舞，以胡腾舞、胡旋舞和柘枝舞最为有名，号称西域"三大乐舞"，早在北朝时这三大乐舞就已经传入中国。

胡腾舞源于中亚"昭武九姓"之一的石国。大约在北朝后期，胡腾舞传入中原。舞蹈史专家从北齐墓出土的两个舞蹈纹的瓷壶上，看出西域胡人的舞姿，具有胡腾舞的某些特点。在唐代，胡腾舞盛极一时，诗人刘言史在其诗《王中丞宅夜观舞胡腾》中详细地描写了这种舞蹈：

> 石国胡儿人见少，蹲舞尊前急如鸟。
>
> 织成蕃帽虚顶尖，细氎胡衫双袖小。
>
> 手中抛下葡萄盏，西顾忽思乡路远。

---

① ［美］谢弗著，吴玉贵译：《唐代的外来文明》，中国社会科学出版社 1995 年版，第 112 页。

　　跳身转毂宝带鸣，弄脚缤纷锦靴软。

　　四座无言皆瞪目，横笛琵琶遍头促。

　　乱腾新毯雪朱毛，傍佛轻花下红烛。

　　酒阑舞罢丝管绝，木槿花西见残月。

　　另一位诗人李端的《胡腾儿》诗写道：

　　胡腾身是凉州儿，肌肤如玉鼻如锥。

　　桐布轻衫前后卷，葡萄长带一边垂。

　　帐前跪作本音语，拾襟搅袖为君舞。

　　安西旧牧收泪看，洛下词人抄曲与。

　　扬眉动目踏花毡，红汗交流珠帽偏。

　　醉却东倾又西倒，双靴柔弱满灯前。

　　环行急蹴皆应节，反手叉腰如却月。

　　丝桐忽奏一曲终，呜呜画角城头发。

　　胡腾儿，胡腾儿，故乡路断知不知。

　　从这两首诗看来，舞者为男子，身着胡衫，袖口窄小，头戴蕃帽，脚登锦靴，腰缠葡萄长带，在一个花毯上腾跳，长带飘动。西安东郊唐代苏思勖墓中的一幅乐舞壁画就有一位站在中间地毯上跳舞的舞者，他是一个深目高鼻、满脸胡须的胡人，头包白布，身穿长袖衫，腰系黑带，脚穿黄靴，做着一个跳起后刚刚落地的姿势。这可能就是跳胡腾舞的画面。舞者两侧均为乐队。右侧有5人，其中前排3人跽坐，手持竖笛、七弦琴和箜篌，后排二位，一吹排箫，一为乐队指挥。左侧有6人，前排3人分持琵琶、笙和钹，后排3人，一名指挥，一握横笛，一个拍板。

　　胡旋舞在唐代十分流行。据杜佑《通典》介绍，这种舞蹈伴奏的乐器主要是各种鼓，有羯鼓、正鼓、腰鼓、铜钹，也有笛子和琵琶。《旧唐书·音乐志》记载："《康国乐》，工人皂丝布头巾，绯丝布袍，锦领。舞二人，绯袄，锦领袖，绿绫浑裆袴，赤皮靴，白袴帑。舞急转如风，俗谓之胡旋。乐用笛二，正鼓一，和鼓一，铜钹一。"《新唐书·乐志》说："康居国乐舞急转如风，俗谓之胡旋"，"舞者立球上，旋转如风"。段安节《乐府杂录》称："舞有骨鹿舞，胡旋舞，俱于一小圆球子上舞，纵横腾踏，两足终不离于球子上，其妙如此也。"史册所载的康、米、史等国向唐朝贡献的"胡旋女子",实际就是从事胡旋舞表演的专业舞蹈艺术家。《新唐书·西域传》记载:"康者,一曰萨末鞬,亦曰飒秣建……人嗜酒,好歌舞于道……开元初,贡锁子铠、水精杯、玛瑙瓶、驼鸟卵及越诺、朱儒、胡旋女子。"

胡旋舞传入唐朝之后,在宫廷内外盛行一时。8世纪初年,武延秀在安乐公主宅中作胡旋舞,"有姿媚,主甚喜之"。安禄山也以善舞胡旋著称,"至玄宗前,作胡旋舞,疾如风焉"。"在所有这些来自西域的年轻舞伎中,最受唐朝人喜欢的是'胡旋女'。许多胡旋女都是作为礼物,由俱密、史国、米国,特别是由康国的统治者在唐玄宗在位时期,也就是在公元八世纪前半叶被送到唐朝来的。这些粟特女子穿着锦缎做成的绯红袍、绿锦裤、红鹿皮靴,舞台上放着一个大球,随着球的滚动,舞女在球的顶端腾跃、旋转,以满足富豪和权贵奢侈放纵的心目之好。唐玄宗非常欣赏胡旋舞,杨贵妃和安禄山也都学会了表演这种舞蹈。就某些方面而言,这种欣赏胡旋舞的风气,在当时确实被看成了天将乱常的一种征兆。"①

白居易有《胡旋女》诗云:

> 胡旋女,胡旋女,心应弦,手应鼓。
> 弦鼓一声双袖举,回雪飘飘转蓬舞。
> 左旋右转不知疲,千匝万周无已时。
> 人间物类无可比,奔车轮缓旋风迟。
> 曲终再拜谢天子,天子为之微启齿。
> 胡旋女,出康居,徒劳东来万里余。
> 中原自有胡旋者,斗妙争能尔不如。
> 天宝季年时欲变,臣妾人人学圜转。
> 中有太真外禄山,二人最道能胡旋。
> 梨花园中册作妃,金鸡障下养为儿。
> 禄山胡旋迷君眼,兵过黄河疑未反。
> 贵妃胡旋惑君心,死弃马嵬念更深。

---

① ［美］谢弗著,吴玉贵译:《唐代的外来文明》,中国社会科学出版社1995年版,第118页。

从兹地轴天维转，五十年来制不禁。

胡旋女，莫空舞，数唱此歌悟明主。

白居易在诗中以转蓬、车轮、旋风等比喻，突出强调了胡旋舞疾速旋转的特点。他说，与胡旋舞相比，那飞奔转动的车轮和急遽旋转的旋风都显得太慢了。而且一跳起来，旋转的圈子很多，左旋右转不知道一点疲倦，千匝万周猜不透什么时候才能跳完。

以往学者普遍认为，胡腾舞与胡旋舞的主要区别在于前者多为男性，后者多为女性。不过宁夏盐池唐墓石门胡旋舞图，所展示的却是男性舞者。其右扇门上所刻的男子头戴圆帽，身着圆领窄袖紧身长裙，脚穿软靴，左扇门上所刻的男子身着翻领窄长袍，帽、靴与右扇的相同。墓志表明这座唐墓是何国人后裔的家族墓地，石门所刻的胡旋舞图也可谓正宗的胡旋舞。所以有学者认为，胡腾舞与胡旋舞的主要区别不在于舞者的性别，而在于舞姿的不同，一个是"腾"，急蹴的跳腾，一个是"旋"，飞速的旋转。

清朝康熙年间，曹寅作《太平乐舞》剧本，表现康熙年间万民同庆灯节的歌舞升平景象。其中第六场的《太平有象》有一支《北江儿水》曲牌，是描绘胡旋舞的形态："胡旋乍踊，趁夭矫胡旋乍踊。似苍鹰身侧攫，印眉花紫翠，宝气青红，快靴尖风簇捧。奋袖起长虹，联翘拽满弓。委珮珑松，椎发髭鬘。卵儿姑，俺啊咔，金牌敕封，一队队金牌敕封。交蹄接踵，真个是交蹄接踵。合坤舆，奉乾灵，归大统。"此曲将胡旋舞的舞姿描写得极其形象。这意味着，胡旋舞经历了千余年的传承，依然在民间流传。

柘枝舞亦源于西域石国，较之胡旋、胡腾，唐人对柘枝舞的记载更多。舞柘枝者多为青年女子，舞者头戴绣花卷边虚帽，帽上施以珍珠，缀以金铃。身穿薄透紫罗衫，纤腰窄袖，身垂银蔓花钿，脚穿锦靴，踩着鼓声的节奏翩翩起舞。婉转绰约，轻盈飘逸，金铃丁丁，锦靴沙沙，"来复来兮飞燕，去复去兮惊鸿"。当曲尽舞停时，舞者罗衫半袒，犹自秋波送盼，眉目注人。《乐府诗集》卷五六引《乐苑》记载："羽调有《柘枝曲》，商调有《屈柘枝》。此舞因曲为名。用二女童，鲜衣帽，帽施金铃，抃转有声。其来也，于二莲花中藏，花坼而后见。对舞相占，实舞中雅妙者也。"西安碑林博物馆有一座唐代开元九年（721）刻的石碑，原立于长安兴福寺内，后仅存下半截，故名"唐兴福寺残碑"。碑石两侧刻有连弧蔓草狮子人物花纹，图案的中部，有2

名舞童（一为西域胡人，一为汉族人），他们身着长袖舞衣，头戴佩有飘带的帽子，正脚踏莲花，拂袖双舞。柘枝舞艺术境界高超，且具有很强的观赏性，引起了唐朝社会各阶层的极大兴趣。诗人刘禹锡、薛能、张祜、白居易、沈亚之、卢肇等都写过有关柘枝舞的诗歌。白居易《柘枝妓》诗云：

> 平铺一合锦筵开，连击三声画鼓催。
>
> 红蜡烛移桃叶起，紫罗衫动柘枝来。
>
> 带垂钿胯花腰重，帽转金铃雪面回。
>
> 看即曲终留不住，云飘雨送向阳台。

再如刘禹锡《和乐天柘枝》诗云："鼓催残拍腰身软，汗透罗衣雨点花。"张祜咏柘枝舞的诗最多，如《柘枝》诗云："红筵高设画堂开，小妓妆成为舞催。珠帽著听歌遍匝，锦靴行踏鼓声来。"又如《双舞柘枝伎》诗云："画鼓拖环锦臂攘，小娥双换舞衣裳。金丝蹙雾红衫薄，银蔓垂花紫带长。"再如《金吾李将军柘枝》诗云："微动翠娥抛旧态，慢遮檀口唱新词。客看舞罢轻云起，却赴襄王梦里期。"这些诗句说明柘枝舞是在鼓声伴奏下出场、起舞的，其舞蹈具有节奏鲜明、气氛热烈、风格健朗的特点。常任侠认为，柘枝舞是"舞乐大曲"或"戏曲雏形"，指出："这种舞乐大曲的形式，已下开宋元以来戏曲的先路，从历史的发展看，舞乐大曲，正是中国戏剧史的发展中的一个环节。"①

宋人史浩有《柘枝舞》词云：

> 回头却望尘寰去，喧画堂箫鼓。整云鬟、摇曳青绡，爱一曲柘枝舞。　　好趁华封盛祝笑，共指南山烟雾。蟠桃仙酒醉升平，望凤楼归路。

在唐代，胡腾舞、胡旋舞与柘枝舞这三种舞蹈在中国流行很广，除长安外，常州、杭州、扬州、江苏、四川等均有风行。到9世纪时，柘枝舞和胡旋舞分别被冠以"中国"或"中原"，表明经过一个世纪之后，早先传入的外来舞蹈在唐朝人心目中已与中国传统文化融为一体，成为唐朝文化的一部分，或者至少与新近传入的外来舞蹈有了显著的差别。

---

① 常任侠：《丝绸之路与西域文化艺术》，上海文艺出版社1981年版，第174页。

3. 高昌乐舞在中原的传播

高昌乐舞源于当地民间的音乐舞蹈。高昌地处中西交通要道上，其乐舞的形成与完善，又深受汉唐文化、佛教文化和龟兹乐舞的影响，是各民族优秀文化相互交融的一个范例。

高昌乐舞深受汉唐文化的影响，它使用的乐器如笙、箫、拍板、阮咸（即秦琵琶）、钟磬等，是从中原传过去的，部分舞装服饰，如条裙、乐伎的假发等，也具有汉唐风格。高昌乐舞还带有佛教文化的色彩。据学者统计，迄今尚存的十六国到隋唐时期的绘画艺术作品中，直接或间接表现高昌乐舞的有 30 余幅，它们大多发现于佛教寺院、石窟和汉族人的墓葬中。高昌乐舞在一定程度上还受到龟兹乐的影响，高昌乐使用的乐器与龟兹乐基本一致，乐工舞伎的装饰也有不少相同之处。

1972 年在吐鲁番发现的张雄之孙张礼臣墓中的仕女乐舞绢画，把唐初团队乐舞的情景描绘得十分逼真。1973 年在吐鲁番阿斯塔那张雄夫妇墓中发现了一组唐初乐舞女俑，其表演的舞姿，正是南北朝以来高昌舞蹈的传统形式。高昌柏孜克里克石窟壁画，不仅有反映佛教寺院组成的乐舞团体，而且还有为国王演奏的宫廷乐队。哈喇和卓汗宫遗址的奏乐壁画，画面上有 5 位乐师，他们头戴三叉冠，身着棋格图案的宫廷乐服，前排 2 人手弹琵琶，后排 3 人吹奏笙、箫、笛，均面视前方，从演奏的神态看，他们似在为宫廷舞蹈表演伴奏。柏孜克里克石窟有一幅"三童子奏乐图"，画中的童子裸体蓄乳发，挂项圈手镯，头顶独角兽，一奏阮咸，一吹横笛，情态天真可爱。交河古城发现的鬼子母锦画，也有一个演奏弦乐的童子，乐器据考证是火不思。火不思是北方游牧民族使用的一种四弦弹拨乐器，当时也已流传到了高昌地区。这幅画的年代不晚于 9 世纪初。

高昌乐舞的基本特征包括形式多样的乐队、绚丽多姿的舞蹈、自由灵活的文艺说唱三个部分。

至迟在西魏初，高昌乐就作为一种有特色的区域民族乐舞传入长安，并成为宫廷常用的飨宴之乐。到北周时，高昌乐又从突厥传入，宫廷中的高昌乐舞并未因政权分裂而终止。唐贞观十四年（640），"太宗平高昌，尽收其乐"，于是在原"九部乐"基础上，加进高昌乐，变成"十部乐"，从此高昌乐在长安等地大盛。《旧唐书·音乐志》记载，传入中原的"高昌乐，舞二人，白袄锦袖，赤皮靴，赤皮带，红抹额。乐用答腊鼓一，腰鼓一，鸡娄鼓一，羯鼓一，箫二，横笛二，筚篥二，琵琶二，五弦琵琶二，铜角一，箜篌一"。

高昌乐在传入中原成为燕乐《十部伎》之一以后，逐渐与中原乐舞融合，成为唐音乐文化的一部分。

4. 西域乐舞在唐朝的流行和影响

西域龟兹乐舞、三大乐舞和高昌乐舞以其独特的艺术魅力传入中原，风靡朝野，上至皇室贵族下至朝野百姓竞相追捧，乐队与舞蹈艺人也受到热烈的欢迎。西域乐舞成为唐代艺苑和民间文娱生活的一道靓丽的风景线，它丰富了中国各族人民的艺术生活，给盛唐文艺注入新的丰富营养。

美国学者谢弗指出：

> 在隋代，欣赏西域音乐的社会风气尤其盛行一时，而这种风气也一直延续到了唐代。在唐代，西域诸国处于唐朝政权的控制之下，所以西域音乐也可以说是被唐朝"俘获"来的，而到了后来，唐朝政府便要求西域诸国将音乐作为"土贡"贡献给朝廷。在唐朝的官廷演奏者当中，大量地吸收了异族的管弦乐队，在"非正式的"宫廷燕乐演奏的场合，往往都有异族管弦乐队为唐朝的大臣和藩属演奏。①

向达指出：

> 六朝以来之乐舞与绘画，几乎有以西域传来之新乐与新画风为主体之势，至唐遂臻于极盛之境。唐代乐舞除去西域传来者几无可言，绘画则较为著称之诸名家亦莫不与西来之文明有若干之渊源。②

唐代音乐大体可分为三类：一是汉魏以来的雅乐，是为帝王歌功颂德的庙堂乐章，结构板中，旋律较少变化；二是六朝清乐，主题是相和大曲与江南的吴声俚曲，较雅乐活泼新鲜，只是情调较为单一软媚，囿于男女

---

① ［美］谢弗著，吴玉贵译：《唐代的外来文明》，中国社会科学出版社1995年版，第110页。

② 向达：《唐代长安与西域文明》，河北教育出版社2001年版，第57页。

情爱，大部分已散失不传；三是隋唐新兴的燕乐，它是边塞、西域乐曲和中原原有乐曲融合而成的一个新的乐曲系统，较之雅乐、清乐，燕乐面貌繁盛、情调丰富、旋律节奏灵活多变，更加丰富多彩。雅乐主要用于祭祀和朝会等隆重场合，是一种相当程序化的庙堂音乐，燕乐主要是在宴饮场合表演的音乐和歌舞。宋郭茂倩《乐府诗集》卷四四概括说："自周、隋已来，管弦雅曲将数百曲，多用西凉乐。鼓舞曲多用龟兹乐，唯琴工犹传楚、汉旧声及清调。"

唐朝的燕乐是在隋朝九部乐的基础上发展而来的。隋朝把各代各民族乐舞交融互滋的散珠碎玉，用九部乐的形式归入宫廷燕乐系统，定清乐、西凉、龟兹、天竺、康国、疏勒、安国、高丽与礼毕等为"九部乐"。唐朝建立后，继承隋代乐舞，"唐兴即用隋乐"。高祖即位后，"仍隋制设九部乐"，其中，"龟兹伎，有弹筝、竖箜篌、琵琶、五弦、横笛、笙、箫、觱篥（也作筚篥）、答腊鼓、毛员鼓、都昙鼓、侯提鼓、鸡娄鼓、腰鼓、齐鼓、檐鼓、贝皆一，铜钹二。舞者四人。设五方师子，高丈余。饰以方色。每师子有十二人，画衣，执红拂，首加红袜，谓之师子郎"。太宗平定高昌后，于贞观十六年（642）增加高昌乐，唐朝遂在隋朝九部乐的基础上形成了十部乐。十部乐中，天竺、康国、安国等乐都是前代自西域地区传来，以国名来命名乐部，表明这些音乐仍然保留着较强烈的异域色彩，未与中国内地固有的音乐文化融为一体。此后，随着唐朝对外文化交流的加深，以国别分类的方式渐泯，出现了"立坐"二部分类，堂下立奏者为立部伎，堂上坐奏者为坐部伎。立部伎八部，坐部伎六部。

唐代燕乐乐曲之名，载于崔令钦《教坊记》的，大曲凡46种，杂曲凡278种。其中来自西域的乐舞有《龟兹乐舞》《醉浑脱》《菩萨蛮》《南天竺》《望日婆罗门》《苏幕遮》《柘枝引》《穆护子》《西国朝天》等。来自中国西部、深受西域乐舞影响的有《北庭子》《甘州子》《酒泉子》《沙碛子》《镇西乐》《西河剑器》《赞普子》《蕃将子》《胡渭川》《定西蕃》《伊州》《凉州》等。向达指出："唐代大曲，中国久已失传，而日本曾传唐乐，尚有可考：大曲有《破阵乐》《团乱旋》《春莺啭》《苏合香》；中曲有《北庭乐》《回波乐》《兰陵王》《凉州》《皇麞》《夜半乐》《打球乐》《还京乐》《感皇恩》《苏幕遮》；小曲有《甘州》《拔头》之属。其帖数拍数备具。"①

　　唐玄宗精通音律，擅长击羯鼓、吹玉笛，创建"梨园"，培训艺人，聚集了李龟年、马先期、张野狐等一大批音乐舞蹈家，制造出浓郁的乐舞氛围。他尤为喜爱西域乐舞，在朝中设立专门教养乐工和舞人的机构，广泛吸取西域乐舞的经验，培养了不少乐舞人才，创造出许多新的舞蹈。天宝十三年（754），玄宗下诏道调、法曲与胡部新声合作，对太乐署供奉的乐曲名称进行了大规模改动，进一步将胡名或听来不雅驯的乐曲名改为典雅的汉名。此时，西北的胡乐占了主导地位，以至于融合了西北胡乐因素的法曲，也成了华夏正声。乐曲改名，不仅表现了唐朝对域外音乐文化的吸收过程，而且反映了外来音乐文化对唐朝音乐的重大影响。

　　比如其原名为《河东婆》《急火凤》《胡残》《胜蛮奴》《天下兵》《大百岁老寿》等数首可能属于曲名过于朴野而更名，其他大多是将译音的胡名改为汉名。这些改名的乐曲大多属于唐代外来音乐，其中包括西域传入的乐曲。《教坊记》所载的唐代曲名最称完备，它总共记载了325首曲名，而仅在天宝末年改名的"胡乐"就占了近三分之一，于此可见外来音乐在唐朝音乐体系中的重要地位。

　　其中的《苏幕遮》也称《苏莫遮》，是由泼寒胡戏的乐曲演变来的。它首先被宫廷乐署中不同"宫调"的音乐所汲取。南昌宫水调《苏幕遮》仍用原名；太蔟宫沙陀调之《苏幕遮》更名为《万宇清》；金风调之《苏幕遮》更名为《感皇恩》。唐崔令钦《教坊记》所录盛唐时期教坊表演的诸多曲名中，有《感皇恩》；唐段安节《乐府杂录》所记"熊罴部"所奏的乐曲，则有《万宇清》，而"熊罴部"属雅乐系统，可见《苏幕遮》既为宫廷燕乐采用，亦为雅乐所吸收。

　　唐朝在燕乐之外另分出了所谓的"四方乐"或"四夷乐"，其中扶南、天竺、骠国、康国、安国等乐属于外来音乐。从有关记载分析，除骠国乐外，"四夷乐"中的其他几种外来音乐是在北朝或隋代就已传入中国。宋人沈括《梦溪笔谈》中论及唐乐道："自唐天宝十三载，始诏法曲与胡部合奏，自此乐奏全失古法，以先王之乐为雅乐，前世新声为清乐，合胡部者为燕乐。"

---

　　①　向达：《唐代长安与西域文明》，河北教育出版社2001年版，第4页。

此时雅乐日益衰退，清乐也丧失原有地位，燕乐成为乐坛主流。燕乐是中国音乐史上又一个高峰。"这些新颖独特的音乐舞蹈，以其长于变化的节奏、旋律和富于感官刺激的声色姿态之美眩惑世人耳目，成为时代审美活动的主要内容。从隋朝'七部乐''九部乐'到后来唐朝'九部乐''十部乐'，风行于北朝的西部乐舞占据了大部分重要的骨干位置。"① "隋唐乐舞与北朝乐舞之间有一种天然的承袭关系，隋唐音乐舞蹈的源头已不是中原雅乐和江南乐舞，而是北朝西部乐舞了。"②

开元、天宝年间，西域音乐大行的局面达到极盛。《旧唐书·音乐志》记载："自开元已来，歌者杂用胡夷里巷之曲。"《旧唐书·舆服志》也载："开元来……太常乐尚胡曲。"任半塘《唐声诗》说："开元后，胡部新乐益彰，华夏旧声已绌。"唐时，不只宫廷选用西域乐，民间也极为喜爱西域乐舞。西域乐舞不仅在宫廷乐曲中升入"坐部伎"，而且"流行乐府，侵渍人心"，渗入朝野里巷，其影响已"不可复浣涤矣"。

多姿多彩的西域乐舞是贵戚富豪和庶民百姓同喜共悦的娱乐活动，天宝末年，长安等地人人争学"胡旋舞"，成为一时风尚。元稹的诗《新题乐府》中说：

> 女为胡妇学胡妆，伎进胡音务胡乐。
>
> 火凤声沉多咽绝，春莺啭罢长萧索。

唐朝举国上下喜好乐舞，率兵出征的将军和归京的执节使臣除带来奇珍异宝外，还常常以带回或学会西域乐舞为荣。名将封常清奉命西征，在西域轮台学会当地乐舞，加工后称"轮台舞"。班师回京后"轮台舞"便在长安流行一时，传为佳话。此乐舞后随遣唐使远播日本。

唐代歌舞一般分为"健舞"和"软舞"两大类。在中国史书上亦有武舞与文舞之称谓。《霓裳羽衣》被赞为唐代歌舞的顶峰，属于软舞。溯其本源，舞曲的主体部分系唐开元年间由西凉府都督杨敬述所进。《霓裳羽衣》是由印度佛曲《婆罗门》改变而来，具有印度乐舞艺术的因素，其音乐、舞服、舞

---

① 霍然：《论北朝西部乐舞及其与隋唐乐舞的源流关系》，《西域研究》2004 年第 4 期。

② 仲高：《丝绸之路艺术研究》，新疆人民出版社 2008 年版，第 174 页。

姿将外来文化与固有传统熔于一炉。杨贵妃首先为乐曲编配舞蹈,她的绝妙舞姿加上诗人们的咏叹,使得《霓裳羽衣》享有盛誉,历久不衰。

西域乐器演奏也受到推崇。唐玄宗时出现"太常四部乐",即胡部、龟兹部、大鼓部、鼓笛部。西域传入的乐器在四部乐中占重要地位。胡部乐器有筝、箜篌、五弦、琵琶、笙、笛、筚篥、拍板、方响、铜钹;龟兹部乐器有羯鼓、腰鼓、鸡娄鼓、笛、筚篥、箫、拍板、方响、铜钹;大鼓部乐器有大鼓;鼓笛部乐器有笛、杖鼓、拍鼓。

盛行的唐代西域乐舞,也成为美术创作的素材和表达艺术想象力的载体。表现西域乐舞的美术作品主要包括:宗教寺庙洞窟壁画、彩塑、浮雕;传世的绘画;殿宇、宅院、公庭、驿廨、墓室的壁画。敦煌莫高窟、云冈石窟、龙门石窟及拜城克孜尔石窟和吐鲁番柏孜克里克千佛洞等有琳琅满目、美轮美奂的壁画,这些壁画有不少是与西域乐舞有关的舞蹈形象。如莫高窟第148窟《东方药师变》大型经变壁画再现了宫廷与民间流行的西域乐舞。画面中舞伎起舞,乐队排列两边,所奏乐器多是西域器乐,如琵琶、阮咸、筚篥、唢呐、羌笛、羯鼓,也有中原早已失传的箜篌。舞伎的舞姿既优美又合理,是当时胡旋、胡腾等舞蹈的真实再现。莫高窟第112窟《西方净土变》有著名的反弹琵琶舞,舞者的肢体多呈"S"形,其弹指、撼首、弄目等舞姿充分表现了西域乐舞的鲜明特色,该壁画可谓是龟兹舞蹈的"活化石"。

最初流播到中土的西域乐舞有声而无辞,其后逐渐赢得人们的喜爱,同时唐代近体诗勃兴,乐工歌手们便将诗人之作填入曲中歌唱,乐舞与唐诗交相辉映,相得益彰。宋人王灼《碧鸡漫志》说:"李唐伶伎取当时名士诗句入歌曲,盖常俗也。"当时诗人们以自己的诗作能为伶伎们传唱而自豪,伶伎们也以能填唱著名诗人的佳作为荣幸。伶伎的歌咏和诗文之互赠成为诗歌传诵的两条并行的主渠道。"遇着西方乐谱大量涌入,有调而无词,一般诗家既昧于音律,弗能适应潮流,而田野作品又被缙绅阶级视为粗鄙之音,为急于实用,就不能不取较短之曲,迁就流行之诗篇,此开、天间七绝、五绝所以成为歌诗原因,行之稍久,或渐推及律诗。"[1]

唐代西域乐舞不仅为文人学士所欣赏爱好,而且以其多姿多彩、新奇绚

---

[1] 岑仲勉:《隋唐史》,商务印书馆2015年版,第211页。

丽成为诗人的创作素材和描述对象。据不完全统计，唐代的50余位诗人，创作的描述或涉及西域乐舞的诗词达百余首之多。为婀娜轻柔的"柘枝舞"赋诗的有刘禹锡、白居易、张佑、薛能、卢肇、张孝标、沈亚之等多位诗人。刘禹锡感叹表演传神迷人："体轻似无骨，观者皆耸神，曲尽回身去，层波犹注人。"白居易云："看即曲终留不住，云飘雨送向阳台。"对艺人的粉面轻回、秋波横转、妩媚可人留下了难忘印象。唐诗中描述观歌舞、奏胡乐、闻羌笛、弹琵琶、弄箜篌、吹筚篥，以歌忆旧送答的诗作比比皆是，难以胜数。西域乐舞诗在文坛上有一定的地位。

唐乐舞集历代歌舞之所长，兼收西域众多少数民族及外国乐舞之精粹，日臻极境，充分体现了盛唐时百国朝贺、民族交融的景象，是国泰民安的写照。唐乐舞气势磅礴，场面壮观，集诗、词、歌、赋于吹奏弹唱，融钟、鼓、琴、瑟于轻歌曼舞，乐曲高亢悠扬，动作舒展流畅，服饰华丽多姿，堪称历代歌舞之最，成为吸收异域优秀文化和传播中华文明的载体。

5.《秦王破阵乐》：西域与中原乐舞的合璧

《秦王破阵乐》属于健舞，即武舞，用来模拟战阵的动作。因李世民即皇帝位前为秦王，故此乐舞是歌颂唐太宗的武功的。《秦王破阵乐》是中原乐舞在吸收西域乐舞的基础上创制而成，属西域与中原乐舞艺术的合璧之作。杨宪益曾指出《秦王破阵乐》的来源"可能是在太宗时移植于中国的西域乐舞。因为即位前后，以平定突厥之功为最著，而突厥西疆直达东罗马帝国的边境，当时中国文化里突厥的成分相当大，尤其是军士的服饰、音乐方面。突厥文化既占有相当成分，所以破阵乐由突厥民族传入中国，完全是可能的事"[1]。

《秦王破阵乐》富有浓重的战斗气息和雄壮气势，由120人披甲执戟而舞，进退节奏，战斗击刺，合着歌唱的拍节，是中国古代规模最宏大、气势最壮阔的军事题材乐舞。杜佑《通典·乐清乐》记载："破阵乐，大唐所造也。太宗为秦王时，征伐四方，人间歌谣，有秦王破阵乐之曲。及即位，贞观七年，制破阵乐舞图。"

《秦王破阵乐》之曲首次引入宫廷，应该在唐太宗君临之初的贞观元年（627）。《唐会要·破阵乐》记载："贞观元年正月三日，宴群臣，奏《秦王

---

① 《秦王破阵乐的来源》，《新中华》复刊号1946年第4期。

破阵乐》之曲。太宗谓侍臣曰：朕昔在藩邸，屡有征伐，世间遂有此歌。岂意今日登于雅乐？然其发扬蹈厉，虽异文容，功业由之，致有今日。所以被于乐章，示不忘本也。尚书右仆射封德彝进曰：陛下以圣武戡难，立极安民，功成化定，陈乐象德，实弘济之盛烈，为将来之壮观。文容习仪，岂得为比？太宗曰：朕虽武功定天下，终当以文德绥海内。文武之道，各随其时，公谓文容不如蹈厉，斯为过矣。七年正月七日，上制破阵乐舞图，左圆右方，先偏后伍，鱼丽鹅鹳，箕张翼舒，交错屈伸，首尾回互，以象战阵之形。起居郎吕才依图教乐工一百二十人，被甲执戟而习之，凡为三变，每变为四阵，有来往疾徐击刺之象，以应歌节。数日而就。其后，令魏徵、虞世南、褚亮、李百药改制歌词，更名《七德之舞》。十五日，奏之于庭，观者睹其抑扬蹈厉，莫不扼腕踊跃，憬然震悚。武臣列将咸上寿云：此舞皆陛下百战百胜之形容。"此前，该曲早已在民间风靡。《旧唐书·后妃传》："右骁卫将军、知太史事迦叶志忠上表曰：'昔高祖未受命时，天下歌《桃李子》。太宗未受命时，天下歌《秦王破阵乐》。高宗未受命时，天下歌《侧堂堂》。天后未受命时，天下歌《武媚娘》。'"

高宗承袭以后，《秦王破阵乐》停止演出达三十年之久。究其原是高宗由于"孝思"，听音睹舞，不禁追念其"父皇"，从而易产生凄怆的哀思。直到"显庆元年正月，改破阵乐舞为神功破阵乐"。玄宗时，破阵乐舞恢复演出，即使在安史之乱后，昔日的《秦王破阵乐》仍在宫中排练。只不过其曲名依然为"破阵"，而舞名则改为"七德"。白居易《七德舞·美拨乱，陈王业也》云："武德中，天子始作《秦王破阵乐》，以歌太宗之功业。贞观初，太宗重制《破阵乐舞图》，诏魏徵、虞世南等为之歌词，因名《七德舞》。自龙朔已后，诏郊庙、享宴，皆先奏之。"

《秦王破阵乐》的音乐曲调受西域音乐影响很深。《旧唐书·音乐志》介绍说，秦王破阵乐舞"杂以龟兹之声，声震百里，动荡山谷……发扬蹈厉，声韵慷慨。"《乐府诗集》卷五三说："自破阵乐以下，皆用大鼓，杂以龟兹乐，其声震厉。"其声音激越奋厉，象征征战攻伐，伴奏兼用或主用龟兹乐器。《乐府诗集·破阵乐》记载："唐制：凡命将出征，有大功献俘馘，其凯乐用铙吹二部，乐器有笛、筚篥、箫、笳、铙、鼓、歌七种，迭奏《破阵乐》等四曲。"这里提到的乐器，多数来自西域。

6. 活跃在唐朝的西域艺术家

大部分的西域音乐是由来到唐朝的西域胡人带来的。那时候随着音乐一起传播过来的，还有乐谱、舞蹈、乐器、乐师和艺人等。史载一些国家的"献乐"，实际上是一个大型乐舞团体的表演活动。在各国所献的"贡人"中，有许多是具有特殊才能的艺人。他们为西域音乐文化在中国的传播作出了贡献。唐代载入史籍的著名西域音乐家有龟兹音乐家白明达、疏勒琵琶高手裴神符等几十人。此外还有许多西域乐工、舞伎、歌手在教坊、梨园供职。"凡乐人、音声人、太常杂户子弟，隶太常及鼓吹署，皆番上，总号音声人，至数万人。"至于远涉中原流落民间者人数必更众多。向达说："西域乐人亦特见重于中土，北齐曹婆罗门一家、白智通、白明达、胡小儿、康阿驮、穆叔儿、安马驹等，率蒙当时人主宠幸，至有开府封王者，对于西域乐舞之倡导可谓至矣。"[①] 出土的唐代胡俑，有许多是外国艺人进行乐器演奏和歌舞表演的形象。如1980年洛阳偃师南蔡庄唐墓出土的一件彩绘胡俑。该胡俑高鼻深目多须髯，头戴胡帽，两手紧握作挥舞状，有孔洞，据此推测他很可能在手执鼓杖敲击羯鼓。胡人乐者的形象甚至出现在当时的陶塑玩具上，如巩义黄冶窑遗址出土的一件陶塑乐伎俑，陶俑为胡人男子形象，高鼻深目，络腮胡须，胸前悬挂腰鼓，一边奏乐一边歌唱。[②] 李白的《上云乐》诗有描绘老胡文康的诗句：

> 金天之西，白日所没。
>
> 康老胡雏，生彼月窟。
>
> 巉岩容仪，戍削风骨。
>
> 碧玉炅炅双目瞳，黄金拳拳两鬓红。
>
> 华盖垂下睫，嵩岳临上唇。
>
> 不睹诡谲貌，岂知造化神。
>
> ……
>
> 老胡感至德，东来进仙倡。
>
> 五色师子，九苞凤凰。

---

① 向达：《唐代长安与西域文明》，河北教育出版社2001年版，第57页。

② 廖永民：《黄冶唐三彩窑址出土的陶塑小品》，《文物》2003年第11期。

是老胡鸡犬，鸣舞飞帝乡。

淋漓飒沓，进退成行。

能胡歌，献汉酒。

跪双膝，立两肘。

散花指天举素手。

……

对于李白的这首诗，常任侠指出：

他活画出一个西域乐人，来自远方，带领他演技的孩子，来到长安献技。他的容貌异常，骨相瘦肖，碧眼有神，黄发卷曲，大额高鼻，是天生的异相。他是一个乐舞的班头，带来了异兽珍禽、狮子、凤凰（孔雀），善于胡舞胡歌，散花指天，高举素手，这正是柘枝舞、胡旋舞一类西域舞蹈的姿态。[①]

隋唐时对艺伎雅称"合生"或"合笙"。《新唐书·武平一传》记载："后宴两仪殿，帝（中宗）命后兄光禄少卿婴监酒。婴滑稽敏给，诏学士嘲之，婴能抗数人。酒酣，胡人袜子、何懿等唱'合生'，歌言浅秽。因倨肆，欲夺司农少卿宋廷瑜赐鱼。平一上书谏曰：'……伏见胡乐施于声律，本备四夷之数。比来日益流宕，异曲新声，哀思淫溺。始自王公，稍及闾巷，妖伎胡人、街童市子，或言妃主情貌或列王公名质，咏歌蹈舞，号曰合生。昔齐衰，有《行伴侣》，陈灭，有《玉树后庭花》，趋数惊鹜僻，皆亡国之音！夫礼慊而不进即销，乐流而不反则放。臣愿屏流僻，崇肃雍，凡胡乐，备四夷外，一皆罢遣。'"

武平一指斥"合生""浅秽"，为"亡国之音"，言辞偏激，但却也说明了当时西域艺人如"合生""胡人袜子""妖伎胡人"等在中原的表演艺术活动。

白明达是隋代入华的龟兹作曲家。经历了隋炀帝、唐高祖、唐太宗、唐高宗两朝四代，白明达一直在宫中创作音乐。《隋书·音乐志》记载："炀帝不解音律，略不关怀。后大制艳篇，辞极淫绮。令乐正白明达造新声，创

① 常任侠：《丝绸之路与西域文化艺术》，上海文艺出版社 1981 年版，第 71 页。

《万岁乐》《藏钩乐》《七夕相逢乐》《投壶乐》《舞席同心髻》《玉女行觞》《神仙留客》《掷砖续命》《斗鸡子》《斗百草》《泛龙舟》《还旧宫》《长乐花》及《十二时》等曲，掩抑摧藏，哀音断绝。"炀帝赏识他的这些乐曲，表示要按曹妙达在北齐封王开府之例，予以厚禄。明达所创乐曲，至唐代尚有流传，如《泛龙舟》《七夕相逢乐》，到五代时流传的敦煌曲子词还有词调《斗百草》。白明达作品中影响最大的是具有浓郁西域风格的乐舞《春莺啭》，据说是奉高宗之命所作。唐崔令钦《教坊记》说："唐高宗晓音律，因风叶鸟声，晨坐闻之，命乐工白明达写之，遂有此曲。凡箜篌，大弦未尝鼓，唯作此曲，入鸟声即弹之。筝则移两柱向上，鸟声毕，入急，复移如旧也。"《春莺啭》舞蹈属软舞类，张佑《春莺啭》诗有"内人已唱春莺啭，花下偆偆软舞来"，描写宫中技艺最高的"内人"，表演《春莺啭》时柔曼婉畅的歌声舞态。《春莺啭》的音乐与舞蹈，可能有描写鸟声、鸟形的特点。《春莺啭》曾传入朝鲜，《进馔仪轨》记载："春莺啭……设单席，舞伎一个，立于席上，进退旋转，不离席上而舞。"并绘有舞蹈场面图，一女舞者立方毯上而舞。日本雅乐舞蹈也有《春莺啭》，是在唐代时传入日本，其表演形式是男子戴鸟冠而舞。形式及风格，均与唐代女子软舞不同，已明显日本化。

裴神符是来自疏勒的音乐家，又名裴洛儿。大约唐高祖在位时，他就已担任了唐朝宫廷乐师，到太宗时，裴神符依然受到器重。他所创作的《火凤》等三首名曲，是唐代中原音乐西化的标志。唐代汇集的名曲录中，裴神符的作品占据了一定的数量。杜佑《通典》记载："太宗贞观末，有裴神符妙解琵琶。初唯作《胜蛮奴》《火凤》《倾杯乐》三曲，声度清美，太宗悦之。高祖之末，其伎遂盛，流于时矣。"贞观年间，众琵琶乐师在宫中献技，乐师们横抱琵琶，用木制或铁制的拨子弹奏，与演奏古瑟的方法相似，而且奏的大多是恬淡婉转、柔弱无力的宫廷雅乐。裴神符采用与众不同的技法表演了自己创作的乐曲《火凤》。他把琵琶直立怀中，改拨子演奏为手指弹奏。左手持颈，抚按律度，右手的五指灵活地在四根弦上疾扫如飞，这种指弹法是前所未有的演奏方法。《火凤》旋律起伏跌宕、节奏奔放豪迈。乐曲到高潮时，他的左手还加进了推、带、打、拢、捻等技巧，音乐形象刚劲淳厚、虎虎有生气，仿佛是一支乐队在合奏。《火凤》被内地广为传唱，并被多次改编。唐宫廷乐"法曲部"中的《真火凤》、"胡曲部"中的《急火凤》，是根据《火凤》改编才唱响的。元稹在诗中称赞说："《火凤》声沉多咽绝。"裴神符的《倾杯乐》，可能是根据当时阿拉伯乐曲改编的一首名曲，曲调激情进射，如万马奔腾。

见于唐朝载籍的外来音乐、舞蹈家，多为中亚昭武九姓胡人。曹国胡人曹保祖孙三代，均为琵琶名手，在唐朝声名很盛，人称"三曹"。据段安节《乐府杂录》记载："贞元中……曹保，保其子善才，其孙曹纲，皆袭所艺。"尤以曹善才和曹刚的演奏艺术，受到当时诗人的特别赞赏。"善才"本是当时著名乐师的一种尊称，由于曹善才的技艺高超，因其姓曹，所以被人誉称为曹善才，这样，反使其真名失传了。曹善才是唐代教坊第一流乐师，曾任梨园供奉。善才的琵琶常能弹奏新曲。连皇帝都爱听他的琵琶。当他演奏时全场寂静，没人敢起来摆弄乐器。曹善才不仅精于演奏，而且善于教学，其门下亦有不少弟子。白居易《琵琶引》序中称，元和十一年（816），在九江任司马时，夜闻舟中弹琵琶者，"有京都声"，经寻访，知其人原为长安倡女，"尝学琵琶于穆、曹二善才"，李绅作《悲善才》诗，序中称穆宗时赐宴曲江，曹善才等二十人备乐。诗中追叙曹善才弹奏时的情形称：

> 穆王夜幸蓬池曲，金銮殿开高秉烛。
>
> 东头弟子曹善才，琵琶请进新翻曲。
>
> 翠蛾列坐层城女，笙笛参差齐笑语。
>
> 天颜静听朱丝弹，众乐寂然无敢举。
>
> 衔花金凤当承拨，转腕拢弦促挥抹。
>
> 花翻凤啸天上来，裴回满殿飞春雪。
>
> 抽弦度曲新声发，金铃玉佩相差切。
>
> 流莺子母飞上林，仙鹤雌雄唤明月。
>
> 此时奉诏侍金銮，别殿承恩许召弹。
>
> 三月曲江春草绿，九霄天乐下云端。
>
> 紫髯供奉前屈膝，尽弹妙曲当春日。
>
> 寒泉注射陇水开，胡雁翻飞向天没。
>
> 日曛尘暗车马散，为惜新声有余叹。

"紫髯""胡雁"，暗示了曹善才的胡人背景。

善才之子曹刚也是非常有名的琵琶艺人。曹刚的演奏技巧胜过其父，尤其是他右手的拨子功，"若风雨而不事扣弦"，力如风雷，名噪一时。据《乐府杂录》记载："曹刚善运拨，若风雷，而不事扣弦。兴奴长于拢捻，不拨稍软。"所以当时有"曹刚有右手，兴奴有左手"之说。裴兴奴也是当时著名的琵琶演奏家。大和二年（828），白居易在长安观赏曹刚演奏，深感其技艺水平超过其他同辈高手。作《听曹刚琵琶兼示重莲》诗，称"拨拨弦弦意不同，胡啼番语两玲珑。谁能截得曹刚手，插向重莲衣袖中？"薛逢有诗《听曹刚弹琵琶》云："禁曲新翻下玉都，四弦抃触五音殊。不知天上弹多少，金凤衔花尾半无。"薛逢将曹刚所弹的琵琶曲誉为神仙才能听到的天上"玉都殊音"，曹刚的《薄媚》一曲，弹得特别出色，使人百听不厌。刘禹锡诗云："一听曹刚弹薄媚，人生不合出京城。"

段安节所撰《乐府杂录》对唐代著名的琵琶演奏家多有记载，其中包括段善本、曹刚、裴兴奴、康昆仑、雷海清、李管儿、赵璧等人。康国康昆仑也是著名的琵琶艺人，段安节称其为贞元中天下"琵琶第一手"，并记载了长安祈雨时，康昆仑与僧人在天门街"斗声乐"的故事。故事说：唐贞元年间，一次长安大旱，东西两市居民集会在天门街举行祈雨大会，各搭彩楼奏乐娱神，并同时举行器乐演奏比赛。东市因有康昆仑便自认为此赛必胜无疑，就推请康昆仑登上彩楼弹奏了一曲《新翻羽调绿腰》，意先声夺人，让观众领略其难以战胜的音乐水准。昆仑奏毕，天门街鸦雀无声，片刻寂静后，才见西市彩楼上出现一位妙龄"女郎"，"她"怀抱琵琶面对听众说道："我也弹奏这一曲目，不过要将它转音移曲到'风香调'上演奏。"说毕挥手触弦，其声如雷贯耳，震动人心，那妙绝入神的演奏技艺，远在康昆仑之上。康昆仑听罢又惊愕又敬佩，立刻表示要拜"女郎"为师，"女郎"这时更衣出楼相见，原来不是女人而是庄严寺的和尚，这位和尚姓段名善本，后来他当了康昆仑的琵琶教师。除了弹奏外，康昆仑还善作曲，他将凉州曲改编为琵琶演奏曲。

李颀有一首《听安万善吹觱篥歌》诗云：

> 南山截竹为觱篥，此乐本自龟兹出。
> 流传汉地曲转奇，凉州胡人为我吹。

旁邻闻者多叹息，远客思乡皆泪垂。

世人解听不解赏，长飙风中自来往。

枯桑老柏寒飕飗，九雏鸣凤乱啾啾。

龙吟虎啸一时发，万籁百泉相与秋。

忽然更作《渔阳掺》，黄云萧条白日暗。

变调如闻杨柳春，上林繁花照眼新。

岁夜高堂列明烛，美酒一杯声一曲。

诗中写的安万善是"凉州胡人"，诗人听了胡人乐师安万善吹奏觱篥，称赞他高超的演技，同时写觱篥之声凄清，闻者悲凉。前六句先叙觱篥的来源及其声音的凄凉；中间十句写其声多变，为春为秋，如凤鸣如龙吟；末两句写诗人身处异乡，时值除夕，闻此尤感孤寂凄苦。李贺有一首《听颖师琴歌》诗云：

别浦云归桂花渚，蜀国弦中双凤语。

芙蓉叶落秋鸾离，越王夜起游天姥。

暗珮清臣敲水玉，渡海蛾眉牵白鹿。

谁看挟剑赴长桥，谁看浸发题春竹。

竺僧前立当吾门，梵宫真相眉棱尊。

古琴大轸长八尺，峄阳老树非桐孙。

凉馆闻弦惊病客，药囊暂别龙须席。

请歌直请卿相歌，奉礼官卑复何益。

李贺在诗中描摹了颖师美妙绝伦的琴声，赞叹了他高超的琴艺。诗中说到的这位弹琴技艺高超的颖师，是来自天竺的一位僧人，他于宪宗元和年间来到长安，以弹琴著名。他的古琴长 8 尺 1 寸，用质地优良的古桐木制成，音色非常优美。颖师弹琴的技艺精湛，演奏时有特别的韵味，而且曲目很丰富，远近知名。

来自于阗的尉迟青在唐代宗时居住在长安之长乐坊，唐德宗时官至将军，他吹奏筚篥的水平很高，时人称他"冠绝古今"。当时另外一位筚篥高手，是名冠幽州的王麻奴。他得知尉迟青的大名，就特意到长安要与尉迟青比试技艺。尉迟青请奏一曲，王麻奴以高般涉调吹奏了一曲西域乐曲，曲毕累得汗流浃背。接着，尉迟青拿起筚篥吹奏了同一曲调，轻松裕如，音韵殊异。王麻奴心悦诚服，拜而求教。由于尉迟青和王麻奴这些名家的弘扬，西域乐器筚篥在长安乃至中原大地广为流行。

于阗人尉迟璋是尉迟青的晚辈，通音律，善吹笙，其技艺在当时首屈一指。他于唐文宗太和年间，活跃于长安乐坛，任仙韶院乐官。他不仅善吹笙，而且琴、瑟、鼓、箫样样精通，还会作曲，整理改编过《霓裳羽衣曲》。尉迟璋的歌唱得也很好，"能啭歌喉为新声"，有"一声飞出九重深"之美誉，其"音辞曲转，听者忘倦"，引得京城乐人纷纷效法，并尊称尉迟璋为"拍弹"，即拍弹不挡的全能音乐家。唐文宗十分喜爱音乐，善吹管乐，他亲自召见了尉迟璋，并命朝廷三品以上官员穿上朝服来听尉迟璋吹奏和唱歌。尉迟璋先用笙吹奏了自己创作的《瀛洲曲》，音调高亢，清亮辽远。接着演唱了传统的《霓裳羽衣曲》，音域宽阔，意韵深长，令当朝文武大臣眼界大开，耳目一新。

来唐外国人中，也有以歌唱著称于世者。《卢氏杂说》称元和年间从事歌唱的乐人有米国胡人米嘉荣，其歌曲之妙，当时无出其右。其歌唱艺术倾倒京城，并被皇帝赏识，皇帝将其提拔为内廷供奉（首席乐官）。世人称赞他的演唱能"冲断行云直入天"。米嘉荣在宪宗、穆宗、敬宗三代任供奉，史书称他为"三朝供奉"。米嘉荣与诗人刘禹锡有厚交，两人常在一起交流艺术。米嘉荣向刘禹锡系统地介绍了音乐理论知识，他给刘禹锡唱了许多西域和西凉（甘肃）歌曲。刘禹锡在米嘉荣的帮助下，吸收融汇了许多民歌音乐素材，创造了一种独特的诗体——竹枝词。竹枝词风格清新，在当时风靡全国。刘禹锡在《与歌者米嘉荣》诗中称"唱得凉州意外声，旧人唯数米嘉荣。近来时世轻先辈，好染髭须事后生。"米嘉荣之子米和，咸通年间以弹琵琶著称，而以"申旋尤妙"，也是以音乐技能供奉于朝廷。刘禹锡另在《听旧宫中乐人穆氏唱歌》一诗中提到可能来自康国的歌女穆氏：

> 曾随织女渡天河，记得云间第一歌。
> 休唱贞元供奉曲，当时朝士已无多。

天宝年间的粟特歌者何满子所作《何满子》一曲在唐代广为流传，张祜《宫词二首》云："故国三千里，深宫二十年，一声何满子，双泪落君前。"

何满子后来获罪被杀。白居易在《杂曲歌辞·何满子》一诗中说：

世传满子是人名，临就刑时曲始成。

一曲四词歌八叠，从头便是断肠声。

元稹也写下著名的《何满子歌》云：

何满能歌能宛转，天宝年中世称罕。

婴刑系在图圄间，水调哀音歌愤懑。

梨园弟子奏玄宗，一唱承恩羁网缓。

便将何满为曲名，御谱亲题乐府纂。

唐崔令钦在《教坊记》中说："筋斗裴承恩，妹大娘善歌，兄以配竿木侯氏。"裴承恩是疏勒人，他以善筋斗而在教坊中颇有名气，供奉于玄宗朝。《教坊记》记载有范大娘、裴大娘，都是杂技艺人。裴大娘即裴承恩之妹，范大娘的先世不清楚，但裴大娘善筋斗，范大娘善竿木，二者并列记载当有一定的联系。明人胡侍在《真珍船》书中说："范汉女大娘子，亦是竿木家。开元二十一年出内，有姿媚而微愠羝。"这里说的"愠羝"就是我们通称的胡臭。因此，陈寅恪在《元白诗笺记》中认为，"范大娘"的血统有西胡人种混杂之可能，其"微愠羝"或先世西胡血统遗传所致。《教坊记》还说道："有颜大娘，亦善歌舞。眼重、脸深，有异于众。能料理之，遂若横波，虽家人不觉也。"教坊乐工颜大娘，善于歌舞和化妆，从其容貌看，或为胡人。

7. 西域艺术影响的唐朝散乐和杂技

唐代外来文化与音乐、歌舞有关者还有所谓的散乐。散乐此前称"百戏"，是以幻术、杂技为主的一种群众性较强的艺术形式。百戏的主要内容是在汉代由西域传入内地的，到隋代，百戏更为兴盛。隋炀帝将百戏划归太常寺，令艺人在太常寺教习。唐朝于每年正月十五至月末会举行正月大朝会，并在皇城端门以南渡天津桥，至外郭城建国门以北八里御道搭建戏场，百官在道路两侧搭起看棚。届时，各国使者皆会来朝，并与士民百姓一起观赏。"从昏达旦，以纵观之。至晦而罢。"大业六年（610）的正月大会举办百戏时，仅参加器乐伴奏的乐工就达 18000 人，吹拉弹唱，声闻数十里之外，场面宏大，亘古未有。此时还出现了一种名为"水饰"的杂技。学士杜宝奉敕把历史上与水有关的传说、故事汇集起来，编成《水饰图经》15 卷，并"检校良工"为之实施。一个名叫黄衮的能工巧匠，根据这个故事，制作出 72 种水饰。用木材所做的人，高 2 尺，身着罗绮衣衫，饰以金碧色彩。木人体内装有结构精巧的机械，能使木人运转自如，以禽兽鱼鸟相衬，亦无不尽人工天巧。隋炀帝每于三月上旬己日，"会群臣于曲水，以观水饰"。

到了唐代，百戏发展成为散乐，内容更加丰富，规模更为宏大，杂技也很发达。散乐主要有橦木伎、杯盘伎、长蹻伎、跳趫伎、踯倒伎、跳剑伎、吞剑伎、舞轮伎、透飞梯伎、高絙伎、缘竿伎、猕猴缘竿伎、弄碗珠伎、丹珠伎等等。属于歌舞戏而又归于散乐的有拨头、踏摇娘、窟儡子等。《通典》说："大抵散乐多幻术，皆出西域。"说明了唐代散乐的文化来源。散乐既有中国传统的娱乐项目，也有汉晋南北朝时或唐时从外国传入的内容。

唐朝初年，朝廷对百戏散乐采取了限制的态度。武德元年（618），太常寺准备于五月五日在玄武门举行百戏表演，万年县法曹孙伏伽上书，指出"百戏散乐，本非正声，有隋之末，大见崇用，此谓淫风，不可不改"（《唐会要》）。这个意见得到唐高祖的赞成。但是，朝廷的态度，并没有阻止百戏散乐的流行，甚至在唐高祖颁发诏令未几，百戏就已堂而皇之地进入了宫廷内苑。唐太宗长子李承乾好声色冶游，"常命户奴数十百人，专习伎乐，学胡人椎髻，翦彩为舞衣，寻橦跳剑，昼夜不绝"。"寻橦"即指橦木伎，"跳剑"即跳剑伎。

显庆元年（656），唐高宗登临安福门楼观看大酺，有天竺艺人表演以刀自刺的幻戏，被高宗制止，并下诏称："如闻在外有婆罗门胡等，每于戏处，乃将剑刺肚，以刀割舌。幻惑百姓，极非道理，宜并发遣还蕃，勿令久住，仍约束边州，若更有此色，并不须遣入朝。"（《全唐文》）这个禁令说明在当时天竺艺人的幻术表演已经成为民间大型娱乐活动中的一项重要内容。

和唐高祖的禁令一样，唐高宗的这道禁令也没有起到多大作用，此后唐朝的几代皇帝很喜欢这种娱乐形式。唐睿宗时，婆罗门贡献了能在刀锋上起舞并以刀历脸植背的杂伎乐人。唐玄宗时，每年八月五日的"千秋节"（玄宗生日）在兴庆宫勤政楼、花萼楼前"设酺"，"府县教坊，大陈山车旱船、寻橦走索、丸剑角抵、戏马斗鸡"。时人前往观看，谓之"观酺"。段安节《乐府杂录》记载："一日赐大酺于勤政楼，观者数千万众。"这种活动史称"大南"。敬宗在自己的生日召集民间百戏艺人到宫廷演出。每隔三二岁，朝廷必于春天，设宴款待宰辅及百官，"备太常诸乐，设鱼龙曼衍之戏，连三日，抵暮方罢"。相沿成习，这种做法到宣宗时已成为定制。宣宗大中七年（853），日本国遣使献宝器、音乐，唐宣宗"因赐百僚宴，陈百戏以礼之"。百戏成为招待外国来宾的重要表演项目。

唐代杂技在宫廷与民间同时发展，民间既有街头小艺，亦有戏场献艺，观者达数千人。有的在广场表演，有的则在寺院附近的戏场乐棚。当时的长安，大的戏场多在慈恩寺旁，小的戏场多在青龙寺旁。长安有名的杂技艺人解如海，剑、丹、丸、豆、击球诸艺皆精，他与两个妻子和几个儿女组成了家庭班子，每次演出有千人观看。天宝五年（746），杨贵妃因妒悍而被遣送出宫，唐玄宗因思念而不思茶饭，接回宫后，玄宗大喜，召"两市杂戏以娱贵妃"。唐僖宗乾符元年（874），刘瞻从贬地返回京城，长安"东西市豪侠共率泉帛，募集百戏"（《玉泉子见闻录》），在城外隆重迎接。以上两条例证说明，长安东市和西市有专门受佣进行百戏表演的专业团体。开元二年（714），唐玄宗颁布敕令，禁止散乐在村落中巡回表演，称"散乐巡村，特宜禁断。如有犯者，并容止主人及村正，决三十。所由官附考奏，其散乐人仍递送本贯入重役"（《唐会要》）。这表明散乐在此时已从城市蔓延到了乡村。

杂伎或幻术艺人也是外国向唐朝进献的贡物。不少外来伎艺人或他们的后裔参与朝廷的百戏表演。白居易的新乐府《立部伎—刺雅乐之替也》有"舞双剑，跳七丸、袅巨索，掉长竿"的诗句；元稹的乐府《西凉伎》也有"前头百戏竞撩乱，丸剑跳踯霜雪浮"的诗句。唐敬宗生日时在宫廷表演的百戏中，最吸引人的就是幽州伎女石火胡的竿技。《杜阳杂编》记载，石火胡"挈养女五人，才八九岁，于百尺竿上张弓弦五条，令五女各居一条之上，衣五色衣，执戟持戈，舞《破阵乐》曲，俯仰来去，赴节如飞。是时观者目眩心怯。火胡立于十重朱画床子上，令诸女迭踏以至半空，手中皆执五彩小帜，床子大者始一尺余。俄而手足齐举，为之踏浑脱，歌呼抑扬，若履平地"。唐文宗即位之后，"以其太险伤神"，方才停止了竿戏在宫廷里的表演。这位石火胡就是来自西域石国的竿伎艺人或他们的后裔。

唐人"载竿"之艺极高，有"爬竿""顶竿""车上竿戏""掌中竿戏"等不同内容。《独异记》记载，一位三原女艺人能头顶长竿载十八人而来回走动。唐代达官贵人出行的仪仗往往以载竿杂技表演为前导。如唐代敦煌莫高窟中的壁画《宋国夫人出行图》所绘的仪仗队就是以"载竿"为前导的。出行仪仗使用杂技乐舞表演，既有显示豪奢气派之意，亦有与民同乐之好。张祜《千秋乐》诗写道：

> 八月平时花萼楼，万方同乐奏千秋。
>
> 倾城人看长竿出，一伎初成妙解愁。

王邕的《勤政楼花竿赋》把竿伎描绘得栩栩如生："当献发之令节，御高楼而赐欢……于是玉颜直上，金管相催，顾影而忽升，河汉低首而下，指楼台整花钿，以容与转罗袖，以徘徊晴空乍临，若虚仙之跃出片云，时映俨神女之飞来，……登之者纤腰回舞，犹尽巧于繁节。……初腾陵以电激，倏缥缈而风旋。或暂留以头挂，又却倚而肩连，蹑足皆安，象高梧之凤集，随形便跃，奋乔木之莺迁。"

郑处诲《明皇杂录》卷上记载"顶竿"："玄宗御勤政楼，大张乐，罗列百伎，时教场有王大娘者，善戴百尺竿，竿上施木山，状瀛洲方丈，令小儿持绛节，出入于其间，歌舞不辍。时刘晏以神童为秘书正字，年方十岁……贵妃复令咏王大娘戴竿，晏应声曰：'楼前百戏竞争新，唯有长竿妙入神，谁谓绮罗翻有力，犹自嫌轻更着人。'玄宗与贵妃及诸嫔御欢笑移时，声闻于外，因命牙笏及黄文袍以赐之。"

唐代幻术戏法在民间广泛流传。唐睿宗时，由婆罗门国传入的《卧剑上舞》《钢刀砍身》《赤脚踏刀》《上天梯》等节目，开创了苦刑幻术的先河，是"悬人"类幻术的最早记录。唐蒋防《幻戏志》记载：（马自然）"乃于席上以瓦器盛土种瓜，须臾引蔓生花，结实取食，众宾皆称香美异于常瓜。"这位马先生还会纯手法的杂技戏法："又于遍身及袜上摸钱，所出钱不知多少，投井中，呼之一一飞出。"唐代杂技将多种技巧糅合在一起，充分展示杂技超凡入圣、人所难能的特点。

唐诗和其他文献有许多关于散乐或杂技表演的描写。如张楚金的《楼下观绳伎赋》生动地描绘了绳技艺人高超而优美的表演技艺："掖庭美女，和欢丽人……被罗谷与珠翠，铺琼筵与锦茵……横亘百尺，高悬数丈，下曲如钩，中平似掌。初绰约而斜进，竟盘姗而直上……"女艺人被称"掖庭美女"，说明她是宫廷艺人。唐人所著《封氏闻见记》也描写了宫廷的绳技、高跷和"踏肩蹈顶"人上叠人"至三四重"的高超技艺。

第十一章

波斯和阿拉伯文化
在中国的传播

在欧亚大陆上，波斯和阿拉伯处于居中的位置，西与希腊、罗马有密切的交往和联系，东与中国、东南与印度有着便利的交通和往来。波斯是一个文明古国，有着悠久的历史和辉煌的文化。很早以来，波斯通过丝绸之路，就与中国有着广泛的交往和文化交流，波斯文化也通过这种交往传播到中国，为中国文化的发展注入了新的因素。有唐一代，波斯文化在中国继续得到传播，甚至在萨珊王朝被阿拉伯灭国后，波斯文化仍然与中国文化有着密切的联系。唐代的所谓"三夷教"即主要活动在波斯的祆教、摩尼教和景教，陆续传播到中国，并得到一定的流传，同时也作为波斯文化的载体，将波斯的艺术、哲学思想和宗教信仰等传播到中国。阿拉伯作为后起的势力，迅速崛起，同时也创造了具有其民族特色的文化。它在同中国的交往中，把阿拉伯文化传播到中国。阿拉伯特有的宗教伊斯兰教在唐代就传播到了中国，且在以后获得了巨大的发展。作为外来宗教，伊斯兰教对中国的宗教等文化发展的影响，仅次于佛教。有学者概括，在漫长的中西文化交流史上，对中国文化有巨大影响和冲击的有"三西"，即是分别来自西方的印度文化、波斯—阿拉伯文化和欧洲文化。印度文化以佛教为代表，发挥影响作用主要在汉唐时代，波斯—阿拉伯文化以伊斯兰教为代表，主要影响是在唐代至元代，欧洲文化以基督教为先驱，主要活动是在明清之际及以后。这样的概括可以看出波斯—阿拉伯文化在中国的传播对于中国文化的发展是很重要的。

一 波斯文化在中国的传播

1. 萨珊王朝与唐朝的交通往来

中国与波斯有着久远的经济、文化交往的历史。3 世纪时波斯建立的萨珊王朝，与南北朝时的北魏、北齐、北周等政权都有过往来。

隋代，炀帝派云骑尉李昱出使波斯，波斯随即遣使和李昱同来，与隋朝进行通好和开展贸易。当时在位的波斯王是库思老二世。唐初中土与波斯的往来也很频繁。贞观十三年（639）、二十一年（647）、二十二年（648），有波斯使节入唐的记载。朱谦之指出："萨珊王朝时与中国商业关系，尤极密切，波斯人之技巧亦为中国人欢迎，中国与波斯在政治上无疑是有亲善关系。""正因为唐代帝王对于波斯有外交之亲善关系，所以波斯人多来唐避难。"①

太宗贞观六年（632），萨珊王朝末代国王伊嗣俟三世（Yesdegerd Ⅲ）即位。其时阿拉伯人在西亚崛起，不久，开始大举入侵波斯，萨珊与大食（阿拉伯）交战兵败。在唐高宗永徽元年（650），伊嗣俟逃往木禄，被人杀害。大食人把波斯纳入阿拉伯帝国的版图，使波斯改信伊斯兰教，历时数百年的萨珊波斯帝国最终灭亡。

此后，伊嗣俟三世之子波斯王卑路斯（Firuz Perozes）避居于波斯东境，在吐火罗的支持下建立了流亡政权。唐龙朔元年（661），卑路斯派使者到唐朝求援，因为"频被大食（阿拉伯）侵扰，请兵救援之"。但是唐朝这时的注意力集中在葱岭以东的西域地区，无意在葱岭以西与大食直接对抗，唐高宗婉言拒绝了波斯请求出兵的要求。恰好当时唐高宗派王名远到西域，在吐火罗道大量设置羁縻都督府州，以卑路斯所在的疾陵城设置波斯都督府，即任命卑路斯为都督。

由于大食频年东侵，卑路斯在西域无法立足，遂于咸亨年间亲自到唐朝来，被封为右武卫将军，最后客死于唐朝。其子泥涅师（Narses）随父来唐，唐朝册立其为波斯王，客居长安。高宗调露元年（679），西突厥阿史那都支和李遮匐背叛唐朝，与吐蕃联合攻击唐朝在西域的军事力量。唐高宗任命吏部侍郎裴行俭为安抚大食使，以册送泥涅师为名，在途中袭击西突厥。虽然裴行俭"安抚大食使"的衔号实际上只是虚有其名，但是在高宗永隆元年（680）前后，泥涅师最终还是在唐朝军队的护送下回到了吐火罗。据近年对出土的吐鲁番文书的研究，为了完成这次带有远征性质的护送行动，唐朝专门组织了"波斯军"，还特别颁发了《波斯军别敕》。波斯军是由蕃汉兵组成的混合军队，除了募兵外，还有唐西州的府兵。泥涅师最后经护密送到了吐火罗。泥涅师客居吐火罗20多年，景龙二年（708）回到唐朝，被封为左威卫将军，最后客死长安。

波斯虽已亡国，但部众仍存，至少在8世纪上半叶，萨珊波斯余部仍然

---

① 朱谦之：《中国景教——中国古代基督教研究》，东方出版社1992年版，第64页。

在吐火罗地区活动，而居于里海南岸的萨珊王室陀拔斯单（Tabaristan），也一直保持独立到 765 年。因此，唐朝史籍有波斯贡使不断来大唐的记录，仅开元、天宝年间，史载就有 19 次；还有波斯国王遣使的记载。波斯流亡政权屡屡向唐朝贡献玛瑙、绣舞筵等物。据《册府元龟》有关朝贡的记载统计，在此期间波斯向唐朝进献的物品主要有香药、犀牛、大象、猎豹、真珠、琥珀等物。

波斯国残部的存在也得到了阿拉伯史料的印证。据泰伯里记载，回历 110 年（728—729），突骑施可汗苏禄在呼罗珊人的请求下，驱除粟特地区的大食军队，突骑施人在康国 Kamarge 附近的一个要塞，遭到了大食军队的顽强抵抗。为了促使守军投降，苏禄带来了伊嗣俟的后裔 Khusraw。据信，Khusraw 长期在吐火罗地区活动，号召恢复已经灭亡将近一个世纪的萨珊王朝的统治。

也有研究者把这些使者看作是冒称使者的波斯商人。张星烺认为："开元以后，《唐书》记其仍有使者来朝，此必萨珊朝遗族之使者，或波斯商人冒充之使节也。"① 当时入唐的波斯人除外交使节外，有不少是负贩商贾和传道僧人，其中的一些人兼有商人和使节的多重使命。在唐朝所谓的"三夷教"中，祆教是波斯的国教，而景教和摩尼教也与波斯有着密切的关系。这些表明，即使在波斯亡国后，唐朝与波斯人的经济和文化交流仍然很活跃。

实际上，波斯与中国的贸易一直没有中断，而且在隋唐时期有了更大的发展。旅居在唐的"胡商"，其相当一部分是波斯商人。所以，在隋唐时期，许多波斯的物产通过贸易渠道输入中国。唐人杜佑指出："（波斯）出象、师子，多良犬。有大鸟，形如橐驼，有两翼，飞而不能高，食草与肉，亦能啖火。有大鸟卵、真珠、颇黎、珊瑚、琉璃、玛瑙、水精、瑟瑟、金、银、鍮石、金刚、火齐、锡、镔铁、朱砂、水银、锦、叠、细布、氍毹、毾𣭈、护那、越诺布、金缕织成、赤麖皮、薰陆、郁金、苏合、青木等香、胡椒、荜拨、石蜜、千年枣、香附子、诃黎勒、无食子、盐绿、雌黄。又有优钵昙花，鲜华可爱。地有咸池。"（《通典》）

中国史籍中有关外国特产的记载，在一定程度上可以作为该国与中国的贸易清单来看。杜佑所列的物品，有许多传入中国。此外，中国与西方的海

---

① 张星烺：《中西交通史料汇编》第 2 册，中华书局 2003 年版，第 1062 页。

上贸易，也有相当大的部分是通过波斯商船进行的。法国学者费琅指出：

> 从 4 世纪到 7 世纪初，中国历代王朝的史料把交趾半岛、锡兰、
> 印度、大食以及非洲东海岸等地的产品统统称为"波斯货"，说明这
> 些物品是从波斯运到中国的。
>
> 在公元 9 世纪以前，海上航行首先是波斯海员完成的。他们是
> 阿拉伯人远东航行的开创者。①

2. 萨珊王朝金银器在中国的流传

萨珊王朝银币的流行，是波斯与中国文化交流的一项重要内容。从 4 世
纪起，萨珊王朝银币就已在中国各地出现。前文对考古所发现的南北朝时期
的萨珊王朝银币等已经有所介绍。到了唐代，仍有萨珊王朝银币流入中国。

今新疆维吾尔自治区是在中国境内发掘的唐代遗址中萨珊王朝银币最集
中的地区。在 7 世纪时，即高昌国晚期及唐置西州以经略高昌故地时，新疆
吐鲁番地区的墓葬流行以波斯萨珊王朝银币或东罗马金币殓葬的习俗，多数
是将金银币含殓于死者口中，或覆盖于两眼之上。殓葬银币尤以库思老二世
时的式样为多，有的银币铸造年代与殓葬入墓年代相距很近，说明萨珊王朝
银币的流通是很迅速的。20 世纪 50 至 70 年代，在新疆吐鲁番地区多次发现
了大量萨珊王朝银币，其中很多是出于唐代遗址。1978 年，新疆焉耆博格达
古城也出土了库思老二世银币 1 枚，其埋藏年代约在 7 世纪。

除新疆之外，发现萨珊王朝银币的地点还有陕西、甘肃、河南、山西等
地。西安 7 区 30 号唐墓出土了 2 枚波斯王库思老二世和 1 枚约当 7 世纪前半
期的仿库思老二世银币。在长安国清寺舍利塔中，发现了 7 枚波斯银币，其
中 6 枚属于库思老二世，1 枚属布伦女王，这些银币是在天宝年间瘗入塔内
的。1988 年，考古工作者在清理敦煌莫高窟北区第 222 号瘗窟时，在棺床草
席下发现 1 枚卑路斯银币，这枚银币可能是在隋末唐初，作为随葬品瘗入的。
1955 年，在洛阳北邙山 30 号唐墓出土了萨珊银币 16 枚。山西太原金胜村 5
号唐墓出土库思老二世银币 1 枚，正面圆框外右角有鸟形戳记，是大食初期
东部各省加盖的戳记，这枚银币应该是在 6 世纪末瘗入墓中的。

---

① ［法］费琅著，耿昇译：《阿拉伯波斯突厥人东方文献辑注》，商务印书馆 1989 年版，
第 16—17 页。

波斯萨珊王朝金银器的输入对唐朝金属制造业，特别是对中国金银器皿制造业的大发展产生了一定的影响。"萨珊的金银器多是统治阶层用的盘、壶、杯、碗、罐等生活器皿和流通的金银币。"这些金银器因其造型美观、雕刻工艺精湛，而受到统治阶层的追捧，流行一时。从工艺上来讲，萨珊波斯金银器有圆雕、錾花、敲花等工艺。"萨珊波斯金银器艺术从题材上讲可以分为两类：一类是表现世俗题材的宫廷艺术，另一类是具有一定象征意义的宗教题材艺术。"① 早在5、6世纪，萨珊王朝金银器就已输入了中国各地。唐代以前中国的金银器皿制造业并不发达，包括外国输入品在内，总共发现的也不过数十件而已。而到了唐代，金银器皿的数量激增，已出土的藏品近千件。

萨珊王朝金银器受到中国上层社会的喜爱与欢迎。唐高祖李渊赐秦琼"黄金瓶"，唐太宗李世民赐李大亮"胡瓶"，即萨珊王朝金瓶或银瓶。唐代金银器制作与使用之盛，不仅限于宫廷、官府，也流行民间的茶楼酒肆。杜甫《少年行》诗说：

> 马上谁家薄媚郎，临阶下马坐人床。
>
> 不通姓字粗豪甚，指点银瓶索酒尝。

诗中说的"银瓶"即胡瓶，当时酒家多用以盛酒供客。其酒也多为西域葡萄酒，或以波斯方法酿造的三勒浆等。日本正仓院所藏唐代的漆胡瓶，其形制显然也受到了萨珊王朝金银器皿风格的影响。中国传统的盛酒容器是与盆相近的樽。唐代前期，开始兼用酒樽与胡瓶。洛阳出土的"高士宴乐纹嵌螺钿铜镜"和日本正仓院所藏"唐金银平文琴"上的图纹显示，饮酒者面前，除酒樽外，还摆着胡瓶。胡瓶在中唐以后发展为注子和偏提，古代的酒注与偏提等物，又是近代酒壶的先型。

高足杯在社会上层的官僚贵族中使用非常普遍。洛阳唐墓出土了多件银高足杯。洛阳博物馆收藏了一件草叶纹高足银杯，高足上有托盘，足为花瓣形，纹饰为草叶纹。北京大学塞克勒考古与艺术博物馆收藏的狩猎纹鎏金银高足杯也出自洛阳邙山唐墓。其杯体较高呈筒形，杯体纹饰是缠枝纹和狩猎纹。洛阳宜阳县张坞乡和伊川水寨也曾出土过银高足杯。多曲长杯也是外来风格明显的器物，器物呈椭圆形，八曲或十二曲，杯腹较浅，有圈足，在萨

---

① 仲高：《丝绸之路艺术研究》，新疆人民出版社2008年版，第425页。

珊王朝时期非常流行，之后经中亚粟特地区传入唐朝。洛阳唐墓曾多次出土多曲长杯，1991 年在洛阳伊川鸦岭乡杜沟村发掘的唐后期齐国太夫人墓就出土了两件双鱼纹四曲金长杯，长杯底部中心有水波纹，双鱼环绕，边饰为宝相花纹。洛阳偃师杏园崔防墓也出土过一件银质四曲长杯。

洛阳唐墓还出土了许多波斯金银器物的仿制品，其中许多是三彩瓷器仿制品。如洛阳东郊塔湾村唐墓出土的三彩凤首壶，壶首为凤头形，头有高冠，尖嘴，壶身一侧附弧形柄，装饰狩猎纹和鸾凤纹。在洛阳亡口山葛家岭出土的兽首壶，通体施淡黄、绿釉，壶口装饰有一兽首，双目圆睁，张嘴露齿。这几件器物的造型和装饰源于波斯萨珊王朝时期的金银器胡瓶，这些器物在当时洛阳官僚贵族生活中使用非常普遍。洛阳东北郊以及偃师城关镇唐墓出土的头戴折沿帽的胡俑都手执胡瓶。2005 年在洛阳洛南新区发掘的唐安国相王孺人唐氏墓第二天井东壁壁画中的侍者，也手提一件鸭嘴式长尖流、细长颈胡瓶。除三彩瓷器之外，洛阳唐墓还出土了其他材质的仿制品，如河南偃师杏园晚唐墓葬还出土了精美的白瓷四曲长杯，河南偃师杏园村庐州参军李存墓出土了滑石四曲长杯，李郁墓也发现了相似器形的滑石长杯。

早在战国至西汉时期，西方的金银器及制造工艺就开始传入中国，到南北朝时期，人们在对外来金银器制作技术和装饰工艺进行更多模仿和学习的同时，也试图将它们与中国传统的器形相融合。到唐代，西方金银器物的捶揲工艺、造型艺术和装饰纹样大量传入，中国匠人将其融入中国的金银器当中，并加以创新，中国古代金银器风格突变，出现了兴旺发达的景象。夏鼐指出：在中国，金银器的制作是到了唐代才开始发达，这是受了萨珊王朝金银器影响的缘故。据韩香统计，20 世纪 50 年代以来，仅在西安及近郊出土的唐代金银器就有近千件，主要有碗、杯、盘、盒、碟、罐、壶等器皿。这些器物大部分是本土生产的，但其中许多器物具有明显的西方艺术风格。[①] 瑞典学者俞博（Bo Gyllensvard）指出：

> 唐以前的金银矿开采不发达，贵金属工艺发展缓慢，最初只是青铜工艺的附属。汉以后虽然有了少量制品，但器形和制造技法多仿铜器。大规模制造和使用金银器是唐代才开始的，它的兴起和发

---

① 韩香：《隋唐长安与中亚文明》，中国社会科学出版社 2006 年版，第 241 页。

展与隋唐时期西方文化的输入有密切关系，其中萨珊波斯与印度佛教艺术对唐代金银器兴起都有一定的影响。[①]

唐代的金银器大量吸收了波斯萨珊王朝等西亚和中亚地区发达的金银器工艺、造型和纹饰，从而呈现出了浓郁的异域色彩与前所未有的多样性，有明显的萨珊风格。但唐朝在接受西方器物及其影响的同时，也进行了创新，使器物的造型、纹样变得更适合中国人的使用和审美习惯。仲高指出："唐代瓷器艺术就是萨珊艺术和中土艺术相融合后创造出新风格的有益尝试。唐代青瓷凤头龙壶，壶身是绚丽的纹饰，壶盖被塑成凤头形，由口沿至底部连接着有动感的螭龙壶柄。显然，这类瓷器是吸收了萨珊金银器的造型，又采用中土龙凤纹作装饰的一种新风格。"[②]

在造型方面，唐代金银器有为数不少的各种带把杯。唐代长杯忠实模仿了萨珊长杯的多曲特征，但是具有体深、敞口、高足等有别于萨珊波斯器的特点。1975 年内蒙古敖汉旗出土的唐代萨珊银胡瓶，瓶高 28 厘米，重 800 克，瓶口与瓶柄相接处饰有一鎏金头像，深目高鼻，有"八"字胡须，器形具有典型的波斯风格。出土的唐代带把杯，一部分系直接从粟特输入，另一部分是仿粟特器物制造的。西安何家村窖藏、沙坡村窖藏、韩森寨出土的金银带把杯，把手呈圆环形，上部有宽宽的指垫，顶面刻胡人头像，把手的下部多带有指鋬，有些器体还呈八棱形，是典型的仿粟特器物。唐人在模仿时有创新，如有的带把杯取消了指垫和指鋬或把指垫变成叶状，杯体也由八棱折腹变为碗形、花瓣形。不少器物，造型虽取自粟特形，纹样却是典型的唐代本土特点。

罗马—拜占庭式的高足杯在唐代以前就已传入中国，唐代金银器中的大量高足杯很可能是受拜占庭器物形制的影响而制作的，但这种影响有可能是间接通过萨珊波斯传过来的。唐代高足杯上的纹样主要是缠枝花草纹、狩猎纹和各种动物纹，是常见于其他种类器物上并为当时人们所习惯和喜爱的纹样。唐代金银器中的金银长杯是对萨珊式银器的模仿和改造。多曲长杯原本

---

① 陈英英、贾梅仙：《国外学者研究唐代金银器情况介绍》，《考古与文物》1985 年第 2 期。

② 仲高：《丝绸之路艺术研究》，新疆人民出版社 2008 年版，第 428 页。

是典型的波斯萨珊式的器物，口沿和器身呈变化的曲线，宛如一朵开放的花朵，唐朝人对这种造型奇特的器物十分喜爱。但是，萨珊式多曲长杯内部有突出的棱线，与中国器物光滑的内部不同，使用功能不符合中国人的习惯。唐代工匠加高器足和器身，淡化内壁突起的棱线，经过不断的改进和调整，中晚唐时期的多曲长杯，表现出了全然不同于萨珊式长杯的面貌，并最终成为唐代的创新作品。

在萨珊风格的影响下，唐代金银器出现了一些比较特别的纹样装饰，来自域外的纹样主要有：

（1）立鸟纹：颈有绶带的立鸟纹常见于波斯萨珊王朝的银器上。唐代金银器上的鸟衔花草、绶带或方胜纹样显然受到了萨珊王朝金银器的影响。不过，唐代的立鸟纹大多姿势优美，体态生动，尤其是后来，它们以中国人喜爱的成双配对的形式出现，并增添了飞腾的动感。而萨珊的立鸟呆板，多侧身像，身体僵直，皆单个出现。

（2）翼兽纹：萨珊器物上的动物形象多增添双翼，并在四周加麦穗纹圆框，即所谓"徽章式纹样"，这种饰样在萨珊王朝银器上尤为常见。在西安何家村出土的"飞狮六出石榴花结纹银盒"和"凤鸟翼鹿纹银盒"盒盖上的翼狮及翼鹿纹饰，就明显属于徽章式纹样，而这类装饰在唐代并不常见，只出现在 8 世纪的几件器物上，是受萨珊王朝器物饰样影响的产物。后来，这种饰样在中国器物上产生了一些有趣的变化，取消了圆框中的动物形象，代之以唐代流行的宝相花之类的饰物，稍晚一些的器物则进一步取消了圆形边框，8 世纪中叶以后逐渐消失。

（3）缠枝鸟兽纹：唐代金银器上有发达的缠枝忍冬纹、缠枝葡萄纹，绘者在其中穿插飞禽走兽。在公元前后的地中海、黑海地区，非常流行在葡萄卷草间点缀禽兽的纹样。缠枝鸟兽纹很可能是在中国传统云气纹样的基础上糅合了外来纹样的特质。也有人认为，缠枝纹伴随着佛教艺术来到中国，早在南北朝时就已十分成熟且流行，唐代金银器上的这种纹样应是南北朝风格的发展延续。

（4）联珠纹：这种纹饰在唐代前期的金银器上极为多见，主要来自萨珊王朝和粟特艺术。

（5）摩羯纹：摩羯是印度神话中一种长鼻利齿、鱼身鱼尾的神异动物，常见于古代印度的雕塑和绘画艺术中。到了唐代，它成了金银器中较为常见的装饰图案。

但是，无论胡瓶、酒注，或其他金银器皿，凡属唐代制作的，其纹饰大多中国化了，翔凤游麟，舞马狩猎，以及宝相花、卷草纹等屡见不鲜，而典型的萨珊图案如希缪鲁（半狮半孔雀纹）、野猪头等几乎没有在中原地区出现过，为唐人所取法的萨珊原器则更为少见。

对中国金银器影响最大的外来工艺是捶揲工艺。捶揲工艺最早出现在前2000 多年的西亚、中东地区，并大量用于金银器的成型制作。中国古代金银工艺长期受制于青铜铸造工艺，传统金银工艺也以铸造成型为主。虽然考古资料显示，我国东周时期的金银加工技术就已出现了"捶揲"，但此种技术一直未被广泛地用于器皿的成型制作。到唐代，西亚、中亚等地的商人、工匠纷纷来华，他们在带来大量国外产品的同时，也带来了包括金银器制造在内的不少工艺技术。由于金银均具有较好的延展性，捶揲成型更能体现金银制品的特质和美感，因此捶揲工艺得到了广泛的应用。考古出土的唐代金银器绝大部分是捶揲成型，足见其影响。

波斯萨珊王朝金银器常用的凸纹装饰工艺对唐代早期的金银器装饰工艺也产生了较大的影响。凸纹装饰技术，属于捶揲工艺，又称为模冲，即在金银器物的表面，以事先预制好的模具冲压出凸起的花纹图案。其特点是，主体纹饰突出，立体感强，具有极强的装饰效果。西安南郊何家村窖藏出土的舞马衔杯纹皮囊式银壶、鎏金龟纹桃形银盘和鎏金双狐双桃形银盘，就是用这种装饰技法制作出的精品。捶揲技术的输入与弘扬，使中国古代的金银器制造工艺进入了新的发展阶段，并极大促进了唐代金银器制造业的繁荣。

萨珊工艺对唐代手工工艺的影响也相当广泛，包括织锦、宝石镶嵌、玻璃烧造，以及马具、乐器、服饰等领域。西晋时萨珊王朝玻璃器就已输入。北周和隋代的遗址有萨珊王朝玻璃器出土，在唐代遗址中发现的萨珊王朝玻璃器主要有洛阳关林 M118 唐墓出土的细颈瓶，西安何家村唐代窖藏中的凸圈玻璃杯等。敦煌壁画可见的有 85 件玻璃器皿，其中可以认定为波斯或罗马进口的玻璃器皿为 69 件，占总数的 80%，可知外来玻璃器皿是很受当时人们青睐的。

3. 波斯天文历算知识在中国的传播

唐代的天文历算很发达，其中一个重要的原因是受到了印度和波斯天文历算的影响。印度、波斯的天文历算传入中国后，被纳入中国的天文历算体系中，从而丰富和补充了中国人的天文历算知识。

唐代外来历法中最重要的是"七曜历"。"七曜历"即以七曜记日之法。我国通行顺序为日、月、火、水、木、金、土，七日为一星期，周而复始。1世纪时，罗马人开始使用七曜历，这种历法广泛流行于波斯、天竺及粟特人的聚居区。可能在8世纪时摩尼教徒将七曜历术传入唐朝。而摩尼教正是产生于波斯的一种宗教，它是在唐初随着萨珊波斯的流亡者一起传入唐朝的。

波斯天文历算对唐朝天文历算的影响，主要体现在两方面，一方面是掌管天文历算的司天监长期由外国人担任，主要是天竺人，如著名的"天竺三家"瞿昙氏、迦叶氏、拘摩罗以及波斯人李素。

1980年在西安发现的《波斯人李素墓志》及其夫人《卑失氏墓志》，展示了一个波斯家族入仕唐朝的完整经历。据志文，李素出身贵裔，而且是国王的外甥，家族"荣贵相承，宠光照灼"。他的祖父李益，天宝中受君命而来通国好，作为质子，留在中国，宿卫京师，被授予银青光禄大夫、检校左散骑常侍兼右武卫将军的职衔，特赐姓"李"，与李唐皇家同姓，以后子孙即以此为姓。李素的父亲李志，出任朝散大夫、守广州别驾、上柱国。李素早年即随父在广州生活，具有突出的天文历算才能，大历中被召到京师长安，任职于司天监，前后共50余年，历经代、德、顺、宪四朝皇帝，最终以"行司天监兼晋州长史翰林待诏"的身份，于元和十二年（817）去世。今人经过比勘发现，李素与《大秦景教流行中国碑》中的"僧文贞"，是同一个人。也就是说，李素的仕宦经历是波斯天文历算之学对唐朝产生影响的一个缩影。

另一方面是由西域传入了大量天文学著作，比如李弥乾《都利聿斯经》2卷、陈辅《聿斯四门经》1卷，与以上两种著作属于同一系统的至少还有徐氏《续聿斯歌诀》1卷，安修睦撰、关子明注《都利聿斯歌诀》1卷，《聿斯钞略旨》1卷，《聿斯隐经》1卷等。

关于《都利聿斯经》，"本梵书，五卷。唐贞元初，有都利术士李弥乾将至京师，推十一星行历，知人命贵贱"。所谓"十一星"即"十一曜"，是在九曜之外加月孛、紫气。这类历书是根据十一曜推算流年本命。敦煌文书中有一件宋朝初开宝七年（974）灵州大都督府白衣术士康遵的星命课文，文书中多次引用《都利聿斯经》来推算流年本命。更值得注意的是这件星命文书以黄道十二宫课命的方法，与早出的中古波斯文《班达希申》以黄道十二宫与表示命运的十二位相配合推算命运的方法非常近似，而且敦煌课文中的"财帛宫"与波斯文书中的"财库位"，"福德宫"与"福德位"，都是可以对应的。

日本学者薮内清经研究认为，所谓《聿斯四门经》可能与托勒密的《四书》有关，因为两个书名的意思都是"由四部书组成的著作"。日本学者矢野道雄则进一步指出，"都利聿斯"实即"托勒密"（巴列维文 Ptlmyws，叙利亚文 Ptlmws，阿拉伯文 Btlmyws）的译音，而《聿斯四门经》可能就是托勒密的天文学著作《四书》。这也就是说，唐代传来的《都利聿斯经》和《聿斯四门经》源出希腊托勒密的天文学著作，经过波斯人的转译和改编，向东传播，其中传到西印度的文本，经过改造，最后在贞元初年由李弥乾带入了中国。由于波斯人在唐朝多以李为姓，"都利术士李弥乾"很可能是波斯人。

4. 马球运动在中国的传播

马球，古代称之为"击鞠"，这种运动在唐朝十分盛行。据说，这种运动是突厥人发明的。《隋书·突厥传》说，"突厥……男子好樗蒲，女子好蹋鞠"，有可能突厥把蹋鞠与骑术融合，发展了骑马击鞠的运动。有土耳其学者认为"今日马球运动是中亚突厥族马上运动项目之一"。马球运动在中亚一带十分流行。在波斯语中，马球被称作"乔甘"（Chogan）。据文献记载，早在600年时，波斯就已有马球运动，古时波斯人在战争之余，经常进行马球比赛，并逐步完善了规则和击球技术，也摸索出马与人配合的一套经验。

唐代中叶，大批大食帝国统治下的波斯人移居营州一带，波斯移民有可能将马球运动带到中原。波斯马球逐渐在河北道流行起来。

唐代马球运动的兴起，始于唐太宗时期，且早期在宫廷中流行。《封氏闻见记》卷六记载，太宗常御安福门，谓侍臣曰："闻西蕃大好为打球。比亦令习，曾一度观之，昨升仙楼有群胡街里打球，欲令朕见。此胡疑朕爱此，骋为之。以此思量，帝王举动，岂宜容易，朕已焚此球以自诫。"这里提到，马球是贞观十五年（641）文成公主入藏完婚后，由吐蕃传入。引文中的"西蕃人"泛指西域诸国或唐朝西边的一些国家和地区的人，那时还把唐朝北边的一些国家的民族称之为"北蕃"，而把所有外夷人均称之为"蕃"或"胡"。

唐中宗李显"好击球，由是风俗相尚"，他多次率领朝廷文武百官亲临梨园亭球场观看马球比赛。据《封氏闻见记·打球》记载，景龙三年（709）十一月，"吐蕃遣使迎金城公主，中宗于梨园亭子赐观打球。吐蕃赞咄奏言：臣部曲有善球者，请与汉敌。上令仗内试之，决数都，吐蕃皆胜"，球队输了之后，中宗又命临淄王李隆基、嗣虢王李邕、驸马杨慎交、武延秀4人与吐蕃10人比赛，结果临淄王等获胜。"中宗甚说，赐强明绢断百段，学士沈佺期、武平一等皆献诗。"唐玄宗十分爱好马球运动。据《唐语林》记载，天宝六年（747）十月，玄宗在华清宫下诏在军队中开展马球运动，并作为军士训练的重要内容。玄宗直至62岁时，还同御林军将士在行宫的球场上跃马击球。

据文献记载和考古发现，唐代宫廷多筑有马球场。仅大明宫内就有数个马球场，几乎每个殿一个球场。1956年12月在大明宫含光殿遗址基建时，出土了一块石碑上刻有"含光殿及球场""大唐大和辛亥岁乙未月建"字样，表明唐文宗大和五年（831）十一月，在大明宫修建了"含光殿及球场"，也反映了唐时已把球场建筑纳入了宫廷的整个建设规划之中。

章怀太子墓的墓道西壁有一幅反映唐代击鞠的壁画，今人称《马球图》。此图全长8.2米，南端高1.7米，北面高2.4米，画面共有20多匹马，骑者身着各色窄袖袍，着黑靴，戴幞头。壁画着重描绘了五位骑手紧张夺球的瞬间：最前一人乘枣红马，手持月牙形球杖，作反身击球状，这大概是唐代著名的"背身球"击法，其余四骑手则纵马截击。以唐代马球活动为题材的艺术品，见于著录的有唐代韩干《宁王调马打球图》、宋代李公麟绘制的《明皇打球图》。有关马球的文物还有故宫博物院收藏的马球铜镜，1972年新疆吐鲁番阿斯塔那206号唐墓出土的彩塑打马球俑和1961年山西侯马金墓、襄汾县曲里村金元墓分别出土的砖雕马球，1981年陕西临潼唐墓出土的4件马球白陶俑，以及1959年长安县南里五村唐韦炯墓出土的打马球俑4件。扬州博物馆也收藏了一面打马球的铜镜。此铜镜为八瓣菱花形、圆钮，其主纹是四个骑士打马球的图案，四人姿态各异，或驰马高举鞠杖，或回身反手下持鞠杖，或倒骑挥动鞠杖，杖法不同，表现抢球、传球、带球等不同的技击法，人与球之间衬以高山、花卉纹，生动逼真地刻画出当年在郊外运动场打马球比赛的激烈场面。

唐代风行的马球运动也得到了当时许多文人的欣赏，他们创作了许多咏球佳作，如沈佺期《幸梨园亭观打球应制》、阎宽《温汤御球赋》、蔡孚《打球篇》、杨巨源《观打球有作》、张禧《观打球》、张建封《酬韩校书愈打球歌》、韩愈《汴泗交流赠张仆射》、王建《宫词》等。《幸梨园亭观打球应制》写道：

> 今春芳苑游，接武上琼楼。
>
> 宛转萦香骑，飘飘拂画毬。
>
> 俯身仰未落，回辔逐傍流。
>
> 只为看花鸟，时时误失筹。

韩愈的《汴泗交流赠张仆射》写道：

> 汴泗交流郡城角，筑场千步平如削。
>
> 短垣三面缭逶迤，击鼓腾腾树赤旗。
>
> 新秋朝凉未见日，公早结束来何为。
>
> 分曹决胜约前定，百马攒蹄近相映。
>
> 求擎杖奋合且离，红牛缨绂黄金羁。
>
> 侧身转臂著马腹，霹雳应手神珠驰。
>
> 超遥散漫两闲暇，挥霍纷纭争变化。
>
> 发难得巧意气粗，欢声四合壮士呼。
>
> 此诚习战非为剧，岂若安坐行良图。
>
> 当今忠臣不可得，公马莫走须杀贼。

马球运动也深入到契丹地区，后来成为辽朝全国性体育运动。契丹地区流行的波斯马球运动，一直保留着波斯人的运动服饰，这一点在内蒙古敖汉旗宝吐乡发现的《辽代马球图》壁画上得到印证。

二 大食与唐朝的交通往来

1. 唐朝与大食的交往

大食即阿拉伯帝国，中国人最早是通过波斯人知道这个国家的。在阿拉伯帝国兴起之前，阿拉伯部落之一的塔伊部聚居在与伊朗相邻的地区，波斯人称塔伊部为"Tachik"，并以此泛称阿拉伯人。中国依从波斯人的习惯，按波斯语的译音称其为"大食"或"大石"。

7世纪上半叶，阿拉伯民族在西亚崛起，在"灭波斯，破拂菻"后，短短几十年间便成为西临大西洋，东至印度河，地跨亚、非、欧三大洲的庞大封建军事帝国。阿拉伯帝国的兴盛，使世界上形成了一种新的文化或文明，即"伊斯兰文明"。帝国存在了600多年，主要有神权共和、倭马亚王朝和阿拔斯王朝三个时期。阿拔斯王朝在最初的100年，因对外大规模征战的结束，出现了安定的政治局面，生产力有较大的发展，经济和对外贸易繁荣。国内主要城市商旅云集，对外垄断海上贸易，阿拉伯商人的足迹遍及亚、非、欧各地。随着阿拉伯语的广泛传播，各族穆斯林共同创造的伊斯兰文化蓬勃发展，出现了黄金时代。王朝在各地创办宗教学校、图书馆、天文台和医院，促进了学术文化的发展。哈里发马蒙（Ma'mūn）创办的巴格达"智慧宫"掀起集体翻译运动的高潮。该馆广罗各族不同信仰的学者，收集、保存、翻译、研究古希腊、波斯、印度的古典科学文化著作，取得杰出成就。这一时期的阿拉伯文化在医学、数学、天文学、化学、哲学、历史学、地理学、文学、语法学等方面，成就辉煌，穆斯林人才辈出。伊斯兰教作为世界三大宗教之一，在广大的地域产生了极为广泛而深远的影响。

大食历代统治者一向重视发展手工业和商业贸易，以充国用与享受之资。杜环《经行纪》记载，当时大食国"四方辐辏，万货丰贱，锦绣珠贝，满于市肆"，反映了阿拉伯手工业的发展和贸易的兴旺。经济的繁荣，也刺激了大食帝国海外贸易的发展。在政府的鼓励下，阿拉伯商人梯山航海，无远弗届，东至中国，西至欧洲，极大地促进了中西方的经济文化交流。

在阿拉伯帝国兴起之前，中国与阿拉伯民族已有所接触。张骞通使西域时，得知在安息以西有条枝，并遣副使前往。东汉班超派甘英出使大秦，便是到条枝后折而复返。据张星烺研究，汉时的"条枝"和唐时的"大食"皆是波斯称呼阿拉伯人的同一个词的译音。所以，可以认为，汉通西域，已与阿拉伯人有所接触和往来。另外，丝绸等中国产品沿丝绸之路，经安息西传，也早已输入阿拉伯人生活的地区。叙利亚东部沙漠地区出土有汉字纹锦，该纹锦是 1 世纪的丝织品，它的纹样和汉字与在新疆楼兰等地发现的丝织品相同或相似，并且它们是汉代的绫锦、彩缯。在萨珊波斯时期，中国货物通过海陆两途输往两河流域。632 年，阿拉伯人在建立帝国的过程中，攻陷了底格里斯河口附近的乌剌港（乌布剌），后来的一些阿拉伯作家在记述这一事件时曾说，乌剌是一个"中国港口"。

唐朝与阿拉伯帝国的直接交往开始于高宗永徽二年（651），这一年阿拉伯人灭萨珊波斯，杀死波斯王伊嗣俟三世。据记载，这年大食使者初次来到长安。《新唐书·大食国传》说："永徽二年，大食王嘬密莫末腻始遣使者朝贡。自言王大食氏，有国三十四年，传二世。"所谓"嘬密莫末腻"，当是阿拉伯语 Amīral-mīnīn 的译音。这是阿拉伯人对哈里发的一种尊称，意为"信士们的长官"，唐朝比定为大食王。当时是阿拉伯第三位正统哈里发奥特曼（Ottoman）在位。阿拉伯使臣的到来，标志着唐朝与西域的关系开始发生重大转折，随着萨珊波斯的灭亡和大食帝国的扩张，大食逐渐取代波斯，在中国古代东西交往的历史中占据重要的地位。

自此以后，大食使者频频来唐。自 651 年初次与唐通好，到 798 年最后一次遣使入唐，148 年中，大食使节来长安共计 39 次。有的是连年通好，有的一年之中出入长安两三次。

阿拉伯帝国于 661 年建立倭马亚王朝。因其尚白色，故唐代称之为"白衣大食"。唐朝与倭马亚王朝的关系颇为复杂。一方面，倭马亚王朝及其派驻伊朗东北部呼罗珊的总督不断遣使入唐，以交友好，唐朝与大食的接触日渐频繁，开启了唐朝与西域交往的新阶段。另一方面，倭马亚王朝在完成对呼罗珊的征服之后，即以呼罗珊为基地继续扩张，向东向北推进。受到阿拉伯人侵袭威胁的中亚各国，如康、安、曹、史、石等昭武九姓国和吐火罗、支汗那、骨咄、俱位等纷纷寻求唐朝的支援和保护。唐朝对中亚乃至波斯的危机鞭长莫及，并且与大食的关系亦时时紧张。8世纪初，大食竟有意东侵中国。当时的呼罗珊总督哈札只（al-Hajjāj ibn-Yūsufal-Taqafi）向部将卡西姆（Muhan-mad ibn-al-Qāsim al-Thaqafi）和屈底波（Qutayba ibn-Muslim）许诺，谁首先踏上中国领土，谁就出任统治中国的总督。713年前后，卡西姆和屈底波分别在印度西部边境和中亚地区建立了阿拉伯人的统治。虽没达到进入中国的目的，但已扣到了中国的大门。而与此同时，吐蕃人也进入中亚，与大食争雄。于是，在8世纪上半叶，唐朝、吐蕃和大食在中亚地区屡次发生错综复杂的纠葛与冲突。唐玄宗开元、天宝年间，唐朝由东而西，吐蕃由南而北，大食由西而东，三方势力在西域交汇。唐朝虽然在葱岭以西设立过羁縻府州，并进行过一些惩罚性的远征，但是总的来说，唐朝势力主要局限在葱岭以东的地区。

750年，阿卜勒·阿拔斯（Abu' l-'Abbas）灭倭马亚王朝，建立了阿拔斯王朝政权，因其色尚黑，故唐代称之为"黑衣大食"，以别于倭马亚王朝时的"白衣大食"。倭马亚王朝的都城在大马士革，阿拔斯王朝的政治中心则向东迁移，先是东迁到幼发拉底河中游的苦法，后又迁至巴格达，继而又建都城于萨玛拉，其中萨玛拉是9世纪时阿拔斯朝连续8位哈里发的都城。每次迁都与开展和中国及东方各地的贸易有关。

阿拔斯王朝在东部伊斯兰世界稳固地统治了500年之久。随着政治中心东移，大食帝国与唐朝的关系更趋密切，正是在阿拔斯王朝时代，中国与阿拉伯的文化交流达到最兴盛的时期。唐代大食人叶耳古卜记述说，当时在亚丁建有中国商船的码头。元代大食人阿布肥达指出："阿曼是个巨大的城市，该城有一港口，信德、中国、赞吉的海舶皆停泊在那里。"[1] 反映了自唐至元大食海外贸易业的状况。

唐玄宗天宝十年（751），刚刚建国的阿拔斯王朝的呼罗珊总督阿卜·穆斯林（Abū Muslim）出兵中亚。唐朝的安西四镇节度使高仙芝应中亚诸国之请而领兵去帮助他们抵御大食的侵略，双方会战于怛逻斯（哈萨克斯坦奥利·阿塔北面）。

---

① 宋岘：《古代泉州与大食商人》，《泉州港与海上丝绸之路》，中国社会科学出版社2002年版，第158页。

　　怛逻斯战役是当时世界上两大帝国唐朝和阿拉伯阿拔斯王朝（黑衣大食）之间的一场大战，是一场在世界史上有着重要影响的战役。中国和阿拉伯的史籍对怛逻斯战役均有记载，只是在参战人数上说法不同。当时唐军在西域的统帅高仙芝是高句丽人，当年高句丽灭国后，许多王室成员和贵族内迁中原，并且逐渐融合到唐朝的社会中，有的还担任了高级官职。高仙芝是唐朝著名的边将之一，被玄宗任命为安西四镇节度使，因其英勇善战，在西域获得了极大的声誉，而被吐蕃和大食誉为"山地之王"。为了征讨企图反叛的中亚属国，巩固唐朝在中亚地区的羁縻制度，唐玄宗派高仙芝再度出兵中亚。天宝十年（751）四月十日，高仙芝率军从安西出发，翻过帕米尔高原（葱岭），越过沙漠，一路长驱直入，经过三个月的长途跋涉，深入大食境内700余里，在同年七月十四日到达了大食人控制下的怛逻斯城，并且开始围攻该城。阿拉伯人立即组织了10余万大军赶往怛逻斯城，双方在怛逻斯河两岸展开了一场大决战。惨烈的战斗持续了整整5天。在这场大战中，一贯英勇善战的高仙芝因盟军背叛腹背受敌以及指挥失误而打了败仗。唐军损失惨重，两万人的安西精锐部队几乎全军覆没，阵亡和被俘各自近半，仅千余人得以身还。但唐军也重创了阿拉伯军队，杀敌7万余人。慑于唐军所表现出的惊人战斗力，阿拉伯人并没有乘胜追击。而中国由于几年后爆发安史之乱，国力大损，也只能放弃在中亚与阿拉伯的争夺。

　　怛逻斯之战过后，唐朝无力控制帕米尔高原以西之地，许多自汉代就已载入中国史籍并为中国控制的古国均落入阿拉伯人手中，唐朝控制范围缩小了百余万平方千米。华夏文明从此退出中亚，这一地区开始了整体伊斯兰化的过程，整个中亚的历史进程被彻底改变了。

　　关于怛逻斯之战的意义，从政治上来说是自此以后，阿拉伯势力在中亚地区取得了优势，而中国的势力逐渐退出这一地区。不过，怛逻斯之战更重要的意义是在文化方面，因为在这次战役中大批唐兵被阿拉伯军所俘，其中有不少技术工匠，他们被带往阿拉伯地区，因而带去了中国的科学技术。可以说，正是怛逻斯战役促成了中国与阿拉伯之间的第一次技术转移。例如造纸技术就是在这时由被俘的中国工匠传入阿拉伯世界并进而西传至欧洲的。现在的研究者一般把751年作为中国造纸术西传的正式年份。

　　怛逻斯之战并没有使唐朝和大食交恶。唐天宝十一年（752）十二月，亦即怛逻斯战役的第二年，"黑衣大食谢多诃蜜遣使来朝"。此次派遣使节入唐的当为阿拔斯王朝的创建者阿卜勒·阿拔斯，这是阿拔斯王朝第一次遣使中国。唐朝特意隆重地授其左金吾卫员外大将军的勋位。接着，在天宝十二年（753），大食4次派遣使者入唐，此后连续5年，每年有大食使者入唐，说明唐朝与阿拔斯朝的关系相当密切。安史之乱时，阿拔斯王朝还应唐肃宗之邀，派兵援唐，平定叛军。

2. 唐朝与阿拉伯的交通与贸易

唐与大食的官方往来密切而频繁，两国的民间贸易也显示出前所未有的繁盛。特别是8世纪以后，中国和阿拉伯之间的贸易往来空前活跃，陆路和海路两途，往来的商旅络绎不绝。在陆路，由于阿拉伯帝国雄踞西亚和中亚广大地区，所以在其境内，东西交通畅通无阻。阿拉伯帝国的驿递制度很完善，它不仅建立了以首都为中心的四通八达的驿路，而且还在沿途设立驿馆等设施保证政令的迅速传布，并为物资运输、商旅往来提供便利。

9世纪末10世纪初的阿拉伯古典地理学家伊本·胡尔达兹比赫根据阿拉伯邮驿档案编纂了地理名著《道里邦国志》。该书称沟通中国与阿拉伯世界的干道是著名的呼罗珊大道。这条大道从巴格达向东北延伸，经哈马丹、赖伊、尼沙布尔、木鹿、布哈拉、撒马尔罕、锡尔河流域诸城镇而到达中国边境，与中国境内的交通路线相联结。这条呼罗珊大道的路线，就是古代丝绸之路在葱岭以西最主要的路线。

阿拉伯的商业和陆路运输能力都很发达。英国学者布隆荷尔（Marshall Broomhall）指出："穆罕默德生时，阿拉伯之陆路商业，虽有罗马人进行争夺，然拥有2000至2500匹之骆驼来往于叙利亚及印度洋之二大道间者，络绎不绝。"[①] 而至阿拉伯帝国崛起兴盛之时，其规模必将更为扩大。通过上述呼罗珊大道，大批阿拉伯商人，包括波斯商人，成群结队地来到中国从事贸易活动，进入甘陕一带，有的甚至深入四川，东下长江流域。尼沙布尔和德黑兰附近的赖伊等地出土的唐五代越窑青瓷和唐长沙窑彩绘盘，以及萨玛拉出土的唐瓷残片，为阿拉伯和波斯商人当年陆上运输的繁忙景象留下了物证。

---

① ［英］布隆荷尔：《中国与阿拉伯人关系之研究》，朱杰勤译：《中外关系史译丛》，海洋出版社1984年版，第13页。

西安西窑头村晚唐墓出土了 3 枚阿拉伯金币，其中最早的一枚铸造于倭马亚朝第五位哈里发阿卜杜勒·麦立克（'Abd-al-Malik）在位时期，约当702年，另外两枚的年代分别相当于718年和746年。

8 世纪以后，海路的重要性逐渐超过陆路。越来越多的阿拉伯和波斯商人取道马六甲海峡北上交州、广州。这些来华的波斯和阿拉伯商船大多从阿曼的苏哈尔①或波斯湾北岸的尸罗夫起航，沿着印度西海岸，绕过马来半岛，来到中国东南沿海。苏哈尔和尸罗夫是古代海湾地区的商业重镇，长时间内是"通往中国的门户"。据10世纪麻素提的记载，苏哈尔和尸罗夫的海员跑遍了中国海、印度海、也门海、埃塞俄比亚海等广阔海域。伊本·胡尔达兹比赫在《道里邦国志》中也记述了从波斯湾海道到中国和新罗的实际航程。他写道："操着阿拉伯语、波斯语、罗马语、法兰克语、安达卢西亚语、斯拉夫语的商人经陆路和海路，从西方行至东方，又从东方行至西方。"若走海路，他们从"西海中的凡哈出航，取道凡莱姆，再负载着商品到红海……再从红海出发航行在东海上，抵达伽尔和吉达，再至信德、印度、中国。然后他们从中国携带着麝香、陈香、樟脑、肉桂及其他各地的商货运至凡莱姆，再航行于西海中"。若走陆路，"商人们从安达卢西亚或者法兰克出发"，航海至"远苏斯，再至坦佳、再至阿非利加，再至米昔儿（埃及）"，经西奈半岛、两河流域、伊朗、印度，最后到中国。② 实际上，阿拉伯人的海上优势，一直保持到15世纪。

苏联学者马吉多维奇（В. И. Магидович）指出："到了公元8世纪，地中海的西部、南部和东部海岸，红海和波斯湾的整个海岸以及阿拉伯海的北部沿海地区，全都掌握在阿拉伯人的手里。他们在穿越中亚或穿越高加索和伊朗高原从而联络欧洲和印度的许多重要陆路交通线上，以及伟大的丝绸之路的西段定居下来。由于这个缘故，阿拉伯人成了欧洲与南亚、东南亚以及中国进行贸易的中间人。早在古代和中世纪初期，阿拉伯人在濒于印度洋的国家之间商业贸易中发挥了重大的作用。那时，他们在印度洋东部地区的商道

---

① 苏哈尔（Suhār）还有一个波斯语的名字叫 Mazūn，唐代根据这一名字译作"没巽"，宋代译"勿巡"。

② 参见［阿拉伯］伊本·胡尔达兹比赫著，宋岘译：《道里邦国志》，中华书局1991年版，第164、166页。

上占据了主要的阵地，并且成了印度洋西部地区真正的统治者。"① "东方商业，也就是说，由阿拉伯人、波斯人和其他穆斯林在印度、印尼、中国和东非所从事的商业，也许是中世纪唯一的最有利可图的事业，他们从上述地方买进香料、丝绸、宝石和其他奢侈品，经过埃及，输到地中海各国。""他们的欧洲合伙人，主要来自意大利城邦威尼斯、阿马尔弗和稍晚的热那亚和比萨，以及法国和西班牙的港口，诸如马赛和巴塞罗那，他们把贵重的产品，如木材（造船用）、铁、毛料和小麦，作为回头货输入埃及。"②

阿拉伯和波斯的商人，从海路来中国，多从广州等沿海港埠登陆。《道里邦国志》列举了 4 个中国港口，自南而北有龙景（在越南灵江口的北景）、广府（广州）、越府（明州）和江都（扬州）。自汉末以后，广州便成为中西交通要地，唐代外国商舶多聚于广州。《唐大和上东征传》记载，广州江中，"有婆罗门、波斯、昆仑等船，不知其数，并载香药珍宝，积聚如山。舶深六七丈，师子国、大石国、骨唐国、白蛮、赤蛮等往来居住，种类极多"。《旧唐书·李勉传》记载，大历五年（770），即李勉任岭南节度使后的一年，广州海舶岁至 4000 余艘。据张星烺考证，广州港一年有 80 万人进出参加贸易活动，③ 可见当时广州对外贸易之繁荣。

在当时中国与阿拉伯的航海贸易中，除了往返的阿拉伯和波斯商船外，还有相当一部分中国商船，往返于漫长的海上航路之上。当时的中国商船已出没于波斯湾。唐贾耽所记"广州通海夷道"，记载了从广州出发至大食的航线，其航程在经过印度半岛南端后，继而沿印度半岛西岸东北行，通过霍尔木兹海峡而达波斯湾头，然后上溯底格里斯河至阿拉伯首都巴格达。贾耽还记载了从波斯湾复出霍尔木兹海峡，沿阿拉伯半岛南岸西航，至红海口而南下至东非海岸的航线。贾耽的记载要比《道里邦国志》对阿拉伯至中国航线的记载早半个多世纪。苏莱曼《中国印度见闻录》提到，阿拉伯商人把货物"从巴士拉、阿曼以及其他地方运到尸罗夫，大部分中国船在这装货"。④ 阿

---

① ［苏联］马吉多维奇著，屈瑞、云海译：《世界探险史》，世界知识出版社 1988 年版，第 68 页。

② 转引自艾周昌、沐涛：《中非关系史》，华东师范大学出版社 1996 年版，第 2—3 页。

③ 参见张星烺编注，朱杰勒校订：《中西交通史料汇编》，中华书局 2003 年版。

④ 穆根来等译：《中国印度见闻录》，商务印书馆 1983 年版，第 7 页。

拉伯人盛赞中国海船既大又坚固。和仅用椰索穿栓固定、船板较薄的阿拉伯双桅船不同，这些海船以制作坚固、货位充裕、抗风力强、航行安全而著称。当时有许多阿拉伯和波斯商人乘中国船来华贸易，也有些阿拉伯水手在中国船上工作，另外还有阿拉伯或波斯商人租赁或径向中国造船厂定造泛海巨舶的情况。所以，法国学者 J·索瓦杰（Jean Sauvaget）在《中国印度见闻录》的"法译本序言"中说："应该承认中国人在开导阿拉伯人远东航行中的贡献。波斯湾的商人乘坐中国人的大船才完成他们头几次越过中国南海的航行。"① 苏联学者马吉多维奇也说到唐时在波斯湾出现的中国商船，他指出：

> 在霍尔木兹海峡的某个港口上，许多阿拉伯商人把自己的货物转载到中国的大帆船或大商船上。……阿拉伯商人乘坐中国航船到达的最北部地点大约是浙江省杭州城附近的澉浦港湾。②

由于海陆两路通达，中国和阿拉伯商人往来频繁，贸易发达，使得大批中国货物输入阿拉伯地区。巴格达是当时西亚的一大商业中心，在巴格达的市场上，从各地转运来的货物之多，往往超过原产地的数量。当年阿拔斯王朝在巴格达建都，其用意之一就是开展对中国等东方国家的贸易。762 年，第二任哈里发曼苏尔（al-Mansūr）在奠定新都巴格达基础时说："我们有底格里斯河，使我们能与像中国那样遥远的国土联系，并给我们带来美索不达米亚和亚美尼亚的食品以及海洋所能供给的一切。我们还有幼发拉底河，可以给我们运来叙利亚、拉卡和邻近各国所贡献的一切东西。"③ 埃及著名历史学家艾哈迈德·本·阿里·盖勒盖珊迪（al-Qalqashandī）所著的《文牍撰修指南》，保存了第二任哈里发曼苏尔时期公牍局的一个文书，内容如下：

> 凡得到此函的、居住在也门、印度、中国、信德等地的商人，即可准备动身前来埃及。他将看到［我们］做的比说得更多，将发现他遇到的忠诚的善行比这些保证更多，将来到一个生命财产能够

---

① 穆根来等译：《中国印度见闻录》，商务印书馆 1983 年版，第 25 页。

② ［苏联］马吉多维奇著，屈瑞、云海译：《世界探险史》，世界知识出版社 1988 年版，第 69—70 页。

③ ［英］李约瑟著，袁翰青译：《中国科学技术史》第 1 卷，科学出版社、上海古籍出版社 1990 年，第 224 页。

得到充分保障的国度。①

文书表达了阿拔斯王朝统治者迫切希望中国等地的商人到其国内经商的事实。正是这种政策上的鼓励，才促使了大食海外贸易的兴盛。

三　阿拉伯文化在中国的传播

1. 传入中国的阿拉伯物产

唐代与阿拉伯的贸易非常发达。唐代的商胡，最主要的是粟特人、波斯人和阿拉伯人。

阿拉伯人很重视海外贸易，在阿拔斯王朝统治下，伊斯兰文明经历了一个世纪左右的黄金时代，巴格达发展成为一个惊人的财富的中心和具有国际意义的都会，号称"古代世界的几座最强大的首都""一个举世无匹的城市"，只有拜占庭可以和它抗衡。美国学者希提（Philip K. Hitti）描述阿拔斯王朝时代的巴格达说："巴格达城的码头，有好几英里长，那里停泊着几百艘各式各样的船只，有战舰和游艇，有中国大船……市场上有从中国运来的瓷器、丝绸和麝香……城里有专卖中国货的市场。"② 巴格达的商业贸易十分繁荣，市场上有从中国运来的瓷器、丝绸和麝香等商品，从印度和马来群岛运来的香料、矿物和染料，从中亚细亚突厥人所在的地区运来的红宝石、青金石、织造品和奴隶，从斯堪的纳维亚和俄罗斯运来的蜂蜜、黄蜡、毛皮和白奴，从非洲东部运来的象牙、金粉和黑奴。

城里有专卖中国货的市场。帝国的各省区，用驼队或船舶把本省的物产运到首都：从埃及运来大米、小麦和夏布，从叙利亚运来玻璃、五金和干果，从阿拉比亚运来锦缎、红宝石和武器，从波斯运来丝绸、香水和蔬菜。

唐人杜环《经行记》描述了巴格达市肆繁荣与物产丰盈的景象："郛郭之内，闾閈之中，土地所生，无物不有。四方辐凑，万货丰贱，锦绣珠贝，满

---

① 转引自葛铁鹰：《阿拉伯古籍中的中国》，《阿拉伯世界》2004 年第 3 期，第 45 页。

② ［美］希提著，马坚译：《阿拉伯通史》上册，商务印书馆 1979 年版，第 355 页。

于市肆。驼马驴骡，充于街巷。刻石蜜为庐舍，有似中国宝举。每至节日，将献贵人琉璃器皿、输石瓶钵，盖不可算数。粳米白面，不异中华。其果有偏桃人、千年枣。其蔓青，根大如斗而圆，味甚美。余菜亦与诸国同。蒲陶大者如鸡子。香油贵者有二：一名耶塞漫，一名没咄师。香草贵者有二：一名查塞莘，一名黎芦荛。"

在古代，南阿拉伯充当着印度与地中海之间的转运站，因为这里既受惠于地理位置的优越，也受惠于横扫其海岸的季风，季风把船只推进到浩瀚的东方大洋，又把他们送回原来出发之地。于是苏哈尔、马斯喀特都发展成为连接东西方贸易的大港。此外，帝国境内的巴士拉、西拉夫、开罗、亚历山大港等口岸，也是著名的国际贸易中心。西班牙与大马士革、巴格达和麦加之间的贸易也特别活跃，通过亚历山大港和君士坦丁堡，西班牙的产品能找到像印度和中亚细亚那样遥远的市场。

9世纪中叶的阿拉伯文献指出："当时从伊拉克去中国和印度的商人络绎不绝。"阿拉伯商人从巴格达和其他出口出发，航行到远东、欧洲和非洲，他们贩卖织造品、宝石、铜镜、料珠、香料、枣椰、蔗糖、棉织品、毛织品、钢铁工具和玻璃器皿。他们输入的货物，有来自远东的香料、樟脑、丝绸和来自非洲的象牙、黑檀和黑奴。和印度、波斯人的贸易一样，阿拉伯商人贩卖到中国的货物，有他们本地的产品，也有经他们之手转运的其他国家和地区的商品。

在与唐朝的贸易交往中，大食的许多商品传入了中国。据《新唐书·大食传》《旧唐书·大食传》《诸番志》《酉阳杂俎续集》《本草纲目》所载，阿拉伯输入中国的矿石、动植物等物产主要有：玛瑙、无名异、琉璃、火油；石榴、人木、阿芙蓉（鸦片）、熏陆香（乳香）、麒麟竭、苏合香、无食子、阿黎勒、金颜香、栀子花、蔷薇水、丁香、阿魏、芦荟、押不庐；马、鸵鸟、大尾羊、胡羊、木乃伊、珊瑚树、珠子、象牙、腽肭脐、龙涎。

伊斯兰玻璃在历史上有非常重要的影响。罗马时代的玻璃制造业达到了相当高超的水平，当欧洲进入中世纪后，玻璃制造也随之衰败。阿拉伯人在7世纪占领地中海东岸地区之后，继承了罗马精湛的玻璃制造工艺，并使之发扬光大，形成了玻璃器制造史上的伊斯兰时代。

西安法门寺地宫出土了20件完整的玻璃器皿，为研究伊斯兰玻璃器和唐朝与大食的文化交流提供了宝贵的资料。据研究，这些玻璃器除了一件茶托属于典型中国器型，数件素面盘无法确定产地外，主要属于伊斯兰早期玻璃器。根据其装饰工艺的特点，这批玻璃器可分为4类。第一类为1件贴花盘口瓶，黄色透明，无模吹制成型，使用了伊斯兰早期地中海东岸非常流行的贴丝和贴花等热加工装饰工艺。第二类为6件刻纹蓝玻璃盘，使用了刻纹冷加工工艺。刻纹以枝、叶、花为主题，运用葡萄叶纹、葵花纹、枝条纹、绳索纹等装饰手段，再加上菱形纹、十字纹、三角纹、正弦纹等几何纹饰，构成了繁富华丽的图案。刻纹玻璃工艺与贴丝、贴花工艺一样，是伊斯兰玻璃工匠从罗马继承的工艺，在伊斯兰早期盛行一时，但是鲜有完整器物传世。法门寺地宫的这批玻璃盘完整无损，属于唐僖宗的供奉品，在乾符元年（874）正月入藏地宫。这些刻纹玻璃盘中的两件描金刻纹玻璃盘，是至为罕见的珍品。第三类为2件印纹直桶杯，无色透明，壁面由五组花纹装饰而成，使用了模吹印花工艺，这种工艺也源自罗马，但伊斯兰模吹玻璃器器壁较厚，而且底部往往带有粘棒的疤痕。法门寺印纹直桶杯的器形和纹饰在伊斯兰早期玻璃器中是十分常见的。最后一类是1件釉彩玻璃盘。釉料彩绘是玻璃装饰工艺的一种，它是将易熔玻璃配上适量矿物颜料，研磨成细颗粒，加上黏合剂和填充料混合后，涂绘在玻璃制品的表面，然后加热而成。一般认为伊斯兰彩釉玻璃的应用是在12至15世纪，9世纪的釉彩玻璃非常鲜见。

阿拉伯金币也随着唐朝与大食的贸易交往而传入了中国。西安西窑头村唐墓出土3枚阿拉伯金币，一枚标回历83年（武周长安二年，702），一枚标回历100年（开元六至七年，718—719），一枚标回历129年（天宝五至六年，746—747）。

中国的墓葬还出土了阿拉伯人仿制的拜占庭金币。如西安土门村唐墓发现阿拉伯仿拜占庭希拉克略（Heracliue）金币，铸造时间在7世纪。考古专家还在宁夏固原唐代史铁棒墓（咸亨元年，670）中，发现了1枚非常罕见的萨珊阿尔达希尔三世（Ardashir Ⅲ）金币的仿制品。一般认为，仿拜占庭钱币中没有银币，而在仿萨珊波斯的钱币中则没有金币，这枚仿制品是一个非常特殊的个例。研究认为，这枚金币应该是在7世纪20年代至40年代之间，阿拉伯人部分占领萨珊波斯之后的仿制品。

2. "猛火油"和"大食刀"

猛火油，即石油，是中国用于战争的一种以火为武器的燃烧物，使用最广泛的时期是五代以及宋金辽元时期，也正是在这一时期，石油被称为"猛火油"。史载占城在这一时期多次朝贡给中国猛火油。

中国古代战争早就有使用火攻的战术，但使用"猛火油"则是从阿拉伯传入的技术。前5至前4世纪，希腊人就将"希腊火"应用于战争。"希腊火"最初可能是由西亚人研制，后又经过希腊人改制而成的。早期的希腊火是把可燃混合物放入"火壶"或"火罐"中，再通过机械弹射力投向敌人，引起燃烧。希腊火的配方很多。前350年，希腊军事家泰克蒂卡斯（Aeneas Tacticus）记载说，希腊火由硫黄、松炭、沥青等传火物与亚麻屑混合而成，称为"海火"或"野火"。希腊火后来又有了一定的发展，7世纪时，出生于叙利亚的技术家凯林尼科斯（killinikos of Helliopolis）掌握了制造希腊火的技术秘密，他把希腊火的配方及配制方法献给了拜占庭皇帝康斯坦丁四世（Constantine IV），受到皇帝的高度重视，康斯坦丁四世下令在672年（一说674年）的战争中使用希腊火。这是在战争中首次使用希腊火的最早记录。据说拜占庭人用的希腊火是半流体混合物，投至对方后很难扑灭，遇水反而燃烧得更为猛烈。中国人所说的"猛火油"或"火油"，大概就是经由海路从大食传来的希腊火。

从阿拉伯传入中国后，中国人很快就掌握了猛火油及喷火器的制作技术，并有所改进。《旧五代史·唐书四十一》记载，后梁末帝贞明三年（917），吴王杨隆演派使者给契丹主送去猛火油，"攻城，以此油燃火焚楼橹，敌以水沃之，火愈炽"。贞明五年（919），后梁将领贺瑰率水军攻打晋德胜南城，晋局势吃紧。"汴将贺瑰攻德胜南城，以战船十余艘，竹笮维之，扼断津路，王师不得渡。城中矢石将尽，守城将氏延赏危急。"紧急关头，晋将李建及把火油装在瓮中，然后"令上流具瓮，积薪其上，顺流纵火，以攻其舰。须臾，烟焰腾炽，梁军断缆而遁，建及乃入南城，贺瑰解围而去"。钱俨《吴越备史》卷三记载，贞明五年（919）吴越以水师伐淮南，大战于狼山江，进火油以焚敌舰。作者自注：火油得之海南大食国，以铁筒发之，水沃其焰弥盛。武肃王（钱镠）以银饰其筒口，脱为贼中所得，必剥其银而弃其筒，则火油不为贼所有也。

《续资治通鉴》记载，北宋开宝八年（975），南唐后主李煜面临宋军进攻金陵的危机，其神卫军都虞侯朱令赟用猛火油纵火攻宋军，由于风向改变，火焰反燃而己军大溃："己未，全赟独乘大航，高十余重，上建大将旗幡。至皖口，行营步军都指挥使刘遇挥兵急攻之，全赟以火油纵烧，遇军不能支。俄而北风，反焰自焚，其众不战自溃，全赟惶骇，赴火死。"

对猛火油运用最为成熟的是宋朝。宋朝在京城汴梁设立了专门制造武器的机构军器监，其下设十一作（即工场），其中就有猛火油一作。猛火油一般用于防御特别是守城战役中的防御，《续资治通鉴》记载："修楼橹，挂毡幕，安炮座，设弩床，运砖石，施燎炬，垂櫑木，备火油，凡防守之具毕备。"康誉之所著《昨梦录》记载，北宋时期，西北边域"皆掘地做大池，纵横丈余，以蓄猛火油"，用来防御外族的侵扰。猛火油的使用方法，与希腊火相似，也有专门的喷射装置，宋曾公亮在《武经总要》中记载有"猛火油柜"。但这种装置与希腊火装置的不同在于，它已经引入了火药作为引燃物。

唐代输入的阿拉伯兵器还有阿拉伯所造之刀，被视为宝刀，很多王公贵族以拥有一把大食刀为荣。杜甫作《荆南兵马使太常卿赵公大食刀歌》诗云：

太常楼船声嗷嘈，问兵刮寇趋下牢。

牧出令奔飞百艘，猛蛟突兽纷腾逃。

白帝寒城驻锦袍，玄冬示我胡国刀。

壮士短衣头虎毛，凭轩拔鞘天为高。

翻风转日木怒号，冰翼雪淡伤哀猱。

镵错碧罂鸊鹈膏，铓锷已莹虚秋涛。

鬼物撇捩辞坑壕，苍水使者扪赤絛。

龙伯国人罢钓鳌，芮公回首颜色劳。

分阃救世用贤豪，赵公玉立高歌起。

揽环结佩相终始，万岁持之护天子。

得君乱丝与君理，蜀江如线如针水。

荆岑弹丸心未已，贼臣恶子休干纪。

魑魅魍魉徒为耳，妖腰乱领敢欣喜。

用之不高亦不痹，不似长剑须天倚。

吁嗟光禄英雄弭，大食宝刀聊可比。

丹青宛转麒麟里，光芒六合无泥滓。

3．传入中国的阿拉伯造船技术

中外交往的增多促进了造船技术的交流与提高。1世纪，波斯湾北岸的阿曼出现一种用棕榈纤维捆扎的马达拉塔船，后来，这种造船技术在西拉夫和阿曼发展成用椰索绳缝合、用油灰填塞船缝的新式缝合木船。中世纪早期，阿曼和阿拉伯南部沿海的船工还创造出用椰索缝合的单桅木船，叫做"马卡布"和"赛发纳"。直到9世纪，阿拉伯的船只仍然是"用绳索（不是用钉子）拼合的"，"用绳索絮拴合船板，是尸罗夫船特有的特点"。

中国帆船早在3世纪便已通航阿拉伯海和亚丁湾，从那时起，岭南人已知晓这种造船技术，并加以改进，就地取材，制造新的海上交通工具。嵇含《南方草木状》称，桄榔木"似栟榈实，其皮可作绠，得水则柔韧，胡人以此联木为舟"。这里的胡人是指阿拉伯人、波斯人和印度人。

唐代，外国商船常来广州港，港内时有"波斯、婆罗门、昆仑等舶不知其数，并载香药、珍宝，积载如山"。这些外国商船中当有不少缝合木船，这种用桄榔纤维缝合木船的技术在岭南沿海流传。刘恂《岭表录异》卷中称，桄榔树生广南山谷，"枝叶并蕃茂，与枣、槟榔等小异。然叶下有须，如粗马尾。广人采之，以织巾子。其须尤宜咸水浸渍，即粗胀而韧，故人以此缚舶，不用钉线"。刘恂还记载了时人发明用"橄榄糖"填塞船缝的方法："橄榄……树枝节上生脂膏如桃胶，南人采之，和其皮叶煎之，调如黑汤，谓之橄榄糖。用泥船损，干后坚于胶漆，著水益干耳。"慧琳《一切经音义》卷六一记载："司马彪注《庄子》云，海中大船曰舶。《广雅》舶，海舟也。入水六十尺，驱使运载千余人，除货物，亦曰昆仑舶。运动此船，多骨论为水匠，用椰子皮为索，连缚。葛览糖灌塞，令水不入，不用钉镍，恐铁热火生。累木枋而作之，板薄恐破。长数里，前后三节。张帆使风，亦非人力能动也。"

宋代，上述造船技术又有所改进，出现不用铁钉、桐油而用藤捆绑船板的"藤舟"，船缝以海上所生干茜草填塞，这种草遇水则胀，"舟为之不漏""其舟甚大，越大海，商贩皆用之"。

4．《经行记》所记阿拉伯事

随着中国与阿拉伯的交往日益扩大，人们对于阿拉伯也有了更多的了解。

唐代最早亲历阿拉伯地区并留下完整记录的是唐朝使节达奚弘通。《中兴书目》著录《西南海诸蕃行记》1卷，其解释称："唐上元中，唐州刺史达奚弘通撰。弘通以大理司直使海外，自赤土至虔那，几（凡）经三十六国，略载其事。"关于达奚弘通出使之事，史籍上没有记载。"赤土"即马来半岛南部之地，"虔那"可还原为"Kana"，指阿拉伯半岛南部的地方。虽然此书全佚，但残留的记载保存了唐朝使臣直航阿拉伯的宝贵记录，《新唐书·艺文志》和《通志·艺文略》也辑录了此书。

关于唐朝与大食交往的记载，值得注意的还有杜环《经行记》。杜环是《通典》的作者杜佑的族侄，怛逻斯战役时被大食军队俘虏，在大食境内滞留达 10 年之久，宝应元年（762）附海舶返回唐朝。杜环根据他在大食境内流寓的经历及见闻写了《经行记》，留下了中国与阿拉伯交往的最早和可靠的记录。杜佑《通典·边防典七》记载："族子环随镇西节度使高仙芝西征，天宝十载至西海。宝应初因贾商船舶自广州而回，著《经行记》。"

《经行记》原书已佚，但是杜佑在写作《通典》时，在《边防典》中摘录了其中部分内容，吉光片羽，弥足珍贵。今见之于《通典》的有 1511 字，保留了关于早期阿拉伯风俗和伊斯兰教教义的最早的汉文记录，翔实地反映了当时中亚各国和大食、拂菻、苫国的情况，又提到了锡兰、可萨突厥、摩邻国。《经行记》记载了 13 国，即：拔汗那国、康国、师子国、拂菻国、摩邻国、大食国、大秦国、波斯国、石国、碎叶国、末禄国、苫国。

《经行记》对阿拉伯的风俗文化多有记录，为研究早期穆斯林风俗提供了宝贵资料。特别值得注意的是，《经行记》已经涉及伊斯兰教具体细节。如："（大食）一名亚俱罗，其大食王号暮门，都此处。其……女子出门，必拥蔽其面。无问贵贱，一日五时礼天。食肉作斋，以杀生为功德。系银带，佩银刀，断饮酒，禁音乐，人相争者，不至殴击。又有礼堂容数万人，每七日，王出礼拜，登高座为众说法曰：'人生甚难，天道不易，奸非劫窃，细行谩言，安己危人，欺贫虐贱，有一于此，罪莫大焉。凡有征战，为敌所戮，必得生天，杀其敌人，获福无量。'率土禀化，从之如流，法唯从宽，葬唯从俭。其大食法者，以弟子亲戚而作判典，纵有微过，不至相累。不食猪狗驴马等肉，不拜国王父母之尊，不信鬼神，祀天而已。其俗，每七日一假，不买卖，不出纳，唯饮酒、谑浪终日。从此（末禄）至西海以来，大食、波斯参杂居止，其俗礼天，不食自死肉及宿肉，以香油涂发。"

这是最早关于伊斯兰教很简要、正确而得体的记录。陈垣说："中国典籍记回教事最早而又最正确者，当推杜佑《通典》，佑之族子环……居西域十二年，（归）……作《经行记》……《通典》常引用之。"①

　　《经行记》受到国内外学术界的高度重视。1866 年，英国汉学家亨利·裕尔译《经行记》中拂菻国部分。1885 年，德国汉学家夏德也将《经行记》拂菻国部分译为英文。1903 年，法国汉学家沙畹出版《西突厥史料》时，在第四篇中引用《经行记》数处。伯希和在《交广印度两道考》里除引用了《经行记》之外，还对"拂菻"的对音进行深入的研究，1929 年他在《通报》上发表了《黑衣大食都城之汉匠》，讨论了《经行记》之"大食"条中的一段。桑原骘藏在《蒲寿庚考》里表达了对杜环作品的重视，白鸟库吉在 1904 年引用了《经行记》中的拂菻国、摩邻国及大食法、大秦法、寻寻法等部分，并且说它是"关于拂菻方面唐代之第一史料"。石田干之助在他的《中西文化之交流》和《长安之春》里都谈到了造纸术西传与杜环的活动。我国前辈学人王国维、张星烺、冯承钧、向达、白寿彝等都很重视杜环的著作，并有论述。王国维根据明代嘉靖本《通典》，将其中引用的《经行记》原文辑录成书《古行记校录》。

---

① 陈垣：《回回教入中国史略》，《东方杂志》第 25 卷 1 号。

第十二章

"三夷教"在中国
的传播

有唐一代，佛教进一步中国化且得到了更广泛的传播，深入中国人的日常生活中，成为中国传统文化的一个重要组成部分。此外，随着中西方交往的扩大，流行在中亚西亚一带的其他宗教，如摩尼教、景教和祆教等三种宗教也先后传播到中国，并且在唐代社会得到一定的流传。唐穆宗长庆四年（824），舒元舆为鄂州永兴县迁建的重崖寺作碑铭，对东汉以来佛教的兴盛状况备极赞誉，称"十族之乡，百家之间，必有浮图为其粉黛。国朝沿近古而有加焉。亦容杂夷而来者，有摩尼焉，大秦焉，祆神焉，合天下三夷寺，不足当吾释寺一小邑之数也"。此处所谓摩尼、大秦、祆神，分别是指流布于唐朝的摩尼教、景教和祆教等三种宗教，即"三夷教"。舒元舆虽然是站在佛教的立场，对由"杂夷"传来的宗教持贬斥态度，但是从这段记载中可知，这几种外来宗教也得到了唐朝政府的正式承认，并在"天下"各地建有寺观，有了一定的传播和影响。虽然"三夷教"在中国的流传并不像佛教那样广泛，影响也没有佛教那样深远，而且基本上是昙花一现，没有能够持续下去，但它们的宗教思想和活动，以及相关的文化形式传播了过来，在中华文化史上留下了一定的痕迹。

一　祆教在中国的传播

1. 祆教在中国的初传

祆教是古代中国对波斯的琐罗亚斯德教（Zoroastrianism）的称呼，又称为拜火教、火祆教。祆教是世界上最古老的宗教之一，起源于古伊朗部落的宗教信仰，它的创始人是波斯人琐罗亚斯德（Zoroaster）。琐罗亚斯德在古波斯语中作"查拉图士特拉"（Zarathustra），其含义是"像老骆驼那样的男子"或"驾驭骆驼的人"。关于琐罗亚斯德出生的时间和地点，众说纷纭，而且分歧很大。有些人认为他出生在前 6000 年，有些则认为在前 600 年左右，前后相差竟达 5000 多年。学术界一般认为前 11 世纪的说法较有根据。

据称，琐罗亚斯德出生于伊朗一个古老的氏族，其祖先可以一直上溯到传说中的国君曼努什切赫尔（Manushchihr）。琐罗亚斯德自称是受到善神阿胡拉·玛兹达（波斯文 Ahura Mazda，希腊文 Ormasd，意为"伟大而永恒的智慧天神"）的启示而从事宗教改革的活动。他创立了一神教，该教只崇拜伊朗主神玛兹达，认为其余诸神均是魔鬼，所以祆教徒称自己的宗教是"玛兹达教"。火的崇拜在祆教宗教仪式中具有相当重要的地位，以至于后来普遍地把祆教徒称为拜火教徒。

琐罗亚斯德教创立不久，就在波斯全境广泛流传，并在阿契美尼朝被立为国教。在长达 1500 多年的流传中，琐罗亚斯德教一直是古代波斯诸王朝宗信的主要宗教，对伊朗传统文化的形成和民族性格的塑造起了重要的作用，史学家们称其为"世界第五大宗教"。

7 世纪中叶以后，随着阿拉伯势力的兴起并东进，琐罗亚斯德教的地位最终被伊斯兰教所取代。萨珊王朝被阿拉伯推翻后，琐罗亚斯德教徒遭到大劫难，幸存者一部分逃亡到古印度，在当地王公的要求下放弃了部分信仰；另一部分粟特信徒将其传播到西域的一些国家和地区。唐代时西游的新罗僧人慧超路过西域，他在《往五天竺国传》中记载："从大食国已东，并是胡国，即安国、曹国、史国、石骡国、米国、康国……总事火祆。"高昌、焉耆、康国、疏勒、于阗等地也流行琐罗亚斯德教。

唐朝以前的中国典籍称琐罗亚斯德教的主神为天神、火神、胡天神，隋末唐初创造出"祆"字来称呼这个传入中国的宗教。"祆"字从"礻"从"天"，表示这是一种崇拜天神的宗教。"在古代中国的诸多外来宗教中，专门为之造字命名者，独有祆教一家。即便是最有影响的佛教，其佛字也是早已有之。"[1]

陈垣最早系统地研究了祆教传入中国的历史，并根据《魏书》《梁书》的记载，认为火祆教入中国在 516 年至 519 年之间。据载，北魏孝明帝神龟二年（519）皇太后胡氏幸嵩山，"从者数百人，升于山顶，废诸淫祀，而胡天神不在其列"。胡太后还曾吟诵过"化光造物含气贞"的诗句。陈垣认为，此"胡天神"就是祆教尊奉的祆神，并认为胡太后的诗句"与火祆教光明清静之旨有合"。陈垣进而指出："中国之祀胡天神，自北魏始，皇太后时胡天神初列祀典，故废诸淫祀，而胡天神独不废，其崇重可知也。"陈垣将祆教初

---

[1]　林悟殊：《中古三夷教辩证》，中华书局 2005 年版，第 256 页。

传中国的时间定为 6 世纪上半叶。①

此后，学者们对传统文献作了进一步发掘，并从吐鲁番文书中发现了新的史料，证实早在 4 世纪时，"胡天"就已见诸正史，且十六国至北朝高昌所见的"胡天"有祆教、祆祠双重含义，这为进一步确定祆教传入中国的年代提供了新的证据。与此同时，对敦煌发现的粟特文古信札的研究也有了新的进展。这批信札是斯坦因 1907 年在敦煌西北长城烽燧下发现的，现在已基本确定写于西晋永嘉五年（311）前后，共 10 余件，是粟特商人从敦煌发往家乡撒马尔罕的信件残片，这些信件是迄今在中国发现的最早的粟特文资料。学者们不仅在信件中找到了与后出的汉文史料中记载的"萨宝"和"祆祝"（意为"祠主"，专门掌管祆教教团内部事务）相应的粟特词，而且发现了若干与伊朗万神殿中的数名古代神祇有关的粟特文词语。辛姆斯－威廉姆斯（N. Sims-William）指出残片保留了丰富的琐罗亚斯德教的知识，甚至头两行文字是祆教祈祷文的抄本。② 通过对这些新发现资料的研究，基本可以断定最晚在西晋末年，即 4 世纪初，祆教就已通过粟特商人传入了中国。

祆教在古代中国之传播，主要是由粟特人来实现的。十六国时的后赵出于羯族，祆教是他们传统的民族宗教。石虎称帝后，特意在宫中设置大型庭燎，《艺文类聚》卷八〇"庭燎部"引《邺中记》说："石虎正会，殿庭中、端门外、阊阖前设庭燎，皆二，合六处，皆六丈。"《晋书·石季龙载记上》记载："左校令成公段造庭燎于崇杠之末，高十余丈，上盘置燎，下盘置人，缇缴上下。"这种设备，显然不是普通的庭燎，而更接近于祭圣火的祭坛。349 年，石虎在都城邺病故，汉族大将军冉闵执掌国政，准备改朝换代称皇帝，后赵中央禁卫军将领孙伏都、刘铢等人，"结羯士三千，伏于胡天，亦欲诛闵等"。"伏于胡天"即祭祀祆祠。

所以，一些学者认为，早于北魏胡太后时，在后赵时期，祆教就已经传入中国。唐长孺、姜伯勤等都持此说。③ 柳存仁也指出："火祆教之来华，其

---

① 参见陈垣：《陈垣史学论著选》，上海人民出版社 1981 年版，第 112 页。

② 参见林梅村：《从考古发现看火祆教在中国的初传》，《西域研究》1996 年第 4 期。

③ 参见唐长孺：《魏晋南北朝史论丛》，生活·读书·新知三联书店 1955 年版，第 416—417 页；姜伯勤：《敦煌艺术宗教与礼乐文明》，中国社会科学出版社 1996 年版，第 485 页。

时间当更早于（北魏）灵太后时。"① 此外，饶宗颐也认为祆教早于北魏时就已经传入中国。②

北朝后期，祆教就已得到了最高统治者的支持，史籍指斥北齐后主末年"祭非其鬼"的现象，称后主"至于躬自鼓舞，以事胡天"。与此同时，北周统治者为了发展与西域诸国的关系，制定了"拜胡天制"，由皇帝亲自参与祭拜活动。"其仪并从夷俗，淫僻不可纪也。"所谓"事胡天"或"拜胡天"，是指供祀祆教言。河南安阳出土北齐时的石阙一对，每侧各有带口罩者手执香炉献祭，为早期祆教遗物。

2. 祆教在唐代的流传

唐朝初期统治者对各种外来宗教采取宽容的态度，因此祆教在中国也得到发展。陈垣在《火祆教入中国考》③ 一文中认为，自波斯被大食所灭，祆教徒被迫东奔，唐朝以礼待之。林悟殊认为："唐代来华的火祆教徒，多带有流亡性质。假如说，在北朝时期，火祆教僧侣是以西域主流宗教僧侣身份来与中国统治者打交道，其大量信徒进入中土是属于正常移民的话，那么到了唐代，越来越多入华信徒，尤其是那些来自波斯的专职僧侣，便只能以流亡者的身份来企求中国统治者的保护与宽容。"④

1955 年在西安城西土门村附近发现的汉文和波斯婆罗钵文（又译作巴利维文）合刻的《苏谅妻马氏墓志》，引起了学者们的注意，因为这是古代中国和波斯交往而遗留至今的重要双语文字材料，也是入华波斯人信仰祆教的实物证据。夏鼐确定此墓志在波斯文的东传和祆教史的研究上，都具有重要的价值，他还对苏氏的左神策军散兵马使一职和其生卒年月做了诠释。⑤ 日本学者伊藤义教对两种文字做了考释，他把此志与伊朗巴斯的一些墓志加以比较，发现二者风格一致，从而认为马氏和苏谅家的一员是萨珊波斯的遗民，并且是祆教的信徒。他推测这一家族的一员因穆斯林对波斯的进攻，由呼罗珊经毛韦拉那尔（乌浒河外），特别是粟特地区来到东方，在唐初的安西都护府服

---

① 柳存仁：《和风堂文集》上册，上海古籍出版社 1991 年版，第 495 页。

② 参见饶宗颐：《文辙》下册，台湾学生书局 1991 年版，第 482 页。

③ 陈垣：《陈垣史学论著选》，上海人民出版社 1981 年版，第 109—132 页。

④ 林悟殊：《中古三夷教辩证》，中华书局 2005 年版，第 259 页。

⑤ 参见夏鼐：《唐苏谅妻马氏墓志跋》，《考古》1964 年第 9 期。

过兵役。马氏卒于咸通十五年（874），时年26岁。①

唐朝初年，祆教就与唐朝廷发生了联系。《通典》记载："武德四年，置祆祠及官。常有商胡奉事，取火咒诅。"这里说的祆祠，就是建在东西两京及诸州粟特人聚居地的祆教寺院。韦述《两京新记》称西京布政坊的"胡祆祠"立于武德四年（621），"祠内有萨宝府官，主祠祆神，亦以胡祝充其职"。可知最晚在这时，祆教已得到唐朝官方的正式承认。此外长安还有祆寺澧泉坊西北隅一座，普宁坊西北隅一座，靖恭坊街南之西一座。东京洛阳有两座：会节坊一座，立德坊一座。此外，西北的凉州、沙州等地也有不少祆教祠。据唐朝时来华的阿拉伯人阿布·赛义德·哈桑的记载，广州也有祆教徒，这些祆教徒大概是从印度来广州的商人。② 唐朝廷规定东西两京及碛西诸州火祆祠，由祠部遣人一岁两祀，但是"禁民祈祭"，即禁止唐朝汉人信仰祆教。陈垣还比较了祆教与景教、摩尼教的异同，如对寺庙的称呼，景教、摩尼教称寺，祆教则称祠。

祆教是维系粟特队商及其聚落的内部凝聚力的重要纽带，它是与粟特人独具的宗教形式和聚居形式合一的"萨宝"管理体制一起传到中国的。粟特人是活跃在丝绸之路上的一个商业民族，很久以来一直从事丝绸贸易，往来于中国内地和西域之间。"萨宝"又译"萨甫""萨薄"或"萨保"等，原意为"队商首领"，是管理西域蕃胡聚居点的一种"政教兼理的蕃客大首领"。"萨宝"在中国出现的时间可以上溯至北魏，到北齐时，在鸿胪寺的典客署下设置了"京邑萨甫二人，诸州萨甫一人"，是管理粟特商人的官职。据《惠郁造像碑》记载，北周商人何永康任"萨甫下司录"，则最晚在北周时，就已在萨宝之下配置了僚属。隋代设有雍州萨保（视从七品），并明确规定，地方诸州有胡人200户以上者，设萨保（视正九品）。唐代萨宝开府，设置有相应的办公机构与僚佐系统。《通典》称，唐武德四年"置祆祠及官"，所谓"官"，就是指萨宝职官系统而言。唐代萨宝为视流内正五品，此外有萨宝府祆正（视流内从七品）、萨宝府祆祝（视流外勋品）、萨宝率府（视流外四品）、萨

---

① 参见［日］伊藤义教：《西安出土汉婆合璧墓志婆文语言学的试释》，《考古学报》1964年第2期。

② 参见穆根来等译：《中国印度见闻录》，中华书局1983年版，第96页。

宝府史（视流外五品）和萨宝果毅等各级、各类的官职。除了管理蕃胡聚居点的日常事务外，萨宝府还派出祆正、祆祝官员主祠祆神。据传统文献和墓志统计，北魏至隋，担任萨宝或摩诃大萨宝者，有安但、康拔达、安难、安盘娑罗、史尼、史多思、翟婆、康仵相、康和9人，主要在河西、长安、并州、定州等地，入唐以后，萨宝制度较前代进一步完备。

唐代祆教主要是作为粟特商人和移民的宗教信仰活动，并没有得到比较大的传播。到了唐后期，唐武宗时的会昌禁佛，使祆教也受到严重打击，"勒大秦穆护祆三千余人还俗，不杂中华之风"。祆祠被拆毁，祭司勒令还俗。此后虽有弛禁，祆教祠和祆教的活动也重新恢复，却一直未能恢复元气。

3. 祆教在宋代的流传

当在中原地区不断遭受打击而日渐衰落之际，祆教在西域却进入发展的鼎盛时期。据唐朝哈密方志《沙州伊州地志》（残卷）记载，当时哈密有一座祆庙，该庙的教主翟磐陀入京朝见皇帝，并表演了神灵附体和利刃穿腹的幻术，被唐朝皇帝赐予"游击将军"。10世纪的阿拉伯旅行家米撒尔在拔希国国都拔希城内也看到了祆教徒。

在内地，从五代至北宋末年，祆教一直流传不绝。不仅在敦煌这样的偏僻地区，就是在中原的大都市中，也有祆教活动的迹象。宋代，祆教的活动得到官方的承认，祆祠祭祀被纳入中原王朝的祭礼之中。《宋史·礼志》记载："建隆元年，太祖平泽、潞，仍祭祆庙、泰山、城隍，征扬州、河东，并用此礼。初，学士院不设配位，及是问礼官，言：'祭必有配，报如常祀。当设配坐。'又诸神祠、天齐、五龙用中祠，祆祠、城隍用羊一，八笾，八豆。旧制，不祈四海。帝曰：'百谷之长，润泽及物，安可阙礼？'特命祭之。"

清徐松《宋会要辑稿》第十八册《礼十八·祈雨》记载："国朝凡水旱灾异，有祈报之礼。祈用酒、脯、醢，报如常祀……京城……五龙堂、城隍庙、（祆）祠……以上并敕建、遣官……大中祥符二年二月诏：如闻近岁命官祈雨……又诸神祠，天齐、五龙用中祠例，祆祠、城隍用羊，八笾，八豆，既设牲牢礼料，其御厨食、翰林酒、纸钱、驼马等，更不复用。"

宋代董逌《广川画跋·书常彦辅祆神像》也记载："元裕八年七月，常君彦辅就开宝寺之文殊院，遇寒热疾，大惧不良。及夜，祷于祆神祠。明日，良愈。乃祀于庭，又图像归事之。属某书，且使教知神之休也。祆祠，世所以奉梵相也。其相希异，即经所谓摩醯首罗。有大神威，普救一切苦，能摄伏四方，以卫佛法。当隋之初，其法始至中夏，立祠颁政坊。常有番人奉事，聚火祝诅，奇幻变怪。至有出腹决肠，吞火蹈刃，故下俚佣人，就以诅誓，取为信重。唐祠令有萨宝府官主司，又有梵祝以赞于礼事，其制甚重，在当时为显祠。今君以祷获应，既应则祠，既祠则又使文传，其礼至矣。与得悉唐国顺大阚宾同号祆神者，则有别也。"这里说北宋时常彦辅在佛寺得病，因为祷于祆神祠而痊愈，与祆教信仰并无多大关系。另外，孟元老《东京梦华录》卷三记载了东京的两所祆庙："大内西去右掖门、祆庙，直南浚仪桥街，西尚书省东门，至省前横街南，即御史台，西即郊社。""马行北去旧封丘门外祆庙斜街州北瓦子，新封丘门大街两边民户铺席外，余诸班直军营相对，至门约十里余，其余坊巷院落，纵横万数，莫知纪极。"

孟元老《东京梦华录》，成书于绍兴十七年（1147），描述北宋京城汴梁的风土人情，时间为崇宁到宣和年间。其所记祆庙，均位于北宋都城汴梁热闹的市区里。

宋时对于州县神祠的管理日趋严格。《宋史·职官志四》记载："（太常寺）若礼乐有所损益，及祀典、神祠、爵号与封袭、继嗣之事当考定者，拟上于礼部。"而元丰改制后祠部郎中员外郎的职能是："掌天下祀典、道释、祠庙、医药之政令……若神祠封进爵号，则覆太常所定以上尚书省。"到宋徽宗时，开始由礼部和太常寺来编制全国祠祀的名册，参考各州方志，将全国各州的祠祀加以整理，合为一书。"大观二年（1108）九月十日，礼部尚书郑允中言：天下宫观、寺院、神祠、庙宇、欲置都籍，拘载名额。从之。"这种变化表明中央政府加强了对地方祠祀的管理。而此时"宋代的祆庙、祆祠已与中国的泰山、城隍等传统祠庙，一起被纳入官方轨道，按官方规定的标准享受祭祀，这说明祆神已进入了中国的万神殿，且位居上座"①，自应在中央政府的管辖之内。宋神宗熙宁四年（1071）诏曰："开封给牒差。自今寺院有关当宣补者，罢宣补及差官定夺，止令开封府指挥僧录司定夺。准此给牒。"后"开封府尹旧领功德使，而左右街有僧录司，至于寺僧差补，合归府县僧司，而相承奏禀降宣。上欲澄省细务，诸如此类悉归有

① 林悟殊：《中古三夷教辩证》，中华书局 2005 年版，第 323 页。

司"。至熙宁八年（1075），"诏内外宫观、寺院主首及僧道正，旧降宣敕差补者，自今尚书祠部给牒"。佛教僧首差补时需尚书祠部给牒，祆教管理者如需得到官方承认，想来也要经过中央政府批准了，只是与唐代由中央专设萨宝府下的祆正、祆祝来管理祆教，已经完全迥异。

北宋末叶的张邦基在《墨庄漫录》卷四中有关于当时祆教的记载："东京城北有祆庙。祆神本出西域，盖胡神也。与大秦穆护同入中国，俗以火神祠之。京师人畏其威灵，甚重之。其庙祝姓史，名世爽，自云家世为祝，累代矣。藏先世补受之牒凡三：有曰怀恩者，其牒，唐咸通三年宣武节度使令狐给，令狐者，丞相绹也；有曰温者，周显德三年端明殿学士、权知开封府王所给，王乃朴也；有曰贵者，其牒亦周显德五年枢密使、权知开封府王所给，亦朴也。自唐以来，祆神已祀于汴矣，而其祝乃能世继其职，逾二百年，斯亦异矣。今池州郭西英济王祠，乃祀梁昭明太子也。其祝周氏，亦自唐开成年掌祠事至今，其子孙今分为八家，悉为祝也。噫，世禄之家，能箕裘其业，奕世而相继者，盖亦甚鲜，曾二祝之不若也。镇江府朱方门之东城上，乃有祆神祠，不知何人立也。"

张邦基详细记载了世代担任祆祝的史世爽家族，描述了亲眼见到的史氏家族珍藏的三件牒文。这些牒文是在前代由官方颁发的。第一件为"怀恩牒"，是在唐咸通三年（862）由宣武节度使令狐绹颁发。第二件为"温牒"，是五代周显德三年（956），由端明殿学士、权知开封府王朴颁发。第三件称"贵牒"，也是王朴在显德五年（958）颁发的。张邦基对其能世代担任祆祝一职感到非常惊讶。以其姓氏言，史世爽家族无疑是粟特胡人，令狐绹为史氏颁牒之时，上距会昌灭佛只有18年，可见禁毁是非常不彻底的。

除了汴京之外，张邦基还指出"镇江府朱方门之东城上，乃有祆神祠，不知何人立也"。关于宋朝镇江的祆教祠，元代的《至顺镇江志》中也有记载："火祆庙旧在朱方门黑山岗之上，宋嘉定中迁于山下，端平间毁。"嘉定是南宋宁宗的年号，端平是南宋理宗的年号。此外，宋瀛洲乐寿县建立于唐穆宗长庆三年（823）的祆祠，也一直存在到北宋熙宁年间。

南宋以后，典籍中不再有祆教的记载。可以认为，南宋以后，祆教在中国的传播就结束了。但是，在元代的一些世俗文学作品中，还有不少提及祆神、祆庙的。日本学者神田喜一在《祆教杂考》中征引多条，如："不邓邓点着祆庙火", 见王实甫《西厢记》第二本《崔莺莺夜听琴杂剧》第三折; "我今夜着他个火烧祆庙", 见元曲《争报恩》第一折; "则待教祆庙火刮刮匝匝烈焰生", 见元曲《倩女离魂》第四折。

日本学者石田干之助在《元曲百选》中又找到涉及祆庙的元曲唱词4例: (1)《货郎旦》第三折: "祆庙火, 宿世缘, 牵牛织女长生愿, 多管为残花, 几片刘晨, 迷入武陵源。"(2)《误入桃源》第四折: "也是我一事, 差百事错, 空惹得千人骂万人笑, 没来由夜宿祆神庙。"(3)《㑇梅香》第三折: "这的是桃源花开艳阳, 须不比祆庙火, 烟飞浩荡。阳台上云雨渺茫, 可做了蓝桥水, 洪波泛涨。"(4)《竹坞听琴》第四折: "你只待掀倒秦楼, 填平洛浦, 摧翻祆庙, 不住的絮叨叨。为甚么也丢了星冠, 脱了道服, 解了环绦, 直恁般戒行坚牢?"

有些学者认为这些涉及祆教的俗文学, 证明祆教在元代还有流行。但是林悟殊认为, 这些把祆庙与爱情联系起来的文学描写, 并不能说明祆教在元代仍然香火不断, 而很可能是文学创作的一种"用典"的手法。①

祆教传入的时间虽然很早, 但它主要是粟特商胡及移民尊奉的宗教信仰, 具有比较强烈的排他性。祆教的教规极严, 祆教祠禁止外人入内参观, 怕不洁的东西玷污了圣火。外族人要加入祆教, 更不容易, 必须符合各种洁净的规定。祆教的这种封闭性决定了它在中国不可能得到大的发展。祆教的显著特点是既不传教, 也不译经, 祆教的经典也没有翻译成中文, 这与传入中国的佛教的情况大不相同, 而与祆教大体同时传入的摩尼教和景教却有经典翻译成了中文。近代以来在敦煌发现了景教和摩尼教的经典文献, 唯独没有发现祆教的经典文献。

4. 祆教艺术在中国的传播

在世界文化的交流中, 许多艺术形式是依附宗教而传播开来。如果说, 佛教输入中国带来了印度希腊风的犍陀罗艺术, 那么, 随着祆教而来的艺术形式则为中国带来了艺术史上的波斯风。

据记载, 在东西两京及凉州等地, 祆教在举行祭祀活动时都会有幻术表演。在表演幻术之前, 要在祆祠内举行祈福活动。这种祈福活动, 带有强烈

① 参见林悟殊:《中古三夷教辩证》, 中华书局2005年版, 第318页。

的娱乐成分。唐朝张鷟《朝野佥载》卷三〇中有祆教节日活动的记载："河南府立德坊，及南市西坊，皆有胡祆神庙，每岁商胡祈福，烹猪羊，琵琶鼓笛，酬歌醉舞。酹神之后，募一胡为祆主，看者施钱并与之。其祆主取一横刀，利同霜雪，以刀刺腹……食顷，喷水咒之，平复如故。此盖西域之幻法也。"

这里的"幻法"是指一种魔术。在敦煌也发现了一些与"赛祆"有关的文书，这些文书记载的内容发生在 9 世纪中叶敦煌归义军建立之后。据记载，敦煌地区的赛祆活动，由官府供给"赛祆画纸""赛祆神酒"以及赛祆用的神食（包括粮食、油、灌肠）等物品。从这些记载可知，当时敦煌多在正月、四月、七月、十月举行赛祆活动。在敦煌的驱傩活动中，"安城大祆"作为队仗中的部领之神，与"三危圣者""蓬莱七贤"并列，表明随着粟特后裔的本地化，祆教风习也在向敦煌地方民俗中渗透。

饶宗颐认为，唐宋元的歌词曲调有不少来自西域，"穆护歌"便是其中的一种。"穆护"是祆教祭司的名称，波斯文作"Mogu"或"Magi"。① "穆护歌"是祆教赛神所唱歌曲，唐崔令钦在《教坊记》曲名表中已列有"穆护子"，宋郭茂倩编的《乐府诗集》中的"近代曲辞"，也收有"穆护砂"，元宋裒作有《穆护砂烛泪长调》，前后阕达 169 字。这些"穆护歌"是从祆教的祭神歌曲演变而来的，主要流行于今四川、贵州、湖北一带。黄庭坚记录了其中两句，称："听唱商人穆护，四海五湖曾去。"从这些诗句中我们依然可以看出祆教的流传与胡商的密切关系。随着时代的变迁，穆护歌后来或转化为地理风水家的口诀，或与民歌结合，或入教坊曲，或为禅师胡歌，或演变为词曲等等，最终与中国传统文化融为一体。林悟殊指出：

> 成批的火祆教徒及其后代已在唐代中国一代代定居下来，并积极地参与中国的社会生活，融入到中国社会。他们融入了中国社会，一方面表明他们的华化，另一方面也意味着他们的一些信仰习俗，在不同程度上，渐渐为中国人所认同。考古今中外的移民史，任何大规模的移民活动，外来移民与当地原居民的融合，不可能是单向的同化，而应是双向的：外来移民既受当地的同化，也把自己固有

---

① 参见饶宗颐：《穆护歌考——兼论火祆教、摩尼教入华之早期史料及其对文学、音乐、绘画之影响》，《选堂集林·史林》中卷，香港中华书局 1982 年版。

的文化影响当地原居民；当地原居民同化外来民族，自己也必定接受某些外来文化。

　　既然有大量的火祆教徒融入了唐代社会，其在唐人的社会生活中，必定会产生不同程度的影响。对此，是不难找到例证的：敦煌文书所记录的赛祆活动，便由当地胡人和汉人共同参与；大名鼎鼎的唐代书法家颜真卿之子颜硕，竟以火祆教僧侣的称呼"穆护"作为小名；而火祆教的赛神曲《穆护歌》在隋唐时，竟然已深入民间，成为教坊曲。①

祆教艺术在美术方面也有留存。姜伯勤指出："在源远流长的中外美术史中，我们可以追寻到以上所述许多时期西亚、中亚祆教艺术及其因子入华的踪迹。"他还指出："祆教艺术入华，不仅可以看到伊朗风艺术的影响，而且可以观察到其中折射的希腊—大夏风格、拜占庭风格、中亚风格、草原风格的影响。"② 姜伯勤还列举了祆教艺术的一些遗迹：

　　——中国有翼兽图像中的祆教意象。溯自战国时代新疆所出阿拉沟塞人祭器，直到 5 至 6 世纪北齐青州画像石中的森莫夫（Senmurv）图像输入的证据。

　　——北朝隋唐祆教画像石，这是外来祆教艺术中国化的丰硕成果。

　　——北朝隋唐织锦、金银器、三彩陶器及壁画装饰中的祆教因子。

　　——虞弘墓所见周隋西亚祆教画样的输入。

　　——于阗所出祆教木版画。

　　——敦煌所出纸本祆教素画。

　　——山西介休宋元明祆神楼遗址及所存"驼神""牛神"木雕。

　　——澳门白头坟场所存帕西人陵墓装饰艺术。③

姜伯勤还指出："在中国传统艺术与西亚、中亚祆教艺术交流史中最骄人

---

① 林悟殊：《中古三夷教辩证》，中华书局 2005 年版，第 276—277 页。
② 姜伯勤：《中国祆教艺术史研究》，生活·读书·新知三联书店 2004 年版，第 6—7 页。
③ 姜伯勤：《中国祆教艺术史研究》，生活·读书·新知三联书店 2004 年版，第 6 页。

的成就，就是对于'曹家样'这一中国中古粟特画派和对于唐代尉迟氏于阗画派的催生。"[1]

在 20 世纪，中国共发现 6 处与祆教有关的画像石，即：20 世纪初在河南安阳发现的北齐石棺床画像石，日本滋贺县 MIHO 博物馆所藏 14 帧山东出土的北齐或北周画像石，20 世纪 80 年代青州傅家出土的北齐石室墓画像石，20 世纪 90 年代在甘肃天水发现的隋唐屏风石棺床，1999 年在山西太原发现的虞弘墓石椁画像石，2000 年在陕西西安发现的北周安伽墓石屏风画像石。这些画像石展现了祆教美术的艺术风格和特色。

青州傅家画像石上的图画，有多种系有绶带、饰物的吉祥鸟。青州傅家画像石第九石画面上方一有翼神兽向左飞翔，嘴含一饰物。此种神鸟（神兽）即祆教经书《阿维斯陀》《班达希申》中的 Senmurv。祆教艺术史家 G. Aza-pay 指出，"Senmurv"即是伊朗"hvarnah"这一概念的图像符号。"hvarnah"意为吉祥，意味着照耀人神的光辉。此图可视为中国画像石中较早以宗教意象入画的图像。这种图像也见于山西太原虞弘墓画像石中。在青州傅家北齐画像石中，另有 5 件画像石绘有系波斯式绶带的吉祥鸟。如第一石被称为《商旅驼运图》，上空有两只颈后系二带的瑞鸟，第二、三、四、五诸石亦有此种瑞鸟。这些有绶带的瑞鸟都是广义的吉祥鸟，亦即象征"hvamah"的瑞鸟。

在中亚文化中，绶带鸟图案象征着帝王的神格化、王权神授，或者说帝王作为神再生不死的观念。苏联学者 A. M. 别列尼茨基指出，其反映了一种祖灵崇拜的宗教现象。粟特人也有每年祭祆的大型活动，只是将王权神授的观念移位于对神和神话英雄的象征，寓意神的伟大、荣光、幸运、胜利以及对民众的庇佑，自然它们也具有吉祥、繁荣昌盛、幸运等广泛的含义。这种图像祖灵崇拜思想和象征吉祥的寓意也作为粟特移民的生活方式东渐，进入墓葬美术中。从这种意义上讲，它也将波斯式的吉祥鸟图像符号传入中国。

施安昌在《北魏冯邕妻元氏墓志纹饰考》《北魏苟景墓志及纹饰考》两文[2]中认为，这些墓志纹饰表现的图像，有祆教的色彩，部分神名也可能是伊

---

[1] 姜伯勤：《中国祆教艺术史研究》，生活·读书·新知三联书店 2004 年版，第 6 页。

[2] 《故宫博物院院刊》1997 年第 2 期、1998 年第 2 期。

朗语的音译。他在《北齐粟特贵族墓石刻考——故宫博物院藏建筑型盛骨瓮初探》一文中，重新讨论了安阳出土的著名的粟特石棺床，介绍了故宫所藏盛骨瓮上的胡人形象[①]，还有对安阳北齐石棺床的祆教图像做了详细的解说。[②]

1999 年在山西太原发现的虞弘墓石雕和 2000 年在陕西西安发现的安伽墓石雕，也富有粟特系祆教图像特征。[③]

太原隋代虞弘墓是 1999 年全国十大考古新发现之一，这是我国第一座经过科学发掘、有准确纪年、并有完整丰富中亚图像资料的墓葬。据墓志载，男墓主人姓虞名弘，字莫潘，鱼国尉纥麟城人，奉茹茹国王之命，出使波斯、吐谷浑等国，后出使北齐，随后便在北齐、北周和隋为官，在北周一度官至"检校萨保府"，职掌入华外国人事务，隋开皇十二年（582）卒于晋阳，时年 59 岁。出土的随葬品除石椁外，还有墓志、瓷碗残片、汉白玉人物俑、八棱彩绘雕刻柱、莲花座、铜币等共计 80 余件。人物俑分汉白玉和砂岩两种石质，共 16 件。有侍从俑、伎乐俑和挂剑俑三种类型，人物形象分胡人和汉人两种，汉白玉石俑通体施褐彩，再加衣纹彩绘。石俑下部雕出榫头，立于汉白玉莲花座上。

虞弘墓最具重大意义的考古发现，是描述中西亚波斯粟特人文化生活的汉白玉浮雕彩绘图像。石椁除椁顶外，椁壁、椁座均有浮雕。左右壁及后壁内壁均有浮雕彩绘，浮雕彩绘由 50 多个单体图像组合而成，内容丰富多彩。有盛大的宴饮场景，有热烈的乐舞场面，还有激烈的狩猎场景及人狮搏斗的惨烈景象。图中人物形象均为高鼻、深目、黑发、浓须。图案中的系带鸟、鱼尾翼马和葡萄叶蔓纹饰，胡腾舞和祆教拜火祭坛，充满了异国风情而且生动鲜活，让人感受到浓烈的中亚民族的宗教文化和生活气息。值得一提的是，在椁座前居中雕绘着一幅两个人首鹰身者抬着一个火坛的图案。火坛图案是一个束腰形祭坛，燃烧着熊熊火焰。左右两旁，各有一个人首鹰身的祭司相对而立，倾身抬着火坛一侧。圣火祭坛是祆教礼仪的象征，由此可见墓主人生前崇拜祆教。

---

① 参见《故宫博物院院刊》1999 年第 2 期。

② 参见姜伯勤：《安阳北齐石棺床画像石的图像考察与入华粟特人的祆教美术》，《艺术史研究》1999 年第 1 期。

③ 尹申平：《安伽墓展现的历史画卷》，《中国文物报》2000 年 8 月 30 日。

2000 年发掘了西安安伽墓，据墓志记载，墓主人"安伽，字大伽，姑藏（今甘肃武威）昌松人"，任"同州（今陕西大荔一带）萨保、大都督"。石质墓门由门额、门楣、门框、门扉、门礅及门限组成，其中门额、门楣及门框刻有图案。门额半圆形，正面刻绘祆教祭祀图案。中部为承载于莲花三驼座上的火坛，骆驼站立于覆莲座上，背驮仰覆莲上承圆盘，盘内置薪火，火焰升腾。火坛左右上方分别刻对称的伎乐飞天，头戴花冠，跣足，飘带飞扬，右侧者弹奏曲颈琵琶，左侧者抚弄箜篌。飞天下方各有一人身鹰足的祭司，卷发，深目，高鼻，络腮胡须，似戴口罩，胁下生双翼，长尾上扬，双手持神杖伸向供案。案为三足，涂黑色，上置瓶、叵罗、盘等器皿，瓶内插莲花等吉祥花叶。高瓶贴金，其他器皿涂白，花叶贴金或涂绿彩。左右侧下角各跪一人：左侧者披发，身着圆领紧身衣，腰束带，左手置于贴金熏炉上；右侧者卷发，头戴虚帽，身着翻领紧身衣，右手置于熏炉上，左手持一方形物。画面阴刻部分涂红彩。墓室平面近方形，放置一张保存完好的浅浮雕贴金彩绘围屏石榻，石屏内面有贴金浅浮雕图案 12 幅，刻绘车马出行图、狩猎图、野宴图、乐舞图、宴饮狩猎图等。

以上这些出土石刻，特别是虞弘墓石雕和安伽墓石雕，具有极高的艺术价值，是了解波斯和祆教艺术在中国传播的重要历史资料。

二　摩尼教在中国的传播

1. 摩尼教在中国的初传

摩尼教在我国又称明教、魔教、牟尼教，是 3 世纪中叶由波斯人摩尼（Mani）创立的宗教。摩尼生于安息帝国巴比伦的马尔迪努（Mardinu），母亲满艳（Maryam）与波斯的安息王室有亲戚关系，父亲跋帝（Patek）原住哈马丹，参加犹太派基督教厄勒克塞派，这个教派以禁欲和实行烦琐的浸礼仪式为特点。摩尼自称从小受到天使启示，24 岁受到神我（Syzygos）一次最重要的启示，这次启示涉及以后摩尼教的基本教义。他宣称自己是继琐罗亚斯德、释迦牟尼、耶稣之后的第四位先知，并试图建立一个拯救人类的世界性宗教。

于是，他与厄勒克塞派决裂，来到泰西封，当时他只有两个追随者，后来他父亲也皈依了他的宗教。摩尼及其少数信徒在波斯北部传教，后来取海路前往印度，使图兰国王皈依了摩尼教。

最初摩尼在祆教影响较弱的梅克兰、图兰和信德一带传教，并建立教团。242 年，摩尼赢得了波斯萨珊王朝国王沙卜尔（Shapur）的支持，沙卜尔给了摩尼书面文件，准许他和他的信徒在帝国范围内任何地方旅行和传教。摩尼教在波斯境内迅速传播。

波斯王巴赫拉姆一世（Vahrām I）即位后，受琐罗亚斯德教教主科德（Kirdir）的影响，改变了对摩尼教宽容的政策，开始限制和排挤摩尼教。巴赫拉姆二世（Vahrām II）在 277 年将摩尼投入监狱杀害，摩尼教经典大量被毁，教徒惨遭屠杀，幸存者纷纷逃亡各地。摩尼教虽然无法在波斯国内立足，却在波斯以外的地区得到了广泛传播，较短的时期内，在阿塞拜疆、小亚细亚、中亚、北非等广大地区建立了教团，并进一步向西传入欧洲各地，向东传入中国和印度，成了跨亚、非、欧三大洲，并具有世界性影响的宗教。

摩尼教与以前的琐罗亚斯德教、犹太教、基督教、佛教等宗教的不同之处是，其他宗教的创始者没有亲自写定经典，以至于继承者莫衷一是，而摩尼在有生之年就写定经典，使继承者有典可依。敦煌出土的汉文《摩尼光佛教法仪略》列举了摩尼教 7 部大经及 1 部图集，即《彻尽万法根源智经》（《生之福音》或《大福音书》）《净命宝藏经》（《生命之宝藏》）《律藏经》（或称《药藏经》《书信》）《秘密法藏经》（《秘密书》）《证明过去经》（《专题论文》）《大力士经》（《巨人书》）《赞愿经》（《诗篇和祈祷书》）《大二宗图》（《图集》）。上述 7 部大经是摩尼亲自用古叙利亚文书写的。此外，阿拉伯史料把摩尼题献给沙卜尔一世的《沙卜拉干》也列为经典，它应该就是延载元年（694）传入中国的《二宗经》。除了摩尼亲自撰写的上述经典外，摩尼教还遗存了大量文献。摩尼教的文献使用过叙利亚文、中古波斯文、帕提亚文、粟特文、汉文、回鹘文、希腊文、拉丁文、科普特文等 10 余种文字。

摩尼教是在 3 世纪末沿着丝绸之路向东方传播的，在新疆吐鲁番发现的摩尼教残片文书中，除了古突厥语文书外，还有中古波斯文、帕提亚文、粟特文、大夏文、乙种吐火罗文等各种文字的文书，表明古代中亚的许多民族曾流行摩尼教。关于摩尼教，中国最初的记载是玄奘的《大唐西域记》。该书在叙述波剌斯国时说："天祠甚多，提那跋外道之徒为所宗也。"据沙畹解释，提那跋便是摩尼教的 Denavari。

最晚在唐高宗时代，摩尼教就已传入中国内地。据宋代僧人志磐《佛祖统纪》卷三九记载："延载元年，波斯国人拂多诞（西海大秦国人）持《二宗经》伪教来朝。"明代何光远在《闽书》中也称，摩尼在波斯灭度之后，"以其法属上首慕阇。慕阇当唐高宗朝行教中国。至武则天时，慕阇高弟密乌没斯拂多诞复入见，群僧妒譖，互相击难。则天悦其说，留使课经"。《闽书》虽然时间晚出，但与《佛祖统纪》出自同一史源，且内容更为详尽，可补后者的阙略。慕阇与拂多诞是摩尼教对高级僧侣的专称，据摩尼教经典《摩尼光佛教法仪略》记载，慕阇为第一等，意为"承法教道者"，拂多诞为第二等，意为"侍法者"。

蒋斧在所著的《摩尼教流行中国考略》一文中，据《长安志》中关于隋开皇四年（584）立有光明寺的记载，认为摩尼教传入中国的时间应在北周、隋之间。伯希和、沙畹则以为"694 年摩尼教由一所谓拂多诞输入中国"[1]。陈垣根据《佛祖统记》推断"摩尼教之始通中国，以现在所见，莫先于《佛祖统记》所载之唐武后延载元年"[2]。日本学者羽田亨认为："摩尼教从楚河更东渐传入天山南路之西域，应在中国的则天武后延载元年以前。"[3] 林梅村引用唐人所著《灵鬼志》上的一段关于太元十二年白衣道士的记载，认为东晋孝武帝太元十二年（387）是目前所知摩尼教传入中国的最早记录。[4]

关于摩尼教传入中国的具体时间，学术界尚没有一致的意见。但在武则天时，摩尼教教义已得到了最高统治者的赞许，得以在内地合法传播，因此可以认为，此前摩尼教在中国民间应该已经有了一定的基础或者影响。《册府元龟·外臣部·朝贡四》记载，玄宗开元七年（719），吐火罗国与大食、康

---

① ［法］伯希和、沙畹：《摩尼教流行中国考》，冯秉钧译：《西域南海史地考证译丛》第 2 卷第 8 编，中华书局 1995 年版，第 43 页。

② 陈垣：《陈垣学术论文集》第 1 集，中华书局 1980 年版，第 329 页。

③ ［日］羽田亨著，耿世明译：《西域文化史》，福建人民出版社 1981 年版，第 59 页。

④ 参见林梅村：《英山毕昇碑与淮南摩尼教》，《汉唐西域与中国文明》，文物出版社 1998 年版，第 393 页。

国、南天竺国等派遣使团来到唐朝，吐火罗国支汗那王帝赊向唐玄宗上表，献解慕阇，"其人智慧幽深，问无不知。伏乞天恩，唤取慕，亲问臣等事意及诸教法，知其人有如此之艺能。望请令其供奉，并置一法堂，依本教供奉"。

精通天文，只是为传播教义服务的一种辅助手段。早在武则天时，摩尼教的合法地位就已得到唐朝最高统治者的确认，并将拂多诞留在朝廷"课经"。但过了25年之后，吐火罗国仍然以慕阇精通天文为由，请求唐玄宗垂询摩尼教法，并设置法堂，表明在此期间摩尼教在唐朝廷的影响不是很广泛。

20世纪初在敦煌莫高窟发现的3部汉文摩尼教残经之一的《摩尼光佛教法仪略》，其标题后署"开元十九年六月八日，大德拂多诞奉诏集贤院译"。731年摩尼教拂多诞奉玄宗诏令于集贤院撰成《摩尼光佛教法仪略》，主要是介绍摩尼教的创教者、经典、教仪和教规等，说明这时朝廷对摩尼教是认可的。

与祆教不同，摩尼教具有开放的性质，在东传过程中逐渐吸收了佛教的一些因素。"摩尼"一词系从佛典中借来，东晋《观佛三昧海经》提到"摩尼光佛"，这里的"摩尼"原指珠宝美玉，与波斯人Mani无关，后来中国教徒借用来称自己的教主。开元十九年（731）由入唐摩尼教徒编撰的《摩尼光佛教法仪略》中专列的《寺宇仪》一节，记载了摩尼教寺院仪规，表明东方摩尼教设有寺院，寺院有"专知法事""专知奖劝""专知供施"的3名"尊首"，并设有经图堂、斋讲堂、礼忏堂、教授堂、病僧堂等5堂。这一套较为完备的寺院制度，明显受到了佛教的影响。此外，摩尼教经典中有大量佛教词汇，如善知识、业轮、生死海、功德、金刚、如来等，甚至教主"摩尼"也被冠以"摩尼光佛"的称号。

对佛教因素的吸纳，大大便利了摩尼教在民间的传播。《佛祖统纪》介绍了中国人理解的摩尼教教义和中国民众的信奉程度，说："此魔教邪法，愚民易于渐染……二宗者，谓男女不嫁娶，互持不语，病不服药，死则裸葬等……其法不茹荤饮酒，昼寝夜兴，以香为信，阴相交结，称为善友……其说以天下禅人但传卢行者（禅宗创始人慧能）十二部假禅，若吾徒即是真禅……或问终何所归，则曰不生天，不入地，不求佛，不涉余途……如此魔教，愚民皆乐为其徒，以不杀、不饮、不荤辛为至严。"

但是，《摩尼光佛教法仪略》完成的第二年，即开元二十年（732），唐玄宗颁布敕令，禁止摩尼教在民间传播，称："末摩尼法，本是邪见，妄称佛教，诳惑黎元，宜严加禁断。以其西胡等既是乡法，当身自行，不须科罪者。"陈垣分析这条记载说："开元二十年，去延载元年才三十八年。此三十八年间，其教之流行，已有明令禁止之价值，其盛可想。曰'妄称佛教'者，以其所翻经典，常有佛典通用术语也。曰'诳惑黎元'，则中国人已有信奉之者矣。"[1] 有学者认为，有可能是玄宗在佛僧的挑唆下，不能容忍"本是邪见"的摩尼教堂而皇之地用佛教外衣来掩盖其"邪恶"本质，最终下诏禁断。在玄宗的诏令中，虽没有禁止居住在唐朝境内的"西胡"信奉摩尼教，但是摩尼教在内地民间传播的势头受到了扼制。

2．回纥与摩尼教在中国的兴衰

玄宗禁断摩尼教后，摩尼教在中国的活动渐入沉寂。但在安史之乱以后，摩尼教借助回纥的力量，在唐朝境内再度兴盛起来。

安史之乱爆发后，玄宗逃往成都，肃宗继位于灵武，与回纥和亲修好。回纥发兵，助唐收复西京与东京，在与唐朝的交往中逐渐处于优势的地位。

汉文史籍中的回纥族先民可追溯至前3世纪北方游牧民族丁零，以及后来的高车、狄历、敕勒，甚至远古塔里木盆地的原始土著居民。后来由于各种原因，先民的名称表述在每一个历史阶段多次易变，如：北魏时的袁纥、乌护，隋时的韦纥，唐时的回纥、回鹘，元明时的畏兀儿、回回和明朝后期的维吾尔等。长期以来，丝绸之路贸易是回纥汗国经济生活的一项重要内容。回纥人将北方草原出产的马匹以及珊瑚、翡翠、琥珀、琉璃器、象牙、香药等西方出产的物品带到唐朝，同时又将以纺织品为主的唐朝特产转贩往西方，从唐朝输往回纥的绢帛有时一年竟达上百万匹之多。回纥进行的东西方贸易，主要掌握在粟特胡商手中。史称"始回纥至中国，常参以九姓胡，往往留京师，至千人，居赀殖产甚厚"（《新唐书·张广晟传》）。这反映了当时粟特商人在回纥汗国内兴贩贸易的状况。

回纥汗国内大批的粟特人对回纥经济活动和政治生活产生了重大影响，同时也将摩尼教带入了回纥汗国。据蒙古人民共和国境内发现的《九姓回鹘可汗碑》记载，762年，回纥汗国第三代君主牟羽可汗出兵协助唐肃宗平叛，

---

① 陈垣：《陈垣学术论文集》第1集，中华书局1980年版，第397页。

击败史朝义，占领洛阳，受西胡摩尼法师教化，改信摩尼教。763 年牟羽可汗归国时带回 4 个摩尼教法师。原来回纥人是信奉萨满教的。这 4 位摩尼师经过几天的辩论，战胜萨满教，而促使回纥人逐步信奉摩尼教，所以，回纥民间应该已有一定的摩尼信仰基础。

随着回纥汗国封建化进程的加深和粟特人经济地位的提高，摩尼教很快就发展成了回纥的国教。据《九姓回鹘可汗碑》记载，回纥在接受摩尼教后，"熏血异俗，化为茹饭之乡；宰杀邦家，变为劝善之国"，社会生活习俗发生了较大的变化。摩尼教徒们为了译经创造了一种以粟特字母为基础的文字体系，它使回纥人在西域诸民族中荣享"卓越书记官"的美名。更为重要的是，此时回纥社会经济的发展，已由畜牧业逐渐转向农业，由不定居转向半定居，摩尼僧还常和可汗议政。在经济方面，他们和"九姓胡"帮助回纥贵族经商求利。在与信仰摩尼教的粟特人打交道的过程中，回纥人也学到了经商的本领，成了商贸活动中的一支积极力量。勒内·格鲁塞指出："随着摩尼教一起传入回纥的有基督教、马兹达哲学、伊朗艺术，摩尼教的传入必然对回纥的文明做出贡献。"①

回纥因帮助唐朝平叛，恃功而骄，而摩尼教也借助回纥的力量在内地再度流传。"回纥在唐朝的使者们把他们自己视为已经建起的、或仍在筹建中的中国摩尼教团的保护者。"② 由于唐与回纥的特殊关系，代宗大历三年（768），唐朝应回纥可汗之请，允许居留长安的回纥摩尼教信徒建大云光明寺传教。唐人李肇《唐国史补》卷下清楚地说明了摩尼教得以在京师立寺的原因："回鹘常与摩尼议政，故京师为之立寺。其法曰：'晚乃食，敬水而茹荤，不饮乳酪。'其大摩尼数年一易，往来中国，小者年转。江岭西市商胡驼橐，其源生于回鹘有功也。"

大历六年（771），回纥"请于荆、扬、洪、越等州置大云光明寺，其徒白衣白冠"。元和二年（807），回纥使者又请于河南府、太原府置摩尼寺 3 所。于是在两京之外，北自太原，南至南昌、绍兴（后至岭南）有摩尼寺。《新唐书·常衮传》说："有战功者，得留京师，虏性易骄，后乃创邸第、佛

---

① ［法］勒内·格鲁塞著，蓝琪译：《草原帝国》，商务印书馆 1998 年版，第 163 页。

② ［法］勒内·格鲁塞著，蓝琪译：《草原帝国》，商务印书馆 1998 年版，第 163 页。

祠。"后唐天成四年（929），太原"奏葬摩尼和尚，摩尼，回鹘之佛师也"。正是因为回纥人的作用，摩尼教成为唐代外来宗教中除佛教外流行最广的宗教。元和、长庆年间，摩尼教僧侣常与回纥可汗议政，作为回纥的官方代表出使唐朝，势力已延伸到政治层面。

这一时期摩尼教对寺址的选择，也可反映出回纥境内的摩尼教与九姓商胡的密切关系。唐朝北方尤其是东西二京长安、洛阳和北都太原遭到战乱的破坏，摩尼教徒在为寺院选址时多避开这些大城市，而选择经济繁荣的南方城市。他们首先选择在江淮流域商业活动最繁荣的荆州、扬州、洪州、越州等地建寺，这些地区不仅是最著名的商业都会，而且多以对外贸易繁荣著称，寺址的选择显然与从事商业贸易有关。部分摩尼教徒也从事商业活动，"摩尼至京师，岁往来西市，商贾颇与囊橐为奸"（《旧唐书·回鹘传》）。《佛祖统纪》卷四八引《夷坚志》说，唐代摩尼教徒"复假称白乐天诗云：'静览苏邻传，摩尼道可惊。二宗陈寂默，五佛继光明。日月为资敬，乾坤认所生。若论斋洁志，释子好各名。'以此八句，表于经首"。

回纥衰亡之后，摩尼教的传播受到严重影响。李德裕在起草的答复回纥请求唐朝提供粮食和牛羊的书信中，谈到了摩尼教的传播及其式微的过程："摩尼教，天宝以前，中国禁断。自累朝缘回鹘敬信，始许兴行。江淮数镇，皆令阐教。近各得本道申奏，缘自闻回鹘破亡，奉法者因兹懈怠，蕃僧在彼，稍似无依。吴楚水乡，人性嚣薄，信心既去，翕习至难。且佛是大师，尚随缘行教，与苍生缘尽，终不力为。朕深念异国远僧，欲其安堵，且令于两都及大原信向处行教。其江淮诸寺权停，待回鹘本土安宁，即却令如旧。"（《赐回鹘可汗书意》）

由于摩尼教徒与回纥政权的关系极其密切，故它在中原地区的境遇也随着回纥政权的盛衰而兴旺和凋敝。

840 年，漠北回纥汗国被黠戛斯人所灭。回纥可汗在从中国撤兵时，要求唐室"安存摩尼"。但在会昌二年（842），唐朝就封闭荆、扬、洪、越等州的摩尼寺。会昌三年（843），唐武宗毁佛时，更进一步禁断摩尼教，长安、洛阳、太原的摩尼寺产全部没收，废除寺院，焚毁经像，摩尼师或殉教而死，或配流诸道。圆仁叙述自己亲历的情况时说：会昌三年"四月中旬，敕下，令煞（杀）天下摩尼师，剃发，令着袈裟，作沙门形而煞之"。伯希和、沙畹认为："真正的摩尼教，质言之，大摩尼师自外来所传布之教，已灭于843年之敕。尚存者为已改之摩尼教，华化之摩尼教耳。"①

3. 摩尼教的中国化：吃菜事魔和明教

会昌禁断摩尼教后，传入中国的摩尼教与中亚地区的摩尼教团失去了联系。尽管摩尼教遭受重大打击，但是其气息未断，许多经书、画像尚存，于是摩尼教在民间还可自行传习，但是那时的摩尼教是经过改装、掩饰了的。内地的摩尼教分为两途：一种转向地下，与中国历史上传统的秘密结社和佛教异端合流，在下层普通民众中流布，与其他民间秘密结社和异端一起，逐渐演变为一种秘密宗教；另一种则继承和保持了摩尼教的寺院制度，采取了"道化"或"佛化"的形式，远离尘世，在寺院中修行摩尼之法。林悟殊指出："当时在华摩尼教已上下两层分化，上层演化成寺院式摩尼教，依托佛道；下层走入民间，与民间的秘密结社相结合。不管是哪一种形式，都或多或少地保存着摩尼教的某些特征。"② 但是，正如林悟殊所认为的那样，唐之后的明教是华化了的摩尼教，是在中国扎根日深的摩尼教。伯希和和沙畹则更明确地指出，唐代的摩尼教是"真正之摩尼教"，会昌禁断摩尼教之后再度流传的摩尼教则是"华化之摩尼教"。

会昌禁断摩尼教时，摩尼教被取缔，教徒受到迫害，寺院被封闭，财产被没收，教徒们四处逃散。宋通慧《僧史略》说："武宗会昌三年，敕天下摩尼寺并废入官。京城女摩尼七十二人死。及在此国。回纥诸摩尼等配流诸道。死者大半。五年再敕。大秦穆护火祆等二千余人并勒还俗。然而未尽根荄，时分蔓衍。"

会昌禁断摩尼教时逃脱了的摩尼教呼禄法师来到福建，大概属于"时分蔓衍"之一部分，使福建成为摩尼教在中国南方继续传播的主要源头。《闽书·方域志》记载："会昌中，汰僧，明教在汰中。有呼禄法师者，来入福唐，授侣三山，游方泉郡，卒葬郡北山下。至道中，怀安士人李廷裕，得佛像于京师卜肆，鬻以五十千钱，而瑞相遂入闽中。真宗朝，闽士人林世长，

---

① ［法］伯希和、沙畹：《摩尼教流行中国考》，冯秉钧译：《西域南海史地考证译丛》第2卷第8编，中华书局1995年版，第80页。

② 林悟殊：《中古三夷教辩证》，中华书局2005年版，第81页。

取其经以进，授福州文学。"

这段记载基本上说清楚了会昌禁断摩尼教之后摩尼教流传的情况，即由"呼禄法师"传入福建泉州。"呼禄"二字，据英国学者刘南强（Samuel N. C. Lieu）的考证，是中古波斯语"xrwhxw'n"的音译，该词作"传教师"解。如果是这样，则可证明该法师原是西域来的摩尼教团成员。蔡鸿生指出："呼禄法师的流亡，导致摩尼教再生。经过他的'授侣'和'游方'，神道化的'明教'终于在福建民间出现了。"① 据考，呼禄法师墓在泉州清源山北峰环清埔任村西小山丘"五庵埔"（墓庵埔），原来墓边有庵，墓前有石碑、石塔。还有一高约2米、宽1米的大石碑。

五代时期，摩尼教得到秘密传播，在民间还是有一定影响的。五代南唐名臣徐铉著有《稽神录》一书，其中《清源都将》一文提到泉州的明教，其内容大致是：清源都将杨某家中闹鬼，请女巫制鬼无效，"后有善作魔法者，名曰明教，请为持经一宿。鬼乃唾骂某而去"。某户人家患流行病，被视为鬼在作祟，因而召巫作法，这都是福建传统巫觋文化的典型观念。然而，在一女巫法术失灵的背景下，主人请来了明教法师，念了一夜经，终于将鬼驱走。可见，在福建百姓看来，明教法师是更好的"巫师"。

《僧史略》有一段记载了摩尼教遭到镇压以及秘密传播的情况，可以了解晚唐五代摩尼教在中原的传播规模："梁贞明六年，陈州末尼党类立毋乙为天子。发兵讨之。生擒毋乙。余党械送阙下，斩于都市。初陈州里俗喜习左道，依浮图之教，自立一宗，号上上乘，不食荤茹，诱化庸民，糅杂淫秽，宵集昼散。因刺史惠王友能动多不法，由是妖贼啸聚，累讨未平。及贞明中，诛斩方尽。后唐石晋时，复潜兴。推一人为主，百事禀从。或画一魔王踞座佛为其洗足，云佛止大乘，此乃上上乘也。盖影傍佛教，所谓相似道也。或有比丘，为饥冻故，往往随之效利。"

宋代，摩尼教已完全汉化并演变为明教，或称明尊教。北宋至道中，怀安士人李廷裕在京城开封一家卜筮商店里用50千钱买到了一尊摩尼像，从此摩尼像就在福建流传开了。《佛祖统纪》卷四八说："吃菜事魔，三山尤炽。为首者紫帽宽衫，妇人黑冠白服，称为明教会。"同书卷五四记载："今摩尼

---

① 蔡鸿生：《中外交流史事考述》，大象出版社2007年版，第193页。

尚扇于三山。"同书还引述洪迈《夷坚志》说："吃菜事魔，三山尤炽，称为明教会。所事佛衣白，又名末摩尼。其经名二宗三际，其持修者，正午一食，以七时作礼。"宋代明教将原摩尼教教义要旨简单地归纳为"清净、光明、大力、智慧"八个字，这样做迎合了民间的需要，更好地发挥了其追求光明、善良、俭朴、友爱的道德观念，因而颇得人心。而广大民众也希望借助该信仰和组织，摆脱自己的现实苦难，所以该教在社会下层流传甚炽。教名也有了多种别称，除浙江称摩尼教、福建称明教外，据陆游《渭南文集·条对状》记载，淮南称"二桧子"，江东称"四果"，江西称"金刚禅"，福建又称"揭谛斋"等。

林悟殊认为，宋代东南沿海流行的明教，是由唐代北方流行的摩尼教一脉相传下来，但它比唐代摩尼教更加汉化，更加结合中国的传统信仰和崇拜，更加被汉人视为自己的宗教。他论证说："明教"一词是根据摩尼教崇拜光明的教义而作的意译，而"末尼"之类的称呼则是外来语言的音译。唐武宗时的灭佛，把来自西域的摩尼教教师驱逐殆尽，从此之后，在中国内地流行的摩尼教，已与中亚摩尼教团失去组织上的联系，只能在汉人中自行传播。摩尼教作为一种外来的宗教，失去与国外教团的组织联系，且有随时遭到迫害的可能，这就迫使它大大加速汉化的进程，以便更深入地进行民间传播。[1] 蔡鸿生则认为："在流亡中再生的摩尼教，通过走向民间而实现自我转型。五花八门的经、文、论、曲，被释门正统视为歪门左道。从宗教文化方面来观察，其偶像、斋品、葬仪和会众，确实出现了地域性的变异。"[2]

摩尼教团多采用秘密结社形式，他们修持极严，坚持素食，礼俗上"朝拜日，夕拜月""教阐明宗，用除暗惑"，世人习惯上则多将之概括为"吃菜事魔"。明教徒的特点是每年正月内，取历中密日（星期天）聚集侍者、听者等，所念经文及画像有《证明经》《图经》《日光偈》《广大忏》《妙水佛帧》《先意佛帧》《夷数佛帧》《四天王帧》等。关于明教会的规矩和内部组织，南宋闽中著名道士白玉蟾在《海琼白真人语录》中说："彼之教有一禁戒，且云尽大地山河草木水火，皆是毗卢遮那法身，所以不敢践履，不敢举动。然

---

① 林悟殊：《中古三夷教辩证》，中华书局 2005 年版，第 412 页。

② 蔡鸿生：《中外交流史事考述》，大象出版社 2007 年版，第 194 页。

虽如是，却是在毗卢遮那佛身外面立地，且如持八斋、礼五方，不过教戒使之然尔。其教中一曰天王，二曰明使，三曰灵相土地，以主其教。大要在乎'清净、光明、大力、智慧'八字而已。然此八字，无出乎心，今人着相修行，而欲尽此八字，可乎？况曰：明教而且自昧。"

《宋会要辑稿·刑法二》记载："今来明教行者，多于所居乡村，建立屋宇，号为斋堂，如温州共有四十余处，并是私建无名额佛堂。明教之人所念经文，及绘画佛像，号曰《讫思经》《证明经》《太子下生经》……已上等经佛号，即于释经藏并无明文记载，皆是妄诞妖怪之言，多引尔时明尊之事，与道释经文不同。至于字音又能辨认，委是狂妄之人，伪造言辞，诳愚惑众，上僭天王太子之号。"

北宋真宗时，令枢密使王钦若校定道藏。摩尼教徒重赂《道藏》主编者，致使摩尼教经典被编入《道藏》。《佛祖统纪》卷四八引《夷坚志》说："其经名二宗三际。二宗者，明与暗也；三际者，过去、未来、现在也。大中祥符兴《道藏》，富人林世长赂主者，使编入《藏》，安于亳州明道宫。"此外，据陆游《老学庵笔记》和黄震《黄氏日抄》，宋代一再有将摩尼经编入《道藏》之事发生。《老学庵笔记》卷一〇说："闽中有习左道者，谓之明教。亦有明教经，甚多刻版摹印，妄取《道藏》中校定官名衔赘其后。"编入《道藏》的摩尼教经典可能有《老子化胡经》《明使摩尼经》《二宗三际经》等。这种情况说明摩尼教已经在福建获得部分士人的信仰，依托道教，向合法化方向发展。

宋时许多士人知识分子也信奉摩尼教。不过，这些人多站在儒释道的角度，崇尚该教之苦行精神，吸收该教的合理成分，自成一宗。还有许多知识分子，虽不信仰摩尼教，但或多或少地表现出受到了摩尼教的影响。比如北宋曾公亮在浙江当官时，曾与草庵禅师交游，《曾氏族谱》收录有曾氏与明教徒定诸的往来信件，曾赠诗："日日焚香遥顶礼，岁时其待出郊迎。"注说："草堂僧定诸，晋江人，博通内外经典，归隐于青草庵。"初仕泉州、时年24岁的同安县主簿朱熹与同僚们一起往北山谒奠呼禄法师墓时，咏《与诸同僚谒奠北山过白岩小憩》，其诗云：

联车涉修坂，览物穷山川。
疏林泛朝景，翠岭含云烟。

祠殿何沉邃，古木郁苍然。

明灵自安宅，牲酒告恭虔。

肸蚃理潜通，神虬亦蜿蜒。

既欣岁事举，重喜景物妍。

解带憩精庐，尊酌且留连。

纵谈遗名迹，烦虑绝拘牵。

迅暑谅难留，归轸忽已骞。

苍苍暮色起，反旆东城阡。

从诗中可以窥见青年朱熹对呼禄法师的景仰。但是，从事宗教修持的知识教徒毕竟是少数，摩尼教徒的主力还是下层百姓。有一些摩尼寺庙已经完全道观化，外人难以分辨。

但是，摩尼教经常被指斥为鼓动叛乱的邪教。《僧史略》把梁贞明六年（920）陈州毋乙叛乱以及后唐、后晋时的相关叛乱归罪于“末尼党类”。江浙和福建这一海滨地带的农民运动，也确有广泛地利用摩尼教的成分。影响较大者有王念经的衢州起义和东阳县、信州贵溪的“魔贼”起义等。宣和二年（1120）方腊发动大规模农民起义，统治者大为震惊，严厉镇压各种宗教结社，重立禁约，止绝江浙“吃菜事魔”之徒，连带根究温州明教，毁拆其斋堂，惩办为首之人，悬赏奖励告发。有的官员常把明教与其他宗教结社并列，视之为邪教。陆游在绍兴三十二年（1162）写的《条对状》中说道：时“妖幻之人”，名目繁多，并说：“淮南谓之二桧、子，两浙谓之牟尼教，江东谓之四果，江西谓之金刚禅，福建谓之明教、揭谛斋之类，名号不一，明教尤盛。至有秀才、吏人、军兵亦相传习。其神号曰明使，又有肉佛、骨佛、血佛等号。白衣乌帽，所在成社。伪经妖像，至于刻板流布，假借政和中道官程若清等为校勘，福州知州黄裳为监雕。”

陆游还称：“近岁之方腊皆是类也。”要求加以严惩，多张晓示，限期自首，限期满后悬赏搜捕，焚毁经文版印，流放传写刊印明教等妖妄经文者。

元朝允许在传统的明教信徒聚居地区造庵奉祀公开活动，以示优容，但要派政府官员严加管束，以防越轨。元代在泉州就设有管理明教和秦教（即景教）的管领。《马可·波罗游记》记载：马可·波罗在福州访问过一伙与世无争的教徒，他们不信奉基督教，不事火，不是偶像崇拜者（即佛教徒），也不崇拜穆罕默德，人们不知他们所属何教，马可·波罗在对他们进行访问，并参观他们的壁画、经卷后，判定他们为基督徒，建议他们北上向忽必烈争取合法地位。经过他们的一番努力，大汗允许他们归于基督教管辖。有学者认为他们就是摩尼教徒。20世纪50年代吴文良和庄为玑在泉州发现了一块元代墓碑，其中的汉文碑文如下："管理江南诸路明教、秦教等，也里可温，马里失里门，阿必思古八，马里哈昔牙。皇庆二年岁在癸丑八月十五日，贴迷答扫马等，泣血谨志。"

刘南强及其夫人朱迪思（Judith）解读了此碑，认为"马里哈昔牙"为叙利亚语"Mari Hasia"音译，意为"最尊敬的"，"马里失里门"为人名，"阿必思古八"是主教，"也里可温"是景教（秦教）。全文为"献给江南诸路的明教、景教的管领者，最尊敬的基督教主教马里失里门"。此碑的记载与《马可·波罗游记》互相印证，说明明教在元代是合法存在的。但元朝统治者对于在民间暗地里聚众结社的"吃菜事魔"活动明令取缔。元朝末期，摩尼教、弥勒教、白莲教等民间教派迅速发展，互相融合，最后酿成了红巾军起义。起义军公开以"弥勒降生，明王出世"的谶语箴言为口号，自称"魔兵"，由此可见摩尼教对红巾军的深刻影响。在这种社会背景之下，泉州民间仍继续建寺，在至元五年（1339）合力重建草庵寺，故《闽书》说："山背之麓有草庵，元时物也，祀摩尼佛。"

在泉州晋江县华表山麓，有元代摩尼教草庵遗址，寺的背后依托一块巨石为墙，巨石上有一块高1.52米、宽0.83米的巨形浮雕，其主题为一座趺坐的摩尼佛像。它与通常的佛像有明显的区别，主人公长发披肩，额下有须。佛像边有两条元代石刻："谢店市信士陈真泽，善舍本师圣像，祈荐考妣早生佛地者，至元五年戊月□日记。""兴化路罗山境姚兴祖奉舍石室一院，祈荐先君正卿妣三十三□。妣郭氏五六、大孺继母黄十三娘、先兄姚月早生□界者。"由此可知，这是元代两位摩尼教信徒创建的的摩尼寺。庵前的摩崖石刻刻着"劝念：清净、光明、大力、智慧，无上至真摩尼光佛。正统乙丑年九月十三日，住山弟子明书立"。正统是明代第六代皇帝英宗的年号，可见，摩尼教在明代尚延续很长时间。

在福建还发现了一些有关内容的石碑。另外，民国《平阳县志》中有孔克表的《选真寺记》，其中写道："选真寺，为苏邻国之教者宅焉。"地点在

"平阳郭南行百十里，有山曰鹏山"。

元代陈高《不系舟渔集·竹西楼记》记载了温州平阳潜光院的情况："潜光院者，明教浮图之宇也。明教之始，相传以为自苏邻国流入中土，瓯闽人多奉之。其徒斋戒持律颇严谨，日一食，昼夜七时咏膜拜。……乡之能文之士若章君庆、何君岳、林君齐、郑君弼，咸赋诗以歌咏之，斯楼之美与竹之幽，固不待言而知矣。石心修为之暇，游息于是。……石心素儒家子，幼诵六艺百氏之书，趋淡泊而习高尚，故能不汩于尘俗而逃夫虚空，其学明教之学者，盖亦托其迹而隐焉者欤。若其孤介之质，清修之操，真可以无愧于竹哉。"

潜光院以道观面目出现，实际上是明教庙宇。针对陈高的这篇文章，刘铭恕指出："这篇文章除了对元代摩尼教的川西地区及其教仪有所说明外，更特别指出当时平阳海滨，有一摩尼教寺院之潜光院的存在。潜光院之名称，不消说是由于摩尼教的崇尚光明而引起的，犹若此教之别名，称作明教。是宋代传习魔教较盛的浙东，至元代末季，仍有其寺院之存在。"① 林悟殊分析陈高的这个记载说："元代陈高所看到的温州潜光院，确是华化摩尼教的寺院，这所寺院在宋代应已有之，至元代宗教属性依然未变。元代温州民间，仍像宋代那样，广为流行明教。时人咸认为该教乃古昔苏邻国所传入，而非什么新教派。像石心这样的儒家子，竟修为于明教寺院，得到当地文人和陈高的嘉许，这一事实证明时至元代，至少仍有部分人士认同明教的修持方式。元代温州的明教徒仍保持着严格的戒律，不仅坚持素食，且每日仅一餐，惟未必'待施'。寺院明教徒的日常功课仍然坚持昼夜七时礼拜，但仪式似乎已简化，惟在摩尼佛偶像面前，静默祈祷；至于直接朝拜日月的传统做法，则似乎淡化了。这些盖为摩尼教因应国情所发生的变化。"②

明太祖洪武初下诏并立法禁止各种异端信仰，其中包括牟尼明尊教（即摩尼教）。浙江按察司金事熊鼎以大明教瞽俗眩世，且名犯国号，奏请没收其财产而驱其众为民。明太祖可能因为这道奏折，嫌明教教门上逼国号，摈其徒，毁其宫。明教只得以更隐蔽、更秘密的形式开展活动。《闽

---

① 刘铭恕：《泉州石刻三跋》，《考古通讯》1958 年第 6 期。

② 林悟殊：《中古三夷教辩证》，中华书局 2005 年版，第 148 页。

书》说:"今民间习其术者,行符咒,名师氏法,不甚显云。"到了清代,许多民间教派,仍或多或少地受到摩尼教的影响,但明教作为一个独立的宗教已经不存在了。

三 景教在中国的传播

1. 唐以前基督教入华的传说

在东西方文化交流史上,对中国文化产生巨大影响的宗教主要有两个,一个是佛教,一个是基督教。佛教在两汉之际传入中国,魏晋南北朝时期已经形成很大的规模,并对中国的宗教、思想文化乃至生活风俗都产生了重大影响。基督教早在唐朝时便已传入中国,但在中国真正形成规模并对中国社会产生影响则是从明清之际,耶稣会士们来华传教开始,直到19世纪大批新教传教士来到中国传教。

按照一般的说法,在历史上,基督教有4次传入中国:首先是唐时传入中国的聂斯脱利派基督教,当时称之为景教;元代传入中国的除聂斯脱利派(景教)以外,还有罗马天主教圣方济各派;第三次在明朝,传入中国的是罗马天主教;而第四次,则指19世纪传入中国的新教。本节所介绍的就是第一次即景教在唐代的进入和流传。

就像佛教的情况一样,关于基督教的传入也有一些传说。这些传说并没有依据,也不可信,但它提供了某些文化交流的信息。

最早提到基督教传入中国的是罗马作家阿诺比尤斯(Arnobius),他在约300年写有《驳异教者论》,他说:"传教工作可以说是遍及印度、赛里斯(Seres)、波斯和米底斯。"这里的"赛里斯"意为"丝国",是罗马时代作家所称呼的产丝的国家即中国。按照他的说法,基督教在3世纪前就已经传入中国了。

16世纪以后,印度流行一种传说:耶稣的十二使徒之一的多马(Thomas)从耶路撒冷东行,在波斯和阿拉伯一带传教。52年,他从亚历山大城出发,经过海路到了印度的南方,后来又从那里到了中国,在京城汗八里布道，并建立了教会。后来他又回到南印度的马拉普。有两个印度婆罗门教徒出于妒忌，将他打死。多马的尸体于 380 年又迁往艾迪沙。马拉普海岸的圣多默教堂迦勒底文圣多默节颂读（《颂读日课》经）夜祷第二篇的一节有："中国人和埃塞俄比亚人是由圣多默感化而皈依真理的。……通过圣多默，天国展翅飞到了中国人那里。"照此传说，多马到中国传教应是东汉明帝年间，这也就是传说中佛教传入中国的年代。多马到过印度传教并在那里殉难，已经世所公认，他一直被认为是美索不达米亚和印度的使徒。但他到过中国传教却并没有充分的依据。已发现的文献只能证明多马宗徒到印度，最远抵伊朗北部传教。印度还有传说称，当保罗在西亚传教时，使徒多马和巴多罗买开始向东方传教，前者在印度，巴多罗买则进而到了中国。历史学家多认为在 2 世纪末之前，基督教才被传到印度西南的马里伯。当时有罗马商业船队从红海出发经阿拉伯、锡兰等地到达马里伯，船上的基督徒商人将福音带到该地。

据 19 世纪法国传教士樊国梁（Pierre Marie Alphonse Favier）《燕京开教略》记载，65 年，罗马皇帝尼禄迫害基督徒；70 年，耶路撒冷被毁，四散逃难的基督徒当中，有部分来到东方，侨居中国。若避难基督徒确将福音传入中国，时间应为东汉明帝永平年间。

东正教人士称，411 年至 415 年之时东正教已传入中国，并将中国划分一大教区。此说同样缺乏中国史籍印证。希腊史学家福勒斯（Seopharnes）说，550 年，东罗马皇帝查士丁尼一世秘派两位东正教士入华，他们在空心手杖内藏蚕卵将蚕卵走私出境。后养蚕事业在查士丁尼的倡导下传入欧洲。这件事在中国蚕丝制造业西传史上很有名，但与西方教士来华传教并没有关系。

樊国梁的《燕京开教略》还提出基督教在三国孙吴时传入一说。明朝洪武年间在江西得大铁十字架，上铸赤乌年号。铁十字架上书："四海庆安澜，铁柱宝光留十字；万民怀大泽，金炉香篆蔼千秋。"假如铁十字架真是基督教遗物，那么可以想见基督教之花在 3 世纪的中国土地上就曾一度开放。有人认为"万民怀大泽"即指耶稣蒙难救世之举。但此铁十字架为"X"型，非教会传统之十字架，没有证据证明这个"十字架"就是基督教的标记。

上述扑朔迷离的零星记载尚无法称为信史，不能被普遍接受。目前公认的中国基督教史的开端，因《大秦景教流行中国碑》的发现而被定为唐代。

英国学者阿·克·穆尔（A.C. Moule）在《1550 年前的中国基督教史》中罗列了大量关于圣多默在中国传教之种种传说的史料，但最终他的结论确是："关于 7 世纪以前有人在中国传播福音之事，似乎只有一条支离破碎的小证据，而且是不足以使人信服的。"接着他又说："但是我们必须满意地承认，公元 635 年中国有景教会（Nestorian Mission），这是我们认识中国基督教的头一个确切的出发点。"①

2. 大秦景教流行中国碑

唐人所称"景教"，就是指基督教聂斯脱利派，这一教派的名称是根据其创始人聂斯脱利的名字命名的。景教在唐代又称"波斯教"或"波斯经教"，后来还有"弥施诃教"或"迷诗诃教"的称呼。在汉文中，"景"有光明和宏大的含义，所以聂斯脱利派的信徒以为教名。在唐代景教文献中，教称景教，教会称景门，教堂称景寺，教主称景尊或景日，教规称景法，教徒称景众，教士称景士，此外还有景风、景力、景福、景命等专门的语词，甚至教徒的名字也多从"景"字，如景净、景福、景通等，可知景教是称呼该教时最常用的名称。

关于命名为"景教"的原因，《大秦景教流行中国碑》记载："真常之道，妙而难名，功用昭彰，强称景教。"就是说其命名是因无法名之的情况而产生，不具任何意义。冯承钧认为当初景教初入中国，不能不定一名称，但西文原音不谐于口，乃取《新约圣经》中"光照"之义，命名为景教②。杨森富认为景教这个名称是基督教唐化的象征。因中国人自古认为景星是一颗瑞应之星，此星一出，即将有明君出现，譬如《列子·汤问》说："景风翔、庆浮云。"就以景星出现来应验商汤这位明君当政。这种象征预兆，也合符《圣经》中耶稣诞生时的记载：当耶稣诞生时，东方有 3 位博士正观测天象，见有一颗晨星从天降落，便循星落方向寻出耶稣诞生的客栈。日本学者佐伯好郎对此分析后提出几点意见：（1）当时弥施诃教徒说弥施诃是世之光，景字第一字义即光明之意；（2）景字通"京"，为日与京二字合成，而"京"

---

① ［英］阿·克·穆尔著，郝镇华译：《1550 年前的中国基督教史》，中华书局 1984 年版，第 30 页。

② 木谦之：《中国版》，人民出版社 1993 年版，第 15 页。

有"大"之意，"鲸"之"京"意味着大鱼，"京都"之"京"亦为大都，故景有大光明之义；（3）对佛教的利用，当时属于佛教密宗特征的"大日教"在长安颇有势力，景教为发展本教势力故加以利用，"大日教"或"日大教"在民众看来易于接受；（4）对道教的利用，道教的主要经典有《黄帝内经景经》，《景经》与景教相似，可以给予暗示。

关于景教在中国的传播，首先要说到大秦景教流行中国碑（以下简称景教碑）。

景教碑是一座记述景教在唐代流传情况的石碑。此碑于唐建中二年（781）二月四日由波斯传教士伊斯（Yazdhozid）建立于大秦寺的院中。碑文由波斯传教士景净撰写，朝议郎前行台州司参军吕秀岩书并题额。景净是来自波斯的叙利亚人，但生长在唐朝，中文很好，他帮助一位中国僧人翻译佛经《六波罗蜜经》。景教碑碑体为黑色石灰岩，碑身高197厘米，下有龟座，全高279厘米，碑身上宽92.5厘米，下宽102厘米，正面刻着"景教流行中国碑颂并序"，上有楷书32行，行书62字，共1780个汉字和数十个叙利亚文字。唐武宗毁佛时，景教一并被禁。随着景教的没落，大秦寺的院落为佛教所用，此碑不知何时失落，也可能在武宗灭佛时被人埋入地下。

明天启五年（1625），景教碑在陕西周至县出土。当地政府把碑抬到长安金胜寺内，竖起来交寺僧保管。清咸丰九年（1859）武林韩泰华重造碑亭，但不久因战乱碑亭被焚毁，碑石暴呈荒郊。1907年陕西巡抚将《景教碑》入藏西安碑林安置。

《大秦景教流行中国碑》全文分3部分。第一部分简略地介绍了景教的基本信仰，包括：天主自有（先先而无元），三位一体（三一妙身），创造宇宙（暗空易而天地开），先造万物后造原祖（匠成万物然立初人），人性本善（素荡之心本无希嗜），魔鬼引诱原祖（娑殚施妄），圣子降生（三一分身），童贞圣母诞生耶稣，天使欢歌（神天宣庆，室女诞圣），东方博士来朝（景宿告祥，波斯睹耀以来贡），救赎（开生灭死，棹慈航以登明宫），耶稣升天（亭午升真），新约二十七卷（经留二十七部），领洗赦原罪（法浴水风，涤浮华以洁虚白），十字架是教友圣号（印持十字），教士一日分七时诵念日课（七时礼赞大庇存亡），每七日行一次祭礼，整治自己的灵魂（七日一荐，洗心反素），等等。① 第二部分为历史内容，详尽地叙述了景教由阿罗本传到长安后 150 年间受到自唐太宗以下六代皇帝优待而发展的经过。唐太宗贞观年间，有一个从波斯来的传教士叫阿罗本，历经跋涉进入中国。他沿着于阗等西域古国、经河西走廊来到京师长安，拜谒了唐太宗，要求在中国传播波斯教。此后唐太宗降旨准许他们传教，景教开始在长安等地传播起来，并得到太宗以下六代皇帝的优礼。《大秦景教流行中国碑》的第三部分是颂词，内容是再次历述序文梗概，用韵文形式表达。

碑文虽系波斯传教士撰写，但他的中文功底极其深厚。清代著名学者董佑诚在《大秦景教流行中国碑跋》中说道："大抵西域清教皆宗佛法，后来更创新奇，灭弃旧教，故或奉阿丹，或奉耶助，而清真寂灭诸旨，则彼此同袭。回回之教出于大秦，欧罗巴之教，复出于回回。碑称三百六十五种，肩随结辙，及真寂、真威、升真、真常、真经，既与回回数相合。"梁廷枏在《耶稣教难入中国说》中，也证实了这种说法："合观诸说，则末尼本同回回，而回回本同景教。"又说："《景教碑》一曰'常然真寂'，再曰'戢隐真威'，三曰'亭午升真'，四曰'真常之道'，五曰'占青云而载真'。其以真立教，最为明晰。而今之清真寺，人称之曰回回堂，其自称则曰真教寺。"

景教碑具有重大的历史价值和学术价值。考古学界有著名的"四大石碑"之说，即：埃及的罗塞塔线形文希腊文双语石碑，西亚死海东岸摩崖的希伯来文碑刻，中美洲阿兹特克文化的授时碑和中国的大秦景教流行中国碑。而无论是保存状况还是学术价值，景教碑都是无可比拟的，因而拥有"众碑之魁"的美称。由于石碑记载了唐代景教传播的详细过程，且具有唯一性，是研究我国古代基督教早期传播必不可少的考据文献，被誉为"中国基督教之昆仑"。此外，它还是研究中西交通、文化艺术交流的珍贵资料，是中西文化交流的重要历史见证。

3. 来华传教士对景教碑的研究与宣传

1582 年，耶稣会士利玛窦到达中国，开始了基督教在华的传教事业，此时较景教碑出土早 43 年。经过几十年的努力，到景教碑被发现的时候，他们的传教事业已经初具规模。景教碑的发现，令在华的传教士们大为兴奋，他

---

① 方豪：《中国天主教史人物传》，宗教文化出版社 2007 年版，第 8 页。

们认为这是"圣教古迹"，于是立即展开了研究和宣传，并将其翻译成西方文字，传播到欧洲。① 景教碑的发现，在当时及以后的几个世纪中，都是宗教界及汉学界所感兴趣的焦点，"一通千年基督教碑的发现，揭示出中国有整整一部基督教史"②。

景教碑出土不久，就被地方当局安置在西安府教外的金胜寺。当时人们并不知道此碑与基督教的关系。当地一个举人、岐阳人张赓虞在北京见过利玛窦，他看到景教碑后，发现景教教义和他从利玛窦那里所听到的相同，因此知道这碑与基督教有关。于是他取了一个碑文的拓本，派人送到杭州的挚友李之藻那里，并致信李之藻："近者长安中掘地所得，名曰'景教流行中国碑颂'。此教未之前闻，其即利氏西泰所传圣教乎？"

李之藻是利玛窦到中国传教后最早接受洗礼的信徒之一，被称为"明末中国天主教三大柱石"之一。他见到景教碑的拓本后，立即表现出极大的兴趣。李之藻将拓片与传教士们一起研究，最终确认这块石碑是我国古代基督教传播的明证。1625 年 4 月 12 日，李之藻撰写了《读景教碑书后》一文，表示碑中所述的景教，即"利氏西泰（利玛窦）所传圣教"，并高兴地说："讵知九百九十年前，此教流行已久，虽世代之废兴不一，乃帝天之景命无渝。"李之藻给《天学初函》题辞时说："天学者，唐称景教，自贞观九年入中国，历千载矣。"此后很多中国信徒纷纷称自己是"景教后学"，称天主教堂为"景教堂"。比如，在景教碑发现后 2 年，耶稣会士邓玉函口授、王徵译绘了《远西奇器图说》，后者署名为"景教后学王徵"。

关于这段经历，阳玛诺在《〈景教流行中国碑颂正诠〉序》中作有详细记录："是碑也，大明天启三年，关中官命启土，于败墙基下获之，奇文古篆，度越近代，置廓外金城寺中。岐阳张公赓虞，拓得一纸，读竟踊跃，即遗同志我存李公之藻，云：'长安掘地所得，名《景教流行中国碑颂》，殆与西学弗异乎？'李公披勘良然，色喜曰：'今而后，中士弗得咎圣教来何暮矣！……'继而玄扈徐公光启，爱其载道之文，并爱其纪文字画，复镌金石，楷

---

① 参见［美］邓恩著，余三乐、石蓉译：《从利玛窦到汤若望——晚明的耶稣会传教士》，上海古籍出版社 2003 年版，第 179 页。

② ［法］沙百里著，耿昇译：《中国基督徒史》，中国社会科学出版社 1998 年版，第 3 页。

摹千古。"①

美国学者邓恩（George H. Dunn）指出："在中国的耶稣会士完全清楚这个发现的价值。对他们来说，景教碑的发现其主要的价值在于对他们传教的影响。中国人一直反对天主教的理由之一就是它是新生的宗教。在中国，旧的事物有着更高的价值，这种看法要胜于世界的任何地方。"②

景教碑系基督教碑石的消息传出之后，立即引起极大的轰动。就在 1625 年 4 月，法国传教士金尼阁乘前往三原为王徵一家施洗之便，在西安参观了景教碑，成为见到景教碑的第一个外国人。此后不久，金尼阁将景教碑碑文译成拉丁文寄往欧洲。3 年后，葡萄牙传教士曾德昭来西安开设教堂，对景教碑进行了详细的考察与研究，将碑文译文和考察情况写入他的著作《大中国志》，向欧洲人详细、全面地报告了此事，引发了欧洲各国宗教人士和学者对中国的强烈兴趣。此后，景教碑碑文被陆续译成意大利文、法文、英文、日文等多种文字，传到世界各地，学者争相研究。方豪认为："犹太教与唐景教之传入中国，实开研究中西交通史之端绪。"③

1667 年，德国东方学者基歇尔（Athanasius Kircher）在阿姆斯特丹出版了《中国图说》一书。他将曾德昭关于景教碑的报道以及 1631 年的意大利文译本和一些新的材料，尤其是波兰传教士卜弥格所提供的材料，综合后译成拉丁文本，并列入《中国图说》发表。在《中国图说》中，基歇尔把曾德昭《大中国志》中关于景教碑的报道做了详细的摘录，并说曾德昭把"一个完全的拓印本送给了我"。这说明曾德昭到罗马时已将拓本带给了他。他还说卫匡国回到罗马时当面"向我解释碑文"，他在书中详细摘录卫匡国《中国新地图集》的部分内容。基歇尔还在书中全文载登了卜弥格关于景教碑的通信。

卜弥格明确地说，他是该碑文的"目睹者"，他手中有关于"碑文的最准确的复印件"。在卜弥格回欧洲期间，有一位叫陈安德（Cheng An-te-lo）的中国青年与之同行。在卜弥格与基歇尔见面的时候，陈安德也在场。他们应基歇尔的要求，依据顺治元年（1644）刻印的本子，将 1625 年在西安附近发

① 徐宗泽：《明清间耶稣会士译著提要》，中华书局 1989 年版，第 231 页。

② ［美］邓恩著，余三乐、石蓉译：《从利玛窦到汤若望——晚明的耶稣会传教士》，上海古籍出版社 2003 年版，第 179 页。

③ 方豪：《中西交通史》上卷，上海人民出版社 2008 年版，第 6 页。

现的景教碑，从中文直接翻译成拉丁文。这个译文刊载在《中国图说》中。

基歇尔对碑文的介绍分为 3 部分。第一部分对碑文逐字进行拉丁字母注音；第二部分对碑文做逐字地解释；第三部分是对碑文做系统整体翻译。这是欧洲第一次发表如此长的中文文献。雷慕莎说，基歇尔所公布的卜弥格的这个碑文全文"迄今为兹，是为欧洲刊行的最长汉文文字，非深通汉文者不足以辨之"。对景教碑碑文的注音和释义的工作是卜弥格和他的助手陈安德做的，基歇尔在书中也说得很清楚，他说："最后到来的是卜弥格神父，他把这个纪念碑最准确的说明带给我，他纠正了我中文手稿中的所有的错误。在我面前，他对碑文又做了新的、详细而且精确的直译，这得益于他的同伴中国人陈安德的帮助，陈安德精通语言。他也在下面的'读者前言'中对整个事情留下一个报道，这个报道恰当地叙述了事件经过和发生的值得注意的每个细节。获得了卜弥格的允许，我认为在这里应把它包括进去，作为永久性的、内容丰富的证明。"①

卜弥格将碑文的中文全文从左到右一共分为 29 行，每一行从上到下按字的顺序标出序号，每行有 45 至 60 个不等的汉字。碑文共有 1561 个汉字。这样碑文中的中文就全部都有了具体的位置，包括行数和具体的编号（在每行中的从上至下的编号）。卜弥格对碑文的语言学研究分为三个部分：其一是对碑文的逐字注音；其二是对碑文的逐字释义；其三是对碑文在逐字释义的基础上的内容解释。在书中对碑文的逐字注音和逐字释义是将碑文的中文和拉丁文的注音、释义分开来做的，它们之间完全靠编号一一对应。卜弥格为使西方人理解大秦景教碑碑文的内容，在对碑文释义时加入了一些解释，还介绍了关于中国的基本知识。

4. 景教在中国的流传

景教即聂斯脱利派，始创人是聂斯脱利（Nestorius），他出生于叙利亚的泽曼尼西亚，起初在安条克城的一所修道院修习，由于博学多闻且能言善辩，声名上达于东罗马宫廷，428 年出任君士坦丁堡大主教。

聂斯脱利派的产生源自于早期基督教关于耶稣的神人二性及其关系的争

---

① 引自卓新年主编：《当代中国宗教研究精选丛书基督教卷》，民族出版社 2008 年版，第552 页

论。在早期基督教会中，关于基督的位格问题一直是争论的焦点，虽然 325 年召开的尼西亚会议成就了各主教签名并接纳的《尼西亚信经》，但这种争论并未结束。428 年，聂斯脱利抨击阿里乌派的"一位论"，在基督的神性和人性问题上提出了"基督二性二位"说。他否认基督的神性与人性结合为一个本体，而认为是基督的神性本体附在人性本体上，故玛利亚所产生的只是耶稣的肉体，她不是"神"，不能将其称为"神之母"，而只是作为人的耶稣之母。这种观点违背了基督教正统的认为耶稣基督是圣父、圣子、圣灵"三位一体"的教义，和当时君士坦丁堡教会里流行的把耶稣之母玛利亚称为"圣母"的说法一致。他还反对炼狱说和圣餐变质说。聂斯脱利的这些观点在当时教会中引起强烈反响，更遭到当时与他在教义主张和教权上矛盾重重的亚历山大大主教西利尔（Saint Cyril）的猛烈反击，西利尔认为聂斯脱利的主张否定了基督教救赎的基础。431 年，在以弗所召开的由西利尔操纵的教会主教会议上，聂斯脱利的思想被斥为"异端"，他本人被革职流放，并被开除出教，后死在埃及西部的沙漠中。聂斯脱利生前写过一书来辩明他的观点。据后来的教理史家考证，他的神学思想与正统信仰的体系是一致的，因此，今天聂斯脱利常被看作是教会政治斗争的牺牲品。

聂斯脱利死后，其信徒开始了向东逃亡、迁徙的进程。他们通过陆路向中亚和远东地区传播，先是在叙利亚，因东罗马帝国皇帝的迫害而辗转到波斯，得到波斯皇帝的保护。498 年，聂斯脱利派在波斯首都塞琉西亚集会，宣布与罗马教会断绝一切关系，成立了东方教会迦尔底教会，自己推举主教，并积极开展传教活动。6 世纪以后，聂斯脱利派传教士的足迹遍布美索不达米亚到"中国海"的广大地区，他们积极传播教义，被誉为"火热的教会"。7、8 世纪是景教教会向东传播最有力的时期，木鹿、哈烈、撒马尔罕均有大主教区。

今人对唐代景教的了解，主要是从《大秦景教流行中国碑》和《敦煌遗书》中残存的景教经典得知的。《大秦景教流行中国碑》称："太宗文皇帝光华启运，明圣临人。大秦国有上德曰阿罗本，占青云而载真经，望风律以驰艰险。贞观九祀，至于长安。帝使宰臣房公玄龄总仗西郊，宾迎入内。翻经书殿，问道禁闱。深知正直，特令传授。"

这里明确指出了景教传入中国长安的时间，即贞观九年（635）。这一年，波斯主教阿罗本（A-Lo-Pên，AloPun，OloPan-Abraham）从大秦国带着《圣经》历尽艰险抵达长安，太宗皇帝派宰相房玄龄率领仪仗队去西郊迎接入宫，请其在皇帝的藏经楼翻译经典，并一起探讨福音，皇帝体会到教理正当，故令其传授。景教主教初来中国，竟能受到太宗皇帝派遣宰相出郊迎接的优待，《圣经》也被视为真经，教理也得到了唐最高统治者的肯定，这为以后景教的传播并流行奠定了基础。贞观十二年（638），唐太宗又下诏，令在长安义宁坊建寺一所，度僧21人，并将太宗本人的形象绘制在了寺院的墙壁上。

贞观年间景教徒阿罗本入华，可能与波斯抵抗阿拉伯人的运动有关。《册府元龟》卷九七五记载，开元二十年（732）八月庚戌，波斯王遣首领大德僧潘那蜜与大德僧及烈来朝，玄宗授其首领为果毅，赐僧紫袈裟一副及帛五十匹，放还蕃。这位充当使节的"及烈"的名字又见于景教碑。显然，由于景教徒已经在中国内地与唐朝廷建立了深度的合作关系，所以波斯王朝利用景教徒已建立的这种关系，利用他们从事外交活动，争取唐朝对波斯抵抗运动的援助。英国学者威廉·沃森（William Watson）说："唐朝初年聂斯脱利基督教被介绍进中国时，其叙利亚传教士阿罗本可能意识到在中亚回纥人中能获得追随者的宗教，必然得到中国朝廷的支持，他利用住在中国首都富裕的波斯人社团所产生的气氛，来到了中国朝廷。"[1] 冯承钧在《景教碑考》一书中，依据《旧唐书》《新唐书》的历史记载，对阿罗本东来的外部条件进行了分析，他说："阿罗本等至长安之年，适当大食东取波斯之年。景教自倡立以来，至是已百余年，其根据地皆在波斯，必因大食之侵，避乱东徙。"[2] 关于阿罗本一行被迎入长安，冯承钧认为应"有人介绍"，根据这一时期唐与中亚诸国的交往情况，冯承钧认为于阗王子可能充当了中介角色，即阿罗本等人随于阗王子入朝，循南路来到长安。在景教士阿罗本来华的当年，史料即载，贞观九年（635）于阗遣子入侍。

但是，按照宗教传播的一般情况，在得到最高统治者认可之前，该教可能已经流传了一定的时间。方豪在《中西交通史》中说："如此异教，殆必有人为之先容，故其教传入我国必在贞观九年前；阿罗本本人或其他教士，在

---

① ［英］威廉·沃森：《伊朗与中国》，中外关系史学会编：《中外关系史译丛》第3辑，上海译文出版社1986年版，第273页。

② 冯承钧：《景教碑考》，商务印书馆1931年版，第55页。

未入长安前，亦必早在甘肃、新疆一带有所活动。"① 方豪认为在隋末或唐初，景教的传教活动"一定是很有成就，深为人民悦服，然后有人报告太宗，才会有那样隆重的接待。就像利玛窦到北京之前，在澳门、广东、江西、江苏等处，先盘桓了二十余年。"② 罗香林认为景教初入中国的时间应为 630 年至 635 年之间，理由是东突厥的平定、西突厥的降附和天可汗制度的建立为基督教的传入奠定基础，所以罗香林认为阿罗本入华的年代应在贞观四年（630）以后、贞观九年（635）以前。但是阿罗本等在被迎入长安之前还应在长安以西某地从事过一段传教活动，所以罗氏又认为阿罗本等入华后最先住地可能就是建立大秦寺的陕西周至县，先在那里活动，待时机成熟，有朝臣奏知，然后乃由唐太宗令房玄龄迎接至长安。③

《大秦景教流行中国碑》称聂斯脱利派基督教为"大秦景教"，并谓阿罗本为"大秦国上德"。实际上景教最初入唐，是以"波斯经教"为名，而寺院也称"波斯寺"，"大秦"是天宝四年（745）易名后的称呼，《唐会要》也记载了贞观十二年（638）建寺的诏令，内容大体相同，只是称阿罗本为"波斯僧"，并在天宝四年九月颁发的"波斯寺"改名的诏令中称："波斯经教，出自大秦，传习而来，久行中国。爰初建寺，因以为名，将欲示人，必修其本，其两京波斯寺，宜改为大秦寺，天下诸府郡置者，亦准此。"

景教正式传入中国之始，得到了唐朝统治者的认可和支持。对太宗接纳阿罗本的理由，冯承钧说："其时必在高祖殁后。太宗或因父死，天良激发，忏悔其从前杀弟杀兄杀叔之罪恶，一反其以前'诏私家不得辄立妖神，妄设淫祀，祠祷一皆禁绝，其龟易五兆之外，诸杂占卜，亦皆停断'之行为，故于诸种宗教皆优容之，而阿罗本适应时而至，乃有翻经问道之举。"④ 唐初实行"三教并行"的政策，对其他宗教的传入也采取开放的态度，这就为景教的传入创造了比较宽松的条件。高宗时期，景教进一步得到发展，"诸州各置景寺"，并尊崇阿罗本为镇国大法主。"法流十道，国富元休。寺满百城，家殷景福"，景教在中国取得了很大发展，全国信徒多达 20 余万人。

---

① 方豪：《中西交通史》上卷，上海人民出版社 2008 年版，第 292 页。

② 方豪：《中国天主教史人物传》，宗教文化出版社 2007 年版，第 8 页。

③ 参见罗香林：《唐元二代之景教》，香港中国学社 1966 年版，第 11 页。

④ 冯承钧：《景教碑考》，商务印书馆 1931 年版，第 56—57 页。

洛阳出土的《大唐故波斯国大酋长右屯卫将军上柱国金城郡开国公波斯君丘之铭》，说这位波斯国大酋长名叫阿罗憾，显庆年中，唐高宗"以功绩可称""出使召来至此，即授将军"。武则天天册万岁元年（695），在洛阳修造的巨型金属纪念柱"大周万国颂德天枢"，就是阿罗憾召集诸蕃王建造的。阿罗憾在洛阳生活了半个世纪，景云元年（710）以95岁高龄去世。其子俱罗等人"号天罔极，叩地无从""葬于（洛阳）建春门外"。方豪认为："阿罗憾一名似是阿伯拉罕（Abraham）的异译。"①

在武则天时，景教一度受挫。佛教徒或儒士攻击和压迫景教，景教处于困难的处境。在这次危机中，"僧首罗含（Abraham）"和"大德及烈（Gabril）"起了重要的作用，他们"共振玄纲，俱维绝纽"，挽救了景教。及烈在开元二年（714）与岭南市舶使周庆立为宫廷广造奇器异巧，并引致了朝臣的争论。他们在振兴景教的过程中，可能是利用了自己在宫廷内的影响力。向达指出："阿罗憾及其子俱罗……原为景教徒。""据碑末叙利亚文，及烈乃总摄长安、洛阳两地景众之主教。"②

唐玄宗开元以后，景教再次光大，玄宗命诸王"亲临福宇，建立坛场"。天宝初年，又令高力士携"五圣写真"（或谓即高祖、高宗、武后、中宗、睿宗五帝画像）在寺内安置，并赐绢百匹。天宝三年（744），景教徒僧佶和"瞻星向化，望日朝尊"，因精通天文术受到玄宗重视，与其他17名教士一起在兴庆宫修功德，"于是天题寺榜，额载龙书"，备极尊宠。碑文说"法栋暂桡而更崇，道石时倾而复正"，就是指这一时期景教挫而复振的经历。从上引天宝四年（745）诏令可知，东西两京之外，这时"天下诸府郡"也设有景教寺院。肃宗继位之后，在灵武等五郡重新建立景寺，景教进一步光大。郭子仪帐下的景教徒伊斯在朝廷得到了比较崇重的官职，为"金紫光禄大夫、同朔方节度副使、试殿中监、赐紫袈裟僧伊斯"，因他熟悉诸国的语言，还辅助郭子仪联络西域各族共同平乱。他任主教布施钱物，修补或重建景寺。代宗"锡天香以告成功，颁御馔以光景众"，表示对景教的重视。

会昌五年（845），在唐武宗禁毁佛教的同时，朝臣上奏，认为唐朝境内

① 方豪：《中国天主教史人物传》，宗教文化出版社2007年版，第14页。

② 向达：《唐代长安与西域文明》，河北教育出版社2001年版，第34页。

所有的外国宗教都属于"邪法"，建议一体进行打击。"其大秦、穆护等祠，释教既已厘革，邪法不可独存。其人并勒还俗，递归本贯充税户。如外国人，送收本处收管。"此所谓"大秦"就是指景教，而"穆护祆"就是指祆教。在唐的大部分景教徒多依据诏令被勒令还俗，或回归本籍，或皈依其他宗教，总之不再以景教徒的身份出现。蔡鸿生指出：

> 据《大秦景教流行中国碑》的记述，安史之乱期间，景教徒曾活跃在助唐平叛的前线，"效节于丹廷，策名于王帐"，本来是有"机遇"可以乘隙勃起的。请看那位"赐紫袈裟僧伊斯"，他在汾阳郡王郭子仪的朔方行营里，不是赤心"为公爪牙，作军耳目"么？可惜在兵荒马乱中，景教又遭逢一场来自佛门的严重挑战。在敛钱供军需这个关键问题上，以神会为首的佛徒，比以伊斯为首的景士做出更大的贡献："大府各置戒坛度僧，僧税缗谓之香水钱，聚是以助军须"，"代宗、郭子仪收复两京，会之济用颇有力焉"。正是这笔度僧所得的"香水钱"，既为郭子仪助威，又使景教徒失色，完全压倒"十字架"的光辉。因此，如果着眼于一种文明的命运，建中二年（781）建立的景教碑就不是什么流行中国的光荣榜，而是一块验证大秦景教从流亡到流产的墓志铭了。[①]

武宗禁毁以后，景教在唐朝逐渐绝迹，仅在唐朝政令所不及的西北边陲少数民族地区有所保留。五代和宋朝中原没有关于景教的资料记载。895年，景教大马色主教爱利雅斯（Elias）编写景教驻节表时，就没有提到中国，因当时中国景教徒很少，无设立主教的必要。据10世纪成书的阿拉伯人阿布·法拉至（Kitab al Fihrist）的《书目》手稿记载，回历377年（987），他在巴格达基督徒居地的教堂后面，遇见一位基督教教士那及兰（Najran），这位教士说，他在7年前，受亚美尼亚教长的委派，与5名教士一起前往中国，处理教会事务。据他们了解到的情况，"中国基督教已全灭绝，本地基督教徒皆遭横死，他们使用过的教堂皆被毁灭，全国只剩一个基督教徒"[②]。他们遍寻

---

① 林悟殊：《唐代景教再研究》，蔡鸿生序，中国社会科学出版社2003年版。

② 引自［英］阿·克·穆尔著，郝镇华译：《1550年前的中国基督教史》，中华书局1984年版，第83页。

各地，竟无一人可与授教，因此尽快返回复命。这一记载准确地反映了基督教在中国内地濒于消失的事实。

不过景教在唐朝并未完全灭绝。据《中国印度见闻录》记载，黄巢起义攻打广州时，有12万伊斯兰教徒、犹太人、火祆教徒和基督徒（景教徒）被害。在中亚和中国西北地区，基督教也并没有完全绝迹，直到12、13世纪时，随着成吉思汗的征服，景教再次卷土重来，盛行于东方各地。

虽然景教在中国遭受了毁灭性的打击，但是，还有一些景教的遗迹留存下来。宋仁宗嘉祐八年（1063），时任陕西凤翔府签判的苏轼与其弟苏辙游览终南山时，到过鄠厔大秦寺，两人留诗纪念。苏东坡写的诗说：

> 晃荡平川尽，坡陀翠麓横。
>
> 忽逢孤塔迥，独向乱山明。
>
> 信足幽寻远，临风却立惊。
>
> 原田浩如海，衮衮尽东倾。

苏辙的诗说：

> 大秦遥可说，高处见秦川。
>
> 草木埋深谷，牛羊散晚田。
>
> 山平堪种麦，僧鲁不求禅。
>
> 北望长安市，高城远似烟。

从上述两首诗来看，苏东坡来到大秦寺时，寺院已经荒废了。金章宗承安四年（1199），时任陕西东路兵马总管的杨云翼将军，在军旅之暇游览了鄠厔大秦寺，并吟诗一首，题为《大秦寺》。诗曰：

> 寺废基空在，人归地自闲。
>
> 绿苔昏碧瓦，白塔映青山。
>
> 暗谷行云度，苍烟独鸟还。
>
> 唤回尘土梦，聊此弄澄湾。

由"寺废基空在"一语可见，其时的大秦寺比北宋时更加荒凉。

5. 景教在唐代社会中的活动

由于景教进入中国时，得到皇帝及上层社会的支持，所以得以在西安等地建立活动场所即"大秦寺"。唐代多地建有大秦寺，如长安义宁坊大秦寺、洛阳修养坊大秦寺、灵武大秦寺、五郡大秦寺、盩厔大秦寺、四川成都西门外大秦寺等。据《五峰丘木山大秦禅寺铸坆序》记载，盩厔大秦寺是由唐太宗下诏建造，丞相魏徵与大将尉迟恭亲自监修。施工过程中，太宗亦亲临现场视察，该寺工程之浩大，地位之重要，由此可见一斑。唐代宗宝应元年（762），郭子仪副使和景教信徒伊斯捐款重建盩厔大秦寺，使之成为全国四大景教寺之一。竣工后，传教士、信徒云集大秦寺，隆重聚会50天，热烈庆祝，感恩祈福。

大秦寺教堂是信徒参加敬拜活动的中心，呈现一种特殊的景观而且非常奢华。赵清献的蜀郡故事，描绘了大秦寺的建筑风貌："石笋在衙西门外，二珠双蹲，云真珠楼基，昔有胡人，于此立寺，为大秦寺：其门楼十间，皆以真珠翠碧，贯之为帘……盖大秦国多璆琳琅玕，明珠夜光壁，多出异物，则此大秦国人所建。"又宋人吴曾《能改斋漫录》所收的杜甫诗《石笋行》，形容大秦寺有"雨多往往得瑟瑟"的奇景，这二者都说明大秦寺建筑的特色。又景教碑碑文记载："旋令有司将帝写真，转模寺壁""天宝初，令大将军高力士送五圣写真，寺内安置""于是天题寺榜、额载龙书"。大秦寺以皇帝的肖像嵌在壁上，又悬挂皇帝的题字并引以为荣，可以看出景教徒的寺已染上太多的"唐化"色形。

2006年洛阳出土了一件唐代景教经幢残件，顶端影雕十字架符号，其左右配置天神形象，中段刻《大秦景教宣元至本经》一部和《大秦景教宣元至本经幢记》一篇。依据残存文字，可知：景僧清素弟兄与从兄少诚、舅氏安少连及义叔上都左龙武军散将某某等人，于唐宪宗元和九年（814）十二月八日，在"保人"某某参与下，于洛阳县感德乡柏仁里购买崔行本地一块，为其亡妣"安国安氏太夫人"及"亡师伯"某修建茔墓，并于墓所神道旁侧树此幢石。主持、参与并见证此事的景教神职人员，大秦寺寺主法和玄应和威仪大德玄庆都姓米，九阶大德志通姓康，以及"检校茔及庄家人昌儿"等等。树幢刊经15年之后的唐文宗大和三年（829）二月十六日，这一景教群体又于当地举办"迁举大事"，反映了当时景教社团法事活动的绵延。这一景教遗物有模仿佛教文化的迹象，八面棱柱的经幢结体，直接仿照了佛教陀罗尼经幢的形制。上端除了十字架图徽明显带有西方基督教装饰理念外，其两侧对称的飞翔天神，并非沿袭景教旧邦习见的带翼"天使"的模样，除了头顶发式略有自身的个性外，其曲折婀娜的身躯及身后腰间凌空飘逸的披帛、裙下流荡的祥云，与佛教造像中的"飞天"极其接近。幢记末尾"清净阿罗诃，清净大威力"等等带有唱诗意味的"祝"词，透露出效仿佛经"偈语"的痕迹。①

本着耶稣基督仁爱之心、乐善好施的精神，景教徒对于饥饿、贫穷者都加以救助。景教徒精通医术，能为人医病，并且深具药材知识。如上文提到的伊斯"更效景门，依仁施利，每岁集四寺僧徒，虔事精供，备诸五旬。饿者来而饭之，寒者来而衣之，病者疗而起之，死者葬而安之"，广泛进行各种慈善活动，并在此活动中吸收了不少信徒。

景教徒除了要传教外，通常还要有份工作来养活自己，就如使徒保罗一样，一边织帐篷谋生，一边积极从事传教，过着自给自足，无后顾之忧的生活。英国学者斯图尔特（J. stwait）在《景教传道史》的第一章中说："初期基督教时代，大概还是极小规模的组织团体，他们任命为长老或主教……从此方移往彼方传布福音，只要可能也和俗人一样生活……不是经商的人，则或是为木工、或为锻冶、或为机织，从事手工并以谋自己生活。"② 这段文字说出景教徒大都从事手工业，有一技之长。江文汉提到在唐朝的景教徒除传教外，也有不少从事商业活动，将波斯物产宝石和香料运到中国，再将丝绸送往波斯、大秦等，从中获利。朱谦之也指出：

> 僧侣也与商胡合作。不仅摩尼如此，唐代传入中国之三种新宗教殆皆如此，景教就更明显了。景教徒之叙利亚、波斯以至中国，一路上凡是景教徒所聚集的地方，大概都是东西往来贸易的通路。③

《新唐书·柳泽传》及《册府元龟》卷五四六记载："柳泽开元二年为殿中侍御史、岭南监选使，会市舶使右威卫中郎将周庆立、波斯僧及烈等，广造奇器异巧以进。"这广造"奇器异巧"一定大有可观，及烈命广州的巧匠制造珍奇物品，一定前所未见，所以迫使柳泽上谏："不见可欲使心不乱，

---

① 参见张乃翥：《一件唐代景教石刻》，《中国文物报》2006 年 10 月 11 日。

② 转引自朱谦之：《中国景教——中国古代基督教研究》，东方出版社 1992 年版，第 48 页。

③ 朱谦之：《中国景教——中国古代基督教研究》，东方出版社 1992 年版，第 61 页。

是知见欲而心乱必矣。"由此看出这批景教徒技艺高超而且设商肆贩卖工艺品。

由于唐代景教的活动范围主要是在上层及胡人中间，译经活动多居深院，与佛儒之士有往来。景教在全国虽有不少的寺院，但很少发展出以弘传景教为己任的教徒，故而也不可能形成多大的势力，社会影响微弱。在民间和知识分子阶层影响较小，这些对景教的发展十分不利，与佛教在中国知识分子当中的影响，形成鲜明的对照。

但唐代文人也沾染了一些景教徒的宗教气息，例如李白所作乐府诗《上云乐》，就是借用胡人的口吻道景教思想："金天之西，白日所没。康老胡雏，生彼月窟……大道是文康之严父，元气乃文康之老亲。抚顶弄盘石，推车转天轮。云见日月初生时，铸冶火精与水银。阳乌未出谷，顾兔半藏身。女娲戏黄土，团作愚下人。散在六合间，蒙蒙若沙尘。生死了不尽、谁明此胡是仙真"

所谓的"大道""元气"是就"上帝""天父"而言，而其以下的字句则是景教创世说与我国神话杂糅而成。

6. 景教经典的传译及其对儒释道语词观念的借鉴

景教非常重视经典的传译。据敦煌发现的景教经典《尊经》末尾附文称，大秦景教经典总共有530部，包括当时已经翻译的35部经典。这35部经典中去掉混入的摩尼教经典和占星术著作，译为汉文的有30部。这段附文写道："谨案诸经目录，大秦本教经都五百卅部并是贝叶梵音。唐太宗皇帝贞观九年，西域大德僧阿罗本届于中夏，并奏上本音。房玄龄、魏徵宣译奏言。后召本教大德僧景净译得已上卅部卷，余大数具在贝皮夹，犹未翻译。"① 据《尊经》末尾一段，其所进呈汉文景教经典有30余种。在敦煌石室文书中发现的景教经典有《序听迷诗所（诃）经》《一神论》（喻第二、一天论第一、世尊布施论第三）《大秦景教三威蒙度赞》《尊经》《志玄安乐经》《宣元本经》等数种。但是，总体上来说，翻译过来的经典还是比较少。

景教传入之时，其所面对的是儒释道三教并立的局面。儒、释、道三教或根深蒂固，或如日中天，或源远流长。与摩尼教一样，景教在传入唐朝的

---

① 江文汉：《中国古代基督教及开封犹太人》，知识出版社1982年版，第27页。

过程中也大量借助了佛教等各种不同的文化因素，并极力协调与中国传统的儒家思想及道教的关系，尽可能适应唐朝本土原有的文化。因此，这一时期，景教的经典翻译工作有如下三个特点：其一，在释经中采用儒释道三教的名词术语，并将其赋予景教内涵；其二，采用儒释道三教的方式表达教义；其三，努力寻找景教与儒释道三教的共同点。此三个特点《一神论》《序听迷诗所（诃）经》《志玄安乐经》《尊经》中多有体现。

来华的景教士借助于当时极为兴盛的佛教术语，如妙有、慈航、世尊、僧、大德、法王、慈恩、功德、大施主、救度无边、普救度等。景教典籍也多模仿佛经形式，用语也多与佛经相仿，并以"佛"代称"天主"、将希伯来文之 Eldhjm 译作梵文之阿罗诃 A-rhat。景教人物的汉译多称为"僧"，如僧景净、僧业利、僧行通、僧灵宝，此外，还将约翰译为"瑜罕难"法王、路加译为"卢伽"法王、马可译为"摩矩辞"法王、摩西译为"牟世"法王。作景教碑文的景净也参与佛教经典的翻译工作。《大秦景教流行中国碑》将景教经典称作"贝叶梵音"。景教在外包装上的佛教化，对景教的传播无疑是有效的。

景教也附会儒家思想，大力颂扬忠君思想，提倡孝道。《大秦景教流行中国碑》极力宣扬帝王功德，并大力提倡上层宣教路线，还宣称讽颂景教《志玄安乐经》能够安邦定国。另外，景教从敬畏神顺势又导引出忠君孝亲即尊君事亲思想。为了顺应中国国情，景教甚至开了祖先崇拜的先河，其碑文称："七时礼赞，大庇存亡。"既为生者祈求息灾延命，又为死者祈求冥福。

景教还充分利用了道家的思想要素，在教义叙述中采用了道家所常用的语句，如：以道家之"天尊"称基督教之"天主"，形容其"真主无元，湛寂常然""鼓玄风而生二气""浑元之性，虚而不盈"；而信徒应"无欲无为""能清能静"。至于报出家门之"真常之道，妙而难名，功用昭彰，强称景教"，就完全是《老子道德经》"道常无名""有物混成，先天地生。寂兮寥兮！独立而不改，周行而不殆，可以为天地母。吾不知其名，字之曰道，强为之名曰大"的语气。《大秦景教流行中国碑》中称，"宗周德丧，青驾西升。巨唐道光，景风东扇"，分明是说老子于周朝末年骑青牛西行的故事，而盛唐景教东来，则含有老子之教再兴之意。唐太宗在建寺诏书中形容景教称"详其教旨，玄妙无为，观其元宗，生成立要。词无繁说，理有忘筌，济物利人，宜行天下"。显然也是因为景教的说教与道教相合，所以特别加以提倡。

7. 景教徒借医传教

景教徒在传播西方文化方面也发挥了一定的作用。景教徒继承了拜占庭帝国保存的希腊罗马文化的许多内容，包括医学知识和医疗技术，所以景教徒在东方以其医道见称。英国东方学家 W. 巴奇（Budge，Sir Wallis）指出：

> 就景教传入波斯、中国及其他地方之希腊的医学、医术，并实际的治疗方法，给景教徒以非常方便的传道方法。①

景教徒掌握的"希腊的医学、医术，并实际的治疗方法"，在其全部传教活动中占有突出地位。6 世纪中叶在中亚地区的突厥部落流行瘟疫时，景教徒积极营救、医治患者，并展开宗教宣传活动，赢得不少信徒。景教徒进入中国境内以后，为了有效展开传教活动，也积极从事包括医疗活动在内的慈善事业，《大秦景教流行中国碑》记载当时景教徒的活动状况："每岁集四寺僧徒，虔事精供，备诸五旬。馁者来而饭之，寒者来而衣之，病者疗而起之，死者葬而安之。"所谓"病者疗而起之"显然属于与民众生活密切相关的医疗活动。景教徒在饥、寒、病、死等方面所做的慈善事业，是为了争取更多的信众。

景教徒为了传教事业，将此种以医传教的方法推及到唐代的社会上层乃至唐朝廷内部。从正史留下的众多记载，我们大致可以窥略其活动的轨迹。《新唐书》《旧唐书》和《太平广记》记载了秦鸣鹤为唐高宗治病的事迹，许多研究者认为秦鸣鹤是一位景教徒医生。

还有一位景教徒医生僧崇一。《旧唐书·诸王传》记载："（开元）二十八年冬，宪寝疾，上令中使送医药及珍膳，相望于路，僧崇一疗宪稍瘳，上大悦，特赐绯袍鱼袋，以赏异崇一。"此事也见于《新唐书·诸王传》："（宪）后有疾，护医将膳，骑相望也。僧崇一者疗之，少损，帝喜甚，赐绯袍、银鱼。"陈垣注意到这一史实，并在《基督教入华史略》一文中推测崇一

---

① 转引自朱谦之：《中国景教——中国古代基督教研究》，东方出版社 1992 年版，第69 页。

为景教徒医生。[①]

后来又有学者更进一步指出："崇一这个名字，含有'崇敬一神'的意思，景教徒中以'一'为名的，如景教碑中所列的人名中有'元一''守一''明一'，以'崇'为名的，也有'崇敬''崇德'等类，可知'崇一'是个景教教士，而不是和尚。……故可以断定这崇一是景教徒之明医的。又杜环《经行记》说：'大秦善医眼及痢。或未病先见，或开脑出虫。'足证西医已于此时随景教以输入，而为传教的一种工作。"[②]

8. 景教在文化传播上的贡献

景教徒还将希腊—拜占庭技术传输到了中国，制钟术是其中之一。《旧唐书·西戎传》记拂菻国云："第二门之楼中，悬一大金秤，以金丸十二枚，属于衡端，以候日之十二时焉，为一金人，其大如人，立于侧。每至一时，其金丸辄落，铿然发声，引唱以纪日时，毫厘无失。"我们无法弄清这段描述指的是君士坦丁堡还是其他城市，据6世纪拜占庭史家普罗可比的记载，加沙地带或安条克等城市都有这种金钟。根据13世纪初的文献记载，12世纪有人在大马士革大清真寺的东门上见到过这类计时钟。其上部是黄道十二宫符号，记时时依次出现人像并燃亮灯盏；在它的下面，金丸从铜鹰嘴里落入铜杯，发出鸣响；还有五个组成自动乐队的人像。今日的摩洛哥非斯城的布安奈尼亚学院内仍有这样的座钟。

《大秦景教流行中国碑》提到波斯僧大德及烈，称"圣历年，释子用壮，腾口于东周。先天末，下士大笑，讪谤于西镐。有若僧首罗含，大德及烈，并金方贵绪，物外高僧，共振玄网，俱维绝纽"，为受到佛教压抑的景教的振兴发挥了重要作用。《新唐书·柳泽传》记载了及烈与中国官员的来往活动：玄宗开元中"市舶使右威卫中郎将周庆立造奇器以进"。《册府元龟》卷五四六记载："柳泽开元二年为殿中侍御史、岭南监选使，会市舶使右威卫中郎将周庆立、波斯僧及烈等，广造奇器异巧以进。泽上书谏曰：臣闻不见可欲，使心不乱，是知见欲而心乱必矣。窃见庆立等雕镂诡物，制造奇器，用浮巧为珍玩，以谲怪为异宝，乃理国之所巨蠹，圣王之所严罚，紊乱圣谋，汩斁

---

① 参见陈垣：《陈垣学术论文集》第1集，中华书局1980年，第85页。

② 王治心：《中国基督教史纲》，上海文海出版社1940年版，第41页。

彝典……今庆立皆欲求媚圣意，摇荡上心。"庆立、及烈所进"奇器异巧"为何物，文中未明言，不得而知，但非中原物产，似可肯定。朱谦之认为："景教僧及烈和市舶使周庆立所设计的'奇器异巧'，一定是达到当时机械科学的最高峰。恰如利玛窦之上自鸣钟、日晷、地图一样，是珍奇物品，景教徒献上宫廷作为结纳权贵的手段，是会使唐皇帝惊心动魄的。所以后来及烈竟得到宫廷之宠，给景教恢复了名誉。"同时他还据《旧唐书·后妃传》记载，"扬、益、岭表刺史，必求良工造作奇器异服以奉贵妃献贺，因致擢居显位"，认为"这显然是市舶使周庆立的异曲同工，也许和波斯商人或景教僧之制造有关联"。① 由此可以推断，《旧唐书》对拂菻都城里自鸣钟的记载，来自于景教徒的介绍。

景教徒是否在中国制造了自鸣钟？李约瑟指出："自古以来，中国人对漏壶的构造便已熟悉，水钟所能引起兴趣的部分，只不过是能敲鸣的机械装置"，拜占庭制钟术的介绍对中国制钟术可能会产生"激发性"影响，即"这种激发适时到来，促使中国的工程师们全力以赴，以便超越东罗马帝国水钟的自鸣报时机构的机械玩具"。② 从这个角度看，无论景教徒是否参与中国境内的制钟活动，拜占庭的制钟术对中国的影响都不应忽视。

洛阳附近出土的波斯大酋长阿罗憾的墓志铭称，阿罗憾为武则天营造的"颂德天枢"，也为《新唐书》和《旧唐书》所记载。《旧唐书》卷六说："梁王武三思劝率诸蕃酋长奏请大征敛东都铜铁，造天枢于端门之外，立颂以纪上之功业。"同书卷八九记载："（延载初）……武三思率蕃夷酋长，请造天枢于端门外，刻字纪功，以颂周德，玚为督作使。"《新唐书·则天皇后传》记载："延载二年，武三思率蕃夷诸酋及耆老，请作天枢，纪太后功德，以黜唐兴周，制可，使纳言姚璹护作。乃大哀铜铁合冶之，署曰'大周万国颂德天枢'，置端门外。其制若柱，度高一百五尺，八面，面别五尺，冶铁象山为之趾，负以铜龙，石镵怪兽环之。柱颠为云盖，出大珠，高丈，围三之。作四蛟，度丈二尺，以承珠。其趾山周百七十尺，度二丈。无虑用铜铁二百万

---

① 朱谦之：《中国景教——中国古代基督教研究》，东方出版社 1992 年版，第 71—72 页。

② ［英］李约瑟著，鲍国宝译：《中国科学技术史》第 4 卷第 2 分册，科学出版社和上海古籍出版社 1999 年版，第 532 页。

斤。乃悉镂群臣、蕃酋名氏其上。"诸史书称武三思为主要策划者，但实际擘画者是以波斯人阿罗憾为首的"蕃夷诸酋"。"颂德天枢"于建成后的二十年即玄宗开元二年（714）被推倒，后人无缘得睹其形制。以文献记载论，颇堪注意的是天枢的"八面"造型。我国传统建筑的柱石多为圆形或方形，多棱形柱石极为罕见。汉代以后随佛教东传，染有希腊建筑风格的犍陀罗艺术风格逐渐向东传播，我国境内遂出现了多棱形石柱。天枢呈八棱形，显然受到希腊建筑风格的影响。所以，景教徒传入中国的建筑艺术中也有希腊—拜占庭成分。

四　"三夷教"兴衰论说

以上我们记述了祆教、摩尼教和景教即所谓"三夷教"在中国的传播情况。所谓中国文化接受海外文化的历史，并不只有少数的如印度佛教文化、近代欧洲文化那样的大规模地传播、大规模地影响，许多小规模传播的文化也都汇聚到中国文化的历史长河之中。所以，我们对外来文化的讨论，对那些不太重要、但并非可有可无的宗教比如"三夷教"，也应该加以注意。另外，在传播到中国及发展演变的过程中，"三夷教"也有一些特殊的现象，有一些涉及文化传播和交流的规律性的问题，需要加以讨论。

摩尼教和景教进入中国的时间大体一致，都是在唐朝初期；祆教进入中国要早一些，应该是在北魏，但有了一定的影响也是在唐朝初年。这个时期，中国的道教由于受到唐朝廷的推崇，获得了很大的发展，在社会生活中有广泛的影响。早在汉魏时期就已经传入中国的印度佛教，经过几百年的传播与发展，逐步完成了它的中国化过程，并且在唐代达到如日中天的程度，渗透从上到下社会生活的各个方面。可以说，在这个时期，中国已经完成了从原始宗教向制度化宗教的过渡，已经具有了完整的宗教体系、宗教思想和信仰体制。在佛教强势大规模地传播和扩散的情况下，其他外来的宗教，就很难在中国的土地上立足了。但是，就是在这样的情况下，"三夷教"陆续传到中国，并且得到朝廷的支持，得以在中国生存和发展，这首先得益于唐朝全面开放的文化态度。唐朝积极支持和发展道教、佛教，并且大力提倡儒学，构成了当时意识形态领域"三教并行"的局面，同时对外来文化也是持积极欢迎的态度加以吸收。无论是袄教、摩尼教还是景教，唐朝的皇帝允许它们存在和发展，并不是说他们就信奉这种或那种宗教，并不是接受甚或了解它们的教义和信仰，而是把它们作为一种外来文化和外来文化的载体来看待。这样，就使得盛唐文化的百花园里增添了几朵新鲜的花朵，增加了更丰富的色彩。开放的胸襟，开放的气度，形成了大唐盛世恢宏的文化气象，也就为"三夷教"进入中国创造了主观条件。"三夷教"的教徒们热心来到唐朝传教，也许是他们了解当时唐朝的宗教宽容政策，有他们生存和发展的土壤。

> 唐代社会流传多种宗教，道教以外，都是从外国传入。与外国情况不同，唐朝从没有以任何一种宗教为"国教"。僧侣们可以个人身份参与政治活动，但不能以教派干预朝政。各种宗教和同教的各宗派之间，可以有教旨的争论，但不发生行动上的冲突，更没有所谓"宗教战争"。具有不同信仰的多种宗教，同时并存，和平共处，是唐代宗教界的一大特色，形成优良传统。①

我们还应该注意的一点是，袄教、摩尼教和景教是通过西域的丝绸之路传来的，所以它们在西域也留下了传播的痕迹和影响。汉代正式开通的丝绸之路，在隋唐时有了大的发展，交通道路的畅通为文化交流创造了便利的条件。唐代中西交通繁盛，人员往来频繁，物质交流活跃，而在那个时代，中外文化交流的重点仍然是在西方，是在西域，西域的文化，包括更远一点的印度文化、波斯文化和阿拉伯文化，都在中国有比较成规模的传播和影响，以至于人们认为唐代"胡风"盛行。不过，既然是经过了丝绸之路上的西域民族特别是粟特人的转手传播，即所谓间接传播，外来宗教就有可能经过了这些民族的剪裁和改造，不再是原本意义上的内容。蔡鸿生指出：

> 中古三夷教，均经中亚传入中国，由河中而达河西，文化史上

---

① 李定一：《中华史纲》，社会科学文献出版社2012年版，第159页。

属于间接传播一路。陈寅恪先生读《高僧传》，对文化移植发生变异之利弊得失，有如下精辟识语："间接传播文化，有利亦有害：利者，如植物移植，因易环境之故，转可发挥其特性而为本土所不能者，如基督教移植欧洲，与希腊哲学接触，而成欧洲中世纪之神学、哲学及文艺是也；其害，则展转间接，致失原来精意，如吾国自日本、美国贩运文化中之不良部分，皆其近例。然其所以致此不良之果者，皆在不能直接研究其文化本原。"据此类推，唐宋火祆教与其文化本原相比，或因"展转间接"而染上中亚色彩，已非波斯本土之正宗，而为昭武九姓之变种，亦未可知。①

在这里要特别提出的是，这三种外来的宗教，实际上都与波斯有关。祆教是波斯的古老的宗教，长期被波斯奉为国教；摩尼教也是在波斯产生的宗教，并且创教不久就开始向外传播；景教是基督教的一个支派，但它长期以波斯为传教活动基地，前来传教的教徒也都是波斯人，所以中国早先将其称为"波斯经教"，将景教徒称为"波斯僧"。这种情况至少说明当时中国与波斯的交通往来、文化交流是十分活跃的。波斯是欧亚大陆上的文明古国，有着丰富的文化创造，早在汉代，就与中国有了比较密切的交通往来，特别是当时的安息帝国横亘在丝绸之路的西段，在一定程度上垄断了丝路上的东西贸易，迫使罗马帝国多次寻找绕开它而直接与中国交通的道路。朱谦之指出："在中国与波斯之间，密布着交通网，以与中国之重要国际贸易都市相连接，实际上这由经济政治中心而发展起来的交通网，也就是西亚传入中国之三种新宗教之宗教网。"②

总体上来说，"三夷教"在中国流行一时，在中国文化史上也留下了它们的某些痕迹，但还属于昙花一现，并没有长期发展下去，最后淹没在历史的长河之中。

"三夷教"在中国的传播各有一些特殊的情况。以祆教来说，它基本上是一个封闭的宗教，没有经典的传译，也没有在中国发展信众，只是在当时生活在中国的少数的外国人特别是西域人中活动，因而中国人对它不了解，不

---

①　林悟殊：《波斯拜火教与古代中国》，蔡鸿生序，新文丰出版公司 1995 年版。

②　朱谦之：《中国景教——中国古代基督教研究》，东方出版社 1993 年版，第 61 页。

认知，它没有广泛的群众基础，因而也就没有本土文化的支持。这样它就没有在新的文化环境中获得生命力和发展的动力。它能进入中国并且得以生存，只是由于唐朝政府的宽容和允许。但当会昌毁佛这样极端的事件发生的时候，祆教就显得不堪一击，很快就销声匿迹了。

摩尼教和景教也有相似的问题，它们的生存也是依靠朝廷的支持，所以，摩尼教和景教的人士都积极靠拢朝廷的达官显贵，这本来也是必要的，但它忽略了在群众中的传播，没有赢得更多的信众。朱谦之说："景教在中国内地没有多大影响，唐代宽容固有宗教以外的宗教，然信奉景教的多属波斯人或叙利亚人。从景教碑上看，阿罗本、僧首罗含、大德及烈、僧佶和、僧伊斯、僧景净等无一中国人。"① "这些在籍教士仍然多是未改习俗的外国人。因此，从其教义、教士和教徒来看，唐代景教显然还是一个未融入中国主流社会，没有多少内地群众的外来宗教。"② 所以，它们在中国社会同样没有广泛的群众心理基础。

这种情况还有更深层的原因。景教和摩尼教也有自己的经典，并且也为这些典籍的传译做了许多工作，但是，就它们的教义或宗教理论本身来说，缺少与中国传统文化的契合点，很难为中国人所认同和接受，这一点就与佛教有很大的不同。虽然佛教也是一种外来宗教，也是一种异质文化，但在其教义思想的深处，确有与中国文化相契合的部分，能够在中国传统思想中找到可以沟通的地方。所以，摩尼教和景教的传播，就难以获得广泛的影响。

为了在中国寻求理解和传播，摩尼教和景教选择了依附中土固有的宗教思想和习俗信仰，也就是选择了中国化的道路。作为一种外来文化，采取与本土文化相适应的策略，是具有普遍性的。在这方面，佛教在中国的传播和中国化是成功的。但是，与佛教不同的是，景教士在传教过程中背弃了本宗信仰，追求一味的求同，利用中国人已有的宗教思想，介绍的大部分还是中国人熟悉的观念。景教的根本教义在文典传译过程中被选择性地略去，我们

---

① 朱谦之：《中国景教——中国古代基督教研究》，东方出版社1993年版，第190页。

② 沈定平：《明清之际中西文化交流史——明代：调适与会通》，商务印书馆2001年版，第30页。

看到的是翻版的儒释道思想，似乎景教就是儒释道的复合体，从而导致景教自身独立性逐渐丧失，落得个"不耶不佛""非耶非道"的结局，没能给中土思想带来任何新意，结果是淡化了景教徒的信仰，使景教失掉了聂斯脱利思想。所以，本属基督教思想体系的景教，传入中国并流行一时，但仅是昙花一现，除了留下几件遗物，景教的传入对中土思想文化没有产生任何有意义的影响。后来西方一些正统教会史学家在他们所编著的基督教史著作中常把景教不坚持自己独特的教理看作景教传教失败的一个重要原因。据江文汉概括，关于景教在中国失败的原因，西方传教士总结出的原因主要有两个：一是说景教在神学上有欠缺，即缺乏鲜明的理论，没有宣传十字架救赎的道理；另一个是说当时景教传教士走的是上层路线，过分依靠皇帝的支持，因此随着新旧政权的更替而遭到厄运。[①]

朱谦之指出：

> 佐伯好郎在《景教之研究》曾举景教今日衰亡的原因，是由于第一景教会中无人物，第二是得不到国家的保护，盖宗教若不得国家的承认或庇护，是不会有什么发展的。这仅就景教之在波斯的情形很可以看出，但就中国景教衰亡的原因，则除此二大原因之外，他更举及中国佛教思想的压力与叙利亚神学书籍的贫乏。相形之下，传入中国唐代之佛典既有五千四十八部，而大秦本教经则不过五百三十部，正如唐舒元舆《重岩寺碑》所云"天下三夷寺，不及释氏一邑"。佛教因得中国的保护，所以在武宗废佛毁释之后，旋即恢复，而景教则在中国文化的重大压力之下终于不能抬起头来。[②]

摩尼教的情况也是这样。它们在会昌毁佛事件之后，就断绝了与中亚摩尼教团的联系，虽然还有存在，还有流传，但却是深入到社会的下层，迎合中国民间社会的传统信仰思想，与民间信仰相融合，放弃了原来的教义和信仰，结果也丧失了自己的独立性和特征。摩尼教还在，但改了名称，变成了"明教"或"吃菜事魔"，变成了纯粹中国式的民间宗教或秘密宗教，其实也

---

① 参见江文汉：《中国古代基督教及开封犹太人》，知识出版社1982年版，第27页。

② 朱谦之：《中国景教——中国古代基督教研究》，东方出版社1993年版，第209页。

就不再是原来意义上的摩尼教了。蔡鸿生指出：

> 中古入华三夷教，各有不同的文化背景和神学性格。摩尼教带
> 着一副"明、暗"二色眼镜观察世界，对现存社会秩序采取否定态
> 度，成了世俗性王统和宗教性正统的反对派。从北非到巴尔干，它
> 到处喊打，也到处挨打。只有在回鹘汗廷，才扮演过昙花一现的国
> 师角色。汉地的卫道者们，几乎异口同声，都谴责摩尼师输入"诳
> 惑黎元"的邪说。火祆教则从娘胎带来浓重的巫气，聚火祝诅，以
> 咒代经，妄行幻法。作为宗教符号的西胡崇"七"之俗，也在民间
> 蜕变成"七圣祆队"的神秘形态，面目全非。景教又另辟一境，它
> 拥有"善医"的独特优势，"医眼大秦僧"一身二任，既行教又行
> 医，难怪景教碑对"病者疗而起之"津津乐道了。三夷教尽管托庇
> 通都大邑，各显神通，其实扎根甚浅，在唐代的意识形态领域，完
> 全处于边缘地位。经过"会昌灭佛"之后，不能不改变原来的存在
> 形式，另觅藏身之所。释氏门庭的悲剧，引起连锁反应，三夷教也
> 在劫难逃。杜牧笔下的"还俗老僧"，已经成了丧家之犬："雪发不
> 长寸，秋寒力更微。独寻一径叶，犹掣衲残衣。日暮千峰里，不知
> 何处归？"那么，大秦、摩尼、祆的幸存者，其出路又何在呢？按照
> 事物演变的极限，为了保存一切就必须改变一切。应变意味着汉化。
> 时至今日，中古三夷教的汉化形式，仍然是个悬而未决的问题。深
> 入的研讨，有待群策群力。如果暂作如下的猜想：摩尼教异端化，
> 火祆教民俗化，景教方伎化，会不会庶几近之呢？[①]

总结"三夷教"在中国的流传兴衰，还有一点值得注意，就是它们没
有获得中国知识分子阶层的认同、了解和支持。它们曾经得到唐朝廷的接
受和支持，但这种支持是出于政治和政策上的考虑，并不意味着接受它们
作为一种可以在社会上推广的宗教形态而存在。一旦这种政治上和政策上
的考虑发生变化，它们就遭到了灭顶之灾。与此同时，它们都忽略了社会
精英阶层的作用，没有在知识分子当中宣传推广，也没有获得他们的理解
和支持。而没有知识分子阶层的积极参与，就意味着它们很难进入中国文

---

① 林悟殊：《唐代景教再研究》，蔡鸿生序，中国社会科学出版社 2003 年版。

化传统的主流之中，不能获得中国传统文化提供的思想资源和文化资源，因而也就没有持续发展的动力基础。我们看到，"三夷教"没有得到中国知识分子们的响应和接受，所以，最后的结果是它们在历史的长河中淹没了，消逝了。

第十三章

印度文化在中国的

传播（二）

在唐代，中国和印度的文化交流仍然是以佛教的东传为中心，印度僧侣赴中国传经弘法，中国僧侣跋山涉水远行，赴印度取经求法，前赴后继，代不乏人，不仅为佛教在中国的继续传播乃至为中印之间的文化交流作出许多贡献，也成为连接两大文明的桥梁。与此同时，中国与印度之间的官方外交往来也比前代更为频繁，而随着海陆两道的交通通畅，商贸关系大为发展。正如谢和耐所说："印度和中国文明之间的接触，并不仅限于佛教那已经是非常丰富多彩的交流。唐代初期印度的世俗科学也传入了中国，许多原籍为印度社会的学者，在长安和洛阳十分引人注目，讲述天文学、星相学、数学和医学的'婆罗门'著作的译本，在7—8世纪时相当多。"[①]美国学者韩森（Valerie Hansen）也指出："公元2世纪，第一批相当规模的佛教徒从印度与中亚来到中国，标志着一个新时期的开始：中国面向西方，面向印度和中亚。""印度影响一直到唐朝的辉煌年代仍未减弱。长安的许多佛教寺庙提供许多日常的服务，包括办丧事、庆贺佛教节日，并开设当铺、客栈、浴室，以及医院和药铺。"[②] 所以，在这个时期，印度的物产、技术和医药文化等继续传播到中国，给中国文化的发展提供了新的内容和刺激。

一 唐代的中印交通往来

1. 唐代的中印交通

有唐一代，中印经济文化交流全面展开，规模较从前更大。两国使者在交通路上往来频繁，五天竺国27次向唐遣使。唐太宗、高宗、武则天等也数次派使者前往印度。

唐代中印交通有海路和陆路几条主要干线。在魏晋南北朝时期，中国与印度之间的陆路通道主要是绕道西域的丝绸之路，这条路不仅路途迂远，而

---

① ［法］谢和耐著，耿昇译：《中国社会史》，中国藏学出版社2006年版，第221页。

② ［美］韩森著，邹劲风译：《开放的帝国——1600年前的中国历史》，江苏人民出版社2007年版，第9—10页。

且非常危险。由此西行求法的著名高僧有法显、玄奘等。法显在后秦姚兴弘始元年（399）从长安逾陇山西出，经河西走廊达敦煌，度流沙，穿越塔克拉玛干大沙漠，西跨葱岭，入北天竺，游历天竺诸国后，由海路返回。贞观初年，玄奘西行取经，由河西达玉门关，北跨天山，经热海（伊色克湖）至素叶水城，向南经中亚诸国，跨越大雪山（兴都库什山），入天竺。玄奘归途则是由南道，越葱岭，经于阗返回。

传统道路自然环境恶劣，须"践流沙之浩浩，陟雪岭之巍巍"，有"铁门巉险之途，热海波涛之路"，被行人视为畏途。在唐代，由于吐蕃的兴起阻碍了对外交往的发展，新开辟了一条由西藏经尼泊尔（泥婆罗）至印度的通道，称"吐蕃泥婆罗道"，即"中印藏道"，该道由长安经青海入吐蕃、尼泊尔到中印度。

唐代称尼泊尔为"泥婆罗"或"尼波罗"。尼泊尔和中国西藏之间有一些可作为通道的山口，通过这些山口，两国边民早有来往。尼泊尔学者道尔·巴哈杜尔·比斯塔（Dor Bahadur Bista）指出：

> 在 19 世纪前，以西藏和印度相比，尼泊尔与前者在文化上有着更大的共同性，在经济上有着更多的利害关系。在西藏居住着比其他任何地方都多的尼泊尔人，而在尼泊尔定居的西藏血统的居民也比印度血统的居民要多。[①]

据尼泊尔《斯瓦扬布往世书》记载，加德满都一带原本是一个巨大的湖泊，后来文殊师利由中国来到这里，劈开南方的山岭，将湖水泄涸，并在此地建立斯瓦扬布寺，才称此地为尼泊尔。这个传说在尼泊尔民间流传了千百年，显示出中尼两国的传统文化联系。639 年，尼泊尔国王鸯输伐摩（Amushu Varma）将女儿赤贞公主布丽库蒂（Bhrihuti）嫁给吐蕃松赞干布。大规模的送往迎来不仅在西藏地方与尼泊尔之间开辟了一条正式通路，而且为中印交通打开了一条新的国际通道——"吐蕃泥婆罗道"，奠定了南段交通的基础。646 年，尼泊尔派王子率领使团前往唐朝，中尼的官方接触首次开启。[②] 而在

---

① ［尼泊尔］道尔·巴哈杜尔·比斯塔：《在西藏的尼泊尔人》，转引自周一良主编：《中外文化交流史》，河南人民出版社 1987 年版，第 424 页。

② 参见［尼泊尔］尼兰詹·巴塔拉伊著，刘建、王宏纬、陈明、马维光译：《尼泊尔与中国》，天津人民出版社 2007 年版，第 66 页。

此之前，法显、玄奘等到过位于尼泊尔南部的佛祖释迦牟尼诞生地兰毗尼。

641 年，唐朝与吐蕃和亲，文成公主入藏，使得从甘肃经青海到西藏的道路（即吐蕃泥婆罗道北段）畅通。这样，从长安到拉萨再到加德满都到中印度的"中印藏道"全线贯通，此后的 30 年间，中印藏道成为中印双方使节往还的主要通道。7 世纪后期到 8 世纪初期，唐与吐蕃交恶，中印藏道一度关闭。730 年，唐与吐蕃和好，中印藏道似又重新活跃起来，直到 9 世纪中期。

中印藏道的大体走向是由河州北渡黄河，经鄯州、鄯城、青海湖，转而西南行，大致经都兰、格尔木、越昆仑山口、唐古拉山口，进入西藏，进而经安多、那曲，进抵拉萨，再由拉萨西南行，经日喀则进入尼泊尔，并进而抵达中天竺。在西藏日喀则地区吉隆县县城以北约 4.5 千米处的阿瓦呷英山嘴发现的摩崖石刻《大唐天竺使出铭》，明确记载"显庆三年六月"左骁卫长史王玄策经"小杨童之西"出使天竺的经历。这是王玄策第三次出使印度。"《使出铭》的考古发现还有一个重要的意义，就是它首次从可靠的实物证据上证实了当时新开通的一条国际通道——'吐蕃—泥婆罗道'的出山口位置，从而为廓清这条路线的南段（即从吐蕃首都逻些至泥婆罗一段）的走向提供了宝贵的标志性遗迹。"①

道宣《释迦方志》对此道有较详细的记述，称其为当时中国僧侣游历印度的东道，并详细记载了从河西经青海由西藏进入尼泊尔的具体路线，且置于唐朝由陆路通印度的 3 条通道之首，并在"泥婆罗国"下称"比者国命并从此国而往还矣"。《佛祖统记》也胪列了由唐朝通往印度的各条道路，并在"尼（泥）婆罗"下注称"其国北境即东女国，与吐蕃接。人来国命往还，率由此地。唐梵相去万里，自古取道迂回，致成远阻"。最可注意的是，两处都特别说明，唐朝官方使臣往来天竺是由吐蕃泥婆罗道。

这条道路在贞观年间成了唐朝与天竺交往的一条最重要的通道。"近而少险阻"，是唐朝初年官方使臣选择这条道路的最主要的理由。唐使王玄策前后 4 次出使天竺，大部分是取吐蕃泥婆罗道。贞观十七年（643）三月唐使李义表和王玄策由长安出发，送天竺使返国，同年十二月抵达摩揭陀国，用了不足 10 个月时间。而同一时期僧人玄照自中天竺归国，"以九月而辞苦部（中

---

① 霍巍：《〈大唐天竺使出铭〉相关问题再探》，《中国藏学》2001 年第 1 期。

印度奄摩罗跋国国王），正月便到洛阳，五月之间，途经万里"。较之跋涉沙碛，翻越天山的传统沙漠道，新开辟的"吐蕃泥婆罗道"确实是一条便捷、安全的通道。

除了官方使臣之外，唐朝初年前往印度求取经像的僧人，也大多选择这条道路。义净的《大唐西域求法高僧传》记载了贞观十五年（641）至武后天授二年（691）近50年间57位僧人赴印度求法的经历，其中确知经由陆路者21人，3人所经具体路线不详，8人取传统道路经新疆、中亚至印度，10人取吐蕃泥婆罗道（其中3人经传统沙漠道去，归途取吐蕃泥婆罗道）。

入唐以后，随着与古代印度交通的发展，西南丝绸之路更加繁荣，与此同时，于汉代即已开通的南方丝绸之路（即中印缅道）相关的记载也明显增多。不仅一些著名的僧传作品，如《大唐西域记》《南海寄归内法传》等都记载了这条道路，而且官方地理书中也正式记载了这条道路的情况，如慧琳《一切经音义》在注释"牂牁"时，就"检《括地志》及诸地理书、《南方记》等"书的记载，详细记载了西南丝绸之路的状况。《南方记》未见著录，但《括地志》是唐朝初年由唐太宗第四子魏王泰主持修撰的大型地理书，而且慧琳称"诸地理书"，则当时记载这条道路的地理书当不在少数。此外，贾耽在《古今郡国县道四夷述》之"安南通天竺道"中，也详细记录了这条道路的情况。据称，咸通中有天竺三藏僧经过成都，通五天竺胡语，通大小乘经律论，并在唐朝宫廷供职，"以北天竺与云南接境，欲假途而还"，此僧被怀疑为奸细，抓到成都之后，"具得所记朝廷次第文字"。在沙漠道、吐蕃泥婆罗道、草原道等陆路交通线衰落之后，西南丝绸之路仍然是联系中国西南地区与印度的重要通道。

隋唐时期中国与印度的海路交通也很发达。印度具有悠久的航海通商传统。1世纪初，印度与罗马的各种奢侈品贸易经常使罗马黄金流入东方。2世纪和3世纪的印度南部安度罗货币，上面铸有双桅船的纹样。阿旃陀壁画绘有战胜锡兰的情形，还可以看到战船上装有大象。

在笈多时期，印度和马来半岛以及毗邻各岛有了密切的接触。印度的商业和统治势力把印度的宗教和文化带到了爪哇、苏门答腊、高棉和那个地区的其他岛屿。那些原来是印度的居留地而后来发展成为庞大的土邦帝国，它们重视贸易，控制海上航线，互相争雄。直到9至11世纪，南部的注辇王朝一直是一个强大的海权国，他们派遣一支海军远征队，征服了塞林德罗帝国（即室利佛逝）。有学者指出，在公元前和公元后的几个世纪中，印度人热衷于贸易和经商。印度经济的扩张，印度人时常追求远方的市场，控制了很多国外市场，从东方岛屿上取得物资，也从商业运输中博得利润。印度人的移殖与文化传播，使东南亚各国共同进入了一个影响深远的"印度化时代"。美国学者菲利普·D·柯丁（Philip D. Curtin）指出：

> 横跨孟加拉湾的航运则由印度的商人或船员把持——主要指一个以东南沿海若干个较小的德拉威语……为基础的印度南部贸易离散社群。建立于马来西亚与泰国间克拉地峡的商业聚落可算得上印度人与之进行的第一次接触。早些时候，这里的利用率要比更南部的马六甲海峡高得多。货物一旦通过了地峡，就可以转载前往东南亚大陆、印度尼西亚群岛，或者北上至广州。另外一个源自印度北部的贸易离散社群跨过孟加拉北部山脉，穿越曼尼普尔和阿萨姆，不远万里来到富饶的缅甸中部平原与其发展贸易。此外，还有少数印度商人把贸易扩展到更北边的中国云南省。

> 由于在东南亚有了浓郁的印度文化烙印，因此一些历史学家习惯把它称为"大印度"——由印度移民和殖民创立，并于公元4—5世纪达到顶峰。[①]

与唐朝交往的南海诸国，这些国家之所以在中西交流中很重要，很大程度上是因为它们成为中国与印度交通和文化交流的中转站。更进一步说，它们是中国与西方交通的海上丝绸之路的中转站。这些国家和地区文明的兴起和发展，在很大程度上也得益于海上丝绸之路的繁荣。

唐代中印关系密切，官方使节常有往来，五天竺（中天竺、东天竺、南天竺、西天竺、北天竺）与唐朝的政治关系和贸易往来都很频繁。中天竺摩揭陀国国王尸罗逸多（戒日王）在贞观十五年（641）派使者到长安，此后两国便有了外交关系。总章元年（668），五天竺国都遣使者与唐通好，武周天授二年（691）五天竺国再次同时遣使者入唐。此外，乌苌和箇失密等也和

---

① ［美］菲利普. D. 柯丁著，鲍晨译：《世界历史上的跨文化贸易》，山东画报出版社2009年版，第97—99页。

唐朝保持长期的友好关系。季羡林统计唐初 80 多年间中印交通情况，五天竺诸国都数次遣使入唐。这样频繁的使节往来，不仅密切了双方的政治关系，而且扩大和发展了经济贸易活动，同时也使双方的文化交流达到了高潮。季羡林指出：唐初，中国与印度"交通频繁的程度是颇为惊人的，有的时候年年都有往来，甚至一年数次。有的时候有点间隔，也不过几年的工夫。这在中印文化交流史上是空前绝后的"，"交流的内容并不限于宗教，政治（外交）、经济、哲学、科学技术、文学艺术，几乎都有。由于这些原因，我称唐代为中印文化交流活动鼎盛时代中的鼎盛时代"。①

2. 王玄策四次出使中天竺

在唐代中印两国的交往中，王玄策四次出使中天竺，意义很大。中国古代从事对外交通活动的人主要有 3 种，即僧侣、使节和商人，如果说玄奘是唐代僧侣舍身西行求法的典型的话，王玄策则是官方使节的突出代表，在唐朝与天竺诸国交往的历史上占有重要的地位。

王玄策第一次出使天竺是在贞观十七年（643）。此前，唐玄奘至摩揭陀国，叙说唐朝情状，国王尸罗逸多（戒日王）遂在贞观十五年（641）遣使入唐，太宗命云骑尉梁怀璥持节抚慰，尸罗逸多复遣使随唐使入朝。唐贞观十七年（643），太宗以朝散大夫行卫尉寺丞上护军李义表为正使，融州黄水县令王玄策为副使，组成 22 人的使团出使印度，送天竺使节返国。他们沿中印藏道，经吐蕃、泥婆罗。《旧唐书·泥婆罗传》记载："贞观中，卫尉丞李义表往使天竺，途经其国，（国王）那陵提婆见之大喜，与义表同出观阿耆婆冰池。"他们一行于同年十二月到达摩揭陀国王舍城，受到国王尸罗逸多的隆重接待。李义表、王玄策等历游天竺各地，并于翌年正月二十七日在王舍城东北耆阇崛山，即著名的灵鹫山凿石为铭以为纪念。二月十一日又"奉敕"在摩诃菩提寺立碑纪事，二篇铭文现存于《法苑珠林》。《法苑珠林》记载："粤以大唐贞观十七年三月内，爰发。明诏。令使人朝散大夫行卫尉寺丞上护军李义表、副使前融州黄水县令王玄策等，送婆罗门客还国。其年十二月至摩伽陀国……至十九年正月二十七日至王舍城，遂登耆阇崛山……因铭其山，用传不朽。"

---

① 季羡林：《中印文化交流史》，新华出版社 1993 年版，第 65 页。

使印期间，李义表到东天竺迦摩缕波国。童子王（Kumara）因该国佛教未兴，外道宗盛，打听到中国在佛教传入以前也有道教经典流传，就要求将道教经籍译成梵文。李义表、王玄策一行于贞观二十年（646）回到长安。第一次出使，前后历时四年左右，往返都经过泥婆罗国。

贞观二十一年（647），太宗以王玄策为正使、蒋师仁为副使，再次出使印度。这次去程路线很难确定。道宣《续高僧传·玄奘》记载："使既西返，又敕王玄策等二十余人，随往大夏，并赠绫帛千有余段，王及僧等数各有差。并就菩提寺僧召石蜜匠。"这很可能说明王玄策此行应该是随大夏使臣绕道中亚，经西域古丝道出去的。这时，摩揭陀王尸罗逸多刚刚去世，国内大乱，在曲女城的王位被一名叫阿罗那顺的大臣所篡夺。阿罗那顺拒绝王玄策入境，将使团的礼物抢劫一空，并逮捕使团的全体人员。王玄策与副使蒋师仁冒险越狱，并在戒日王之妹拉迦室利公主的帮助下，逃出天竺北上至尼泊尔，借得尼泊尔骑兵7000人及吐蕃骑兵1200名，再入天竺，与阿罗那顺的数万大军展开激战，又巧布"火牛阵"，一举摧毁阿罗那顺亲自统率的7万战象部队，重回曲女城，打败并生俘阿罗那顺，斩首3000余级，俘虏12000人，获牛马30000头，创造了"一人灭一国"的传奇战绩，使中天竺继续与唐朝保持友好关系。王玄策遇乱不惊、迅速果敢的表现，震惊了天竺，轰动了唐朝朝野，显露了不凡的外交才能。王玄策取道吐蕃—泥婆罗道归来，于贞观二十二年（648）五月回到长安。

显庆二年（657），王玄策第三次出使，送佛袈裟到印度。显庆四年（659）到婆栗阇国，受到国王的热情接待，国王为唐使设种种杂技表演。"至婆栗阇国，王为汉人设五女戏，其五女传弄三刀，加至十刀，又作绳伎，腾虚绳上，着履而掷。手弄三仗刀楯枪等，种种关伎，杂诸幻术，截舌抽肠等，不可具述。"（《法苑珠林》）显庆五年（660）九月到摩河菩提寺，送到佛袈裟。当王玄策等人即将归国时，主人"设大会，使人已下各赠华氍十段，并食器。次伸呈使献物龙珠等，具录大真珠八箱，象牙佛塔一，舍利宝塔一，佛印四，至于十月一日，寺主及余众僧钱送使人，西行五里"（《法苑珠林》）。据《法苑珠林》记载，王玄策从迦毕试国带回佛顶骨。迦毕试国为西域古丝道南北两道交汇的必经之地，其地约在今阿富汗兴都库什山以南喀布尔河河谷一带。王玄策取道中亚吐火罗等国，至龙朔元年（661）初春返回了长安。

另据《新唐书·高宗本纪》《旧唐书·高宗本纪》记载，王玄策还于麟德元年（664）第四次使印，回国后遇高宗"驾幸东洛阳"。但过去学者们多对此事持怀疑态度，认为证据不足。近来发现较多的旁证，说明王玄策的第四次使印是完全可能的。① 孙修身经研究认为，王玄策第四次出使印度之事是确实存在的。王玄策第四次出使印度，是奉高宗之命，召僧人玄照回唐朝。麟德二年（665），高宗派玄照法师往印度羯湿弥罗国迎取"长年婆罗门僧"卢伽溢多，为高宗合长生不老药，卢伽溢多复命玄照往西印度采药。所以玄照见过卢伽溢多后，就再往西印度去了。这件事在义净《大唐西域求法高僧传》中有记载。玄照与王玄策很熟悉，关系十分密切，王玄策第三次由印度归来时，对高宗宣称玄照的德行，此时玄照住在印度的苦部信者寺。高宗命王玄策再赴印度，追玄照回唐朝。② 但是，玄照最终没有能够回国，最后客死印度。

王玄策四次使印，联络了中印度、东印度、迦毕试、尼泊尔等国，带回了重要的佛教文物，了解到印度风土、地理、政治、技术文化等方面的情况，为沟通和扩大中国与印度及南亚地区的文化交流做了大量工作，对中印文化的交流作出了贡献。他著有《中天竺国行记》10卷，图3卷，今仅存片断文字，散见于《法苑珠林》《诸经要集》《释迦方志》中。

《中天竺国行记》是研究中西交通史的重要史料，受到人们的高度重视。道世在《法苑珠林》卷二九中说："依奘法师《行传》《王玄策传》及西域道俗，任土所宜，非无灵异，敕令文学士等，总集详撰，勒成六十卷，号为《西国志》，《图画》四十卷，合成一百卷。"

《中天竺国行记》详细记录了吐蕃、泥婆罗国、印度诸国的风土物产等，如泥婆罗国西南有水火池，"若将家火照之，其水上即有火焰于水中出。欲灭以水沃之，其焰转炽。汉使等曾于中架一釜，煮饭熟"。《中天竺国行记》描述了印度社会的历史、法律、神话传说、佛教活动等，"摩伽陀国法。若犯罪

---

① 参见陆庆夫：《论王玄策对中印交通的贡献》，《敦煌学辑刊》1984年第1期，第100—103页；王宏纬：《中尼古代文化交流的回顾》，周一良主编：《中外文化交流史》，河南人民出版社1987年版，第436页。

② 参见孙修身：《敦煌与中西交通研究》，甘肃教育出版社2002年版，第176—177页。

者，不加拷掠，唯以神称称之。称人之法，以物与人轻重相似者，置称一头，人处一头，两头衡平者，又作一符，亦以别物，等其轻重。即以符系人项上，以所称别物添前物，若人无罪，即物头重，若人有罪，则物头轻。据此轻重，以善恶科罪，剜眼截腕，断指刖足，视犯轻重，以行其刑。若小罪负债之流，并锁其两脚，用为罚罪"。

另同书卷五记载："《西国志》……从麟德三年起首，至乾封元年夏末方讫。余见（王）玄策，具述此事。"唐高宗麟德三年（666），在王玄策和玄奘有关著述的基础上，官方修成了《西域志》（或称《西域图》）100卷，文60卷，图40卷。

王玄策的出使活动对中印文化交流的许多方面都产生了重大影响。第一次奉使时，玄策带画工宋法智等同行。宋法智等人在天竺专门从事临摹佛像的工作，"巧穷圣容，图写圣颜，来到京都，道俗竞模"，在长安引起了轰动。宋法智不仅画艺精湛，而且工于雕塑。麟德元年（664），玄奘临终前设斋，"命塑工宋法智于嘉寿殿竖菩提像骨"。王玄策从天竺带回的佛像范本不仅被广泛"摹写"，而且被收藏于宫禁之中。麟德二年（665），东都敬爱寺雕塑菩提树下弥勒像置于殿内，"自内出王玄策取到西域所图菩萨像为样"，并由王玄策本人亲自指导贴金。在佛像摹本广泛传播的同时，古代印度的绘画、雕塑技法，必定也随之流布到了唐朝社会的各个阶层。王玄策的《中天竺国行记》记录了诸多佛教故事，这些故事流传下来，甚至作为佛教艺术的重要题材雕入洞窟。直到现在，在敦煌等处的石窟里还能找到按照王玄策带回的佛像图样临摹的壁画，如莫高窟的《摩伽陀国须弥座释迦并银菩萨瑞象》，今天辨认这些画，还要借助王玄策书中的记载。孙修身认为，著名的《释迦如来双迹灵相图》也是王玄策第二次出使印度时带回来的。① 另外，人们习称的"方丈"一词，就是来源于王玄策的出使活动。据载，天竺吠舍厘国宫城西北六里有寺塔，是说维摩经处，寺东北有塔，是维摩故宅基，多灵迹，其舍由砖砌成。"近使者王玄策以笏量之，止有一丈，故方丈之名因而生焉。"（《释迦方志》）

王玄策的出使活动还对唐朝与印度的物质文化交流起了积极的推动作用。

---

① 参见孙修身：《敦煌与中西交通研究》，甘肃教育出版社2002年版，第1765页。

王玄策第一次出使归来时，尸罗逸多遣使献"火珠及郁金香、菩提树"。第三次出使到达摩诃菩提寺时，寺主戒龙为唐使设大会，"使人已下各赠华㲲十段并食器，次伸呈使献物龙珠等，具录大真珠八箱，象牙佛塔一，舍利宝塔一，佛印四"（《西域志》）。古代印度许多物产就这样随着唐使被带到了唐朝境内。印度的制糖技术也是王玄策在第二次出使印度时带回来的。估计王玄策打败阿罗那顺后，俘虏了大量能工巧匠，便从中挑选专业制糖人员，带回国内传授制糖之法。

王玄策的出使活动，还推动了沿途国家或地区与唐朝的物质文化交流。如王玄策第一次出使经过泥婆罗时，受到其国王那陵提婆的热情接待。次年（647），泥婆罗国遣使入献波稜、酢菜、浑提葱等物。泥婆罗国与唐朝通使，与王玄策的外交活动有密切关系。"波稜菜"就是今天的菠菜，这种蔬菜色味俱佳，而且耐寒，从早春一直供应到夏秋。苏轼诗"雪底波棱如铁甲""霜叶露芽寒更苗"，赞扬菠菜的耐寒特性。菠菜直到现在仍是中国人最常食用的蔬菜之一。

二 印度物产和文化在中国的传播

1. 传播到中国的印度物产

唐代中国与印度的使节往来不断，与之相伴随的是物产的交流。

印度物产丰富，在中西交通之初就不断有印度商品输入中国。到唐代，中印之间的贸易比以往更为发达，有更多的出产于印度或者经由印度转运的西方商品输入中国。杜佑《通典·边防九》记载，印度"西与大秦、安息交市海中，或至扶南、交趾贸易。多珊瑚、珠玑，琅玕。俗无簿籍。以齿贝为货。尤工幻化。丈夫致敬，极者舐足摩踵而致其辞。家有奇乐、倡伎。其王与大臣多服锦罽"。《通典》还记载了印度的物产："有火齐，如云母而色紫，裂之则薄如蝉翼，积之则如纱縠之重沓。有金刚，似紫石英，百炼不销，可以切玉，玟瑰、金、铜、铁、铅、锡。金缕织成金罽、白叠、氍毹。又有旃檀、郁金等香，甘蔗诸果，石蜜、胡椒、姜、黑盐。"

印度的这些物产以及通过它转运的大秦、安息的货物，可能通过商业的渠道输入中国。中印经济文化方面的交流以民间的经济贸易为主要内容，且持久不衰，并未因王朝的兴衰而废止，特别以东南沿海地区的交流最为频繁。唐朝时，海船在广州和天竺国之间定期往返。《新唐书》记载了广州通南天竺、西天竺的航程、日期。一些印度商人来唐经商做生意，带来了印度的香料、毛织品、宝石、药材、服饰等，丰富了唐朝人民物质生活的内容。他们也把中国的丝绸、纸张、瓷器、竹器、漆器、金银器、茶叶、桃、梨、樟脑等物品销往印度，深受印度人的喜爱。

此外，还有一些是作为政府间互赠的礼品来到中国。如天竺国王尸罗逸多于贞观十五年（641）遣使献大珠及郁金香、菩提树。南天竺国于开元八年（720）五月遣使献豹及五色鹦鹉问日鸟。北天竺国三藏沙门僧于开元十七年（729）献质汗药等。

由印度输入唐的贡品，有些由内府向外廷扩散，若干品种传入民间，并加以仿制、吸收，从而转为日用品。如郁金香就很受唐人喜爱。《本草纲目》卷一四引《南洲异物志》说："郁金出自伽毗国……先以供佛……然后取之，可以香酒。"李白的《客中行》中有"兰陵美酒郁金香，玉碗盛来琥珀光"的溢美之词。

2. 制糖法在中国的传播

印度自古就生产甘蔗，并发展出起用甘蔗制糖的技术。两晋南北朝时期的佛典如《摩诃僧祇律》《五分律》《四分律》等，已有印度制糖的相关内容。唐代义净所译的《根本萨婆多部律摄》和《根本说一切有部百一羯磨》也对印度的制糖法有所介绍。

我国上古时代并没有蔗糖。《礼记·内则》提到甜食时，举出的是"枣、栗、饴、蜜"。"饴"一般指的就是现在的麦芽糖。成书于北魏的《齐民要术》中记载了"白饧""黑饧""琥珀饧"等品种的制作方法，说明熬饧的技术在这时已经成熟。之后又有蔗饧，用蔗浆制成。我国古代长期用蔗浆调味。季羡林说："我们中国古代没有'糖'这个字，只有一个'饴'字，指的是麦芽糖一类的东西。比如《楚辞·招魂》中说：'腼鳖炮羔，有柘浆些。''柘浆'就是后来的蔗浆……古代的蔗浆只供饮用，而不用来熬糖。熬糖则使用麦芽……大概到了南北朝时期才出现了'糖'字，利用蔗浆熬糖可能也始于此时。"①

蔗不仅可以加工成蔗饴，还可以进一步加工成蔗糖。西汉时南越人杨孚在《异物志·甘蔗》中说："交趾所产甘蔗特醇好，本末无薄厚，其味至均……斩而食之既甘，迮取汁如饴饧，名之曰糖，益复珍也。又煎而曝之，既凝而冰，破如博，其食之入口消释，时人谓之石蜜者也。"杨孚在这里谈到了用甘蔗榨糖，这是我国最早关于制造蔗糖的记载。这种蔗糖当时是贡品，民间并不多见。张衡在《七辩》中说："沙饧石蜜，远国储珍。"又陶弘景在《名医别录》中写道："蔗出江东为胜，庐陵亦有好者，广州一种数年生，皆大如竹，长丈余，取汁为沙糖，甚益人。"南北朝时期虽有"沙糖"之名，但所能生产的只是蔗糖的低级产品。

三国时交趾生产的蔗糖输入中国。到了唐代，从印度引进的甩甘蔗制砂糖的工艺对唐代的经济影响较大。这件事与前面提到的王玄策出使印度有直接的关系。道宣《续高僧传·玄奘》记载："王及僧等数各有差，并就菩提寺僧召石蜜匠，乃遣匠二人、僧八人，俱到东夏。寻敕往越州，就甘蔗造之，皆得成就。""石蜜"就是蔗糖。孙修身认为，可能是王玄策在第二次出使印度时，打败阿罗那顺并俘虏了大量能工巧匠，便从中挑选专业制糖人员，带回国内传授制糖之法。《新唐书·西域传》记载，贞观二十一年（647），摩揭陀国"献波罗树类白杨。太宗遣使取熬糖法，即诏扬州上诸蔗，拃沈如其剂，色味愈西域远甚"。《唐会要》卷一〇〇也记载："西蕃胡国出石蜜。中国贵之。太宗遣使至摩伽佗国取其法。令扬州煎蔗之汁。于中厨自造焉。色味逾于西域所出者。"这几条记载讲的是一件事，就是唐太宗派人到印度学习制糖技术，回来后使之得到推广。

印度制糖法的传入对我国糖业的发展起了重要的作用。当时印度的制糖法至少有三项先进经验。其一，蔗浆结晶前用石灰或草木灰处理。根据现代的科学制糖原理可知，这项措施对蔗糖的结晶和产率至关重要，因为蔗汁中除蔗糖和水分外，还有一些含量不算很大但对蔗糖结晶极不利的有机酸成分，它们会促使蔗糖水解生成还原糖（如葡萄糖、果糖等），这类糖在蔗汁搁置过程中不但自身不能结晶，还会生成糖蜜（我国古代叫"糖油"），阻碍蔗糖结

---

① 《季羡林论中印文化交流》，新世界出版社 2006 年版，第 19 页。

晶，所以用"灰"去中和或沉淀那些游离酸，很有必要。而且还可使某些有机的非糖分、无机盐、泥沙悬浮物沉淀下来，既可改善蔗汁的味道，又可使蔗汁黏度减小，色泽变清亮，也都有利于蔗糖的析出和质量的提高。其二，印度制糖技师很注重对甘蔗品种的选择。据他们的经验，苗长过八尺者不适于熬糖，而矮秆六、七尺者是制砂糖的良种。后来我国就参考学习了印度的此项经验。其三，印度制糖采取了分出糖蜜的措施，极有利于砂糖的结晶。

唐代的制糖技术有了较大的进步，主要是由于从印度传入了先进的制糖技术。唐太宗派人到中天竺摩揭陀国去学习熬糖法，不仅学会了印度的制糖技术，而且在此基础上有所改进，制出了比印度蔗糖质量还高的产品。所以说"拃沈如其剂，色味愈西域甚远"。根据季羡林的研究，扬州人对糖进行了改进和精加工，实现了制糖技术的飞跃。他强调，最早的白糖不可能洁净如雪，而是呈淡黄色。后来，优质的中国糖又传到印度，被印度人惊叹为"中国雪"。除扬州外，唐宋时期四川遂宁也是蔗糖的著名产地。

还有的学者认为，唐太宗时期只引进了印度饼块糖石蜜制法，唐高宗龙朔元年（661）请来印度制糖专家后，才引进印度砂糖制法。

在敦煌的残卷中，有一篇残经写卷的背面写着制造"煞割令"的方法。季羡林认为"煞割令"就是梵文"sarkara"的对音。这个残卷记载了印度甘蔗的种类、制砂糖法、制石蜜法、甘蔗栽培法。季羡林在分析这一残卷后指出："我们眼前的这张只有几百字的残卷告诉我们的却是另外一条道路，一条老百姓的道路。造糖看起来不能算是一件了不起的大事，但是它也关系到国计民生，在中印文化关系史上在科技交流方面自有其重要意义。"①

季羡林在其著作《蔗糖史：体现在植蔗制糖上的文化交流轨迹》中对制糖技术传入中国的历史进行了全面的考察。季羡林说他"写《糖史》是'醉翁之意不在酒'，与其说是写科学技术史，毋宁说是写文化交流史"。因为制糖法的传播，体现了中印之间丰富的文化交流。

唐代中国人掌握了先进的制糖技术，中国的蔗糖生产也有了较大的发展，如陆龟蒙《江南秋怀寄华阳山人》诗，有"野馈夸菰饭，江商贾蔗饧"句。在药物学著作《千金要方》和《外台秘要》中，砂糖是常用的药物，敦煌残

① 引自薛克翘：《中印文化交流史话》，商务印书馆1998年版，第97页。

卷孟诜《食疗本草》也收录了砂糖等。这都表明作为食品或药用的砂糖已经成为市场上常见的货物。

唐代砂糖以四川生产的质量最好，如《元和郡县图志》载蜀州贡砂糖，《千金翼方》所载诸药出处，也仅载益州砂糖。直到元、明两代，福建、广东才在改进制糖技术的基础上成为我国蔗糖的主要产地，明末宋应星《天工开物》对闽广的制糖法作了相当详细的介绍。

唐玄宗天宝十二载（753）鉴真和尚东渡日本传法，带有各种方物，其中有蔗糖2斤多，献给奈良东大寺，并把制糖法传给日本，此后日本才知道了砂糖。

甘蔗种植和制糖业在宋代已有大的发展。苏颂《本草图经》记载："甘蔗今江浙、闽广、蜀州所生，大者亦高数丈。叶有两种，一种似荻，节疏而细短，谓之荻蔗，一种似竹，粗长，榨其汁以为沙糖，皆用竹蔗，泉、福、吉、广多榨之"。"蔗有两种，赤色名昆仑蔗，白色名荻蔗，出福州以上皮节红而淡，出泉、漳者皮节绿而甘。其干小而长者名菅蔗，又名蓬蔗，居民研汁煮糖泛海鬻吴越间。"《容斋五笔》也记载："甘蔗所在皆植，独福唐、四明、番禺、广汉、遂宁有糖冰。"

宋代王灼所著《糖霜谱》是我国最早的蔗糖专著，全书共分7篇，分别记述了中国制糖发展的历史、甘蔗的种植方法、制糖的设备（包括压榨及煮炼设备）、工艺过程、糖霜性味、用途、糖业经济等。《糖霜谱》所记蔗糖加工工具有蔗削、蔗镰、蔗凳、蔗碾、榨斗、枣杵、榨盘、榨床、漆瓮。削和镰是砍伐甘蔗和削去皮叶的工具，余皆为榨糖工具。制糖方法则据说是唐代宗大历年间邹和尚传授的。邹和尚生平不详，他所传授的制糖法可能就是比较先进的印度制糖技术。史籍还记载四川遂宁开始用甘蔗制取冰糖，冰糖的制作，为制糖业增添了独特的产品。

唐宋时期生产的蔗糖都是红糖，"白糖要到明代才有"。"这是利用泥土的吸附性使糖浆脱色"的方法，"这种方法早已在地中海地区的制糖业中广泛应用。所以我国之制白糖的技术，亦应来自西方"。[1] 明宋应星《天工开物·甘嗜·蔗品》记载："凡荻蔗造糖，有凝冰、白霜、红砂三品。糖品之分，分于

---

① 孙机：《中国古代物质文化》，中华书局2014年版，第70页。

蔗浆之老嫩。"又《造兽糖》记载:"凡狮、象糖模,两合如瓦为之,杓泻糖入,随手覆转倾下。模冷糖烧,自有糖一膜靠模凝结,又曰享糖,华筵用之。"嘉靖《惠安县志》亦有制糖之记载:"宋时王孙、走马埭及半门诸村皆种蔗煮糖,商贩辐凑。"惠安的糖分黑砂糖、白砂糖、响糖、糖霜四种。黑砂糖由蔗液烹煮而成,白砂糖由黑砂糖去杂质而成,响糖和糖霜则由白砂糖烹煮而成。

3. 印度天文历算知识在中国的传播

纵观几千年的中外文化交流史,我们会注意到这样一个现象,即天文历算领域,是中外交流中比较多和比较活跃的领域。中国在唐代主要是与印度交流,在元代主要是引进阿拉伯的天文学成就,而在明清之际及以后,主要是引进欧洲的天文学成果。自古中国的天文历算就很发达,但同时也积极引进外国的先进成果。方豪指出:"我国古代之天文学,有为我国自己所发现,而与其他民族不谋而合者,有与其他民族确有相互交流者,故不能谓中国古代天文学全受外来影响,而毫无贡献也。如中国古历以十九年之章及七十六年之蔀为骨干,而此两种周期之存在,亦见于西方,且西方发现时期亦相等于我国战国时代,此殆不谋而合者。"①

古代印度天文历算知识发达,早在汉代就已传入中国。《旧唐书》卷一九八记天竺国,"有文字,善天文历算之术",记泥婆罗国说"颇解推测盈虚,兼通历术"。《隋书·经籍志》著录的有关天文历算的印度经籍有:《婆罗门舍仙人所说天文经》21 卷;《婆罗门竭伽仙人天文说》30 卷;《婆罗门天文》1 卷;《摩登伽经说星图》1 卷;《婆罗门算法》3 卷;《婆罗门阴阳算历》1卷;《婆罗门算经》3 卷。

虽然这些书籍已经亡失,仅存其名,但可知隋代以及之前已经译出印度天文历法 7 种 60 卷。《续高僧传·阇那崛多》又说:"初隋高祖又敕崛多,共西域沙门若那竭多、开府高恭、恭息都督天奴、和仁及婆罗门毗舍达等,于内史内省翻梵古书及干文。开皇十二年书度翻讫,合二百余卷。"梁启超指出所谓"干文"者当是天文书。

唐代,印度的天文历算著作继续传入中国。《旧唐书》记载,开元七年

---

① 方豪:《中西交通史》上卷,上海人民出版社 2008 年版,第 41 页。

（719），罽宾国遣使献天文经一夹。《册府元龟》卷九七一记载："（开元七年）六月，大食国、吐火罗国、康国、南天竺国并遣使朝贡，其吐火罗国支汗那王帝赊上表献解进天文人大慕阇，其人智慧幽深，问无不知，伏乞天恩，唤取慕阇，亲问臣等事意，及诸教法，知其人有如此之艺能，望请令其供奉，并置一法堂，依本教供养。"方豪说："同一年而由两国进天文学家与天文书，可谓盛事。"[①]《册府元龟》又记开元二十五年（737），东天竺大德达摩战来献《占星记》梵本。

中国前往印度取经的高僧和印度来华的高僧带来了不少天文历算的佛典。如玄奘所译《俱舍论》、义净所译《佛说大孔雀咒王经》、不空所译《佛母大孔雀明王经》《宿曜经》、金刚智译《北斗七星念诵仪轨》、法成译《诸星母陀罗尼经》等等。另外，玄奘在《大唐西域记》中，对印度的长度单位和印度岁时有比较详细的记载，义净在《南海寄归内法传》中记载有印度佛寺以漏法计时的情况。

上述所译佛经中，有关天文历法方面最重要的是不空在乾元二年（759）所译的《宿曜经》。《宿曜经》全名为《文殊师利菩萨及诸仙所说吉凶时日善恶宿曜经》，有上下两卷，详细介绍了印度的占星术、七曜、二十七宿和十二宫方面的知识。其中"七曜历"对唐代历法影响很大。所谓"七曜"，即"蜜"（mīr，日曜日）、"莫"（Māq，月曜日）、"云汉"（Wnqān，火曜日）、"咥"（Tīr，水曜日）、"温没司"（Wrmzt，木曜日）、"那颉"（Māqit，金曜日）、"鸡缓"（Kēwān，土曜日）。不空的弟子杨景风在广德二年（764）为此经作注。他在"七曜"下注称："夫七曜者，所谓日月五星下直人间，一日一易，七日周而复始。其所用，各各于事有宜者，不宜者，请细详用之。忽不记得，但当问胡及波斯并五天竺人总知。尼干子、末摩尼常以密日持斋，亦事此日为大日，此等事持不忘，故今列诸国人呼七曜如后。"

此所谓"胡"是指粟特胡人，尼干子（Nigranthaputra）即一切外道，末摩尼（Ma Mani）在此处是摩尼教徒的泛称。从杨景风的这段话可知，七曜历术广泛流行于波斯、天竺及粟特人中，而且已经传入了唐朝。

唐人曹士苏撰《七曜符天历》1卷。史书记载："唐建中时，曹士苏始变

① 方豪：《中西交通史》上卷，上海人民出版社 2008 年版，第 229 页。

古法，以显庆五年为上元，雨水为岁首，世谓之小历。"这种历术"本天竺历"，又称"曹公小历"。所谓"变古法"，可能就是指采用天竺历术而言。这种历书在唐代"只行于民间"。正因为七曜术在民间传播，《唐律》甚至规定："诸玄象器物，天文，图书，谶书，兵书，七曜历，太一、雷公式，私家不得有，违者徒二年。"将七曜历与民间的图谶相提并论，可见七曜术对唐朝基层社会的影响应该是很大的。考古学家在敦煌卷子中也发现了一批汉文七曜星占文书，其中有"云汉日，火，从南方向北，用辰时，着绯衣赤马赤旗，祀五道将军""嘀（即'哇'），水，从北向南，用子时，着黑衣黑旗，祀河伯将军"等类似的记载。"五道将军"和"河伯将军"都是中国传统民间信仰的内容。

入唐的日本高僧空海把《宿曜经》的"曜日"引入日本，日本在此基础上发展出了宿曜道和宿曜占星术。

唐代传入的印度历法还有瞿昙悉达翻译的《九执历》。《九执历》是当时较为先进的印度历法，其中有推算日月运行和交食预报等方法，历元起自春分朔日夜半。它将周天分为360度，1度分为60分，又将一昼夜分为60刻，每刻60分。它用十九年七闰法。恒星年为365.2762日，朔望月为29.530583日。《九执历》用本轮均轮系统推算日月的不均匀运动，计算时使用三角函数的方法。《九执历》的远日点定在夏至点前10度。

印度天文学受希腊天文学的影响，在计算天体运动时采用了黄道坐标系和几何学方法，和中国之采用赤道坐标系及代数方法大不相同。《九执历》中的若干基本天文数据较之中国略有逊色，但其方法和概念也有许多长处。例如，中国古代历法一直没有分辨出太阳运动的近地点和冬至点、远地点和夏至点的区别，而《九执历》则定出远地点在夏至点之前10度，这是符合当时天文实际的。又如，中国古代历法不考虑日、月和地球之间直线距离的远近变化问题，所以在日、月食的计算上是有局限的，《九执历》则有推算月亮视直径大小变化的方法，较中国古代历法有所进步。此外，《九执历》引进了三角学里的正弦函数算法和正弦函数表，这在中国古代数学中也是一个新事物。总之，《九执历》的传入乃是中国与印度科学交流史上的一件大事。

江晓原认为，《九执历》似应是由多种文献摘编而成，其序中所说"五通仙人"，或可解作"通晓五大历数书之哲人"。《九执历》编译时所参考依据的印度天学著作，至少有彘日（Varahamihira）《五大历数书汇编》，或许还有《历法甘露》，所牵涉的学派至少有印度天学"希腊时期"五大学派之一的"夜半学派"，也可能还有"婆罗门学派"。① 陈久金认为："《九执历》是依据印度历法编译的，已加进中国天文学的某些内容，因此，没有希望在印度找到它的原版。唐朝政府翻译《九执历》的主要目的，是想利用印度算法，与汉历相参照预报日月蚀。据朱文鑫和王应伟的研究，《大衍历》所创'九服蚀差'的方法，确实是受到《九执历》启发的，《大衍历·日蚀议》中就有一些与《九执历》相近的概念和文字。《九执历》推算交蚀的方法较为科学，确有可取之处。"②

清人顾观光作《九执历解》，对《九执历》作了系统和深入的研究。他的研究曾得到《时宪历》和《回回历》的启发，认为此三历属于同一个系统。日本学者薮内清也对《九执历》做过深入研究，认为《九执历》与印度的《历法甘露》关系密切，很多数据几乎完全相同。因此，《九执历》是成书于印度《太阳历数全书》和《历法甘露》之间的重要代表著作。

4. 活跃在唐朝的"天竺三家"

上文提到翻译编纂《九执历》的瞿昙悉达在唐朝任太史监，太史监是秘书省下"监掌察天文，稽历数"的专门机构，后来在乾元元年改为司天台。太史监是唐代以"本色出身"的技术官僚能够达到的最高官职，可知瞿昙悉达的天文历算技艺是相当高超的。瞿昙家族在唐朝世代从事天文历算职业。《通志》及《姓纂》称，瞿昙氏（Gautama）来自中天竺，这一家族四代供职国家天文机构，先后担任过太史令、太史监或司天监经110年。因此，当时人们称瞿昙悉达为"瞿昙监"，称这一派的天竺历法为"瞿昙历"。

1977年于陕西长安县发现的瞿昙悉达之子瞿昙譔墓志，是瞿昙家族的重要史料。瞿昙譔墓志追溯了其家族最早的一代瞿昙逸，称其"高道不仕"，又说瞿昙氏"世为京兆人"，"代掌羲和之官，家习天人之学"。瞿昙逸生子瞿昙罗。瞿昙罗曾作两种历法，《新唐书》记载其事说李淳风"作《甲子元历》

---

① 参见江晓原：《六朝隋唐传入中土之印度天学》，台湾《汉学研究》第10卷第2期（1992年）。

② 转引自薛克翘：《中印文化交流史话》，商务印书馆1998年版，第90页。

以献，诏太史起麟德二年颁用，谓之《麟德历》……当时以为密，与太史令瞿昙罗所上《经纬历》参行"，"神功二年……改元圣历，命瞿昙罗作《光宅历》，将用之。三年，罢作《光宅历》，复行夏时，终开元十六年"。《光宅历》在新旧《唐书》中皆有著录。《旧唐书》说："天后时，瞿昙罗造《光宅历》；中宗时，南宫说造《景龙历》，皆旧法之所弃者，复取用之，徒云革易，宁造深微，寻亦不行。"

罗生子悉达，瞿昙悉达是此家族中名声最大的人。唐睿宗景云二年（711），瞿昙悉达奉敕作为主持人，参加修复北魏晁崇所造铁浑仪的工作，并于唐玄宗先天二年（713）完成。除了前面提到的编译《九执历》，他还编辑了《开元占经》110卷。

《开元占经》，一名《大唐开元占经》，是瞿昙悉达编的一部天文学著作。据薄树人考证，瞿昙悉达大概在开元二年（714）二月之后奉敕编撰《开元占经》，编成的时间不会早晚于开元十二年（724）。《开元占经》全书共120卷，其中前二卷集录了中国古代天文学家关于宇宙理论的论述，卷三至卷九集录了古代名家有关天体的状况、运动、各种天文现象等等方面的论述，以及有关的星占术的文献，卷九一至卷一〇二集录了有关各种气象的星占术文献，卷一〇三主要抄录了唐代李淳风撰的《麟德历经》；卷一〇四讲算法，《九执历》就录在这一卷内，卷一〇五集录了从先秦《古六历》到唐代《神龙历》为止的29种历法的一些最基本的数据，卷一〇六至卷一一〇讲星图，不过书中并没有图像，而是用文字介绍当时所测恒星位置与旧星图所载之不同，卷一一一至卷一二〇集录了古代各种有关草木鸟兽、人鬼器物等等的星占术文献。

瞿昙悉达身为皇家天学机构负责人，得以利用皇家秘藏之古今星占学禁书，以其得天独厚的条件，使《开元占经》集唐前各家星占学说之大成，为古代中国星占学最重要、最完备之资料库。它保存了中国最古老的恒星观测资料，其中尤以甘、石、巫咸三氏之星经为代表，成为今人研究先秦时代中国天学最重要史料之一，录载了中国上古至8世纪时所有相传历法之基本数据。据统计，《开元占经》中摘录有现已失传的古代天文学和星占学著作共77种，纬书共82种。这些佚书在其他古籍中间或也有记载，但完全不如《开元占经》丰富。

瞿昙悉达有子4人，第四子譔子承父业，克绍箕裘，任秋官正、司天少监等职，为当时天学界活跃人物。《旧唐书·天文下》记载其行事两则：上元"二年七月癸未朔，日有蚀之，大星皆见，司天秋官正瞿昙譔奏曰：癸未太阳亏……亏于张四度，周之分野。甘德云：'日从巳至午蚀为周。'周为河南，今逆贼史思明据。《乙巳占》曰：'日蚀之下有破国。'"瞿昙譔最著名的活动是年轻时与其他官员指控一行《大衍历》"写《九执历》其术未尽"。当时其父瞿昙悉达已去世，他本人则尚未任要职，仅为一"善算"者。虽然这次指控以失败告终，但后来他仍做到司天少监之职。譔有 6 子，其中瞿昙晏任司天冬官正。

当时唐朝有著名的"天竺三家"，以天文历算著名。瞿昙氏在"天竺三家"中最为显赫，是史籍中有关记载较多的家族。"天竺三家"其余两家为迦叶氏、拘摩罗，也是以天文历算知名的天竺人。[①] 迦叶家族较著名的有迦叶志忠，此人在景龙二年（708）曾以"右骁卫将军、知太史事"的身份，奉旨进《桑条歌》12 篇，为韦皇后妄造符命。另一位较为有名的是迦叶孝威。《旧唐书·历法二》述《麟德历》"求交食之法"时，附有"迦叶孝威等天竺法"，其中写道："迦叶孝威等天竺法，先依日月行迟疾度，以推入交远近日月蚀分加时。日月蚀亦为十五分……又云：六月依节一蚀。是月十五日是月蚀节，黑月尽是月蚀节。亦以吉凶之象，警告王者奉顺正法。苍生福盛，虽时应蚀，由福故也，其蚀即退。更经六月，欲蚀之前，皆有先兆。月欲有蚀，先月形摇振……亦是蚀之先候。此等与中国法数稍殊，自外梗概相似也。"

在玄宗时代，天竺人拘（又作俱）摩罗氏（Kumara）曾将推算日蚀的方法传入了唐朝。《通志》著录了"俱摩罗《秘占术》一卷"。《旧唐书》《新唐书》均仅提到拘摩罗氏一次，为《大衍历》"交食术"的附录："按天竺僧俱摩罗所传断日蚀法，其蚀朔日度躔于郁车宫者，的蚀。诸断不得其蚀，据日所在之宫，有火星在前三后一之宫并伏在日下，并不蚀。若五星总出，并水见，又水在阴历，及三星已上同聚一宿，亦不蚀。凡星与日别宫或别宿则易断，若同宿则难断。更有诸断，理多烦碎，略陈梗概，不复具详者。其天竺所云十二宫，则中国之十二次也。曰郁车宫者，即中国降娄之次也。"

---

① 关于"天竺三家"的考证，参见江晓原：《六朝隋唐传入中土之印度天学》，台湾《汉学研究》第 10 卷第 2 期（1992 年）。

唐代天文学家中，一行也是一位重要人物。前述瞿昙譔指控一行禅师的《大衍历》。而这部《大衍历》也是受到印度天文学知识影响而编纂的。唐开元九年（721）所制订《麟德历》日食不验，由一行禅师作《大衍历》。《旧唐书·天文志》记载："开元九年，太史频奏日蚀不效，诏沙门一行改造新历。一行奏云：'今欲创历立元，须知黄道进退，请太史令测候星度。'"721年，一行禅师开始草拟《大衍历》，至开元十五年（727）完成。他做了许多准备工作，如《新唐书·艺文志》所记载的《历议》10卷，《历立成》12卷，《历草》24卷，《七政长历》3卷等书，都是为草拟《大衍历》所作的重要文献。此外，他还要收集实测的资料，制造天文仪器以供测候之用。一行禅师参考《九执历》，在《大衍历》中写入了"九执"的内容。但是唐书说，《大衍历》写入了"九执"的部分内容，写术而未尽，做了很大的保留。《大衍历》较为准确地阐明了地球围绕太阳运行速度的规律，提出了正确划分二十四节气的方法。后来，太史令用灵台候簿核对，证明与《大衍历》相合的达十分之七八。《新唐书·历志三上》说："自《太初》至《麟德》，历有二十三家，与天虽近而未密也。至一行，密矣。昔倚数立法，固无以易也。后世虽有改作者，皆依仿而已。"北宋沈括在《梦溪笔谈·象数一》中也说："开元《大衍历法》最为精密，历代用其朔法。"一行禅师还有许多涉及天文历算的著作，也可能受到印度学说的影响。

5. 印度双陆在中国的传播情况

双陆是魏晋时期由印度传入中国的一种棋戏，于隋唐之际达到极盛，在宫廷与民间十分流行。

双陆又叫"握槊""长行"，其起源应追溯到古代印度的"波罗塞棋"（Prasaka）。波罗塞棋是一种模仿战场、带有军事色彩的博戏，先从印度传入中亚，在当时的栗特人中广为流行，然后随着佛教的东渐而被带到中国来。

大概三国时期双陆就传到中国。《山樵暇语》说："双陆出天竺（今印度）……其流入中国则自曹植始之也。"《事物纪原》一书说，三国时曹魏"陈思王曹子建制双陆，局置骰子二"。这两则记载略有不同，但都说明曹植与双陆的流行有关。《魏书》卷九〇记载，高祖时"赵国李幼序、洛阳丘何奴并工握槊。此盖胡戏，近入中国。云胡王有弟一人遇罪，将杀之，弟从狱中为此戏以上之。意言孤则易死也。世宗以后、大盛于时"。宋洪遵在《谱双》

中考双陆的来源，说道："双陆，刘存、冯鉴皆云魏曹植始制，考之《北史》，胡王之弟为握槊之戏，近入中国。又考之竺贝，名为波罗塞戏。然则外国有此戏久矣。其流入中州，则曹植始也。"

在十六国时期翻译的《涅槃经》，将波罗塞棋与围棋、樗蒲并列为干扰出家人清修的三大游戏，当"悉不观作"。

双陆局是长方形的，与六博、围棋之局呈方形者不同，因两侧左右各有六梁，故名双陆。双陆子也叫马，分白黑两色，各15枚，作捣衣杵状，另有骰子2枚。博时掷采行马，白马自右归左，黑马自左归右，马先出尽为胜。唐代名僧智周在为该经做的解释性疏文中，对这种博戏做了较为翔实的介绍："波罗塞戏是西域兵戏法，二人各执二十余小子，乘象或马，于局道争得路以为胜。"唐张读《宣室志》记述了这样一个故事。有个秀才一天在洛阳城内的一处空宅中借宿，睡梦中看见堂中走出道士、和尚各15人，排作6行。另有两个怪物出现，各有21个洞眼，其中四眼闪动着红光。道士和和尚在怪物的指挥下或奔或走，分布四方，聚散无常。每当人单行时，常被对方的人众击倒而离开。第二天，秀才在堂上寻找，结果从壁角中发现双陆子30枚、骰子一对，才明白了原委。这里讲的就是双陆的规则。

在日本，现存《双陆锦囊钞》简要地述说了双陆的玩法。日本的双陆是唐朝时传入的，因此，其格式和行棋方法完全照搬唐式。根据书中所述，一套双陆主要包括棋盘、黑白棋子各15枚、骰子2枚。其中棋盘上面刻有对等的12竖线，骰子呈六面体，分别刻有从一到六的数值。玩时，掷出二骰，骰子顶面所显示的值是几，便行进几步。先将全部己方15枚棋子走进最后的6条刻线以内者，即获全胜。

白居易有诗写到围棋、象棋和双陆：

> 何处春深好，春深博弈家。
> 一先争破眼，六聚斗成花。
> 鼓应投壶马，兵冲象戏车。
> 弹棋局上事，最妙是长斜。

其中，"一先争破眼，六聚斗成花"指的是围棋，"兵冲象戏车"指的是象棋，"最妙是长斜"指的就是双陆。洪遵《谱双》一书中列出北双陆、大食双陆、广州双陆、真腊阇婆双陆、南皮双陆、日本双陆等多种，制度不尽相同，玩法、称谓、术语互有歧异。明陶宗仪所编著的百科全书《说郛》引洪遵语，"双陆最近古，号雅戏。以传记考之，获四名：曰握槊、曰长行、曰波罗塞戏、曰双陆。盖始于西域"。清方以智《通雅·器用十三》记载："握槊、长行局、波罗塞、双陆，要一类也。后魏李邵曰：'曹植作长行局，胡王作握槊，亦双陆也。'"

双陆游戏到唐代大为流行。刘禹锡有《观博》一文，记述其观人博戏双陆之事，说："初，主人执握槊之器……其制用骨，觚稜四均，镂以朱墨，耦而合数，取应期月，视其转止，依以争道。"

唐朝皇帝多爱此戏，因此宫廷中流行双陆游戏。武则天和当时的宰相狄仁杰都好此道。有一次武则天问她的宰相狄仁杰："朕昨夜梦与人双陆，频不见胜，何也？"狄仁杰机巧地回答："双陆输者，盖谓宫中无子也。是上天之意假此以示陛下，安可久虚储位哉！"又一次，武则天叫狄仁杰与张昌宗打双陆。"公就局，则天曰：'何以赌？'公对曰：'争先三筹，赌昌宗所衣毛裘。'"结果狄仁杰胜，赢得了那件南海郡进奉的珍贵异常的集翠裘。《旧唐书·后妃传》记载，武三思和韦后打双陆，唐中宗就在一旁为他们点筹。

双陆在民间也十分流行。《太平广记》记载了这样一个故事，据说唐高宗咸亨中，贝州有个叫潘彦的，酷好双陆，整日局不离身。有一次泛海遇风，船破落水，此人右手抓住一块破木板，左手紧抱着双陆局，嘴里含着骰子，经过两天一夜的漂流，上岸时两手见骨，而双陆局还在怀里，骰子也仍在口中。

日本有相当于唐时的两件紫檀木画双陆局，珍藏在正仓院。其中一件长543毫米、宽310毫米、高167毫米，用优质紫檀硬木制成。局盘四周起短栏，长边中央用象牙镶嵌成月牙状的"城"，城两侧各有六个圆形花眼，也就是"梁"，两短边的中央左右也各有一个圆形花眼，都是象牙镶嵌。盘下为板状曲尺形腿，腿间为壶门形光洞，下有托泥。盘侧和腿上的木画唐草、鸟蝶、祥云纹样是用白牙、绿角、黑檀、竹、黄杨木等材料嵌成。特别是飞鸟的背部嵌以竹丝，装饰效果极妙。壶门内侧本来用象牙片贴镶，现在是用黄杨木皮新补贴的。另一件长546毫米、宽306毫米、高180毫米，形制、纹样以及制作的精美程度，不亚于前一件。

1965年新疆吐鲁番阿斯塔那出土的一座唐墓的主室后壁壁画上，一个侍者正捧着双陆盘。1973年另一座唐墓也出土了一件嵌螺钿木双陆局，长28厘米，高7.8厘米，曲尺形足间开壶门洞，下有托泥，局面上沿长边中央有月牙形的"门"，左右各有6个以螺钿镶成的花眼，局中央有纵向、横向格线各2条，围成3个空间，内以螺钿镶嵌成云朵、花枝、飞鸟图案。

宋代，双陆在各地更为普及。当时，北方的酒楼茶馆里，往往设有双陆盘，供人们边品茶边游戏。这时城市中还出现了双陆的赌博组织，双陆赌博一般均设有筹，以筹之多少赌得钱财，外人入赌，还有优惠条件，如预先受饶3至4筹（胜一局双陆至多得2筹）等，可以想见赌博组织中高手的实力。这时的双陆形制与打法和唐代差别不大，宋末元初人陈元散在《事林广记》一书中刻入了当时流行的《打双陆图》，对双陆的格式、布局有着形象的表现。1974年，辽宁法库县叶茂台7号辽墓出土了一副双陆棋具，其棋盘长52.8厘米，宽25.4厘米，左右两个长边各以骨片嵌制了12个圆形的"路"标和一个新月形的"门"标。棋子为尖顶平底，中有束腰，高4.6厘米，底径2.5厘米，共30枚，一半为白子，一半施黑漆为黑子。两枚骰子出土时已朽。这副双陆棋具与《事林广记》中的《打双陆图》形制一致，反映出当时北方的契丹人中也盛行双陆游戏。

南宋洪遵《谱双》，详记东亚多种双陆棋变体的局盘制度、布子格式、行马规则等。其中记载：

（1）北双陆，流行于辽金，有五种，包括平双陆，又名契丹双陆；三梁双陆，又名汉家双陆；七梁双陆；打间双陆；回回双陆。

（2）南双陆，流行于广东番禺一带，又称番禺双陆，有五种，包括啰嬴双陆、下嗵双陆、三堆双陆、不打双陆、佛双陆。

（3）南番双陆，有三种，包括四架八双陆、南皮双陆、大食双陆。

（4）东夷双陆。

双陆在元代属于一种"才子型"的游戏，为文人及风流子弟所喜爱，像诗人柳贯、曲家周德清、戏剧家关汉卿等均有咏颂双陆的佳作传世。关汉卿说他"会围棋，会蹴鞠，会打围，会插科，会歌舞，会吹弹，会咽作，会吟诗，会双陆"（《南吕·一枝花》）。元谢宗可《双陆》诗也反映了这种博戏在士大夫阶层中的流行：

> 彩骰清响押盘飞，曾记唐宫为赐绯。
> 影入空梁残月在，声随征马落星稀。

重门据险应输掷，数点争雄莫露机。

惟恨怀英夸敌手，御前夺取翠裘归。

"御前夺取翠裘归"用的就是狄仁杰与张昌宗打双陆、赢得集翠裘的故事。

明代双陆依然十分流行，明人小说及诗歌屡有提及双陆的。从《金瓶梅词话》中可见双陆在当时是时髦人士必须会玩的游戏，该书大量提到双陆，老少男女，闺阁千金至名姬冶妓，玩得一手好双陆，可说双陆在当时很得人气。第十回写到应伯爵，"双陆、棋子件件皆通"。第四十五回又写到"西门庆与伯爵坐着赌酒儿打双陆"。比如：西门庆便是"学得些好拳棒，又会赌博、双陆、象棋、抹牌、道字，无不通晓"；媒婆介绍起孟玉楼，也是"风流俊俏，百伶百俐，当家立纪，针指女工，双陆棋子，不消说"。《警世通言》的《玉堂春落难逢夫》有这样一段："却说玉姐自上了百花楼，从不下梯。是日闷倦，叫丫头：'拿棋子过来，我与你下盘棋。'丫头说：'我不会下。'玉姐说：'你会打双陆么？'丫头说：'也不会。'玉姐将棋盘、双陆一皆撒在楼板上。"唐伯虎为重刻洪遵《谱双》所撰的序言也能看到："今樗蒲、弹棋俱格废不传，打马、七国棋、汉官仪、五木等戏，其法俱在，时以不尚，独象棋、双陆盛行。"说明有些游戏在明代已废而不传，有些也不太流行了，而双陆还是非常盛行的。1997 年在江阴发掘的明初夏颧墓，出土了一批医疗器械和棋类，其中就有 30 枚双陆子，其状如捣衣椎状，但未见双陆盘。

三　印度医药学在中国的传播（二）

1. 义净对印度医药学的介绍

古代印度医学发达，而大乘佛教要求信徒除修炼自身以外，还须普济众生，解含灵之苦。大批高僧除具极高的佛学修养外，同时还精通医药学，这个群体的医学实践促成了极具特色的佛教医学的形成。在佛教传来之初，印度医药学就随着佛教一起传入中国。不少前来传法的高僧身怀医术，行医治病，许多佛经包含医药学的内容，为中国医生提供了丰富的印度医药学知识，中国也有许多医僧，他们接受印度医药学的成果，结合中医药学知识，悬壶济世，治病救人。到了唐代，中印两国的交往进一步扩大，佛教交流进一步深入，印度医药学知识和医疗技术进一步传入中国，许多印度药物也输入进来，丰富了中国的药物知识。

印度医药学在中国的传播有多种渠道，比如佛教交流、商业往来，官方交往等等以佛教往来高僧的交流为传播印度医药学的主体。这一时期来到中国的印度高僧，有行医的记录，而中国高僧赴印度取经求法，对印度的医疗事业也有许多考察。在双边的贸易关系中，印度的药物包括香料，和其他国家如波斯、大食等的药物一道，是中国进口的大宗货物。王玄策出使印度，携带印度医生回国。所以，在隋唐时期，印度医药学在中国的传播比前代更为深入，并对中国医药学的丰富和发展产生了重大影响。

在唐代赴印度求法取经的高僧中，义净对于印度医药学在中国的传播起到了很大的作用。义净本人有着丰富的中国医药学知识和实践经验，所以他在印度考察的过程中，对于印度的医药学也很留意，注意观察和了解印度的医疗制度、卫生习俗、诊断和治疗技术等等。义净在结束了对印度的巡礼与考察后，又到室利佛逝继续研修和从事译经工作，并写成《南海寄归内法传》和《大唐西域求法高僧传》。武周天授二年（691），义净遣其弟子大津先期返唐，携回两传，使之在国内得以流传。《南海寄归内法传》着重介绍了印度的僧伽制度和具体的戒条，详细介绍了印度及其所历南亚诸国所行佛教仪轨40条，介绍了印度当时的寺院生活，包括寺院组织、经济活动、宗教生活、教育等方面的情况，并与中国佛教界进行比对。其中对印度的卫生习俗和医事制度乃至医药学理论、实践和药物知识等有多方面的介绍。

在《南海寄归内法传》中，义净介绍了印度医学的基本理论即所谓"八病"说，称之为"八医"，并有更详细的说明："然西方五明论中，其医明曰：先当察声色，然后行八医，如不解斯妙，求顺反成违。言八医者，一论所有诸疮，二论针刺首疾，三论身患，四论鬼瘴，五论恶揭陀药，六论童子病，七论长年方，八论足身力。言疮事兼内外。首疾但目在头。齐咽以下，名为身患。鬼瘴谓是邪魅。恶揭陀遍治诸毒。童子始自胎内至年十六。长年则延身久存。足力乃身体强健。斯之八术，先为八部。"这种"八术"或"八医"，是印度医药学的基础。我国翻译的佛教经典或对此多有介绍。义净在天竺求法多年，所以他能明确指出，"八医"属于医方明的范畴，义净所译的《金光明最胜王经·除病品第二十四》中说，"善解医明、妙通八术"，"虽善医方，妙通八术"。义净的此经译本还诀："复应知八术，总摄诸医方，于此若明闲，可疗众生病。谓针刺伤破，身疾并鬼神，恶毒及孩童，延年增力气。"后四句就是对"八术"的简明解释。

此外，义净在《南海寄归内法传》中为配合解说佛教的戒律而撰写了40个问题，其中一些涉及卫生保健、用药治病的问题，比较详细地介绍了相关的印度医药学知识。他讲到了印度人刷牙、洗浴的习俗。如在《朝嚼齿木》中，介绍了印度人的口腔保健法，即嚼齿木和漱口。在《洗浴随时》中介绍印度人的洗浴习俗，以古印度《医方明》的观点解释沐浴与饮食的关系。在《卧息方法》中，讲述了古印度的坐具、卧具及其与健康的关系。在《经行少病》中还讲到了散步的好处。

在《先体病源》中，义净集中谈论了印度医药学知识。他先说到饮食与健康的关系，强调根据身体健康情况进食，而健康情况则要"观四大之强弱"。在介绍古代印度医学理论"八医"说时，说到印度医学关于病源的理论，即"四大病因"："凡四大之身有病生者，咸从多食而起，或由劳累而发"，强调"体病本""解调将""止流塞源""伐树除本"，而"四大调畅，百病不生"。他介绍印度医理说："夫四大违和，生灵共有，八节交竞，发动无恒，凡是病生，即须将息。故《世尊亲说医方经》曰……初则地大增，令身沉重。二则水大积，涕唾乖常。三则火大盛，颈胸壮热。四则风大动，气息击冲。"

义净还介绍了印度医学的治疗方法，即根据病情有"断食""饮汤""近火""涂膏"等将息方法。他根据印度《医明》，强调了生病时"绝食"的重要："此等《医明》传乎帝释，五明一数，五天共遵。其中要者，绝食为最。"并阐述了绝食的好处及其时间、地区、条件、禁忌等。

义净有丰富的中医药学知识，对中草药很熟悉。他在书中对中印医药进行了比较。他指出中医药学的特点和优长之处：先说中医药学的优长，接着指出："西方则多诃黎勒，北道则时有郁金香，西边乃阿魏丰饶，南海则少有龙脑。三种肉蔻，皆在杜和罗，两色丁香，咸生堀伦国。""凡是菜茹，皆须煮烂加阿魏、菜油及诸油和，然后方吃。菹薤之类，人皆不食。"他还告诫人们不可乱用药，至于那些有用而易得的药，则要常备身边。

另外，在义净翻译的《佛说疗痔经》《金光明最胜王经》《曼殊室利菩萨咒藏中一字咒王经》中，涉及了内、外、妇、儿、五官等疾病治疗方法，记载了齿木、牛膝根、石蜜、黄牛乳等 19 种药物。

2. 印度眼科医学在中国的传播

印度古代眼科医学很发达，北凉昙无谶译《大般涅槃经》卷八有这样一段话："佛言：善男子，如百盲人为治目故，造诣良医，是时良医即以金箆抉其眼膜。"这说明印度古代很早就有了这一技术。

《龙树菩萨眼论》是隋唐间译介至中国的一部印度眼科学著作。印度叫龙树的人很多，历史上最有名的龙树（Nagarjuna）本是大乘佛教早期的大师，后世称为龙树菩萨，是马鸣菩萨的弟子，2、3 世纪时的南天竺人，有《中论》《十二门论》《大智度论》等若干重要著作传世。世传龙树菩萨能疗眼疾，故往往假托，以增加其书的神秘性和权威性。《文献通考》卷二二二在《龙树眼论》下考曰："晁氏曰：佛经，龙树大士者能治眼疾。或假其说，集治七十二种目病之方。"

《龙树眼论》原书早已失传，仅有日本人辑录于朝鲜《医方类聚》的辑本。该书大体可分为总论与各论两部分。总论所述病因病机与《诸病源候论》相似，总结眼病的主要病因为"凡所患者，或因过食五辛，多啖炙爆热餐面食，饮酒不已，房室无节，极目远视，数看日月，频挠心火，夜读细字，月下观书"等。各论所述眼病有 30 节。书中的眼部解剖名词比以前的文献丰富，如眼睑、眼皮等皆属首见，所涉及的眼部病有 60 余种。据记载，这部著作介绍了 722 种治疗眼科疾病的方法，不仅重视药物，还记载有多种手术疗法，如首次提出对胬肉攀睛使用割烙法和对"睑皮里有核（即胞生痰核）"施行手术治疗，对"开内障用针法"也有比较详细的叙述。

《龙树眼论》在唐代是十分有名的。白居易有首《眼病》诗，其后半写道：

> 案上谩铺龙树论，盒中虚捻决明丸。
>
> 人间方药应无益，争得金篦试刮看。

唐王焘《外台秘要方》卷二一说："陇上道人撰，俗姓谢，住齐州，于西国胡僧处授。"有陇上道人撰《天竺经论眼序》，王焘说："盖闻乾坤之道，唯人为贵，在身所重，唯眼为宝，以其所系，妙绝通神，语其六根，眼最称上。是以疗眼之方，无轻易尔。"

《外台秘要方·眼疾二十四门》说到印度医学的"四大"之论："谢道人曰：夫眼者，六神之主也。身者，四大所成也。地水火风，阴阳气候，以成人身八尺之体。骨肉肌肤，块然而处，是地大也；血泪膏涕津润之处，是水大也；生气温暖，是火大也；举动行来，屈伸俯仰，喘息视瞑，是风大也。四种假合，以成人身。"

人身由"地水火风"四大所成，"夫眼根寻无他物，直是水耳"，这是以古代印度的医学理论来解释眼科疾病。《天竺经论眼》还指出："眼乃轻膜裹水，外膜白睛重数有三，黑睛水膜止有一重，不可轻触。眼之黑白分明，肝管无滞，外托三光，内因神识，故有所见。"在论述病源方面，认为绿翳青盲（相当于青光眼）之类眼病"皆从内肝管缺，眼孔不通所致"。该病初发即须速治，病成则不复可疗。主张治脑流青盲眼（相当于白内障）"宜用金篦决，一针之后，豁若开云，而见白日"。这是中医古籍有关金针拨内障的最早记载。《出眼疾候一首》写道："今观容状，眼形不异，唯正当眼中央小珠子里，乃有其障，作青白色，虽不辨物，犹知明暗三光，知昼知夜，如此之者，名作脑流青盲，都未患时，忽觉眼前时见飞蝇黑子，逐眼上下来去，此宜用金篦决，一针之后，豁若开云，而见白日，针讫宜服大黄丸，不宜大泄，此疾皆由虚热兼风所作也。"

引文所说的就是典型的白内障。其中描写"飞蝇黑子"，一般为"飞蚊症"或为玻璃体混浊，白内障早期也有此症状。谢道人说的"金篦决"即"金篦术"，就是以金针治疗白内障的技术。《涅槃经·如来性品》中说："如百盲人为治目故，造诣良医，是时良医即以金錍决其眼膜。"这种治疗技术在南北朝时就已经传入中国并应用到医疗实践中。《高僧传》卷一〇记载："单道开能救眼疾，时秦公石韬就开治目，着药小痛韬甚惮之，而终得其效。"《南史》则记载，梁文帝子萧恢患目疾，眼不能视物，"有道人慧龙，得疗眼术，恢请之……得慧龙下针，豁然开朗"。此为"金篦刮膜之术"。

王焘同时还收录了谢道人所传"疗眼暴肿毒，痛不可忍，欲生眚方""疗眼翳欲尽，微微犹有者方"和"疗眼风热生赤肉方"3种验方。王焘称谢道人的医术是由"西国胡僧处授"。此"西国胡僧"就是指天竺医师。《外台秘要方》卷二一共载眼疾 24 门，详细论述了眼的生理病理以及诊断治疗诸方面内容，成为后世中医眼科理论的奠基之作。

印度眼科在当时处于领先地位，超过了中原地区在这一专科领域所处的医疗水平。唐代社会名流罹患眼疾，往往延请天竺医为其诊治。鉴真东渡之前，屡历暑热，眼光暗昧，"爰有胡人，言能治目，遂加疗治，眼遂失明"。这位治目的胡人，就是游历唐朝的印度医师。

唐代还有擅长治眼病的印度僧人。如刘禹锡的《赠眼医婆罗门僧》诗中就曾写道：

> 三秋伤望眼，终日哭途穷。
>
> 两目今先暗，中年似老翁。
>
> 看朱渐成碧，羞日不禁风。
>
> 师有金篦术，如何为发蒙。

唐诗中提到金篦术的诗还有一些，如杜甫《谒文公上方》中有这样两句"金篦刮眼膜，价重百车渠。"白居易《病中看经赠诸道侣》说："右眼昏花左足风，金篦石水用无功。不如回念三乘乐，便得浮生百病空。"李商隐《和孙朴韦蟾孔雀咏》也说："约眉怜翠羽，刮目想金篦。"以上，除了刘禹锡的诗是写真人真事外，其余诗中所说的"金篦"似乎是运用典故。

唐代汉地医生也已经掌握了这种眼科治疗技术。杜牧在《上宰相求湖州第二启》记述其弟杜颛因病求治于眼科医生周师达、石公集的事情。

晚唐时期还出现了另一部眼科专书《刘皓眼论准的歌》，又称《刘皓眼论审的歌》。全书为诗歌体裁，便于记颂，记载"五轮歌"及将 72 种眼部病证按内、外障分类的方法。

另外还有一部署名孙思邈的眼科专书《银海精微》，有学者考证认为该书是宋以后的人托名孙思邈所撰。该书叙述了五轮八廓学说和中医眼科辨证的一些基本理论，列叙了 80 余种眼病的病因、症状和治疗，并附有眼病简图，介绍了按五轮检查眼病的顺序和方法，以及多种治疗方法，其中对金针拨障（开金针）描述的手术方法尤为详细。

唐初翻译的《龙树菩萨眼论》一直对中国眼科医学很有影响。后经宋元医家补充并辑录其他医著的内容，形成了《秘传眼科龙木论》，于明万历年间刊行。书名中的"龙木"即"龙树"。全书分 10 卷：第 1 至 6 卷主要载列眼

第8卷为针灸经；第9至10卷为诸方辨识药性。该书按内、外障分类记叙72种眼病的病因、症状和治疗，介绍了古代金针拨内障以及钩、割、镰、洗等手术方法。另附有《葆光道人眼科龙木集》，其主要部分是《眼科七十二问》。

3. 传入中国的印度药物和药方

在唐代，随着印度医药学的传播以及贸易关系的发展，传入中国的印度药物更加丰富。其中有胡椒、补骨脂（又作婆固脂、破故纸）、青黛（靛花）、郁金香、婆罗、天竺桂等。由于佛家戒律以"不杀生"为五戒之首戒，所以佛经中用以治疗的药物少有"血肉有情之物"，大多是草类、木类、矿物类。龙脑、木香、豆蔻、乳香、没药、郁金、诃黎勒、返魂香等数十种药物，原产于印度和东南亚等地，传入我国后，成为重要的中药药材。义净对唐朝及印度、南海出产的药草做过比较，可知当时中国人对各地区出产的药物及其特点有了比较清楚的认识，而且唐朝以外地区出产的药物尤其受到人们的重视。

唐朝上层社会对印度药物尤为重视。史籍记载，显庆元年（656），唐高宗命印度高僧那提充使，"敕往昆仑诸国，采取异药"。麟德元年（664），又敕令玄照法师前往羯湿弥罗国迎取"长年婆罗门僧"卢伽溢多，卢伽溢多复命玄照往西印度采药。开元四年（716），玄宗准备派遣专使往师子国，"求灵药及善医之妪，置之宫掖"。这些采药专使的具体使命只是求取长生异药，但从中可以反映出唐朝社会对外来药物需求的迫切性。

当时印度僧人从西域传来"仙茅方"，这是一种非常有效的方剂，很受欢迎。《海药本草》说它"治一切风气，补暖腰脚，清安五脏，久服轻身益颜色，治丈夫五劳七伤，明耳目，填骨髓"。《图经本草》记载："五代唐筠州刺史王颜著《续传信方》，因国书编录西域婆罗门僧服仙茅方，当时盛行，云主五劳七伤，明目，益筋力，宣而复补。云十手乳石，不及一斤仙茅，表其功力也。本西域道人所传。开元元年婆罗门僧进此药，明皇服之有效，当时禁方不传。天宝之乱，方中流散，上都僧不空三藏始得此方，传于司徒李勉，尚书路嗣恭，给事齐杭，仆射张建封服之，皆得力。"还说："呼为婆罗门参，言其功补如人参。"

流传在佛教僧团中最有名的药方，是镌刻在洛阳龙门石窟药方洞中的药方。药方洞在龙门西山石窟群南段的山崖上，北临奉先寺 18.5 米，南距古阳洞 12.45 米。因为此一洞窟两侧门上刻有古方，故称为"药方洞"。这个石窟是在北魏时开凿的，其中最早的造像题记是永安三年（530）《陈晕造像记》；北齐是此洞重要的经营时期，有北齐武平六年（575）《都邑师道兴造像记》。张瑞贤主编《龙门药方释疑》一书，从药方的书法风格、药方与周围造像的关系、异体字的特征和药方避讳字，认为它应刻于唐高宗永徽元年至四年之间。药方洞内的药方被 10 世纪中成书的日本医书所征引。日本的丹波康顺在 984 年（太平兴国九年）撰成《医心方》30 卷，其中有 96 个注明引自龙门药方洞。

药方洞刻有 140 首药方，其中药物治疗方 117 首，灸法治疗方 23 首。涉及治疗疟疾、狂言乱言、呕吐反胃、发背、漆疮、上气咳嗽、腹满、心痛、消渴、遍身生疮、五痔、疔疮、反花疮、金疮、瘘疮、恶刺、上气唾浓血、胸癣、失音不语、皴裂、瘟疫、恶疰、黄疸、腹部痞坚、遍身红肿、小便不通、五淋、霍乱、赤白痢疾、鱼骨鲠喉、呕哕、癫狂、噎嗝、喉痒、瘢等近 40 种；涉及内科、外科、儿科、妇科、肿瘤科等；涉及治疗工具针、钳、绢、竹筒、渔网、葱管、铛等；涉及治疗方法口服、口含、漱口、闻气、灌注、漫渍、冲洗、针刺、温灸、外敷、导尿等；涉及制剂方法有丸、散、膏、汤等；涉及药物 120 多种，多是民间常见植物药、动物药和矿物药，大多数沿用至今。

以石刻方式流传药方，以济世活人，龙门药方洞也不是一个孤例。《太平广记》记载的一则故事叙述唐大中年间，成都府李琚在当地的净土寺造一石壁，正面刻西方净土图像，而在背面则镌刻了唐德宗所撰集的方书《广利方》。太原少尹陈立闲习医方，遂"集平生验方七十五首，并修合药法百件，号曰《要术》，刊石置于太原府衙之左，以示于众，病者赖焉"。现在发现的石刻药方，还有广西南宁（邕州）宣化厅范质子刻《疗病方书》、广西桂州馆驿陈尧叟刻《集验方》、广西桂林刘仙岩吕渭刻《养气汤方》、陕西耀县药王山郭思刻《千金宝要》、陕西华山莲花峰无名氏刻《固齿方》等处。由此可知，将药方刻石流传，也成为佛教僧俗信徒修福德的方法之一。

到宋代，仍有印度药物通过商业渠道和政府间交往继续传入中国。据

《宋史》卷四八九记载，大中祥符八年（1015），南印度注辇国遣使献"香药三千三百斤"，熙宁十年（1077），又遣使27人献阿魏、硼砂等药物，神宗"诏遣御药宣劳之"。这都是印度药物于宋代大宗输华的例子，是政府间的交流。

明人李时珍的《本草纲目》介绍和考证了许多来自印度的药物，并广征佛书，给其中的许多药物注出了梵文译名。书中所列的自印度传来的药物，多数是明代以前传来的。因此，《本草纲目》一书保存了中国与印度文化交流的宝贵史料，也有佛教与中国医药学密切关系的诸多例证。

《本草纲目》博取前人的有关记载，对自唐以来引入的印度药物记载比较翔实，征引广泛。它还收录了一些印度传入的药方，并对其制作、效力等进行介绍和评价，说明当时这些药方仍被医家采用。而一些含有印度药物的药方，则证明当时有一部分印度药方已经汉化，融入了中医。

4. 孙思邈对印度和西域医药学的接受和吸收

中国医学自成体系，独立发展，很早就达到比较成熟的状态，在世界医学史上独树一帜，至今仍以其对于人身体和疾患独特的认知系统和治疗方法，服务于人类。中国的药学博大精深，内容十分丰富。中国医药学虽是独立发展、自成体系的，却不是完全封闭的，它与其他民族的医药学有交流。在漫长的历史进程中，中国医药学也不断吸收国外其他民族的医药学成就，并且将其吸收到中医药学的体系中，使之成为中国医药学文化传统的一部分。在这个过程中，印度医药学在中国的传播最多，影响也最大。

《隋志》载有大量介绍印度医药学的书籍，这些医药学书籍是随着汉文翻译佛经一起翻译过来的，有的包含在佛经中。如《不空罥索咒经》《佛说疗痔病经》《金光明最胜王经》《除一切疾病陀罗尼经》等20多部佛教经典，出现的医药卫生方面的名词术语达4600余条。至少在隋唐时期，这些书籍还是可以看到并有所流传的。这些印度的医药书籍或包含有印度医药学的佛经，大大开阔了中国医生的视野，丰富了他们的医药学知识，为中医学提供了丰富的理论来源。一些中医学家自觉地研习、吸收这些来自印度的医学知识、治疗方法和药物药方，丰富和发展了中医药学。在唐代明确见于记载的还有罽所献《胡药方》和东天竺所献《梵本诸方》等。《通志》也记录了"波驰波利奉诏译《吞字贴肿方》一卷"和"《龙树眼论》一卷"。说明到唐代印度医学著作的传播没有中断。

在谈到印度医药学在唐代的传播和影响的时候，人们都会先讲到两个著名的故事。第一则故事说，贞观二十二年（648），王玄策第二次出使印度回国时，将方士那罗迩娑婆寐（Narayanasvamin）俘至长安，此人自称有长生之术，已有 200 岁。太宗对这位术士"深加礼敬"，将他安置在金飙门内，为自己配制延年之药，并令兵部尚书崔敦礼亲自主持，发使往天下各地，采集奇药异石供炼制长生药。贞观二十三年（649），药成之后，太宗服用无效。"大渐之际，名医莫知所为。时议者归罪于胡人，将申显戮，又恐取笑夷狄，法遂不行。"（《旧语书》）就把那罗迩娑婆寐逐之归国。太宗之死，与服食天竺方士长生药有直接关系。唐高宗时，那罗迩娑婆寐再次来到长安，王玄策又推荐他制长生不老药，被高宗拒绝，后来那罗迩娑婆寐客死长安。

第二则故事是说，高宗时，天竺国方士卢伽溢多（Lokāditya）受诏为高宗合长年药。东台侍郎郝处俊以太宗事为例，上疏极力谏阻。高宗虽然没有服药，但最终还是加封卢伽溢多为怀化大将军，给予了特殊的优遇。

这两则故事都不是成功的案例，但足以说明唐代仍有印度医生在中国活动，甚至受到朝廷乃至皇帝的重视，唐朝宫廷乃至整个社会都对印度医药学、印度药物欢迎甚至迷信。而印度医药学因此为中国医学家们所熟知，更深入地走进了中国医药学领域。

隋唐时代著名医药学家孙思邈吸收了印度、阿拉伯、波斯的医药学知识，并将其补充到中医药学中为中医药学的发展作出了重要贡献。

据《旧唐书》记载，孙思邈"七岁就学，日诵千余言。弱冠，善谈庄老及百家之说，兼好释典"。即是说，他很早就接触过佛教的典籍。孙思邈在 37 岁以后，先后到太白山和终南山过了数十年的隐居生活。在隐居期间，他潜心钻研唐以前历代医家的著作，对人体的"五脏六腑""十二经脉""表里孔穴""三部九候"及"本草对药"等进行了深入细致的研究，他还利用久居山林的自然条件，钻研并整理记载了大量药物识别、采集、炮制、贮存等方面的方法。正是他在隐居终南山期间，与后来成为名僧的道宣结为至交。《宋高僧传》记载："处士孙思邈尝隐于终南山，与宣相接，结林下之交，每一往来，议论终久。"当时道宣还仅有二三十岁，未必对佛教医学有多少了解，我们现在也无从知道他们"议论终久"都讨论的是什么内容。但当时孙思邈苦心研究医学，道宣致力于学佛修禅，他们所讨论的内容很可能有所交集，这样，道宣的佛教知识和信仰一定会对孙思邈有潜移默化的影响。这种猜测也许是可以成立的。另外有一则故事讲到了二人在医药领域的交集。《宋高僧传》卷一四记载："时天旱，有西域僧于昆明池结坛祈雨，诏有司备香灯供具。凡七日，池水日涨数尺。有老人夜诣宣求救，颇形仓卒之状，曰：'弟子即昆明池龙也。时之无雨，乃天意也，非由弟子。今胡僧取利于弟子，而欺天子言祈雨。命在旦夕，乞和尚法力加护！'宣曰：'吾无能救尔，尔可急求孙先生。'老人至思邈石室，冤诉再三，云：'宣律师示我，故敢相投也。'邈曰：'我知昆明池龙宫有仙方三十首，能示余，余乃救尔。'老人曰'此方上界不许辄传，今事急矣，固何所吝。'少选，捧方而至。邈曰：'尔速还，无惧胡僧也。'自是池水大涨，数日溢岸，胡僧术将尽矣，无能为也。"据说孙思邈得到的龙宫仙方即《海上方》。这个故事多有虚幻，但说孙思邈与胡僧有过接触，也许是可能的。

以上所述至少可以说明孙思邈与佛教乃至于印度佛教医学的接触和了解。这种了解更反映在他的两部著作《千金要方》和《千金翼方》中，反映在他的医学思想和医疗实践中。

《千金要方》和《千金翼方》是我国最早的医学百科全书。《千金要方》30卷，分232门，已接近现代临床医学的分类方法。全书合方、论5300首，集方广泛，内容丰富，是唐代医学发展中具有代表性的巨著，对后世医学特别是方剂学的发展，有着明显的影响和贡献，并对日本、朝鲜医学发展也有积极的作用。《千金翼方》30卷，属其晚年作品，系对《千金要方》的全面补充，分189门，合方、论、法2900余首，记载药物800多种，尤以治疗伤寒、中风、杂病和疮痈最见疗效。这两部书是我国现存最早的医学类书，在中国医学史上享有崇高的地位，书中孙思邈吸收了许多印度、阿拉伯等西域国家医药学的成果，体现在疾病起源、医德、医药学、药方等方面。

孙思邈接受了印度佛教医学关于疾病起源的学说，即"四大"之论。他在《千金要方》序例中写道："经说：'地水火风，和合成人。凡人火气不调，举身蒸热；风气不调，全身强直，诸毛孔闭塞；水气不调，身体浮肿，气满喘粗；土气不调，四肢不举，言无音声。火去则身冷，风止则气绝，水竭则无血，土散则身裂，然愚医不思脉道，反治其病，使脏中五行共相克切，如火炽燃，重加其油，不可不慎。凡四气合德，四神安和。一气不调，百一病生。四神动作，四百四病，同时俱发。'又云：'一百一病，不治自愈；一百一病，须治而愈；一百一病，难治难愈；一百一病，真死不治。'"把这种"四大"的论说，作为揭示疾病成因的依据，说明孙思邈的医学思想包含了印度医学理论的成分。

孙思邈对于印度佛教医学的接受，还表现在他的"大医精诚"的医德论述中。所谓"大医精诚"，就是说，为医者必须医术精湛，医德高尚。他在《千金要方》卷一中说："凡大医治病，必当安神定志，无欲无求，先发大慈恻隐之心，誓愿普救含灵之苦。若有疾厄来求救者，不得问其贵贱贫富，长幼妍媸，怨亲善友，华夷智愚，普同一等，皆如至亲之想。亦不得瞻前顾后，自虑吉凶，护惜身命。见彼苦恼，若己有之，深心凄怆，勿避艰险、昼夜、寒暑、饥渴、疲劳，一心赴救，无作功夫形迹之心，如此可为苍生大医；反此则是含灵巨贼……其有患疮痍、下痢，臭秽不可瞻视，人所恶见者，但发惭愧凄怜忧恤之意，不得起一念蒂芥之心，是吾之志也。"

孙思邈把"医乃仁术"的精神具体化，在《千金要方》中一开始就以《大医习业》一篇，对医生的业务修养提出了严格的要求。他在《大医习业》中说道："不读《内经》，则不知有慈悲喜舍之德。不读《庄》《老》，不能任真体运，则吉凶拘忌，触涂而生。至于五行休王，七曜天文，并须探赜。若能具而学之，则于医道无所滞碍，尽善尽美矣。"

按照孙思邈的要求，作为"大医"，不仅要品德高尚，还要博学和精通医理。他把读佛教经典即《内经》与其他中国典籍相提并论，作为医生素质的基本要求。可见他对佛教医学思想的重视。更进一步地说，孙思邈的"大医精诚"思想就是在综合儒学、道教和佛教道德思想的基础上提出来的，是儒释道伦理思想会合的一种体现。

不仅如此，在两部《千金方》中，孙思邈还广泛地吸收了印度医药学和阿拉伯、波斯等国家医药学成果。孙思邈吸收了印度医学"万物皆药"的思想，在《千金翼方·药录纂要·药名第二》中说道："天竺大医耆婆云：'天下物类皆是灵药，万物之中，无一物而非药者，斯乃大医也。'所以，述录药名，欲令学徒知无物之非药耳。"

关于耆婆，他在印度医学史上被称为"医王"，影响巨大，许多印度药方归到他的名下。而他在中国享有盛名，更是因为孙思邈"千金方"对其药方的录用。而孙思邈对耆婆的"凡物皆药"思想的宣传，进一步扩大了药物的种类及医生的视野，丰富了人们关于植物学、动物学、矿物学的相关知识。

两部"千金方"还具体地吸收了一些来自印度和西域的药方。范行准在1936年的《中国医学杂志》上发表的《胡方考》一文，对相关问题进行了考证。他认为，孙思邈《千金要方》《千金翼方》、王焘《外台秘要》，保留、应用耆婆方10余首。文章具体指出，《千金翼方》卷一一《小儿眼病》中的《赤眼方》《治赤眼方》、卷一二《养生》中的《服昌蒲方》《耆婆汤主大虚冷风羸弱无颜色方》、卷一七《中风》中的《硫黄煎主脚弱连屈虚冷方》、卷一九《杂病》中的《酥蜜煎主消渴方》《羊髓煎主消渴口干濡咽方》《酥蜜煎主诸渴方》、卷二一《万病》中的《阿加陀药主诸种病及将息服法久服益人神色无诸病方》《阿魏雷丸散方》《苦参消石酒方》《大白膏方》《大黑膏方》《浸汤方》《天真百畏丸》《治十种大癞方》《治癞神验方》、卷二二《飞炼》中的《耆婆大士治人五脏六腑内万病及补益长年不老方》等等，均属来自印度的方剂。[①]

《千金要方》卷一二记载："耆婆万病丸，治七种癖块，五种癫病。十种注忤，七种飞尸，十二种蛊毒，五种黄病，十二时疟疾，十种水病，八种大风，十二种痹，并风入头眼暗漠漠，及上气咳嗽，喉中如水鸡声，不得眠卧，饮食不作肌肤，五脏滞气，积聚不消，壅闭不通，心腹胀满，及连胸背鼓气坚结流入四肢，或复叉心膈气满时定时发，十年、二十年不瘥。五种下痢痔虫寸白诸虫，上下冷热，久积痰饮，令人多睡，消瘦无力，荫入骨髓便成滞，患身体气肿，饮食呕逆，腰脚酸痛，四肢沉重，行立不能久，妇人因产冷入子脏，脏中不净，或闭塞不通，胞中淤血，冷滞出流不尽，时时疼痛为患，或因此断产，并小儿赤白下痢，及胡臭、耳聋、鼻塞等病。此药以三丸为一剂，服药不过三剂，万病悉除，说无穷尽，故称万病丸。"

以上所列病名种类，几乎百病可治。所用药物包括牛黄、麝香、犀角、桑白皮、茯苓、干姜、桂心、当归、川芎、芍药、甘遂、黄芩、蜀椒、细辛、桔梗、巴豆、前胡、紫菀、蒲黄、葶苈、防风、人参、朱砂、雄黄、黄连等

---

① 参见范行准：《胡方考》，《中国医学杂志》1936年第12期。

31 味，大部分是中国已有的药物。孙思邈明确说明这个药方来自一位佛教僧人。《千金要方》还收录了《耆婆大士治人五脏六腑内万病及补益长年不老方》等。另《千金翼方》卷二一中的"阿伽陀药"，是由紫檀、小蘗、茜根、郁金、胡椒各五两组成，其所疗病症颇多，几无所不疗。

隋唐以前的中医并没有这种万灵药的概念。中医强调的是辨证论治，不主张用一方能够应对种类繁杂的多种疾病。而印度医生的药物往往是针对"疾病"而言的。他们认为假如一种配方，能够对多种疾病有效，那么就称这种药方为万灵药。孙思邈吸收了这种"病"的观念，故诸方下所胪列之病症甚为芜杂。另外，以"耆婆万病丸"为例，此方含有 31 味药，唐代医药书中，屡见这些药味颇多之方剂。类似这种大方，在唐以前的传统中医药文献当中并不常见。唐以前的本土医学，更多提倡的是应用较为简约的方剂，以"简、便、验、廉"为遣方用药的原则与宗旨，但自孙思邈以后，大方在中医文献中的数量逐渐增多。

《千金要方》记载的"耆婆汤"又称"酥蜜汤"，是以酥、生姜、薤白、酒、白蜜、糖、胡麻等 11 味药煎煮而成，主治"大虚冷风，羸弱无颜色"。孙思邈还辑录了"天竺国按摩法"，并称"此是婆罗门法"。据说老年人日行三遍，"一月后百病除，行及奔马，补益延年，能使眼明，轻健不复疲乏"。

《千金翼方》载有"服水法"。孙思邈称赞水的作用，说水"可用涤荡滓秽，可以浸润焦枯"，"服水法"也属于佛门养生之术。在服水之前，要求"先发广大心，仍救三涂大苦，普渡法界众生，然后安心服之"。其方法大致在天晴日未出时，烧香礼佛。仍向东方，候日出，贮水 3 杯，每杯 1 升。先正立，扣齿、鸣天鼓 3 通，然后细细咽水，用意念分左、右、中央咽下，周而复始，饮尽一杯，徐行 20 步，更饮一杯，又行 40 步，再饮一杯，复行 80 步乃止。凡 10 岁至 80 岁人，皆可依法服水，并食枣、栗。禁食陈米、臭豉、生冷、酢滑、椒姜等物，且不能在阴云、雾露、风雨之日进行。

在《服昌蒲方》中，孙思邈则明确写道：此方是"天竺摩揭陀国王舍城邑陀寺三藏法师跋摩米帝以大业八年与突厥使主，至武德六年七月二十三日为洛州大德护法师、净土寺主矩师笔译出"。在《苦参消石酒方》所附《浸酒法》中则说："黄青白消石等是百药之王，能杀诸虫，可以长生，出自乌场国，采无时。此方出《耆婆医方论·治疾风品法》中。"

印度医学有用符咒驱病的，咒禁在佛教医学中，占据重要位置。隋代天竺三藏阇那崛多所译的《不空胃索咒经》记载用苏摩罗（栀子）、因陀罗波尼草（香附子）等多种药物制成丸剂，并配合大量梵咒以驱除一切鬼病及疫病。《隋书·百官志》载太医署有祝禁博士一职。《唐六典》卷一四说："咒禁博士掌教咒禁生，以咒禁被除邪魅之为厉者。"隋唐时期，咒禁已成为官方医学的一个重要分科，对此孙思邈也有记载。如《千金翼方·万病·耆婆治恶病第三》中所载的"浸酒法"条目下，有《治疾风品法》云："服药时，先令服长寿延年符，大验。"隋唐方书颇多载有咒禁之事。《千金翼方·辟谷·服水第六》中有《却鬼咒法》，咒文是："然摩然摩，波悉谛苏，若摩竭状暗提，若梦若想，若聪明易解。常用此咒法去之。"

可见，在孙思邈的两部"千金方"中，上述各方有的是采自印度医书，有的是采用了印度和西域方面传来的药物。这样，来自印度和西域的药方就进入中国医药学的药典之中，成为中医治疗疾患的用药。印度和西域医药学不仅为"千金方"补充了一些新的药方，更重要的是，印度和西域医药学理论对于孙思邈在取药规则、组方规矩、实际行用等方面都有所影响，在一定程度上促进了孙思邈"医道之一大变"，并影响到以后中国医学的发展。

5.《外台秘要》与印度药方

在介绍印度眼科医学时提到了《外台秘要》。此书作者是略晚于孙思邈的另一位唐代医药学家王焘。王焘任职弘文馆，20 年间在那里阅读了晋、唐以来的大量医学书籍，积累了大量的医学资料。《外台秘要》是由文献辑录而成的综合性医书，"上自神农，下及唐世，无不采摭"，汇集了盛唐以前 69 家唐朝医方书，成书于天宝十一年（752）。全书 40 卷，分 1104 门，载有 6000 余方，在中医药史上具有重要地位。《新唐书》将《外台秘要》称作"世宝"，历代不少医家认为"不观《外台》方，不读《千金》论，则医所见不广，用药不神"。

由于《外台秘要》是对前人医药学知识的总结，而在此之前外国的医药学，包括印度和阿拉伯的医药学已经在中国有所传播，所以《外台秘要》中包括不少外来的医药知识。

据范行准《胡方考》研究，《外台秘要》中受印度医药学影响的方剂有：卷三引《深师方》的《酪酥煎丸》，卷九引《千金方》的《疗肺病咳嗽脓血及唾涕血不止方》，卷一〇引《千金方》的《疗上气方》、引《救急方》的《疗上气咳肺气胸痛方》，卷一九引《张文仲方》的《牛膝三物散》、引《肘后方》的《疗脚气方》，卷二一引《肘后方》的《疗眼赤无新久皆差神验方》、引《近效方》的《眼赤痛眼漠漠方》《敕赐源乾曜疗赤眼方》、引《崔氏方》的《眼赤并胎赤方》、引《必效方》的《眼风赤久胎赤方》、引《救急方》的《久患风赤眼方》、引《必效方》的《疗眼暴赤方》、引《延年方》的《令目明方》、引《近效方》的《眼中一切诸疾方》两种，卷三〇引《近效方》的《婆罗门僧疗大风疾并压丹石热毒热风手脚不随方》《疗一切热疮肿硝石膏方》，卷三一引《近效方》的《莲子草膏》、引《广济方》的《蒜煎方》《地黄煎》，卷三八的《耆婆汤》，等等。[①] 这些药方是王焘从前人的著述，如《肘后方》《千金方》等中摘录出来，这些前人的著述也多方面吸收了印度医药学的成果。在王焘所摘录的这些药方中，有的出在唐代以前，有的则流行于唐代，有的甚至是唐朝宫廷中使用的。此外还有一些香药方、熏衣香药方，则多是供上层社会所使用。

《外台秘要》所录诸方中，有两首与耆婆有关的药方，其中之一与《千金要方》卷一二记载相似。

另一首是《耆婆汤》。该方云："耆婆汤，疗人风劳虚损，补髓令人健。"其方为："麻油一升、牛酥一斤、葱一握、胡麻一升（研）、豉二升（以水二升渍一枚取汁）、蜜、上酒。"从这些药味看，葱和芝麻（胡麻）是古代西域的特产，后来传到中国，牛酥也是印度人日常最喜欢食用的东西，所以这个药方可能是由印度传来的，到汉地后，变化不大。唐代著名僧人，号称禅月大师的贯休曾经写过一首《施万病丸》诗，其诗云：

> 药王药上亲兄弟，救人急于己诸体。
> 玉毫调御偏赞扬，金轮释梵咸归礼。
> 贤守运心亦相似，不吝亲亲拘子子。
> 曾闻古德有深言，由来大士皆如此。

贯休所说的"万病丸"应当就是《外台秘要》里所说的"千金耆婆万病丸"。贯休生活于唐代末期和五代初期，即 852 至 913 年，而王焘生活在盛唐

---

①　参见范行准：《胡方考》，《中国医学杂志》1936 年第 12 期。

时代，《外台秘要》的编成要比贯休出生早整整一百年。也就是说，至少在一个半世纪里，万病丸一直被制造和使用。

在《外台秘要》所引用的书籍中，《近效方》记载了许多外来药物与药方。《近效方》由唐人李谏议所编写，成书于 724 至 733 年之间。陈明认为《近效方》有三个特点：第一，所收录的基本上是初唐至盛唐时期的有效验方；第二，记录了多个药方的来源；第三，收录的外来药物或药方比较突出。①

6. 印度医学对中国养生保健习俗的影响

印度佛教医学提倡养生保健，如养生有"安般守意""禅定养生"等，保健则有食疗法、洗浴法、嚼齿木法等。这些养生和保健方法在中国很有影响，并部分地改变了中国人的卫生习惯。

"安般守意"主要是出息、入息的修炼方法，类似于中国道教的气功。"安般守意"不是释迦牟尼所创，印度的婆罗门教、瑜伽术里早已有之，但佛教把它吸收进来，作为一种修炼方法，代表性佛经是早期由安世高翻译的《安般守意经》。安般守意的修持形式有三种：渐、顿和综合。经文说："安名为入息，般名为出息。"安般的"安"是梵语"ana"，即"入息"的意思，"般"是梵语"apana"，即"出息"的意思。入息是吸气到呼气之间的短暂休息的身心状态，出息是呼气到吸气之间的短暂休息的身心状态。修炼的目的在于透过控制出入息以达"守意"。据记载，释迦真正领悟到"安般守意"，是在他 35 岁的时候，而后在他在世的 45 年之间，"安般守意"便如影随形地与他同在。智者大师在《六妙门法》中说："故释迦初诣道树，跏趺坐草，内思安般，一数、二随、三止、四观、五还、六净，因此万行开发，降魔成道。当知佛为物轨，示迹若斯，三乘正士，岂不同游此路。"又在《释禅》中云："如经说阿那般那，是三世诸佛入道初门。西国禅师，相传不绝，多以此法为学道之初。"

安般守意在中国的许多佛教宗派和道教中很有影响。中国道家所讲的气脉，就是受其影响。南怀瑾在《禅观研究三讲》中说："天台宗讲究止观法，即是从十念法中之安那般那入手。西藏密宗宗喀巴大师传与达赖、班禅以后

---

① 参见陈明：《中古医疗与外来文化》，北京大学出版社 2013 年版，第 255—256 页。

所讲的止观法门，与天台宗，几乎是同一路线，也是从修安那般那出入息修法入门。"①

"禅定养生"就是通过修习禅定，经过调身、调息、调心，使身心安静统一，达到精神上既不昏沉瞌睡，又不纷驰烦恼的安和状态。"定"既是佛教三学（戒定慧）之一，也是一种身心医学的方法。其代表性佛经有《禅秘要法经》《坐禅三昧经》《禅法要解》《五门禅经要用法》《治禅病秘要法》《六度集经》等。在佛教看来，人的心本来是清静的，只是受到外界物欲及幻想的诱惑才导致心念妄动迷乱，从而产生无尽的烦恼甚至疾病丛生。人的病起于贪、嗔、痴即愚昧无知、无明。因此佛教养生主要强调一种开悟，强调不被某种欲望所累，达到一种超脱的境界，在这种超脱的心理状态之下才有可能防止疾病的发生。要达到这种状态必须通过修行，通过参禅打坐，即所谓的"禅定"。禅定能摒除杂念，祛除迷妄，能使人专心致志，观悟四谛，获得安乐。禅定养生法起到了调节身心，祛病延年，养生保健的作用。

僧人坐禅必须善于"调适身、心、息三事"，否则会出现偏差，产生疾病。孙思邈《千金翼方·养性》中有《正禅方》，有助于坐禅入定。此方用春桑茸、夏桑子、秋桑叶三味，等分捣筛，以水一斗，煮小豆一升，令大熟，以桑末一升和煮微沸，加盐、豉服之，日三服。据说"三日外身轻目明无眠睡；十日觉远智通初地禅；服二十日到二禅定；百日得三禅定；累一年得四禅定，万相皆见，坏欲界、观境界如视掌中，得见佛性"。

"食疗法"即饮食保健。印度佛教医学认为人类的饮食和疾病是密不可分的，而适度的饮食则可以治疗疾病。其方法可归纳为提倡素食养生、强调饮食节律和注重饮食禁忌。佛教中有"万物皆药"的思想，佛教医学把食物当成药品来用，注重饮食疗法。律藏内的四种药物分类，就涵盖了"一切可食之物"。《佛说佛医经》强调时令节气与饮食的关系，认为"春三月有寒不得食麦豆，宜食粳米醍醐诸热物，夏三月有风，不得食芋豆麦，宜食粳米乳酪，秋三月有热，不得食粳米醍醐，宜食细米籹蜜稻黍，冬三月有风寒，阳兴阴合，宜食粳米胡豆羹醍醐"，对春夏秋冬四季饮食的宜忌作了具体的描述，其核心思想就是要顺应自然规律，有所避宜，因时而食。《佛说胎胞经》论述孕

---

① 南怀瑾著述：《南怀瑾选集》第九卷，复旦大学出版社2003年版，第336页。

育期内所应注意的饮食调养。《苏悉地羯罗经》中的《献食品》记叙了食疗与食养的内容。《瑜伽师地论》中的《出离论》载录了饮食不节所导致的多种疾病，并强调了饮食调护的重要意义。

佛教在中国的传播直接影响中国的饮食风俗。印度原始佛教并不禁肉食，可食"不见、不闻、不疑"之"三净肉"。但汉化佛教大乘经典认为食肉就是杀生。在梁武帝严格惩罚饮酒食肉的出家人后，汉化佛教徒改变了食肉的习惯，使茹素成为中国佛教的重要特征。中医学早在《内经》中就认识膏粱厚味的害处，两晋时期仕人多崇尚清淡，自甘淡泊，认为"食肉者鄙"，同时由于佛学的广泛影响，"不杀生"和"因果报应"的观念普遍被接受，因而以素食为主的饮食习惯成了主流，但佛家禁用的"五辛"在饮食中并无限制，"案素食，谓但食菜果糗饵之属，无酒肉也"。医家还常常运用这些辛物治疗疾病。佛经指出饮酒有35种过失，饮酒过量会"生病"，"醉便躄顿，复起破伤面目"，"醉卧觉时，身体如疾病"，"醉便吐逆"，故禁酒。茶叶原来用作药物，"神农尝百草，日遇七十二毒，得茶而解之"。秦汉之际，茶叶开始由单纯的药用过渡为药、饮兼用。魏晋南北朝时期茶又为佛事所用，僧侣倡行的饮茶之风盛行天下。佛学茹素、戒酒、饮茶的斋戒生活，虽然清苦，但的确起到了延年益寿的作用，被中医学所采纳，备受推崇。

印度佛教医学非常重视洗浴。《十诵律》描绘了浴室设施的具体情况："外国浴室，形圆犹如圆仓，开户通烟，下作伏渎，出外内施，三擎阁齐人所及处，以瓨盛水，满三重阁。火气上升，上阁水热，中阁水暖，下阁水冷，随宜自取用。无别作汤，故云净水耳。"《佛说温室洗浴众僧经》规定了洗浴必备"然火、净水、澡豆、苏膏、淳灰、杨枝、内衣"等7物，认为通过沐浴可以有"清净、面目端正、身体常香、肌体儒泽、口齿香好"的养生、美容效果，更能达到"除风病、湿痹、寒水、热气"的治疗作用。义净在《南海寄归内法传》卷三中也介绍了僧人洗浴的方法。各部广律也都述说了洗浴的种种好处。

自佛教传入中国之后，洗浴习俗更为普遍。洗浴是礼佛前必须做的，因而寺院一般建有"温室"（浴室）。东汉安世高就译有《温室洗浴众僧经》，后来译入的佛经也有这方面的记载。《洛阳伽蓝记》卷四记载，北魏时隐士赵逸领宝光寺僧人掘得晋代浴室遗址，建于东汉的陕西扶风法门寺也建有浴室，而且还对外开放。《法门寺浴室院暴雨冲注唯浴室镶器独不漂没灵异记》碑文记载："寺之东南隅有浴室院……淄侣云集，凡圣混同，日浴于数。"

在佛教影响下，首先是信佛的帝王为了虔诚事佛，修建浴室，有的非常豪华。《邺中记》说："石虎金华殿后有虎皇后浴室，三门徘徊，反宇栌栱隐起，彤采刻镂，雕文粲丽。"其浴室"上作石室，引外沟水注之室中，临池上有石床"。王子年的《拾遗记》也说："石虎于太极殿前……又为四时浴室。用鏥石砒砆为堤岸，或以琥珀勾瓶杓，夏则引渠水以为池。池中皆以纱谷为囊，盛百杂香清于水中。严冰之时，作铜屈龙数千枚，各重数十斤，烧如火色，投于水中，则池水恒温，名曰'焦龙温池'。引凤文锦步障，萦蔽浴所……浴罢，泄水于宫外。"《南齐书》载有《沐浴经》3卷。

佛家十分注重日常起居，规定严格的仪轨，其中食后漱口、用杨枝揩等对中医学影响尤大。"嚼齿木法"是一种口腔卫生方法。齿木是用来磨齿刮舌以除去口中污物的木片，齿木为印度僧团之日常用品，大乘比丘随身的"十八物"之一。梵语音译"惮哆家瑟诧""禅多捉瑟插"。根据传统的说法，经常咀嚼杨枝能够保持口腔清洁，去除舌苔和口臭。佛籍记载，原来有一些比丘不爱咀嚼杨枝，因此饮食难以消化，口中的气味污秽难闻，在与上座师尊谈话的时候，臭气熏人，使得上座师尊非常厌恶。有人就把这个情形告诉了佛陀。佛陀说应该嚼杨枝来保持口腔清洁、气味清新。从此，齿木就作为一种卫生用品，被纳入了佛家僧众的日常生活之中。《五分律》卷二六记载："有诸比丘不嚼杨枝，口臭食不消。有诸比丘与上座共语，恶其口臭，诸比丘以是白佛。佛言，应嚼杨枝。嚼杨枝有五功德，消风、除冷热涎唾、善能别味、口不臭、眼明。"

法显的《佛国记》记载释迦牟尼在沙祇国"嚼杨枝，刺土中，即生长七尺"。《华严经》卷一一说："嚼杨枝具十德者：一销宿食；二除痰饮；三解众毒；四去齿垢；五发口香；六能明目；七泽润咽喉；八唇无皲裂；九增益声气；十食不爽味。晨朝食后，皆嚼杨枝，诸苦辛物，以为齿木，细心用之，具如是德。"

《十诵律》卷二三说："嚼杨枝有五利益，口不苦、口不臭、除风、除热病、除痰癊。复有五利益：除风、除热、口滋味、能食、眼明。"

《僧祇律》说："若口有热气及生疮，应嚼杨枝咽汁。"《根本说一切有部毗奈耶杂事》卷一三也提到嚼齿有五利。早期传入中国的《佛说温室洗浴众僧经》谈到用杨枝洁齿，可令人"口齿香好，方白齐平"。用齿木或杨枝揩齿的口腔卫生保健，也见于敦煌石窟壁画第 159 窟《剃度图》和第 196 窟《劳度叉斗圣图》中和尚刷牙的画面。①

义净在《南海寄归内法传·朝嚼齿木》中介绍了这种方法，"每日旦朝，须嚼齿木，揩齿刮舌，务令如法。盥漱清净，方行敬礼。若其不然，受礼礼他，悉皆得罪"。并说："然五天法俗，嚼齿木自是恒事，三岁童子，咸即教为。圣教俗流，俱通利益。"玄奘在《大唐西域记》卷二中也谈到了饭后嚼杨枝："夫其清洁自守，非矫其志。凡有馔食，必先盥洗，残宿不再，食器不传，瓦木之器，经用必弃，金、银、铜、铁，每加摩莹。馔食既讫，嚼杨枝而为净。"

早在先秦时期，中国人就已经掌握了一些护齿方法。《礼记》有"鸡初鸣，咸漱"的记载，即在清晨漱口是当时的一种洁牙方法。古人常使用的漱口水有酒、醋、盐水、茶水等，酒、醋、盐水等有解毒杀菌的作用，而茶叶中含有氟和维生素，可以防蛀，保持口腔清洁卫生。佛教传入"嚼齿木法"后，在晚唐时期，人们会把杨柳枝泡在水里，要用的时候，用牙齿咬开杨柳枝，里面的杨柳纤维就会支出来，好像细小的木梳齿，因此古语有"晨嚼齿木"一说。考古学家在辽代的墓穴中发现过骨质的牙刷柄，它是迄今发现的最早的牙刷实物。

杨枝在保持口腔卫生上，确有疗效，因而被众多中国医家所重视。《本草纲目·木部》说："柳枝祛风、消肿、止痛，其嫩枝削为牙杖，涤齿甚妙。"可"煮酒漱齿痛"，或用白杨"煎醋含漱，止牙痛，煎浆水入盐含漱，治口疮"。除了单味运用外，杨枝还能与其他药物配合使用，《圣惠方》说："治齿连耳脑肿痛，垂柳枝、槐白皮、白杨皮各一握，上药细锉，每用半两，以水一大盏，煎至七分，去滓，入盐一钱，搅令匀，热含冷吐。"《古今录验方》也说："治牙齿风龋：柳枝一升，大豆一升，合炒，豆炮尽，于磁器盛之，清酒三升渍之，经三日，含之频吐。"

---

① 参见丛春雨主编：《敦煌中医药全书》，中医古籍出版社 1994 年版，第 43—44 页；王惠民：《敦煌壁画刷牙图考论》，《敦煌研究》1990 第 4 期。

四　骠国对唐朝的献乐外交

1. 缅甸在中印文化交流中的作用

中国印度古代交通说到的南方丝绸之路，其路线就是从成都到云南出境，然后通过缅甸抵达印度。在很早的时候，缅甸就在中国与印度之间发挥着交通和文化、物质交流的桥梁作用。

缅甸位于中国和印度之间，同时受到中印两大文化的深刻影响，也是自古以来中国通往印度乃至西方的陆海通道。在陆路，"西南丝绸之路"即"中印缅道"，是中国西南地区对外交通途经缅甸到印度的商道。中国丝绸等物品先传入缅甸，然后再从缅甸传入印度、阿富汗乃至欧洲。缅甸学者波巴信在《缅甸史》中指出："上缅甸约在一千七百年以前，由于它位于西方的罗马和东方的中国互相往来的陆上通衢之间，就成为中国和印度之间的陆上枢纽……居住在缅甸北部伊洛瓦底江和亲墩江之间的帖族和同一族源的人民却接受了印度和中国的文化。"① 在海路，缅甸的萨尔温江和伊洛瓦底江三角洲一带的古名苏伐那斯港，是古代中国航行到印度的必经之地。《汉书·地理志》记录南海航路时提到的邑卢没国、谌离国、夫甘都卢国等，在今缅甸境内沿海一带。由于缅甸地处东西交通要冲，海陆两途都可畅达，所以中缅两国很早就有了商贸往来和文化交流。

1 世纪后，由于印度移民大量涌入，印度对缅甸的影响显著增强。从公元初年起，希腊—罗马世界就称恒河以东地区为"外印度"，印度居民分布于恒河以东地区以至云南西境。缅甸不仅在人种上可划入印度范畴，而且在文化上也是如此。大约在 300 年，印度文字随印度人的海外拓殖自南印度传入缅甸。缅甸最古的碑铭，均为迦檀婆（Kadamba）字母，这种文字当时通用于孟买海岸的果阿附近。来自印度的宗教——印度教、大乘佛教、小乘佛教，适应了早期缅甸的需要，在孟人、骠人和若开人建立的国家里得到了较广泛

---

① ［缅甸］波巴信著，陈炎译：《缅甸史》，商务的书馆1965年版，第14页。

的传播。至 7 世纪，佛教已盛行于骠国，其中小乘佛教影响最大。《新唐书·骠国传》说，骠国人"明天文，喜佛法。有百寺……琉璃为甓，错以金银丹彩，紫矿涂地"。寺庙众多，装饰豪华，俨然一派佛教圣地的景象。又说"民七岁祝发止寺，至二十有不达其法，复为民"，可见当时幼童入寺修行，已形成风气。《新唐书·骠国传》又说，骠国人"衣用白氎、朝霞，以蚕帛伤生不敢衣"。怕杀生而不用丝织物，显见佛教在骠国已深入人心，影响到了社会生活的各个方面。

秦汉时期，中缅两国有了民间的贸易往来的记载。南方丝绸之路途经印度和缅甸，促进了中国与缅甸的联系和贸易往来。东汉永平十二年（69），汉王朝在中缅边境设置永昌郡，两国的贸易有了更大的发展。当时的永昌郡，物产丰富，商业发达，内地商旅云集，有"金银宝货之地，居官者富及累世"之称。置永昌郡后，"中印缅道"更为通畅，不久就有"永昌徼外"即今缅甸凌内的一些部落或国家遣使来中国通好。《后汉书》记载，永元六年（94），"敦忍乙王莫延慕义遣使译献犀牛大象"，永元九年（97），"掸国重译奉贡"，永初元年（107），憔侥部族"献象牙、水牛、犎牛"，元初七年（120），掸国王雍由调"献乐及幻人"，永建六年（131）掸国王又来献见，如此等等。据考证，上述部落、国家都在今缅甸境内。元初七年（120）掸国王雍由调"献乐及幻人"时，汉朝皇帝"封雍由调为汉大都尉。赐印绶、金银、彩缯各有差也"。

在中缅两国的文化交流中，佛教文化的交流占有重要的位置。印度高僧来中国弘法，中国僧人赴印度取经，许多人取道缅甸，走"中印缅道"。缅甸流行的小乘佛教也在我国西南少数民族地区有所传播。

2. 骠国向唐朝的献乐活动

骠国是缅甸境内一个继掸国而起的国家。唐代史籍说，骠国东西 3000 里，南北 3500 里，有 9 个城镇，298 个部落，还有 18 个属国。据缅甸考古学家的研究，骠国的历史大致可以分为两个时期：前期（1—5 世纪），骠国以毗湿奴城（今缅甸马圭县东敦枝镇西约 20 千米处）为中心，称为毗湿奴时期；后期（6—9 世纪），骠国以室利差旦罗城（今卑谬东南 8 千米处）为其国都，称为室利差旦罗时期。汗林（今实阶省瑞波县委勒镇区）时期则是前后两个时期的过渡阶段。据陈序经考证，至晚在 4 世纪时，中国人已知道骠国的存在，骠国的香料通过永昌郡输入中国。唐朝时，中国云南境内有一地方政权南诏国，南诏国一度势力很大，远及缅甸、泰国一带，占领了缅甸伊洛瓦底江上游的寻传族地区（今克钦邦），骠国也受其控制。骠国不但和南诏有着频繁的接触，"而且还通过南诏和中国发生文化上的联系"①。唐代贾耽记载了中缅印交通的两条路线，其一如下："自羊苴咩城西至永昌故郡三百里。又西渡怒江，至诸葛亮城二百里。又南至乐城二百里。又入骠国境，经万公等八部落，至悉利城七百里。又经突旻城至骠国（指都城）千里。又至骠国西度黑山，至东天竺迦摩波国千六百里。又西北渡迦罗都河至奔那伐檀那国六百里。又西南至中天竺国东境恒河南岸羯硃嗢罗国四百里。又西至摩羯陀国六百里。"（《新唐书·地理志》）

骠是能歌善舞的民族，其音乐舞蹈艺术发展水平较高。《旧唐书·骠国传》说，骠国"王闻南诏异牟寻归附，心慕之"。《新唐书》上也说，骠"王雍羌闻南诏归唐有内附心"。唐德宗贞元年间，骠国组织了一个颇具规模的乐团，沿南方丝绸之路，不远万里赴唐都长安献乐。他们从骠国都城室利差旦罗出发，沿骠国至南诏的商道，经沙示、叫栖、锡箔、畹町、九谷、遮放、龙陵、保山至大理。到大理后，由南诏译官陪同，继续向成都出发。到成都后，受到西川节度使韦皋的接见。《新唐书·南蛮下》记载，贞元年间，骠国王"雍羌亦遣弟悉利移城主舒难陀献其国乐，至成都，韦皋复谱次其声。以其舞容、乐器异常，乃图画以献"。关于骠国献乐的具体时间，《唐会要·骠国》记载："贞元十八年春正月，南诏使来朝，骠国王始遣其弟悉利移来朝。"骠国使者入境当在贞元十七年（801）下半年。剑南西川节度使的韦皋整理、记录了骠国乐曲，并对骠国乐舞和乐器感到新鲜奇异，命画工画下了骠国的舞姿和乐器，献之于朝廷。在成都短暂停留后，骠国乐团在韦皋的安排下从成都赴长安，②大约于贞元十八年正月初到达唐都长安。乐团在唐宫廷进行的表演，受到了唐德宗和文武官员的喜爱。之后，德宗"授舒难陀太仆卿，遣还"。唐中央政府与骠国建立了直接的友好联系。

---

① ［缅甸］波巴信著，陈炎译：《缅甸史》，商务印书馆1965年版，第21页。

② 参见吴耶生：《公元802年骠国使团访华考》，中外关系史学会编：《中外关系史译丛》第1辑，上海译文出版社1984年版，第68页。

按《新唐书·骠国传》所记，此次骠国乐团的率领者是悉利移城主舒难陀，舒难陀是骠国王子。《唐会要》卷一〇〇记载："贞元十八年春正月，南诏遣使来朝。骠国王始遣其弟悉利移来朝……今闻南诏异牟寻归附，心慕之，乃因南诏重译遣子朝贡。"白居易在为德宗起草的《致骠王书》中也记有"国王之子舒难陀"。白居易时任秘书省校书郎，在长安见过舒难陀。陪同舒难陀前来献乐的还有大臣那及元佐和摩思柯那。乐团的乐工有 35 人，这一数字许多史籍有明确记载。乐团除乐工外还有一定数量的舞蹈表演者。《新唐书》记载："乐工皆昆仑，衣绛氎、朝霞为蔽膝，谓之瀼褫裢。两肩加朝霞，络腋。足臂有金宝镮钏。冠金冠，左珥珰，绦贯花鬘，珥双簪，散以毻。初奏乐，有赞者一人先导乐意，其舞容随曲。用人或二、或六、或四、或八、至十，皆珠冒，拜首稽首以终节。"可见"骠国乐"是一个乐器较多、队伍庞大的演奏乐队。

《新唐书·骠国传》详细记载了所献的乐器。

归纳起来，骠国此次所献的乐器计有 8 大类 22 种。"工器二十有二，其音八：金、贝、丝……竹二、匏二、革二、牙一、角二。"在这 22 种乐器中，《新唐书》详细罗列了 19 种，共计 38 件。按现代乐器的划分，属于体鸣乐器的有铃钹、铁板；属于皮乐器的有三面鼓、小鼓；属于弦乐器的有大小包琴、独弦匏琴、筝、凤首箜篌、龙首琵琶、云头琵琶；属于气乐器的有螺贝、横笛、两头笛、大匏笙、小匏笙、牙笙、三角笙、两角笙。种类之齐全，数量之丰富，由此可见一斑。

骠国乐团在唐宫廷演奏的乐曲计有 12 首，《新唐书·骠国传》对此也详细记载了。在这 12 首乐曲中，前 7 首是有歌有舞的乐舞作品，后 5 首则是器乐作品。乐曲的乐意、内容多涉及佛教。如《革蔗王》，骠云《遏思略》谓："佛教民如甘蔗之甘，皆悦其味也"。演奏的乐工计有 35 人，"皆昆仑，衣绛旄朝霞为蔽膝"。昆仑是由猛族建立的国家，位于骠国南部。据此，陈序经也认为骠国音乐受到过猛族元素的影响。

关于骠国乐舞的表演，《新唐书》说："初奏乐，有赞者一人先导乐意，其舞容随曲。用人或二、或六、或四、或八、至十，皆珠帽，拜首稽首以终节。"表演中有一人先领舞，各个乐曲的舞者由 2 至 10 人不等，但都成双成对。从"舞容随曲"可推知表演者的舞姿、表情和音乐的节奏是非常协调一致的。

骠国乐团在长安的表演，在宫廷和当时的文人学士中十分受欢迎。唐德宗对骠国乐赏赞有加，令白居易写信给骠王，称赞唐与骠的友好邦交，并封雍羌为检校太常卿，舒难陀为太仆卿，随行的两位大臣也都被授了官职。骠乐被编入了宫廷音乐中。唐代文人记下了对骠国乐的感受。白居易、元稹作有《骠国乐》，这些文字一直传诵至今。开州刺史唐次也作《骠国献乐颂》，献给德宗。白居易写的《骠国乐》这样赞道：

> 骠国乐，骠国乐，出自大海西南角。
> 雍羌之子舒难陀，来献南音奉正朔。
> 德宗立仗御紫庭，黈纩不塞为尔听。
> 玉螺一吹椎髻耸，铜鼓一击文身踊。
> 珠缨炫转星宿摇，花鬘斗薮龙蛇动。
> 曲终王子启圣人，臣父愿为唐外臣。
> 左右欢呼何翕习，至尊德广之所及。
> 须臾百辟诣阁门，俯伏拜表贺至尊。
> 伏见骠人献新乐，请书国史传子孙。
> 时有击壤老农父，暗测君心闲独语。
> 闻君政化甚圣明，欲感人心致太平。
> 感人在近不在远，太平由实非由声。
> 欲身理国国可济，君如心兮民如体。
> 体生疾苦心憯凄，民得和平君恺悌。
> 贞元之民若未安，骠乐虽闻君不叹。
> 贞元之民苟无病，骠乐不来君亦圣。
> 骠乐骠乐徒喧喧，不如闻此刍荛言。

通过骠国献乐，大量的域外乐器、乐曲乃至乐理输入中国，极大地丰富和发展了中国的传统音乐。骠国输入的乐器达 22 种、39 件。日本学者林谦三把《新唐书》中具体所列的 19 种乐器，依其渊源分为印度系和土俗系两大类。在这两大类中，印度系诸乐器渊源于印度，体现了印度文化对骠国文化的影响。骠国献乐以前，印度系乐器输入中国的主要途径是西域丝道，而贞元年间骠国乐器是经西南丝道输入的。

　　经西域丝道东来的印度音乐并非长驱直入，它的进入经历了一个渐进而多向的过程。印度音乐先为西域各民族所接受，与西域的民族音乐相融合，再经河西走廊输入中原。西域民族在印度音乐的入华中起到了中介作用。在传播的过程中，印度音乐受到西域民族自身文化因素的影响必然会产生某些变异，这一变异包括对印度系乐器的某些改造或改进。同理，输入骠国的印度音乐在影响骠国原有音乐的同时，也必然会受到骠国原有音乐的影响，从而烙上骠民族的印记，这是一个交互作用的过程。骠国献乐，使具有西域特色的印度系乐器与具有骠国特色的印度系乐器在中土交汇，使印度系乐器在中国得以发展，促进了中国乐器的改进，扩展了中国传统音乐的表现力。《唐会要》卷三三说："骠国在云南西，与天竺国相近，故乐多演释氏词。每为曲，皆齐声唱。各以两手十指，齐开齐敛，为赴节之状，一低一昂，未尝不相对，有类中国柘枝舞。骠作僄，其西别有弥臣国，乐舞亦与骠国同，多习此伎以乐。后敕使袁滋、郄士美至南诏，并皆见此乐。"可见，《骠国乐》为印度佛曲系统，"多演释氏词"，释氏即佛教始祖释迦牟尼。

　　骠国输入的乐曲有 12 首，大半是乐舞作品，集声乐、器乐和歌舞于一体，极富艺术表现力。它们的输入对唐代原有的音乐产生了深刻的影响。隋唐原有的音乐呈现出一派"燕盛雅衰"的局面。骠国乐的输入对当时的中国音乐产生了积极的影响，特别是"对隋唐燕乐这一多元性民族文化聚合体"产生了补充和发展的作用。

第十四章

佛教文化的广泛传播及其中国化

进入隋唐之后，特别是在盛唐时期，佛教在中国的传播和发展又迎来了一个大的高潮。隋唐是中国佛教的大成时期。蒋维乔说："唐初，为佛教来华后国人思想成熟时代。就外形而言，是时实为我国历史上佛教隆盛达于极点时期。"① 以玄奘、义净为代表的中国僧人的西行求法运动达到了高潮；大规模的译经事业，在唐代已经基本告竣，中国拥有了最完整的佛教经典；中国佛教诸宗派已经形成，它们的祖师出在隋唐两代；中国高僧的章疏论著言行，逐渐被当成正式的佛教经典流传开来，更直接地影响着中国佛教此后的发展。汤用彤指出："自宗派言之，约在陈隋之际，中国佛教实起一大变动。"他还指出："隋唐二代，国家安定，华化渐张，而高僧之艰苦努力，不减六朝，且教理昌明，组织渐完，玄奘、智顗、吉藏、弘忍、慧能、神会诸师人物伟巨，故佛法之盛过于六朝。"② 柳诒徵也说道："佛教之入中国，蝉嫣五六百年，至于隋、唐之时，遂成为极盛时代。"③

不仅如此，唐代的佛教发展还影响着邻国朝鲜、日本和越南的佛教发展，一批又一批日本、朝鲜的学问僧来中国求学，携带回大批的汉译佛典，并促进了他们本国佛教宗派的形成。以隋唐宗派佛教为基调的汉传佛教，在东亚开拓了新的领域，与其流向的民族和国家的社会历史条件相结合，形成了前所未有的新宗教和新文化。

一　隋唐中国佛教的大发展

1. 佛教在隋唐的发展

隋唐佛教的兴盛繁荣，除得力于佛教本身在南北朝所奠定的稳固基础外，更有赖于国家的统一、强盛及统治者的护持、提倡。隋唐两朝对佛教采取积极支持扶植的态度。

---

① 蒋维乔：《中国佛教史》，群言出版社 2013 年版，第 142 页。

② 汤用彤：《隋唐佛教史稿》，北京大学出版社 2010 年版，第 1、238 页。

③ 柳诒徵：《中国文化史》下卷，东方出版中心 1988 年版，第 477 页。

北朝后期，佛教在中国北方地区已发展成为不可忽视的社会力量。开皇元年（581），隋文帝杨坚即位后，即改变了周武帝毁灭佛法的政策，诏令在全国范围内恢复佛教。文帝首先下令修复毁废的寺院，重整经像，设"五众"及"二十五众"宣讲佛教义理，"任听出家，仍令计口出钱，营造经像。而京师及并州、相州、洛州等诸大都邑之处，并官写一切经，置于寺内，而又别写藏于秘阁"，致使"天下之人从风而靡，竞相景慕。民间佛经，多于六经数十百倍"（《隋书·经籍志四》）。《辨正论》说："（隋代）杨氏二君，三十七年，寺有三千九百八十五所，度僧尼二十三万六千二百人。"开皇十三年（593），隋文帝更说："弟子往藉三宝因缘，今膺千年昌运。"

隋文帝一生致力于佛教的传播。即位初年，他即改周宣帝所建立的陟岵寺为大兴善寺，又令在五岳各建佛寺一所，在诸州县建立僧、尼寺各一所，并在45州各创设大兴善寺，又建延兴、光明、净影、胜光及禅定等寺。据传文帝所建立的寺院共有3792所。文帝先前曾得到天竺沙门给他的一包佛舍利，即位后，令全国各州建立舍利塔，前后共三次。第一次是在仁寿元年（601）六月十三日，即他60岁的生日，隋文帝令全国30州立塔，请名僧童真、昙迁等30人分道送舍利前往安置；第二次是在仁寿二年（602）的佛诞日请名僧智教、明芬等分送舍利至全国53州入函立塔；第三次是在仁寿四年（604）的佛诞日，令在30州增设宝塔，请名僧法显、静琳等分送舍利。三次前后立塔110所。据统计，从开皇初到仁寿末（604），全国共建造金、铜、檀香、夹纻、牙、石等佛像大小共16580躯，修治故像1508940余躯，又缮写新经132086卷，修治故经3853部。

文帝在建国初年即仿北齐制度，设置昭玄大统、昭玄统、昭玄都及外国僧主等僧官，以管理僧尼事务。开皇元年（581）授名僧僧猛为隋国大统（即昭玄大统）三藏法师，七年（587）又命昙迁为昭玄大沙门统，十一年（591）又诏灵裕为国统。地方僧官则有统都、沙门都、断事、僧正等的设置。

隋文帝提倡佛教义学，以长安为中心建立了传教系统，选聘当时各学派著名的学者，分为五众，即：（1）涅槃众，（2）地论众，（3）大论众，（4）讲律众，（5）禅门众。每众立一"众主"，领导教学。此外，长安还建立了二十五众，大兴善寺沙门僧璨即为二十五众第一摩诃衍匠，大兴善寺沙门僧琨也做过二十五众教读经法主，从事学众的教导。由于当时全国一统，南北佛教的思想体系得到交光互摄的机会，从而各宗派学说有了汇合折中的趋势。

隋炀帝继承了文帝弘扬佛教的方针，对佛教也采取积极扶持的政策。他先为晋王时，迎请名僧智顗为授菩萨戒，并尊称智顗为"智者"。即位后，他在大业元年（605）为文帝造西禅定寺，又在高阳造隆圣寺，在并州造弘善寺，在扬州造慧日道场，在长安造清禅、日严、香台等寺，又舍9宫为9寺，在泰陵、庄陵二处造寺。炀帝曾在洛阳设无遮大会，度男女120人为僧尼，令天下州郡行道千日，总度千僧，亲制愿文，自称菩萨戒弟子。又铸刻新像3850躯，修治旧像101000躯，装补的故经及缮写的新经共612藏。炀帝还在洛阳的上林园内创设翻经馆，罗致译人，四事供给，继续开展译经事业。

隋代佛教的建筑，以文帝所造大兴善寺、东禅定寺，炀帝所造西禅定寺、隆圣寺为最宏伟。特别是东禅定寺"架塔七层，骇临云际，殿堂高竦，房宇重深，周闾等宫阙，林圃如天苑，举国崇盛，莫有高者"（《续高僧传·昙迁》）。

隋代的石窟艺术，也有很高的造诣，以灵佑在开皇九年（589）所凿造的那罗延窟为最著名。灵佑经过周武帝的灭佛后，为了预防佛法灭尽，于开皇九年入宝山开凿石窟，在窟内雕造卢舍那、阿弥陀、弥勒三佛的坐像，并镂刻释迦牟尼佛等35佛及过去7佛坐像，又在入口的外壁刻迦毗罗及那罗延神王，镂刻《叹三宝偈》《法华经》《胜鬘经》《大集经》《涅槃经》等经偈文，在入口的内壁刻有《大集经·月藏分》及《摩诃摩耶经》等。还有山东历城的神通寺千佛岩等。至于云冈、龙门、响堂山、天龙山等石窟及敦煌千佛洞等，隋代也续有开凿。大业初年，幽州智泉寺沙门静琬也为预防法灭，发愿造一部石刻大藏，封藏起来，于是在幽州西南50里的大房山的白带山（又名石经山）开凿岩壁为石室，磨光四壁，镌刻佛经，又取方石另刻，藏在石室里面。每藏满一室，就用石头堵门，并融铁汁把它封锢起来。到唐贞观五年（631），《大涅槃经》才告成。这便是房山石经的发轫。

隋朝虽然国祚短暂，却是佛教发展史上的一个重要的阶段，为大唐盛世的佛教文化的大传播、大发展奠定了基础。隋亡后51年，唐僧道世总结隋代兴佛之功说："隋唐祖文皇帝。开皇三年周朝废寺，咸乃兴立之。名山之下，各为立寺。一百余州，立舍利塔。度僧尼二十三万人，立寺三千七百九十二所，写经四十六藏，一十三万二千八十六卷，修故经三千八百五十三部，造像十万六千五百八十区。自余别造不可具知之矣。隋炀帝为孝文皇帝、献皇后长安造二禅定并二木塔，并立别寺一十所，官供十年。修故经六百一十二藏二万九千一百七十二部，治故像十万一千区，造新像三千八百五十区，度僧六千二百人。右隋代二君四十七年，寺有三千九百八十五所，度僧尼二十三万六千二百人，译经八十二部。"（《法苑珠林》）

唐高祖于帝业初创时，奉佛求福，即位后，便设十大德以统摄僧尼。事实上，唐朝皇帝除武宗外，对佛教多采保护政策。

唐太宗即位之后，重兴译经的事业，使波罗颇迦罗蜜多罗主持，又度僧3000人，并在旧战场各地建造寺院，促进了当时佛教的发展。贞观十五年（641）文成公主入藏，带去佛像、佛经等，使汉地佛教深入藏地。贞观十九年（645），玄奘从印度求法回来，朝廷为他组织了大规模的译场，他以深厚的学养，作精确的译传，对当时及后世的中国佛教产生了极大的影响。

在管理僧民方面，初唐时中央并未设僧正、僧统等僧官，只在鸿胪寺下设崇玄署，负责管理僧籍和任命三纲等事。《唐会要·僧尼所隶》说："天下僧尼，国朝以来并隶鸿胪寺。"《旧唐书·百官志·鸿胪寺》说："凡天下寺观三纲及京都大德，皆取其道德高妙为众所推者补充。"又《通典·宗正卿》说："大唐复置崇玄署，初又每寺观置监一人，属鸿胪寺，贞观中省。"三纲是由政府委派管理寺事的。《旧唐书·职官志·祠部》说："凡天下寺有定数，每寺立三纲，以行业高者充。诸州寺总五千三百五十八所，三千二百三十五所僧，二千一百二十所尼。每寺上座一人、寺主一人、都维那一人。"《僧史略》中说，三纲每三年一代，总任判断僧务的是京都大德。武德初年，因为"僧过繁结，置十大德，纲维法务"。最初的十大德中有吉藏、法侃、觉朗、海藏、慧因、保恭等。此外又有"引驾大师、护国大师"，引驾大师有四人，所以又称为"四大师"。

唐太宗以后，高宗、中宗、睿宗都提倡和利用佛教。高宗李治为太子时，即优礼玄奘，赞助玄奘译经。中宗李显时，"营造寺观，其数极多，皆务取宏博，竞崇瑰丽"，"造寺不止，枉费财者数百亿；度人不休，免租庸者数十万"。睿宗李旦佛道并重，认为"释典、玄宗，理均迹异，拯人化俗，教别功齐"。武则天时代佛教备受崇奉，使唐代佛教达于极盛。武后实行了一连串鼓励发展佛教的措施：开沙门的封爵赐紫，诏令僧尼位于道士、女冠之前，于寺院中设立悲田养病坊，组织译场，开凿龙门石窟等等，"铸浮屠，立庙塔，役无虚岁"。武后在全国各州建造了大云寺，又在白司马坂造了大铜佛像，并封沙门法朗等为县公，授怀义为行军总管等，使佛教和政治的关系益加密切。她打破唐太宗时由玄奘一统译场的局面，接待各方译僧，如实叉难陀、于阗提云般若、中印地婆诃罗、汉僧义净、南印菩提流志等。初唐时佛教思想以慈恩宗、贤首宗、禅宗占主流地位，到唐玄宗时，天台宗大为兴盛。开元二十四年（736），玄宗亲为《金刚经》作注，并颁行天下。印度善无畏、金刚智、不空相继来华，玄宗给予了其相当的荣誉和礼遇，为密宗的确立和发展奠定了基础。肃宗召不空等百余沙门入宫朝夕诵经祈福，并受灌顶皈依。代宗除下令建寺、度僧外，还于戎狄入侵之际，召沙门诵《仁王护国般若波罗蜜多经》为国民消灾。宪宗迎佛骨于凤翔法门寺，更在社会上掀起了一股崇佛的热潮。

初唐，由于出家者增多，规章制度也不得不更加周密。首先是整理僧籍，开元七年（719）令诸道士、女道士、僧尼之簿籍三年一造。其次是度僧制度，开元十二年（724）"敕有司，试天下僧尼，年六十已下者限诵二百纸经，每一年限诵七十三纸，三年一试，落者还俗，不得以坐禅、对策义试，诸寺三纲统宜入大寺院"。肃宗至德二年（757）"诏白衣通佛经七百纸者命为比丘"。同时度僧的人数也有限额。开元十六年（728）因春郊礼成，推恩度僧道，诏"天下观寺有绝无道士女冠僧尼者，宜量观寺大小度六七人"。天宝六年（747）诏精择真行，一州许度 3 人。对于浮滥的寺院和僧尼，加以简汰和制约。唐代佛教的规模，也可以从寺院数量上看出来。《大慈恩寺三藏法师传》记载，唐太宗时有寺庙 3716 所；《法苑珠林》记载，高宗时有 4000 所；《唐会要》记载，玄宗时有寺庙 5338 所；会昌毁佛时，毁掉的寺院就达 4600 所。

唐代自唐初至开元、天宝之间，开凿石窟之风也很盛兴。如河南洛阳龙门石窟、山西太原天龙山石窟、甘肃敦煌莫高窟、山东济南千佛岩，都有唐代增修的石窟群。其他如山东青州驼山、四川广元等的摩崖造像也是很著名的。

安史之乱以后，唐朝由盛转衰，经济凋敝，政治逐渐紊乱，佛教也出现衰微迹象，度僧一度受到限制，但群众的佛教信仰却仍受到鼓励。唐武宗实行废佛，给佛教以沉重的打击。但武宗去世后，佛教便得到了恢复，不过已很难再现唐初的兴盛景象。中晚唐时期，佛教逐渐出现大众化的趋势，由于高深繁琐的经论和讲述不是一般信徒所乐于接受的，除了不立文字的禅宗、专重持名的净土教而外，人们希望对经论的讲述是通俗的，于是出现了俗讲和变文的现象。

2. 佛教与朝廷的接触

隋唐两朝的佛教有了很大的发展，而这种发展在很大程度上得益于两朝对于佛教的鼓励、扶植。无论是隋文帝、隋炀帝，还是唐太宗、武则天、玄宗乃至唐代的历代皇帝，除了唐武宗以外，大都对佛教给予庇护和支持，并且采取了一系列有利于佛教传播发展的政策。依历史的经验来看，从佛教在中国传播开始，其发展的程度就与当时朝廷的态度有密切关系。汉明帝梦见金人于是派人去西域请高僧传法，这被认为是佛教传播到中国的开始，就是说，佛教一开始就是受皇帝和朝廷倡导而进入中国的。此后，到两晋南北朝时期，佛教在中国进入到广泛传播的阶段，这与许多帝王的大力倡导和扶植有密切关系。而佛教在发展中遭受到的打击和挫折，也是由帝王发动和组织的"毁佛"事件造成的。所以，两千多年的佛教传播和发展史，证明了一个道理，就是统治阶层特别是皇帝是否支持，是佛教兴衰的关键。东晋道安有一句名言："不依国主，则法事难立。"看来道安对此问题有着清楚的认识。这一点在隋唐时期尤为突出。而正是隋唐两朝的奉佛政策，使得佛教在这一时期获得了广泛的传播与发展，并且形成了宗派林立的兴盛局面。

另一方面，佛教也对朝廷采取了积极接触和靠拢的态度，极力争取政府的支持和帮助。南北朝时期这种倾向已经很明显，到了隋唐时期，佛教高僧与朝廷的接触，已经是很直接的了。如玄奘是一位严肃的佛教学者，但与朝廷交接，却很主动。他从天竺游学回国，唐太宗在洛阳宫接见他，"别敕引入深宫之内殿，面奉天颜，谈叙真俗，无爽帝旨，从卯至酉，不觉时延，迄于闭鼓"。他三十多次上表唐太宗、唐高宗父子，或感谢御制《大般若经序》和大慈恩寺碑文，或请呈递自己的译著，甚至在武则天难产时，还上表说："深怀忧惧，愿乞平安。"武则天产后一月间，玄奘竟四次上表祝贺。他还在《贺皇子为佛光王表》中说："当愿皇帝皇后，百福凝华，齐辉北极，万春表寿，等固南山。馨娱乐于延龄，践萨云于遐劫。储君允茂，绥绍帝猷。宠番惟宜，翊亮王室。褵袺英胤，休祉曰繁，标志节于本枝，嗣芳尘于草座。"

华严宗创始人法藏，与武则天关系至为密切。法藏是武周皇家寺院的御用僧人，往来两京，出入禁中。武周神功元年（697），契丹内侵，武则天请他依照经教予以阻遏。他上奏说："若令摧伏怨敌，请约左道诸法。"武则天批准后，他即建立十一面观音道场，行道几天后，契丹军队所看见的武周军队便是无数神王之众，而且观音像浮空而至，契丹军队乱了阵法，武周军队获胜。武则天下敕表扬说："蓟城之外，兵士闻天鼓之声；良乡县中，贼众睹观音之像。醴酒流甘于陈塞，仙驾引纛于军前。此神兵之扫除，盖慈力之加被。"武则天病重期间，张柬之发动军事政变，杀掉武则天的亲信张易之、张昌宗兄弟，逼迫武则天还政于唐中宗。法藏参与了这次政变，"内弘法力，外赞皇猷"。唐中宗奖赏他的功劳，赐他三品，他再三拒绝，不得已，遂请转赐给自己的弟弟，"俾谐荣养"。唐中宗下诏表扬他说："凤参梵侣，深入妙门。传无尽之灯，光照暗境；挥智慧之剑，降伏魔怨。凶徒叛逆，预识机兆，诚恳自衷，每有陈奏，奸回既珍，功效居多。"（《唐大荐福寺故寺主翻译大德法藏和尚传》）

安史之乱时，洛阳失守，禅宗神会隐居民间。当时朝廷财政困难，右仆射裴冕建议置坛度僧，收取香水钱，以助军需。神会被邀请主持其事，"所获财帛，顿支军费"。对于朝廷收复两京，"会之济用，颇有力焉"。因而唐肃宗诏令对他好好供养，"敕将作大匠并功齐力，为造禅宇于荷泽寺中是也"。其他如号称两京法主、三帝国师的禅宗北宗领袖神秀，号称"开元三大士"的密宗领袖梵僧善无畏、金刚智、不空等等，都出入宫廷、交结王侯。

还有一些僧人成为了朝廷的御用僧人。他们有的在宫廷里的内道场讲诵佛经，有的被任命为以诗文应制的内供奉僧，有的被任命为京城大德。广宣、次融、永欢、玄观、栖白、僧鸾等等，都做过内供奉。广宣是唐宪宗、唐穆宗两朝的内供奉僧。白居易《广宣上人以应制诗见示，因以赠之，诏许上人居安国寺红楼院，以诗供奉》诗说："香积筵承紫泥诏，昭阳歌唱碧云词。红楼许住请银钥，翠辇陪行蹋玉墀。"广宣《禁中法会应制》诗说："侍读沾恩早，传香驻日迟。在筵还向道，通籍许言诗。空魄陪仙列，何阶答圣慈？"《降诞日内庭献寿应制》诗说："登霄欣有路，捧日愧无功……修斋长乐殿，讲道大明宫。"《再入道场纪事应制》诗说："自喜恩深陪侍从，两朝长在圣人前。"姚合《赠供奉僧次融》诗说:"开经对天子,骑马过声闻。"这些诗句反映了供奉僧的社会地位、日常活动和心理状态。

唐武宗会昌毁佛,尽管势头迅猛,但有如昙花一现。唐武宗去世后,唐宣宗一上台,就立即恢复佛教。在收复河湟地区以后,杜牧为唐宣宗起草了《敦煌郡僧正慧菀除临坛大德制》。慧菀原职不但是敦煌管内释门都监察僧正,还兼州学博士,既是州郡佛教界的领袖,又是州郡学校的儒学教师,他"利根事佛,余力通儒""举君臣父子之义,教尔青襟""领生徒坐于学校,贵服色举以临坛。若非出群之才,岂获兼荣之授,勉宏两教,用化新邦"。于是在保留原衔的基础上,再敕授"京城临坛大德"。

3. 长安:世界的佛教中心

随着佛教在隋唐两朝的大发展、大繁荣,都城长安也成为全国的佛教中心,并且进一步发展成为世界的佛教中心。

在国都长安,自汉初以来各种宗教就由中央来管理,各地的神祇建祠于此地,成为以后历朝中央政府管理宗教的传统模式。相应地,当时各宗教的代表人物也纷纷涌来,聚集长安的城内或郊区,传播、弘扬宗教教义。佛教从印度、西域沿着丝绸之路传入中国内地,而长安作为丝绸之路的起点,正是佛教向中国内地传布的中心站。佛教的各种文化创造,往往产生并集中在长安,长安佛教自然成为主导中国佛教的中枢,长安也自然成为中国佛教的核心地区。

西晋时,著名的译经家竺法护自敦煌来到长安,从事佛经翻译与弘法工作,直接推动了长安佛教的兴起。前后二秦时期,佛教在长安尤为兴盛。前后二秦时期的佛教及其代表人物道安和鸠摩罗什在中国佛教史上占有重要的地位,他们在长安的弘扬佛法的活动,为长安成为北方乃至全国的佛教中心奠定了基础。两晋、南北朝时佛教在长安的发展,主要得力于竺法护、道安和鸠摩罗什三大僧团的译经和弘法活动,长安也因此三度成为北方佛教的译经中心和弘法中心。

隋唐时京都长安,交通便利,四通八达,文化炽盛,经济繁荣,成为中国佛教僧才凝聚、经典翻译、宗派创立、佛法弘传和文化交流的主要中心,是中国佛教走向高度繁荣和全面发展的圣地。隋唐时期,长安城里寺院林立,城郊各地塔刹相望,终南山里楼台点缀,皇室和大臣竞相献宅立寺或新建塔庙，商人和一般民众也争相供养，长安一带拥有了全国最多的皇家寺院，也聚集了全国规模最大的寺院。僧人的日常生活和宗教活动条件优越，佛教弘传的效应显著，社会影响广泛而深远。唐韦述《两京新记》卷二说京城"僧寺六十四、尼寺二十七"。宋人宋敏求《长安志》卷七记载，"隋大业初，有寺一百二十"，卷一一又说列国寺"秦畿内置寺四十九所，此其一也"。据宋敏求《长安志》所载该属内佛寺，约 150 所（内含北宋佛寺）。据徐松《唐两京城坊考》记载，长安城内有名可考的僧寺有 122 座，尼寺 31 座。日本佛教学者冢本善隆根据徐松《唐两京城坊考》等资料列出唐代长安 103 所寺院的名称。另有学者考察长安城内名称可考的寺院 161 所。还有更多不知名的兰若、经坊、佛堂等遍布城内，如日僧圆仁在武宗朝到长安，就看到"长安城里坊内佛堂三百余所"。此外唐代皇城和宫城内建有许多寺院、佛堂，这是皇室作法事、建"内道场"的地方，也有众多的宫人在那里出家修道。还有许多佛寺建在长安城郊，特别是南郊，延伸到终南山一带。知名的如终南山的草堂寺、丰德寺、清源寺，京郊的兴教寺、章敬寺、香积寺、华严寺等。

隋唐以来，长安许多著名大寺都建得占地广阔、规模宏大、巍峨壮丽、器宇轩昂，对我国佛教的传播和发展起了巨大的推动作用。如大兴善寺尽靖善坊一坊之地，段成式说："靖善坊大兴善寺，寺取大兴城两字，坊名一字为名。"《长安志》卷七述该寺"尽一坊之地，寺殿崇广，为京城之最。总章二年，火焚之，更营建，又广前居十二亩之地。初曰遵善寺，隋文承周武之后，大崇释氏，以牧人望，移都先置此寺，以其本封名焉"。其"佛殿制度与太庙同"。隋以来大兴善寺即是佛经译场，后有高僧善无畏、金刚智和不空相继来唐，在长安等地弘扬密教。草堂寺以鸠摩罗什主持的国立译场著称于世，唐宪宗时华严宗四祖澄观弟子宗密入都，于长安诸寺阅藏弘教，后住终南山草堂寺、圭峰兰若，锐意著述，所撰有《华严经行愿品疏钞》《圆觉经大疏》《禅源诸诠集都序》等多种行世。又如荐福寺，据《长安志》卷七记载，该寺原为隋杨广"在藩旧宅"，唐文明元年（684）"立为大献福寺，度僧百人以实之"，天授元年（690）"改为荐福寺"，后大加营饰，"翻译佛经并于此寺"。又如净业寺是律宗祖庭；香积寺为净土弘法中心；大慈恩寺初建时，"重楼复殿，云阁洞房，凡十余院，总一千八百九十七间"，为法相宗祖庭，玄奘主持的国立译场即设于此寺，对本宗乃至全国佛教的发展都起过重要作用。西明寺"廊殿楼台，飞惊接汉，金铺藻栋，眩目晖霞。凡有十院，屋四千余间。庄严之盛，虽梁之同泰、魏之永宁，所不能及也"；法门寺在隋唐即已负盛名，据张彧《大唐圣朝无忧王寺大圣真身宝塔碑铭并序》，寺原名为阿育王寺，铭文说"阿育王所建，因以名焉"，又称"华夏之中有五印，扶风得其一也"，该碑又说"隋开皇中，改为成实道场"，唐高祖武德初改名"法门寺"，中宗景龙四年（710）"旌为圣朝无忧王寺"，此碑立于代宗大历十三年（778），至德宗犹称"无忧王寺"，《旧唐书·德宗本纪》记载：贞元六年（790）"岐州无忧王寺有佛指骨寸余"。又如总持寺是"复殿重廊，连甍比栋，幽房秘宇，窈窕疏通"；清禅寺是"九级浮空，重廊远摄，堂殿院宇，众事圆成，所以竹树森繁，园圃周绕"；章敬寺是鱼朝恩为祈章敬太后冥福以所赐庄创建，"穷极壮丽，尽都市之材不足用，奏毁曲江及华清宫馆以给之，费逾万亿"。

隋唐长安僧侣数量庞大。慈恩寺初建时奉敕度300僧，别请五十大德，同奉神居，降临行道。造西明寺成，"敕先委所司简大德五十人、侍者各一人，后更令诠试业行童子一百五十人拟度"。这只是初建时一次住入、剃度的人数。安国寺乘如在代宗朝于左右街临坛度人，弟子数千。而"（大历三年）春正月，上幸章敬寺，度僧尼千人"。又"永贞革新"时一次"出宫女三千人于安国寺"，这些宫女中的无家可归者很有可能留在该寺。中宗朝狄仁杰在上疏中就说到"无名之僧，凡有几万，都下检括，已得数千"，这是僧、尼不入名籍的数额。据此估计，长安约200所寺院，其兴盛时期僧侣当有数万之众。

长安佛教良好的生存条件，广阔的发展天地，吸引了一大批高僧、名僧、学问僧、禅僧、大德前来长安弘扬佛法，发挥智慧，施展才华，利益大众。印度僧人或沿陆路由西到东，或沿海路由南到北，聚集于长安，西域僧人沿河西走廊进入长安，日本、朝鲜僧人则自东向西来到长安。以玄奘为代表的出国留学取经的僧人也回到长安弘扬佛教。国内各地的优秀僧人也云集长安学习、弘教。唐代"儒门淡薄，收拾不住，皆归释氏"，而归佛门的人才，也主要集中在长安。各国、各类优秀僧才凝聚长安，极大地提高了长安佛教的品格和地位。他们积极宣化，推动了佛教事业的大发展。如道安、鸠摩罗什、玄奘、窥基、义净、法藏、澄观、宗密、善导、不空和道宣等，他们或转梵译经，播扬法音，或解经疏论，转识成智，或直指人心，破相显性，或念佛极乐，净土往生，或口诵真言，成佛即身，或明律习诵，正法久住。高僧弘法活动蓬勃开展，其受业弟子成百累千，或云游诸方，或住持名寺，使佛法遍布州县各地。

在隋唐王朝的直接支持下，以大慈恩寺、大兴善寺、大荐福寺"三大译场"为代表的译场译经事业兴旺发达，长安成为当时中国最大的佛经翻译中心，成为中国古代历史上翻译国外经典数量最多、流传最盛的地方。隋文帝延请前来长安译经的那连提耶舍、达摩阇那、阇那崛多等5位天竺译师，就译出佛典59部262卷。唐代译经基本上由国家主持，从唐太宗组织译场开始，至唐宪宗，前后历时280多年，其间译事不断，译籍的数量和质量均超过前人。隋唐译经事业开辟了佛教传播的新途径、新天地，为创立佛教宗派提供了新动力、新根据。长安是历史上佛经汉译的最大基地，所翻译出来的佛教经典占全部汉译佛教经典总数的一半以上，在中国最流行的经典如《金刚经》《阿弥陀经》《法华经》《维摩经》《心经》等绝大部分出自长安。

隋唐时代长安也是最具神圣意义最大的弘传佛教的中心。佛牙舍利、佛顶舍利、佛指舍利等具有重大影响的佛教圣物聚集长安，阿弥陀佛、观音菩萨、泗州大圣、密教仪轨等信仰形态由此彰显并走向全国。长安的弘传佛教活动，主要针对三种对象而有三个层次：一是对教内的学众，隋代就设立以长安为中心的弘传佛教系统，如分涅槃、地论、大论、讲律、禅门五众，或更多的二十五众，选聘富有学识的学者，担任每众的"众主"，教导学众；二是面对世间大众弘教，每于岁时节日在寺院举行"俗讲"，结合佛教故事和历史故事，以通俗语言宣扬佛教义理，或由化俗师深入附近村落，向群众传教，长安的慈恩寺等还培植牡丹花，供游人观赏，或约集庙会，吸引大众，间接传教，扩大影响；三是向周边邻国传教，如中国高僧从长安出发去日本传教，前后相继不绝，也有日本和新罗的学僧前来长安从中国高僧受学，一时弘传活动空前活跃。

在长安，人们的日常生活也充满着浓厚的佛教文化气氛。直接和群众生活相联系的种种民俗性佛教活动在长安十分流行，如节日期间在寺院举行的俗讲，用通俗的言词、生动的故事进行宣传，并形成各种讲经文或变文，所讲的内容主要来自《华严经》《法华经》《维摩经》《涅槃经》等经典。由于长安俗讲流行，创作了变文等作品，各种佛教应验故事、传奇小说等也在民间流行起来。而唐诗中的佛教题材也急剧增加，佛教成为唐代文学的重要精神源泉。在艺术方面，各种佛教绘画、雕塑、音乐、建筑、书法、纹饰等相当繁盛，促使佛教艺术达到兴盛。长安城内的大小雁塔以及许多著名的佛教碑刻都凝聚着艺术的深厚底蕴。

隋唐高度统一的国家形态相应地要求思想文化出现综合的新形式。此时，南北佛教交光互摄，交渗互融，趋于综合，经典译传的高度密集与义理辨析的空前高涨，三论、唯识、华严、净土以及律、密等中国化佛教宗派纷纷涌现。创宗在中国佛教发展史上具有重大的意义，中国汉传佛教的八大宗派，除天台宗和禅宗外，均在长安创立。

隋唐时代，长安佛教寺院还是当地社会文化的活动中心。长安寺院除了作为佛教的活动中心之外，更发挥出一般的社会文化功能，成了城市中重要的文化活动场所，在当时的社会文化领域起到巨大的作用，构成唐代繁荣、华丽的社会文化生活的极其重要的部分。

在佛教文化的交流带动下，长安成为世界性的文化交流的中心。7世纪以后，佛教在印度开始衰落，佛学的研究中心与佛教的传播中心也由印度逐渐转移到了中国。汤用彤指出：

> 隋唐时代，中国佛学的地位虽不及印度，但确只次于印度。并且当时中国乃亚洲中心，从国际上看，中国的佛教比印度尤为重要。当时所谓佛教有已经中国化的，有仍保持印度原有精神的。但无论如何，主要僧人已经多为中国人，与在南北朝时最大的和尚是西域人或印度人全不相同。

> 当时佛教已变成中国出产，不仅大师是中国人，思想也是中国化。至若外国人求法，往往来华，不一定去印度。①

来自南亚、中亚、东亚、东南亚各国的弘法僧和求法僧以及中国各地的高僧云集长安，相互交流，彼此激发，使长安成为一个空前绝后的国际化佛教交流中心。当时新罗和日本的很多学僧来到长安留学，得到各宗大师的传承，归国以后开宗立说。唐初来长安的新罗僧有义湘，他在终南山学法于智

---

① 汤用彤：《隋唐佛教史稿》，北京大学出版社2010年版，第255页。

俨，而太贤、道伦则受学于玄奘之门，后来还有惠日在长安从惠果传胎藏密法。日本学僧入唐求学之风尤盛。唐初就有道昭、智达、智通来长安从玄奘受学，其后又有智凤、玄昉来长安从智周受学，归国后分为南寺、北寺两传法相之学，而成立专宗，代代相传。日僧道光先入唐在长安学南山律，后来，在长安受戒学律的鉴真律师赴日传戒，成立了日本律宗。空海入唐在长安青龙寺从惠果受两部秘法，归国后创立日本真言宗。

4. 隋唐时期来华的外国僧侣

最初将佛教传入中国的是来自西域和印度的僧人，他们为佛教在中国的传播和发展作出了重要的贡献。从汉代开始，一直到魏晋南北朝，入华的西域高僧代不乏人，成为那个时代的文化使者。到了隋唐以后，印度和西域许多僧人仍然陆续来到中国传教，翻译佛经，为在中国境内流行已久的佛教不断输入新鲜血液。

唐代，来华的僧侣更多，因为年代久远，具体数目无法统计，许多人也没有留下姓名。仅据《续高僧传》和《宋高僧传》记载，唐代外来僧侣有名可考者有42人，其中3人国别不明，5人被笼统称作西域人，有具体国别的人中，来自天竺者30人，吐火罗2人，何国1人，康居1人，天竺僧人占唐朝外来僧人的大多数。这种情况与前代略有不同。最初来华的外国僧人以西域各国居多，而印度作为中国佛学源渊的核心地位，是其他国家难以取代的。唐代更多的印度僧人来到中国，这对于佛教的传播意义重大。随着中印交往的加强，来华印僧在社会中更为活跃，唐代统治者亦往往将入唐印僧视为异国番使而授予官职，如不空、般若、舍那等。

在这些来华的外国僧人中，影响较大的有：

（1）波罗颇迦罗蜜多罗，亦称波颇蜜多罗，简称波颇，中天竺摩揭陀国人，刹帝利种姓。波罗颇迦罗蜜多罗早年习大乘经，后至西突厥，深为可汗所敬服。西突厥统叶护可汗于武德五年（622）入唐求婚，三年后唐廷派高平王李道立出使西突厥。波罗颇迦罗蜜多罗因此与李道立相遇，并随同西突厥求婚使团一同入唐。唐太宗贞观元年（627）十二月，波罗颇迦罗蜜多罗入长安，敕住大兴善寺。"释门英达，莫不修造。自古教传词旨有所未逾者，皆委其宗绪，括其同异，内计外执，指掌释然。征问相雠，披解无滞。"贞观三年（629）三月，与慧乘、慧赜、法琳、玄谟等大德于大兴善寺（后移至胜光寺）从事译经，共计译出《宝星陀罗尼经》10 卷、《般若灯论释》15 卷、《大乘庄严经论》13 卷。太宗命将其所译各写 10 部，散流海内。

（2）阿地瞿多，中天竺人，据称其"精练五明，妙通三藏"。高宗永徽三年（652）自西天竺携密教梵本入长安，敕住大慈恩寺，依沙门彦悰、李世绩等人之请，于慧日寺浮图院建陀罗尼普集会坛，"法成之日，屡现灵异，京中道俗咸叹希逢"。沙门玄楷等请瞿多译法会之典据，瞿多从《金刚大道场经》中撮要译出《陀罗尼集经》12 卷。同时有中天竺大菩提寺僧人法长、阿难律木叉、迦叶等携带印度僧人智光、慧天给玄奘的书信方物，也于永徽三年至长安，于经行寺译出《功德天法》，遂编入《陀罗尼集经》第 10 卷内。

（3）那提，即布如乌伐邪，北天竺人。他自幼出家，历游诸国，因闻东土佛法兴盛，遂赍集大小乘经律论梵本 500 余筴 1500 余部，经南海诸地于唐高宗永徽六年（655）抵长安，奉敕住大慈恩寺。龙朔三年（663）译出《师子庄严王菩萨请问经》《离垢慧菩萨所问礼佛法经》《阿咤那智咒经》3 部 3 卷。又据《续高僧传》所记，那提为龙树门人，著有《大乘集义论》40余卷。

（4）地婆诃罗，中天竺人。他"精通三藏，工于咒术"，高宗仪凤元年（676）携梵本入长安，介绍印度中观派之新学说，后奉敕于两京东西太原寺及西京弘福寺，先后译出《华严经续入法界品》《大乘显识经》等 18 部34 卷。

（5）佛陀波利，北天竺罽宾国人。他"忘身殉道，遍访灵迹"，因闻文殊菩萨在清凉山，便不畏艰险，于唐高宗仪凤元年先至五台山虔诚礼拜，后重返本国，取梵本《尊胜陀罗尼经》又到长安。调露元年（679），高宗敕令地婆诃罗及杜行顗译之，译成之后，存于宫中，并未流布于世。波利便持《尊胜陀罗尼经》梵本往西明寺，同精通梵语的僧人顺贞共译之，遂成《佛顶尊胜陀罗尼经》1 卷。

（6）菩提流志，又作达摩流支，南天竺人。他通晓声明、数论、阴阳历数、天文地理、咒术医方等，长寿二年（693）来长安，武则天敕住洛阳佛授记寺，同年译出《佛境黔》《宝雨》等 11 部经。中宗神龙二年（706），移住长安崇福寺，译《不空罥索神变真言经》《一字佛顶轮王经》等，又历时 8 年终译成《大宝积经》。睿宗时于皇宫北苑白莲池、甘露亭等处继续译经，开元初年（713）进皇家内译场，与天竺大首领伊舍罗、沙门波若屈多等共译梵文典籍。后辞译业，专精禅观。卒后唐玄宗追赠"鸿胪大卿"，谥号"开元一切遍知三藏"。其所译经论共 53 部 111 卷。

（7）善无畏与金刚智、不空，玄宗时期来华的印度高僧，他们共同奠定了中国密教之基础，并称"开元三大士"。后文将作详细介绍。

（8）般若，又称般刺若，北天竺罽宾人。7 岁出家，23 岁至中天竺那烂陀寺，随智护、进友、智友等三大论师研习唯识、瑜伽、中观、五明等。适闻五台山文殊灵迹，便经南海诸国，于唐德宗建中二年（781）抵达广州，翌年赴长安。贞元四年（788）译出《大乘理趣六波罗蜜经》七卷，受赐紫衣及"般若三藏"之号，之后又译出《般若波罗蜜多心经》《大乘本生心地观经》等。

（9）牟尼室利，北天竺人。唐德宗贞元九年（793）从那烂陀寺出发来唐，贞元十六年（800）至长安兴善寺，贞元十九年（803）移住崇福寺、醴泉寺，后又住于大慈恩寺，于玄奘所携回之梵本中，译出《守护国界主陀罗尼经》10 卷，又进奉《六尘兽图》，深受德宗礼遇。

天竺僧人在唐朝的生活以传译佛经为主，许多僧人是携经而来，他们或是介绍传译中国未流行的佛经，或重新根据梵本翻译旧有的经典，为唐代佛教文化增添了新的内容。这种情况在唐人诗歌中也有反映，许多印度僧人历尽艰难险阻来华弘法，唐代的文献对此记载颇多，如李白在《僧伽歌》中提到中宗时被尊为国师的印度大师僧伽：

> 真僧法号号僧伽，有时与我论三车。
> 问言诵咒几千遍，口道恒河沙复沙。
> 此僧本住南天竺，为法头陀来此国。
> 戒得长天秋月明，心如世上青莲色。

刘言史至少写过三首反映天竺僧人生活的诗歌，其中两首主要描述僧人译述传经的艰辛，如《送婆罗门归本国》云：

> 刹利王孙字迦摄，竹锥横写叱萝叶。
> 遥知汉地未有经，手牵白马绕天行。
> 龟兹碛西胡雪黑，大师冻死来不得。

地尽年深始到船，海里更行三十国。

行多耳断金环落，冉冉悠悠不停脚。

马死经留却去时，往来应尽一生期。

出漠独行人绝处，碛西天漏雨丝丝。

为了前往汉地传经，天竺僧人在碛天荒漠中孑然独行，往返一次，几乎就已耗尽了一生的年华。刘言史在《病僧二首》中称："竺国乡程算不回，病中衣锡遍浮埃。如今汉地诸经本，自过流沙远背来。空林衰病卧多时，白发从成数寸丝。西行却过流沙日，枕上寥寥心独知。"反映了传经僧人异乡染疾的幽苦情状和思念乡土的孤寂心怀。

在唐朝传译佛经者还有出生在唐朝的外国人后裔和居住在唐朝境内的外国居士。如活动在隋唐两朝的高僧吉藏，俗姓安，本安息人。他祖上因避仇移居南海，家于交广之间，吉藏生于中国，并在中国出家为僧。僧传中称他"貌象西梵，言实东华"，武德六年（623）去世之后，"东宫以下王公等，并致书慰问"，僧传中还保留了唐太宗慰问书的内容。在唐朝出生的天竺人大多都兼通梵、汉两种语文，具备从事翻译的有利条件。如慧智和尚，父为印度人，婆罗门种，因出使唐朝而留在了中国。慧智本人出生在唐朝，高宗时从天竺僧人出家，"本既梵人，善闲天竺书语。生于唐国，复练此土言音。三藏地婆诃罗、提云若那、宝思惟等所有翻译，皆召智为证，兼令度语"。其他如智藏和尚及著名的神会和尚，也都是生于唐朝的外国人的后裔。

留居唐朝的外国居士也有不少人参加了政府组织的译经。神龙二年（706），中宗在西京大荐福寺设置翻经院翻译佛经，参加译经的除了僧人外，居士东印度首领伊舍罗担任证梵本的工作，居士中印度李释迦度颇多读梵本，居士东印度瞿昙金刚、迦湿弥罗国王子证译。伊舍罗曾长期从事译经工作，开元十一年（723），金刚智奉敕在资圣寺译经，"东印度婆罗门大首领直中书伊舍罗译语，嵩岳沙门温古笔受"。可知伊舍罗是以中书省直官的身份参与佛经翻译的。在唐代，直官是不同于职、散、勋、爵的一套独特的职官系统，充直者多为当时科技、文化、艺术等专业领域内的第一流人才，中书省有明法、能书、装制敕、翻书译语、乘驿5种直官。以中书省直官而兼预译场者还有度颇，度颇的衔名是"翻经婆罗门东天竺国左领军左执戟直中书省"。

这些来华的高僧，为传播佛教文化作出了很大的贡献，同时，他们与中国的佛教僧侣以及文人学士广泛交游，也结下了深厚的友谊。在这些天竺或西域僧人在中国译经时，一些中国文人学士常奉敕在译场做润色、缮写、审订等工作，为来华高僧的翻译工作提供帮助。

二 蓬勃发展的西行求法运动

1. 唐代的西行求法僧人

自佛教传播到中国以后，中国的一些高僧，不满足已经翻译过来的佛经，或者觉得还有许多问题得不到解决，便开始到佛教的发源地印度"取经"，直接到佛教圣地获取佛教的真谛。所以，在西域和印度的高僧前来弘法的同时，也不断有中国的僧人远渡重洋，翻山越岭，前往西域和印度，他们前赴后继形成了持续几百年的西行求法运动。到了唐代，这个西行求法运动更蓬勃地发展起来，形成了一个大的高潮。

义净在《大唐西域求法高僧传》一书中记载了几乎同一时代的 56 位僧人在印度和南海求法取经的事迹。大部分是每人一传，也有几篇是两人或三人的合传，记述各人的籍贯乡里、西行所经的路线和在各国学习佛法等情况，有些传后还附有四言或五、七言感叹或赞颂的诗偈。书中所记的这 56 人中，年长者已近 70 岁，年幼者仅 17 岁，他们同是为了对佛教的虔诚信仰，在印度各地努力求学，备受艰苦磨炼，始终不悔，其中 27 位病亡于印度或回国的海上而未能成就夙愿。从《大唐西域求法高僧传》中还可以看出，当时佛教东传的浪潮蓬勃发展，不仅中国僧人，而且一些外国僧人也相继加入到去印度求法的行列，书中所提到的 56 位僧人中，就包括新罗僧侣 7 人，交州、爱州僧侣 6 人，康国僧侣 1 人，睹货罗僧侣 1 人，国籍不明的僧侣 2 人。

义净在《大唐西域求法高僧传》用较多的篇幅向人们描述了唐代中印交往的海陆两条交通线，这就是自西域或吐蕃到印度的陆路和自南洋到印度的海路。

唐前期是中国僧人"留学印度"最热烈的时期。当时诸僧出国西行的路线，有水陆不同的路线。由长安西行，经甘肃、新疆、中亚进入北印度的路线是汉代以来最主要的交通路线；另一条是唐初开辟的经由西藏、尼泊尔通往印度的中印藏道。海路是由广州、交趾等地经由南海前往印度。印度领导人贾瓦哈拉尔·尼赫鲁（Jawaharlal Nehru）曾指出，拜佛求经的香客和学者们络绎不绝地往来于中印之间。他们越过戈壁沙漠、中央亚细亚的平原和高山，翻过喜马拉雅山，这是一条漫长、艰苦、充满危险的旅程。他们走的另外一条道路，就是经过印度支那、爪哇、苏门答腊、马来亚和尼科巴群岛的海路。从中国来的学者们，有的在半路上停留在印度尼西亚境内印度人聚居之地达数月之久，先学梵文，然后再来印度。

从西域到印度的陆路，也就是举世闻名的"丝绸之路"。自汉代至唐初，到中亚各国及印度的商人和僧侣多走这一条路线，大体是出河西走廊，过帕米尔高原到中亚，再南下到印度。唐代去印度的陆路已不止这一条路线。义净提到了一条新的路线，即从印度经尼泊尔、吐蕃（今西藏）到长安的路线，这条路线当时被称为"吐蕃—尼波罗道"。在《大唐西域求法高僧传》中，义净说中国僧人玄照自印度回国，路经尼波罗国，蒙国王发遣，遂至吐蕃，重见文成公主，深致礼遇，资给归唐。从西藏到印度的路线前代均无记载，最早的记载见于唐贞观十七年（643）唐朝出使摩揭陀国的李义表和王玄策。唐代这条路线的开辟具有重要的意义，这无疑缩短了中国与南亚地区陆上交通的距离。

唐代随着南方经济的发展，尤其是海上贸易的兴盛，从高宗时起，往印度求学的高僧多由海路附舶而行。"佛道长远，勤苦旷劫，方始得成。"据《大唐西域求法高僧传》记载，同时期去印度取经的僧侣和商人，大多数走海上路线，当时由海路前往印度的高僧有几十人之多。这条路线汉代也已经开辟，即我们今天所说的"海上丝绸之路"。走海路的求法僧人一般从内地来到濒临南海的港口广州、交州或爱州，在那里等候秋冬季风，搭乘商舶出海。海上航行千难万险，不亚于西域陆路。

另外有一条3世纪时中国20多位僧人从蜀川牂牁道出至中印度的路线，即经今云南边境及缅甸北部往阿萨姆的道路。后来慧琳在《一切经音义》中，对这条路途经、沿革、道里、风俗、地理、气候等作了较详细的说明："西越数重高山峻岭，涉历川谷，凡经三数千里，过土蕃界，更度雪山……入东天竺东南界……盛夏热瘴毒虫不可行履，遇者难以全生。秋多风雨，水泛又不可行。冬虽无毒，积雪沍寒，又难登陟。唯有正、二、三月乃是过时，仍须译解数种蛮夷语言，兼赍买道之货，仗土人引道，展转问津，即必得达也。"

在当时的交通条件下，无论是走海路还是走陆路，都十分艰险，困难重重。许多高僧记下了他们从西域经丝绸之路时艰难跋涉的经历。"流沙"和"雪岭"，是这条路上必然要经过的阻碍。求法者艰苦备至，饱尝九死一生之苦，有些人劳顿积苦，客死荒途，有些人中途折返，有些人只到了于阗、高昌诸国，有些人久居他乡而归不得。见于记载的，则是征服了畏途的极少数生还者，更多人则赍志以殁，或永远的隐姓埋名了。

从海路来的求法僧们不畏艰险，勇于牺牲，在我国佛教和文化史上写下了光辉的一页。求法僧们也是古代历史上伟大的探险家，他们或从广州、或从交趾、或从扬州附舶远行，其足迹到达了越南、柬埔寨、印度尼西亚、马来西亚、斯里兰卡、印度、尼泊尔、日本、朝鲜等国家和地区。由于饥病、海浪的威胁，盗贼猛兽的荼毒，大多数渡海求法的僧人未能重返故乡。《大唐西域求法高僧传》记载，并州僧常愍及弟子"冀得远诣西方，礼如来所行圣迹"，坐商船从广东出发，走海路辗转去往印度。中途遇到风暴，商船破损漏水。常愍看到大家急于逃生，就把机会让给了身边的人。船舱里人爬不动的，也在禅师的帮助下，都安全离开了大船，而禅师自己已是精疲力竭。眼看海水逐渐没过腰身，禅师欣慰地看着已经安全的大众，开始合掌念佛，随着一句一句的佛号，一阵一阵地往下沉。逃了命的人也跟着念起了佛号，很多人让禅师跳到小船上，但他害怕压沉了别人的小船，只是坚持念佛，直至沉到水底。义净为常愍禅师写了一首很感人的诗：

> 悼矣伟人，为物流身。明同水镜，贵等和珍。
>
> 涅而不黑，磨而不磷。投躯慧蠟，养智芳津。
>
> 在自国而弘自业，适他土而作他因。
>
> 觐将沉之险难，决于己而亡亲。
>
> 在物常愍，子其寡邻。
>
> 秽体散鲸波以取灭，净愿诣安养而流神。
>
> 道平不昧，德也宁堙。
>
> 布慈光之赫赫，竟尘劫而新新。

另外，唐僧智岸、窥冲、木叉提婆、智行、大乘灯、彼岸、昙闰、义辉、无行、法振、乘悟皆于求法途中染病而亡于异乡。

唐代西行求法的高僧，最著名、最有成就的是玄奘和义净。其他求法僧还有玄照、道希、慧日等。

唐初的玄照法师求学印度，在那烂陀寺求学三年，跟随胜光法师学写《中论》《百论》等论，又随宝狮子大德学习《瑜伽师地论》。他途经吐蕃道回国，受到文成公主的协助。回国后，又受唐高宗指派，再赴印度，迎取"长年婆罗门僧"卢伽溢多。义净于咸亨五年（674）在那烂陀寺见到了玄照法师。因路途阻塞，玄照无法归国传法，"虽每有传灯之望，而未谐落叶之心"，后在天竺去世。

道希法师在那烂陀寺学习大乘佛法，并把大唐所有新译、旧译的经论400多卷带到了那烂陀寺。大乘法灯禅师路过已经圆寂的道希法师在那烂陀寺的卧室时不禁感叹："昔在长安，同游法席，今于他国，但遇空筵。"义净在巡礼那烂陀寺时也见到了他的卧房，心生感慨，有诗说：

> 百苦忘劳独进影，四恩在念契流通。
>
> 如何未尽传灯志，溘然于此遇途穷。

唐睿宗景云二年（711），义净的弟子慧日泛舟西行，经南海室利佛逝、师子等国，至印度各地瞻礼佛教圣迹，寻访名师，搜求梵本，接受净土法门。历时8年，经70余国，并于唐玄宗开元七年（719）经西域各地，从陆路返回长安。慧日从印度带回的经像颇多，赐号为"慈愍三藏"。此外，还有京兆沙门末底僧诃、长安沙门玄会、益州沙门明远等等，他们带着弘法圣愿，或由西路陆行，或经南海泛舟，分别抵达了印度各地，巡礼佛教圣迹，学习印度佛法，为中印佛教文化的交流作出了相当的贡献。

求法活动大大促进了唐代佛教的发展。求法僧人在天竺诸国礼胜迹，取佛经，研佛法，辗转于室利佛逝、诃陵等东南亚国家，最终回到中土，北上长安、洛阳等寺院潜心研修，翻译佛经，为弘扬佛法作出卓越贡献。

2. 悟空：从军人到沙门

唐代最后一位有影响的西域求法高僧是沙门悟空。

悟空是京兆云阳（今陕西泾阳）人，原姓车，名奉朝，是后魏拓跋氏的远裔。《悟空入天竺记》记述："师本京兆云阳人也，乡号青龙，里名向义，俗姓轨，字曰奉朝，后魏拓拔之胤裔也。天假聪敏，志尚典坟，孝悌居家，忠贞奉国。"《宋高僧传》卷三说："释悟空，京兆云阳人，姓车氏，后魏拓拔之远裔也。天假聪敏，志尚典坟，孝悌之声，蔼于乡里。"

罽宾国于天宝九年（750）由大首领萨婆达干与本国三藏舍利越摩，赴唐朝献款内附，请求唐朝派遣使臣按巡其地。次年，即天宝十年（751），唐玄宗派出以中使内侍省内寺伯赐绯鱼袋张韬光为首的40多人，携带天朝印信出使罽宾。车奉朝也被朝廷授以左卫泾州四门府别将员外置同正员的职位，随同张韬光出使西域，时年21岁。

张韬光一行取道安西，经疏勒国，度葱山、杨兴岭，过播蜜川、五赤匿国、护蜜国、拘纬国、葛蓝国、蓝婆国、孽和国、乌仗那国、芒诶勃国、高头城、摩但国、信度城，经过近两年的艰难跋涉，于天宝十二年癸巳（753）二月十一日，到达了出使目的地罽宾国的冬都犍陀罗王城（今巴基斯坦白沙瓦）。罽宾王对大唐使团给予了高规格的接待，并对唐王朝的接纳表示感激。正当使团完成使命，将要旋归大唐之际，随行官员车奉朝却身染重病，缠绵卧榻。张韬光等急于回朝复命，无奈之下，就将车奉朝寄留在犍陀罗。

大使团队走后，车奉朝的病情也渐渐痊愈。也许从崇佛成风的关中地区历经艰难来到西天佛国的车奉朝，对人生苦谛有了切身的感受，遂萌生了出家为僧的信念，于是投在三藏舍利越摩门下，落发披缁。但其志仍在"愿早还乡，对见明主、侍觐父母，忠孝两全"。罽宾国使三藏舍利越摩，赐予车奉朝法号达摩驮都，汉语意为"法界"。两年后，法界礼请文殊矢涅地（正智）为亲教师、邬不羼提为轨范师、驮里魏地为教授师，于迦湿弥罗国，三师七证，受具足戒，正式成为僧人。

罽宾自前4世纪以来即崇信佛教，是佛教义学和艺术的中心地区之一。根本说一切有部（萨婆多学）的学说及禅数之学特别盛行，中国佛教大藏经中收录的小乘经论多由此地传来。此地有许多高僧东来汉地，成为著名的译经家。而且此地为交通枢纽，不仅具有丰富的小乘经典，也有许多大乘经典。罽宾是佛教传入东土的最为重要的一个中转站。

法界出家受戒之后，先是在罽宾著名的大寺院蒙鞮寺里学习小乘戒律。蒙鞮寺是罽宾王即位时所建，为王家寺院，极其庄严宏伟。法界在这里一面瞻礼佛寺，巡礼圣迹，一面学习梵语。他在迦湿弥罗地区游历了四年，然后又回到犍陀罗王城，住在该城的如罗洒王寺里，又在该地区游历了两年。唐代宗广德二年（764）甲辰，法界从犍陀罗出发，南游中印度境，谨礼佛塔。"如是往来遍寻圣迹，与《大唐西域记》说无少差殊。"巡礼八处佛塔之后，法界在那烂陀寺住止三年，然后又巡礼了印度其他一些著名的佛寺和圣迹。

法界久游异域，虽然对佛教的信仰随游历的增加而弥为坚定，但他常常怀恋故国，思念父母，因此就向他的剃度本师三藏舍利越摩表白心迹，希望能够回归东土。三藏为其诚恳感动，亲手授予他梵本《佛说十地经》《回向轮经》《佛说十力经》及释迦牟尼佛牙舍利，以此作为奉献给唐朝皇帝的信物。法界孤身一人，踏上回归故国之途，时为建中元年（780）。法界共住北天竺28年。

法界走陆路从天山北路还归故国。途经龟兹时，法界受到了唐王朝四镇节度使开府仪同三司检校散骑常侍安西副大都护兼御史大夫郭昕、龟兹国王白环和莲花寺三藏沙门勿提提犀鱼等人的竭诚挽留。法界在此期间祈请通晓各种语言的莲花精进三藏，将自己从犍陀罗带来的梵语《佛说十力经》译成汉语。《佛说十力经》是释迦牟尼佛在印度舍卫国说的教法之一。内容是讲佛有十种非凡的"智慧力"，也是佛的"神通力"，即：是处非处力、业力、定力、根力、欲力、性力、至处道力、宿命力、天眼力和漏尽力。获得"十力"是释迦牟尼成道的标志之一。有了"十力"才具备观察世界一切的能力和创造佛教原理的智慧。因此，佛教将释迦牟尼称为"十力尊"，将佛教称为"十力教"。据《悟空入竺记》所记，莲花精进"语通四镇，梵汉兼明"，是一位精研佛学、严格持戒的大德。莲花精进翻译《佛说十力经》时，"可用东纸三幅成一卷"。

法界在龟兹居住一年多后，经乌耆国至北庭州。北庭州节度使御史大夫杨袭古与龙兴寺僧众获悉法界带有《佛说十地经》与《回向轮经》的梵本，就组织起分工合作、职责明晰的译场，邀请于阗国的三藏沙门尸罗达摩读梵文，法界担任证梵文并译语两职。

贞元六年（790），法界60岁以高僧的身份回归故都，将从西域带回的佛牙舍利与汉文译经呈献给朝廷，"所进牙经，愿资圣寿"。同年一月，唐德宗刚刚迎奉了法门寺佛指骨，又见佛牙舍利，为此专门修建大庄严寺"释迦牟尼佛牙宝塔"，隆重供养佛牙，圆照作《大庄严寺重修释迦牟尼佛牙宝塔》以记其事。所译佛经由皇帝下诏交付左神策军，令抄写经文，这意味着法界带回的佛经译本获得了朝廷的认可，可以入藏流通，为普天下的佛门弟子所传诵修习。

贞元六年（790）五月十五日，唐德宗敕授法界为"壮武将军守左金吾卫大将军员外置同正员兼试太常卿"，正式赐法号为"悟空"，隶名章敬寺，并下诏褒奖。章敬寺在长安城通化门外，穷极壮丽，"殿宇总四千一百三十间，分四十八院"，为京畿名胜之地。如此荣誉，朝廷的用意不过是"举范羌入计之劳，慰班超出远之思，俾升崇秩，以劝使臣"，即为将士和使臣们树立一个榜样，激励使臣尽忠报国。悟空修持谨严，功德圆满，最终获得国家正式认可的出家僧人名分，实现了一个出家人所追求的至善至美的境界。

贞元十六年（800），他接受了长安高僧圆照的采访，详细口述了出使北天竺和游历印度、滞留西域的事迹，圆照做了认真记录，作《悟空入竺记》，以为《佛说十力经》的序言。于是悟空在印度、西域的经历和莲花精进的事迹方被记入史籍。《悟空入竺记》讲述他所译的《佛说十力经》时说道："伏恐年月深远，人疑伪经，今请编入《大唐贞元续开元释教录》……幸逢明圣，略举大网，伏乞施行，流传永代。"

圆照修《大唐贞元续开元释教录》（以下称《贞元释教录》）将《佛说十力经》收录。圆照作《悟空入竺记》，与经文一道入藏，使览经之人知译经来之不易。《悟空入竺记》说："悟空大德具述行由，托余记之，以附图录，聊以验其事也。久积岁年，诘问根源，恭承口诀，词疏意拙，编其次云，大雅硕才，愿详其志也。"

宋赞宁根据《悟空入竺记》的资料，又经补充，在《宋高僧传·译经篇》中正式为悟空立传。另外，赞宁的《宋高僧传》也为悟空立有《唐上都章敬寺悟空传》，其中记录了莲花精进的部分事迹。《贞元释教录》将悟空所译佛经3部11卷悉数收录。元和七年（812）正月二十三日，悟空圆寂于长安护法寺（明代改振锡寺），归葬嵯峨山二台之顶。

悟空一生，志大气刚，悲深行苦，严净毗尼，解行并进，弘法演教，建树卓著。悟空在外云游近40年，"备涉艰难，捐躯委命，誓心报国"，终于在迟暮之年还归故都。他是终唐一代最后一位归国的高僧，此后"国乱相寻，西域道梗，佛教上中西交通几乎断绝"。①

3. 慧超与西行求法的新罗僧人

值得提起的是，在唐朝西行求法运动中，还有一些到中国来求学，然后从中国赴印度的新罗僧人。在佛教从中国传播到新罗以后，朝鲜半岛的佛教信徒纷纷西来中土修行学习，形成了一个入唐求法的高潮，唐朝流行的法相宗、天台宗、华严宗、禅宗、密宗、律宗、净土宗等主要佛教派别，有新罗僧人专门来唐修习。与此同时，许多新罗僧人在唐朝留学之后，跟随大唐西行求法的浪潮，又经由中土前往佛教的起源地天竺求法取经。《大唐西域求法高僧传》记载的7世纪后半叶经由海、陆两道前往天竺求法的56名僧人中，新罗僧人占了7位。他们是：

（1）阿离耶跋摩，贞观年间，自长安西至王舍城，住那烂陀寺，"多闲经论，抄写众经"，后卒于那烂陀寺，年70余。

（2）慧业，贞观年间自唐朝前往天竺，在那烂陀寺学习。义净在那烂陀翻检"唐本"，见《梁论》（即《梁摄论》）下有题记称："在佛齿木树下新罗僧慧业写记。"访问寺僧，称慧业卒于那烂陀寺。所写梵本并存于寺。

（3）玄太，永徽年间，自唐朝境内由吐蕃泥婆罗道至中天竺，"礼菩提树，详检经论"，后经吐谷浑返唐，不知所终。

（4）玄恪，贞观年间与汉僧玄照法师一起至天竺，"既伸礼敬，遇疾而亡"。

（5）佚名，自长安至南海，泛舶至室利佛逝国西婆鲁师国，遇疾而亡。

（6）佚名，同上。

（7）慧轮，自本国出家，"泛舶而陵闽越，涉步而届长安"，麟德二年（665）奉敕以侍者的身份随玄照法师西行，遍礼佛迹后，先住奄摩罗跋国信者寺，10年后移住犍陀罗山荼寺，"既善梵言，薄闲《俱舍》"，约在天授二年（691）已年近40岁，仍住在天竺。

以上西行求法的新罗诸僧，先在唐朝境内游学，而后由唐朝启程前往天竺。除了玄太一人返唐后下落不明外，其他人或殁于中途，或留居天竺，无一人最终返回新罗。

---

① 汤用彤：《隋唐佛教史稿》，北京大学出版社2010年版，第239页，

8 世纪以后，仍然有新罗僧人由唐朝前往天竺求法取经。如无漏，俗姓金氏，是新罗国王第三子，他为了修习佛教，搭乘海舰来到唐朝，后来经陆路前往天竺，度沙漠，过于阗，到达葱岭之后，屡经磨难，后来得到启示，知"化缘合在唐土"，于是毅然东返，隐栖于贺兰山下。

慧超是唐代新罗僧人西行求法的突出代表。据韩国方面的研究，慧超大约出生于 704 年。719 年，大约 16 岁时，从朝鲜半岛的西海岸华城唐恩浦登船赴大唐学佛。开元七年（719），密宗高僧金刚智抵广州，慧超与之相会，收为弟子。开元十一年（723），慧超离开唐朝，由中国从海路进入印度后，经历拘尸那国、彼罗疶斯国等，进入中天竺，再经舍卫国给孤独园、毗耶离城庵罗园、迦毗耶罗城等，然后经南天竺、西天竺，进入北天竺诸国，最后历罽宾、波斯、葱岭、疏勒、龟兹等地。唐开元十五年（727）冬回到中国。

回长安后，慧超在长安大荐福寺师从金刚智，协助翻译《大乘瑜伽金刚性海曼殊室利千臂千钵大教王经》。金刚智去世后，慧超从不空学习。建中元年（780），慧超来到五台山，同年在这里的乾元菩提寺圆寂。他著《往五天竺国传》3 卷，记录 8 世纪上半叶印度及南海诸国的社会历史情况，此书后来散佚。与慧超同在不空门下的慧琳著《一切经音义》，其中有《往五天竺国传》的摘录。在伯希和运往法国的敦煌残卷中，有一件首尾残缺的抄本与慧琳所介绍的《往五天竺传》吻合，经伯希和、罗振玉研究，确定为慧超所著的残卷。

在《往五天竺国传》中，慧超记载了吠舍厘、拘尸那、摩揭陀、伽毗耶罗、吐蕃、犍陀罗、犯引、吐火罗、波斯、大食、大拂临、骨咄、突厥、胡密、疏勒、龟兹、焉耆等四十余国的里程、语言、风俗、宗教、物产与国情。传说中谈到"毗耶离城庵罗园中，有塔见在，其寺荒废无僧""迦毗耶罗国，即佛本生城。无忧树见在，彼城已废。有塔无僧，亦无百姓"。说明当时印度佛教已趋衰落。

慧超描述了唐朝与吐蕃两大势力在西域对峙的情况，迦叶弥罗国东北有大勃律、杨同等三国属于吐蕃，而与大勃律相邻的小勃律，虽然"衣着、人风、饮食和语音"均与大勃律相同，但归唐朝管辖。勃律国在 7 世纪初被吐蕃击破，部分西迁，称为小勃律，未迁移者称为大勃律，大勃律的属民归入吐蕃管辖。从迦叶弥罗西北行一月程为犍陀罗，慧超记载了西突厥征服此国的过程，说这里"兵马总是突厥，土人是胡"。突厥贵族在此称王后，受当地文化影响，皈依了佛教，"其敬信三宝"。当时西域"土人是胡"，"兵马总是突厥"的有不少国家，阿姆河上游喷赤河以北的骨咄（今塔吉克斯坦南部之库里亚布），国王是突厥人，"当土百姓，半胡半突厥"，而其语言"半吐火罗，半突厥，半当土"。这里虽然已经为大食所征服，但国王"及首领百姓"均"敬信三宝，有寺有僧"，流行小乘教法。

慧超还追述了波斯被大食灭亡的大致经历，说大食原来为波斯的"牧驼户"，后来背叛波斯，杀波斯王，吞并其国。慧超注意到波斯人擅长经商，有许多波斯胡商从西海泛舟至南海，向师子国"取诸宝物"，亦向昆仑国"取金"，还航至"汉地"即中国贸易。

葱岭以西之绿洲农耕区，即所谓"昭武九姓"，已经成为大食的属地，当时这里虽然各自有王，但"并属大食所管"。这些绿洲大多信奉火祆教，"不识佛法"，唯有康国"有一寺，有一僧"，但遵从教规已经不很严格。康国以东的跋贺那国是西突厥与大食势力交错的地区。胡国，即粟特之北，"北至北海，西至西海"，东至汉国，均为突厥疆土。

在吐火罗以东七日程的胡密，慧超遇到西行的唐朝使臣。两人行路方向不同，但均十分感慨旅途的艰苦和漫长。慧超写诗辞别：

> 君恨西蕃远，余嗟东路长。
> 道荒宏雪岭，险涧贼途倡。
> 鸟飞惊峭巍，人去□偏梁。
> 平生不扪泪，今日洒千行。

三　玄奘的求法活动

1. 玄奘西行的历程

玄奘，世称三藏法师，汉传佛教史上最伟大的译经师之一，法相唯识宗创始人。在佛教东传的过程中，玄奘作出了重大的贡献，是中国佛教史上功垂千古的伟大人物。梁启超说："唐玄奘三藏孤游天竺，十有七年，归而译书千三百卷，为我学界第一恩人。"①

　　玄奘俗名陈祎，是洛州缑氏人。玄奘的父亲陈惠精通儒家经学，一派儒士风度，时人比作东汉名儒郭林宗，郡县推举为孝廉，拜陈留县令。他性情恬淡、不尚名利，加之隋政腐败，遂于大业末年辞官归里，潜心儒典。陈祎的二兄陈长捷在东都洛阳净土寺出家，所讲解的佛经义理，与当时的名僧并驾齐驱，是当时的一代高僧。

　　陈祎13岁那一年，隋炀帝下诏准许甄选僧人剃度，但仅有27个名额，而报名者却有百余人之多。陈祎尚未到剃度的年龄，但他也前往一试。主试人郑善果发现陈祎谈吐高雅，志气恢宏，相貌出众，特例选入他。陈祎得以出家为僧，法名玄奘。玄奘初随二哥长捷法师住在净土寺。玄奘素有卓异之志，胸怀远大，很快显示出他刻苦好学的精神与才能，不久就在净土寺中崭露头角。玄奘的讲习博得大众的好评，众僧推举玄奘升座复讲，并赞扬他的讲经"抑扬晓畅，回尽奥妙"。

　　此时正值隋朝末年社会大动荡，玄奘无法安心习经。当时各路法师远游四川，因求学心切，玄奘跟随长捷法师一同游历汉、川，恰逢各方大德汇集在成都，玄奘又得机会依道基、宝暹二位法师学习。他进步很快，博学多才，常给众僧讲经。经过多年的修持、磨练，他修学精进，严净毗尼，精通经、律、论三藏，被大众尊称为"三藏法师"。

　　在玄奘出家后的10年当中，他在国内遍访名师益友，质疑问难，精读了不少佛教典籍。他向当时的高僧求教，有时他们对玄奘所提出的问题竟无言以对，只能靠他独自寻找其他经典或论著来解惑。玄奘发现既有经论之义或隐或显，时或不免有所出入，令人莫知所从，乃欣慕法显的壮举，慨然决志西行求法，以释众疑。贞观元年（627），玄奘结侣陈表，请允西行求法，但未获批准。当时的政府明令不许百姓私自出国，各主要道路关隘的稽查很严。但玄奘西行求法的决心已定。贞观三年（629），玄奘28岁这一年，他从长安出发，"冒越宪章，私往天竺"，冒着违抗朝廷禁令的风险，昼伏夜行，从凉州出玉门关，终得偷出国门。

　　玄奘孤身涉险，一路上历尽了艰辛，在《大唐大慈恩寺三藏法师传序》

① 梁启超：《佛学研究十八篇》，群言出版社2013年版，第17页。

中有详细记载。玄奘以超人的意志，忍饥挨饿，越沙漠，翻雪岭，顶风雪，斗盗贼，九死一生，命若悬丝。他心中只有一个信念："去伪经，存真经，不至天竺，终不东归一步。"

贞观四年（630）正月，玄奘到达高昌王城，受到高昌王麴文泰的礼遇，并结为兄弟。在高昌王的帮助下，经龟兹、凌山、素叶城、迦毕试国、赤建国、飒秣建国、葱岭、铁门，到达货罗国故地，南下经缚喝国、揭职国、大雪山、梵衍那国、犍陀罗国、乌伏那国，到达迦叶弥罗国。翌年，他在该国钻研梵文经典，两年后辗转到达中印度那烂陀寺，开始了其留印游学生涯。

2. 玄奘在印度的佛教活动

玄奘到印度后，游历各地，巡礼佛教胜迹，广泛学习大小乘佛教。当时的印度小国林立，分为东、西、南、北、中五部分，史称五印度或五天竺。玄奘先到北印度，在那里拜望高僧，巡礼佛教圣地，跋涉数千里，经历十余国。唐贞观五年（631），玄奘进入恒河流域的中印度。当时印度东北的摩揭陀国、西南的摩腊婆国两国最重学术，而以摩揭陀国的那烂陀寺为当时最大的佛教大学，居印度千万所寺院之首，有两万多人，聚集了精通各项学术的精英，还收藏着佛教大小乘经典、婆罗门教经典及医药、天文、地理、技术等书籍。玄奘在那烂陀寺历时五年，备受优遇，并被选为通晓三藏的十德之一（即精通五十部经书的十名高僧之一）。前后听那烂陀寺高僧戒贤讲《瑜伽师地论》《顺正理论》《显扬圣教论》《对法论》《集量论》《中论》《百论》以及因明、声明等学，同时又兼学各种婆罗门书。

贞观十年（636），玄奘离开那烂陀寺，游访考察东南西印度，先后到伊烂那钵伐多国、萨罗国、安达罗国、驮那羯碟迦国、达罗毗荼国、狼揭罗国、钵伐多国，访师参学。他在钵伐多国停留两年，悉心研习《正量部根本阿毗达摩论》《摄正法论》《成实论》等。后又到低罗择迦寺向般若跋陀罗探讨说一切有疗三藏及因明、声明等学，又到杖林山访胜军研习唯识抉择、意义理、成无畏、无住涅槃、十二因缘、庄严经等论，切磋质疑。

贞观十四年（640），玄奘应戒贤法师之邀，重返那烂陀寺。此时，戒贤嘱玄奘为那烂陀寺僧众开讲摄论、唯识抉择论。适逢中观清辨（婆毗吠伽）一系大师师子光也在那里讲《中论》《百论》，反对法相唯识之说。于是玄奘著《会宗论》3000 颂，以调和大乘中观、瑜伽两派的学说。同时参与了与正量部学者般若多的辩论，又著《制恶见论》1600 颂，还应东印度迦摩缕波国国王拘摩罗（一译鸠摩罗）的邀请讲经说法，并著《三身论》。

东印度迦摩缕波国国王拘摩罗王慕名遣使来请玄奘前去讲学。玄奘到达该国时，国王率领群臣迎拜赞叹。贞观十五年（641），北印度羯若鞠阇国（即曷利沙帝国）国王戒日王为扩大大乘派教义的影响，也闻名来请。拘摩罗王便偕同玄奘来到曲女城。贞观十六年（642）十二月，戒日王召集各国僧侣在曲女城召开辩论大会，五印度十八国国王全都列席，3000 多名大小乘高僧、2000 多位婆罗门等教徒以及 1000 多位那烂陀寺寺僧，全都参与盛会，这就是佛教史上著名的"曲女城辩论大会"。玄奘受请为论主，登上宝座，称扬大乘佛教，他说："如果我所说的有一字无理，谁能发论折服的话，我愿斩首谢罪。"并把《真唯识论》悬诸国门，接受挑战。从早到晚，连续 18 天，他高坐宝位，发挥宏论，对答如流，言之有据，使与会者群情悦服，无一人能发异论者。于是玄奘的声誉，传遍五印度。各派圣贤争相赐予他"大乘天"和"解脱天"的美誉，这是中印文化交流史上的空前盛事。散会时，各国国王都送珍宝，玄奘一概辞谢。依照印度的通例，凡是辩论胜利，便乘象出巡，以示荣耀。于是，戒日王礼请玄奘乘象出巡，并遣人执旗前导巡行。

隔了两年，玄奘又应邀前往钵罗耶伽参加戒日王帝国五年一度的佛教无遮大会。这是印度佛教史上规模最大的一次盛会，历时 75 天，盛况空前，与会者包括王公、贵族、僧人和学者，先后达 5 万人之多。

在访印期间，玄奘还与戒日王探讨唐乐大曲《秦王破阵乐》。回国后，他又将我国古典名著《老子》译成梵文，推介给印度。

当玄奘学成以后，向那烂陀寺的僧众表示回国之意时，那烂陀寺的一些大法师劝他留在印度。他说："此国是佛生处，非不爱乐……但玄奘来意为求大法广利群生，愿以所闻归还翻译。"曲女城大会以后，戒日王和鸠摩罗王都坚决挽留他，鸠摩罗王并且说，"师能住弟子处受供养者，当为师造一百寺"。玄奘也以同样理由谢绝了。无遮大会后，玄奘正式辞王东归。戒日王特派四名官员一路护送，戒日王本人还携当地文武官员，相送几十里路才挥泪话别。

3. 玄奘回国后的弘法事业

玄奘游学于古印度 17 年间，享有盛誉和优厚的生活待遇，古印度诸国的多国王室多次盛情挽留玄奘，但玄奘为了故土的众生能够得到无上佛法的滋养，义无反顾地返回祖国。

但是，在回国途中，他对皇帝宽免自己当年违犯禁令私自出国深有顾虑，同时，政府能否支持他的译经事业也让他非常忧虑。在回国途中行至于阗的时候，他委派高昌人马玄智随商队前往长安，代他向唐太宗呈上表文。唐太宗阅过玄奘表文，下令迎接。

玄奘自贞观三年（629）私往天竺，至贞观十九年（645）回到长安，结束了历时 17 年、跋涉 5 万余里、周游参学 100 余国的艰难历程，时年 44 岁。

贞观十九年正月二十四日，玄奘大师回到长安，长安文武百官及数十万僧俗百姓夹道欢迎，百姓散花烧香，隆重而热烈。他带回如来舍利 150 粒，金檀佛像 7 躯，梵本经论 657 部。二月一日，唐太宗在仪鸾殿接见玄奘，迎慰甚厚，并下令在长安朱雀街陈列大师从天竺带来的经典、佛像等圣物。唐太宗非常赏识大师的学问、气质和才华，表达了要他还俗辅政的意愿，玄奘婉拒了唐太宗的要求。此时太宗正准备率大军伐辽，遂邀玄奘同行，玄奘则以佛门戒律严禁观兵戎战斗为由婉拒，唯请准许在环境清幽的嵩山少林寺翻译所取经本。唐太宗答应支持玄奘的译经事业，令宰相房玄龄选取高僧 20 余人，分任证义、缀文、正字、证梵等职，组织宏大的译场，协助玄奘翻译佛经。这是中国佛学史上一次著名的译经活动。太宗认为玄奘游学天竺 17 年的经历超过张骞通西域，责成他写下来。他回长安后，口述游历，由弟子辩机笔录为《大唐西域记》一书。贞观二十二年（648）六月，唐太宗再度劝他归俗，并且希望他"升铉路以陈谋，坐槐庭而论道"。玄奘再次力辞。

虽然玄奘婉拒太宗请其还俗的请求，但他与唐太宗保持着密切的联系，得到太宗的大力支持，同时也对太宗的佛教态度产生了一定的影响。美国学者芮沃寿（Arthur F. Wright）在《唐太宗与佛教》一文中，将唐太宗一生分为四个时期，其中第四期即贞观十九年（645）至贞观二十三年（649），这段期间，忧虑、病痛、未老先衰是其特征。在这段期间，玄奘的影响，使太宗的佛教观念发生了深刻的改变。[①] 玄奘以贞亮的信仰，渊博的学问，纯真的修持，高雅的风范，让太宗为之欣动倾倒，因而太宗对佛教的态度发生了改

① 参见［美］芮沃寿：《唐太宗与佛教》，陶晋生、何冠環、王颖、李圣光、耿立群译：《唐史论文选集》，台北幼狮文化公司 1990 年版，第 19—37 页。

变，并为其撰《大唐三藏圣教序》，度僧 18500 余人，乃至临终前颇有相见恨晚的对话："朕共师相逢晚，不得广兴佛事。"冉云华认为就玄奘与太宗的关系，说明了四个论点：（1）玄奘在印度和中亚的声望与丰富的旅行知识，是身为"天可汗"的太宗所需要的，《大唐西域记》的写作，正是在此背景下完成；（2）太宗在创业时与争夺帝位时的杀业犯罪感，在心灵上需要玄奘的抚慰；（3）太宗晚年对佛教的护持，奠定了日后高宗对玄奘的友谊与护持；（4）玄奘的政治理想，表现在高宗即位时重新译出的《王法正理论》中，但此论对中国政治并没有造成任何影响，主要原因是唐代的帝国建制，已是最后的成熟阶段。[①]

高宗在位时，玄奘仍保持与帝王之礼仪，但不卷入宫廷政治中，而专心致力于翻译事业。他竭力寻求高宗对自己译经事业的赞助。永徽六年（655）上敕道士、僧尼等犯罪，"情难知者，可同俗法推勘"。这一制度实施下来，对"僧事僧治"的僧团自主权伤害很大，且使许多大小官员，事无大小，均以枷杖对待，僧侣亏辱为甚。玄奘于是上表请求废除，谓此"于国非便，玄奘命垂旦夕，恐不获后言"。终使此制度废除。显庆元年（656），玄奘请薛元超、李义府转请高宗准许援以往成例，由朝廷简派大员监阅、襄理译事，又请高宗撰写慈恩寺碑文，均得到高宗的许可，玄奘为此率徒众诣朝奉表陈谢。

玄奘赴印度，主要的使命是取经和求法。他回国时，从印度带回的佛教经典，共有 657 部。其中包括：大乘经 224 部；大乘论 192 部；上座部经律论14 部；大众部经律论 15 部；三弥底部经律论 15 部；弥沙塞部经律论 22 部；迦叶臂耶部经律论 17 部；法密部经律论 42 部；说一切有部经律论 67 部；因明论 36 部；声论 13 部。这些带回的佛教经典，大大丰富了我国佛教典籍的宝库，也为唐代辉煌的译经事业提供了梵本基础。

从返回长安直至圆寂前的一个月，在这近 20 年的岁月中，他把全部心血和智慧，都不遗余力地献给了佛教典籍的翻译事业。玄奘开创了佛经汉译的新阶段，被后人尊为一代伟大的翻译家。玄奘的翻译活动是在译场中进行的，他把译经和讲法结合起来，培养了大批弟子，创立了自己的佛教学说，成为

---

① 参见冉云华：《玄奘大师与唐太宗及其政治理想探微》，《中国佛教文化研究论集》台北东初出版社 1990 年版，第 13—14 页。

唯识宗创始人。吕澂说，玄奘"是继罗什以后在中国传布正统印度佛学的第一人"，"印度的佛学从汉末传来中国，直到唐初的几百年间，真正能够传译印度学说的本来面目的，还要算玄奘这一家"。[①] 而他不畏艰险西行取经的壮举，也给后代的佛教学者们以极大的鼓舞。汤用彤指出："玄奘入印，声震五天。其后西行者数十辈，而义净亦因少慕其风而卒往天竺者也。玄奘法师促进佛教势力之功效，岂不大矣哉。"[②]

玄奘为译经和弘法事业付出了大量心血。《大唐大慈恩寺三藏法师传》记载："法师还慈恩寺。自此以后，专务翻译，无弃寸阴，每日自立程课。若昼日有事不充，必兼夜以续之。过乙之后，方乃停笔。摄经已，复礼佛行道，至三更暂眠。五更复起，读诵梵本，朱点次第，拟明旦所翻。"郑振铎说："像这样的一位专心一志的翻译家，只有宗教的热忱才能如此的驱迫着他罢。在他所译经中，尤以《瑜伽师地论》100 卷、《阿毗达摩大毗婆沙论》200卷、《大般若波罗蜜多经》600 卷为最重要。其灌溉于后人的思想中最为深厚。他还译《老子》为梵文，又将《大乘起信论》回译为梵文，以贻彼土欲睹此已失之名著者。他在沟通中、印文化上是尽了说不尽的力量的！"[③]

玄奘 56 岁时，随高宗驾幸洛阳。洛阳有少室山，北魏孝文帝在少室山北麓建造了少林寺。稍晚的菩提留支曾在此译经，而少林寺西北岭下正是玄奘的出生地河南偃师。玄奘上表请求住进少林寺译经修行，他在《请入嵩岳表》中，把学佛不能偏废行持的理由，说得丝丝入扣，是一篇对学佛者绝佳的开示。

唐高宗看了玄奘这篇表奏之后，不准所请，亲笔回函，认为玄奘"智皎心灯，定凝意水，非情尘之所翳，岂识浪之能惊？道德可居，何必太华叠岭？空寂可舍，岂独少室重峦？"（《答玄奘请入少林寺翻经》）永徽三年（652），高宗钦令在长安慈恩寺西院，仿照印度佛塔模式，共建五层，专门用作收藏玄奘从印度带回国内的佛教经典和佛像，此塔即大雁塔。

4.《大唐西域记》及其学术价值

玄奘归国后，将沿途各国的风土习俗以及政治、历史、宗教遗迹轶闻，

---

① 吕澂：《中国佛学源流略讲》，中华书局 1979 年版，第 4、186 页。

② 汤用彤：《隋唐佛教史稿》，北京大学出版社 2010 年版，第 16 页。

③ 郑振铎：《插图本中国文学史》上卷，上海人民出版社 2005 年版，第 303 页。

写成《大唐西域记》，在佛教史及古代西域、印度、中亚、南亚之历史、地理，乃至于中西交流史上，均有极高之价值。

关于印度的记载，汉以前的中国古书，可能已经有一些，但是神话传说的成分比较多。佛教传入中国以后，两国间直接的交通日益频繁，出现了一些介绍印度的著作，比如法显《佛国记》就对印度的佛教和民俗有许多介绍。义净《大唐西域求法高僧传》，对于印度佛教和其他社会文化风俗等方面的情况也有所介绍。另外，往来于两国之间的僧侣和商人，会把有关印度的社会文化信息带给唐朝人。所以，在唐代，传播过来的佛教以及其他印度文化使中国人对印度有了直接的感受，人们关于印度和西域的知识是比较丰富的。而《大唐西域记》的内容更为详细，也更为真实，成为人们认识和了解印度的一份极为重要的文献。

玄奘留学印度 15 年，旅途往返两年，先后共计 17 年，行程 5 万多里。《大唐西域记》记载了他亲身经历和传闻得知的 138 个国家和地区、城邦，包括今中国新疆和中亚地区以及阿富汗、伊朗、巴基斯坦、印度、尼泊尔、孟加拉国、斯里兰卡等地，分 12 卷，10 余万字。卷一所述的地区从阿耆尼国到迦毕试国，即从新疆经中亚抵达阿富汗，是玄奘初赴印度所经之地；卷二为印度总述，并记载了从滥波国到犍驮罗国，即从阿富汗进入北印度；卷三至卷十一所述之地从乌仗那国至伐剌拏国，包括北、中、东、南、西五印度及传闻诸国；卷十二所述从漕矩吒国至纳缚波故国，即经行帕米尔高原和塔里木盆地南缘诸国概况。书中对各国的记述繁简不一，通常包括国名、地理形势、幅员广狭、都邑大小、历时计算法、国王、族姓、宫室、农业、物产、货币、食物、衣饰、语言、文字、礼仪、兵刑、风俗、宗教信仰以及佛教圣迹、寺数、僧数、大小乘教的流行情况等内容。特别是对各地宗教寺院的状况和佛教的故事传说，作了详细的记载。记事谨严有据，文笔简洁流畅。

《大唐西域记》对五印度各国的历史文化、宗教信仰、风土人情、山脉河川、地理特征记载十分详细。由于先前对印度的了解有限，国人对印度的称谓，因时因地而异，极不统一。印度之名始于玄奘。玄奘在《大唐西域记》中写道："详夫天竺之称，异议纠纷，旧云身毒或曰贤豆，今从正音，宜云印度。"又说："印度之人，随地称国，殊方异俗，遥举总名，语其所美，谓之印度。"所以印度国名的译定始于玄奘。由于古印度在吠陀时代就存在着种姓制度，且唯婆罗门种姓地位至高无上。因此，玄奘也取其这一特征，称印度为"婆罗门国焉"。印度国名还得名于今印巴两国境内的一条大河，中国古称"信度河"或"辛头河"，玄奘定名后，改称印度河。《大唐西域记》所记印度地理的概要，极为精到，很能描绘出印度真实的轮廓："五印度之境，周九万余里，三垂大海，北背雪山，北广南狭，形如半月，画野区分，七十余国，时特暑热，地多泉湿。北乃山阜隐轸，丘陵泻卤；东则川野沃润，畴陇膏腴；南方草木荣茂；西方土地硗确。斯大概也。"

《大唐西域记》最大贡献是保留了印度早期的史料。古印度在哲学、自然科学方面有很高的造诣，却没有留下翔实的史籍，对时间和空间这两方面有幻想过多、夸张过甚的倾向，因而印度本国关于古代历史的记载十分缺乏。《大唐西域记》对印度历史上许多重大事件都有记述。例如，书中记述了释迦牟尼的生卒年份，这对于印度历史年代的确定起着十分关键的作用。因为这个年份定下来之后，此前此后各个大事的年代才有了可靠的依据。印度历史学家恩克·辛哈（Narendra Krishna Sinha）等人著的《印度通史》就说，玄奘"给我们留下了有关印度的宝贵记载。不利用中国历史资料要编写一部完整的佛教史是不可能的"。

关于7世纪上半叶的印度政治形势和笈多王朝瓦解后出现的诸王割据局面，《大唐西域记》里有翔实的记述。比如，羯若鞠阇国（曲女城）"象军五千，马军二万，步兵五万，自西徂东，征伐不臣。象不解鞍，人不释甲。于六年中，臣五印度"。记载戒日王对北印度控制后，"垂三十年，兵戈不起，政教和平，务修节俭，营福树善"的政绩；对戒日王轻徭薄赋、施赈济贫、褒奖学术和保护宗教等许多方面也作了记述。印度史学家正是根据玄奘的记述和其他资料来评定戒日王的功过的。关于7世纪上半叶印度的风土习俗、岁时物产、土地制度、种姓演变、商业税收等，也均有记述。辛哈在《印度通史》中写道："他的记述是有关戒日王时代的印度社会和宗教情况资料的真正宝藏。"

书中关于佛教史的史料更多。例如佛教史上几次著名的集结，除南传佛教所承认的由阿育王主持的在华氏城的第三次结集外，还有第一次王舍城千人结集，第二次吠舍厘七百圣贤结集，在迦腻色迦王的赞助下第四次也是最后一次在迦湿弥罗的五百圣贤结集。卷二概括论述了当时印度的部派分歧：

"部执峰峙，诤论波涛，异学专门，殊途同致。十有八部，各擅锋锐。大小二乘，居止区别。"还谈到了佛教与其他宗教的关系，并介绍了大、小乘势力的消长和宗派分布的情况，对大乘佛教的许多大师，如马鸣、龙树、提婆等人的活动多有描述，对佛教圣迹、寺数、僧数、大小乘教的流行情况等也有详细记载，此外还记载了大量的佛教故事传说。从《大唐西域记》中也可以看出，当时的印度佛教和印度教相比已走向衰败。"伽兰毁倾，寺宇荒凉，僧众稀少。"相反印度教和耆那教却兴盛起来，信徒日众。

总之，《大唐西域记》以其丰富的知识，大大扩展了中国人对西域和印度等地的认识，丰富了中国关于西域和印度的知识系统，进一步开阔了中国人对世界的眼界，为当时大唐中央政府经营西域提供了确切的资料。同时，也成为后世研究古代南亚次大陆和中亚诸国历史、地理的经典著述，更成为各国学者研究古代中亚各国和7世纪前印度历史的重要依据。辛哈指出："中国的旅行家如法显、玄奘，给我们留下了有关印度的宝贵记载。"① 英国史学家文森特·史密斯（Vincent Smith）说："玄奘对印度历史的贡献是怎样也不会估计过分的。"英国史学家韦尔斯说，玄奘的《大唐西域记》"把一系列照亮这时期中国、中亚和印度的闪烁光辉昭示了我们"②。苏联历史学家约·彼·马吉多维奇也评论玄奘说："从现代词汇意义来说，他是一个对新地的真正探索者。"③ 郑振铎在评价《大唐西域记》的价值时说：

> 此书的价值绝为弘伟，是一部最好的散文的旅行记述。前者宋云、法显游印时，并有所记，然持以较玄奘这作，则若小巫之见大巫。这部《西域记》大类希腊人朴桑尼（Pausanias）所著的《希腊游记》（*The Description of Greece*）。朴桑尼之作，在今日，其价值益见巨大。《西域记》亦然。今日论述印度中世史者，殆无不以此书为主要的资料。而其中所载之迷信，故迹，民间传说等等，尤为我们

---

① ［印度］辛哈，班纳吉著，张若达、冯金章等译：《印度通史》第1册，商务印书馆1973年版，第31页。

② ［英］韦尔斯著，吴文藻等译：《世界史纲——生物和人类的简明史》，人民出版社1982年版，第638页。

③ ［苏联］马吉多维奇著，屈瑞、云海译：《世界探险史》，世界知识出版社1988年版，第11页。

的无价之宝。更有甚者，经由了这部伟著，无意中有许多印度传说乃都转变而成为中土的典实，像著名之《杜子春传》，便明显的系由《西域记》中的一个故事改写而成的。①

《大唐西域记》的学术价值，很早就受到国内外学者的重视，并展开了很充分的研究。冯其庸指出，自 19 世纪以来，《大唐西域记》前后被译成法、英、德、日、印地等文字，引起了外国学者的高度重视。100 多年来世界各国还出版了许多以《大唐西域记》为中心的研究专著。玄奘为中印文化的交流作出了不可磨灭的贡献。1834 年，德国学者克拉普罗特（Klaproth）在柏林出版了《玄奘在中亚与印度的旅行》一书，这是迄今所见最早介绍玄奘的西文著作之一。1851 年，法国汉学家儒莲翻译出版了慧立、彦（宗）的《玄奘传》及《大唐大慈恩寺三藏法师传》（即《慈恩传》）等书。以后又在此基础上，于 1857 年将《大唐西域记》译成法文并出版，在东西方学术界影响很大，开创了玄奘研究的新时期。1862 年，俄国学者克拉斯沃斯基根据法译本转译成俄文本出版。1884 年，S·比尔（S. Bill）出版了英译本。1904 至 1905 年，托马斯·瓦特（Thomas Watters）再次出版了《大唐西域记》英译本。

《大唐西域记》还成为印度考古学的重要指导书。1837 年，孟加拉地方政府的英国官员亚历山大·枯宁汉姆（Sir Alexander Cunningham）在释迦牟尼成道的鹿野苑和山奇大塔处等地发现了石刻铭文，1854 年他将这些铭文收集整理后出版。1861 年他首次在北印度主持考古，10 年后他被任命为印度殖民政府第一届考古部长官。由于有了儒莲的《大唐西域记》法文译本，枯宁汉姆得以根据玄奘的记载，核实了发掘的考古资料，确定了石柱的铭文性质，指出了他们都是佛教的遗物。1870 年他再次对释迦牟尼成道地菩提大寺进行了考古发掘，到 1885 年，他写出 24 卷《印度考古调查报告》，其中有一卷是专门研究阿育王敕柱铭文的内容。

---

① 郑振铎：《插图本中国文学史》上卷，上海人民出版社 2005 年版，第 302—303 页。

四 义净的求法活动

1. 义净的西行求法活动

玄奘回到唐朝后，全力开展译经工作，并取得了巨大的成就，也给唐朝的僧人们以很大的激励和鼓舞。玄奘之后，中国僧人继续赴印度开展求法取经活动，其中以义净最为著名。

义净，齐州（今山东济南）人，俗姓张，名文明，他的高祖做过东齐太守，由于隋末战乱等变故，家道衰落。义净 7 岁就出家为僧，跟随普遇法师及慧智法师学习。他悉心学习佛教经典，"于是五诵之间，精求律典，砺律师文之疏，颇以幽深；宣律师之钞述，窃谈中旨"。在数年的学习中，义净开阔了眼界，但也觉得许多典籍在当地无法读到，许多教义中深奥的理论也无法弄通，于是立志要走出寺院，到佛教的发祥地印度去追求真谛。《义净遗书》称："年始一十有七，思游五印之都。"

义净深为法显、玄奘的事迹所鼓舞。《宋高僧传》称其"仰法显之雅操，慕玄奘之高风"。义净在《大唐西域求法高僧传》中也表达了对法显和玄奘的无限仰慕之情，将他们作为自己的榜样。玄奘与义净是同时代人，年长义净30 多岁，对义净的鼓舞更大、更直接。在义净 11 岁时，即贞观十九年（645），玄奘在印度游学十几年后回到长安，这在当时是一件轰动朝野的事。此时的义净尽管年纪不大，但至少从其老师那里听闻了玄奘法师的事迹。26岁那年（显庆五年），义净开始了他漫长的外出追求学问的第一步。这一年，他自山东到河南，再到长安。长安佛教盛行，名僧和经籍令义净眼界大开。他在《南海寄归内法传》中写道："（义净）乃杖锡夺魏，颇沉心于《对法》《摄论》，负笈西京，方阅想于《俱舍》《唯识》。"在此期间，恰逢玄奘在长安著述讲学，义净有了可以面见玄奘并听其讲学的机会。麟德元年（664）二月五日，玄奘在长安示寂，其葬礼极为隆重。此时义净就在长安，应当参加了玄奘的葬礼，在送葬的"百余万人"之列，更甚或是在夜宿的"三万余人"之中。玄奘的葬礼一定给义净留下了很深的印象，促使他更加坚定西行求法的决心。正所谓"玄奘西征，大开王路，僧人慕高名而西去求法者遂众多"，义净便是其中之一。

唐高宗总章三年（670），义净在长安学习已达 10 年之久，他去印度求经的念头更加强烈，并得到了并州处一法师、莱州弘伟法师几位好友的支持，相约结伴而行。第二年经扬州到广州，因几位同伴无法按约同行，他只好与另一位来自晋州的年轻僧人善行乘波斯商人的船南行。

咸亨二年（671）的年末，义净到达了南海中的室利佛逝国。义净在室利佛逝停留了 6 个月，学习梵语。从室利佛逝又到达末罗瑜国，在末罗瑜又停留两个月，这时已经是咸亨三年（672）十二月。义净再乘船北行，经过裸人国，在咸亨四年（673）二月八日到达东印度的耽摩立底国。他在耽摩立底再停留了一年，继续学习梵语。咸亨五年（674）五月，义净离开耽摩立底，往中印度，最后到达中印度摩揭陀国的那烂陀寺。

那烂陀寺是当时印度最大的佛教寺庙，玄奘就在此游学，这也是义净求法的最终目的地。义净在那烂陀寺学习佛法，从咸亨五年（674）至垂拱元年（685）前后停留近 12 年。"住那烂陀寺，十载求经"。10 年间，他拜印度著名佛学高僧宝师子为师，并与印度其他高僧和西游至此的国内佛教界人士玄照、无行等相互切磋学问，先后译出《根本说一切有部昆奈耶颂》5 卷、《一百五十赞佛颂》1 卷，获得中外高僧们很高的评价。他除在那烂陀寺学习外，还远到印度南部和东部二三十个小国家访问，拜访僧俗各界人士，探讨学问。

垂拱元年（685），义净离开那烂陀，仍取道海路回国。他带着在印度寻找到的佛经"梵本三藏五十万余颂"，再次回到耽摩立底，从耽摩立底登船到达羯荼国，再从羯荼国回到南海中的室利佛逝。这时已经是唐高宗垂拱三年（687）。

从垂拱三年（687）至永昌元年年间（689），义净停留在室利佛逝。当时这一带佛教发展兴旺，各国往来僧人众多，义净便在此停留，请学于室利佛逝国名僧释迦难栗底。《南海寄归内法传》称："南海佛逝国则有释迦难栗底……（净）亲狎筵机，餐受微。"除了向当地高僧学习外，义净做的另一件工作是全力翻译从印度带回的经文，并抄写当地的经书。据义净记述，因室利佛逝国缺少好的墨和纸，在永昌元年（689）七月，义净登上室利佛逝港口一艘商船，欲托人捎信到广州，求取抄写梵经所需的墨、纸，并雇用抄经的帮手。但是由于商船因风乘便，未及通知义净离船登岸，便升帆入海。义净"求住无路"，无意中被载回了广州。而他多年跋涉辛苦得来的50余万颂佛经，则被留在了室利佛逝。义净在广州除了购买大量笔墨纸张外，还邀请了贞固、怀业、道宏、法朗等几个僧人做为译经的助手，同回室利佛逝。义净在他后来所著的《重归南海传》中讲了这段经历。

义净回到广州时，住在广州有名的制旨寺里，并且在制旨寺向大家报告了他在印度和南海的经历。义净还要招募译经的助手，制旨寺的僧众向义净介绍了峡山一位名叫贞固的僧人："去斯不远，有僧贞固。久探律教，早蕴精诚。傥得其人，斯为善伴。"义净写信给贞固，"裁封山扃，薄陈行李"，贞固"启封暂观，即有同行之念"。于是贞固来到广州，"攘臂石门之前，褰衣制旨之内。始倾一盖，合襟情于抚尘；既投五体，契虚怀于曩日。虽则平生未面，而实冥符宿心。共在良宵，颇论行事"，同意跟随义净前往室利佛逝翻译经典。僧人道宏听到消息，也要求跟随义净重返南海。当年的十一月一日，义净带着他邀请到的四位中国僧人，贞固、贞固的弟子怀业以及道宏、法朗，一起搭乘商船离开广州，重回室利佛逝。"望占波而陵帆，指佛逝以长驱。作含生之梯橙，为欲海之舟舻。庆有怀于从志，庶无废于长途"。出发之前，"广府法俗，悉赠资粮"。（以上均见《大唐西域求法高僧传》）

义净回到室利佛逝后，开始译写佛经。广州来的四位僧人做他的助手，他们来到佛逝后，"学经三载，梵汉渐通"，可以帮助义净做一些翻译方面的工作。武周天授二年（691），义净在室利佛逝写成《大唐西域求法高僧传》和《南海寄归内法传》两部书。这年的五月十五日，他派遣一位名叫大津的僧人，搭乘商船先到广州，把这两部书和"新译《杂经论》十卷"送到洛阳，同时"望请天恩于西方造寺"。因为义净在印度求法时，见到其他一些国家的僧人在印度有各自的寺庙，而中国僧人却没有自己的寺庙，他因此希望能在印度建造一座这样的寺庙。只是他的这个愿望后来并没有得到实现。

武周长寿三年（694），也即延载元年的夏天，义净从室利佛逝回到广州。跟随义净从广州到室利佛逝去的四位僧人中，贞固和道宏相随回到广州，法朗去了南海中的诃陵国，一年后因病去世，怀业留在了室利佛逝。义净深深怀念这四位朋友，他在《大唐西域求法高僧传》中写道："嗟乎四子，俱泛沧波。竭力尽诚，思然法炬。谁知业有长短，各阻去留。每一念来，伤叹无及。

是知麟喻难就，危命易亏。所有福田，共相资济。龙华初会，俱出尘劳耳。"

2. 义净回国后的弘法活动

义净数十年为求法译经而奔走，在当时的中外佛教界声望极高，在朝廷内外声誉日隆。回国后的第二年，义净离开广州，五月仲夏抵达洛阳。武后为他归国举行了隆重的欢迎仪式，率领群臣出城迎接他，"天后敬法重人，亲迎于上东门外。洛阳缁侣，备设幢幡，兼陈鼓乐，在前导引"（《宋高僧传·义净》）。义净求法成功归来，一时间成为轰动朝野的一件大事。

义净回国时带回梵本经律论各种著作近 400 部并金刚座真容 1 铺、舍利 300 粒。"敕于佛授记寺安置，所将梵本并令翻译。"他自己则集中全部精力投入规模浩大的翻译经书工程中去，先后在洛阳大福先寺和长安西明寺、大荐福寺展开译经工作长达 18 年之久。据现存资料，义净共翻译梵文经书 56 部 230 卷，但实际数字可能还远不止这些，义净成为中国佛教界最著名的翻译家和翻译佛教经典最多的高僧。义净的译经工作得到了朝廷的大力支持，武则天等几位皇帝先后为其译出的书作序，给予了很高的礼遇。如圣历三年（700）武则天为其作《大新翻圣教序》，神龙元年（705）刚复位的唐中宗又为其作《大唐龙兴三藏圣教序》，两年后，唐中宗又亲召义净入皇宫，共同翻译经书，探讨学问。太极元年（712），睿宗皇帝亲自在崇朂为义净临摹的像题词制赞，在他患病时，又亲派内侍去寺中探病。

义净所译虽遍及三藏，但以律藏为主。汤用彤以"特致力于律部，声名极一时之盛"评价他。义净"从印度携回和他一生所译佛典，律最多，以卷数论，占总数的四分之三"。可见其用心之处在于弘扬戒律，而其所弘扬之戒律则是根本说一切有部律典。他翻译佛典的译场也是讲解佛典的场所，在翻译根本说一切有部律典的过程中，义净采取随译随讲的方式，这样在当时也就形成一个以义净为中心的翻译、研究和弘传根本说一切有部律典的队伍。在译经之余，义净也授徒讲律，常把日常重要的根本说一切有部律仪教授学徒。义净还为佛教界人士和信仰佛教的官员讲学，听众甚多，培养了一批弟子。他在翻译之余以《根本说一切有部律》为指导思想撰写了与律仪有关的实用而简明的《别说罪要行法》《受用三水要法》和《护命放生轨仪法》等文章，希望中土僧人能够研读并依之行持，并在此律典中"抄诸缘起，别部流行"，抄出《摩竭鱼因缘经》等共 42 经 49 卷来弘传此部律。除此之外，义净还于长安四年（704）主持了洛阳少林寺重结戒坛事宜，并撰写了《少林寺戒坛铭》。他设坛传戒以实践并传播《根本说一切有部律》，为的是使中土僧团"受戒忏仪，共遵其处"，进而达到"羯磨法在，圣教不沦"之目的。

唐玄宗先天二年（713）二月，79 岁高龄的义净在长安大荐福寺圆寂。三月初，长安佛教界为他举行了隆重的安葬仪式，弟子门生万人为其送葬，惊动长安城。玄宗皇帝亲制诰书并派使者吊慰，赠他为鸿卢寺卿，赐锦绸150段，丧事费用全部由政府承担。光禄大夫行秘书监少监同安侯卢璨还亲自为他的灵塔撰碑铭，高度评价了义净一生的贡献。

义净不图虚名，不受功名利禄所诱，为追求佛教真谛，不远万里，西行求经，长达 20 余年。回国后，十几年如一日译经不止，硕果累累。直到临终，仍写遗书给弟子们，要求他们将佛教精神发扬光大，表达了对事业的无限进取心和孜孜不倦的追求。他虽声望日隆，然谦虚好学，时有求者必应，诲人不倦，获得了佛俗人士的热爱与仰慕。佛俗界人士对他有极高的赞誉，《开元释教录》卷九称："净虽遍翻三藏，而偏功律部。译缀之暇，曲授学徒。凡所行事，皆尚甚急。泸漉涤秽，特异常伦。学侣传行，遍于京洛。"

《宋高僧传》也高度赞美了义净的贡献："东僧往西，学尽梵书，解尽佛意，始可称善。传译者宋齐已还，不无去彼回者。若入境观风，必闻其政者，奘师法师，为得其实。此二师者，两全通达，其犹见玺文知是天子之书可信也，《周礼》象胥氏通夷狄之言，净之才智，可谓释门之象胥也欤！"

3.《大唐西域求法高僧传》与《南海寄归内法传》

义净留下的《大唐西域求法高僧传》和《南海寄归内法传》，是可以与法显《法显传》、玄奘《大唐西域记》相媲美的佳作。这两部著作的史料价值也很高，成为后人研究中印关系史、中西交通史、印度史、南洋史、宗教史和文化史的宝贵典籍。

《大唐西域求法高僧传》2 卷，记述了从 641 年到 691 年间到印度和南海访问的 56 位分别来自大唐、新罗、睹货罗、康国、吐蕃的禅师、法师的事迹，此外兼述经济、风俗及旅行路线，为研究 7 世纪南洋诸国状况和国际交通的重要资料。

《南海寄归内法传》是义净多年游历印度与南海之后，根据自己的所见所闻，对当时印度和南海僧徒的日常法式状况的实际记录。它以"内法"即佛教戒律为中心论题，共分 4 卷，40 章，除卷二《尼衣丧制》两题合一之外，基本上是一题一章，其每一章在介绍印度寺院、僧人某个方面的情形后，与中土寺院、僧人的情形进行对比，提出批评意见。在书中，他也明确表达了希望中土僧人奉行、推广他在《南海寄归内法传》中关于律制、律学的主张，即"愿诸大德兴弘法心，无怀彼我，善可量度，顺佛教行。勿以轻人，便非重法"。义净在回国之前就已将这部特别详细地记载印度、南海佛教的僧伽制度和戒律规定的书先行带回国内，呈给了朝廷，这也表明义净急切地希望中土僧团能意识到自身在律学、律制上的失当，并进而依他的主张更改。

义净的这两部著作，完成于他从印度取经归来，在室利佛逝停留的年代。因为两部著作均为作者耳闻目睹和亲身经历，义净在书中真实地记录了印度、东南亚地区当时的社会、政治、经济状况和这些地区人民与中国人民的友好交往，其史料价值和真实性甚至要超出一些正史，具有毋庸置疑的可靠性，先后被译成法文、英文、日文出版，是研究唐代中外文化交流史、佛教史和印度东南亚历史不可或缺的文献。

义净亲眼目睹了 7 世纪佛教在印度发展的盛况。他描述当时的东印度地区三摩呾吒国统治阶级对佛教的尊崇。印度当时各小邦国的统治者，几乎无一不是佛教的忠实信徒，因此佛教僧侣在国家政治生活中占有相当重要的地位，另外佛教寺院本身也占有大量土地、资产，寺院还有一些清规戒律用来约束僧人，寺院中僧人等级身份不同，有上座寺主、都维纳等。僧人举行仪式时"安置坐床及木枯小席等，随尊卑而坐"。僧侣不列入国家户籍，有自己的户籍，如《南海寄内法归传》卷二写道："如求出家，和僧剃发，名字不干王籍，众僧自有部。"

关于印度寺院的组织规模、条例制度，义净在《大唐西域求法高僧传》中特别谈到了印度著名的那烂陀寺的情况，从中可以清楚地看出印度佛教寺院之状况，"至如那烂陀寺，人数殷繁……寺有八院，房有三百""寺内但以最老上座而为尊主，不论其德，诸有门钥，每霄封印，将付上座，更无别置寺主、维那……此之寺制，理极严峻，每半月令典事佐史巡房读制。众僧名字不贯王籍，其有犯者，众自治罚，为此僧徒咸相敬惧……此寺内僧众有三千五百人，属寺村庄二百一所，并是积代君王给其人户，永充供养"。又如睹货罗僧寺"其寺巨富，资产丰饶"，迦毕寺"寺亦巨富"。

义净在东南亚地区活动长达 10 年，对东南亚地区，有很多记载。据义净说，南海诸洲有十余国，王邦维《南海寄归内法传校注》：婆鲁师洲即婆鲁师国，故地在今印度尼西亚苏门答腊岛西部；末罗游洲，即末罗游国，或作末罗瑜洲，末罗瑜国，故地亦在苏门答腊岛上；尸利佛逝又作室利佛逝，故地在今苏门答腊岛上巨港；莫诃信洲可能在今加里曼丹岛南岸；诃陵洲，即诃陵国，有说在今爪哇，但似应在今加里曼丹西海岸；呾呾洲，又名单单国，或说在今马来西亚东北岸的吉兰丹，或说在其西岸的天定，或说在今新加坡附近；盆盆洲，或认为在今加里曼丹岛；婆里洲，或说即今巴厘岛；掘伦洲，或认为在今越南南端的昆仑岛；佛逝补罗洲、阿善洲、末迦漫洲可能都在爪哇岛上。

义净《南海寄归内法传》对掘伦洲有更详细的记载。掘伦国地方的人种体貌特征是卷发、皮肤较黑，就是唐代人们通称的昆仑国人，其他南海诸国人与中国人体貌特征相似。这些地方的人大都不穿鞋袜，而腰以下横缠围有"敢曼"，即今东南亚称为"莎笼"的下裳。其中某些国家还经历了从"裸国"到信奉佛法的文明开化过程。

义净在《大唐西域求法高僧传》中对东南亚地区裸人国的记载也很生动，下面的一段话形象地反映出裸人国 7 世纪的商业贸易状况和社会风俗："从羯荼北行十日余，至裸人国。向东望岸，可一二里许，但见椰子树、槟榔林森然可爱。彼见舶至，争乘小艇，有盈百数，皆将椰子、芭蕉及藤竹器来求市易。其所爱者，但唯铁焉，大如两指，得椰子或五或十。丈夫悉皆露体，妇女以片叶遮形。商人戏授其衣，即便摇手不用。传闻斯国当蜀川西南界。此国既不出铁，亦寡金银，但食椰子薯根，无多稻谷，是以卢呵（铁及金属）最为珍贵。其人容色不黑，量等中形，巧织团藤箱，余处莫能及。若不共交易，便放毒箭，一中之者，无复再生。"

关于佛法在南海地区的流传，义净在《南海寄归内法传》中说，当时小乘佛法的主要部派有四类僧团：大众部、上座部、说一切有部、正量部，而信仰大乘佛教的僧人并非另外成立僧团，仍是在部派佛教中出家。所以，大乘佛教僧人与小乘佛教僧人的区别，就在于是否礼拜菩萨、是否读诵大乘经典。关于唐代东南亚佛教的情况，《南海寄归内法传》提到："然南海诸洲有十余国，纯唯根本有部，正量时钦，近日已来，少兼余二。斯乃咸遵佛法，多是小乘，唯末罗游少有大乘耳。"这说明，在当时东南亚各国，主要流行佛教小乘说一切有部。

义净法师在《南海寄归内法传》中特别提到，当时东南亚各国由于敬重佛法，斋僧之事特别隆重和丰盛。其特色是每次斋僧同时浴佛，并呈上供养，斋僧的宴席非常丰盛，都用植物的大叶片作为食品的底垫，也多有三净肉上席，而且吃不完的食物，可由寺庙人员带走，斋僧之后，僧人既说偈赞叹佛祖功德，也赞叹施主功德，并祝愿施主富足快乐等等，饭后还有讲经活动。东南亚各国斋僧很重视供养槟榔，僧众们咀嚼槟榔也是习以为常的。

义净很重视对药物的研究，他翻译的律典中就有《根本说一切有部药事》专门介绍药物使用，而他在往返南海的旅途中，对当地的药物也进行了了解。

义净还对东印度支那寺作了记载。支那寺建于3世纪，是当时的印度笈多国王为来此的中国僧人所建。当时"有唐僧二十许人从蜀川牂牁道而出，向莫诃菩提礼拜。王见敬重，遂施此地，以充停息，给大村封二十四所。于后唐僧亡没，村乃割属余人。现有三村入鹿园寺矣。准量支那寺至今可五百余年矣"。从这一记载看，这些僧人属于西晋时从四川到印度的中国僧侣，是赴印求法的先驱者。印度不仅为他们建寺，而且还赐予村庄、土地，给予优厚待遇，让他们在此安心传经学法。时隔500年后，当地人民仍对这些中国僧人怀有感情。该地国王见到义净时，还表示："若有大唐天子处数僧来者，我为重兴此寺，还其村封，令不绝也。"（以上均见《大唐西域求法高僧传》）

五　佛经汉译事业 （三）

1. 隋代的译经事业

北周灭法以后，经典即被焚毁，师僧亦多散亡。隋朝统一全国不久，即恢复佛教事业，一方面抄写旧经，一方面组织新译，在长安大兴善寺、洛阳上林园相继组建新的国立译场，延请高僧主持其事，专门从事佛经翻译。隋代的佛典翻译组织比前更为完善，《续高僧传》卷二记载了大兴善寺的译经情况。

　　隋朝时期的译经总数，各种经录记载不一致。《开元释教录》卷七记载，自文帝开皇元年（581）至恭帝义宁二年（618），共经三帝38年，译经师9人，所出经论及传录等共64部301卷，其中62部281卷当时见在，2部14卷已佚。《历代三宝纪》卷一二记载，译师19人，所译经律论及传等共75部462卷。《大唐内典录》卷一〇记载，译师20余人，所出经论等90余部510余卷。《贞元新定释教目录》卷一〇记载，自文帝开皇元年，至恭帝义宁二年，共经三帝38年，译师10人，所出经论及传录等，共99部345卷，其中97部311卷见在，2部14卷缺。当然也有学者指出《开元释教录》等把佛教撰集统计在内，并将其算入译经总数是不确切的。

　　隋代从事译经的译师有北天竺乌场国的阇那崛多、优婆塞达摩阇那、沙门毗尼多流支、那连提耶舍、达摩笈多。以上译师五人共译出经论等59部262卷。隋代的译经事业，主要是由入华的天竺僧完成的。

　　阇那崛多对于隋代的译经事业有重大贡献，影响至巨。阇那崛多居北印度犍陀罗国富留沙富逻城，属刹帝力种姓。幼年时入大林伽兰剃度出家，跟随耆那耶舍和尚学习禅定。其阿阇利耶（亲教师）名阇若那跋达罗（智贤），遍通三藏，尤通律学。27岁时受具足戒已过三年，师徒结志游方弘法。初有10人同契出境，途中在迦臂施国滞留一年。后西行经渴罗盘陀及于阗等国，又达吐谷浑国，渐至鄯州。经过三年长途跋涉，同伴30人，只剩4人。北周明帝武成初年（559），阇那崛多与其师摩揭陀国三藏法师阇那耶舍等，携经到达长安，住草堂寺。后被诏延入后园，共论佛法。帝又敕造四天王寺，令崛多在此译经。建德三年（574），武帝禁佛，阇那崛多想回国，路过突厥时，在此居住了一段时间。齐武平六年（575），齐僧宝暹、道邃、智周、僧威、法宝、僧昙、智照、僧律等10人，赴西域求法，获梵本佛经260部，行至突厥与崛多相会。他们共同翻阅所得新经，与旧录对勘。隋开皇元年（581）冬季，宝暹等携经来到长安。开皇四年（584），大兴善寺沙门昙延等30余人恭请崛多来长安译经。开皇五年（585），阇那崛多受命于隋文帝开始译经，沙门若那竭多、高天奴高和仁兄弟及婆罗门毗舍达等道俗6人助译。这项译经事业原来由阇那耶舍担任主译，阇那耶舍圆寂后，法席移至大兴善寺，由阇那崛多任主译。沙门达摩笈多和高天奴、高和仁兄弟二人同传梵语，又增至十大德沙门僧休、法粲、法经、慧藏、洪遵、慧远、法纂、僧晖、明穆、昙延等，监掌译事，鉴定宗旨。沙门明穆、彦琮，对梵本再审覆勘，整理文义。《开元释教录》卷七赞美说："崛多道性纯厚，神志刚正。爱德无厌，求法不懈。博闻三藏，远究真宗。遍学五明，兼闲世论。经行得道场之趣，总持通神咒之理。三衣一食，终固其诚。"阇那崛多译经自开皇五年至仁寿末年，《开元释教录》卷七载为 39 部 192 卷。

优婆塞达摩阇那是北朝译经师般若流支的长子，中印度婆罗尼斯国人，属婆罗门种姓。后来中国，父子相承，祖习传译。齐时为昭玄都，齐国毁灭佛法，达摩阇那由僧官转为俗官，任洋川郡守，入隋后掌管翻译。达摩阇那通晓梵汉语言，执本自翻，不需要他人传译。开皇二年（582）三月译《业报差别经》1 卷，由成都沙门智铉笔受，彦琮制序，全称《佛为首迦长者说业报差别经》，亦称《分别善恶报应经》。基本内容是佛陀对婆罗门童子首迦讲善恶业报的差别。

沙门毗尼多流支，北印度乌苌国人，隋初来中国弘法，隋文帝开皇二年（582）二月译《象头精舍经》1 卷。基本内容是佛成道后不久，于伽耶山应文殊等之请，讲述种种菩萨之道。毗尼多流支又于开皇二年七月译《大乘方广总持经》1 卷。毗尼多流支译经的时候，给事李道宝与般若流支的次子昙皮二人传语，长安沙门法纂笔受。

那连提黎耶舍，于开皇二年七月由弟子道密等侍送入京，住大兴善寺，当年冬季开始译经。隋文帝对他供养甚厚，敕昭玄统沙门昙延等 30 余人助译。据《开元释教录》卷七，那连提黎耶舍于隋代译经 8 部，其间由沙门僧琛、明芬、给事李道宝、学士昙皮四人轮流度语，慧献、僧琨、费长房等笔受，昭玄统沙门昙延、昭玄都大兴善寺主灵藏等 20 余人监护始末，至开皇五年（585）冬完成，后由彦琮制序。

达摩笈多，南印度罗啰国人，23 岁时于中印度犍挐鸠拔阇城的究牟地僧伽啰磨出家，改名法密。25 岁时受具足戒，3 年后，因其师普照被咜迦国所请，达摩笈多随师来到坨迦国。一年后，其师回国，达摩笈多在坨迦国停留 4 年，住于提婆鼻何啰。来到坨迦国的北路商人谈及中国三宝兴盛，达摩笈多很是向往，与同伴六人东行，经薄佉罗、渴罗盘陀国、沙勒国、龟兹、乌耆国等。至伊吾停留一年后，达摩笈多前行至瓜州，奉帝旨入京城，于开皇十年（590）抵达长安，住大兴善寺翻译佛经。大业二年（606）洛阳上林园翻经馆建立之际，隋炀帝立即征聘达摩笈多并诸学士来这里进行翻译，"致使译人不坠其绪，成简无替于时"。达摩笈多在这里工作了14年，直到唐高祖武德二年（619）去世，他在两京共翻译经论9部46卷，所译"文义澄洁，华质显畅"。

2. 彦琮的翻译理论："八备十条"

隋代的译经事业，以前文所述5位天竺来华僧人的佛经翻译为主。与此同时，翻经馆中汇集着一批僧人，协助译事，其中以中国僧人彦琮（又作彦悰）为代表。

隋文帝开皇十二年（592），彦琮被召入京，住大兴善寺掌管翻译。仁寿二年（602），他奉诏撰成《众经目录》一书，对流行的佛教典籍，分作单译、重翻、别生、疑惑、伪妄五类。该时期天竺王舍城沙门前来拜见隋文帝，在将还本国时，沙门请《舍利瑞图经》和《国家祥瑞录》，隋文帝令彦琮将此两书由中文译成梵文，合成10卷，赐诸西域。洛阳上林园翻经馆建立后，彦琮被委以重任。这时，隋朝平定了林邑（今越南中部），获得佛经564箧，合1350余部，并昆仑书（南洋文字）、多梨树叶（贝叶经），隋炀帝下诏送入翻经馆，交彦琮披览，编叙目录，次第翻译。他撰成5卷目录，分为经、律、赞、论、方字、杂书等类，估计译成中文2200多卷。他前后译经共23部100来卷，卷首制序叙事。大业六年（610）他在翻经馆中病逝，俗寿54岁。彦琮的侄子僧行矩，从小追随彦琮请益佛经，参与长安、洛阳两馆的翻译活动。

翻经馆还是一所外国语学校。彦琮在这里，向达摩笈多学习梵文，行矩、智通等僧也在这里学习梵文。彦琮和达摩笈多共事，"偏承提诱"。彦琮向达摩笈多询问了他所游历的国家和地区的情况，并撰成《大隋西国传》一书，共十篇：一方物，二时候，三居处，四国政，五学教，六礼仪，七饮食，八服章，九宝货，十山河、国邑、人物。"斯即五天之良史，亦乃三圣之宏图。"（《续高僧传》）此外，他还和裴矩共同修纂《天竺记》，文义详洽，条贯有仪，对于研究天竺等佛教国家的风土人情、社会习俗、历史地理均有很大价值。

彦琮27岁时就参与译经，那连提黎耶舍、毗尼多流支、阇那崛多等人的译籍皆由彦琮作序，所以《续高僧传·彦琮本传》称："凡所新译诸经，及见讲解大智释论等，并为之序引。""凡前后译经合二十三部一百许卷，制序述事，备于经首。"在译场中彦琮只是助译，但他长期参与译经，产生了深切的体会，深感"此土群师皆宗鸟迹，至于音字诂训罕得相符"（《续高僧传》）。即翻译佛经只能翻出原文大概的意思，与原文完全相符根本不可能。道安的"五失本、三不易"已经说明译经之难，彦琮感到这样讲太粗疏，于是写成《辩正论》，总结历代译经的经验，提出系统的翻译理论，"以垂翻译之式"。

《辩正论》是中国佛教史上专门论述佛经翻译的论文。《续高僧传》卷二转述了本文的基本内容。《辩正论》的内容主要有：（1）直接研习梵文原典；（2）梵文原典的要例；（3）译师应具"八备"。

彦琮主张学习梵文，直接读佛教典籍原本，以避免译文走样带来的理解偏差。彦琮认为佛在世时所说最可靠，称为"一味园音"。佛涅槃后，其弟子结集师说，可靠性无法与佛在世时相比了，故称"一味初损"。佛经由梵文译成汉文，可靠性就更差了。讲到"一味初损"的佛弟子时，提到"水鹄之颂"，这是《付法藏因缘传》讲的一个故事。阿难听到有位比丘诵法句偈："若人生百岁，不见水老鹤。不如生一日，而得睹见之。"阿难认为这位比丘错了，应说："若人生百岁，不解生灭法。不如生一日，而得解了之。"

这位比丘把此事告诉他的老师，他的老师说："阿难老朽，言多错谬，不可信矣。"阿难是佛的大弟子，号称"多闻第一"，佛经都由他回忆背诵。他在世时，人们就对他产生怀疑，说他"言多错谬"。

为什么说汉译佛经最不可信呢？因为汉译佛经与译师的观点爱好密不可分，不可能把原典内容圆满表达出来。《辩正论》说："佛教初流，方音鲜会，以斯译彼，仍恐难明。"汉译佛经很难把原意表达清楚。汉魏译经繁、简、野、华不定，秦凉时期有的重视文才，有的重视质朴，晋宋时注重口语化。主译大师各有偏好，如留支"义可加新"，真谛则是"语多饰异"。很多主译大师是外国人，他们的汉语水平有限，只好由"笔受"相助，这就造成"余辞必混"。译经程序越多，译本走样越远。所以汉译佛经往往出现错误，如将"僧鬘"译成"华鬘"，将"安禅"译成"禅定"。此类错误不是个别的，而是很多。

基于这种情况，彦琮主张学习佛法，必须首先学习梵文，阅读梵文原典。彦琮认为直接阅读梵本佛经，好处很多，可以省翻译之劳，有利于理解佛教义理，读汉译佛典很难理解的地方，阅读梵文原典，很容易理解，这就是《辩正论》所说的"解便无滞"。彦琮认为学梵文并不难，甚至于比学汉语还容易，下数年功夫，顺利阅读梵文原典不成问题。即使难，也应当学，更何况不难？彦琮还在《辩正论》中对忽视梵文原典的行为进行有力的鞭挞："崇佛为主，羞讨佛字之源，绍释为宗，耻寻释语之趣，空睹经叶，弗兴敬仰，忽见梵僧，倒生侮慢，退本追末，吁可笑乎？"

但是，佛教徒中有出家人，有在家居士。广大的在家居士不可能用很长的时间学习梵文，没有能力读梵文原典，所以翻译佛经仍然是必要的。翻译佛经，必须遵守十条要例："字声一，句韵二，问答三，名义四，经论五，歌诵六，咒功七，品题八，专业九，异本十。"说的是翻译技术问题和文体分类。彦琮认为译经师应具备八个条件，这就是"八备"。"八备"是：（1）诚心爱佛法，立志帮助别人，不怕费时长久（"诚心爱法，志愿益人，不惮久时"）。（2）品行端正，忠实可信，不惹旁人讥疑（"将践觉场，先牢戒足，不染讥恶"）。（3）博览经典，通达义旨，不存在暗昧疑难的问题（"筌晓三藏，义贯两乘，不苦暗滞"）。（4）涉猎中国经史，兼擅文学，不要过于疏拙（"旁涉坟史，工缀典词，不过鲁拙"）。（5）度量宽和，虚心求益，不可武断固执（"襟抱平恕，器量虚融，不好专执"）。（6）深爱道术，淡于名利，不想出风头（"耽于道术，澹于名利，不欲高炫"）。（7）精通梵文，熟习正确的翻译法，不失梵本所载的义理（"要识梵言，乃闲正译，不坠彼学"）。（8）兼通中国训诂之学，不使译本文字欠准确（"薄阅苍雅，粗谙篆隶，不昧此文"）。

这"八备"，第一、二、五、六备，是对译经师的道德品质要求，第三、四、七、八备是对译经师的学术要求，包括宗教态度、职业道德、知识结构、学品学风、翻译能力等方面。彦琮认为，只有具备这八个条件的人，才有资格作译经师，"八者备矣，方是得人"。这个"八备"的要求在佛经翻译史上很有影响。范文澜在论述佛书的翻译时曾指出，《辩正论》所指"八备"，确是经验的总括，并非出于苛求，也说明一个胜任的翻译家是如何难能而可贵。

3. 玄奘的译经事业

隋代的译经事业已经有了很大的进步，虽然只有几十年的时间，但取得的成绩是很可观的，尤其是彦琮提出的"八备十条"翻译理论。但是，对于整个佛经翻译史来说，隋代的成绩还只是一个序幕，预示着此后的唐代译经事业更大的高潮。而其中玄奘是最突出的一个代表。

玄奘回国后，太宗留他长住弘福寺译经，并如所请，为其建立分工细致、规模空前庞大的译场。玄奘即于当年开始了他在长安历时 19 年的译经活动，直到临终时。

由玄奘主持的译经班子，译场设于长安弘福寺，这是唐代最具规模的国立译场，后来他的译场又迁入慈恩寺和玉华宫。据彦琮所作《大唐大慈恩寺三藏法师传》记载，玄奘从天竺带回来的梵本佛典有 520 箧，共 657 部。尽管他夜以继日地辛苦耕耘，还是未能将所有从天竺取回的经典全部译完，他先后译出的经论典籍共有 75 部 1335 卷，虽然仅是他从天竺取回的经典总数的十分之一，却占整个唐代译经总量的一半以上，是中国历史上另外三大译经家（鸠摩罗什、真谛、不空）译经总量的一倍多。范文澜指出："在四大译家中，玄奘译书最多，译文最精……大抵佛经翻译事业，至玄奘已登上极峰，再没有佛经译家能超过他。"[①]

玄奘主持的国立译场，组织庞大、译人众多，分工及流程合理完善，从译主玄奘到校勘，其间分工很细，职责明确，已形成流水化作业。这个译场还设有官方的监护，唐朝名相房玄龄即担任此职。

玄奘的译经事业得到了太宗和高宗两朝的大力支持。贞观二十二年（648）六月十一日，唐太宗敕令玄奘至坊州宜君凤凰谷玉华宫，再次劝其还俗从政，玄奘再次婉辞。又询及《瑜伽师地论》，玄奘为之讲述大意。唐太宗取《瑜伽师地论》，详览之后，对侍臣说："朕观佛经，譬犹瞻天望海，莫测高深。法师能于异域得是深法，朕比以军国务殷，不及委寻佛教，而今观之，宗源杳旷，靡知涯际，其儒道九流比之，犹汀滢之池方溟海耳。而世云三教齐致，此妄谈也。"（《大慈恩寺三藏法师（传）》）太宗遂敕令官府挑选秘书省书手抄写已译经论九部与雍、洛、并、兖、相、荆、扬、凉、益等九州辗转流通。七月十三日，太宗撰《大唐三藏圣教序》，临庆福殿，百官侍卫，命玄奘坐，使弘文馆学士上官仪向群臣宣读，备极褒扬，敕冠众经之首。皇太

---

① 范文澜：《唐代佛教》，重庆出版社 2008 年版，第 28 页。

子李治亦作《述圣记》一篇。

其时，皇太子李治为纪念其亡母文德圣皇后，营造大慈恩寺，同时另造翻经院，令玄奘移居专门译经。这个译场规模宏大，设备完善。玄奘奉诏与50名高僧由弘福寺迁往该翻经院，太宗敕令太常卿江夏王李道宗率宫廷九部乐，及各县音声和诸寺幢帐，护送玄奘众僧及经本佛像。途经长安市街时，唐太宗与皇太子及后宫妃嫔在安福门楼上，手执香炉，目而送之，路上观者数十万人，典礼极为隆重。

唐太宗崩逝后，玄奘更加努力从事翻译，每天夜以继日，勤奋不辍。除翻译之外，还要讲经，主持寺务。显庆三年（658），西明寺落成，高宗迎玄奘入主西明寺，其威仪、幢盖、音乐等，一如入慈恩寺及迎碑之例，又敕遣西门寺新度沙门10人充弟子。玄奘勤奋自持，精熟梵语，华梵兼修，故所译佛典信、达、雅俱优，使梵、华融入一体。玄奘译经事业有很强的计划性。由他所译的重要经论的前后次第可以看出他在翻译之先有个相当周密的计划。除了极少数经典的翻译是临时决定的，如《能断金刚般若经》系应唐太宗之请而翻译，一般情况下经论的翻译是有重点按步骤进行的。吕澂说："最初在贞观末，约五年间，他译出了'瑜伽'学系的一本十支各论；其次，永徽、显庆中间约十年，又译出《俱舍》《婆沙》和一身六足等毗昙；最后四年译成全部《般若》。这些都整然自成统系。"[1] 吕澂认为，玄奘的译经事业大体上就是上述三个阶段。吕澂指出：

> 他的翻译大致可以分为三个阶段：前六年（645—650）以《瑜伽师地论》为中心，同时译了与此论学说有关的著作。……中间的十年（651—660），则以翻译《俱舍论》为中心遍及与它有关的著作。……最后四年（660—664）则以《大般若经》的翻译为中心。它将瑜伽的学说上通到般若，就益见得渊源的深厚了。玄奘的翻译不管属于哪个阶段，他都逐一将学说的源流变化，尽可能的作出完整的介绍。这也可以看出玄奘的学问，不但规模广阔，而且根底也是极其深厚的。[2]

---

① 吕澂：《玄奘法师略传》，《现代佛学》1956 年 3 月号。

② 吕澂：《中国佛学源流略讲》，中华书局 1979 年版，第 184—185 页。

玄奘的译经事业及其弘教活动，对我国佛教的发展和隆兴作出了巨大贡献。吕澂评价说："印度的佛学从汉末传来中国，直到唐初的几百年间，真正能够传译印度学说的本来面目的，还要算玄奘这一家。"玄奘其后译家虽续有业绩，然终难以越其上。"翻译事业，至奘师已达最高潮，后此盖难乎为继。"①

到了玄奘时代，中国佛教的翻译事业已经有了几百年的历史，进入了一个成熟的时期。玄奘总结道安、鸠摩罗什以来的实践经验，提出译经须注意的理论原则，称为五种不翻。即翻译佛教经典时有五种情况只能译其语音而不能译其意义。这"五不翻"的译经规则是：

（1）"秘密故，如陀罗尼。"谓佛教的秘咒只译音不译意，如陀罗尼等。

（2）"含多义故，如薄伽梵具六义。"谓一种名词具有多种含义，为保持原义，故只译音不译意。

（3）"此无故，如阎浮树，中夏实无此木。"谓中国没有的东西，译音。

（4）"顺古故，如阿耨菩提，非不可翻，而摩腾以来常存梵音。"谓从前已有译音的，不再译为汉语意义。

（5）"生善故，如般若尊重，智慧轻浅。"谓用音译，更能使人听了觉得有深刻的意义。如般若一词，译成智慧，便觉轻浅，不如音译尊重。

玄奘创立的"五不翻"译经规则，使我国的佛典翻译规则更趋完善，从而使佛典翻译达到了顶峰。

玄奘不仅在翻译规则方面有所创新，而且第一次系统地翻译了印度的佛家逻辑——因明著作。在唐代以前，虽然也有吉迦夜翻译的《方便心论》、毗目智仙翻译的《回诤论》和真谛翻译的《如实论》等属于因明的著作，但由于这些著作是初期作品，其理论还不很成熟，所以这些论书传来中国后，并未发生重大影响。只有当玄奘先后译出了商羯罗主的《因明入正理论》和陈那的《因明正理门论》后，印度的因明才可以说正式传入中国汉地。由于玄奘翻译了因明著作，同时又为译场的僧侣和徒众详作讲述，阐发隐义，这使他的许多弟子根据随闻笔录，加上自己的理解，"竞造文疏"。据不完全统计，其弟子先后为《因明入正理论》所作的疏记有二十三四部，为《因明正理门

---

① 梁启超：《佛学研究十八篇》，商务印书馆 2017 年版，第 221 页。

论》所作的疏记有十六七部。对后世影响最大的，是窥基所撰的《因明大疏》。后来窥基的弟子慧沼又作《因明入正理论义断》《因明入正理论义断义纂要》《续疏》等，慧沼的弟子智周则作《因明入正理论疏前记》和《因明入正理论疏后记》。从此因明之学在唐代得到了充分发展，并对法相宗的建立和唯识宗的流行，起着推波助澜的作用。

玄奘的译经事业规模宏大，成就显著，为我国佛教经典宝库增添了极为珍贵的文献珍藏，也为中华文化典籍的丰富作出了巨大贡献。赵朴初在"玄奘法师逝世一千三百周年纪念法会"上讲过："十九年之间，他孜孜不倦，有计划有系统地译出了一千三百多卷的经论，可以说是直到命终才放下他的担子。"这种"系统的翻译规模，严谨的翻译作风和巨大的翻译成果"，在"中国翻译史上留下了超前绝后的光辉典范。他的成就和贡献不仅在佛教方面，而且在学术方面，都是非常重要的。他不仅比较全面系统地译传了大乘瑜伽有宗一系的经论，而且把空宗的根本大经——《大般若经》二十万颂也完全翻译过来；又把小乘说一切有部的重要论典几乎全译过来"。[①] 有许多秘传之作连印度都无传本，即使佛教的论敌或者外道，他也如实地把他们的观点介绍给中国的知识界。

玄奘在弘福寺、慈恩寺和玉华宫，先后持续 19 年，他主持翻译的佛经，无论从译经的量来看，还是从质来看，都是空前绝后的，被后世奉为"天子之书"。《大唐故三藏玄奘法师行状》说："今日法师，唐梵二方，言词明达，传译便巧。如擎一物掌上示人，了然无殊。所以岁月未多，而功倍前哲。至如罗什称善秦言，译经十有余年，唯得二百余卷。以此较量，难易见矣。"

4. 玄奘的译场与助译僧

玄奘的佛经翻译是一项集体事业，在他的译场中，还有许多辅助人员，这些辅助人员有三类，即担任监护或润色的朝廷官吏，杂役书手等，以及实际参加翻译的助手。《大唐内典录》写道："仍敕名德沙门二十余人助缉文句。初在弘福翻经，公给资什。沙门灵闰等证义，沙门行友等缀文，沙门辩机等执笔。及慈恩创置，又移于彼参译，纷纶未遑条列。"

译场工作的性质类属于国家的文化事业，由官府管理，入译场的人员是

---

① 赵朴初：《佛教常识答问》，宗教文化出版社 2016 年版，第 167—168 页。

由官府征请或委派，而且有较强的专业技术要求，如外语水平、学识、汉文功底等等，并不完全是个人的信仰行为。《旧唐书》卷一九一记载："贞观十九年，（玄奘）归至京师。太宗见之，大悦，与之谈论。于是诏将梵本六百五十七部于弘福寺翻译，仍敕右仆射房玄龄、太子左庶子许敬宗，广召硕学沙门五十余人，相助整比。"玄奘将"所须证义、缀文、笔受、书手等数"申报给房玄龄等，房玄龄等朝廷官员选择的标准是"谙解大小乘经论为时辈所推者"意即在当时国内学问僧之间互相推选，并非由玄奘亲自挑选。《古今译经图纪》写道："敕于西京弘福寺翻译，仍敕左仆射房玄龄，广召国内硕学沙门慧明、灵润等五十余人助光法化。并敕太子左庶子许敬宗等专知监译。到二十二年已译之经奉以奏闻。""显庆元年敕左仆射于志宁，侍中许敬宗，中书令来济、李义府、杜正伦，黄门侍郎薛元超等润文，国子博士范义颐，太子洗马郭瑜，弘文馆学士高若思等助知翻译。"

房玄龄初步挑选23人进入译场。到第二年，又对助译人员和职事重新进行了调整。翻译百卷《瑜伽师地论》译场的助译人员及其职事分工如下：笔受8人：长安弘福寺灵会、灵隽、智开、知（或作和）仁，会昌寺宏度，瑶台寺道卓，大总持寺道观，清禅寺明觉。缀文8人：长安普光寺道智10卷，蒲州普救寺行友10卷，长安玄法寺玄赜9卷，汴州真谛寺玄忠5卷，简州福聚寺静迈16卷，长安大总持寺辩机30卷，普光寺处衡4卷，弘福寺明浚16卷。正字1人：长安大总持寺玄应。证梵语1人：长安大兴善寺玄暮。证义7人：长安大总持寺道宏，实际寺明琰，宝昌寺法祥，罗汉寺慧贵，弘福寺文备，廓州法讲寺道深。

除了沙门之外，参加的官员还有：银青光禄大夫行太子左庶子高阳县开国男臣许敬宗监阅，大唐内常侍轻都尉菩萨戒弟子观自在敬写西域新翻经论。以上所引，皆足见其时玄奘所请建立的译场的组织已达到相当完备的程度，而参加译场的僧俗人士，皆一时之选。汤用彤指出："综计奘师相从之人物，非惟集一时海内之硕彦，且可谓历代佛徒之英华。"[①]

《贞元新定释教目录》沿袭《大唐西域记》的记载，强调了译主玄奘对译场的主导和决定作用，"今所翻传都由奘旨，意思独断，出语成章，词人随

① 汤用彤：《隋唐佛教史稿》，北京大学出版社2010年版，第16页。

写，即可披玩"。玄奘译场主要有译主、证义、证梵语、笔受（执笔）、缀文、润文、字学、监译等多种职司。

玄奘译场是唐代维持时间最长的一所译场，从唐太宗贞观十九年（645）四月组织译场，五月首译《大菩萨藏经》，至高宗麟德元年（664）正月初一译《咒五首经》，共18年7个月。除偶有停顿外，其余时间均译经不辍。参加译场工作的助译人员变动比较大，有些仅参加了一部经的翻译，有的参加了20多部经的翻译，只有少数人从始至终都在译场工作，这些协助翻译的人员也都为汉译佛经事业作出了程度不等的贡献。从目前掌握的资料推算，玄奘译场的助译僧，或者说在译场从事过直接翻译工作的学问僧，至少有60人。①

5. 义净的译经事业

在唐代的佛经翻译事业中，玄奘创造了一个高峰，他所取得的成就是巨大的。此外，义净在佛经翻译方面也作出了很大的贡献。一般学术界把鸠摩罗什、真谛、玄奘和不空并列为四大佛经翻译家，有学者则认为应该把义净也包括在内，称为"五大翻译家"。

义净法师西行求法，意在传弘，他在那烂陀寺参学时，即已试译《根本说一切有部毗奈耶颂》《一百五十赞佛颂》等，后在东印度耽摩梨底及南海室利佛逝，续有翻译。为了在室利佛逝从事翻译工作，义净专门回到广州，筹集译经所用的纸张等，并招募了四位僧人一同前往室利佛逝做他的助手。

义净回国后，在武则天的支持下，专心从事佛经翻译工作。他专主译场以来所译各书，可分为三部分：（1）从武周久视元年（700）到长安三年（703），于洛阳大福先寺及长安西明寺，译出《金光明经》等经、《根本说一切有部毗奈耶颂》等律及《掌中论》，共20部，115卷；（2）唐中宗神龙元年（705）到景龙四年（710），在洛阳内道场、大福先寺及长安大荐福寺翻经院，译出《大孔雀咒王》等经、《根本说一切有部毗奈耶颂》等律及《成唯识宝生》等论著，共24部，94卷；（3）于睿宗景云二年（711），在长安大荐福寺翻经院，译出《称赞如来功德神咒》等经、《能断金刚论颂》及

---

① 参见王亚荣：《玄奘译场助译僧考述》，《玄奘研究——第二届铜川国际学术研讨会文集》，陕西师范大学出版社1999年版。

《释论》等，共12部，21卷。汤用彤说："兼通华梵，中国人自行译经，净师仅亚于奘师也。"①

义净的译经活动也是一项国家事业，由政府出面为其建立了专门的译场，在译场中为义净担任助译的，皆是一时名流，保证了译籍的高质量。《宋高僧传》谈到义净的译场时说：他在翻译《金光明最胜王》等二十部佛经时，"北印度沙门阿真那证梵文义，沙门波仑、复礼、慧表、智积等笔受证文。沙门法宝、法藏、德感、胜庄、神英、仁亮、大仪、慈训等证义。成均太学助教许观监护"。除翻译人员为高僧外，担任监护的和润文正字的是官员，有的甚至是大官，连皇帝本人都亲自御法筵笔受。

义净在那烂陀寺所学的是一种综合性而偏重瑜伽一系的学问，所以他在尽量译出律部各书以外，还译出瑜伽系方面的书好几种，如无着、世亲的《金刚般若论颂》和《释》，陈那的《集量》《观总相论颂》等，护法的《成唯识宝生论》（释《二十唯识论》）《观所缘论释》等，现存本虽不完全，但可以见到陈那、护法学说的要点，是玄奘翻译所遗漏而有待补缺的。此外，他还适应当时崇尚密教的风气，因而重译了《金光明经》及一些陀罗尼经。在他所著的《求法高僧传》内，还附述明咒藏概略，保存了有关密宗源流的重要资料。

6. "开元三大士"与佛经汉译

唐代印度来华的僧人中，有著名的"开元三大士"，即善无畏、金刚智和不空，他们为佛经汉译作出了很大贡献。特别是与玄奘、义净并称为唐代三大译经家的不空，一生致力于密典的翻译，也取得了很大成就。

善无畏，梵名音译戍婆揭罗僧诃，或译为输波迦罗，直译为净狮子，意译善无畏，又称无畏三藏，中印度摩揭陀国人。他的先代出身刹帝利，因国难出奔乌荼，做了国王，他13岁就依父亲佛手王的遗命即位。兄弟们不服，起兵相争，他于平乱之后，让位于兄，决意出家。先至南印度海滨觅得殊胜招提，修习法华三昧。又搭乘商船由水路游历中印度诸国，密修禅观。后到摩揭陀拜访国王。摩揭陀国王妃原是他的姐姐，他们了解到善无畏舍位出家的经过，大加敬重，由是名声远播。他把自己所携传国宝珠施给那烂陀寺，

---

① 汤用彤：《隋唐佛教史稿》，北京大学出版社2010年版，第56页。

装饰在大佛像的额端上，后归依寺内以禅、密著名的长老达摩鞠多，研习密教，受到鞠多的赏识，鞠多将总持瑜伽三密及诸印契完全传授给他，他因此得了灌顶，号为"三藏"。他又周行各地，遍礼圣迹，方便诱化。80岁左右，依师教东行弘法，携带梵本，经过北印度迦湿弥罗、乌苌等国，到了素叶城，应突厥可汗之请，讲《毗卢遮那经》，然后再前进通过天山北路，达于西州。因为他的声誉早已传至汉地，唐睿宗特派西僧若那和将军史宪，远出玉门迎接。他于开元四年（716）到达长安，被礼为国师，先住兴福寺南塔院，后迁西明寺，唐玄宗尊为教主。

开元五年（717），善无畏在西明寺菩提院译出《虚空藏菩萨求闻持法》1卷。唐玄宗敕令将善无畏带来的梵本全部送藏内廷。此后他便在民间寻访未译的密典梵本。江陵无行，游历南海、东印度、中印度各地，住大觉、那烂陀等寺闻法，并访求梵本，学毕后回国，途经北印病卒。同行者将江陵无行访寻的梵本带回中土，存于长安华严寺。善无畏和一行禅师同往选取前未译过的重要密典数种。开元十二年（724），他随玄宗到洛阳，译出《大毗卢遮那神变加持经》等3种。开元二十三年（735）卒于洛阳大圣善寺，年99岁。

金刚智，梵名跋日罗菩提，南天竺人。据说他原本是中天竺国王的三儿子，受南天竺国王派遣入唐传法，一般就称他为南天竺人。金刚智10岁出家，在那烂陀寺向寂静历智学习"声明"，15岁又到西印度学习法称的"因明"，历四年，后回到那烂陀寺，20岁受具足戒，接下来遍学大小乘律，习《般若灯论》《百论》《十二门论》。28岁时到著名的迦毗罗卫城向胜贤论师学瑜伽行派一系的《瑜伽师地论》《唯识论》《辩中边论》等。三年后，金刚智又到南天竺，向龙智学习《金刚顶瑜伽经》等密法，并受五部灌顶。自此以后，金刚智在遍习大小乘佛法的基础上，专心于密法，"虽内外博达，而偏善总持，于此一门罕有其匹"。离开南天竺后，金刚智返回中天竺，不久游师子国，遍访圣迹，一年后回南天竺。

在南天竺王宫中住了一月余后，金刚智决定到中国去。他乘船出海，经师子国、室利佛逝国，前后经过三年的航行，经历了无数险风恶浪，在开元七年（719）到达广东海域。节度使派3000人分乘数百只小船出海远迎。金刚智在广州建立曼荼罗灌顶道场，化度四众。次年初，金刚智到洛阳，又到长安，居慈恩寺，后移至大荐福寺，"所住之刹，必建大曼荼罗灌顶道场"。

金刚智来华后，得知善无畏也在这里传授"大毗卢遮那教法"，感叹说："此法甚深，难逢难遇。昔于南天竺国，闻有大毗卢遮那教名，遂游五天访求，都无解者，今至大唐，喜遇此教"。于是请善无畏向他传此法。《三国佛教略史》说：开元"八年，金刚智三藏率不空三藏至京师，敕居于慈恩寺。智传龙树之密教，所至筑坛度人，时称善无畏、金刚智、不空为开元三大士"。

一行得知金刚智弘传密法，就来请教，金刚智一一为他解答，并为一行灌顶。一行要求金刚智把关于这部分密法的经典译出来流通于世，于是，金刚智在资圣寺组织翻译了《瑜伽念诵法》（即《金刚顶瑜伽中略出念诵经》）四卷，印度僧伊舍罗译语，一行笔受。后来在大荐福寺译出《金刚顶经曼殊室利菩萨五字心陀罗尼品》和《观自在如意轮菩萨瑜伽法要》各1卷，《金刚顶经瑜伽修学毗卢遮那三摩地法》1卷和《千手千眼观世间菩萨大身咒本》1卷等。

不空梵名阿目佉跋折罗，北天竺婆罗门族，是金刚智的学生。不空是北天竺人，婆罗门族，自幼父母双亡，由舅舅抚养，10岁外出游历，来到中土的武威、太原等地，13岁遇金刚智，15岁出家，师事金刚智，20岁时受具戒。《宋高僧传》采取了《不空三藏行状》的说法。

不空师事金刚智，学习梵本《悉昙章》和《声明论》。因聪悟颖慧，甚受器重，寄予厚望。受具足戒后，广学梵汉经论和密传，深得密教奥旨。又因其通晓梵语汉语，故常遵师命共同传译佛典。唐开元二十九年（741），玄宗诏许其师徒回天竺和师子国寻访密教经典。但金刚智从长安到洛阳时就患病不起，不久圆寂。不空三藏尊师遗命，仍前往天竺。于是，他取道广州法性寺（今光孝寺），与弟子含光等泛海经爪哇、锡兰，到达五天竺，遍寻密藏和各种经论。唐天宝五年（746），他携带500多部密藏经典回到长安，先后住鸿卢、净影、兴善诸寺，从事翻译和灌顶，也时常被请到宫中内道场作法，受到玄、肃、代三朝帝王的崇敬。尤其是代宗在位期间，对不空"制授特进试鸿卢卿，加号大广智三藏"。不空于唐大历九年（774）圆寂。不空在代宗生日时所上的《表》称其译籍共77部，120余卷（《贞元录》作110部、143卷），包括《金刚顶经》《金刚顶五秘密修行念诵仪轨》《般若理趣经》《发菩提心论》等。

不空一生致力于弘传密教，但他并没有因此诋毁显教，这在盛唐佛教宗派竞立之际，显得尤为难能可贵。他翻译了诸如《慈氏菩萨所说大乘缘生稻喻经》《大方广如来藏经》《大圣文殊师利赞佛法身礼》等显教经典。他还重译《密严经》，沟通《华严经》《胜鬘经》等经。又因自幼来华，精通汉族语言文化、风俗、习惯等，所以他翻译的经典，质量较高。其中《文殊师利菩萨及诸仙所说吉凶时日善恶宿曜经》，为密宗后人所常用，《金刚顶经义诀》也为密宗学人所常诵。

在唐代，除了"开元三大士"之外，其他来华的西域或印度僧侣，也参加了译经工作。此外，还有一些并非佛教界的来华印度人士协助佛经的翻译工作。

7. 唐代译经事业的兴盛

隋唐的佛经汉译事业达到了一个高潮，截至唐朝，印度大乘佛教的精华几已全部译介，而且所译经论较之前朝，更有选择性、系统性与完整性。唐代继承了南北朝由国家主持翻译佛经的做法，从太宗贞观三年（629）开始，至宪宗元和六年（811）终止，所译出的佛典，总数达 372 部 2159 卷。唐代佛经翻译的组织和方法都已达到了较高的水平，有能力对传入的佛典进行高水准的翻译，而且培养出了众多的中外译师，如玄奘、义净、不空等杰出的翻译家，总结了各个体系的佛典，并作了新的翻译，收录、校定众多的汉译佛典。范文澜指出："自玄奘经义净至金刚智、不空，主译名僧前后数十人，或译出中国前此未有的新经典，或舍旧译本，重出新译文，使唐代译经事业达到超越前代的新境地。"[1] 佛教史上把玄奘开始的译经称为"新译"，以区别于鸠摩罗什的"旧译"。从玄奘开始，唐代的"新译"取得了巨大的成就。"'新译'补充、重译一批已有经典，翻译一批新结集的经典，使得汉语佛教翻译经典更加完备，更加系，至此中国基本圆满完成了介绍外来佛典的工作，从而也奠定了汉语《大藏经》翻译外来经典部分的规模。外来佛教发展不同时期结集起来的经典构成一个思想、学术系统，这个庞大、完整的系统成为历代中国僧俗据以接受和发展佛教的取之不尽的宝藏，同时又是一个内容极其丰厚的文化宝库。"[2]

---

① 范文澜：《中国通史简编》第 3 编第 2 册（修订本），人民出版社 1965 年版，第 778 页。
② 孙昌武：《中国佛教文化史》第 4 卷，中华书局 2010 年版，第 1724 页。

汤用彤指出：

> 佛书翻译首称唐代，其翻译之所以佳胜约有四因：一人材之优
> 美；二原本之完备；三译场组织之精密；四翻译律例之进步。[①]

汤用彤所说的"人才之优美"，对于翻译事业至关重要。唐代前后共有译师 26 人，即：波罗颇迦罗蜜多罗、玄奘、智通、伽梵达摩、阿地瞿多、那提、地婆诃罗、佛陀波利、杜行顗、提云般若、弥陀山、慧智、宝思惟、菩提流志、实叉难陀、李无谄、义净、智严、善无畏、金刚智、达摩战湿罗、阿质达霰、不空、般若、勿提提犀鱼、尸罗达摩。

这些译经人员都是一时之选。在这些译师里有好几个中国僧徒、居士。而且译籍的数量和质量，也超过前人，其中玄奘、义净等，都取得了很辉煌的成就。中唐时期的主要译师以唐代来华的"开元三大士"，即善无畏、金刚智与不空最为重要。他们将印度密教系统的经典输入我国，奠定了我国密教的基础。唐代译师除上述见于经录的各家而外，也可见于现存的零星译本和日本学僧的"请来录"，如戒贤、菩提仙、达摩栖那、宝云、满月、智慧轮、达摩伽那、法成等。汤用彤指出：

> 隋朝以后，凡译经大师，类华梵俱精，义学佳妙，若彦琮，若
> 玄奘，若义净，若不空，非听言揣义，故著笔时无牵就，不模糊，
> 名词确立，遵为永式，文言晓畅，较可研读。夫隋唐译事，彦琮之
> 开其先导，玄奘之广弘大乘，义净之专重律藏，不空之盛传密典，
> 此四人者三为华人，一属外族，其文字教理之预备，均非前人所可
> 企及也。[②]

我国的佛典翻译，自东汉起到唐代为止约 700 年，从事翻译的人数多达百余。在唐代以前，虽也有中国人参加佛典翻译，但译主绝大多数为外国人。据不完全统计，唐以前中国僧人独立进行翻译的，有帛法祖、竺佛念、智猛、道泰、法盛、昙曜、居士沮渠京声等人，但他们所译经典都不是很多，其他如法显、智严、宝云等，大多是与他人合作翻译。至于道安、慧远等，虽对

① 汤用彤：《隋唐佛教史稿》，北京大学出版社 2010 年版，第 61 页。

② 汤用彤：《隋唐佛教史稿》，北京大学出版社 2010 年版，第 61 页。

佛典翻译有巨大贡献，但大多是组织他人翻译，自己并未躬于译事。译主大多是外国人，且多数不谙汉语，需依汉僧承担笔译，而精通梵汉的汉僧，屈指可数。译主要表达的意思，笔受者往往未必能完全理解和表达。真正由中国人自任译主并组织译场进行佛典翻译的，是唐代的玄奘和义净。他们精晓佛典，又通梵语汉语和印土习俗。昔日在翻译中的"隔阂"，自然消除。故下笔时"无牵就，不模糊，名词确定，遵为永式，文言晓畅，较可研读"。

前人的翻译经验可资借鉴，也是此期翻译的一大优势。东晋道安在论及翻译方法时，就提出了"五失本""三不易"的原则，隋代彦琮又提出"十条""八备"说。由于有前人众多的翻译经验可资借鉴，新译时期，玄奘法师等人的翻译方法远比前期各代优胜。这个时期的梵本十分完备，译主的水平比过去任何时候都高，而且还能一人身兼数职，所以肇始于旧译时期的直译，到玄奘法师时趋于高度成熟，且远远超出了直译范围，最终成为此一时期的翻译主流。

与前期相比，新译时期的原本，多系汉僧亲自从佛教发源地印度取来，如玄奘历游五印度，带回657部梵本，力求搜罗完备；义净则经过25年的参学、访寻，归国时带回梵本近400部，计50万颂。这说明新译时期的佛教翻译，是非常重视梵本的。译者多能发扬师说，卓然成家。如奘师译传瑜伽"一本十支"诸论，译本不但有异于前代，而且还代表一家的宗旨，译典与学说有机地统一起来，是这个时期的一大特色。

唐代新译出来的经论，常由帝王御制圣教序，标于经首。唐代以前，为经、论作序的，大多是佛教僧人，偶尔也有一些王公大臣为经论作序，但很少有帝王亲为制序的。见于佛教史籍记载的，只有大梁皇帝曾作《注解大品经序》。唐代情况就不同，一些高僧大德译出的经论，常有帝王为之作圣教序。玄奘在译出经、论后，唐太宗于贞观二十二年（648）为之作《大唐三藏圣教序》，皇太子李治也为之作《三藏圣教记》，后来，太宗又命皇太子为玄奘所译《大菩萨藏经》作后序。义净译出经、论后，先有武则天为制《大周新翻三藏圣教序》，令标经首，后有唐中宗为作《大唐中兴三藏圣教序》，颂扬义净的翻译成就。实叉难陀在东都大内大遍空寺翻译《华严经》时，"天后（武则天）亲临法座，焕发序文，自运仙毫，首题品名"。其所作序名《大方广佛华严经序》。此外，武则天还曾为之作《大乘入楞伽经序》。菩提流志译出经、论后，唐睿宗为之"御笔制序，标于经首"，即《大宝积经序》。不空在译出经、论后，唐代宗先后为之作《仁王护国般若经序》和《密严经序》。般若在译出经典后，唐德宗为之作《大乘理趣六波罗蜜多经序》。此外，地婆诃罗（日照）译出经典后，也有"天后亲敷睿藻，制序标首"，名为《大唐新译三藏圣教序》。

隋唐译典有两个鲜明的特点，其一是重译多，另一是密教多。隋代最大的译家是阇那崛多，共译 39 部 192 卷，其中重译 20 部，占全部译籍的一半以上，密教经籍 15 部。玄奘是唐代第一大译家，共译出 76 部 1347 卷，占隋唐全部译经卷数的二分之一强，但多数属于重译，《大毗婆沙论》以及《大般若经》中的《大品》《小品》《文殊》《金刚》《实相》诸经，还有法相宗特别宗仰的经论如《解深密》《俱舍》《摄大乘》等，也都早有译本。经他译介的密教经典约 12 部。不空共译 111 部 143 卷，几乎占隋唐全部译籍部类的四分之一，全都是密教的经典仪轨。这说明隋唐之际至于开元以后，密教在中国的发展，特别引人瞩目，而其他宗派的形成，很少与新译的佛典有关。

佛典章疏之风在隋唐达到高潮，仅据《新编汉文大藏经目录》的部分统计，留存至今的隋唐章疏有 160 余部 1400 余卷，其实际数量要大大超过同期的新译佛典。章疏本来是用来注解佛教圣典的，只负责文义的通俗化解释，但事实上，大多数是借题发挥，用来表达章疏者自身的思想。隋唐诸大宗派，除禅宗外，没有一个不是通过这种方式来组织和发挥本派学说的。与此相应，僧侣个人署名撰写的佛教论著也逐渐增多，粗略估计，有 90 余种 260 余卷。从玄赜、净觉、神会开始，一种新的佛籍体裁"传灯录"和"语录"大量涌现，这种体裁记录禅师开坛说法和言行，成为唐末五代以后，中国佛教表达自己思想的重要形式。

大规模和高质量的汉译佛经，对唐代佛教的大发展起到了极大的推动作用。唐代佛教事业蓬勃发展的内因，首先是佛教经典的大量译出。其次，有一大批忘我的佛教大德严持戒行，深入经藏，昼夜熏修，彻悟本源，开宗立说。唐代佛教的最大特色，就是诸宗竞立，而这一局面的出现，建立在佛经的大量传译的基础之上。如：开新译之风的玄奘法师翻译佛典，则法相唯识宗（亦称为慈恩宗）创立；义净的译传，丰富了律部典藏；而善无畏、金刚智、不空三藏的翻译，则开创了密宗等等。因此，从某种意义上来说，经典的翻译，就是中国佛教发展的基础。也许，正是由于玄奘、义净、不空等大批杰出的翻译家的努力，汉传佛教翻译到了唐代，不但水平空前成熟，而且推动佛教的发展达到高峰。

8. 唐代译经的国家体制

唐代译经成绩十分可观，主要原因佛经翻译首先是一种国家行为，这主要表现为佛经翻译的护国性质和译场的官办性质。其次，译经事业基本上由国家主持。由此而来的人员选拔任用、组织分工、财力护持、官僚协助、经典的遴选与译本的审查流通等，均具有强烈的政治因素。唐代的经济发达，朝廷几乎尽集全国佛教英才参加译场翻译，为佛经的翻译提供了十分有利的条件。

译场制度从道安开始，在鸠摩罗什时为一时之盛。隋文帝和炀帝建立了翻译馆，唐代译场制度更为完备。唐代的译场组织较以前任何时期都要完备，而且规模大，分工十分严密，这就从根本上保证了佛经翻译的高水平。

唐代的第一个译场是波颇译场。波颇是来华的印度僧人，于贞观三年（629）在大兴善寺开始传译。为了表示大唐创开佛经翻译的重视，太宗"下诏所司搜扬硕德兼闲三教备举十科者一十九人，以波颇为首，在大兴善寺创开传译"。敕令房玄龄、杜正伦、萧璟等朝廷要臣参与译事，监护勘定。从太宗贞观三年（629）开始，朝廷组织译场，此后历朝相沿，直到宪宗元和六年（811）才终止。前文介绍了玄奘译场的情况以及此后译场继续存在而且有所发展。对于菩提流志的译场组织的分工情况，《宋高僧传》卷三记载："此译场中，沙门思忠、天竺大首领伊舍罗等译梵文。天竺沙门波若屈多、沙门达摩证梵义。沙门履方、宗一、慧觉笔受。沙门深亮、胜庄、尘外、无着、怀迪证义。沙门承礼、云观、神暕、道本次文。次有润文官卢粲学士、徐坚，中书舍人苏瑨，给事中崔璩，中书门下三品陆象先，尚书郭元振，中书令张说，侍中魏知古，儒释二家，构成全美。"

译场详细分工与前文所述基本一致。润文这个角色，一般都由儒家大官来担任。义净也有一个完备的译场来从事翻译工作，义净以后，唐朝廷组织的译经活动仍然在译场中进行。

据《宋高僧传》等所述唐代译场规制，一般设有九种职位，分别掌管不同的职责。具体如下：

（1）译主。拿贝叶原典的三藏法师，一般由明练显密二教的高僧担任。这是佛经翻译的中心人物，既要负责宣读贝叶经典原本，还要讲解其意义。

（2）笔受。将翻译过来的梵文经典语句用汉语记录下来的角色，由兼通华语梵语，学综空宗有宗的人担任。人员多时有好几名同时担任。

（3）度语。将梵文经典的含义用汉语进行组织的角色。一般是译主不懂华言时设置的职位。例如罽宾的般若在长安译《四十华严》时，就是由洛阳的广济担任度语。但译主若为华人，或担任译主的外国人精通汉语，则没有必要，如玄奘、义净、鸠摩罗什的译场都没有设置度语。

（4）证梵本。这是检查核对所翻译的语句是否契合梵文原语意义的角色，由精通梵汉两种语言的人担任。

（5）润文。这是润饰译文的角色。翻译如果仅仅能正确传达原典原意，而不能达到流畅典雅，则不能称为完美。译文成为美丽的妙文才能使读者欣赏喜爱。所以任此职者，必是善于修辞属文之士。所任职位数量不定。

（6）证义。验证核实已译文句的含义是否符合原典的角色，主要任务是核查经典内容，审定经文意义，审定有无错误。此职也常有多人充之。

（7）梵呗。这是开始翻译，举行宗教仪式时，担任梵呗讽诵、赞叹三宝的角色，并负责整肃译场人员的威仪，启发护法的善心，类似于一种佛教音乐队。

（8）校勘。即校勘已译成的译文，是一种从事校对工作的角色。

（9）监护大使。这是经典译成后，经过书写，担任监阅的职务，一般由朝廷高官充任。因为这时已非译文巧拙的审查，而是一种名誉上的监督。当某经典译成，其译主如果认为已经完善妥当，即托之于监护大使，由监护大使再奉之于朝廷，以供皇帝阅览。热心佛教的皇帝，虽然日理万机，对此也常赐以御制的序文。

9. 隋唐的佛经编目

南北朝时道安和僧佑等人十分重视佛教文献的整理和文献学的构建工作，对佛教文献翻译工作作了整理和总结，出现了《出三藏记集》《弘明集》《高僧传》等大批文史学、目录学著作。在道安和僧佑编纂佛教经籍编目之后，佛教的文献学就开始引起人们的高度关注。这些文献为佛经的翻译、典藏及研读提供了很大的方便。到隋唐时，佛经的翻译和整理又有了很大的发展，因而也就有了继续编纂佛经经录的需要。将历代翻译的佛典进行系统地分类，按照寺院藏书的标准缮写、编录成"一切经"。柳诒徵指出："唐代之于佛教，不独译经求法、分宗立寺为最盛也，即整理佛教经籍，亦以唐为最大。"①

这项工作从一开始就得到朝廷的重视与支持。隋文帝在开皇十四年（594）命大兴善寺翻经沙门法经等20人，整理到此时为止所有已经译出的佛教经典，法经等人撰写了《众经目录》七卷。《众经目录》又称《法经录》，是一部有组织而且分类较精的经录。法经等在进呈该经录的表章中对编写宗旨、编写经过、编写原则有详细说明。

《众经目录》分《别录》与《总录》。《别录》以大、小乘经、律、论为六门，分作一译、异译、失译、别生、疑惑、伪妄六类，又抄集、传记、著述三门，各分作西域、此方二类；《总录》则统计其部数、卷数。第七卷的《总录》九录为：（1）大乘修多罗藏录784部1718卷；（2）小乘修多罗藏录842部1304卷；（3）大乘毗尼藏录50部82卷；（4）小乘毗尼藏录63部381卷；（5）大乘阿毗昙藏录68部281卷；（6）小乘阿毗昙藏录116部482卷；（7）佛灭度后抄集录144部627卷；（8）佛灭度后传记录68部185卷；（9）佛灭度后著述录119部134卷。九录合计2257部5310卷。

《众经目录》成书三年后，翻经学士费长房在开皇十七年（597）编撰了《历代三宝纪》15卷，又称《隋开皇三宝录》，通称《长房录》。费长房原出家为僧，博学而精于玄理。北周建德三年（574）废佛法时，他被迫还俗。隋开皇初佛教复兴，费长房被召任翻经学士，在大兴善寺国立译场，参加译事。自开皇四年（584）到十七年（597），那连提耶舍所译《大方等日藏经》《力庄严三昧经》，阇那崛多所译《佛本行集经》《善思童子经》《移识经》《观察诸法行经》《商主天子所问经》《金光明经·嘱累品》及《金光明经·银主陀罗尼品》等，都由费长房笔受。同时，他又致力于佛经目录的纂辑。他认为过去的佛经目录有的散佚，有的记录不完备。他参加国立译场，接触到更多的经籍，有条件总结前人的成果，把目录编纂得更全面和系统化。费长房编写的这部《历代三宝纪》和《众经目录》体例不

① 柳诒徵：《中国文化史》下卷，东方出版中心1988年版，第485页。

尽相同，在内容和篇幅上，比《众经目录》要远为丰富。他在《总目序》中记叙了编撰情况。

《历代三宝纪》分四部分，前三卷是"帝年"，以周庄王十年（前687）为释迦降生之年，从这年开始，到隋开皇十七年（597）止，分上下排列，上列各朝帝王、年号和干支，下记佛教的兴替，佛典的传译，旁及当时史事，是佛教年表的雏形。前文已经说明，把周庄王十年作为释迦牟尼的诞生之年是不准确的，甚至可以说是佛教徒为了抬高佛教的地位而编造的，而费长房则是持有此说的人之一。第四卷到十二卷是代录，即以王朝为线索，把不同历史时期的佛教译著，作了统一的阐述。所载从东汉到隋共16代，每代前有叙录一篇，说明当时的政治情况及与佛教的关系。内文则以译述的人为主，考订他们译经的卷数、部类、经名异称、第几次翻译、译经年代地点、参与工作的人员、曾经著录的经录以及译人的传记等。第十三、十四两卷是入藏目录，第十三卷是大乘录，第十四卷是小乘录，都分经、律、论三类，每类又分有译人名和失译人名二项。第十五卷是总目，载有收进本书的表文、本书总序及全书目录，末尾附有宋、梁、魏、北齐、隋6家经录和已佚的古代24家经录。《历代三宝纪》著录的翻译家和经典，较之过去的各家目录，有明显增加，比《出三藏记集》卷二《新集经论录》所载自东汉至梁的翻译人数多一倍半以上。卷一二《大隋录》所记当代的事，如记载那连提耶舍、阇那崛多等人的译经活动时，详载其翻译的起讫年月、译经场所及度语、笔受、制序人等。除著录译经外，还记载当时的佛教著述，这里面包含有注疏、论著、传记、目录、类书等，并加以扼要地记载，使后人能知道这些著作的大概。费长房的这部《历代三宝纪》受到了隋文帝的重视，文帝敕令流通，所以它在佛教经籍史和经录史上很有影响。

隋仁寿二年（602），彦琮敕撰《众经目录》五卷，又称为《隋众经录》《隋仁寿年内典录》《仁寿录》《内典录》《彦琮录》等，卷首题"隋翻经沙门及学士等撰"。此经录分类录出东汉至隋代之翻译经典，共分六部分：（1）单本。原来一本，更无别翻。共371部1687卷，其中大乘经单本159部558卷，大乘律单本14部30卷，大乘论单本43部111卷，小乘经单本102部417卷，小乘律单本29部267卷，小乘论单本24部304卷。（2）重翻。本是一经，或有二重翻者乃至六重翻者。合277部583卷，其中大乘经重翻172部

416 卷，大乘律重翻 3 部 3 卷，大乘论重翻 8 部 52 卷，小乘经重翻 94 部 112 卷。（3）贤圣集撰。贤圣所撰，翻译有原。合 31 部 164 卷。（4）别生。于大部内抄出别行。合 810 部 1288 卷，其中大乘别生 121 部 138 卷，大乘别生抄 117 部 137 卷，大乘出别生 352 部 352 卷，小乘别生抄 213 部 326 卷，别集抄 7 部 334 卷。（5）疑伪。名虽似正，义涉人造。合 209 部 491 卷。（6）缺本。旧录有目，而无经本。合 370 部 610 卷。合计 2068 部，5058 卷。彦琮的《众经目录》刊定了当时书写佛经总集的标准，一直影响到后世。

唐代在彦琮《众经目录》的基础上增订而成的经录或带有经录性质的著作还有十几种，如：（1）贞观初年的德业、延兴二寺《写纪目录》（玄琬编，共收 720 部 2690 卷）；（2）显庆三年（658）西明寺大藏经的《入藏录》（共收 800 部 3361 卷）；（3）龙朔三年（663）《东京大敬爱寺一切经论目录》（静泰编，共收 816 部 4066 卷）；（4）麟德元年（664）《大唐内典录》（10 卷，道宣编）；（5）麟德元年《古今译经图记》（4 卷，靖迈撰）；（6）武周天册万岁元年（695）《大周刊定众经目录》（15 卷，明佺等撰）；（7）开元十八年（730）《续大唐内典录》（1 卷，智升撰）；（8）开元十八年（730）《续古今译经图纪》（1 卷，智升撰）；（9）开元十八年（730）《开元释教录》（20 卷，智升撰）；（10）开元十八年（730）《开元释教录略出》（4 卷，智升撰）；（11）贞元十年（794）《贞元续开元释教录》（3 卷，圆照撰）；（12）贞元十六年（800）《贞元新定释教目录》（30 卷，圆照撰）。

在这些目录里，开元十八年（730）智升编纂的《开元释教录》的影响最大。蒋伯潜说："佛经翻译事业，至唐代而极盛，佛教书目，至智升而登峰造极。"①

《开元释教录》又称作《开元录》《开元目录》《智升录》。内容分两大部分，一为总录，即总括群经录，二为别录，即分别乘藏录。

总录以译人为主，收录了 19 个朝代译出的经籍。每录先记朝代、都城、帝系、年号、译家（兼及作家）人数，所译（兼及所撰集）的典籍部数卷数，并注明存缺。然后再按译人（及撰人）详细记载所译（和所撰集）的典籍、名题、卷数、译时、译地、笔受润文者、单重译等，及各人小传，全书

① 蒋伯潜：《校雠目录学纂要》，北京大学出版社 1990 年版，第 67 页。

共记 176 人。另列有失译的经，附在每一朝代录之末。总录末卷载历代佛经目录，分两类：一为古目录，从《古经录》至《众经都录》共 25 家，依长房、《内典》两录仅列各古录名目；二为新目录，从《众经别录》至《大唐内典录》共 16 家。

别录以经典为主，分七类：（1）《有译有本录》（附失译有本），其中包括三录：第一是《菩萨三藏录》，这就是菩萨契经藏（即大乘经藏）、菩萨调伏藏（即大乘律藏）和菩萨对法藏（即大乘论藏）；第二是《声闻三藏录》，这就是声闻契经藏（即小乘经藏）、声闻调伏藏（即小乘律藏）和声闻对法藏（即小乘论藏）；第三是《圣贤传记录》，包含有赞佛、明法、僧行、护法、外宗五类的撰集，而将梵本翻译放在前面，汉语撰述放在后面。三大类共计 1124 部 5048 卷；（2）《有译无本录》（附失译缺本），是大小乘三藏经典及圣贤集传名存本阙的目录，合计 1148 部 1980 卷。（3）《支派别行录》，是从大部中抄出一向单独流行的大小乘三藏经典及圣贤集传的目录。合计 682 部 812 卷。（4）《删略繁重录》，是各经录里同本异名或误为别种，而实际应该删去的各书目录。共 147 部 408 卷。（5）《补阙拾遗录》，凡旧录阙载或新译未及入藏的，另为目录。共 306 部 1111 卷。（6）《疑惑再详录》，记载可疑尚待考定的经典，共 14 部 19 卷。（7）《伪妄乱真录》，记录后人随意编造伪撰的经典，共 392 部 1055 卷。

《开元释教录》的撰述宗旨，据作者在总序中说，是因为佛法东传以来年代已相当长远〔从东汉永平十年（69）到唐开元十八年（730），凡 661 年〕，翻译的经典，"屡经散灭，卷轴参差"，更有一些人掺入妄伪，弄得混杂难以考究。从前虽有不少学者，用心整理写成经录，当时所存凡六七家，但还没有穷极根源，因而颇多遗漏。本录就是为了要考校这些异同，指出它们的得失，而使佛典叙次有条不紊。

《开元释教录》卷一九《大乘经律论入藏目录》、卷二〇《小乘经律论圣贤集传入藏目录》，共著录佛典 1076 部 5048 卷，并标有每经所用纸张数目。其后又将此两卷分为 4 卷别行，名《开元释教录略出》，按《千字文》次第排列，始于"天"字，终于"群"字，从而奠定了大藏经的具体规模，成为后来一切写经、刻经的准据。同时有华严寺沙门玄逸对于入藏各经的卷次、条目详加校定，撰成《开元释教广役历章》30 卷，更提高了《开元释教录》的准确性。《开元释教录》后依敕令而被入藏。其 1076 部 5048 卷入藏录，成为后来蜀本雕版大藏经之标准。宋赞宁赞叹说："经法之谱，无出升之右者，后之圆照贞元录也，文体意宗，相岠不知几百数里哉。"陈垣说："凡事创者难为功，因者易为力，著书亦然。《开元释教录》之前，已有诸家目录及僧传，此书集诸家之成，而补其阙漏，订其讹误。有旧录以为失译而并未失译者，有旧录未详时代而今已知其时代者，有旧录译人误而今特正之者，可称后来居上。"①

10. 道宣对佛教文献学的贡献

梁启超说："经录之学，至隋而殆已大成，综其流别，可分两派：其一，专注重分类及真伪，自僧佑、李廓以下皆是，至隋《法经》集其成……其二，专注重年代及译人，竺道祖以下凡以朝代冠录名者皆是，至隋费长房集大成。"而道宣则"集法经、长房两派之所长而去其短，更为有系统的合理的组织，殆经录中之极轨矣"。②

在唐朝的佛经文献编目学中，道宣所取得的成就引人瞩目。道宣是中国佛教史上有重要影响的史传学家，他考察前代积累的大量史料，吸取以往的文史学成果，历经数十载，建立起较为完备的中国佛教文献学轨范。在中国佛教文献学的发展上，道宣起到了很大的作用。道宣还是律宗南山派创始人。唐朝初年，律宗振兴，开宗立派盛况空前。道宣声教亦广被中国，受业传教弟子可千百人，博得了时人极高的称誉。

道宣在佛学上有很高造诣，他自称年轻时"居无常师，追千里如咫尺；唯法是务，跨关河如一苇；周流晋魏，披阅累于初闻；顾步江淮，缘构彰于道听。遂以立年方寻铅墨，律仪博要，行事谋猷，图传显于时心，钞疏开于有识；或注或解，引用寄于前经，时抑时扬，专门在于成务"（《关中创立戒坛图经》）。至初唐时，道宣已经声名卓著。贞观十九年（645）玄奘从西域回国，道宣于同年六月被征召至长安弘福寺参加玄奘的译场，任缀文大德，参与译事。后来，道宣奉敕为唐京新建的西明寺上座，同年七月迎请玄奘入寺译经，他也参加译业。

---

① 陈垣：《中国佛教史籍概论》，上海书店出版社 2005 年版，第 11 页。
② 梁启超：《佛学研究十八篇》，群言出版社 2013 年版，第 378—379 页。

道宣在佛教文献学上取得了很大的成就。他于贞观十九年（645），撰成《续高僧传》30卷，同年入弘福寺参加译经，兼考证西域方舆，于永徽元年（650）撰成《释迦方志》2卷，显庆五年（660）撰成《佛化东渐图赞》1卷。其时佛道二教论争甚炽，他于龙朔元年（661）撰成《集古今佛道论衡》3卷，麟德元年（664）又撰成1卷，合为4卷。同年又撰成《大唐内典录》10卷、《广弘明集》30卷和《集神州三宝感通录》（一名《东夏三宝感通记》）3卷。又于麟德二年（665）撰成《释迦氏谱》（一名《释迦略谱》）1卷。此外还撰有《圣迹现在图赞》1卷、《后集续高僧传》10卷、《法门文记》若干卷等。其中《续高僧传》《释迦方志》《集古今佛道论衡》《大唐内典录》和《广弘明集》等，均为佛教史上的重要名著。唐智升称他"外傅九流，内精三学，戒香芬洁，定水澄漪，存护法城，著述无辍"（《开元释教录》）。

《大唐内典录》是一部经录学著作。道宣在序言中说到他编纂经录的宗旨："尊者迦叶，集四箧于崛山，大智文殊，结八藏于围表。遂能流被来际，终七万之修龄，余波东渐，距六百之嘉运。详夫爰始梵文，负之亿计香象，今译从于方言，大约五千余卷。迁贸更袭，浇薄互陈，卷部单重，疑伪凡圣，致使集录奔竞三十余家。举统各有宪章，征核不无繁杂，今总会群作以类区分。"

《大唐内典录》共10卷，每卷内容如下：（1）历代众经传译所从录；（2）历代翻本单重人代存亡录；（3）历代众经总撮入藏录；（4）历代众经举要转读录；（5）历代众经有目阙本录；（6）历代道俗述作注解录；（7）历代诸经支流陈化录；（8）历代所出疑伪经论录；（9）历代众经录目终始序；（10）历代众经应感兴敬录。

与以前的经录相比较，《大唐内典录》的优点主要体现在：《历代众经传译所从录》在内容框架上继承《历代三宝记》，但更重于考证审核，克服了前者真伪杂收的缺点；一经有多种译本者，则标注"初出""第二出""第三出"，略无遗漏；增补《历代三宝记》前已出而未收录的佛经译本和《历代三宝记》之后新出的佛经译本。《历代众经举要转读录》具有开创意义。在佛经汉译过程中，同本异译的情况非常之多，道宣则从多种译本中选择一最善本为代表，附录其余译本，供学佛者有选择地阅读。如《华严经》举佛陀跋陀罗 60 卷本，而异译异名者达 10 部；《维摩诘所说经》举鸠摩罗什译本，而异译有两种；《解深密经》举玄奘译本。《历代道俗述作注解录》还收入汉地佛教撰述，也是道宣新开创一体例，反映了他对中土撰述的重视。《历代众经有目阙本录》将仅存其名的佚失经译本存目，有助于后世的增补和研究。这似借鉴了正史文献学（如《隋书·经籍志》）的做法，使经录更能反映至唐为止的经译全貌。《大唐内典录》是佛教目录学著述中的佼佼者，它的体例为后世所承袭，如稍后智升的《开元释教录》即大体依仿《大唐内典录》而成。

道宣的另一重要著作是《续高僧传》。宝唱《名僧传》和慧皎《高僧传》是梁代众多僧人总传中最完善的两部。但道宣对二书不是十分满意，指出因为"博观未周""同世相侮""中原隐括"，许多应该收入的僧人被遗漏了。另外，如他在《续高僧传》卷三一中所说，自梁以后，僧史荒芜，高行明德，湮没无纪，使人抚心痛惜，"故当微有操行，可用师模，即须缀笔，更广其类"。道宣所撰《续高僧传》及稍后《后集续高僧传》的合编，上起梁初，下迄唐德麟二年（655），时间大体与《高僧传》相衔接，正传 414 人，附见 202 人，大大超过以往僧人总传所收人数，也是历代僧人总传中最厚实的一部。

《续高僧传》所据的资料，如道宣在自序中所说："或博咨先达，或取讯行人，或即目舒之，或讨雠集传。南北国史，附见徽音，郊郭碑碣，旌其懿德。皆撮其志行，举其器略。"《续高僧传》搜集全备、考索细微，补充了《高僧传》遗缺的重要僧人。通过道宣的补佚增广，中国佛教史上一批重要僧人的行迹著述得以彰显。梁至唐初佛教各宗派代表人物的历史活动也赖《续高僧传》流传下来。对于每一位传主，道宣有详细的说明，有的达数千以至上万字，最长的是《玄奘传》，有两万字。

道宣采纳了《高僧传》十科的分法，但又做了调整，如《神异》改为《感通》，《亡身》改为《遗身》，《诵经》改为《读诵》。合《经师》《唱导》为《杂科声德》，因为二者或指善于运用语言技巧讽诵长行，歌唱偈颂，或指杂序因缘，旁引譬喻宣讲佛理的僧众，他们都是以声糅文，开悟听众的，因意义相近，故归一类。新增《护法》一篇，重点介绍了在历代三教之争及帝王限制佛教活动甚至灭法等决定佛教命运的关键时刻，能挺身而出，维护佛法的刚毅之士。这样,《续高僧传》共 10 篇,即:(1)译经篇;(2)义解篇;(3)习禅篇;(4)明律篇;(5)护法篇;(6)感通篇;(7)遗身篇;(8)读诵篇;(9)兴福篇;(10)杂科声德篇。

道宣认为:"凡此十条,世罕兼美,今就其尤最者,随篇拟伦。"也就是说,根据僧人最突出的德业,将他选编在某一科。并因承《高僧传》的轨范,在每科之末设《论》,"搜擢源沠,剖析宪章,组织词令,琢磨行业"。《高僧传》征采周富,叙载详瞻,笔力纵放,词句绮丽,居诸部僧人总传之首。《续高僧传》还规范了以后僧人总传的体例和撰写方法,其后的另一部总传《宋高僧传》即"循十科之旧例,辑万行之新名"。

隋唐之际,佛道争论频繁发生。三教之争主要反映在因果报应、沙门是否应敬王等伦理观点上。为应对三教论争,道宣编辑了两部文献集,即《集古今佛道论衡》和《广弘明集》。《集古今佛道论衡》共四卷,是东汉至唐高宗朝佛教与道教斗争史实的叙述,细致生动地描述了历代佛道论争的背景、缘由、人物、议题、过程、结局,详尽论述了佛道论争的裁定者——帝王在争议中的态度、倾向。

前述僧佑曾编纂的《弘明集》,为弘教护法著作。所谓"弘明",就是要阐明佛学义理,弘扬佛教精神。而道宣也是不满于"中原周魏,政袭昏明,重老轻佛,信毁交贸"的状况,所以才在《弘明集》之外,更扩而大之,编撰《广弘明集》,"寻条揣义,有悟贤明,孤文片记,撮而附列,名曰《广弘明集》一部三十卷"。道宣的《广弘明集》继承了僧佑的余绪,但收文的时地范围、数量大大增加了。《广弘明集》分为 10 篇,包括归正、辩惑、佛德、法义、僧行、慈济、戒功、启福、悔罪、统归,收入各类文章 280 多篇,作者 130 余人,文体有论序、表诏、行状、诔铭、颂赞、诗赋等,时间始自曹魏,终于唐初。它收录了梁以前而《弘明集》缺载的大量著述,如魏曹植的《辩道论》,南北朝谢灵运的《辩宗论》,东晋支遁的《释迦文佛赞像并序》,后秦姚兴的《通三世论》。在类别方面,举凡诗赋、诔铭、诏书等也被道宣收入,这些零散的文献往往透露出重要史实。

《广弘明集》在唐代便已流传颇广,智升的《开元释教录》便有著录,且称道宣"凡所修撰,并行于代"。北宋赞宁《宋高僧传》卷一四亦称"宣之编,美流天下"。《广弘明集》具有重要的学术价值。佛教作为一种外来的思想文化，从初步传入到逐渐扎根生长，枝繁叶茂，从附庸儒、道，进而独立发展，蔚为大观，经历了一个与中国本土文化从冲突到融合的过程。一部中国佛教史，就是外来佛教文化与中国本土的儒道思想文化不断碰撞，相互影响，以至彼此渗透，会通交融的历史。《广弘明集》是继僧佑《弘明集》之后，又一部收录更为广泛的思想史资料集，它更全面集中地反映了魏晋至唐初的佛学义理是如何在儒释道三家错综复杂的关系中不断演变发展的。《广弘明集》除了保存了大量的佛教思想方面的史料之外，还保存了一些在其他典籍中久已佚失，却唯赖此集得传的文献资料，在中国历史文献学上也有重要意义。

11. 佛经的收藏

我国有着悠久的藏书传统。数量众多的典籍是中华文明的重要标志之一，而典籍的保存和流传，很大程度上有赖于持之以恒的藏书活动。从殷商时代藏甲骨的"龟室"算起，中国古代的藏书事业历经 3000 多年的积累发展，逐渐形成官府藏书、私人藏书、寺观藏书和书院藏书四大体系。

中国佛教典籍至齐梁时已甚丰富，历史上第一个搜聚卷帙建立起来的经藏，就是僧佑在建初、上定林两寺所建立的经藏。僧佑先后在建康城内的建初寺和钟山上定林寺营建般若台造立经藏，并各有文记载其事。其中上定林寺经藏的建立，还得到梁临川王萧宏的大力襄赞。著名文学家刘勰也相随从事整理厘定工作，并区别部类加以序录。后来慧皎在《高僧传》中也称述僧佑"造立经藏，搜校卷轴，使夫寺庙开广，法言无坠"的劳绩。饶宗颐指出："齐梁时代经藏约略可考者，萧齐有般若台大云邑经藏，梁有上定林寺临川王萧宏造经藏，建初寺般若台经藏及帝室华林园经藏各处……此三处经书，皆僧佑可以利用者。《佑录》补订道安所谓'新集'之资料，想多取资于此。"①

历代寺院十分重视佛经的收藏，于寺内建立贮经之所——经楼。到了唐代，"左钟右藏"已基本成为寺院建筑布局的定制。白居易说："寺有佛像，有僧徒，而无经典，寂寥精舍，不闻法音，三宝阙一，我愿未满。"（《香山寺

---

① 饶宗颐：《饶宗颐二十世纪学术文集》卷五，中国人民大学出版社 2009 年版，第 212 页。

新修经藏堂记》）隋唐佛教发展繁荣，随着译经事业的发展和中土撰著的大量出现，加之中唐之后雕版印刷术走向应用，寺院藏书的品种、数量剧增，质量有保证，《开元释教录》标志着佛教大藏经本体系的成熟，寺院藏书达到极盛。据《大隋众经目录》记载，隋朝的京师长安大兴善寺收录众经 2257 部 5310 卷，还不包括未译梵本。以道宣所编《西明寺寻》为蓝本而编的《大唐内典录》卷八《历代众经见入藏录》，载西明寺共收录大小乘经律论及贤圣集传 800 部 3361 卷，这些数字并不包括中国僧人的撰著。白居易所建的龙门香山寺共藏书 5270 卷，分作六藏保管在藏经堂，"启闭有时，出纳有籍"。根据白居易的《苏州南禅千佛堂转轮经藏石记》，收录于此经藏的经，达 256 函 5058 卷，其注记说："《开元释教录》之名数，与此经藏之名数相同。"又《香山寺新修经藏堂记》说："于诸寺藏外杂散经中，得遗编坠轴者数百卷，秩以开元经录，按而校之，于是绝者续之，亡者补之，稽诸藏目，名数乃足，合新旧大小乘经律论集，凡五千二百七十卷，乃作六藏，分而防焉。"汤用彤在《隋唐佛教史稿》中指出，"隋唐藏经之所，想遍天下"。

佛教图书，除大藏外，还有单本译经、中国僧人撰著、疑伪经、宣传佛教的文书字画、佛像、法器等。另有一小部分非佛教图书，如常见的经、史、子、集四部书，医书、志书、阴阳、法书、蒙学著作，僧人自著的诗文，等等。鉴于佛教的外来性质，数量不一的梵文，也是这一时期藏书的特色之一。《洛阳伽蓝记》记"永宁寺"曰："外国所献经像，皆在此寺。"佛教藏书还有一种特殊的形态，即石经。石经载体稳定，有益保护佛典。如山东泰山经石峪的《金刚经》、河北武安北响堂的《维摩诘经》，隋代的房山云居寺石刻佛经，有 1.5 万余石，近千部佛经。另一种是把典籍藏于佛阁密室之中，如著名的敦煌石室藏书。

寺院藏书，由历朝历代的僧俗官民共同参与，藏书来源多为僧人信徒抄写的佛经，僧人个人撰著，官府颁赐，其中赐藏是寺院藏书的重要来源之一。此外，寺院也积极刻印和购置经书。僧侣为了表达宗教信仰，官民出于功德心理，共同参与到造经、藏经的活动中，写经造藏是中国佛教僧侣信众宗教生活的一件大事。

六 中国佛教宗派的形成

1. 中国佛教宗派的创立

梁启超认为，中国佛教史可以分为两个时期，一个是输入期，指两晋南北朝时期，一个是建设期，指隋唐时期。输入期的主要特点是西行求法和传译经论，建设期的主要特点则是诸宗派的成立。① 钱穆也说："若以魏晋南北朝佛学为'传译吸收期'，则隋唐佛学应为'融通蜕化期'。"②

南北朝时期，随着大量的佛经被翻译成汉文，从事翻译的以及其他得以阅读这些经文的僧人，开始对其进行研究性的探索，而一些义学僧人专门研究某部经典，就形成了各种"师说"，形成了学派，其中有毗昙师、成实师、三论师、摄论师、十诵律师、涅槃师、地论师、四论师、四分律师、净土师、楞伽师等等。这些学派为隋唐佛教宗派的产生奠定了基础。范文澜指出：

> 通过佛书的翻译，天竺和其他诸佛教国的大部分著作，被介绍到中国来了，这就大大丰富了中国的思想界。没有东汉以后大量佛书的输入，就不会有隋、唐以后内容革新的中国哲学。大抵东汉迄南北朝是佛教的吸收时期。在这一时期里，佛教徒的贡献，主要是翻译经典，其次才是阐发义理。隋、唐两朝是佛教的融化时期。在这一时期里，佛教徒的贡献主要是创立宗派（学派），形成中国化的佛教哲学，翻译退居次要地位。显然，翻译西方各种不同学说的经典，正为中国佛教创立宗派准备了必要的条件。

吕澂也指出，南北朝时期佛学的发展为唐代佛教宗派的产生奠定了基础。他说：

> 到了这一时代末期，两地的社会发展相接近了，各种学说相互

---

① 参见梁启超：《佛学研究十八篇》，群言出版社 2013 年版，第 14 页。
② 钱穆：《国史大纲》（修订本）上册，商务印书馆 1996 年版，第 372 页。

沟通，佛学方面南北的各家师说也逐渐有了综合调和的趋势，于是开始酝酿一定学派的结构。此外，当时提倡某一种学说的人，常能在一地方固定下来，并有了经济基础，具备了设立门庭，传授学徒的条件，这样，师弟传承络绎不绝，因而逐渐形成了宗派，就大不同于前此流动不定的各种师说了。①

在唐代，不仅继续有大量佛经被翻译成汉文，使佛教经典渐趋完备，而且针对佛教经论所作的各种佛典注疏，以及结合个人体验、研究所撰著的通论专书也纷纷问世。这些表现各人独特思想见解的著作，是各宗派形成及发展的重要理论依据。因此，隋唐时期佛教天台、三论、法相、华严、密、禅、净、律等八大宗派的创立，与经典的翻译有密不可分的关系。

南北朝以来，佛典译经内容浩繁，种类杂多，致使歧义纷出，师说林立。为调和各类佛典之间的矛盾，克服佛教内部的理论分歧，南北朝时已出现了判教的做法。所谓判教，是断定佛教的主要经典和体系各有其存在的理由和价值，但认为本宗信奉的那部分最高最尊，处于圆满地位。这类判教，至隋特别流行开来。它们虽缺乏史实根据，却反映了隋唐佛教各宗派的一个共同倾向：宗派性是强烈的，对异己者是宽容的；调和是主流，斗争仅限于高低主次的理论陈述。隋的统一，促进了各地文化的交流，使以往南北各有侧重的佛教信仰得以相互补充、融合。南北佛教僧侣交相往还，沟通教义，南北各家"师说"走向调和会通，佛教内部出现理论与修行并重的要求，和"破斥南北，禅义均弘"的做法。

由各类"师说"发展成为大型宗派，是隋唐佛教的一个重要特征。它们的形成需要高度发达的寺院经济，前后一贯的学说体系，相对稳定、人数众多的社会信仰层，以及保证师徒延续的法嗣制度。南北朝时期，寺院经济已具相当规模，隋以后又有新的发展。寺院经济不但强盛，而且稳定，这使提倡某一佛教思想的学者可以长期定居，研究教理，教授学徒，形成别具风格的僧侣集团。日趋庞大的寺院经济，也带来了庙产的继承问题，僧侣们通常采取排他性的宗派形式来维护本集团的利益。这些宗派以某些大寺院为据点，以某些名僧为领袖，形成各自的势力范围。与南北朝佛教的发展相比，自隋

---

① 吕澂：《中国佛学源流略讲》，中华书局1979年版，第159—160页。

唐起，中国佛教逐渐完成了中国化，实现了自身的创造性转化，佛学大师通过"判教"的方法，使佛教不同的派别、互异的经典得到系统的组织，建立起了义理、修行、教团组织体系内在一致的综合系统，并逐步形成了融摄和排斥相统一的宗派观念。佛学的系统化是佛教学派演变为宗派的基础。汤用彤指出：

> 印度佛教理论，本来有派别的不同，而其传到中国的经典，到唐代已甚多。其中理论亦复各异。为着要整理这些复杂不同的理论，唐代的佛学大师乃用判教的方法。这种办法使佛教不同的派别、互异的经典得到系统的组织，各给一个相当地位。因此在隋唐才有大宗派的成立。[①]

各派大师在使佛学系统化的过程中，不但建立起自己理论上的特点，而且还有浓厚的宗派意识，各认自己一派为正宗，不仅学术上如此，而且普及到一切方面。隋唐以后中国佛教以"宗派"为主要存在形式，形成了以天台宗、华严宗、禅宗等为代表的独立发展的教团，"宗派"成为隋唐以后中国佛教发展的特点。

隋唐的佛教宗派是在南北朝时期各派"师说"的基础上发展起来的。但是，师说是佛学内部的不同学派，隋唐出现的则是佛教内部各僧团组成的宗派。或者如有的学者将它们分别称为"学派佛教"和"宗派佛教"。汤用彤把佛教史上的"宗"区分为"学派之宗"和"教派之宗"，他比较了"学派"和"宗派"的区别，把"宗派"的成立确定为隋唐时期。他认为：唐代佛教的宗派，往往各宗有自己的庙、自己的禁律、自己的佛学理论、自己的历史、自己的宗派意识，甚至拥有自己的全国性教会组织。根据天台宗、华严宗等宗派的特点，总结出宗派的本质特征，他说道：

> 所谓宗派者，其质有三：一、教理阐明，独辟蹊径；二、门户见深，入主出奴；三、时味说教，自夸承继道统。用是相衡，南北朝时实无完全宗派之建立……迫及隋唐，而宗派确定矣。[②]

---

① 汤用彤：《隋唐佛教史稿》，北京大学出版社2010年版，第256页。

② 汤用彤：《隋唐佛教史稿》，北京大学出版社2010年版，第86页。

颜尚文为佛教宗派定义为:

> 在佛教发展中,经某些教徒根据佛教主要教法,创造出独特的宗义和修行方法,并且透过讲著师承,使此种独特宗义流传数代而形成的独立思想体系或教团。①

他认为宗派的两项不可分离之基本因素是宗义与师承。在宗义师承关系发展中,又产生专宗寺院、组织制度等重要因素,而派别意识则由隐而显地贯穿在宗派的独立体系或教团中,并且产生宗祖、道统等强烈的争执。因此,宗派依其发展程度之不同,可区分为两种形式:一为学派式宗派,仅有宗义与师承关系及微细难查的派别意识之教义体系;一为教派式宗派,包含宗义、师承体系、专宗寺院、组织制度与强烈的派别、宗祖、道统意识等因素之教团。

唐代各佛教宗派虽然各立门户,但并非不可调和,而是具有相互借鉴和融合的趋势。吕澂指出:"唐初的佛学是随顺隋代组织异说的趋势更加发展了的。依着当时著名学者的取材不同以及各有侧重之点,后来就形成了种种宗派,但是都带着些调和的色彩。"② 这种"调和的色彩",既反映了中国文化自身的文化包容性,同时,也体现出中国佛教发展的一个特别之处。他认为,在南北朝末期,佛学南北各家师说"逐渐有了综合调和的趋势,于是开始酝酿一定学派的结构"。在他看来,学派在综合调和的趋势过程中,还存在着一种与"综合调和"不太一致的趋势,即"当时提倡某一种学说的人,常能在一地方固定下来,并有了一定经济基础,具备了设立门庭、传授学徒的条件,这样,师弟传承络绎不绝,因而逐渐形成宗派,就大不同于前此流动不定的各种师说了"③。宗派意识之"存异"是在整个中国佛教"求同"的内在发展需要的基础上展开的,故即使是宗派意识,也并非一味地突出门户之见,而是在强调殊途同归的同时,凸显己宗的殊异性。这种"求同存异"的过程是漫长的,宗派观念的存异性并非是一开始就有的自觉,而恰是在宗派内部、宗派之间的冲突和会通中逐步呈现的。正如葛兆光所说:"现在宗教史中关于

---

① 颜尚文:《隋唐佛教宗派研究》,台北新文丰出版公司1980年版,第4页。

② 吕澂:《吕澂佛学论著选集》,齐鲁书社1991年版,第2930页。

③ 吕澂:《中国佛学源流略讲》,中华书局1979年版,第335、159—160页。

佛教宗派的习惯性叙述，常常是依据佛教徒自己党同伐异的'教相判释'而在事后追溯的结果，它总是把各种宗派的门墙划得太清，以至于后来的阅读者总会以当时佛教徒不仅在理论上而且在派系上一开始就像汉界楚河那么清楚，仿佛井水不犯河水。""中国的佛教各宗，从一开始只是学说宗旨略有差别，而并非一开始就是不可通约与逾越的门派，成为后一种宗教团体，并变得越来越有门户之别，则是后来被陆续建构的。"①

2. 唐代佛教八大宗派

在唐代形成和发展的中国佛教宗派，主要有八大宗派。

（1）天台宗。

中国佛教中最先开宗立派的是创立于隋朝的天台宗。天台宗是由陈入隋的浙江天台山僧人智顗创立的，因以《妙法莲华经》立宗，故又称法华宗。天台宗的形成，是中国佛学进入精彩纷呈的宗派鼎立时期的标志。

智顗，俗姓陈。15岁出家，陈文帝天嘉元年（560）入光州大苏山诣慧思禅师学习禅法，7年后慧思正式付法于智顗。这一年，智顗奉慧思之命来到金陵，开始了其一生的弘法活动。陈宣帝太建七年（575），智顗与慧辩等20余人入天台山隐居实修止观。智顗在天台山实修的九年，是他弘法生涯中的重要时期。在这一时期，佛教天台宗的规模已经初步形成，智顗的修行为该宗的发展和繁荣奠定了坚实的基础。陈后主至德三年（585），智顗离开天台山，再度来到金陵，开始全面弘传天台佛法。陈亡后他去庐山。开皇十一年（591），隋晋王杨广邀请他赴扬州，从他受菩萨戒，尊他为智者大师。开皇十三年（593），智顗在其家乡当阳县玉泉山建立寺院，后改名为玉泉寺。他去世4年后，在杨广的援助下，天台山建国清寺。智顗的著作很多，最重要的是《法华玄义》《法华文句》《摩诃止观》，都是20卷，被称为"天台三大部"。

南北朝时期，南北佛教风格不同，南方重理论，北方重实践，即所谓"南义北禅"。随着隋朝全国的政治统一，佛教需要顺应时势，融合南北风格为统一的风格。智顗熔南北两地佛教思想、学术风格于一炉，提出定慧双修

---

① 葛兆光：《中国思想史》第二卷《七世纪至十九世纪中国的知识、思想与信仰》，复旦大学出版社2001年版，第119页。

的止观法门。"止观"是禅定和智慧的连称。"止",音译"三摩地",意译又作"止寂"或"禅定";"观"音译"毗婆舍那",意为智慧。止观并重本来也是佛教的传统,印度佛教就是如此,但中国佛教在发展之初期形成了止、观异途或曰北方重禅、南方重义解的两种做派。智顗继承其师之教诫而大弘止观并重、定慧双修的修行方式,意义十分重大。智顗在《修习止观坐禅法要》卷上中指出:"止乃伏结之初门,观是断惑之正要;止则爱养心识之善资,观则策发神解之妙术;止是禅定之胜因,观是智慧之由藉。……此之二法,如车之双轮,鸟之两翼,若偏修习,即堕邪倒。故经云,若偏修禅定福德,不学智慧,名之曰愚;偏学知(智)慧,不修禅定福德,名之曰狂。"正确的方法仍是福慧相资、二轮平等。智顗的这一立场被天台宗的后继者全面继承。

天台宗奉印度空宗论师龙树为初祖,是由于本宗的理论生发于龙树《中论》卷四中的一首偈:"众因缘生法,我说即是空,亦为是假名,亦是中道义。"这里以空、假、中三个命题来解释宇宙万象和宇宙本体的关系,认为二者带着即空、即假、即中的统一性。天台宗将其发挥为圆融三谛说。"我说即是空",是真空,是真谛。所谓真谛,即绝对真理,是从佛教的角度立言的,揭示宇宙万象的本质。这里讲宇宙万象的总相、共性,即宇宙万象都是由因缘和合而成,没有自身的实体,其本原是佛性,佛性实有,不能用世俗概念加以描绘,故名之为空。"亦为是假名",是假有,是俗谛。所谓俗谛,即相对真理,是从世俗的角度立言的。这里讲宇宙万象的个别相状,即宇宙万象虽无自身的实体,却有各自如幻如化的相状,历历在目。"亦是中道义",是中道,是中谛。所谓中谛,即对立统一的认识论。这里讲宇宙万象非空非假,亦空亦假。由于任何现象,既体现空,又体现假,又体现中,故称圆融三谛。

智顗圆寂后,天台宗由其弟子灌顶继续弘传。入唐后,有法华寺智威、天宫寺慧威、左溪玄朗相次传承。但在这几代里其发展并不明显,黯然不彰。及至玄朗弟子荆溪湛然,天台宗始有中兴之象。湛然初为儒生,在唐玄宗天宝初年出家为僧,从学玄朗,修习止观。他广泛向道俗宣讲教义,"朝达得其道者,唯梁肃学士"。梁肃著文评介说:在天台宗面临危机的关键时刻,湛然使之"焕然中兴。盖受业身通者,三十有九僧。搢绅先生,高位崇名,屈体承教者,又数十人。师严道尊,遐迩归仁。向非命世而生,则何以臻此?"赞宁评论湛然和梁肃的关系是："非此人何以动鸿儒，非此笔何以铭哲匠？"

湛然后传行满，再传广修，值会昌毁佛，声势骤衰。湛然别传弟子道邃，以天台学传给日本最澄，最澄回国后遂在日本开创了天台宗。道邃门人宗颖、宗谞，视《法华经》与《大日经》同等，亦与日本台密以相当的影响。

（2）三论宗。

前文说道佛教"师说"，就提到"三论学"以印度空宗论师龙树的《中论》《十二门论》和提婆的《百论》为立论依据。三论学从鸠摩罗什到法朗，已经有了一定的规模。但在那个时候，它是作为一个佛教学术流派存在的。法朗的弟子吉藏继续发挥师说，进而创立了三论宗。

吉藏祖父是安息国人，避仇移居中国南海，后迁金陵，吉藏即出生于金陵。吉藏7岁随法朗出家，受具足戒后，学解日进，声望日高。吉藏30岁时，其师法朗圆寂，时值陈末隋初，江南凌乱，僧徒纷散，许多寺庙荒废了，他在各废寺内广搜文疏，浏览涉猎，见解因以大进。到隋朝平定百越之后，他往会稽住嘉祥寺，大开讲筵，问道的人士常有千余，后世因此尊称他为"嘉祥大师"。隋开皇末年，晋王杨广邀请吉藏移住扬州慧日道场，后来吉藏随晋王至长安，被安置在京师日严寺。武德初年，吉藏受到唐高祖的优礼，被选为"十大德"之一，他迭住于实际、定水诸寺，得以盛弘其说。吉藏的学说渊源于摄山学系，一生学问有三变：最初师承法朗，深究《三论》和《涅槃经》；继而摄取天台思想；最后，倾其全力于"三论"的宣扬，撰著《三论玄义》，建立了自己的学说体系。其著作重要的有《中观论疏》10卷、《十二门论疏》3卷、《百论疏》3卷、《三玄论义》1卷、《二谛义》3卷等等。吉藏诸门人中最杰出的为慧远，住在蓝田悟真寺，时来长安讲说。另有智拔、乌凯、智凯、智命、硕法师、慧灌等。乌凯在越州嘉祥寺开讲三论。硕法师著有《中论疏》。慧灌为高丽学僧，后去日本开三论宗。贞观年中有元康（或说是硕法师弟子），住安国寺，著《三论疏》，又为《肇论》作注，为日本此宗第三代传人道慈之师。

三论宗的中心理论是诸法性空的中道实相论，认为诸法皆由因缘和合而成，没有自性，毕竟空无所得，但为了引导众生，就用假名说有，这便是中道，认识了中道，就把握了诸法的实相，也就达到了解脱境界。吉藏在承继师说的基础上，接续印度中观学派中道实相的思想，在诠释中道、二谛说时，一方面以"绝于四句"诠释"最高真理",另一方面也为众生提供了一条消解以语言为工具的寻思活动而显现离言理体的解脱途径。为了阐明这个道理,三论宗提出"破邪显正""真俗二谛""八不中道"三种法义。

"破邪显正":破邪是破有所得,显正是显无所得。该宗的宗旨是破而不立,即只破斥颠倒虚妄,别无所有,故破邪即是显正。

"真俗二谛":真谛又称为胜义谛、第一义谛,即佛教真理,真实而正确。俗谛又称为世俗谛,即世俗认识,虚幻而颠倒。二谛对立统一,相辅相成。真谛无法用世间语言概念来表达,但不表达,人们就无从认识和把握真谛,于是为真谛而说俗谛,这是由俗入真;证得真谛之后,仍有俗谛,于是由真谛随顺世俗概念作种种方便,使人们认识逐步提高,明白究竟,这是由真化俗。

"八不中道":"八不"指不生不灭、不常不断、不一不异、不来不去。"生灭"涉及宇宙万象的本原问题,"常断"涉及其连续性问题,"一异"涉及同一和差异问题,"来去"涉及转化问题,囊括本质、现象、时间、空间、运动等等方面。

(3)律宗。

从南北朝以来,由于国家对佛教僧徒的管理逐渐严密,教内也需要统一实行戒律来加强自己的组织,这就有了一群讲求律学的律师,律宗是以研究、传播、主持戒律为主的宗派。许多佛教学者认识到"律"对于佛教发展的重要性,如前所说,法显、义净等人不畏艰难西行求法,都是为了寻找有关"律"的经典文献。在南北朝时,师说中也有律学一派。

到了唐朝,随着佛教义学本土化接近完成的情形下,佛教制度化建设更有其紧迫性。唐初道宣继承北朝慧光到智首的系统,专事《四分律》的弘扬。他著《四分律戒本疏》《羯磨疏》《行事钞》等著作,在理论上吸收了玄奘译传的新义,较旧说为长。在由"律学"向"律宗"的转变中,道宣起了决定性的作用。而道宣在佛教上的主要成就在于他以《四分律》开宗弘化,并综括诸部会通小乘、大乘,从而建构出有中国特色的戒律观。他所提出的"兼摄大小乘思想"的"律学诠释方法"适应了当时中国佛教发展的需要,使一度受到冷落的律学进入当时的时代潮流之中。这也正是南山宗在律学中得以一枝独秀、绵延不绝的重要缘由。道宣后来居住在终南山丰德寺,所以一般称呼他一系传承的律学宗派为南山宗。道宣弟子文纲，仍在关中传道，至文纲弟子越州隆兴寺道岸，开始将南山律宗推向江南。他鉴于"江表多行《十诵律》，东南僧坚执，罔知《四分》"，遂向皇帝请得"执行南山律宗"的墨敕，在江南弘传律学，"伊宗盛于江淮间者，岸之力也"。道岸律师对南山律宗的发展作出重要贡献。

与道宣南山律宗并列的还有相部律宗和东塔律宗两派，他们对于《四分律》的运用和解释各有不同，也各成一派，并称"律下三宗"。相部律宗的创始人法砺，居相州日光寺，撰《四分疏》《羯磨疏》《舍忏仪轻重叙》等，为世所重，故其宗号相部。把相部律宗推向江南的，是观音寺大亮的弟子昙一。他在开元末东归会稽开元寺，在东越30年，讲《四分律》35遍，删补《钞》20余遍，声振吴会。东塔律宗的创始人是京兆怀素，他受具足戒后，专攻律部，初从法砺，发现诸说弊病，乃标新立异，撰《开四分律记》《四分僧尼羯磨文》《四分僧尼戒本》。他居西太原寺东塔院，因号东塔宗。怀素弟子扬州龙兴寺法慎，依东塔之疏，解释律文中的疑难，时贤推服。法慎有三个弟子，即开元寺昙一、福州楞枷寺怀一、余杭宜丰寺灵一，他们以东塔为本，而兼具南山、相部两宗色彩，会合三宗，体现出江南律学的特色。后来，只有南山宗独传，律宗也就专指南山宗而言。另外，义净也锐意讲求律学。义净在印度时特别重视考察佛教的僧团制度和戒律规定，自印度携回并翻译了许多佛经，以律部为多，"遍翻三藏，而偏攻律部"。他回国之后，大量翻译《根本说一切有部》的《广律》和《十七事》等，留下了丰富的文献。东渡日本的鉴真和尚，到日本传播的主要就是律宗佛教。他的佛学渊源，深承律宗南山、相部两宗精义，从他第六次东渡日本时携带的怀素律师的《戒本疏》看，也兼涉东塔之学。

律宗的主要理论是戒体论。道宣在《四分律删繁补阙行事钞》中提出，依据戒律精神分，戒律有四科，即戒法、戒体、戒行、戒相，也称之为"戒四别"。戒法是佛教戒律，指佛所制定的不可杀、盗等一切不善法，为修行者的规范与禁戒，有大乘戒与小乘戒之别。戒体是僧人受戒时所发生而领受在自心的法体，即止恶防非的心理功能；戒行是在戒体支配下的防止身口意恶业的行为；戒相是由于戒行彻底而表现于外的轨范相状。道宣说："直笔舒之，略分四别：一者，戒法，此即体通出离之道。二者，戒体，即谓出生众行之本。三者，戒行，谓方便修成顺本受体。四者，戒相。"（《四分律删繁补阙行事钞》）这是大致而言的，律宗对此四者有详细而颇具思辨的分析说明。

（4）唯识宗。

唯识宗是由唐初僧人玄奘奠基、其弟子窥基建立的宗派。该宗以一系列佛教名相（概念）分析一切物理现象和心理现象，阐释一切唯识所变，故又称为法相宗。由于玄奘、窥基长期居住长安大慈恩寺，故又名慈恩宗。他们统一了过去摄论师、地论师、涅槃师等种种分歧的说法，特别是在修持依据和方法的议论上，都用新译的资料作了纠正。他们宗奉印度大乘教中从无着、世亲相承而下直到护法、戒贤、亲光的瑜伽一系之说，即以《瑜伽师地论》及其附属论书（所谓十种支论）为典据，主张众生种性各别，改变了过去说"皆有佛性"的见解。又用"唯识所现"来解释世界，即从"唯识无境、境无识亦无"的。

玄奘门下人物很多，最杰出的是窥基。窥基俗姓尉迟，祖先是西域人，本人生于长安，其伯父是唐初大将尉迟敬德。窥基17岁出家，奉敕成为玄奘弟子，在大慈恩寺学习梵文和佛教，是玄奘译场的重要人物。他著述颇丰，对于新译的经论作了将近百部的注，特别对《成唯识论》《因明入正理论》等重要典籍作了极其详尽的解释，另著《瑜伽师地论略纂》16卷、《成唯识论述记》20卷等等，大大发扬了玄奘译传的新说，被尊称为"慈恩大师"。随后慧沼、智周，相继阐扬，遂使此宗达于极盛。

唯识宗的基本理论是"三性说"、"唯识说"和"五种性说"。

"三性说"。一是遍计所执性，即妄有性，说世俗认识从方方面面去度量以名言概念所表示的宇宙万象，执著为各有自性差别的实有，这是根本错误。二是依他起性，即假有性，说宇宙万象依因缘条件而生起，没有自性，虚幻不实，似有非有，这是相对真实。三是圆成实性，即实有性，说圆满成就一切现象的实体，即真如佛性，是不依据任何因缘条件的真实的存在，由具有无上智慧的人通过神秘的直觉"瑜伽"亲自证得，这是绝对真实。总之，认识了三性，也就认识了有和无、假有和实有、现象和本体的关系，从而获得全面的认识，这就是中道观。

"唯识说"。认为宇宙间的一切现象，都是由精神实体"识"变现出来的。识分为八种。前六识是眼识、耳识、鼻识、舌识、身识、意识，是六根作用于六境而产生的，它们担负同外境联系的任务，起认识和追求的作用。第七识末那识也是意识，但和第六识意识不同，意识同外境联系，但末那识不同外境联系，只是联系前六识和第八识的桥梁，永不间断地把第八识思量当成自我，影响前六识对外境产生贪爱执著，这是一切我执的根源。第八识阿赖耶（原意粮仓）识是贮存一切心理活动的仓库和发号施令的总指挥部，不同外境直接联系。它是永恒相续的意识流，接受前七识的熏习，把熏习所产生的印象保存下来。它含藏着许许多多的种子，是精神的潜在状态，具有能生的势力，能够产生与自己同类的现象（能生自果），因而又叫功能。种子是产生宇宙万象的因缘条件，有染净之别，即有漏无漏两类，有漏种子是世间诸法的因，无漏种子是出世间诸法的因。

"五种性说"。唯识宗否定一切众生皆有佛性的说法，认为众生本身具有的种子有无漏和有漏的区别，修行结果自然不同，因而提出五种性说。第一等是如来种性，未来成就为佛、菩萨。第二等是独觉种性，未来成就为辟支佛。第三等是声闻种性，未来成就为罗汉。这三种统称三乘。第四等是不定种性，虽具有三乘种子，但不一定证得三乘果位。第五等是无种性，永远在六道中轮回，最好的前途是转生到人间或天界。

（5）净土宗。

净土宗是专修往生西方弥陀净土法门的宗派，又名莲宗。"净土"指清净的佛土，又有清净土、清净国土、清净佛刹、净刹、净国、净邦、净世界、净妙土、妙土、佛土、佛刹、佛国等称呼，为佛所居之所。相对于世俗众生所居的"秽土"，因此将其称之为"净土"。净土信仰者认为，净土不属于三界之内，而是在三界之外。大乘佛教说佛有无量数，因而净土也应有无量数。在中国佛教信仰中，仍然以弥陀净土影响最为巨大，而净土宗人则依据专门宣说弥陀净土的"三经一论"，建立起了独特的教义。

净土宗尊创立白莲社的慧远为初祖。崇奉的典籍是"三经一论"，即《无量寿经》《观无量寿佛经》《阿弥陀经》和《往生论》（全称《无量寿经优婆提舍愿生偈》）。东晋的慧远在庐山弘扬弥陀净土使弥陀净土信仰大规模流行。稍晚的昙鸾在北方专修净业，立难行、易行二道之说，主张以弥陀如来本愿力为根本，为建立净土宗奠定了基础。昙鸾以后有道绰在北方弘扬弥陀净土信仰。隋大业五年（609），道绰至玄中寺，见到记载昙鸾事迹的碑文，得到启发而归心；因感念昙鸾而舍《涅槃》，修习净土，常常面向西而坐，每日念佛七万遍，并且广劝道俗信众称念"阿弥陀佛"名号。道绰曾讲《观无量寿经》，以小豆计数近200遍，每日口诵"阿弥陀佛"。山西各地僧俗在他的影响下，"人各捻珠，口称佛号，或时散席，响弥林谷"。道绰著《安乐集》2卷，立圣道、净土两门，认为只有净土一门是唯一的出离之路。道绰认为，教法应由时与机决定，在当时五浊之世，称佛名号，愿生净土，是唯一的解脱法门。道绰在《安乐集》卷上中说，弥陀净土是报土，"从真垂报，名为报土"。而欲往生此报土，可以依真、俗二谛以实相念佛与称名念佛两种方法去修行。

道绰的弟子善导来长安传教，使净土宗得到很大发展。善导继承了道绰弥陀净土为报土之说，认为凡夫能够往生净土，以此树立了净土宗的核心教旨。善导认为，凡夫乘着弥陀的愿力虽能够往生极乐净土，但必须具备一定的条件——往生的正因，即所谓安心、起行和作业。安心，即《观无量寿经》所说的至诚信、深心和回向发愿心。起行，即身口意三业之行。身业是礼拜阿弥陀佛，口业是称赞弥陀及一切圣众的身相光明及净土庄严，意业是专念观察弥陀及一切圣众的身相光明及净土庄严。"行"有两种，一是正行，二是杂行。作业，即依照以下四种修法实行：其一，恭敬修，礼拜弥陀，身心恭敬；其二，无余修，即称名忆念弥陀及净土圣众，不杂余业；其三，无间修，即修行三业乃至回向发愿，无有间断；其四，长时修，即以毕命为期，誓不中止。善导明确地说，念佛三昧（即实相念佛）很难成就，因此，他大力提倡称名念佛，从而使其成为净土宗的正统方法。善导在长安教化民众念佛，抄写《阿弥陀经》数万份，画极乐净土变壁画300幅，著有《观无量寿佛经疏》4卷、《观念法门》1卷、《往生礼赞偈》1卷等，在教理上建立根据，创立了净土宗。

其后怀感、少康等，继续弘传净土宗，使其相承不绝。少康到长安，见善导影堂的善导遗像升空而起，感到奇瑞显现，于是读善导的著作，学习净土法门。他到睦州后，修建净土道场，和儿童约定念一声佛给一文钱，一月后改为念十声佛给一文钱。一年以后，男女老少一见少康，即念阿弥陀佛，"以故睦城之人，相与念佛，盈道路焉"。宣传净土宗的还有唐代的慧日（又名慈愍）。他从印度游历归来以后，在犍陀罗国习得的净土法门，由此别成一系，但实际和善导所提倡的相差无几。此外迦才、承远、法照等，也都致力于净土宗的弘传，这一宗信仰遂得以普遍流行。

净土法门的特点是简便易行。净土宗人将净土宗称之为"易行道"，而将净土宗之外的其他法门称之为"难行道"。他们认为，净土法门之所以成为易行道，主要表现在它不但易于习得，而且成佛也容易。净土法门的修持无须皓首穷经，而只要持名念佛，起信发愿，则愚智咸宜。另外，它无须历劫苦修、累世功德，而只要一心向往西方极乐世界，口诵弥陀名号，就可以顿超三界，上品者还可速得成佛，下品者也可预入圣流。净土宗宣传西方十亿佛土之外有个极乐世界，一切皆以七宝（金、银、琉璃、玻璃、车渠、珍珠、玛瑙）装点。昼夜六时，天雨宝花。风是香风，水是宝水。各种神鸟不停鸣叫，声音动听。净土的主人是阿弥陀佛（无量寿佛）。修净土宗的人一生不停地称念阿弥陀佛的名号，功德圆满时，阿弥陀佛即派其胁侍观世音菩萨、大势至菩萨将念佛者接到净土。由于净土宗没有艰深繁琐的理论，修持法门简单易学，因而在民间广泛传播。

（6）华严宗。

华严宗是武则天时期法藏创立的，其依据的佛经是《华严经》，推尊《华严经》为佛说的最高阶段，要用它来统摄一切教义的。由于发挥法界缘起的旨趣，故又称法界宗。

华严宗的源头最初可以追溯到法顺（即杜顺）。法顺创立了法界观门，他从《华严经》所说的各种法相中归纳条理，作为逐步观察宇宙万法达到圆融无碍境地的法门。接着智俨著述《搜玄记》《孔目章》等，对《华严经》作了纲要性的解释。此后法藏创立华严宗，因为参加了《华严经》的新译，法藏对经文的理解更为透彻，他还吸收了玄奘新译的一些理论，于是完成了教判，并充实了观法，而建成了宗派。

法藏的祖先是康国人，其祖父移居中国，他本人生于长安。显庆三年（658），法藏到岐州法门寺的阿育王寺塔前燃指供佛。第二年，游学于太白山，学习佛教典籍。约20岁时，法藏到云华寺受学于智俨，但是未曾正式出家，直至智俨圆寂后第三年，法藏方正式出家。法藏数次参与译场，其中与《华严经》关系密切的是参与地婆诃罗和实叉难陀的译事。法藏在研究《华严经》时发现《入法界品》内有脱文，听闻地婆诃罗带来梵本，遂前往对校，补全所缺。在实叉难陀重译《华严经》时，法藏担任笔受。讲经授徒是法藏一生最重要的活动，先后讲解新旧《华严经》30多遍。他在讲解《华严经》义理时，善巧化诱，常以教具和通俗说法把深奥复杂的道理变得简单易懂。一次，武则天不解《华严经》义理，法藏就以宫殿前的金属狮子为教具，撰写《金狮子章》来开导她。《金狮子章》不足1100字，却囊括了华严宗的基本理论和判教说法，有咫尺万里之势。所以能这样，除了法藏具备高度的概括能力以外，还由于他以实物为例，舍弃了很多论证过程。因法藏被武则天赐号贤首（《华严经》中菩萨名），故华严宗又称贤首宗。法藏很受武后崇信，后又得中宗、睿宗尊敬。

他的理论一度为其弟子慧苑所修改，以致未能很好地传播，但不久澄观即纠正了慧苑之说而加以发扬。其后宗密融会禅教两方面，贯彻了华严宗圆融的精神。此后此宗即沿着这样的趋向而发展。另外，法藏门下有新罗学问僧义湘，他归国后即在新罗开创了华严经宗。

华严宗的学说主要来源于《华严经》，但也吸收了《楞伽经》《维摩诘经》《大乘起信论》等其他经论的思想，甚至在一定程度上受到中国传统思想的影响。华严宗为阐明法界缘起教理，提出"四法界""六相""十玄门"等法门。

"法界缘起说"：是说世间和出世间的一切现象，由如来藏自性清净心生起，互为因果，相资相待，如同帝释天宫殿上无数宝珠缀织成的因陀罗网，重叠辉映。为阐明这个道理，又细分为四法界说。四法界是事法界、理法界、理事无碍法界、事事无碍法界。事法界略相当于客观存在这一概念，但与这一概念的哲学意义不同，认为是由理法界变现出来的假有，不是独立于意识之外的客观存在。事法界说宇宙万象彼此差别，各有自相，分界不同，山是山，水是水。理法界指宇宙万象的共同本体，一切事物虽千差万别，但它们的真实体性都是真如佛性。理事无碍法界说本体和现象，和谐无碍，水即波，波即水。事事无碍法界说宇宙万象虽千差万别，但同一本体，因而现象之间圆融无碍，水与波无碍，波与波也无碍。

"六相圆融说"：六相指总相、别相、同相、异相、成相、坏相。总相是说一种缘起事物的总体，例如房屋。别相是说一种缘起事物的各个部分，如构成房屋的梁柱砖瓦等等。同相是说各个部分相状不一，共同合成一个整体，如梁柱砖瓦各不相同，共同构成房屋。异相是说各个部分虽共同合成一个整体，但各自依然不同，如梁柱砖瓦依然各是各的相状。成相是说各个部分合成一个整体，则此整体生成，如以梁柱砖瓦合成房屋，则房屋生成。坏相是说各个部分毕竟保持着自己的独立状态，虽融为一体而未消泯自己，如梁柱砖瓦本来各自独立，虽构成房屋但没有变成房屋。六相分两类，搭配成相应的三组。总相、同相、成相为一类，指整体，是从无差别的方面说的；别相、异相、坏相为一类，指部分，是从有差别的方面说的。同时，六相又两两相顺，总相与别相，同相与异相，成相与坏相，即整体与部分，无差别与有差别，同时具足，相即相融，和谐统一。房屋就是梁柱砖瓦，梁柱砖瓦就是房屋。从整体与部分、同一与差别、生成与坏灭三对范畴六个方面来看，虽然一切现象各不相同，但都是融通无碍的。

"十玄门"：一是同时具足相应门，说一切事物互为因缘，同时产生和存在，具备各自的条件，宇宙是万物和谐共存的体系；二是广狭自在无碍门，说事物不分大小，互相包含，任运俱现，自在无碍。此门原作诸藏纯杂具德门，说佛教各种修行都具有功德；三是一多相容不同门，说本体（一、理）和宇宙万象（多、事），彼此相容，你中有我，我中有你，同时又有区别，你不是我，我不是你；四是诸法相即自在门，说宇宙万象由于本体同一，因而任何一事物都可以摄入其余事物，一事物即一切事物，一切事物即一事物，彼此相同无碍；五是秘密隐显俱成门，说事物同时具有隐蔽和显露两种相状，被观察注意到则显露，未被注意到则隐蔽；六是微细相容安立门，说即便是微细事物，也为其余庞大事物所包容，那么，微细事物必然反过来包容其余事物，彼此安然并立；七是因陀罗网境界门，说一切事物相入相即，交互摄入，无穷无尽，如同因陀罗网上面缀的宝珠一样，各各相映，一珠现一切珠影；八是托事显法生解门，说观察具体事物，要联系现象和本体的关系，产生正确理解；九是十世隔法异成门，说事物都有过去、现在、未来三世，每一世又各有过去、现在、未来三世，合为九世，每世为别世，九世又相互摄入，合成一念（刹那），称为总世，别世总世合为十世。十世区分是隔法，事物在十世中同时具足显现，隔法异成，同时存在于一念中，即事物在一刹那中便包含着九世，在时间上既有区别又无区别；十是主伴圆明具德门，说无论从空间还是时间来看，一切事物都是相即相入、圆融无碍的，因而以任何事物为主，其余事物都是伴，主伴交辉，相依无碍，具德圆满。此门原作唯心回转善成门，说一切佛教功德都由心回转，能够成就一切善业。

（7）密宗。

密宗是由"开元三大士"天竺僧人善无畏、金刚智、不空创立的。

印度佛教最后一个时期流行的是密教，即"秘密教"。"秘密"的意思并非秘不示人，乃谓诸佛之三业幽奥深妙，非等觉之菩萨则不能窥知之，故称秘密。"密教"的教典总称为怛多罗。密教在教理上以大乘中观派和瑜伽行派的思想为其理论前提，在实践上则以高度组织化了的咒术、礼仪、本尊信仰崇拜等为其特征。宣传口诵真言咒语（"语密"）、手结契印（手势或身体姿势，"身密"）和心作观想（"意密"），三密相应可以即身成佛。另外，在其修法之时，建筑坛场（曼荼罗，意为"轮圆具足"），配置诸佛菩萨。密教成为独立的思想体系和派别，一般认为是在 7 世纪中叶《大日经》和《金刚顶经》出现以后。

印度密宗起源于古吠陀典籍，其后流行于民间各阶层，佛教在长期发展过程中，逐渐受到民间信仰的影响，并将此等咒术密法加以摄取，作为守护教徒、消除灾障之用，古来通常称为杂密。密宗借吠陀以来之诸神，用交换神教方式重新组织佛教，而出现了许多明王、菩萨、诸天、真言咒语。故后期大乘经典中以陀罗尼为主，巴利律藏及经藏中有说护身等偈。锡兰等地佛教徒，将其编集，称为《明护经》。又有如《大会经》（收于《长阿含经》），为列出听法会众之名的经典。这些经典被认为是密教陀罗尼及曼荼罗之起源。其后迄 4 世纪左右，出现了专说咒法之独立经典《孔雀明王经》。该经认为口念真言，内心统一，建立方圆之土坛，供养诸尊，严修仪礼，即可产生不可思议之功德。

及至 7 世纪后半叶，出现于中印度之《大日经》，将杂密经典所说诸尊以大日如来为中心，集大成而绘制成"胎藏界曼荼罗"。《大日经》主要讲述密教的基本教义、仪轨、行法和供养的方式方法。《金刚顶经》出现稍晚，《金刚顶经》以大日如来为受用身，宣传"五佛显五智说"。所谓"五佛显五智"是中央大日如来佛的法界体性智，东方的阿閦如来的大圆镜智，南方的宝生如来的平等性智，西方的无量寿如来的妙观察智，北方的不空成就如来的成所作智。其中最重要的是法界体性智，除了法界体性智外，其他四智都是唯识所转，采纳了瑜伽行派的"转识成智"的思想。

印度密教经典传入中国，开始于三国时代，但流行不广。自东晋起，对杂密的介绍逐渐增多。唐开元四年（716），善无畏从印度携梵本经西域至长安弘化，善无畏来唐四年后，即开元八年（720），南印度高僧金刚智也携同其弟子不空，经南海、广州抵洛阳，大弘密法。密宗是隋唐宗派中唯一由外国僧人直接创立的宗派。

善无畏和金刚智在中土传法20多年，灌顶受法的弟子不计其数。但是，由于密教传承的特殊性，二师登堂入室的弟子并不算多，对于后来传播密宗贡献很大的是善无畏的弟子一行、玄超、义林以及金刚智的弟子义福、不空、慧超等。其中，二师的共同弟子一行对于密宗的成立贡献巨大。一行禅师，俗名张遂，唐魏州昌乐人。一行少时天资聪颖，博览经史，尤其精通阴阳五行之学。据《旧唐书》记载，一行20岁时到长安求学，时京都道士尹崇送他一本西汉杨雄所著的《太玄经》，一行很快即通达其旨，写出《太衍玄图》《义诀》各1卷，阐释晦涩难懂的《太玄经》，深得尹崇赞誉，一行从此名声大振。21岁（703）时出家，不久到嵩山拜普寂为师修习禅门。在嵩山修禅期间，一行以博闻强识闻名于众，又四处游学参访，只身至天台山国清寺向一位隐名大德研习数术，造诣更深，名声更震。开元五年（717）应召入京，受到玄宗的特别优待。自此之后的10年中，一行在两京从事科学和佛教活动。一行精通数学、历法，考究前代诸历法，改撰新历，成《开元大衍历经》53卷。在一行进京前一年，善无畏已经来华。一行进京未久，就拜善无畏为师，受胎藏界密法。开元八年（720），金刚智来长安，一行又从他受金刚界藏法，开元十一年（723）请求金刚智译出《金刚顶经》，开元十二年（724）请善无畏三藏译《大日经》，他担任笔受一职，并根据善无畏三藏讲释而作《大日经疏》20卷，引用大量汉译经典，结合中国佛学的思想传统来阐明、发挥本经教理，由此奠定了唐代密宗的理论基础，成为解释密宗理论的重要著作。一行对于密宗的创立和发展影响巨大，所以有学者认为一行是密宗的实际创始人。

密宗不像显宗那样用明白的语言直接宣传教义，而是用号称真言的咒语来表达，咒语隐秘难解，密教在实践方面以高度组织化了的咒术、礼仪和对本尊的信仰崇拜等为特征，故名密宗、真言宗。又由于密宗依理事观行，修习身语意三密瑜伽（相应）而获得成就，故又名瑜伽密宗。当时几代帝王都对不空十分优礼，并以官爵相笼络，这样形成了王公贵族普遍信仰密宗的风气。安史之乱后，密宗进一步上升为皇室护国保家、度灾御难的重要法门。永泰元年（765），唐代宗命其手下鱼朝恩组织不空等名僧，翻译《仁王护国般若经》，时正值仆固怀恩招引回纥、吐蕃等骑兵 10 万，聚集灵武，凭凌径阳。郭子仪率师往讨，而代宗则敕百名法师，在资圣寺"为国传经行道"，京城其他寺观僧道，也于每日两时，"为国家"举众齐念"摩诃般若波罗蜜多"。郭子仪获胜还京，代宗又设"无遮斋"，重赏诸僧，倾城轰动，以为边境清平，乃是"圣力经威"所感"福应"。密教法师一时成为显贵，取得比禅师更加优渥的待遇。

密宗经典除经、律、论三藏外，尚有仪轨藏。密宗在义理方面或依《华严经》，或依唯识，或依中观，经常是杂糅的。密宗将这些并入其中的义理称之为"显教"，而将自身独特的东西称之为"密教"。概括言之，汉地所传的密宗教义，在各种"显教"教理的基础上，结合着"三密""四曼""曼荼罗""本尊瑜伽"等事修，实行"当相是道，即事而真"的观行方便，以期现证悉地乃至即身成佛为宗旨。

（8）禅宗。

禅宗的形成，是整个中国佛教史上的大事。"禅"本是梵文音译词"禅那"的缩略语，又译为"驮衍那""持阿那"，意译作"静虑"（止他想，系念专注一境，正审思虑，故言之）、"思惟修习""弃恶"（舍欲界五盖等一切诸恶，故言之）、"功德丛林"（以禅为因，能生智慧、神通、四无量等功德，故言之）。可见，"禅"是专指将心专注于某一对象，极寂静以详密思维之定慧均等之状态。中国佛教之中一般是将"禅""定"并称，因而将修禅沉思称为禅思。在早期，禅定只是一种修行方法，也就是"坐禅"之法。禅宗是在这些禅法的基础上形成的独具风貌的佛教宗派。

早在北魏时菩提达摩在北方传授禅法，以《楞伽经》为印证，就有了楞伽师一派。随着禅宗在中国的发展，菩提达摩逐渐成为传说式的人物。禅宗从南北朝时期中土流行的各种系统的禅法之中脱颖而出应该是在唐初之后。唐初，黄梅双峰山有道信禅师，他和三论宗的人有些渊源，故在楞伽禅法而外，还参用般若法门，但被后人视为菩提达摩的嫡系。同时师从三论师昊法师的法融从事静坐，据传他得道信的印可，而成为一系牛头禅（这因法融住在金陵牛头山而得名），传承了几代。但道信直传的弟子是弘忍，弘忍移住东山，传法 40 余年。其门人多至千数，尊其所说为东山法门。他的门人中著名的有神秀、智诜、老安、法如、慧能等。

慧能，俗姓卢，祖籍范阳，其父贬官新州后生慧能。慧能目不识丁，一次卖柴，听人诵《金刚经》，似有领悟。他打听到弘忍在蕲州黄梅（湖北黄梅）冯墓山聚徒讲习《金刚经》，于是慕名前往参禅问道。弘忍轻蔑地对他说："汝是岭南人，又是獦獠，若未为堪作佛法。"慧能毫不含糊地答道："人即有南北，佛性即无南北。獦獠身与和尚不同，佛性有何差别！"弘忍没允许他正式出家，让他在寺中当行者，在碓坊舂米。将及一年，弘忍招集寺众，让各自作偈，以选拔接班人，将菩提达摩的袈裟作为信物传付其人。弘忍弟子 700 多人，尉氏人神秀是上首弟子。神秀书偈于壁，云："身是菩提树，心如明镜台。时时勤拂拭，莫使有尘埃。"这是渐悟法门。慧能以为神秀没有见性，就自作两偈，请人书写于壁，云："菩提本无树，明镜亦非台。佛性常清净，何处有尘埃？""心是菩提树，身为明镜台。明镜本清净，何处染尘埃？"这是顿悟法门。弘忍见此，认为神秀尚未登堂入室，唤慧能到堂内为其讲《金刚经》，并传以顿教衣钵，命即南归。慧能南归广东后，于仪凤元年（676）正月初八到广州法性寺。据《瘗发塔记》记载，当印宗法师在该寺讲《涅槃经》之际，"时有风吹幡动。一僧曰：风动；一僧曰：幡动；惠能进曰：不是风动，不是幡动，仁者心动"。印宗闻之悚然，即于正月十五日为他落发，二月初八受具足戒，因而有瘗发塔的遗迹。

慧能后到广东曹溪宝林寺说法，禅宗正式创立。而神秀一系在北方占据统治地位，两京之间，皆宗神秀。这样，便出现了南宗顿门和北宗渐门的区别。安史之乱爆发后，南宗僧人神会在洛阳收剃度钱资助国家平定叛乱，促使顿门在北方大规模发展，后来在全国范围内占据优势，禅宗就成了南宗的专称。

慧能认为众生心中都有同样的佛性，像日月一样清净明亮，若被妄念浮云遮蔽，便不能显现出来。佛与众生的差别，在于是否觉悟。"自性迷，佛即众生；自性悟，众生即是佛。"众生应该单刀直入，"于自心顿现真如本性"。因此，倡导明心见性，不假外求。这样便简化了成佛的途径，扩大了成佛的范围，因而受到佛教界和知识界的欢迎，迅速风靡全国。

慧能门下怀让、行思等在南方活动。开元以后，神会在河南进行宣传，并力争正统，指摘神秀和其门下普寂未得弘忍传衣，不是正系。这就造成慧能为菩提达摩以来的直接继承者的印象，使南宗禅的势力大增。但神会一系（后来形成荷泽宗）并不太盛，令其传播范围扩大的是南岳（怀让）、青原（行思）两家。南岳传马祖道一，再传百丈怀海、南泉普愿。百丈怀海传沩山灵佑、黄檗希运等。南泉普愿传赵州从谂等。青原（行思）传石头希迁，再传药山惟俨、天皇道悟。天皇道悟传龙潭崇信，再传德山宣鉴。会昌以后，这些传承又形成支派。

随着禅宗的发展，禅僧急剧增多。怀海认为禅僧住在律寺中，虽另立别院，但于说法、主持，都不合法。他住在洪州新吴百丈山，为禅僧制定了《禅门规式》，后称《百丈清规》。这一制度规定：禅僧中得道眼者号为长老，也就是化导之主，按维摩诘居士住方丈之室的例子，长老居于方丈之中。禅僧一律住僧堂，依受戒年次安排。僧堂中设置通铺大床，僧众以斜枕床唇的姿势睡觉，叫做带刀睡。堂中配备衣架几案挂放道具。僧众朝参夕聚，长老上堂，升座主事，僧众在下面排列两行，宾主问答，讨论要义。斋饭随宜，务求节俭，二时均遍。禅僧不分地位高低，平时一律行普请法，即参加集体劳动。寺院内不设佛殿，不供佛像，只设讲法厅堂，表示佛祖亲自嘱授方丈为讲法的尊者。寺务分置十寮，设职主管。百丈清规与律法不同，成为丛林新例。

禅宗发展到晚唐五代，分出五个支派：

一是沩仰宗。灵佑是怀海的上首弟子，住潭州沩山，被称为沩山灵佑。慧寂从灵佑学禅十多年，后住袁州仰山，被称为仰山慧寂。沩仰宗以沩山、仰山合称命名。这个支派以想生、相生、流注生划分主客观世界。想生指主观思维。相生指所思之境，即客观世界。流注生认为主客观世界处在不间断的流动状态中。这三种生"俱为尘垢，若能净尽，方得自在"。

二是临济宗。以义玄所居住的镇州滹沱河畔禅院名称命名。这个支派提出四料拣、四宾主、四照用的教育原则。四料拣是逼迫人们放弃自身存在的某种偏见，有我执者则夺人，有法执者则夺境（事境和理境），我执法执都有者，则人境俱夺。四宾主是根据主（师）、宾（学人）双方见面的不同态度，以鉴定谁是行家。四照用是四料拣的又一种说法，照是夺其法，用是夺其人，根据学人的具体情况，夺其法执我执，使其觉悟。

三是曹洞宗。良价住豫章高安洞山，称洞山良价；良价的弟子本寂住抚州曹山，称曹山本寂。曹洞宗以洞山、曹山合称命名。曹洞宗提出五位君臣说，即：君位，正中偏；臣位，偏中正；君视臣，正中来；臣向君，兼中至；君臣合，兼中到。正偏的范畴和对应关系是：正为君、体、空、真、理，偏为臣、用、色、俗、事。这一说法为佛教关于本体和现象的关系的阐述，赋予了封建政治的内容。

四是云门宗。文偃住韶州云门山，因以名宗。他把云门宗的思想概括为三句话：一是函盖乾坤句，是说举真如本体可函盖乾坤万象；二是截断众流句，是说人们只需体证真如本体，乾坤万象就会在观悟中冰消瓦解，故不必认识客观外界；三是随波逐浪句，是说为了开导世人，又不妨随波逐流，随顺教化，灵活运用方法。这三句话被云门宗人推许为云门剑、吹毛剑。

五是法眼宗。文益死后被南唐中主谥为大法眼禅师，因以名宗。法眼宗认为三界唯心、万法唯识，但不同于唯识宗的说法，而接近华严宗。

作为一个宗教派别，禅宗不崇拜任何偶像，不信仰任何外在的神和天国，它自称"教外别传"，否认佛教经典、佛祖权威，也否认佛菩萨以至净土的实存。禅宗唯一信仰的是"自心"——迷在自心，悟在自心，苦乐在自心，解脱在自心。自心创造人生，自心创造宇宙，自心创造佛菩萨诸神。自心是自我的本质，是禅宗神化的唯一对象，是它全部信仰的基石。方立天指出：

> 从我国古代思想发展史的角度来看，中国禅宗的创立是一次特殊的思想解放，产生了深远而复杂的思想影响。禅宗能在佛教宗派势力空前强盛，宗派思想严密控制的情况下，在宗教的限度内独立思索，大胆怀疑，勇于创新，尊重个人，相信自己，这对于广大佛教僧侣和受佛教思想影响的人们来说，实在是起到了精神解放作用，以致还启迪后来的某些进步的政治家和思想家，推动他们怀疑传统，反对权威，抨击封建专制制度，这都不完全是偶然的。①

---

① 石峻、方立天：《论隋唐佛教宗派的思想特点》，《中国哲学史研究》1982 年第 4 期。

3. 佛教制度和生活的中国化

佛教是一整套的文化体系，除了繁琐复杂的理论学说外，还有僧团的仪轨规范，也就是戒律。对于那些参加僧团的僧尼来说，佛教更是他们的一种生活方式。佛教在印度享有崇高的地位，佛教僧侣或依寺院或游化托钵，遵循戒律，规范修持和弘法传教。印度佛教的戒律随着佛教的东传来到中国，在中国形成律学或律宗。东传的印度佛教的戒律和教仪大部分为中国的僧尼所遵守，但为了适应中国的国情，也在若干方面发生了变化，如佛教的制度和僧尼的生活方面实现了中国化。

佛教传入中国后，为谋求发展而积极与中国的社会环境相适应，佛教寺院及僧团与国家政治、社会、经济形成了密不可分的联系，一方面佛教在中国的传播和发展，得到最高统治阶层特别是皇帝的支持，另一方面皇帝和朝廷又把佛教掌控在自己的手里，使之成为对国家和政府有积极作用的力量，僧官制度就是在这样的背景下产生的。汉代以来僧人由政府机构大鸿胪（寺）接待，姚秦时正式设立了僧官制度，由朝廷任命僧人管理全国佛教僧尼事务，此后历代因之。僧官是由国家任命的有德望的高僧担任的官职，任职者享有国家给予的官职和俸禄，从事纠察违戒失职僧尼的统理工作，也就是负责统领全国寺院僧尼以维持教法。僧官虽然是由僧人担任的，但他不但是僧团的统理者，更是国家的职官，是作为朝廷的代表来管理佛教事务。中央王朝牢固地掌握着僧尼的名籍簿册、寺院的僧尼数目以及僧尼的行为模式和活动内容。僧官制度的设立是佛教制度中国化的突出代表。因此佛教与国家政治、社会产生了互为影响的互动关系，这是中国佛教的一大特色。

唐开国后，高祖李渊在地方倚重寺院三纲，在中央则设置"十大德"，以纲维法务。三论宗的集大成者吉藏便是十大德中的一人。十大德的遴选，是由众僧推举出，或是由皇帝亲自指派。唐代初期未设僧正、僧统等僧官，只在鸿胪寺下设置崇玄署，负责管理僧籍和任命寺院三纲等事。唐太宗即位后，取消十大德及寺监，把统理僧尼的事务渐渐移转至官府。唐中宗到代宗诸朝复置"十大德"，但十大德已失去"统领天下僧尼"的职权，只负责讲授律学、临坛度僧的事务，而有所谓"临坛十大德"的称呼。真正掌管天下僧尼大权的机构，主要是崇玄署，其职权范围包括僧额僧籍的管理、僧官的选任、僧尼的制度、僧尼在寺院外的活动等。到了后来，教团的自治权逐步被削减，度僧要受御使的监察，僧籍管理和僧官选任则要接受尚书部的监察。唐玄宗天宝年间，祠部取代崇玄署原有的职权，所管辖的范围广及寺院僧尼授田的种种事宜。唐玄宗末年，另创设有"修功德使"的俗官，负责寺塔的修建、佛像的铸造、经典的译介以及盛大佛教法会的举办等。安史之乱后，唐室重建僧官系统，令左街功德使、右街功德使统理都城之内的佛寺及僧尼，并增设左街僧录、右街僧录，以辅佐功德使执掌僧务。此时地方十道有僧统，各州有僧正，僧侣在国家中的地位再度受到重视，经常有受赐大师、国师和紫袍等殊荣。到五代十国，僧官改由地方政府授任。

在佛教僧团内部，各项仪轨戒律日益完善。东晋时，道安定制僧规。《高僧传》卷五说："学兼三藏，所制僧尼轨范，佛法宪章，条为三例：一曰行香定座上经上讲之法；二曰常日六时，行道饮食唱时法；三曰布萨差使悔过等法。天下寺舍，遂则而从之。"又魏晋时沙门依师为姓，姓各不同。道安认为，"大师之本，莫尊释迦"，改姓释氏。改姓不是中国化的举措，但道安统一僧尼姓氏，规范僧尼内部生活和斋忏仪轨，这对佛教僧团的制度建设、独立僧侣阶层的形成以及佛教的持续发展都具有历史性的意义。

戒律是佛教徒修持生活的制度性规定。唐代律宗创始人道宣律师以《四分律》开宗弘化，使佛教的戒律更适合中国的国情，使之中国化，为中国僧尼提供了行持的规范。《四分律》为上座部系统法藏部所传之戒律，其中规定比丘戒250条，比丘尼戒348条，从行为、言论、思想三个方面对出家僧尼的修行和衣食坐卧作出详尽的规定，同时对违犯者也作出相应的惩罚规定。道宣强调《四分律》通于大乘，圆融戒、定、慧三学，并以大乘三聚净戒为律学的归宿。道宣的大乘律学思想合乎中土学人的精神需求，因而得以盛行流传。后来，随着传戒的流行，更设立戒坛、戒场，开设律宗道场，并形成中国特有的受戒仪式"三坛大戒"，由此只有受足三坛大戒者，才被公认为合格的大乘出家人。

唐代禅宗僧众多半住在律寺，由于参学的人数不断增多，住在律寺有诸多不便，一些禅师便率众开辟荒山另建丛林，然而丛林没有规章制度，百丈怀海禅师折中大小乘的戒律，制定禅院清规。百丈禅师创造了清规来补充戒律，和戒律同时并行，这是一种双轨制的管理。清规不是原来印度佛教所有，中国寺院的生活按照整个戒律和清规来执行。佛教戒律不杀生是很重要的，它意味着僧众不能从事农业劳动，以免杀生犯戒，如锄地的时候会挖死蚯蚓小虫。而中国禅宗提倡农禅并重，这是中国僧人的创造，"一日不作，一日不食"，一天不劳动就不能吃饭，从方丈、首座开始，每人要参加劳动。不立佛殿，只设法堂，表示遵循佛祖嘱咐，以现前的人法为重。此外，还规定具道眼的禅师，号为"长老"，住在方丈，参学人众都住在僧堂等。"百丈清规"使禅宗丛林有了规范，这是唐代佛教制度建设的最大成果，从某种意义上也可以说它标志着佛教制度、教仪和生活中国化的完成。

佛教也比附、吸收了中国传统儒家的礼义。南朝慧皎指出："入道即以戒律为本，居俗则以礼义为先。《礼记》云：'道德仁义，非礼不成；教训正俗，非礼不备。'"（《高僧传·明律篇总论》）也就是说，佛教的戒律相当于儒家的礼义。隋代智𫖮用训诂的方法对佛教加以解释，说："体字训礼。礼，法也，各亲其亲，各子其子，君臣搏节，若无礼者，则非法也。出世法体，亦复如是。"对于这一点，士大夫也有同样的看法。柳宗元《南岳大明寺律和尚碑》说："儒以礼立仁义，无之则坏；佛以律持定慧，去之则丧。是故离礼于仁义者，不可与言儒；异律于定慧者，不可与言佛……儒以礼行，觉以律兴。"许棠在《送省玄上人归江东》诗中写道："释律周儒礼，严持用戒身。"律宗高僧法慎，身居扬州，出入京师，交接朝廷和众多的士大夫。他"与人子言依于孝，与人臣言依于忠，与人上言依于仁，与人下言依于礼。佛教儒行，合而为一"（《宋高僧传·唐扬州龙兴寺法慎传》）。禅宗也宣传"恩则亲养父母，义则上下相怜，让则尊卑和睦，忍则众恶无喧……苦口的是良药，逆耳必是忠言。改过必生智慧，护短心内非贤"（《六祖坛经》）。

在佛教制度、教仪和生活的中国化过程中，与印度僧人托钵为生不同，中国僧人虽游化可以托钵，也到其他寺庙挂单，但定居时，必须依照中国的习俗不得沿门托钵。这样就有了自行举炊之制，中国僧人可以自筹资粮，集财蓄财，乃至经营田地山林，治理产业，其结果是带动了中国佛教寺院的发展，也使中国佛教寺院世俗化。佛教戒律并没有禁止食肉，佛教传来中国后，从汉末直到梁初，包括出家僧尼在内的佛教徒，也仍然是吃荤的。梁武帝萧衍强迫僧尼（以及一般信徒）一律吃素。此外，中国僧尼的服饰、食法（使用筷子）、素食、坐姿、礼拜以及忏法等，也适应中国国情和民族习惯而有所调整，这些也是佛教中国化的具体表现。

4. 佛教中国化的完成

宗派的出现对于中国佛教的发展具有重要的意义。宗派的出现意味着佛教中国化的完成，或者说是佛教中国化的一个重要表现。也可以认为，宗派的出现是佛教中国化的结果。梁启超指出：

> 凡一教理或一学说，从一民族移植于他民族，其实质势不能不有所蜕化，南北橘枳，理固然也……佛教输入非久，已寝成中国的佛教，若天台、华严、禅宗等，纯为中国的而非印度所有，若三论、法相、律、密诸宗，虽传自印度，然亦各搀以中国特色。此种消化的建设运动，前后经数百年而始成熟。①

佛教从传播到中国开始，就已经开始了它的中国化进程。佛教的中国化，对于它在中国的传播、发展以及融入中国传统文化体系，继而成为中国文化的一部分，是一个至关重要的经验。佛教与中国文化的交涉、会通、融合而逐渐中国化，中国文化也部分地佛教化，这两部分相辅相成，共同充实和丰富了中国传统文化的内涵，促进了中华民族文化的发展。这个经验是成功的，在世界的文化交流史上也是一个很值得总结的典型。

> 佛教之所以能在中国立足是因为它能够适应中国的国情，甚至变成了中国宗教之一。这一本土化的过程并非一朝一夕之事，它是世界上最重要的文化交流之一，对日后历史发展影响极其深远。②

佛教向中国传播的过程是十分艰难的。因为它是一种与中国文化传统完全不同的文化形态，它的生长环境也是与中国完全不同的。由于中国固有文化思想传统的成熟与强大，也由于佛教理论思辨性和宗教特性与中国文化的隔膜，所以，正如我们看到的，佛教的传播一开始便走了一条向中国本土文化妥协而隐匿自己个性的发展之路。苏轼说："释迦以文教，其译于中国，必托于儒之能言者，然后传远。"（《书柳子厚大鉴禅师碑后》）这一特殊的传教策略，不但未使得佛教在其力量薄弱时与本土文化发生激烈冲突，反而引起

---

① 梁启超：《佛学研究十八篇》，群言出版社 2013 年版，第 158 页。
② ［澳大利亚］秦家懿、［德］孔汉思著，吴华译：《中国宗教与基督教》，生活·读书·新知三联书店 1990 年版，第 179—180 页。

了中土上层人士和政府的好感，使佛教逐渐为中国人所了解、所认识、所接受。从两汉直到魏晋时期，中土人士一直借助于中国固有的文化思想形式来理解佛学，特别是黄老之学以及魏晋玄学对于佛学在中土的普及起了很明显的促进作用。到了后来，鸠摩罗什至长安译经，到其弟子僧肇、道生等人时，佛学思想趋于成熟，中土人士终于深刻地理解了印度佛学的精义，佛教在中国也开始了师心独造的新阶段。南北朝时期各种佛教"师说"学派的形成与发展，使得佛教中国化走向了综合创新的成熟阶段。从隋代天台宗、三论宗（甚及三阶教的产生），到唐代南宗禅的形成，八大教派在佛教义理上的本土化达到了巅峰。这八大教派，以及三阶教，除了密宗之外，均是中国佛教学者根据自己对佛学教义的理解而创造的具有中国风格和气派的佛教宗派。

所以，佛教在中国的适应性传教策略是成功的。当然，这也是一种因时势而采取的策略，是一种基于对中国文化传统特性的认识而作出的选择。葛兆光指出：

> 在中国这个拥有相当长的历史传统的文明区域中生存，佛教不能不适应中国：在专制的中国政权势力的统治下，他们只能无条件承认政权的天经地义，承认宗教应该在皇权之下存在，在传统悠久的中国伦理的笼罩下，他们只能首先确认传统的合理，并在这种合理性的范围内调整佛教的伦理规则，在中国的汉民族本位立场极其强烈的情势中，佛教也常常需要委婉地说明佛教与中国的因缘，用种种比附的或比喻的理由回避民族情绪的强烈对抗，于是，到了7世纪的中国，其实佛教已经相当融入了中国思想世界，其思想也相当地汉化了。[①]

对于佛教在中国的流传及中国化佛教的形成，中国佛教学者和其他知识分子发挥了决定性的作用。费正清说："中国人将自己大量的知识能量和艺术天才倾注到佛经的译释及建筑、美化佛教庙宇和寺院之中去。"[②] 中国佛教学

① 葛兆光：《中国思想史》第1卷，《7世纪前中国的知识、思想与信仰世界》，复旦大学出版社1998年版，第594页。
② ［美］费正清、赖肖尔、克雷格著，黎鸣等译：《东亚文明：传统与变革》，天津人民出版社1992年版，第93页。

者通常都在早年学习儒、道典籍，深受中国固有文化尤其是先秦文化的熏陶，具有中国国民性格和中华民族精神。而中国儒、道等思想文化内容，又为中国佛教学者提供了文化融合的丰富思想资源。隋唐时代高僧大德重视佛教学术研究，各自独立判别印度佛教经典的高下，选择某类经典为本宗崇奉的最高经典，并结合中国的固有思想，加以综合融通，进而创造出新的宗派。以中国化色彩最为鲜明的天台、华严和禅诸宗来讲，天台宗重视《法华经》倡导方便法门，并融合中国固有的"万物一体"观念，建立实相说。华严宗法藏阐扬万事万物圆融无碍的思想，宗密更把儒、道思想纳入佛教思想体系，以阐扬万事万物圆融无碍的思想，及人类本源的学说，为华严宗人生解脱论提供理论根据。禅宗依佛教和儒家的心性论，并吸收道家的自然主义思想，提出"不立文字，教外别传，直指人心，见性成佛"的宗旨，更是充分地表现了文化的独创精神。这种新的佛学思想和新的佛教宗派，是中国与印度文化交流的结果，也是中国人自己特别是中国的佛教学者在中国思想文化的背景下对外来的印度佛学思想理解、接受、改造和发挥的结果。吕澂指出：

> 佛教传入中国后和中国原有的思想接触，不断变化，不断发展，最后形成了自己的特殊的新学说。在其发展变化过程中，一方面，印度发展着的佛教思想仍在不断传来，给予了它持续的影响，另一方面，已经形成的中国佛学思想也逐步成熟，构成了如天台、贤首、禅宗等各种体系。因此，所谓中国佛学，既不同于中国的传统思想，也不同于印度的思想，而是吸取了印度学说所构成的一种新说。[①]

这种"新说"是中国佛教学者在外来文化的启示和激励下，以外来的佛教思想为原本，在中国思想文化背景下，按照中国人的思维和需求，所进行的文化"再创造"。经过数百年的积累，这种"新说"极大地丰富和补充了中国传统的思想文化体系，并因此成为其中具有"新"特质的一部分，甚至成为其中占有重要位置的一部分。所以，吕澂还指出："中国佛学的根子在中国而不在印度。"[②] 它是在中国的土地上生根成长，并且开放出满园的鲜花，虽然它的思想的种子来自遥远的印度、遥远的"西天"。

---

① 吕澂：《中国佛学源流略讲》，中华书局 1979 年版，第 1 页。
② 吕澂：《中国佛学源流略讲》，中华书局 1979 年版，第 4 页。

　　吕澂说的这种"新说"，或者说既不同于印度的思想，也不同于中国传统思想的"中国佛学"，实际上是在隋唐时期完成的。这也是我们特别强调隋唐时期是佛教中国化的完成时期的原因。

　　隋唐强大的佛教势力、具有旺盛思想创造力的佛学家、成熟精深的佛学理论成果以及佛教与中国传统文化的进一步融合，使得佛学成为当时思想界的主流。隋唐以后，尽管一些人士仍然顽固地将佛教看作外来文化，但这种言论已经不再有多大力量了。因为在这个时候，佛教已经成为中国文化的一部分，佛教已经不再被看作是一种外来文化了。法国学者谢和耐指出：

　　　　唐代的中国就如同是佛教的第二故乡一般……佛教在隋唐时代，是中国文化圈中的社会文明和政治制度所不可分割的组成部分。那里的寺院同时是世俗和宗教的中心、中国文化和佛教文化的中心。①

　　从这个角度来看，佛教作为一种外来文化，其历史到这个时代就已经结束了。虽然宋代也有一些译经事业，也有印度僧人东来和中国僧人西行，交流还在继续，但整体上来看，这只是佛教东传的文化大洪流的余绪。在这以后，佛教与其他思想学说的交涉与争论，是属于中国思想文化内部的交流，而不再是中国思想与外国思想的分歧与对抗；这以后中国文化面对的外来文化的冲击、中国文化对外来文化的抗拒和接受，也不再是以佛教文化为代表了。实际上，下一波外来文化的大传播、大冲击，要等到几百年后的明清之际，那时候的西学东渐形成了又一次中外文化交锋的高潮。

　　佛教的中国化道路是佛教文化与中国传统文化之间双向选择的结果。方立天认为，所谓佛教中国化是指，在印度佛教输入的过程中，佛教学者一方面从大量的经典文献中精炼、筛选出佛教思想的精神、内核，确定出适应中国国情的礼仪制度和修持方式，一方面使之与固有的文化相融合，并深入中国人民的生活之中，也就是佛教日益与中国社会的政治、经济和文化相适应、结合，形成独具本地区特色的宗教，表现出有别于印度佛教的特殊精神面貌和中华民族传统精神的特征。佛教是一种系统结构，由信仰、哲学、礼仪、制度、修持、信徒等构成，佛教中国化并不只限于佛教信仰思想的中国化，还包括佛教礼仪制度、修持方式的中国化，以及信徒宗教生活的中国化。此

---

　　① ［法］谢和耐著，耿昇译：《中国社会史》，中国藏学出版社2006年版，第216页。

后中国佛教的发展，就是按照各分宗派这个方向进行的。也正是因为如此，中国的佛教和佛学思想保持了活跃和蓬勃发展的态势。"佛教在中国之所以能够扎根，就在于它竭力顺应、接受、融合了中国的传统文化，其中包括中国的文字、语言、习俗、价值观念、政治思想等，而重构了具有中国文化特征的佛教模式。它首先用儒、道的概念、范畴来比附和阐释佛教经典，使佛经在一定程度上汉化，同时对佛教教义进行了迎合中国儒家传统的解释，使之与中国封建社会的意识形态相一致。"①

外来宗教本土化的现实性属于一个实践范畴，具体操作起来涉及十分广泛的文化内容，一般说来必须正确解决以下几个问题：②

（1）外来宗教经典语言的译释问题。这里包括两个方面的内容：一是翻译，二是解释。将外来宗教经典翻译为本土语言，这是外来宗教本土化首先要解决的问题。解决了语言问题之后，还有一个解释的问题，因为不同的经典代表不同的文化，如果生搬硬用原来的语言、词汇，对外来经典不加以本土化的加工，不改变其"外邦之物"的形象，人们读起来费劲，念起来拗口，思考起来与本土思想习惯不适应，必然阻碍人们接受外来宗教。所以经典概念、范畴的本土化问题十分重要。

（2）外来宗教和价值与本土精神价值结盟问题。只有同本土的类似的或相适应的精神价值结成联盟，表明自己对本土化传统的认同，外来文化才能存在和发展。否则它的精神形象对于本土来说仍然是异己的。另外，对外来宗教来讲，还要处理好认同本土文化传统与坚持自性的关系。

（3）外来宗教和价值在本土文化空间的民众化问题。外来宗教和价值只有成为人民生活中的通俗的、日常的文化存在，它才能获得真正的立足。同时它也应该贯通本族文化各个阶层、各个领域，甚至及于各个亚文化系统，只有如此，它才能在异族当中生存下来，并不断走向稳固。

（4）外来宗教和价值的输入，必须在本土文化精英（知识分子）中取得认同，使它成为本土文化精英的自觉事业，不然，它必将仍然长期处于文化表层，而在文化深层结构中无立足之地，处于被批判、被阻碍、被排斥、被

---

① 罗竹风：《宗教学概论》，华东师范大学出版社 2001 年版，第 363 页。

② 参见李鹏程：《当代文化哲学沉思》，人民出版社 1995 年版，第 456—457 页。

挑战的地位。

对于这个研究，我们还可以从佛教的本土化、中国化的角度再展开一点说明。可以说，上述四个方面，我们在佛教传入中国的过程中都看到了。在佛教向中国传播的过程中，传播者将很大的精力用在佛典的翻译上，历经千余年，他们翻译了五六千卷佛教典籍，这些典籍是用汉语文翻译和表述的，已经成为中国文化典籍的一部分，这个过程实际上就是佛教典籍本土化的过程。在这个过程中，中国知识分子的参与和合作起到了关键性的作用。我国的佛教学者以及许多世俗的学者参与到了这个合作的过程中，例如在各个译场中有朝廷官员参与其中。这种合作不仅仅是为了翻译佛典，也表示了对佛教思想文化的理解和认同。外来宗教与本土文化价值观融合会通的问题，可以说佛教能够成为中国文化的一个组成部分，首先就在于与中国传统文化相融合的成功。至于佛教对于中国文化的影响，已经深入到人们的日常生活层面，深入到民间文化层面。所以，所谓本土化、中国化，就在于作为一种外来文化、外来宗教的佛教，成功地与中国传统文化相融合、相会通，进而进入到中国文化的大系统之中，成为中国传统文化的重要组成部分。

以佛教八大宗派来分析，他们之间的一些差异也反映了与中国文化融合的不同情况。孙昌武将这八个宗派分为两组：三论宗、法相宗、密宗为一类，因与中国文化不相适应，走向了衰败。而另外五个宗派，天台宗、华严宗、禅宗、净土宗和律宗为一类，因为中国化而在中国影响深远。[①] 尤其"禅宗和净土宗乃是中土民众所真正需要的佛教，是体现民族精神的佛教。这是它们后来成为中国佛教主流的根本原因，也是二者能够终于相融合、相合流的主要原因"[②]。

值得注意的是，佛教中国化的过程，或者说佛教的中国化，是中国人对佛教主动进行的理解、改造和剪裁，在这个理解、改造和剪裁的过程中，有的被舍弃了，有些东西被添加进来，使之不再是印度佛教的原貌。一方面在佛教东渐的过程中，许多西域和印度的僧侣来到中国传播佛教教义，翻译佛教典籍，他们主动与中国文化相适应，但更多的情况是，他们的这些努力是

---

① 参见孙昌武：《中国佛教文化史》第 4 卷，中华书局 2010 年版，第 1705、1712 页。

② 孙昌武：《中国佛教文化史》第 4 卷，中华书局 2010 年版，第 1715 页。

在中国僧人和士人的帮助和影响下进行的，比如最早的佛经翻译就是在中国士人或僧人的"笔受"下完成的。而在以后，更多的中国僧人和士人加入进来，他们按照既有的中国文化的思想背景，去理解来自国外的佛教思想。经过他们的加工改造，这些外国的思想就演变成为中国的思想了。佛教典籍浩瀚，内涵丰厚，思想深邃，经过中国佛教高僧大德长期持续的译经弘法，注释撰述，佛学成为了一门专门学问，并与儒学、道学鼎足而立。中国社会的知识阶层一般也把佛教视作为一种学术思想学习钻研，且有所得。经过社会知识分子的研究，佛学思想广泛渗透到思想文化的各个方面，进而使中国佛教在思想文化领域里的影响持久扩大。陈寅恪指出：

> 释迦之教义，无父无君，与吾国传统之学说，存在之制度，无一不相冲突。输入之后，若久不变异，则绝难保持。是以佛教学说，能于吾国思想史，发生重大久远之影响，皆经国人吸收改造之过程。①

另一方面，从中国文化方面来说所具有的包容性和开放性来看，佛教能够传入中国并与中国本土文化相融合的深层根源，是其前者的适应性以及后者的包容性。

佛教和中国文化之间进行了双向的选择。佛教选择了与中国传统相适应的策略，接受了许多中国传统的文化因素，使之成为具有中国风格和气派的"中国的"佛教；中国文化传统选择了接受、理解和改造的态度，按照自己的方式和需要接受了这种外来的文化形态，并且将其补充到自己的文化体系之中，使之成为中华文化传统的一部分，成为"自己的"宗教。

佛教在融入中国文化的进程中，不仅改造了自身，同时，也极大地丰富了中国传统文化的形式与内容。它的独特的哲学思想、宗教意义、教规教旨以及绘画、音乐、文学、建筑艺术等，包含一切世俗倾向的事事物物，为建立在自然经济基础之上的中国传统文化大观园奉献了一朵朵璀璨的奇葩。我们看到，佛教给中国文化带来的东西是极为丰富的、宝贵的、新奇的，为中国文化的许多方面都提供了极为丰富和辉煌灿烂的内容。费正清指出：

---

① 陈寅恪：《金明馆丛稿二编》，上海古籍出版社 1980 年版，第 251 页。

佛教最持久的贡献在于它补充了传统文化，而不是从根本上改造中国民族的价值观。它是民间神话与宗教的取之不尽的源泉，为中国的思想界补充了形而上学的空间，并极大地丰富了中国的文学和艺术。可以说，佛教美化了中国文化，但它并没有像欧洲的基督教那样去改造整个文明。①

费正清论述的重点在于，尽管佛教给予了中国文化以重大的影响，但是他认为这种影响在于"补充"和"美化"了中国文化，而不是全面地"改变"了中国文化。这一点提示很重要，使我们可以更清楚地认识佛教在中国传播的影响的本质意义。佛教的影响在于丰富了、补充了、美化了中国文化，所以它成为中国文化的一个"重要的组成部分"。但是这种丰富、补充和美化，是在保持了中国传统文化价值观的基础上进行的，而且佛教本身也反映了这种价值观和文化基础，因而说佛教"中国化"了。

当然，不仅如此，其影响更在于佛教的传播给予中国文化传统以激励与启示。它对于中国文化传统的冲击和挑战也是巨大的，这就促使中国文化自身作出相应的调整和回应，使自己获得大发展的心理动力和刺激力量，激发出更大的文化创造力，促进中国文化进入一个新的大发展。

七　排斥与融合：佛教与中国传统文化的交涉（二）

1. 隋唐两朝的三教并行

佛教与道教、儒家思想的交涉与纠葛，从佛教进入中国之初就开始了，这是一种外来文化面对本土传统文化必然要出现的情况。前文已论述魏晋南北朝时期佛教与道教、佛教与儒家经学和玄学之间互相交锋、论争，相互影响与激荡，冲突融合，互渗互补，成为当时中国思想史上一道奇特的风景，共同促进了中国思想的发展。三教关系在不同时期的演变发展以及三教地位

---

① ［美］费正清、赖肖尔、克雷格著，黎鸣等译：《东亚文明：传统与变革》，天津人民出版社1992年版，第111页。

的消长变化，对整个中国思想学术的发展影响巨大，不仅构成了汉代以来中国思想学术和文化发展的重要内容，而且在一定程度上决定着整个中华思想学术和文化的特点及其发展的走向。

有学者指出："佛教传来以后的中国宗教史，是儒、道、佛三教的交涉史。"① 但是，在与中国传统思想交涉的过程中，佛教却赢得了主流的地位，由一种外来文化堂而皇之地成为中国思想界的一家，出现了所谓"三教"并存的局面。作为一种外来文化，佛教能够在中国的思想文化舞台上与本土的儒学和道教鼎足而立，成为"三教"之一家，仅就这一点来说，就是佛教进入中国的一大成功。

到了隋唐时代，佛儒道三教的交锋还在继续，三教的融合也出现了新的态势。从统治阶层来讲，隋唐两朝采取三教并行的政策。两朝统治者积极支持和提倡儒释道三教，隋唐思想领域出现了以孔孟儒学为正统，儒释道三者并立的局面。

隋文帝即位之后，就采取鼓励佛教发展的态度，听许私度僧尼出家，使非法的流亡者取得合法地位。隋开皇十一年（591），文帝下诏曰："朕位在人王，绍隆三宝，永言至理，弘阐大乘。"他在京城兴建了具有"国寺"性质的大兴善寺；又以学问僧组成"二十五众"，作为国家管理全国僧尼和领导佛教发展方向的中心，又于相州战地建伽蓝一所，为战死者追福，将造寺活动提高为国事之用。宋人宋敏求指出："隋文承周武之后，大崇释氏，以牧人望。"（《长安志》）

但隋文帝更致力于传统儒学的复兴，力图建立以儒学为核心，以佛道为辅助，调和三教思想的统治政策。他宣称："门下法无内外，万善同归；教有浅深，殊途共致。"（《历代三宝记》）据此要求在儒家崇拜的五岳建造僧寺。他又说："朕服膺道化，念好清净，慕释氏不二之门，贵老生得一之义。"（《全隋文·五岳各置僧寺诏》）对于道教也采取容纳政策。

与此同时，佛教居士李士谦主张三教鼎立说，儒家学者王通主张三教合一说。李士谦认为，三教的关系，犹如"三光在天，缺一不可"。王通认为，

---

① ［日］窪德忠：《金代的新道教与佛教》，刘俊文主编，许洋主等译：《日本学者研究中国史论著选译》第 7 卷，中华书局 1993 年版，第 492 页。

三教都有助于封建统治，故待"皇极之主"，以"共叙九畴"。这些主张，逐步成为唐以后处理三教关系的主流。

唐朝建立之初推崇老子，出现了佛道之争，把道教排在佛教之前。不论唐王朝对佛道二教在形式上有什么抑扬变化，以儒学为本的方针始终不变。唐朝基本上是在确立儒学正统地位的同时而以佛、道为官方意识形态的重要补充，当然在三教中唐朝其实更看重儒学，并以其来维系现实的宗法制度。唐朝极力提倡儒家经世之术，宗教神学必须严格服从政治、经济、军事的需要。唐高祖就说："父子君臣之际，长幼仁义之序，与夫周公孔子之教，异辙同归。弃礼悖德，朕所不取。"（《唐会要议释教上》）唐太宗表示："朕今所好者，惟在尧、舜之道，周、孔之教，以为如鸟有翼，如鱼依水，失之必死，不可暂无耳。"（《贞观政要·慎所好》）"至于佛教，非意所遵，虽有国之常经，固弊俗之虚术"（《全唐文》），而"神仙事本是虚妄，空有其名"。贞观八年（634），文德皇后更对太子说："道释异端之教，蠹国病民，皆上素所不为。"（《资治通鉴》）唐太宗即位以后，大力提高儒家社会地位，他追尊孔子为"先圣"，诏命各州县皆设孔子庙，以便供祭，召集天下名儒做学官，扩充国子学，增置生员，凡通儒经者，准予参加贡举。唐太宗还以师说多门，章句繁杂为由，召集名儒编纂和整理儒家经典，如令颜师古考定五经，颁行《五经定本》，又令孔颖达撰写《五经正义》，结束了自东汉以来矛盾纷纭的各家宗教学说。这是适应政治上全国统一的大事，其结果是使儒家思想在三教对峙中处于更加有利的地位，《旧唐书·儒学传》记载："四方儒士，多抱负经籍，云会京师"，"儒学之盛，古昔未之有也。"

在唐代的士大夫中不乏崇奉佛道者，如白居易受佛教影响极深，但他在《议释教》一文中指出，儒释道三教鼎立，但治理天下要一元化，佛教有些内容虽可以"诱掖人心，辅助王化"，但决不可以以佛代儒，舍本逐末，因为那些东西儒家本有，所谓"王教备焉，何必使人去此取彼"。所以有唐以来，无论是上层统治者，还是士大夫知识阶层，虽然崇奉佛道者大有人在，但他们思想的主导成分仍是儒家。唐代的儒学在三教中仍占据主导地位，儒学也仍然处于文化的核心。

总体上说，自从儒家学者王通主张儒佛道相调和以后，隋唐时期的帝王虽然会出于个人的好恶而对儒佛道三教表现出不同的态度，但基于现实的考虑，他们基本上采取三教并用的文化政策。王通所谓三教调和，并不是在理论上互相融通，而是在推行上兼顾并重，同时共存。所以在初唐、盛唐时期三教各有所发展，统治者在政治制度和经济措施方面主要利用儒术，在思想和风俗方面主要利用佛道二教。中国的思想学术发展出现了儒佛道三教鼎立的局面。儒学、佛学和道学等获得了充分的发展，各种思潮交光互影，交锋激荡，对儒佛道三教各自的发展影响巨大。而在这种鼎足而立的局面下，三教也自发地互相融合。任继愈指出："从三教鼎立，佛教为首，到三教融合，儒教为……主是唐宋哲学发展的总脉络。"①

三教鼎立的局面也是中国学术思想史发展的一个合乎逻辑的结果，是汉魏以来儒佛道三教关系历史演变的延续，是三教各自的发展与三教关系长期互动的结果。汉魏以来，佛教与儒学、道教就进行着激烈的争论与思想交锋。但是，汉魏以来三教之间的长期冲突与融合使各家都清楚地认识到排除乃至消灭其他两家是不可能的，相反，借鉴其长处来发展自身则相当重要。因而到了隋唐时期，虽然三教矛盾依然不断，三教优劣高下的争论有时还相当激烈，但从总体上看，三教基于各自的立场而在理论上相互融摄，成为这个时期三教关系最重要的特点。

隋唐时期儒佛道三教理论上的融合，主要是各家立足于本教而融摄其他两教以丰富发展自己的自发行为，它为唐宋以后三教思想理论的进一步融合奠定了基础。唐宋之际，三教鼎立的局面逐渐让位于三教合一，至宋代，随着新儒学的出现和被定于一尊，儒佛道三教形成了以儒家为本位的三教合一体系，并延绵了千年之久。宋代以后，以心性论为主要哲学基础的三教合一逐渐成为中国思想文化发展的主流。儒佛道三教经过长期的冲突与交融，终于找到了以儒为主、以佛道为辅的最佳组合形式。

2. "三教论衡"辩论会

如何协调三教关系，使其各自发挥有利的作用，是唐朝统治者的重要议题。"三教论衡"参与者有皇帝衡、士大夫，史籍多有记载。

武德七年（624），唐高祖幸国学释奠，"命博士徐旷讲《孝经》，沙门慧乘讲《心经》，道士刘进喜讲《老子》，博士陆德明随方立义，遍析其要。帝

---

① 任继愈：《任继愈禅学论集》，商务印书馆 2005 年版，第 103 页。

曰：'三人者诚辩矣，然德明一举辄蔽'"。所谓"德明一举辄蔽"，就是以儒家学说统率佛、道思想，使之符合封建统治的需要。武德八年（625）又在国学释奠时"堂置三坐拟叙三宗"，先老次孔后释，显然是要在理论上使儒胜佛。其后又改在宫内延两教辩论，佛道二师同时各唱，如道士张鼎与沙门智顗和道士刘进喜与沙门道岳的对辩。僧人慧乘和道教徒辩论，徐徐而入，诱人入彀，步步为营，咬住不放，问得道士"周惶神府，抽解无地，忸怩无答"（《集古今佛道论衡》）。唐高祖本来宣布了"老教、孔教，此土元基，释教后兴，宜崇客礼。令老先，次孔，末后释宗"，但当他目睹了慧乘率先发言击败道士的全过程，竟然"惊美其辩，舒颜解颐而笑"。

这种"三教论衡"的方式，几乎为唐代诸帝所普遍采纳。贞观十二年（638），皇太子李承乾组织大臣和三教学士在弘文殿举行佛道辩论。高宗显庆三年（658）冬雩祈雪候，内设道场，令慈恩寺义褒与东明观道士李荣论议。显庆四年（659）又令僧道入合璧宫论议，沙门会隐、神泰、会玄，道士李荣都参加辩论。又屡召李玄植与道士沙门讲说经义，李玄植辩论甚美。这显然有调和三家之意。总章元年（668）令百僚僧道会百福殿，议《老子化胡经》真伪。因沙门法明的声辩，将其定为伪本，悉令焚弃，更可见其调和的用意。《旧唐书·韦渠牟传》记载："贞元十二年四月，德宗诞日，御麟德殿，召给事中徐岱、兵部郎中赵需、礼部郎中许孟容与渠牟及道士万参成、沙门谭延等十二人，讲论儒、道、释三教"。《旧唐书·德宗本纪》记载，贞元十二年（796）四月"庚辰，上降诞日，命沙门、道士加文儒官讨论三教，上大悦"。一般认为此为中唐以帝诞日开三教讲论为常例之始。

历史上以"毁佛"著称的唐武宗也亲自参加过这种论衡，《宋高僧传》卷一三九有详细记载。《册府元龟·诞圣》也记载三教论衡情况："数十人迭升讲坐论三教。初如矛戟森然相向，后类江河同归于海。"《南部新书》则说："初若矛盾相向，后类江海同归。"

《白居易集》卷六八有专文《三教论衡》记叙参与的一次论衡大略。时间是太和元年（827）十月皇帝降诞日，参加人员第一座秘书监赐紫金鱼袋白居易，安国寺赐紫引驾沙门义休，太清宫赐紫道士杨弘元，地点在麟德殿内道场。

白居易与佛教代表的论衡过程依次分为"僧问""对""难"，"对"，然后又以"儒书奥义，既已讨论，释典微言，亦宜发问"为过渡，开始第二阶段儒家之"问僧"，依次也有"问""难"过程。

第三阶段为道门，依次"问""难"，由道士发问，亦经过同样的过程。论衡结束时，似例有《退》，其说："臣伏惟三教谈论，承前旧例，朝臣因对扬之次，多自叙不能及平生志业。臣素无志业，又乏才能，恐烦圣聪，不敢自叙。谨退。"

唐朝举行的"三教论衡"实则为三教争鸣的学术研讨会或辩论会，其规模很大，场面十分壮观。御座前的诘难辩论，近则关乎一身之荣辱，远则关乎一教之盛衰，所以常常十分激烈，辩者思路敏捷，争辩交锋时，言辞激越，表现出卓越的论辩才华。参与论辩的各方，或"必使屈伏，不得空立主客"，或"雄论奋发，河倾海注"，忽而"妙辩云飞，益思泉涌，加以直词正色，不惮威严，赴火蹈汤，无所屈挠"，忽而"宾主酬答，剖析稽疑，文出于智府，义在于心外，如斯答对，坚阵难摧。赤幡曳而魔党降，天鼓鸣而修罗退"（《宋高僧传·唐京兆大兴善寺复礼》）。严重时"辞河下倾，辩海横注，凡数千言。闻者为之股栗"。

三教论衡这种形式的学术辩论大会，在中国早已有之。"论衡"一事，原起于东汉儒学今古文经学之争。如众周知，由于今文经学有"通人恶烦"之弊，建初四年（79）汉章帝亲临白虎观，大会今文经学群儒，讲议五经异同。"省章句""正经义"，敕为《白虎通义》一书。佛学西来，其在始初依附于玄学，身价百倍后，宗派间亦经论辩，前如东晋时支愍度弟子道恒与竺法汰弟子昙壹、慧远等"大集名僧"论"心无义"说，"据经引理，折驳纷纭"，就席"攻数番，问责锋起"。

晋惠帝时，有道士王浮与沙门帛远争邪正，王浮附会襄楷上汉桓帝书中"或言老子入夷狄为浮屠"之说，造《老子化胡经》以起衅端。在北魏拓跋氏汉化过程之中，这个问题又被重新提出，如《通鉴》卷一三三所载，泰始七年（471）谓魏献文帝好黄老浮屠，"每引朝士沙门，共谈玄理"。可知"三教论衡"或曰"三教讲论"是西晋一直延续到隋唐的一项重要活动，也代表着这一时期思想文化冲突和磨合的过程。

儒释道三教的思想交锋十分激烈，但基本上局限在学术探讨的范畴，采取交流、讨论和辩论的形式。这种讲论有的时候是比较平和的，如北魏时清通观道士姜斌与融觉寺僧昙谟最对论"佛与老子同时不？"有时则很热闹，如北齐时道士陆修静率徒与上统、昙显斗法。更多的情况是表现为相互的砥砺和磨合，《周书·韦夐传》记载："武帝又以佛道儒三教不同，诏夐辨其优劣。夐以'三教虽殊，同归于善，其迹似有深浅，其致理殆无等级。'乃著《三教序》奏之，帝览而称善。"又如《陈书·马枢传》记载："王欲极观优劣，乃谓众曰：'与马学士论义，必使屈伏，不得空立主客。'"当然有时论辩也会演化为激烈的冲突。

唐代"三教论衡"辩论会，虽然表面上呈现的是三家之间的区别与矛盾，但客观上却为三教思想的交流和融合提供了绝好的机会，整合三教是政治需要。陈寅恪说："南北朝时，即有儒释道三教之目。至李唐之世，遂成固定之制度。如国家有庆典，则招集三教之学士，讲论于殿廷，是其一例。故自晋至今，言中国之思想，可以儒释道三教代表之。此虽通俗之谈，然稽之旧史之事实，验以今世之人情，则是三教之说，要为不易之论。"① 通过彼此之间的陈述与辩论即频频的廷争，三教之间有了更多共同使用的词汇、概念和思维表达方式，若"借儒者之言，以文佛老之说，学者利其简便"，客观上使三教加深了彼此的了解与认同。"唐代三教互动、冲突、辩难，为三教的互相吸收、融合、和合创造了广阔的空间和自由的平台。"②

3. 佛道之争与相互融合

隋唐时期，三教并行、三教鼎立，三教之间互相渗透和融合，但并不是它们相互之间没有分歧、没有斗争和矛盾。实际上，这三教之间的矛盾和冲突时有发生，有时甚至还是很激烈的。

唐初门阀世族的门第观念还很强，为了给新政权增添尊贵的色彩，攀附道教教祖李耳作祖先，故而抬高道教的地位。武德八年（625），高祖颁布《先老后释诏》，明确规定道在儒、释之上，确立了道教的特殊地位。唐朝对道教积极推崇和支持的态度，使道教成为"皇族宗教"，道教进入了发展的兴盛时期。在这个时期，道教的社会地位大大提高，信众大幅度增加，道教学者辈出，其教义更具理论色彩，斋醮仪式更趋完备，炼丹术的发展也达到了

---

①　陈寅恪：《金明馆丛稿二编》，上海古籍出版社1980年版，第250—251页。

②　张立文主编：《中国学术通史（宋元明卷）》，人民出版社2004年版，第52页。

前所未有的高度，而道教理论的空前繁荣则是这个时期道教的最大特色。

佛道之争始自西晋道士王浮与帛法祖的正邪之争，并由此而产生的伪作《老子化胡经》。此后又有萧齐的夷夏之争、三破之论，梁武帝的舍道事佛，北齐的废道。而北周双废两教而置通道观，意在存道而废佛，使佛道两家的矛盾日益加深。入唐以来由于佛教急速发展，不但和道教在政治地位上时有高下之争，并在思想上也加剧了冲突。

武德四年（621），太史令傅奕上表斥佛，请求罢废。他特别指责佛教"剥削民财，割截国贮"，"军民逃役，剃发隐中；不事二亲，专行十恶"，建议国家采取措施，"令逃课之党，普乐输租；避役之曹，恒忻效力"。当时以护法者自居的佛教界代表人物法琳"频诣阙庭"，多方申辩，高祖李渊暂时搁置。武德七年（624），傅奕再次上疏，力数佛教的种种不端。"佛在西域，言妖路远，汉译胡书，恣其假托。""演其妖书，述其邪法，伪启三途，谬张六道，恐吓愚夫，诈欺庸品。""乃谓贫富贵贱，功业所招，而愚僧矫诈，皆云由佛。窃人主之权，擅造化之力，其为害政，良可悲矣！""窃见齐朝章仇子他上表言：'僧尼徒众，糜损国家，寺塔奢侈，虚费金帛。'为诸僧附会宰相，对朝谗毁；诸尼依托妃主，潜行谤蔺。子他竟被囚执，刑于都市。及周武平齐，制封其墓。"（《旧唐书》）道教徒也借此对佛教展开抨击。武德九年（626），清虚观道士李仲卿著《十异九迷论》，刘进喜著《显正论》，托傅奕奏上。

法琳在唐统治者抬高道教压抑佛教的紧要关头，奋起和种种反佛言论进行殊死的斗争，成为佛教史上最负盛名的护法和尚。他为了驳斥傅奕和道士李仲卿、刘进喜等人，一再撰写长篇辩论性的佛学论文，《对傅奕废佛僧事》长达万言，《辩正论》一万七千言。当《对傅奕废佛僧事》一文由皇太子李建成转呈唐高祖后，它严密的逻辑、强大的说服力和浩荡的气势，完全征服了唐高祖，使他重道抑佛的政略发生了动摇。至太宗即位，傅奕再次上书，请"令僧吹螺，不合击钟"。贞观七年（633），太子中舍辛谓设难问佛教徒，慧净著《析疑论》予以回答，法琳作《广析疑论》为答。佛道的争论，引起了社会的注意。

贞观十一年（637），唐太宗表态，说"殊俗之典，郁为众妙之先；诸华之教，翻居一乘之后"（《今道士在僧前诏》）的现象，是不能容忍的，下诏宣称，"朕之本系，起自柱下。鼎祚克昌，既凭上德之庆；天下大定，亦赖无为之功"（《道士女冠在僧民让诏》），这样，佛道在宗教上的高下之争，变成了体现李唐尊卑等差的政治问题。故令"道士、女冠，可在僧尼之前"。唐太宗说："今李家据国，李老在前。"佛教徒对此不服，智实等上表反驳，攻击道教，受到朝堂杖责。贞观十三年（639），道士秦世英密奏，法琳所著《辩正论》一书攻击老子，讪谤皇宗，有罔上之罪。唐太宗令推问法琳，沙汰僧尼，不久法琳被流放益州。

这次佛道之争，就其本身来说，是为了争取新王朝对自己的有力支持，争夺社会舆论和更多的信徒，宗派情绪十分浓厚。起初，唐王朝在宗教政策上犹豫不定，然后又决定对佛教加以抑制，其后，在朝廷的内殿里时常举行佛道的对论，其论题涉及道和菩提的同异，又考核了《老子化胡经》的真伪。后来的武宗毁佛，虽然本质上是因为国家与寺院在经济上有不可调和的矛盾，但仍是以道教徒赵归真的进言为契机，与佛道之争不无关系。

随着唐太宗的统治地位日臻稳固，他开始重新审视以往的佛、道政策。贞观十五年（641）五月，唐太宗亲临弘福寺，为太穆皇后追福，手制愿文，自称菩萨戒弟子，斋供财施，"以丹诚归依三宝"。他向寺僧解释道："师等宜悉朕怀。彼道士者，止是师习先宗，故位在前。今李家据国，李老在前，若释家治化，则释门居上。"（《集古今佛道论衡》）到太宗晚年，唐初的先道后佛政策，实际上有了变化。

唐高宗时将太上老君奉为太上玄元皇帝，圣母曰天太后，令各州郡道观奉祀，又以《老子》为上经，将《道德经》列为科举科目，这些举措既使天下士人重视学修老庄之学，也使民间信道之风滋长。唐玄宗在位时期，一再给太上老君追加尊号如"大圣祖玄元皇帝""圣祖大道玄元皇帝""大圣祖高上大道金阙玄元天皇大帝"等，并多次拜谒玄元皇帝庙，制作玄元皇帝的神像分布天下，加以供奉。他经常召集道士，封号赐物设观，以抬高道士的社会地位。开元二十九年（741）又置崇玄馆，将《老子》《庄子》《列子》《文中子》列为"明经科"的应试内容，还亲自主持纂修了《三洞琼纲》3744卷，该书成为中国历史上第一部道藏。唐玄宗的种种隆道举措，使初唐以来的奉道之风发展到极致，在社会上造成了一股狂热的奉道风气。

在与佛教的斗争中，道教也接受和融合了佛教的一些思想。隋唐道教发展表现在两个方面：其一，道教内部上清派、楼观派、正一派、灵宝派等不同派别在相互融合中进一步推进了道教教义学说和仪轨制度的建立；其二，道教在与儒佛特别是与佛教的冲突和争论中深化了理论。就道佛关系而言，道教主要借鉴吸收佛教的思辨哲学以提高自身的理论水平，而佛教则对道教的法术斋醮等有所借鉴。

佛教各派的学说给道教思想以深刻的影响。道教重玄派的代表人物成玄英、李荣、王玄览等都援庄入老，援佛入老，将佛、老思想巧妙地结合，发展了道教的教义，对后世有重要的影响。融摄了佛教般若学思想和方法的重玄学，在当时成为道教主流学说的一支。唐末五代道士杜光庭指出："梁朝道士孟智周、臧玄静，陈朝道士朱糅，隋朝道士刘进喜，唐朝道士成玄英、蔡子晃、黄玄颐、李荣、车玄弼、张慧超、黎元兴，皆明重玄之道。"（《道德真经广圣义》）唐代重玄学的重要代表人物成玄英融会佛教观学的方法而对"重玄之道""重玄之理"作了精致的发挥，有些话语几乎可以到佛教著作中找寻源头。例如他曾多次使用"非有非无""非无非有"的论证方法来破除心执，强调"心境两空"。他所说的"二仪万物，虚假不真"也是来自于佛教。道教与佛教在思想理论上的互动，推进了道教思想理论的发展。

隋唐道教重玄学所表现的主要还是在形而上学方面与佛教的交涉。中唐以后兴起的道教心性学则表现出了隋唐道教在当时三教普遍关注心性的思想背景下逐渐转向对宗教修行理论与实践的探讨，而这种探讨也集中体现了三教在心性问题上融合的新趋势。在隋唐道教的心性学中，无论是司马承祯、吴筠、王玄览等道人，还是《常清静经》等新道经，都将心性的炼养作为得道的关键。如《上清经秘诀》说："所以教人修道也，教人修道即修心也，道不可见，因生以明之，生不可常，用道以守之，生亡则道废，合道则长生也。"在这种对"心性"的推崇中，抽象绝对的"道"不仅通过"心"而与众生相连，而且"心"实际上也与"道"一样具有了形上本体的意义。而这正是传统道教的主静修心论通过借鉴和融合佛教心性论（佛性论）和儒家人性论而得以实现的。

所以，在唐初虽有佛道之争，但总的趋势还是相互的借鉴和融合，特别是道教在与佛教的交集中，进一步丰富和发展了自己的思想体系。

4. 儒学与佛教的合流

经过魏晋南北朝学术思想领域的重大变革，隋唐儒学重新恢复了正统的地位，但其独尊的地位毕竟已让位于三教鼎立的局面。在佛道二教的刺激下，唐代儒学首先需要解决的问题就是如何重新获得人们对儒家所宣扬的圣贤之道的关注，让它不仅回到政治与社会生活的中心，而且也回到人们精神信仰的中心，同时，佛道二教的充分发展，也促使儒家发生了许多新的变化。唐初颜师古所撰的统一儒家经书文字的《五经定本》和孔颖达等撰的统一经书义理解释的《五经正义》的出现，是对当时和后世都产生了重大影响的事件之一，它标志着南北朝时期南北分立的儒学进入了统一的新时代，不仅开辟了唐代儒学的新局面，更奠定了唐以后中国思想学术走向的重要基础。与此同时，随着长期分裂局面的结束，重建儒家伦理纲常以维护社会秩序也成为统治者迫切需要解决的问题，因而隋唐二朝的统治者大都提倡儒教，这也对儒学的新发展起了一定的推动作用。

但是，面对三教鼎立的局面，儒学要重建其正统地位需要与佛道两家交涉。隋末王通提出一个系统的区别于传统经学的新经学，他在解经方法上也转向剖析内在义理，提倡"三教可一"，显示出其站在儒家的立场上开始正面回应佛、道的挑战，并融会佛、道以求自新的努力。

> 佛教的中国化进程和道教教义精密化过程，给儒教学者以巨大的震撼和冲击，儒教学术必须改弦更张，必须吸收佛道之长之优，融突创新，使儒释道三教"兼容并蓄"的文化学术整合的方法论争转化为落实到新的和合体上……①

隋唐儒家与佛、道理论上的交涉，更多地表现为儒家对佛教心性论的关注。随着佛教中国化在隋唐时期的基本完成和佛教丰富内涵的展现，这个时期的儒者已开始更全面更理智地看待佛教，注意到了讲求出世的佛教在出家修行等形式之下所蕴含的可以为儒家借鉴吸收的思想因素。"佛道的昌盛不断冲击着冲突的儒学，他们给予儒学的不仅仅是转生的刺痛，而且是新的参照系和新思想的启迪。"②

例如柳宗元对韩愈的激烈排佛表示不满，认为韩愈只看到了佛教的表面，只看到了佛教的形式，而没有看到佛教的表面形式下所包含的有价值的内容。

---

① 张立文主编：《中国学术通史（宋元明卷）》，人民出版社 2004 年版，第 11 页。

② 张立文主编：《中国学术通史（宋元明卷）》，人民出版社 2004 年版，第 30 页。

柳宗元认为，佛教并非是什么妖魔鬼怪，只不过是百家中的一家之言。佛教并不仅仅是一块毫无价值的石头，而是一块有待雕琢的宝玉。当然柳宗元并不赞成佛教的形式，但对佛教的思想却表现出了一定的认同甚至赞赏的态度。说明柳宗元对佛教的认识已逐渐深入到了佛学比较核心的内容，他以儒家的立场观照儒佛道三教关系，期望统合儒佛道以复兴儒学的意愿则表明了儒学的发展方向。

从柳宗元对佛教的认识可以看出，许多儒家学者致力于找出佛教与儒学的共同点。唐代新罗留学生崔致远在所作《唐大荐福寺故寺主翻经大德法藏和尚传》中，评论华严宗创始人法藏的生平事迹，他说儒家经典《左传》说人去世后，有好名声者体现在立德、立言、立功三个方面，那么，法藏的游学、削染（削发出家）、示灭（去世）三者，就是立德；讲演、传译、著述三者，就是立言；修身、济俗、垂训三者，就是立功。白居易认为佛教的禅定、慈忍、报应、斋戒，在儒教中都有相当的内容。唐文宗太和元年（827），朝廷组织三教辩论，白居易以儒方代表的资格，写了一篇《三教论衡》的文章。据陈寅恪研究，"其文乃预设问难对答之语，颇如戏词曲本之比"，"其所解释之语，大抵敷衍'格义'之陈说"。[①] 从白居易这篇文章可以看出，儒方在辩论前，预先将佛儒进行比较，并主动以儒家比附佛家。白居易这篇文章写道：《毛诗》有风赋比兴雅颂六艺，佛教有十二部经（全部佛经按照体裁分为契经、重颂、讽颂、因缘、本事、本生、阿毗达摩、譬喻、论义、自说、方广、授记等十二类）；儒家有德行、言语、政事、文学四科，佛教有檀波罗蜜（布施）、尸波罗蜜（持戒）、羼提波罗蜜（忍辱）、毗梨耶波罗蜜（精进）、禅定波罗蜜、般若波罗蜜（智慧）六度；孔门有颜渊、闵子骞、冉伯牛、仲弓、宰我、子贡、冉有、季路、子游、子夏十哲，如来有迦叶、阿难、须菩提、舍利弗、迦旃延、目干连、阿那佛、优波离、罗睺罗、富楼那十大弟子。白居易得出结论说："儒门、释教，虽名数则有异同，约义立宗，彼此亦无差别。所谓同出而异名，殊途而同归者也。"（《三教论衡》）

佛教也努力接近儒学，吸收儒学的某些思想，并将其融合到佛学的理论中。儒家学说在佛教中的渗透，使佛教面貌为之大变。儒家把人分为上智下

---

① 陈寅恪：《元白诗笺证稿》，上海古籍出版社1982年版，第311页。

愚，佛教把众生分为多种层次。吉藏把具有佛性的人分作三根，在《中观论疏》卷二中说："利根闻初即悟正道，不须后二。中根闻初不悟，闻第二方得入道。下根转至第三始得领解也。"法相宗分得更细，提出五种性说，即菩萨乘、声闻乘、辟支佛（缘觉）乘、不定乘和一阐提迦。孟子提出性善论，认为人皆可以成舜尧。禅宗认为众生具有同样的真如本性，只要去掉上面所覆盖的妄念浮云，皆可一悟成佛。慧能说："世人性净，犹如清天，慧如日，智如月，智慧常明。于外看境，妄念浮云盖覆，自性不能明。故遇善知识开真正法，吹却迷妄，内外明彻，于自性中万法皆现。一切法在自性，名为清净法身。"（《六祖坛经》）他又说："人中有愚有智。愚为小故，智为大人。问迷人于智者，智人与愚人说法，令使愚者悟解心开，迷人若悟心开，与大智人无别。故知不悟，即佛是众生；一念若悟，即众生是佛。"（《六祖坛经》）

宗密也试图调和佛、儒、道三家。他认为儒教是五常之教，和佛教虽然仪式不同，但在惩恶劝善上，却没有什么差别。五常是仁义礼智信，而佛教的五戒与之相当。他接着指出，道教和小乘教相当。小乘教较道教略深一等，不仅就浅显的因果报应做出解释，还探索宇宙生灭的问题。小乘教认为世界成住坏空，空而复成，周而复始，无始无终。道教也探讨世界生成的问题，但"道教只知今此世界未成时一度空劫，云虚无混沌一气等，名为元始，不知空界已前，早经千千万万遍成住坏空，终而复始"（《原人论》）。佛教称自己的学说为内学，自己的典籍为内典，佛教以外的学说和典籍为外学、外典。他认为道教在外典中算得上是最深的说法了，但仍不及"佛教法中小乘浅浅之教"。因此，道教和小乘教也只是约略相当而已。佛教中最深的一等是一乘显性教，这是华严宗和禅宗的合一。宗密在探讨这五等说法对人的研究后总结道："今将本末会通，乃至儒、道亦是。"这样，他便以佛教为中心，调和了佛、儒、道三家的思想，实现了三者的会通。

据此看来，在唐代，佛教界和士大夫两方面都在努力使佛儒文化合流。士大夫们对佛教不再持歧视和排斥态度，视其为异端，反而认为它是和儒家学说并行不悖的同类思想。士大夫基于自己所受的儒家等传统文化教育，也就容易理解和接受佛教了。柳宗元指出，佛教"往往与《易》《论语》合"，"不与孔子异道"。刘禹锡说："是余知突奥于《中庸》，启键关于内典，会而归之，犹初心也。"（《赠别君素上人》）姚合《赠卢沙弥小师》诗说：

　　　　我师文宣王，立教垂书诗。

　　　　但全仁义心，自然便慈悲。

　　　　两教大体同，无处辨是非。

李丹《天堂地狱偈》诗说：

　　　　释迦生中国，设教如周孔。

　　　　周孔生西方，设教如释迦。

　　　　天堂无则已，有则君子登。

　　　　地狱无则已，有则小人入。

李丹这首诗，当时人们评论起来，"以为知言"。

5. 三教合流与佛教的发展

　　儒佛道三教关系在一定意义上决定着汉代以来中国思想学术的特点及其发展走向。隋唐三教鼎立的思想学术新局面的出现，是三教各自的发展与三教关系长期互动的结果，而从更大的社会文化背景来看，也是强盛的隋唐帝国文化繁荣的表现，其本身又对隋唐的儒学、佛学和道学等的发展产生了巨大的影响，并为形成于唐宋之际并绵延千年之久的"三教合流"思潮奠定了重要的基础。

　　唐代儒释道三足鼎立，相互之间有着激烈的交锋和论争，但总体趋势是三教之间相互渗透和交融。它们互相影响，互相砥砺，共同促进了中国学术思想的发展。黄心川指出："儒释道是我国传统思想和文化的主要组成部分，它们之间相互融合与斗争，特别是以儒家学说为基础的'三教合一'，构成了中国近千年来思想文化发展的总画面。"①

　　三者有着各自的特点，起着不同的社会作用，儒可以治国，佛可以治心，道可以治身。清朝雍正皇帝在所发布的上谕中概括说："域中有三教，曰儒、曰释、曰道，儒教本乎圣人，为生民立命，乃治世之大经大法，而释氏之明心见性，道家之炼气凝神，亦于我儒存心养气之旨不悖，且其教旨皆于劝人为善，戒人为恶，亦有补于治化。"（《清朝文献通考》）这段话基本上概括了

---

　　① 黄心川：《"三教合一"在我国发展的过程、特点及其对周边国家的影响》，《哲学研究》1998 年第 8 期。

历代皇朝对于儒释道关系的基本看法。

在三教鼎立的基本格局下，隋唐时期儒佛道三教的许多重要思想家都根据自身发展以及大一统政治的需要，提倡三教在理论上相互包容。不少佛教思想家在融合吸收儒、道等传统思想的同时也都提出了三教一致、三教融合的观点，认为三教"各适当时之器，相资为美"，"惩恶劝善，同归于治，则三教皆可遵行"。唐代宗密在《原人论》中极力主张"三教同源""儒佛一致"论，"孔、老、释迦，皆是至圣，随时应物，设教殊途，内外相资，共利群庶，策勤万行"。冻国栋通过对《唐崔暟墓志》等史料的考释认为："儒、释、道兼习乃是隋唐时代士人及其家族的普遍趋向"①。同时，"中唐以后，天子生日举行有关三教的传统性活动——三教讨论"，使"中唐产生了三教一致的思想"。② 不过这些辩论往往是在儒家经世致用的框架下展开的，目的是为了皇朝的"鼎祚克昌"和"天下大定"，故虽然皇朝将三教置于相同的地位，但此时三教的重心，已由佛教转入到儒家。"南朝的梁陈，北朝的齐隋都极力提倡佛教。唐代思反其道，便极力提倡儒家经世之术"③，并作为组织上述三教辩论的出发点。

"三教鼎立"到"三教合流"的演化大体上反映了佛教进入中国后与中国传统文化交涉的过程。佛教进入中国后，遇到儒家文化和道教势力的排斥与抗拒，但逐渐形成了"三教鼎立"的局面，这就是佛教作为一种外来宗教、外来文化在中国立住脚并且被接受的突出表现。此后，排佛思潮虽然不断出现，但已经不再是社会的主流话语，而且三教在冲突、对抗和对话中，逐渐互补、融合乃至出现三教融合的趋势。在晚唐时期，三教融合已经为儒释道各家所接受。晚唐以至宋元时期，就不再有激烈的排佛主张出现了。从三教鼎立到三教合流，充分反映了中国文化所具有极大的包容性和多元化的特点。秦家懿指出：

> 三教之间亦有不少竞争和冲突，但它们最终能够共存而互补。

---

① 冻国栋：《〈唐崔暟墓志〉跋》，武汉大学三至九世纪研究所编：《魏晋南北朝隋唐史资料》第18辑，武汉大学出版社2001年版。

② ［日］镰田茂雄著，郑彭年译：《简明中国佛教史》，上海译文出版社1986年版，第195、196页。

③ 周叔迦：《周叔迦佛学论著集》上册，中华书局1991年版，第185页。

在此，我们看到一种和谐、调和的精神，这是中国传统文化最显著的特点：各教在中国文化的整体内互相配合，分别承担其独特的社会使命。在儒学，和谐精神在人际关系中表现。在道家哲学，我们见到的是与自然的和谐……佛教则带来了崭新的人生观和世界观，但它也受中国主流文化的牵制。然而，佛教能为儒、道两家忽略的一些问题提供答案，因而填补了某些精神真空。……三教并存以及同时参与三教活动的可能性是中国（以及东亚）文化的多元化特征，为中东文化和欧洲文化所不见。①

三教合流也是三教各自发展的内在需要，是三教各自适应当时中国文化大趋势的必然结果。张立文指出：

> 儒、释、道三教融合，是三教自身内在的需要，换言之，是三教学术的内在逻辑发展趋势。儒教必须吸收佛道逻辑思辨、终极关切和宇宙生成理论，以补形而上之道的不足；佛教必须兼容儒教的道德性命，以不违中国血缘的、宗法的心理情感；道教也必须并蓄佛儒的教义和礼乐，以提升逻辑思辨和经世力度。儒、释、道三教名殊道同，都追求"超凡入圣"的境界。这"圣"，儒为圣人、释为成佛、道为成仙。圣、佛、仙都超越了现实人生的有限而达无限，其大同世界、西方极乐世界、神仙世界都超越现实苦难世界而达和乐美满世界。②

隋唐时期三教鼎立并逐步融合的趋势，为佛教的发展提供了比较好的文化舆论环境，促使了佛教各宗派的发展。正是在这一时期，佛教完成了中国化的过程。在这个时期佛教继续开展大规模的翻译和注解佛经的工作，不少僧人常常拿佛教的思想比附儒、道。佛教进一步吸收了正统的儒家思想，佛僧们为此撰写了不少宣传中国伦理纲常的佛教经典，僧侣队伍中还出现了很多"孝僧""儒僧"等等，佛教对当时有相当发展的"皇族宗教"道教亦表示了足够的重视。

---

① ［澳大利亚］秦家懿、［德］孔汉思著，吴华译：《中国宗教与基督教》，生活·读书·新知三联书店 1990 年版，第 201—202 页。

② 张立文主编：《中国学术通史（宋元明卷）》，人民出版社 2004 年版，第 64 页。

隋唐时期中国佛教各宗派的创立无疑是中国佛教发展史上最令人瞩目的现象。佛教自两汉之际传入，在中国经过五六百年的发展，到隋唐时，进入了开宗立派的新时期。随着封建统一王朝的建立和南北朝以来寺院经济的充分发展，佛教各家各派得到了进一步融合发展的机会，顺应着思想文化大一统的趋势，一些学派在统一南北学风的基础上，通过"判教"而形成了宗派。这些宗派各具独特的教义、教规和修持方法，并为了维护自己的宗教势力和寺院经济财产而模仿世俗宗法制度建立了各自的传法世系。中国的佛教宗派是在摄取中国传统思想，特别是儒、道思想的基础上创立起来的。

隋唐佛教不仅对儒、道加以融合，而且还从理论上对这种融合作出了论证。中国佛教宗派中创立最早的天台宗以《法华经》为"宗经"，并根据有关经义而提出了"会三归一"的理论，在"方便"法门的旗号下，一方面把天台宗的教义说成是至上的"一乘"，另一方面又为它把佛教的不同教义乃至儒、道等不同的思想"会归"到天台宗教义中来提供了依据。华严宗则有"立破无碍""会通本末"的判教论，它一方面驳斥了华严教义之外的种种异说，另一方面又以华严教义来"会通本末"，认为所破斥的诸种异说"同归一源，皆为正义"，即站在华严宗的立场上看，其他各家学说也都具有真理的成分，都可以归入华严教义中来，这样既抬高了华严宗本家之学，又为调和会通包括儒、道等在内的各种异说作出了论证。禅宗被认为是中国化最为典型的佛教宗派，其一向以"不立文字""教外别传"相标榜，而这实际上也可以看做是禅宗特有的判教说。禅宗正是以此而将自己与其他教派相区别，并从"不立文字"出发，"不拘一说"地在坚持佛教基本教义立场的同时，实现了对中国传统儒、道思想文化的会通与融合。

隋唐佛教宗派对融合各家学说所作出的理论论证，表明佛教的中国化与中国化的佛教理论在隋唐时趋于成熟，这也是隋唐儒佛道三教鼎足而立格局的理论产物，它对隋唐佛教的思想理论建设影响重大，也对其后的中国佛教发展乃至整个中国学术思潮的演进产生了重要的影响。特别是隋唐时期以佛教为首的三教融合，对宋明时期以儒学为首的三教融合，产生了重大的影响。

6. 唐代的排佛思潮

中唐以后，安史之乱给社会经济造成极大的破坏，导致藩镇割据局面的形成，财政收入虽迭经整顿和增加税目，仍是日益竭蹙。儒术的力量日衰，已不能挽救政治的颓废。佛教方面，人民苦于苛刻的税役，纷纷遁入寺院。各寺院也随着土地兼并，日益富厚，寺院内部出现两极分化的趋势。因此在德宗禁止造寺度僧的情况下，一时排佛之风很盛。建中元年（780）剑南东川节度使李叔明上言："佛道二教无益于时，请粗加澄汰。其东川寺观请定为二等，上寺留僧二十一人，上观留道士十四人，降杀以七，皆精选有道行者。余悉令返初。兰若道场无名者皆废。"（《旧唐书·鼓偃传》）德宗认为这一制度可以在全国推行，便下尚书集议。都官员外郎彭偃认为李叔明的办法不妥，"去者未必是，留者未必非"，建议用取消特权和输庸的办法来限制。刑部员外郎裴伯言主张用年龄来限制。结果三人的主张未被采纳。这次议论虽未在制度上有所改革，却引起了儒家的排佛意识。

立唐以来，文人学士是普遍崇佛的，但也有一些持反对的态度。唐初傅奕首先从理论方面批判佛教。道宣在《集古今佛道论衡》一书中，把傅奕列为道教的代表，因为他"先是黄巾"。但从身份来说，傅奕已经由道士还俗，成为在朝廷中担任太史令职务的士大夫。他在唐高祖武德年间几次上书，主张排佛。直到去世前，他还告诫其子说："老、庄玄一之篇，周、孔《六经》之说，是为名教，汝宜习之。妖胡乱华，举时皆惑……汝等勿学也。"（《旧唐书·傅奕传》）他一生"虽究阴阳数术之书，而并不之信"。他把佛教说成是"妖胡乱华"，是站在本民族文化本位的立场上，把佛教作为外来文化、"妖胡"文化来反对的。前文引述傅奕的排佛言论，列举了他贬斥佛教的种种理由，他把佛教称为"胡佛邪教"，终究是外国的东西，是"胡"的东西。究其根本，还是在于这个"妖胡"的立论，是站在"夷夏之防"的角度来论证其排佛的主张。

在唐代反佛的士大夫当中，韩愈是相当出名的，他作《谏迎佛骨表》表达自己的反佛主张。唐宪宗元和十三年（818），唐宪宗下诏，于次年遣使往迎佛骨，入禁中供养三日，然后交京城佛寺轮流供养。此举令朝野一时震动，面对如此情状韩愈上表切谏，这就是有名的《谏迎佛骨表》。

韩愈在《谏迎佛骨表》开篇即道："佛者，夷狄之一法耳。"明确挑明了"夷夏之防"的立场。他针对宪宗迎佛骨以求福祈寿之动机，历数昔日帝王无佛而得寿，"事佛渐谨"者却"年代尤促"的事实，得出"佛不足事"的结论。他特别提到佛是"夷狄"，佛教是外国的宗教，佛法不合礼制，不知君臣之义、父子之情，违背儒家的伦理纲常。

韩愈排佛的立论，也是从佛教是一种外国的东西的角度来说的。他和傅奕的观点一样，是对佛教这种外来文化采取抗拒、排斥的态度。陈寅恪总结韩愈的观点说其"呵诋释迦，申明夷夏之大防"，指出了韩愈排佛主张的文化态度。

韩愈还有反佛的诗句，如《送惠师》云：

> 吾非西方教，怜子狂且醇。
> 吾嫉惰游者，怜子愚且谆。

又有《送灵师》云：

> 佛法入中国，尔来六百年。
> 齐民逃赋役，高士著幽禅。
> 官吏不之制，纷纷听其然。
> 耕桑日失隶，朝署时遗贤。

除了傅奕、韩愈，唐时的李峤、张廷珪、裴漼、姚崇、李翱、李岩等人，或对佛教本身加以反对，或对统治者大做佛事提出批评。

姚崇和韩愈一样，也是一位激烈的排佛论者。姚崇活动贯穿于武则天、唐中宗、唐睿宗、唐玄宗四朝，多次出任宰相。唐中宗时，公主、外戚奏请度人为僧尼，也有拿出私人财产修造佛寺的，各处的富户强丁都造寺出家，逃避赋役。到唐睿宗时，姚崇上疏反对。唐睿宗接受他的意见，命令有关部门隐括僧徒，使猥滥还俗者 12000 多人。唐开元九年（721），姚崇去世，他在遗嘱中用相当的篇幅告诫子孙不要崇奉佛教和道教。

杜牧也对佛教进行过猛烈的抨击。他在《杭州新造南亭子记》中尖锐地指出，崇佛者中，工商人"伪内而华外"，大秤大斛进，小秤小斛出，靠欺骗发财致富；基层小吏，靠敲诈勒索聚敛财富，也能"为公侯家"。上层大官，假公济私，公开掠夺，"人不敢言"。这些人"心自知其罪，皆捐己奉佛以求救"，希望"有罪罪灭，无福福至"。结果是"今权归于佛，买福卖罪，如持左契，交手相付"。完全是做交易。这和儒家的"己所不欲，勿施于人""道之以德，齐之以礼"，正是背道而驰的。这些被儒家指责的所作所为，被佛教认为是事佛即可得福。

对于朝廷挥霍钱财，大行佛事，士大夫也提出批评。武则天时期，立佛寺，造佛像，役无虚岁，有时费用太大，甚至令全国僧尼每天每人资助一枚铜钱。苏瑰以为"糜损浩广，虽不出国用，要自民产日殚。百姓不足，君孰与足？"（《新唐书》）李峤建议说："造像钱见有一十七万余贯，若将散施，广济贫穷，人与一千，济得一十七万余户。拯饥寒之弊，省劳役之勤，顺诸佛慈悲之心，沾圣君亭育之意，人神胥悦，功德无穷。"（《旧唐书》）即便一些奉佛的士大夫，也认为在天下虚竭、海内劳弊、边境未宁、镇戍不息的情况下，大做佛事对国家不利，采取反对态度。唐中宗、唐睿宗时期，基于同样的理由，吕元泰、韦嗣立、宁原悌、辛替否等人，也提出了类似的批评。

佛教主张做佛事祈福，对以往的罪过可以忏悔，对未来的福分可以祈求，甚至可以做到放下屠刀，立地成佛。这就使坏人得到鼓励。他们不怕法律，为非作歹，成了阶下囚时，才在"狱中礼佛"，"规免其罪"。本来"刑德威福，关之人主"，由于佛教干预社会生活，便"权归于佛"了。这无疑危害了社会治安，削弱了朝廷的权威。在佞佛热形成后，"搢绅门里，翻受秃丁邪戒；儒士学中，倒说妖胡浪语"。这造成了"高士著幽禅……朝署时遗贤"的状况，产生了离心作用。"法事所须，严于制敕"，佛教竟然凌驾于政权之上。"此而不救，奚其为政？"佛教的滋蔓已到了"入家破家，入国破国"的严重程度。

7. 会昌毁佛：国家对外来文化的抗拒

在唐代后期，发生了会昌毁佛事件，给佛教的发展以重大打击。

在中国古代史上，政府主持的反佛活动，有所谓"三武一宗"毁佛事件。三武指北魏太武帝、北周武帝、唐武宗，一宗指五代后周世宗。北魏、北周和后周的毁佛，是在国家分裂、僻守一隅的情况下进行的，只有唐武宗会昌毁佛，是在佛教发展到极盛的情况下，在统一帝国的全境内全面铺开的，因而对于佛教的打击更为严重。

武宗在未做皇帝的时候就是信奉道教的。《旧唐书·武宗本纪》记载："帝在藩时，颇好道术修摄之事，是秋（开成五年秋），召道士赵归真等八十一人入禁中，于三殿修金录道场，帝幸三殿，于九天坛亲受法录。"道士赵归真对武宗毁佛起了煽风点火的作用。开成五年（840）秋，武宗刚做皇帝就召赵归真等81人入禁中，同时还进行崇道活动。当时就有人反对。"右拾遗王哲上疏，言王业之初，不宜崇信过当"。武宗置之不理。《唐语林·政事上》

记载："武宗好神仙。道士赵归真者，出入禁中，自言数百岁，上颇敬之。与道士刘元靖力排释氏，上惑其说，遂有废寺之诏。"《旧唐书·武宗本纪》也说："归真自以涉物论，遂举罗浮道士邓元起有长年之术，帝遣中使迎之，由是与衡山道士刘玄靖及归真胶固，排毁释氏，而拆寺之请行焉。"

武宗崇道的思想与日俱增。会昌元年（841）六月，他以衡山道士刘玄靖为银青光禄大夫，充崇玄馆学士，并令其与赵归真于禁中修法箓。会昌三年（843）五月，筑望仙观于禁中。会昌四年（844）三月，又以赵归真为左右街道门教授先生。武宗迷信道教，以赵归真为师，所以，赵归真常在武宗面前"排毁释氏，言非中国之教，蠹耗生灵，尽宜除去，帝颇信之"。会昌五年（845）正月，"敕造望仙台于南郊坛。时道士赵归真特承恩礼，谏官上疏，论之延英（殿）"。

会昌毁佛是政府以行政手段来否定佛教的自上而下的政治运动。此时日本学问僧圆仁正在中国，亲历了会昌毁佛事件的全过程。据圆仁所著《入唐求法巡礼行记》所载，当时崇道与毁佛基本上是同步进行的。会昌二年（842）十月，武宗即有敕下：凡有违犯佛教清规戒律的僧尼，必须还俗。敕文还规定：有财产的僧尼，要没收其财产，不愿被没收者，必须还俗为两税户。很明显，这是政府与佛教在经济上发生利害冲突的反映。另外，有一名为眩玄的僧人自称可做"剑轮"，并谓可领兵打败回纥。结果他做"剑轮"失败，武宗将其斩首。此事更促使武宗毁佛。会昌四年（844）二月，武宗又有敕下："不许供养佛牙。"同时还规定：代州五台山，泗州普光寺，终南山五台，凤翔府法门寺，因寺中有佛指，故而不许置供及巡礼。另外，还对这些地方的僧尼进行检查，凡"无公验者，并当处打杀，具姓名闻奏"。严格限制僧尼的自由。不久，武宗又有敕下："令毁拆天下山房兰若，普通佛堂，义井村邑斋堂等，未满二百间不入寺额者。其僧尼等尽勒还俗，充入色役。"会昌五年（845）三月，又开始了更大规模的毁佛。武宗敕下：从四月一日起，年40岁以下僧尼还俗，从十六日起，50岁以下僧尼还俗，从五月十一日起，50岁以上无祠部牒者还俗。外国僧尼也必须还俗回国。规定天下寺舍，不许置庄园。又令检查天下寺舍奴婢多少，财产情况如何。对诸寺的财产及货卖奴婢的收入全部没收。

会昌毁佛给佛教势力重大打击。《唐大诏令集·唐武宗会昌五年，拆寺制》记会昌毁佛，"其天下所拆寺四千六百余所，还俗僧侣二十六万五百人，收充两税户，拆招提兰若四万余所"。毁佛运动使几十万还俗僧人失去寺院的集体生活和民间的施舍，衣食全无着落，生计成为问题，社会治安和封建秩序出现严重危机。圆仁对当时情况是如此记载的："唐国僧尼本来贫，天下僧尼尽令还俗，乍作俗形，无衣可着，无物可吃，艰穷至甚，冻饿不彻，便入乡村劫夺人物，触处甚多。州县捉获者，皆是还俗僧。"（《入唐求法巡礼行记》）

当时的宰辅李德裕在会昌毁佛中起到了重要作用。李德裕崇奉道教，对佛教持激烈批评态度。他在《贺废毁佛寺德音表》中认为：佛教传入中国之前，"至化深厚，大道和平，人自禀于孝慈，俗必臻于仁寿"。佛教传入后，东吴时建置塔庙，翻译佛书，宋齐梁陈时期，佛教便十分兴盛。到了唐代，唐高祖即欲铲除积弊，但为梁武帝的后裔萧瑀阻挠。会昌毁佛使这一"国家大蠹，千有余年"的状况为之一变。"破逃亡之薮，皆列齐人；收高壤之田，尽归王税。正群生之大惑，返六合之浇风。出前圣之谟，为后王之法。巍巍功德，焕炳图书。"他欣喜异常，感叹道："千古未逢，百生何幸，不任抃贺踊跃之至！"在另一篇《梁武论》中指出："世人疑梁武建佛刹三百余所，而国破家亡，其祸甚酷，以为释氏之力不能拯其颠危，余以为不然也。"接着，他分析道：施舍是佛教的六波罗蜜之一，深求此理，不过是戒人勿贪，而庸人理解为作福，那是十分错误的。

李德裕既主持了会昌毁佛，又对佛教进行了一定的理论批判。他对武宗毁佛之举大加称赞，认为这是解决了"耗蠹生灵，侵减租税，国家大蠹，千有余年"的问题，解决了唐高祖欲解决而未能解决的大问题。

会昌毁佛的直接原因主要有两个方面，一个是经济方面的原因。实际上所谓"三武一宗"四次毁佛事件都如出一辙。宋代宗颐禅师就为此做过检讨，"天生三武祸吾宗，释子回家塔寺空，应是昔年崇奉日，不能清俭守真风"。由于僧团势力的膨胀，寺院经济大为发展，对社会经济造成很大影响。唐中宗时的韦嗣立、辛替否就尖锐地提出大兴佛教必然加大政府财政上的支出，使国家府库空竭，遇到外患，僧尼不能出征打仗，逢灾害年月，寺塔不能解决众人的饥饿问题。安史之乱时，郭子仪与神会做了把交易，郭让神会通过私卖度牒的办法换取钱财，佛教徒数量由此失控，而且其间鱼目混杂，良莠不齐。各地一些寺院成为大乱后最有势力的地主组织，他们侵吞农田，致使寺院经济恶性膨胀。唐武宗在《废佛教书》中这样评介："劳人力于土木之功，夺人力于金宝之饰；遗君亲于师资之际，违配偶于戒律之间。坏法害人，无愈此道！"经济利益的分割，是武宗毁佛的一个直接的原因。第二就是道教的作用。由于武宗崇道，道教利用这个方便条件来打击佛教，这是几百年佛道之争的继续，是道教利用皇权把几百年与佛教的斗争激烈化、行政化。

但是，还有一个更深层的原因，就是不能容忍外来文化，即对外来文化的排斥和抗拒。佛教作为一种外来文化形态，作为一种异族的宗教，自从传入中国开始，就一直受到本土文化的抗拒与排斥。这种抗拒在不同的时期有不同的表现形式。前述儒佛之争、道佛之争，是本土文化对外来文化抗拒的一种表现形式。唐代的种种排佛思潮，论点各有侧重，但核心问题仍然是把佛教作为一种外来文化来看待，认为是"夷狄""胡妖"。所以，包括会昌毁佛在内，它就不仅仅是经济方面的斗争，也不仅仅是佛道之争，更是本土文化与外来文化之争。所以，会昌毁佛，被打击的不仅是佛教，还包括同样是外来文化的祆教、景教和摩尼教。实际上，正是在会昌毁佛之后，祆教、景教和摩尼教在中国逐渐销声匿迹，成为所谓"流产的文明"。对于这种全面排斥、抗拒的文化态度，武宗毁佛诏令说得清楚："是由季时，传此异俗……况我高祖、太宗，以武定祸乱，以文理华夏，执此二柄，足以经邦，岂可以区区西方之教，与我抗衡哉！"

在会昌毁佛中，本土文化与外来文化的冲突以道教与佛教的斗争为主要表现形式，并通过政府干预表现出来，以暴力的形式实现本土文化对外来文化的打压，即实现道教对佛教的打压。

以夷夏之别作为排斥的理由，这种思维方式和论证方式，在中国长期的中外文化交流史上一再地被表现出来。他们反对的理由很简单，凡是外来的东西就都要反对，都要排斥，这种情况我们在以后还会看到，特别是在近代西方文化大举传入中国的情况下，以此为反对、排斥的理由还一再被提出。我们在中国历史上一再看到，一种外来文化传播到中国后，总是有人把它作为"异己"的力量来反对。甚至经过了几十年数百年，这种外来文化已经融合入中国文化之中，成为中国文化的一部分，甚至人们已经在广泛地接受和享用这种外来文化的成果，但一遇到特殊的时机，就又会有人打出反对外来文化、反对"西化"的旗帜，"义正词严"地反对外来文化。

隋唐以来，中国文化的主流是以开放的态度，积极欢迎外来文化，这使盛唐文化呈现出海纳百川、辉煌发达的气象。但是，自从安史之乱以后，唐朝国力大为衰落，盛唐气象不再，以往那种对外来文化兼容并蓄、完全开放的勇气和信心丧失，从而转向保守、封闭的文化立场。我们一再看到，在王朝兴盛时期，国家通常以一种开放、包容的胸襟欢迎外来文化，这是一种文化自信，反之，在王朝衰落的时期，就往往走向封闭和保守，就会对外来文化采取排斥和抗拒的态度。虽然接受与排斥这两种对待外来文化的态度贯穿在中外文化交流史的始终，但在不同的时期，特别是由于国家的主导，会使一种倾向占据主流地位。在整个隋唐时期，对外开放、积极吸收和融合外来文化是主流的倾向，是占据主导地位的文化选择取向，所以才会有佛教文化的大传播、大发展，但也总有反对的暗流涌动。一旦有了合适的时机，这些暗流就会上升为社会的主流。安史之乱、会昌毁佛，就是这样的时机。

中晚唐时期，文人们对早先流行的"胡风"也持批判的态度。《新唐书》卷二四记载："开元中……士女衣胡服，其后安禄山反，当时以为服妖之应。"前文引元稹《胡旋女》诗，其主旨也是批判胡旋舞等"胡风"，如他说："天宝欲末胡欲乱，胡人献女能胡旋。旋得明王不觉迷……佞臣闻此心计回，荧惑君心君眼眩……有国有家当共谴"。中晚唐文坛兴起古文运动，陈寅恪在《论韩愈》中指出：

> 古文运动一事，实由安史之乱及藩镇割据之局所引起。安史为西胡杂种，藩镇又是胡族或胡化之汉人，故当时特出之文士自觉或不自觉，其意识中无不具有远则周之四夷交侵，近则晋之五胡乱华之印象，"尊王攘夷"所以为古文运动中心之思想也。在退之稍先之古文家，如萧颖士、李华、独孤及、梁肃等，与退之同辈之古文家如柳宗元、刘禹锡、元稹、白居易等，同有此种潜意识。[1]

由此可见，在当时，很多文人把胡人风俗当做安史之乱的原因之一，而在审美习俗方面要求恢复华夏正统习俗，排佛也是这种思潮的一个表现。陈寅恪指出古文运动"实由安史之乱及藩镇割据之局所引起"，故"尊王攘夷"

---

① 陈寅恪：《论韩愈》，《历史研究》1954 年第 2 期。

为其中心思想，就安史之乱而论，以及就民族与文化而论，"尊王"乃尊以大唐天子为中心之中央政府，"攘夷"乃平灭安史之乱并消除其胡化。从长时期言，"尊王"乃卫护华夏民族所在禹域九州广土众民之国，"攘夷"乃攘除有害于华夏民族之外来思想学说。前述韩愈排佛最为激烈，而他也是古文运动的领袖，由此也可知二者之间的联系。陈寅恪说："佛教为夷狄之法，挟其本根，力排痛斥，若退之之所言所行也。退之所以得为唐古文运动领袖者，其原因即在于是。"①

但是，正如范文澜指出的那样："中国没有一个力量能够战胜佛教。""朝廷反佛的力量，表面上打击力很重，但接着便是佛教更大的发展。"②

八　佛教对唐代文学的影响

1. 唐代文人的崇佛之风

唐代有一些文人学士对佛教持排斥态度，并在中晚唐形成了有一定影响力的排佛思潮。但另有一些人则援佛入儒，主张儒与佛的融合和交流，这些是当时士大夫对待佛教的不同态度。不过，在当时作为已经拥有广泛影响的社会文化现象，佛教已经成为士大夫文化活动的社会背景，对于佛教，士人们赞成也好，反对也好，无论如何是回避不过去的。就当时总的倾向来看，在唐代文人中，普遍流行的是崇佛之风，这些文人对佛教的接近和推崇，也进一步促进了佛教在社会生活中的广泛影响。钱穆指出："那时的中国人，对印度佛教那种热忱追求与虚心接纳的心理，这全是一种纯真理的渴慕，真可说绝无丝毫我见存在的。"③

文人崇佛早已有之。六朝时的名士与名僧的交游，成为一时的文化风景。风流所及，至隋唐尤盛。早在唐朝初建时，太史令傅奕在给唐高祖的一份奏

---

① 陈寅恪：《论韩愈》，《历史研究》1954 年第 2 期。

② 范文澜：《唐代佛教》，重庆出版社 2008 年版，第 46、49 页。

③ 钱穆：《中国文化史导论》，商务印书馆 1994 年版，第 206 页。

疏中就曾指出："搢绅门里，翻受秃丁邪戒；儒士学中，倒说妖胡浪语。"这是站在反佛的立场上说的，但也道出了当时的一个实情。后来，唐太宗也说：佛教传入中国，"洎于近世，崇信滋深"（《广弘明集》），以至于"好异者望真谛而争归，始波涌于闾里，终风靡于朝廷"（《全唐书》）。到了唐后期，唐文宗又指出："黎庶信若空之说，衣冠敬方便之门。"（《唐大诏令集》）这些不同时期的相同结论，可以说是官方对于有唐一代士大夫普遍崇佛状况的真实写照。

唐代文人崇佛十分普遍。正如傅奕所说，当是他所见到的实际情况。如他的同时代人萧瑀"专心释氏，尝修梵行，每见沙门大德，尝与之论难及苦空，思之所涉，必谐微旨"。在对待佛教的态度上，萧瑀与傅奕针锋相对，甚至直接交锋。唐高祖组织群臣讨论傅奕关于废除佛教的奏疏，萧瑀激烈反对说："佛，圣人也。奕为此议，非圣人者无法，请置严刑。"傅奕反驳道："萧瑀非出于空桑，乃遵无父之教。臣闻非孝者无亲，其瑀之谓矣！"萧瑀不能回答，只是合掌咒骂道："地狱所设，正为是人。"后来，唐太宗赐给萧瑀绣佛像一躯，在佛像旁绣着萧瑀供养的姿势，还赐给他一部南北朝时期王褒书写的《大品般若经》，以及用作讲诵服装的袈裟。萧瑀为《法华经》（《妙法莲华经》）撰疏，采集十多家注解，间有自己的心得体会，经常邀集京师名僧加以讨论。他的哥哥太府卿萧璟，一生诵读《法华经》一万多遍，雇人抄写1000部，每次朝参，要让侍从在前面手执经卷，公事之隙，抓紧诵读。萧氏家族中无论尊卑贵贱，对《法华经》都能成诵。道宣对这个崇佛世家大加赞赏，说："萧氏一门，可为天下楷模矣。"

唐代著名诗人王维终身崇佛奉佛，有"诗佛"之称。他取字摩诘，就取典于佛教维摩诘居士。王维一生遍访名僧大德，"以玄谈为乐"，颇有所证悟。他所交游的僧人为数甚多，记于他的诗文之中的就有道光禅师、道一禅师、瑗公上人及北上传法的六祖门下神会禅师等十余僧，且几乎均为禅僧。与他关系密切的居士则有胡居士、萧居士、魏居士等，也都以禅法自娱。《山中寄诸弟妹》诗说："山中多法侣，禅诵自为群。城郭遥相望，唯应见白云。"讲他在山中与一班道友结缘共修时的欣悦之情。王维早年诗作《春日上方即事》有"好读《高僧传》，时看辟谷方""北窗桃李下，闲坐但焚香"的诗句。他在后来的《叹白发》诗中又说："一生几许伤心事，不向空门何处销？"他平常断荤血，吃素食，不穿华美的衣服。在京师，他每天供养十多位僧侣，以玄谈为乐事。斋中除了茶铛、药臼、经案、绳床，没有别的摆设。退朝之后，他便焚香独坐，专事坐禅诵经。妻子去世，不再娶，三十年独居一室。临终之际，他给平生亲故写信，"多敦厉朋友奉佛修心之旨"。人们评价他是"当代诗匠，又精禅理"。王维有一篇《赞佛文》，表达了对佛教的赞誉与推崇。

唐宣宗时的丞相裴休出身在一个世代奉佛的家庭。他在公事之余，常常游践山林，与僧人讲求佛理。他在钟陵当观察使时，将希运禅师由洪州高安县黄檗山迎至州治的龙兴寺，早晚问道。后来到了宛陵，再迎希运至所部，日夜问法，精勤不休，旦夕受法。他将自己和希运的问答记录下来，成《筠州黄檗山断际禅师传心法要》一文。他以华严宗宗密为师，为宗密所写佛教文字撰序。他中年后不食荤血，斋戒，摒弃嗜欲，焚香诵经，"香炉贝典，不离斋中，咏歌赞呗，以为法乐"。世称"河东大士"。他还宣称，"不为俗情所染，可以说法为人"，"每自发愿，愿世世为国王，弘护佛法"（《太平广记》）。裴休还有一段名言说："鬼神沈幽愁之苦，鸟兽怀猜狖之悲。修罗方瞋，诸天正乐；可以整心虑、趣菩提，惟人道为能耳。"（《圆觉经略疏序》）

士大夫设斋念经，在当时是司空见惯的现象。一方面这是为了祈求冥福，另一方面，它已经作为一种固定的仪式深植于人们的日常生活当中。李林甫每逢生日，就请僧人来家设斋赞佛。此外，还有写、刻佛经的。扬州司户曹司马乔卿，母亲去世，毁瘠骨立，"刺血写《金刚般若经》二卷"。张说《般若心经赞》说："秘书少监、驸马都尉荥阳郑万钧，深艺之士也，学有传癖，书成草圣，乃挥洒手翰，镌刻《心经》……国老张说闻而嘉焉，赞扬佛事，题之乐石。"

也有一些唐代士大夫研读佛典、探讨佛理，有的甚至成为仅次于佛门高僧的佛典研究者。如萧颖士"儒释道三教，无不该通"。李华、段成式等人也是如此。有的士大夫，佛学造诣甚至远超过高僧。他们不但数十年如一日，孜孜以求，把佛学理论理解得十分透彻，而且还比较内学外学的同异，找出其渊源和交叉渗透的部分。比如柳宗元自称"吾自幼好佛，求其道积三十年"，他的《晨诣超师院读禅经》一诗，叙述了自己的读经活动：

汲井漱寒齿，清心拂尘服。

闲持贝叶书，步出东斋读。

真源了无取，妄迹世所逐。

遗言冀可冥，缮性何由熟。

道人庭宇静，苔色连深竹。

日出雾露余，青松如膏沐。

澹然离言说，悟悦心自足。

对于佛理有了深刻的理解之后，柳宗元还批评一些他认为不符合佛教原意的理解，他在《送琛上人南游序》中说："而今之言禅者，有流荡舛误，迭相师用，妄取空语，而脱略方便，颠倒真实，以陷乎己而又陷乎人。又有能言体而不及用者，不知二者之不可斯须离也。离之外矣，是世之所大患也。"

刘禹锡说，自己做官二十年，百虑而无一得，在懂得了世间所谓道无非畏途之后，深感"唯出世间法可尽心尔"，因而案席上放的多是佛教典籍"旁行四句之书"，自己达到了"事佛而佞"的地步。

白居易对佛学的专研也很用心。他早年即"栖心释梵"，"通学小中大乘法"。他读过的佛教典籍有《维摩经》《首楞严三昧经》《法华经戒》《法王经》《金刚三昧经》《金刚经》《华严经》《法华经》《涅槃经》等等。他在中年亲近高僧，从受净戒，勤习禅法，他奉佛虔笃及受佛教思想影响深刻。后来他在自撰的《醉吟先生墓志铭》中记述自己生平的志行，有这样的句子："外以儒行修其身，内以释教治其心，旁以山水风月、歌诗琴酒乐其志。"他的《读禅经》诗文饱含禅味，语言通俗直露：

须知诸相皆非相，若往无余却有余。

言下忘言一时了，梦中说梦两重虚。

空花岂得兼求果？阳焰如何更觅鱼？

摄动是禅禅是动，不禅不动即如如。

白居易在《苏州重玄寺法华院石壁经碑文》中，统计了八种通行佛经的字数，归纳了各自的主题思想，表现出自己对佛典的高度娴熟程度。

在东林寺的经藏中，白居易批阅了慧远大师的遗文集，并且得到了很大的启发。他多次表示自己的佛教信仰。在《因沐感发寄朗上人二首》中，他说："只有解脱门，能度衰苦厄。"在《不二门》诗中，他说："唯有不二门，其间无夭寿。"在《郡斋暇日忆庐山草堂兼寄二林僧社三十韵，皆叙贬官以来出处之意》诗中，他又说："不堪匡圣主，只合事空王。"在《画弥勒上生帧记》中，他说自己"归三宝、持十斋、受八戒者，有年岁矣。常日日焚香佛前，稽首发愿，愿当来世与一切众生同弥勒上生，随慈氏（弥勒的异译）下降，生生劫劫，与慈氏俱，永离生死流，终成无上道"。

在《山居》诗中，白居易说："朝餐唯药菜，夜伴只纱灯，除却青衫在，其余便是僧。"以半僧自居。在《早服云母散》诗中，他进而指出："每夜坐禅观水月……身不出家心出家。"他还特地写了首《在家出家》，说："衣食支吾婚嫁毕，从今家事不相仍。夜眠身是投林鸟，朝饭心同乞食僧。清唳数声松下鹤，寒光一点竹间灯。中宵入定跏趺坐，女唤妻呼多不应。"白居易在晚年整理自己的诗文集，将其捐赠给曾经结过缘的寺院，如庐山东林寺、洛阳圣善寺等。

但是，真正像王维、白居易那样对佛学有深入研究和切身体会的，毕竟还是少数。大多数士大夫奉佛、谈佛，还是因对一时的社会流行趋之若鹜。不过，应该更深层次地去理解这种"趋之若鹜"。孙昌武指出，对于唐代文人来说，"佛教不只是作为信仰，更深入到他们的意念、感情、情绪、生活方式、处世态度等精神生活和人生践履的各个层面，在一定程度上已经成为他们人生和意识的有机组成部分。即使对于那些反对佛教的人这种影响也难以避免"[①]。

2. 士大夫与僧人的交游

唐代士大夫们与佛教人物的交往、诗文唱和也很广泛，和六朝时的情况一样，成为唐代一道文化风景。岑参《青龙招提归一上人远游吴楚别诗》说："久交应真侣。""应真"是罗汉的别译，意思是能上应真道，成为修行佛教而觉悟的人，"应真侣"即指僧友。白居易《喜照密闲实四上人见过》诗说："交游一半在僧中。"这是岑、白二人交游僧人的夫子自道，也是当时风气的的概括。但是，汤用彤认为唐代文人学士和僧人们的交游与魏晋六朝时的情况有所不同。他指出：

> 盖魏晋六朝，天下分崩，学士文人，竞尚清谈，多趋遁世，崇尚释教，不为士人所鄙，而其与僧徒游者，虽不无因果福利之想，

---

① 孙昌武：《中国佛教文化史》第4卷，中华书局2010年版，第2025页。

然究多以谈名理相过从。及至李唐奠定宇内，帝王名臣以治世为务，轻出世之法。而其取士，五经礼法为必修，文词诗章为要事。科举之制，遂养成天下重孔教文学，轻释氏名理之风，学者遂至不读非圣之文。故士大夫大变六朝习尚，其与僧人游者，盖多交在诗文之相投，而非在玄理之契合。文人学士如王维、白居易、梁肃等真正奉佛且深切体佛者，为数盖少。此诸君子之信佛，原因殊多，其要盖不外与当时之社会风气亦有关系也。①

玄宗朝重臣裴宽上表请求出家为僧，没能获得批准。他和僧人往来，焚香礼忏，老而弥笃。他在洛阳当河南尹时，禅宗北宗普寂禅师去世，他偕同妻孥，身着孝服，设次哭临，妻孥都送丧至嵩山。严挺之和僧惠义交往密切。惠义去世，他穿孝服送丧至龛所。他自己病重时，自撰墓志说："十一月，葬于大照（普寂谥号）和尚塔次西原，礼也。"

杜甫一生与许多僧人保持比较多的交往和友谊。他自早年就与僧侣多有交游。乾元元年（758），他在《因许八奉寄江宁旻上人》诗中说："不见旻公三十年，封书寄与泪潺湲……棋局动随寻涧竹，袈裟忆上泛湖船。"这是记载他开元十九年（731）游吴越时情事，在近30年后他仍与当年结交的旻上人保持着联系。同时还写有《送许八拾遗归江宁觐省甫昔时尝客游此县于许生处乞瓦棺寺维摩图样志诸篇末》。瓦棺寺的维摩诘像是顾恺之的名作。恺之字虎头，维摩传说为"金粟如来"化身，所以杜甫在诗最后说"虎头金粟影，神妙独难忘"。这表明顾恺之的画艺给他留下了多么深刻的印象，而他对维摩诘人物风采的欣赏也是不言而喻的。

杜甫在长安结交大云寺主赞公。他在至德二年（757）陷身安史叛军占据的长安时作《大云寺赞公房四首》，云"道林才不世，惠远德过人"，称许赞公是善诗文的人，又说到"把臂有多日，开怀无愧辞……汤休起我病，微笑索题诗"，可知二人相契无间，诗文唱和的情形。乾元二年（759）杜甫弃官流落秦州，就是去投靠流放其地的赞公。赞公为房琯门下客。在蜀地流落其间，杜甫与僧侣的交往更多。宝应元年冬（762），他在梓州作《谒文公上方》诗云：

① 汤用彤：《隋唐佛教史稿》，北京大学出版社2010年版，第30—31页。

野寺隐乔木，山僧高下居。

石门日色异，绛气横扶疏。

窈窕入风磴，长萝纷卷舒。

庭前猛虎卧，遂得文公庐。

俯视万家邑，烟尘对阶除。

吾师雨花外，不下十年余。

长者自布金，禅龛只晏如。

大珠脱玷翳，白月当空虚。

甫也南北人，芜蔓少耘锄。

久遭诗酒污，何事忝簪裾。

王侯与蝼蚁，同尽随丘墟。

愿闻第一义，回向心地初。

金篦刮眼膜，价重百车渠。

无生有汲引，兹理傥吹嘘。

杜甫在诗中表示艳羡文公的出世生活，并流露出追求佛教精义、叩求心法的愿望。

白居易一生信仰佛教，晚年居住洛阳履道里，临近香山，和香山寺禅僧如满等人过从甚密，自号"香山居士"。他在早岁进士及第回到洛阳时，就师事洛阳圣善寺的法凝禅师，从禅师那里听受了禅的心要。法凝禅师在世时，白居易便积极地求取佛教的真髓，将禅师的八言心要"曰观、曰觉、曰定、曰慧、曰明、曰通、曰济、曰舍"，铭记在心，此时白居易心中已经蕴酿着宗教的情操。对于佛教各宗，白居易采取通融态度。他曾经研习南宗禅，在洛阳时结交的惟宽禅师，在江州时结交的智常禅师，出于马祖道一门下，晚年结交的智如、如满二禅师也是南宗弟子。

唐代士大夫和僧人的交游十分普遍。积习所染，竞相仿效，成了一件十分时髦的事。一些名僧以其高尚的行为和渊博的学识，获得士大夫们的尊重和敬仰，士大夫们争相与之交结。白居易《唐故抚州景云寺律大德上弘和尚石塔碑铭》指出："佛法属王臣"，因而律僧上弘"与姜相国公辅、颜太师真卿，暨本道廉使杨君凭、韦君丹四君子友善"。柳宗元《送元暠诗序》说："元暠，陶氏子，其上为通侯，为高士，为儒先。资其儒，故不敢忘孝；迹其高，故为释；承其侯，故能与达者游。"很多士大夫的诗文，把僧人称为开士、大士，或者比作前代的高僧远公（慧远）、支公（支遁，即支道林）、生公（竺道生）。如律宗高僧法慎，居住在扬州龙兴寺，道德高尚，行为端正，当时朝廷大员衔命往还路经扬州者，每年数以百计。他们都敬重法慎，"不践门阈，以为大羞，仰承一盼，如洗饥渴"（《宋高僧传》）。黄门侍郎卢藏用才高名重，自视颇高，极少推崇别人。法慎到京师后，卢藏用一见他，竟然"慕味循环，不能离坐（座）"，感叹道："宇宙之内，信有高人。"（《扬州龙兴寺经律院和尚碑》）太子少保卢象先，兵部尚书毕构，少府监陆余庆，吏部侍郎严挺之，河南尹崔希逸，太尉房管，中书侍郎、平章事崔涣，礼部尚书李憕，诗人王昌龄，著作郎綦毋潜等人，"佥所瞻奉，愿同洒扫"（《扬州龙兴寺经律院和尚碑》）。唐玄宗天宝七年（748），法慎去世，北从淮泗地区，南到岭表，无论缁素，"望哭者千族，会葬者万人"。

中唐时期三位有名的诗僧，即吴兴皎然、越州灵澈、杭州道标。当时有"雪之昼，能清秀；越之澈，洞冰雪；杭之标，摩云霄"（《宋高僧传》）的说法。颜真卿、梁肃、韦应物、孟简、严维、刘长卿、皇甫曾、包佶、权德舆、李益、李吉甫、严绶、韩皋、吕渭、卢群、李敷、孙璹、卢辅、卢幼平、贾全、白居易、丘丹、裴枢、朱放、薛戎、吴季德、李萼、崔子向、薛逢、杨达等士大夫，或簪组，或布衣，睹面论心，分声唱和，相与结为林中契。皎然与书法家颜真卿、李阳冰，诗人顾况、韦应物等广为交游，互有唱和，时称"江东名僧"。他与颜真卿的交游自大历八年（773）至大历十二年（777），前后达五年之久，在唐诗史和书法史上留下了动人的篇章。

僧彦范早年钻研儒家经典，因其俗姓刘，人称"刘九经"。颜真卿、刘晏、穆宁、穆赞等人"皆与之善，各执经受业者数十人"。彦范讲解儒经，"剖析微奥，至多不倦"，还批评"近日尊儒重道，都无前辈之风"。（《因话录》）穆赞给彦范写信，极为感激、恭敬，说："某偶忝名宦，皆因善诱。自居班列，终日尘屑，却思昔岁临清涧、荫长松，接待座下，获闻微言，未知何时复遂此事？遥瞻水中月、岭上云，但驰攀想而已。"（《因话录》）信里只署"门人姓名，状上和尚法座前，不言官位"（《因话录》）。

一些山僧僻居山林，洁身自好，在一定程度上实践其出世主张，与那些承恩服紫、干谒王侯，以出世而入世的僧侣贵族，在处世态度上大相径庭，为一些隐居待仕或因仕途坎坷而愤世嫉俗的士大夫所敬重。柳宗元解释自己好与僧人交游的原因说："与其人游者，未必能通其言也。且凡为其道者，不爱官，不争能，乐山水而嗜闲安者为多。吾病世之逐逐然唯印组为务以相轧也。则舍是其焉从？吾之好与浮图游以此。"（《送僧浩》初序）柳宗元从佛门看到另一重与嗡蝇倾轧的滚滚红尘完全不同的清净世界，遂萌发了"好与浮图游"的思想动机。右丞狄归昌喜欢吟诵李涉的诗句："因过竹院逢僧话，又得浮生半日闲。"都官郎中郑谷广泛"结契山僧"，曾说山僧就像蜀茶，"未必皆美，不能舍之"（《唐才子传》）。诗人张翚《游栖霞寺》写道："一从方外游，顿觉尘心变。"在交游的过程中，精神和思想得到转化和净化。

在唐朝的文化交际圈中，崇佛的士大夫和僧人交游，趋之若鹜。对佛教持疏离乃至反对态度的士大夫，也与僧人多有交往。如李白杂糅儒释道三家学说，而受道教的影响最深。但他与僧人也有交游。他看重僧人的学识、才华、气质、风度、操守、品行，如《僧伽歌》说："真僧法号号僧伽，有时与我论三车……嗟予落魄江淮久，罕遇真僧说空有。一言散尽波罗夷，再礼浑除犯轻垢。"《自梁园至敬亭山，见会公，谈陵阳山水，兼期同游，因有此赠》说："会公真名僧，所在即为宝。"《赠宣州灵源寺仲浚公》说："此中积龙象，独许浚公殊。风韵逸江左，文章动海隅。观心同水月，解领得明珠。今日逢支遁，高谈出有无。"对佛门仲浚评价甚高，将其比作东晋名僧支遁。《赠僧行融》说："梁有汤惠休，常从鲍照游。峨眉史怀一，独映陈公出。卓绝二道人，结交凤与麟。行融亦俊发，吾知有英骨。"《别山僧》说："谑浪肯居支遁下，风流还与远公齐。"

以斥佛老著名的韩愈，结交景常、元惠、文畅、广宣、高闲、澄观、令纵、大颠、灵、颖等僧，并与他们结下了深厚的友谊。韩愈在《送浮屠令纵西游序》中写道："其行异，其情同，君子与其进，可也。令纵，释氏之秀者，又善为文，浮游徜徉，迹接天下。藩维大臣，文武豪士，令纵未始不褰衣而负业，往造其门下。其有尊行美德，建功树业，令纵从而为之歌颂，典而不谀，丽而不淫，其有中古之遗风欤！乘间致密，促席接膝，讥评文章，商较人士，浩浩乎不穷，愔愔乎深而有归。于是乎吾忘令纵之为释氏之子也。其来也云凝，其去也风休，方欢而已，辞虽义而不求，吾于令纵不知其不可也。"

士大夫与僧人的交往主要还是以文会友，所以留下了不少诗文唱和的作品。刘禹锡早年拜名僧皎然和灵澈为师，中岁与僧元、浩初、惟良等往来，现存的《刘宾客文集》保存了其与僧人往来的二十余首诗。怀素是唐代佛教界最善于与俗界士人交游的书僧。唐诗人任华《怀素上人草书歌》谓"狂僧前日动京华"，说怀素来京以后，人们奔走相告，产生轰动效应。又如鲁收《怀素上人草书歌》所云"满堂观者空绝倒"。《全唐诗》中以《怀素上人草书歌》为题的诗歌最为丰富多样，在诗人们对书家的吟咏中以怀素草书的咏叹最为淋漓酣畅，所作的是诗意化描述、诗性化评价。如李白、王邕、戴叔伦、窦冀、鲁收、张谓、任华、朱遂、许谣等 37 人都有吟咏怀素草书的诗作。怀素"旋风"所至，诗人们争先恐后，蜂拥而上，所赋诗，无所例外，均为长歌行体，铺张扬厉，滔滔不休，乃诗中大赋。

长乐坊的大安国寺紧靠大明宫，历来和宫廷有密切关系。元和、会昌年间，广宣住该寺红楼院，和当时著名诗人频繁唱和。他本人留下了 20 余首作品（包括联句），而和他诗文酬唱的诗人有李益、郑絪、韩愈、白居易、刘禹锡、元稹、张籍、杨巨源、王涯、冯宿、欧阳詹、王起、段文昌、雍陶、曹松、薛涛等人，一时诗坛名流几乎都包括在内。他留下的应制作品反映了他的地位，如他陪同皇帝游览天长寺、普济寺、兴唐观时应命作诗。中唐时的红楼院类似于诗人"沙龙"。后来宣宗时又有"僧从晦，住安国寺，道行高洁，兼工诗，以文章应制。上每择剧韵令赋，亦多称旨。晦积年供奉，望紫方袍之赐"。可知以文章应制乃是安国寺的传统。另一位诗坛名人是住在居德坊先天寺的无可。先天寺是一处比较寂寞的古寺，但和他往还的人不少，如著名诗人贾岛、姚合、戴叔伦、马戴、薛能、方干、喻凫、刘德仁、雍陶、李郢、顾非熊、李洞、刘沧、张籍、殷尧藩等，其中以姚、贾为代表的一批人善于描写冷寂风景和落寞人生，其创作风格以忧折清峭见长，形成了影响晚唐诗坛的"武功诗派"。无可的枯寂的寺院生活为这一派诗歌的形成创造了环境。

3. 寺院与唐诗创作

唐代文人士大夫与佛教高僧有着广泛的交游，成为唐代文化的一道风景，而交游的主要场所就是佛教寺院。在唐代，诗人游居寺院，成为一种习尚，而在这种习尚的影响下，与佛教相关的内容，便成为诗人诗歌创作的重要题材，咏佛寺、精舍、招提、兰若以及与僧徒交往的诗歌数量尤为众多。

唐代各地佛教寺院建设十分发达。都城长安就有众多规模宏大的寺院，胜景与佛业相得益彰，佛寺成为具有人文内涵与自然情趣的胜地。王勃的《梓州郪县灵瑞寺浮图碑》记灵瑞寺即说："每至两江春返，四野晴初，山川霁而风景凉，林甸清而云雾绝。沙汀送暖，落花与新燕争飞；城邑迎寒，凉叶共初鸿竞起。则有都人袭赏，凭紫楹而延衿；野客含情，俯丹梀而极睇。穷百年之后乐，写千里之长怀，信可以澡雪神襟，清疏视听。忘机境于纷扰，置怀抱于真寂者矣。"（《全唐文》）佛寺实际上已成为帝王名臣、文人学士消闲观赏的游息之地。唐宣宗的《题泾县水西寺》诗云："大殿连云接爽溪，钟声还与鼓声齐。长安若问江南事，说道风光在水西。"李白的《送通禅师还南陵隐静寺》也说道："我闻隐静寺，山水多奇踪……他日南陵下，相期谷口逢。"姚合的《和秘书崔少监春日游青龙寺僧院》写道：

> 官清书府足闲时，晓起攀花折柳枝。
> 九陌城中寻不尽，千峰寺里看相宜。
> 高人酒味多和药，自古风光只属诗。
> 见说往来多静者，未知前日更逢谁。

"千峰寺里看相宜"与"自古风光只属诗"两句诗，或许正可说明寺院这一特殊场所与诗人诗歌创作的关系。

唐代文人与僧徒交往十分频繁，当他们往返于释门，流连于寺院之际，风流雅尚便泛起于心头。张登《招客游寺》诗云：

> 江城吏散卷春阴，山寺鸣钟隔雨深。
> 招取遗民赴僧社，竹堂分坐静看心。

朱湾《过宣上人湖上兰若》诗亦云：

> 十年湖上结幽期，偏向东林遇远师。
> 未道姓名童子识，不酬言语上人知。

李咸用的《和彭进士秋日游靖居山寺》末联也写道："自笑未曾同逸步，终非宗炳社中人。"此外温庭筠《赠越僧岳云二首》其一也说："禅庵过微雪，乡寺隔寒烟。应共白莲客，相期松桂前。"

唐代涌现出不少杰出的诗僧，他们与众多的诗人有交往。如灵一"居若耶溪云门寺，从学者四方而至矣"，又"与皇甫昆季、严少府、朱山人、彻上人等为诗友，酬赠甚多。刻意声调，苦心不倦，骋誉丛林"。皎然的诗，"江南词人莫不楷范。极于缘情绮靡，故辞多芳泽；师古兴制，故律尚清壮"。寺院的诗会唱和成为一时风气。

皎然等在湖州寺院的唱和活动，尤为释子与诗人互相切磋的典型。大历时期，浙西湖州的诗会是中唐时期最有影响的诗会之一。元和年间，诗人孟郊重到湖州，追忆当年的诗会活动，满含深情地写道，"昔游诗会满，今游诗会空"，对皎然死后湖州诗会的萧然感慨不已。

大历八年（773），颜真卿任湖州刺史。履职期间，他延请沙门参与《韵海镜源》的纂修，并与之诗文唱和。颜真卿在《湖州乌程县杼山妙喜寺碑铭》中说，他早年即在《切韵》基础上，"引《说文》《苍》《雅》诸字书，穷其训解，次以经史子集中两字已上成句者，广而编之"，成《韵海镜源》一书，然屡经删削，而未遑刊布。到湖州后，乃于公务之隙，引文士及沙门相与讨论修订。据颜真卿在文中胪列，参与此事的文士、沙门有：金陵沙门法海、前殿中侍御使李萼、处士陆羽、国子助教褚冲、评事汤某、清河丞太祝柳察、长城丞潘述、县尉裴循、常熟主簿萧存、嘉兴尉陆士修、杨遂初、崔宏、杨德元、胡仲、南阳汤涉、颜祭、韦介、左兴宗、颜策，以上共19人。另外，颜浑、正字殷佐明、魏县尉刘茂、括州录事参军卢锷、江宁丞韦宁、寿州仓曹朱弁、周愿、颜暄、沈殷、李莆10人亦参与其事，中间因事离去。此时在湖州的文士还有起居郎裴郁，秘书郎蒋志，评事吕渭、魏理、沈益、刘全白、沈仲昌，摄御使陆向、沈祖山、周阆，司议丘悌，临川令沈咸，右卫兵曹张著及其兄谟、弟荐、芀，校书郎权器，兴平丞韦柏尼，房夔、崔密、崔万、窦书蒙、裴继、颜超、颜岘、颜颁、颜顾，共相游从，合计58人。蒋寅又据当时参与联句者的统计，还有吴筠等44人，合计有百人之数。[①] 在《韵海境源》的纂修间隙，文士与沙门免不了诗歌唱和，在这一庞大的文士群中，皎然是一个活跃人物。他作为当地诗僧，常陪颜真卿这样的地方官游历寺院及当地名胜并赋诗唱酬。今见于其诗集的就有《奉酬颜使君真卿王员外圆宿寺兼送员外使回》《奉酬颜使君真卿见过郭中寺寺无山水之赏故予述其意以答

① 参见蒋寅：《大历诗人研究》上编，中华书局1995年版，第158—159页。

焉》《奉和颜使君真卿与陆处士羽登妙喜寺三癸亭》《奉同颜使君真卿开元寺经藏院会观树文殊碑》　《奉和颜使君真卿修〈韵海〉毕会诸文士东堂重校》等。

皎然除了与诸文士官僚唱和外，还在寺院进行有组织的联句。联句也是诗歌创作的重要形式。这种创作形式的大量运用就是从浙西湖州诗会开始的。《全唐诗》卷七九四皎然（清昼）下的联句共 29 首，涉及的诗人有潘述、汤衡、裴济、王遘、齐翔、李纵、崔子向、郑说、陆士修、李令从、疾（失姓）、澄（失姓）、严伯均、巨川（失姓）、从心（失姓）、杭（失姓）、卢藻、卢幼平、陆羽、李恂、郑述诚、崔逵、崔万、韩章、杨秦卿、仲文（失姓）、顾况 27 人，其中有四次联句即在寺中举行。它们是《建安寺西院喜王郎中遘恩命初至联句（时郎中正入西方道场)》《建安寺夜会对雨怀皇甫侍御曾联句》《泛长城东溪暝宿崇光寺寄处士陆羽联句》《与崔子向泛舟自招橘经箬里宿天居寺忆李侍御萼渚山春游后期不及联一十六韵以寄之》。

晚唐诗人的寺院联句也很多。如段成式等人的《游长安诸寺联句》。根据其序可知《游长安诸寺联句》乃是当时访问寺院时所作。现存联句 19 篇，参加联句的以段成式、张希复、郑符为主，其中 6 篇有昇上人参与。联句的内容涉及所访寺院的树木、壁画、僧堂等，联句前先冠以寺院名，并在其下注以寺院情况。此外，皮日休、陆龟蒙也喜在寺院联句，有《北禅院避暑联句》《寂上人院联句》《独在开元寺避暑颇怀鲁望因飞笔联句》《开元寺楼看雨联句》《报恩寺南池联句》。皮、陆联句虽无僧人参加，但因在寺院，也显示了寺院这一场所在诗歌创作中的意义。

唐代的寺院已经具有了公共空间的性质，是公共游赏场所，喜欢漫游的诗人常结伴而游寺院。这既是交流思想、联络感情的需要，也是展示才华、呈露智慧的最好机会。约在天宝二年（743），王维、王缙、裴迪、王昌龄曾结伴同游长安青龙寺，一同吟咏赋诗，王维作有《青龙寺昙壁上人兄院集并序》，其序文即记其事。牟融的《送报本寺分韵得通字》、元稹的《八月六日与僧如展前松滋主簿韦戴同游碧涧寺赋得扉字韵，寺临蜀江，内有碧涧穿注，两廊又有龙女洞，能兴云雨，诗中喷字以平声韵》诗，则是寺院集会时限韵之作。

天宝十二年（753）前后，杜甫、高适、岑参、薛据、储光羲在慈恩寺登塔共赋，更留下了一段诗坛佳话。这一次诗坛健将的相会以及他们的同题共赋，成为后人津津乐道的话题，并为后代诗评家裁量风雅、月旦诗艺提供了素材。仇兆鳌即云："同时诸公登塔，各有题咏。薛据诗已失传；岑、储两作，风秀熨贴，不愧名家；高达夫出以简净，品格亦自清坚；少陵则格法严整，气象峥嵘，音节悲壮，而俯仰高深之景，盱衡今古之识，感慨身世之怀，莫不曲尽篇中，真足压倒群贤，雄视千古矣。三家结语，未免拘束，致鲜后劲。杜于末幅，另开眼界，独辟思议，力量百倍于人。"（《杜诗详注》）寺院这种特定的情境，使他们情灵感发，有了相互酬酢、切磋诗艺的愿望。

六朝以后，自然山水的审美价值被突出凸显，自然山水成为诗人创作感物起兴、引发诗思的源泉。唐代诗人继承了六朝以来借山水景物抒情写怀的传统。寺院多有与山水景物相联系的景观，自然成为诗人感兴赋诗的最佳场所了。现存的唐人题咏寺院的诗歌，所写的多数是自然景观十分出色的寺院。比如王维的《过香积寺》写香积寺周围景色之幽美，开头一句"不知香积寺，数里入云峰"，即点明诗人是远在寺院之外，以下"古木无人径，深山何处钟。泉声咽危石，日色冷青松"两联，写其因闻钟声而知寺，并写所见寺院周围清幽之景，最后一句"薄暮空潭曲，安禅制毒龙"，转写因寺院的环境之幽，臆想寺内僧人克制妄想的禅定生活。

唐代寺院的景观形胜，为诗人的创作提供了诗材与诗趣，也触动了诗人的灵感，激发了他们的创作热情。即所谓"贾生耽此寺，胜事入诗多""一时风景添诗思"。僧人非常注重寺院环境的美化，广植花木，亭台楼阁等为诗人的诗歌创作提供了素材。

同时寺院的寺壁廊柱等处也成为诗人题写诗章、发布新作的场所。僧徒们有时还将这些诗作加以保存，并视为一种荣耀。寺僧常对诗人的题诗加以保护，后来的诗人来此目睹前贤之作，也自然会生发出创作冲动。一些诗人在若干年后重游旧地看到自己的旧作时又产生了重题的兴味。

4. 唐诗中的佛教审美趣味

唐代社会，普遍弥漫着佛教文化的气氛，寺塔林立，佛事活动不断，高官显贵、文人学士奉佛参禅，文人学士与高僧大德交游唱和，等等。这样的文化环境对于唐代文学的主要载体诗歌的创作也有很大影响，佛教文化的审美趣味也渗透到诗歌之中，为唐代诗歌创作打开了新路，形成了诗与禅相互融合、相映成趣的文化现象。《全唐诗》所收唐代士大夫游览佛寺、研读佛典、交接僧人的诗，约 2700 首，蔚为大观，成为唐诗中的一道文化景观。

赵朴初在《要研究佛教对中国文化的影响》一文中说："佛教还为中国文化带来了新的意境，新的文体，新的命意遣词方法。数千卷由梵文翻译过来的经典本身就是伟大富丽的文学作品……般若和禅宗思想影响了陶渊明、王维、白居易、苏轼的诗歌。"诗人们的诗作多涉及佛教禅语，以禅喻诗。而僧人们也和诗人酬唱、吟咏，诗僧辈出。清人王士祯《带经堂诗话》论唐人诗说："王维佛语，孟浩然菩萨语，刘慎虚、韦应物祖师语，柳宗元声闻、辟支语。"贾岛为僧人后还俗，明人陆时庸《诗镜总论》认为贾岛为僧的经历对其诗歌有很大影响："贾岛衲气，终身不除，语虽佳，其气韵自枯寂耳……贾岛诗如寒虀，味虽不和，时有余酸荐齿。"

在唐代士大夫中，王维是奉佛的典型代表。这种对佛教的崇奉也渗透到他的诗作之中。王维的《终南别业》被视为是禅诗的代表作品：

中岁颇好道，晚家南山陲。

兴来每独往，胜事空自知。

行到水穷处，坐看云起时。

偶然值林叟，谈笑无还期。

这首诗以自在安闲的笔调表达了作者悠游山水，与大自然、林中叟亲切交流的闲情逸致。首联写自己中年之后即厌世好道，晚年更隐居辋川，悠游山水；次联写他独往自游的雅趣；三联写诗人之游览漫无目的，随意而行；末联写作者之行程如行云流水，任其自然。后二句是此诗之禅意所在："行到水穷处"，一般人可能兴阑而返，或大为扫兴，王维则不然，"水穷"则坐下来"看云"，并不因此一穷而扰乱心中的自在平静，也就是说，一切不在意，任运自然，随遇而安。如果把王维的这种态度与同样喜欢吟诵于山林的阮籍的态度作一比较，人们就更能体味到王维的任运自然之心。

王维与中书舍人苑咸友善，赠诗表达对苑咸佛学修养与精通梵文的称叹说："莲花法藏心悬悟，贝叶经文手自书，楚辞共许胜扬马，梵字何人辨鲁鱼。"苑咸答诗说："应同罗汉无名欲，故作冯唐老岁年。"在这一唱一酬中，王维美誉苑咸"莲花法藏"之悟，苑咸推许王维如罗汉离欲，可以看出在唐代文士的往来唱酬中，随手拈来的都是佛家语。

王维最擅长写静，其诗意和禅境寂静空灵。如《皇甫岳云溪杂题五首·鸟鸣涧》诗云："人闲桂花落，夜静春山空。月出惊山鸟，时鸣春涧中。"在诗中诗人的心境是多么空虚寂静，闲恬空淡，诗中以动写静，以动衬静，更衬托出广大夜空无边的空寂。这种空灵透彻的虚空之景，虽然短暂，瞬间即逝，但却在禅者的心中获得了永恒。如《鹿砦》诗云："空山不见人，但闻人语响。返景入森林，复照青苔上。"这诗是依照禅宗的"返照""空寂"的义理，通过描绘鹿砦深林的空寂和落日微光返照的傍晚景色，表现寂静无常的心境。再如《辛夷坞》诗云："木末芙蓉花，山中发红萼。涧户寂无人，纷纷开且落。"叙述在幽深的辛夷坞山谷里，芙蓉花盛开怒放，又纷纷凋谢。这是通过写花自开自落的情景，表现作者内心精神世界———一种任运自在的恬淡和空灵的心境。这也正是禅宗人生处世态度的形象表达。

李白的涉禅之作也不少，如《赠宣州灵源寺仲浚公》的"观心同水月，解领得明珠"、《同族侄评事黯游昌禅师山池其一》的"花将色不染，水与心俱闲，一坐度小劫，观空天地间"，都是禅语禅机之作。李白《庐山东林寺夜怀》诗云：

> 我寻青莲宇，独往谢城阙。
>
> 霜清东林钟，水白虎溪月。
>
> 天香生虚空，天乐鸣不歇。
>
> 宴坐寂不动，大千入毫发。
>
> 湛然冥真心，旷劫断出没。

此诗《唐宋诗醇》卷八指为描写寂静胜境之佳作，除圆熟运用佛典外，李白对佛理的认识应为不浅。

杜甫对佛教也颇有心得。他自幼博览群书，而对于佛教典籍也有着较为广泛的涉猎，在其《夜听许十一诵诗爱而有作》《大云寺赞公房四首》《赠蜀僧闾丘师兄》《谒文公上方》《秋日夔府咏怀奉寄郑监李宾客一百韵》等佛诗作品中就多次引用诸如《楞严经》《华严经》《金刚经》《维摩经》《涅槃经》《法华经》《圆觉经》等佛典中的术语和典故，有的作品如《望牛头寺》甚至悉用佛典。此外还有很多诗文如《宿赞公房》《上牛头寺》《巳上人茅斋》等也充满了浓浓的禅意禅趣，显示了杜甫不但接触佛门，而且有着较深的佛学造诣。在杜甫的生命历程中，无论是漫游、求仕时期，还是漂泊、卜居时期，几乎每个阶段有参禅访道的经历，并且逐渐趋向于从形而上的层面对禅思佛理进行深入的体悟和认同。杜甫本是儒家诗教忠实的实践者，他把儒家文学传统的政治原则、现实精神、道德理想和讽喻比兴的艺术手法发扬到了极致。然而他具体的创作内容，特别是艺术思维方式和美学趣味在一定程度上受到佛教的影响。

杜甫在天宝十四年（755）所作的《夜听许十一诵诗》中写道："余亦师粲可，心犹缚禅寂。"晚年他在《秋日夔府咏怀》中又说："心许双峰，门求七祖禅。"七祖指的是北宗普寂，可见杜甫对佛教心向往之。杜甫亦于一诗中数用禅典禅语，如《望牛头寺》诗云：

> 牛头见鹤林，梯径绕幽深。
>
> 春色浮山外，天河宿殿阴。
>
> 传灯无白日，布地有黄金。
>
> 休作狂歌老，回看不住心。

此中用《景德传灯录》记载之"牛头"法融禅师"鹤林"寺，并涉及"天河""黄金"为地的净土、"不住心"念佛的禅理等等佛典语词，可以看出唐人广泛汲取佛典语言入诗的现象。对于心性，杜甫首先在禅意禅理中进行体悟，如"应手看捶钩，清心听鸣镝""灯影照无睡，心清闻妙香""晤语契深心，那能总箝口""愿闻第一义，回向心地初"。他不仅是对禅思玄理有所体认，更是趋向于从抽象层面对儒家思想进行反思。他还以客观物象为依托，深入审视主体自我价值。或以浮舟自喻，"眼前今古意，江汉一归舟"。或以沙鸥作比，"飘飘何所似，天地一沙鸥"。或借助流云，"是身如浮云，安可限南北"。都反映了置身于广阔的天地之间，对主体真我的深入追求。中唐诗人杨巨源有诗说："扣寂由来在渊思，搜奇本自通禅智。王维证时符水月，杜甫狂处遗天地。"（《全唐诗》）这里说的是诗、禅一致的道理，而用王维、杜甫作例证。

白居易的《送兄弟回雪夜》诗中，也表现了庄禅思想：

> 日晦云气黄，东北风切切。
>
> 时从村南还，新与兄弟别。
>
> 离襟泪犹湿，回马嘶未歇。

欲归一室坐，天阴多无月。

夜长火消尽，岁暮雨凝结。

寂寞满炉灰，飘零上阶雪。

对雪画寒灰，残灯明复灭。

灰死如我心，雪白如我发。

所遇皆如此，顷刻堪愁绝。

回念入坐忘，转忧作禅悦。

平生洗心法，正为今宵设。

白居易的好友元稹也深受佛教文化的浸润。他的作品中往往有佛禅妙语，如《杏园》诗云：

浩浩长安车马尘，狂风吹送每年春。

门前本是虚空界，何事栽花误世人。

对于元稹和白居易诗歌受佛禅思想影响的情况，《韵语阳秋》卷一二有评论说："世称白乐天学佛，得佛光如满旨趣，观其'吾学空门不学仙，归则须归兜率天'之句，则岂解脱语邪！元微之诗虽不及乐天远甚，然其得处岂乐天所能及哉？其《遣病诗》云：'况我早师佛，屋宅此身形。舍彼复就此，去留何所萦。前身为过迹，来世即前程。蜕骨龙不死，蜕皮蝉自鸣。'"

唐代诗人接受佛教的审美趣味，多以禅入诗，这种情况比比皆是。如储光羲《咏山泉》诗云：

山中有流水，借问不知名。

映为天地色，飞空作雨声。

转来深涧满，分出小池平。

恬澹无人见，年年长自清。

再如李华的《春行寄兴》诗云：

宜阳城下草萋萋，涧水东流复向西。

芳树无人花自落，春山一路鸟空啼。

这两首诗，前者以山泉巧譬点出禅理，后者不着一字而禅机自现。常建的《题破山寺后禅院》也深寓禅趣，其诗云：

清晨入古寺，初日照高林。

竹径通幽处，禅房花木深。

山光悦鸟性，潭影空人心。

万籁此都寂，但余钟磬声。

李商隐也和佛教有密切的关系。"绮才艳骨"的李商隐，一生"善作情语"，他的诗向以沉博绝丽、深情绵邈而著称，但他对佛教有着虔诚的信仰。李商隐曾于梓州长平山慧义精舍经藏院，自出财俸，特创石壁五间，金字勒《妙法莲华经》7卷。在临终之际甚至愿削染为知玄弟子，弃绝世事，遁入空门。在他身后，佛教把他列入佛门《传灯录》，现存最早为其诗作注的也是一位僧徒释道源。

李商隐自幼就与佛教有密切接触。他自言"《妙法莲华经》者，诸经中王，最尊最胜。始自童幼，常所获持"，"兼之早岁，志在玄门"。他与僧徒一直有所往来，其《归来》诗云："旧隐无何别，归来始更悲。难寻白道士，不见惠禅师。"这位"惠禅师"即为他的旧日好友。随年竞日驰，仕路波折，阅历渐丰，李义山对佛教沉溺日深。三十六七岁远赴桂管期间，他在《自桂林奉使江陵途中感怀寄献尚书》中自叙心迹："白衣居士访，乌帽逸人寻。佞佛将成传，耽书或类淫。"此际他已深耽佛道。四十岁左右妻子王氏病故后，李商隐对佛教更是表现出超常的热忱，"方愿打钟扫地，为清凉山行者""虽从幕府，常在道场。犹恨出俗情微，破邪功少"（《樊南乙集序》），甚至迸发出"舍生求道有前踪，乞脑剜身结愿重"的狂热。

孙昌武在论及佛教对唐代文学创作的影响时指出：

> 不只是那些以佛教为题材和主题的创作显然是佛教影响下的产物，佛教的作用更广泛地体现在作品所表达的意念、感受、情绪、审美观念等精神层面，也表现在所使用的语言、艺术技巧、风格等层面。因此，佛教的影响已经更有机地融汇到作品的思想内容和艺术表现中。[①]

5. 诗僧的创作成就

在唐代士大夫与僧人的交往中，诗文唱和是一种普遍的交际形式。在这

---

① 孙昌武：《中国佛教文化史》第4卷，中华书局2010年版，第2025页。

个过程中，一大批诗僧涌现，他们融合着内学、外学，多以诗示道，以诗颂古，使诗与禅交汇光芒，成为唐诗文学中一个独特的类别。

两晋南北朝时翻译的佛经，就有偈诗。支遁、慧远等是中国第一代诗僧。此后诗僧俊彦辈出，《世说新语》《诗品》也多有称述。到了唐代，佛教大为兴盛，诗歌创作更是蓬勃展开，佛教与唐诗交相呼应，诗僧辈出，以诗说禅、示法或做象譬、暗示的禅诗偈颂更形多元面貌。他们的作品，不仅内容更加丰富，而且手法更加多样，带有独特的认识价值和审美价值。《唐音癸签》卷八记载中晚唐时，许多佛徒都善诗，说他们"背笈篋，怀笔牍，挟海溯江，独行山林间。……游其心以求胜语，若有程督之者。嗜吟憨态，几夺禅诵"。据统计，《全唐诗》共收诗人2200余人，诗歌900卷，其中诗僧115人，诗作46卷，僧诗2800首。另有学者依《全唐诗》及《全唐诗补编》和王重民的《补全唐诗》《补全唐诗拾遗》，孙望的《全唐诗补逸》，童养年的《全唐诗续补遗》，陈尚君的《全唐诗续拾》诸书做了统计，称以上诸书共收录唐代3653位诗人的15446首诗作，其中佛教僧侣诗人共365人，诗4598首，占唐代诗人总数的约百分之十、唐诗总数的约百分之二十八。① 但是，统计者还指出，这个数量并不等于当时僧侣诗人及其诗作的实际数量。如《新唐书·艺文志》中著录有"僧惠赜集八卷、僧玄范集二十卷、法琳集三十卷、僧灵澈诗集十卷、皎然诗集十卷"，但今天僧惠赜、玄范、法琳三人竟无一诗传世。有不少诗僧的作品没有流传下来。

长期的蒲团生涯培养了他们沉静颖悟的能力，宁静的寺院环境滋长了他们对动静变化的敏锐感受，因而他们的诗歌对于清静之境、禅玄之理的表现就别有会心，他们对诗歌创作的态度也极受后人称道。周裕锴《中国禅宗与诗歌》在论及禅宗与中国诗歌的关系时指出："佛教的中国化在很大程度上是指佛教的诗化，禅宗发展史上的种种事实鲜明地展示了这一诗化过程。"学者将唐代诗僧粗略地分为两大类：一是早期以王梵志、寒山、拾得为代表的通俗派，二是中晚唐以皎然、贯休、齐己等人为代表的清境派。

王梵志是隋末唐初诗僧，作品多达300余首。王梵志多作偈诗，但《全唐诗》未录一首。他的大量诗篇在民间广泛流传，影响深远。如"城外土馒

① 高华平：《唐代的诗僧与僧诗》，《闽南佛学》2004年第1期。

头，馅草在城里，一人吃一个，莫嫌没滋味"，以通俗浅近的语言，表达了否定世俗见解，寻求超脱心境的佛教思想。

寒山子出身于官宦人家，多次投考不第，被迫出家，30 岁后隐居于浙东天台山，据说享年 100 多岁。严振非《寒山子身世考》中以《北史》《隋书》等大量史料与寒山诗相印证，指出寒山乃为隋皇室后裔杨瓒之子杨温，因遭皇室内的妒忌与排挤及佛教思想影响而遁入空门，隐于天台山寒岩。这位富有传奇色彩的唐代诗人，曾经一度被世人冷落，正如其诗所写："有人笑我诗，我诗合典雅。不烦郑氏笺，岂用毛公解。不恨会人稀，只为知音寡。若遣趁宫商，余病莫能罢。忽遇明眼人，即自流天下。"寒山的一生扑朔迷离，充满神奇色彩。寒山有诗 600 多首，今存 300 余篇。唐元和年间，徐灵府始编为 3 卷，《新唐书·艺文志》著录为 7 卷，后又有僧本寂作注的 7 卷本。

寒山概括自己一生的诗歌创作说："五言五百篇，七字七十九。三字二十一，都来六百首。一例书岩石，自夸云好手。若能会我诗，真是如来母。"最后两句，明确交代自己作诗的动机在于启发世人修行佛道。寒山把自己的诗定位为可以代替佛经的修道书，他说："家有寒山诗，胜汝看经卷。书放屏风上，时时看一遍。"在另一首诗中，他更明确地说："凡读我诗者，心中须护净。悭贪继日廉，诌曲登时正。驱遣除恶业，归依受真性。今日得佛身，急急如律令。"读其诗，悭贪者变廉洁，诌曲者变正直，除恶业，归真性，从而出离苦海，修成佛道。寒山诗具有独特的艺术风格，情景交融，"信手拈弄"，"机趣横溢"，最大的特征就是接近口语，被称为通俗诗、白话诗。

寒山诗流传开之后，后世之人按照自己对寒山诗的理解和揣摩，描述了不同的寒山形象。

拾得是与寒山同时的僧人，且两人为密友，所以后人常将寒山和拾得并称。二人佛法高妙，更兼诗才横溢，佛门弟子认为他们分别是文殊菩萨和普贤菩萨转世。寒山较王梵志更有雅调，例如"闲自访高僧，烟山万万层，师亲指归路，月挂一轮灯。""闲游华顶上，天朗昼光辉，四顾晴空里，白云同鹤飞。"由以上诗句可知寒山诗具清气，多自然意象，华彩也胜梵志一筹。这是初唐诗僧的风采。胡适在其《白话文学史》中认为，寒山、拾得是 7 世纪中期以后出现的"三五个白话大诗人"中的两位，是继王梵志之后"佛教中的白话诗人"。但由于表达上的特殊性，寒山诗并非浅显易懂，或看似明白如话，实际上另有奥旨。程德全在《寒山子诗集跋》中指出："以诙谐谩骂之辞，寓其牢愁悲愤之慨，发为诗歌，不名一格，莫可端倪。"王宗沐序《寒山子诗集》有"如空谷传声，乾坤间一段真韵天籁也"的评价。项楚在《寒山诗注·前言》中认为"不拘格律，直写胸臆，或俗或雅，涉笔成趣"是寒山诗的总体风格。寒山诗长期流传于禅宗丛林，宋以后受到诗人文士的喜爱和模拟，号称"寒山体"。寒山的诗深受白居易、王安石等诗人的推崇，影响久远。再如他的《一住寒山万事休》诗云："一住寒山万事休，更无杂念挂心头，闲于石壁题诗句，任运还同不系舟。"抒发了任运自在的禅趣境界。

早期诗僧的作品数量虽多，但诗语俚俗诙谐，仍难登大雅之堂。中晚唐时期，诗僧在诗质与诗量方面方能有跻身士林，齐致风骚。特别是以皎然、贯休、齐己三人为代表的僧俗唱酬集团，韵如松风，淡然天和，有许多境高意远调清的神韵诗作。他们嗜诗习禅兼得，两不相碍，"吟疲即坐禅""一念禅余味国风"，僧人作诗在唐代诗坛上蔚然成风，"诗僧"一词至此才正式诞生。《全唐诗》所录的诗僧诗作，大部分集中在大历以后的百余年间。其中皎然、贯休、齐己三人的诗共 1920 首，后人遂编有《唐三高僧诗集》。据覃召文《禅月诗魂》所考，唐代民间流传的《三高僧谚》说："之昼（皎然），能清秀，越之澈（灵澈），洞冰雪，杭之标（道标），摩云霄。"

皎然俗姓谢，字清昼，南朝谢灵运十世孙。活动于大历、贞元年间，是中唐时期出现的诗僧群体中最具代表性的人物，存诗 480 余首，在中唐诗僧中占第一位，创作成就也最为特出。开元、天宝之际，皎然曾入京求仕。仕途失败后，心力交瘁，出家于润州江宁县长干寺，天宝九年（750）之前，登灵隐寺戒坛，在守真律师坛前受具足戒。皎然出家后，不拘门派，博访名山法席，广其知见，又不废俗学，留意诗文，兼攻经史，四处游历，交结公卿文士。据统计，皎然交游者有 200 余人，多是在江左任职的官员，或者在湖州活动的文士及僧道隐士。

贯休俗姓姜，字德隐，婺州兰豀人，唐末五代著名诗僧和画僧。7 岁时投兰溪和安寺圆贞禅师出家为童侍，日诵《法华经》1000 字，过目不忘。贯休雅好吟诗，常与僧处默隔篱论诗，或吟寻偶对，或彼此唱和，见者无不惊异。贯休受戒以后，诗名日隆。贯休博学多才，《唐才子传》称赞他"一条直气，海内无双……乐府古律，当时所宗……果僧中之一豪也。后少其比者，前以方支道林不过矣"。贯休有文集40卷，当时的著名诗人吴融为之序，称《西岳集》，后贯休弟子昙域重加编辑，称《宝月集》。所作诗词流传下来的有500多首。贯休的诗虽多为咏物、咏景或与僧俗诗友唱和之作，但也常触及世事。

　　齐己俗名胡得生，漳州益阳人，生年不详，但据考证应生于会昌、大中之际，较贯休小10余岁，去皎然寂灭60余年。据《宋高僧传》记载，齐己幼年入大沩山同庆寺出家，师仰山大师慧寂。后历参药山、鹿门、国山、德山诸师，遍游浙东、江右、衡岳、匡阜、嵩岳等地30余年。开平四年（910），曾与修睦等高贤同住庐山，会兵灾、匪患、饥荒等事，避入金陵，西朝峨眉，南行荆州，龙德元年（921）为高季兴迎入江陵龙兴寺充任僧正，成为荆南宗教领袖。齐己终生致力于诗学与诗歌创作，今存《风骚旨格》1卷、《白莲集》10卷，诗852首。

　　《白莲集》所录多为酬赠诗僧之作，与齐己交游论诗论禅的僧人至少有方干、益公、修睦、秘上人、贯休、中上人、胤公、尚颜、文秀、兴公、微上人、耿处士、无上人、惠空上人、明月山僧、广济、梵峦上人、延栖上人、言之、僧达禅师、可准、楚萍上人、乾昼上人、灵瑴上人、虚中上人、本上人、西寄、仁用、自牧、康禅师、愿公、昼公、白上人、凝密大师、元愿上人、贯微上人、谷山长老、南雅上人、仁公、实仁上人、岳麓禅师、体休上人、光上人等40余人。其他还有许多不知名号者。这些僧人中，为《全唐诗》所著录，确知为诗僧且有诗传世者，有文益、文秀、无可、贯休、尚颜、虚中、修睦、方干等。齐己的作品清雅幽峭，在诗体的美学典型上比寒山、拾得或更早的佛经偈颂更上一层楼，是唐诗中可以登堂入室，神韵独隽的作品。唐诗僧尚颜在《读齐己上人集》曾说，"冰生听瀑句，香发早梅篇"，所称颂的便是齐己的这种冰雪高致。《早梅》也是齐己的名诗，中有"前村深雪里，昨夜一枝开"，孤梅一枝，幽香素艳，齐己诗传禅心，诗也因禅而透彻冰清。明胡正亨《唐音癸签》说："齐己诗清润平淡，亦复高远冷峭。"正是对齐己这种风格的肯定。

6. 俗讲：通俗的佛教文学

　　佛教教义和佛教信仰是构成佛教传承的两个重要组成部分。佛教经典浩如烟海，理论深奥，名相繁多，有的还较为晦涩，传入中国后，到唐代时八大宗派逐渐成熟，体系庞大，即使有闲暇的知识分子穷其一生也难以研通读透其中的极少部分，那些整日忙于生计的普通百姓更是难入佛教大门了。佛教是以传教为目的，宣传佛教不仅需要经典，还要有传教的方式和方法。佛教要吸引信众，就必须借助生动、形象而有吸引力的弘法方式。因此，基于自身发展的要求，隋唐时期已形成的众多佛教派别对佛教义理进行了不同程度的简化，如律宗、法相宗因较多地保留了印度佛学原貌且不便于设教，就难以推广，禅宗、净土宗的教义大胆剥落、简便易行，则得以迅速发扬光大。

早在南北朝时期佛教就有了简便易行的宣讲方式。《高僧传·经师总论》记叙讲经的有经师与唱导师二科。经师讲经时以佛教音乐为辅助，运用一定的声法来讲解佛经。唱导主要以歌唱事缘、杂引譬喻来宣唱法理、开导众心。唱导师在讲经过程中也兼用说唱，以期收到声文并茂的宣讲效果。唱导虽然是"依经说法"，但并非完全照本宣科，机械按照佛经内容宣读演唱出来，而是可以随机发挥，指事适时，临时采博，言无预撰，亦不经营，只以适机为要。换言之，唱导师非如译经大师般，须依据原义翻译佛经，而后阐释，而是根据自己的理解，既依照经义阐发佛法，又随时采用时事为例证，以此感动道俗听众。唱导师既要了解当下发生的善恶因果事件，又要了解听众的身份和心理，随着听者身份职业、文化教养、接受心态的不同而改变说唱的题材和目的。

这样，唱导师的讲经就是一种演义式的讲经，这种对佛经的演义，有较强的故事性。"谈无常""语地狱""征昔因""核当果""谈怡乐""叙哀戚"——唱导师滔滔侃侃，抑扬顿挫，"或杂序因缘，或傍引譬喻"，讲说唱咏，声情并茂。因为是讲故事，所以到"胜集难留"的时候听众还会"载盈恋慕"。唱导师宣唱的言辞，有的是应时编撰的，这就是所谓"言无预撰，发响成制"，也有的是先后传承，早已写成本子，备一般僧徒采用的，《高僧传》说："若夫综习未广，谙究不长，既无临时捷辩，必应遵用旧本。然才非己出，制自他成，吐纳宫商，动见纰缪，其中传写讹误，亦皆依而宣唱。"这应该是佛教创作的最早的俗文学作品了。像这样，唱导师在宣传佛教时，绝非单纯地说教或宣讲经典，而是既有诵读、讲说，又有歌唱、赞叹，说唱结合，让人"开神畅体，豁然醒悟"，让闻者"莫不息驾踟蹰，弹指称佛"。讲经唱导的一大特点是极善营造戏剧化氛围，可以说，唱导开创了佛教通俗文学的风气。

南朝末年，经师和唱导师的专业逐渐合流，通俗的宣讲逐步得到发展，到了唐朝初年，唱导演变为"俗讲"——一种面向民间的宣讲佛经方式，即从南北朝时的"唱""读"演变为以"唱""说"为基础的俗讲，把佛经和其中的故事变成通俗、动人的文字加以演唱，先用说白散文叙述故事实况，然后用歌唱（韵文）加以铺陈渲染。俗讲是继唱导以后更趋通俗化、文艺化的佛教宣教方式。俗讲舍弃了唱导学术性的内容讲解和反复辩难之形式，而专取佛经中具有文学意味的故事，加以通俗的演绎与形象的描述。它生动感人带有浓厚的文学意味，吸引炫惑了广大的听众，寺院不再只是信仰礼拜的场所，而是游人如织的娱乐地带，佛教民间化也促使民间文学的佛教化。

俗讲最早见之于道宣《续高僧传·释善伏传》。所谓僧徒俗讲，"出入州县""巡历乡村"，以至"眩惑州闾"，说明俗讲已不再局限于寺院，而是到广阔的民间去了。至于把宣扬果报、蛊惑民众、聚敛财物、左道异端等作为禁断之因，不过是官方的托词而已，俗讲聚会恐生民变，这才是俗讲在唐代历史上时开时禁的主要原因。

元和十年（815）五月，唐宪宗再下诏书，除京师长安寺庙外，准许节度使所在州治于每年正、五、九三个"长斋月"设一寺俗讲。这则诏令中所谓京师"宜准兴元元年九月一日敕处分"句表明，唐德宗兴元元年（784）九月也曾颁布诏令，但仅允许京城寺观开俗讲。相较之下，唐宪宗诏书的俗讲所禁限的区域的确被大大放宽了。史载的这几个诏令在一定程度上说明了俗讲在当时中央政府心目中的重要性。唐文宗年间，"京城及诸州府，三长斋月置（俗）讲，集众戒忏"蔚然成风。化俗法师，即俗讲僧开成四年（839）正月和闰正月，在扬州孝感寺举行了一次讲经活动，主要讲《金刚经》，目的是为修葺开元寺的梅檀瑞像阁而"寄孝感寺令讲经募缘"，其听众是僧俗大众和外国使团，所以，这是一次俗讲。

俗讲由佛教讲经衍出，讲者尽为僧徒，即所谓俗讲僧，有主咏经的都讲，主讲解的法师，主吟偈赞的梵呗等。僧讲则以僧众为宣讲对象，地点在寺庙；俗讲以在家俗众为宣讲对象，上自帝王（如文宗、敬宗）、士大夫、名德，下至市井小民在所皆有，足见其普遍性与通俗化，地点既可在寺庙，亦可在寺外。俗讲举办的方式有两种：一种是长安城内奉皇帝敕命举行的，据圆仁

《入唐求法巡礼行记》所载，每年举行三次，有春座、夏座、秋座之别，由于是国家正式举办，一切设备均极考究，讲师也是当时著名的法师大德；另一种是在帝都以外，民间也有举办俗讲的，每年也是三次，纯由社邑共同出资举办。

宋初钱易《南部新书》说："长安戏场多集于慈恩，小者在青龙，其次荐福、永寿，尼讲盛于保唐，名德聚之安国，士大夫之家入道，尽在咸宜。"这些寺院多为长安的"戏场"，表明寺院已经成为说唱技艺演出的场地，而说唱艺术的观众，自然不限于出家僧众，更多的是在家俗众。唐人郭湜《高力士外传》叙及唐玄宗退位后与高力士在西内的日常活动说："上元元年七月，太上皇移仗西内安置……每月上皇与高公亲看扫除庭院，芟剃草木，或讲经、论议、转变、说话，虽不近文律，终冀悦圣情。"《资治通鉴》卷二四三记载："己卯（宝历二年六月），上（敬宗）幸兴福寺，观沙门文溆俗讲。"而《佛祖统纪》卷四二对此事之记载则为："上幸兴福寺，观沙门文溆讲经，上称善。"可见当时宫廷内已有讲经、论议、转变、说话之娱乐。听讲之对象，也是上自帝王（如文宗、敬宗）、士大夫、名德，乃至市井小民在所皆有，可见其普遍性与通俗化。

俗讲在唐代虽然是寺院宣扬佛法的形式之一，但长安大寺的俗讲已经纳入朝廷所主持的法事的一部分，这对提高俗讲的艺术水平当然是起了相当大的作用的。著名的俗讲法师在朝廷敕建的大寺里按朝廷的要求进行俗讲，他们不但有斐然的文采和娴熟的表现技巧，并且对宫廷生活例如太常乐舞等相当熟悉。正是长安寺院提供的优越的条件，才使得他们可能集中时间和精力去创作长达百卷左右的长篇作品。这种俗讲同样越来越带上了娱乐性质。

比如著名的俗讲法师文溆，他于元和末驻锡菩提寺，即以俗讲僧见称于世，讲唱时，听者填咽寺舍，时人呼为和尚教坊。宝历时移锡兴福寺。其听众遍及各阶层，不仅"愚夫冶妇乐闻其说"（《因话录》），亦为皇帝所喜爱。《资治通鉴·唐纪·敬宗纪》记载："宝历二年六月己卯，上幸兴福寺观沙门文溆俗讲。"文溆法师事迹在当时的文献中屡见记载。

文溆僧以俗讲而尊为法师，帝王亲临观听，俗众乐闻其说，教坊效其声调，可谓有倾城之魅力。向达在《唐代寺院中之俗讲》中评价说："文溆法师，其活动时期之长，至足惊异：元和末住锡菩提寺，即以俗讲僧见称当世；

宝历时移锡兴福寺；文宗时为入内大德，虽因罪流徙，开成、会昌之际，当又复回长安……为京国第一人。历事五朝，二十余年，数经流放，声誉未堕。皆可见其实有倾倒世俗之处，初非浪得虚誉。"①

唐代俗讲在社会上广演的盛况及影响，以及当时人民的反应，可以从当时诗文中看出来一些。韩愈《华山女》诗说：

> 街东街西讲佛经，撞钟吹螺闹宫庭。
> 广张罪福资诱胁，听众狎恰排浮萍。
> 黄衣道士亦讲说，座下寥落如明星。
> 华山女儿家奉道，欲驱异教归仙灵。

姚合《听僧云端讲经》诗云：

> 无生深旨诚难解，唯是师言得正真。
> 远近持斋来谛听，酒坊鱼市尽无人。

有唐一代，人们对俗讲趋之若鹜。每逢开讲日，听众持斋麇集，"湖上少渔船"，"酒坊鱼市尽无人"，这帮捕鱼的渔夫及食鱼的酒徒，为听俗讲竟能敛迹。"街东街西讲佛经，撞钟吹螺闹宫廷"的诗句形象生动地描绘了当时佛教俗讲僧们对社会各阶层的巨大影响。"无生深旨诚难解，唯是师言得其真"，是说佛经宣扬的"无生空苦"的道理深奥难明，只有在俗讲师的讲说下才能领略其中的奥秘；"广张罪福资诱胁，听众狎恰排浮萍"，说明俗讲的内容就是宣扬罪福果报，听众是普通民众，而通过此举，普通大众多少接受了"因果报应""生死轮回"等观念。

俗讲的主要表演者是僧尼，后来也发展到民间，出现专门转变、说话的民间艺人。前引了开元十九年（731）唐玄宗诏令，说"近日僧徒……因缘讲说，眩惑州间……或出入州县，假托威权；或巡历乡村，恣行教化"。唐玄宗出于整治风化的目的而下诏禁俗讲，故而持严厉的批评态度，然"出入州县""巡历乡村"，却真实道出了俗讲僧走出寺院、去向民间，以传布教义、化施敛财的历史状貌。俗讲经历这一渠道传播到民间，为普通百姓所接受，为民间艺人所传习，则是自然之事。

---

① 向达：《唐代长安与西域文明》，河北教育出版社 2001 年版，第 292 页。

俗讲虽然风靡了唐代朝野上下，造成讲唱文学的巅峰期，但它毕竟只是一种民间文学，在当时正统文学的眼中，依然是"不登大雅之堂"的俚俗作品。日本学者加地哲定的《中国佛教文学》认为，俗讲的目的，与其说是为了忠实地阐明教理，毋宁说是通过俗讲来阐述中国人的伦理道德、人类的喜怒哀乐以及劝善惩恶。总之，俗文学领域所表现的佛教，是以世俗化、趣味化为本位的。

7. 从"俗讲"到"变文"

变文，或简称"变"，是俗讲的文本。"变"，即是转变、演义，依经中故事为根据绘成图画，称"变相"，依经中内容及其思想为根据而编成说唱之文，则是"变文"。因佛经经文过于晦涩，佛教为了传讲佛经，将佛经中的道理和佛经中的故事用讲唱的方式表现，这些故事内容通俗易懂，由俗讲僧写成或由其他人记录下来的稿本即是"变文"。

变文的兴起，可能是在中唐时代。张祐曾讥笑白居易所作《长恨歌》中的"上穷碧落下黄泉，两处茫茫皆不见"为"目连变"。这可能是因为当时最初兴起的有"目连变"，因而以此相讥笑。近代在敦煌发现的唐人写经中有《维摩变》《降魔变》《八相成道变》等数十种变文，其文字甚为美丽。也有属于一般历史故事和民间故事的，如《舜子至孝变》《伍子胥变》等。

变文的韵式普遍以七言为主，如《维摩诘经变文》记载："佛言童子汝须听，切为维摩病苦萦，四体有同临岸树，双眸无异井中星。心中忆问何曾罢，丈室思吾更不停，斟酌光严能问得，吾今对众遣君行。"《降魔变文》《八相变文》等也如此。但是也有在七言中夹杂着"三言"的。这"三言"的韵语，在使用的时候，大都是两句合在一起的，仍是由"七言"语句变化或节省而来。如《维摩诘经变文》卷二〇记载："知惠圆，福德备，佛果将成出生死。牟尼这日发慈言，交往毗耶问居士。戴天冠，服宝帔，相好端严法王子。牟尼这日发慈言，交往毗耶问居士。"后来的宝卷、弹词、鼓词中的三七夹杂使用的韵式，便是从"变文"这个韵式流传演变下来的。在语言上，变文也有其独特性，它的作者是佛教僧侣，为了把经中的深奥哲理弘传于民间乡村，僧侣们吸收民间的许多口头语言，这就使得变文的词汇有通俗易懂等优点。

变文虽也是一种散韵交织的通俗化说唱文艺形式，但它已逐步从枯燥的讲经中解放出来，不再假托经论，而是融合着中国的历史故事、各个地方的逸事传闻和世俗故事，使佛教更加中国化、世俗化、通俗化。变文本源于佛经，用来演唱佛经故事，又可分为三种：一是佛经的讲经文；二是释迦牟尼成佛的故事；三是讲佛教及弟子们的故事。如《大目乾连冥间救母变文》写目连入地狱救母亲，《维摩诘经变文》写维摩诘与文殊师利等论佛法，《降魔变文》写舍利佛与外道斗法，《八相成道变文》写佛陀成道等。

向达提出，唐代寺院由和尚说唱佛经故事称"俗讲"，而"记录这种俗讲的文字，名叫'变文'。变文是用接近口语的文字写成，中间有说有唱。说唱的材料，大部采取佛经中的故事，也有不少是采取民间传说和历史故事的"[1]。

后来变文适应中国化、世俗化的需要，逐步扩大到中国历史故事和民间传说，在讲唱过程中不断被加工润色、铺排渲染，遂成为曲折起伏、有声有色的文学作品。如《伍子胥变文》《汉将王陵变文》《舜子至孝变文》《王昭君变文》《孟姜女变文》等。残卷《张义潮变文》《张淮深变文》则直接叙写唐代时事。这样，变文这种佛教通俗文学逐步演变为中国民间通俗文学，又由于情节曲折生动，文字通俗流畅，描写细致真切，采用韵散结合的自由文风和广泛流传的脍炙人口的传说故事，变文不仅深为广大的中国民众所喜爱，而且也影响了文人创作。变文用的几乎都是散文韵文交替的体裁。起初几乎都是讲唱的底本。这种对听众讲唱的传布方式为僧徒所用，由寺院外流，直接传与诸色伎艺人。

这些俗文学作品后来发展为宋代平话，以及明清的弹词等，在佛教中发展为宋代的说经以及明清的宝卷。就现存敦煌文学底本看，其形式体裁与说唱方式对话本影响较大。变文的韵散合组、有讲有唱，讲经文的有押座文、解座文，都与话本很相似，可见其承袭的关联，且语言通俗、解释周详，话本也都继承发展了。沿袭既久，遂成定制，塑造了后世通俗、平话、章回小说独有特殊的风格。

8. 佛教对中国俗文学的影响

由于佛教势力深入民间，一般人民的生活和佛教的关系特别密切，因而佛教对于俗文学的影响也就特别深远。前文讲到的俗讲和变文，使中国的俗

---

① 王重民、王庆菽、向达等编：《敦煌变文集》，人民文学出版社 1957 年版，"出版说明"。

文学开辟了一个崭新的天地，导致了说唱艺术如宝卷、弹词、鼓词的相继产生，可以说，隋唐以后各种体裁的俗文学作品，或多或少地受到佛教的熏染，从而也使佛教各种观念和教义深入民间，扩大了佛教在中国的传播。

六朝时期的转读、唱导，唐朝的俗讲，其集会的场所都在寺院。其集会有定期，名叫道场或法会。讲唱的内容，时代越靠后，故事的成分越浓厚，"邀布施"的目的越明显。这种讲唱故事以换取报酬的办法自然会引来伎艺人模仿，例如晚唐时期吉师老《看蜀女转昭君变》诗云：

> 妖姬未著石榴裙，自道家连锦水濆。
>
> 檀口解知千载事，清词堪叹九秋文。
>
> 翠眉颦处楚边月，画卷开时塞外云。
>
> 说尽绮罗当日恨，昭君传意向文君。

这说明讲唱变文已经不限于僧徒，而且地点也不限于寺院。到宋朝，情况有了更大的变化，讲唱故事名为"说话"，场所由寺院搬到瓦肆（市场）。据学者考证，宋朝"说话"（即后来所谓"说书"）有四家：一是"小说"，即银字儿，包括烟粉、灵怪、传奇、说公案、说铁骑儿；二是"说经"，包括说参请、说浑经、弹唱因缘；三是"讲史书"；四是"合生"和"商谜"。宋灌圃耐得翁《都城纪胜》说："说经，谓演说佛书。说参请，谓宾主参禅悟道等事。"周密《武林旧事·诸色伎艺人》记载的"说经浑经"名手是："长啸和尚，彭道（名法和），陆妙慧（女流），余信庵，周太辩（和尚，陈刻'春辩'），陆妙静（女流），达理（和尚），啸庵，隐秀，混俗，许安然，有缘（和尚），借庵，保庵，戴悦庵，息庵，戴忻庵。"可见这时期，尘俗故事的影响越来越大，演述佛经故事已经不能占据主流地位，但是说经的还有僧徒，由道场而伎艺场的递嬗痕迹是相当明显的。

讲唱故事走出寺院，成为伎艺之后，自然会很快地往四外传布。苏轼《东坡志林》说："涂（途）巷中小儿薄劣，其家所厌苦，辄与钱，令聚坐听说古话。至说三国事，闻玄德败，则颦蹙有涕者，闻曹操败，即喜唱快。以是知君子小人之泽，百世不斩。"陆游《小舟游近村舍舟步归》诗云：

> 斜阳古柳赵家庄，负鼓盲翁正作场。
>
> 身后是非谁管得，满村听说蔡中郎。

讲唱的场所深入街巷和村庄，这就为俗文学作品的繁荣发展准备了充足的条件。变文用讲唱交替的形式演述故事，在体裁方面为中国的俗文学开了一条路，唐、宋以后不少俗文学作品是用这种体裁写下来的。

唐朝的小说可以分为俗和雅两类。俗的是伎艺人演述的尘俗故事，有的称为变文，如《王昭君变文》，有的称为"话"，如《一枝花话》。雅的是文人写的传奇，如《柳氏传》《南柯太守传》等。演述尘俗故事的变文是直接从演述佛经故事的变文孳乳出来的。"话"的体裁可能同宋朝的话本差不多，也是讲唱交替的形式。传奇小说是文人的炫才之作，同变文的关系很少，但是，少数传奇小说也受了变文的影响，例如张鷟《游仙窟》就是用散文韵文交替的形式写的。美国学者韩南（P. Hanan）认为：

> 唐代白话文学与佛教的关系密切。其原因或许是因佛教是外来思想，虽然也受到中国正统文化的影响，却不一定恪守古典书写文字的形式。或许是因为寺院的主持者们认为僧尼及其他信奉者较愿接受白话，已经形成了一个听众及读者群。唐代有的皇帝也鼓励信佛，因此，佛教和民众娱乐的关系很密切，唐代寺院往往也是民众娱乐的中心。两方面的因素必然会推进白话文学的发展，也会刺激那些原已存在的世俗口头文学的发展。当时许多高僧都作"俗讲"，有可能吸引大批听众。还有一些地位较低的僧众演说变文故事，材料也并不完全是佛教的。①

宋以后的小说，大体上可以分为短篇、长篇两类。短篇有宋人的"话本"，如《京本通俗小说》和《清平山堂话本》，有明朝人仿作的"拟话本"，如"三言""二拍"。这类短篇小说，一般是用诗或词开头，用诗煞尾，中间的关键处所，需要着重描画解说的，引用诗词或骈文来点染或印证，上场先写一个性质与正文有联系的故事，名叫"得胜头回"，然后转入正文。这样的格式，脱胎于变文的痕迹是非常明显的。同短篇小说一样，长篇小说也有说话人演述的话本，如《新编五代史平话》《大宋宣和遗事》等，有文人整理或仿作的章回小说，如《三国演义》《西游记》等。这类长篇小说，除去分回之外，体裁同短篇小说基本上是一样的，也是在散文之中常常插入一些

---

① ［美］韩南著，尹慧珉译：《中国白话小说史》，浙江古籍出版社 1989 年版，第 6 页。

诗词。

鼓子词是流行于宋朝的一种俗文学艺术形式。这类作品篇幅短小，是供宴会时歌唱用的，用的都是散文韵文交替的形式，虽然歌词部分比较雅驯，而体裁是模仿变文的。

诸宫调是流行于宋、金、元几个朝代的一种俗文学艺术形式，相传是北宋的伎艺人孔三传所首创。之所以名叫"诸宫调"，是因为歌唱部分是联合许多不同宫调的乐曲。这种作品都是用交替的散文韵文来演述长篇的故事，歌唱的曲调比较复杂，变化多。乐曲之前有散文的解说，这同变文的体裁一脉相承。

宝卷是从宋末一直延续到清末的一种俗文学艺术形式，和变文的关系特别密切，一般研究文学史的人都认为它是变文的嫡系子孙。它继承变文，不只是形式，就连内容也大多宣扬佛教教义，例如流行很广的《香山宝卷》相传为宋朝普明禅师所作，原名叫《观世音菩萨本行经》。

在题材方面，中国俗文学作品的大部分与佛教或多或少地有些关系，作品的故事内容不管是用什么体裁表现的，它常常会提到僧徒、寺院、修持、神通、菩萨、罗汉、阎罗、地狱、鬼魂、报应等，这样的题材当然是从佛教来的。翻译过来的佛经记有许多来自印度民间的故事。顾随指出：

> 假如我们把所有佛经里面故事的，或大或小、或长或短，搜集在一起，那壮采，那奇丽，我想从古代流传下来的故事书，就只有《天方夜谭》可以超过了它……小泉八云说：研究《圣经》而专从宗教观点去看，则对于其中"文学美"底认识，反而成为障碍。我想小泉氏这说法，我们拿来去看佛经，恐怕更为确切而适合一些。①

这些来自印度的民间故事，经过变形而成为中国通俗文学的内容。中国的俗文学作品，有不少主要是演述佛教的故事。有的虽然主要不是演述佛教的故事，但其中却混合着不少佛教成分，例如《西厢记》写的是张君瑞和崔莺莺的恋爱故事，可是故事发生的地点是普救寺；《白蛇传》写的是许仙和白娘子恋爱的故事，其中却牵涉金山寺的法海禅师；《红楼梦》描写了由盛而衰的荣宁二府中绮丽的生活场景，其中却夹写了栊翠庵和妙玉，直到宝玉参禅

---

① 顾随：《顾随说禅》，上海古籍出版社 1998 年版，第 91 页。

和出家。另外，中国的通俗文学，普遍贯穿了佛教的一些基本思想，如因果轮回思想，福善罪恶的报应思想，众生一律平等观，命定的宿缘论，诸行无常的厌世思想，等等。

9. 佛教对汉语词汇的影响

自东汉佛教东传以来，大规模的佛典翻译，广泛的佛事活动，以及中外僧人的说法布道等，使得大量的佛教典故和佛学思想、概念、语汇深入到中国的话语系统中，极大地丰富了汉语词汇，促进了汉语的发展变化。可以说，佛教在中国传播的重要影响之一，就是促进了汉语系统的丰富、变化和发展。

佛教对汉语的影响，首先是在汉语中增添了大量新词。关于佛典翻译对增加汉语词汇的影响，学者研究认为两种语言迥然不同，因此才出现了大量新的汉语词汇。由这些词汇的构成来看，大致有如下五种情况：

（1）汉词佛义。即用汉语本有的词汇来表示佛教的义理，实际含义是全新的。如汉语的"意识"一词本指"意向见解"，但在佛典里"意识"是复合词，是佛教的法相名词，为六识之一；再如表达佛教基本教义的空、有、法、相、因、缘、自然、无为等，又如"十二缘生"的无明、行、识、名色、六入、触、受、爱、取、有、生、老死等，基本是古汉语缘由词语，但在翻译佛典里表达的却是佛教特有概念。

（2）意译词汇。这类词汇在佛典里运用得较多，对汉语的影响也较大，如虚空、平等、迷惑、佛、如来、菩萨、罗汉、比丘、比丘尼、皈依、净土、解脱、轮回、袈裟、伽蓝、波罗蜜等，这些都是中土原来没有的事物和概念，必须有新词语来表达，这些词语里作为词素使用的汉字有些保留本义，有些则基本和新词一样。

（3）梵汉合璧词。这类词虽在佛经中大量出现，但我们平时较少使用，如禅师、般若、涅槃等。

（4）利用新造汉字组成的词，这些词部分被拿来广泛运用，部分则沉淀在佛典里。如宝塔、拜忏、魔障、实际、真实、世界、有情、心地、功德、方便、无常、无我、判教、平等性等，这类词语的意义和作为词素的汉字的本意仍有密切关联，就是说，再翻译外来词语时借用了汉字本义，但组合成新词则已和汉语词的原意全然不同了。①

（5）随着佛典翻译，也出现了许多源于佛教的成语和熟语，如天花乱坠、不二法门、不可思议等。②

这些在佛教传播和译经过程中创造的诸多新名词，丰富了汉语的表现力，方便了人们的思想交流，在我国文化生活和社会生活中起了积极的作用，展现了现实生活的无限生命力。有许多佛教词汇，已成为人们生活中常用的基本词汇。

其次，佛典的翻译扩充了构词方法，创造了大量双音节词和多音节词，在汉语词由单音节词向双音节和多音节的结构转化中起了重要作用。中国最早的文献基本上使用单音节词，到六朝时期开始大量使用双音节词，六朝是中国语言"双音化"快速发展的时期。而这期间出现的双音节词有一大部分是在佛典翻译的过程中创造的。双音节词，在中古汉语的资料当中，没有像佛经保留得这样完整、丰富。梁晓虹在《佛教词语的构造与汉语词汇的发展》一书中对译经中的双音节词作了总结，她举出了四个具体事例：

（1）许理和在《佛教征服中国》里指出东汉翻译的29部佛经里出现了双音节词1080个，其中四分之一是后来汉语中常用的。

（2）鸠摩罗什译《法华经·譬喻品》7750字，双音节词约1500个。

（3）梁晓虹制作了一个《单篇梵汉双音节词对照表》，比较自东汉至刘宋前后翻译的三部经典单品和世俗著作一篇，即支娄迦谶译《般舟三昧经·譬喻品》（字数1700多，双音节词220多）、鸠摩罗什译《法华经·序品》（字数900多，双音节词170多）、求那跋陀罗译《菩萨念佛三昧经·弥勒神通品》（字数1400多，双音节词250多）和刘义庆《世语新说·政事》（字数1400多，双音节词60多），统计表明翻译佛典使用双音词呈日益增多趋势，而外典则显然较少使用双音节词。

（4）慧琳《一切经音义》录有大量双音节词。③

佛经语言里面还有非常丰富的三音节词，有很多是同义并列的结构。例如，

---

① 参见孙昌武：《中国佛教文化史》第3卷，中华书局2010年版，第1303—1304页。

② 杜爱贤：《谈谈佛经翻译对汉语的影响》，《世界宗教文化》2000年第2期。

③ 参见梁晓虹：《佛教词语的构造与汉语词汇的发展》，北京语言学院出版社1994年版，第175—176页。

佛经里面会说"今现在""比丘僧""亲眷属",或者说"权方便",等等。

译经还向汉语输入了大量的音译词,其中不少已经完全融入汉语成为普通词,如劫、僧、业、禅、刹那、三昧等。玄奘提出"五不翻"的译经原则,即有五种情况只能音译。这是汉译佛经中保留了大量的音译词的一个重要原因。

最后,佛教语汇逐渐渗透到人们的日常用语中,熟语作为汉语词汇中极富活力的一个分支,也深受这种外来文化的影响。佛教有许多启迪智慧的典故、指导人们处世做人的人生哲理和许多通俗的表达方式,这使得这些蕴含佛家教义的熟语广为流传。佛源熟语有些来自对佛教教义的概括,有些源于佛教修持实践,有些来自对佛家论著或佛经的翻译,有些是对佛经故事的凝练,有些是运用比喻来使佛法生动,有些是佛教中的专有名词,还有一些是古代中国民众自身对佛教理解的描述。由于熟语形式多样,生动而富有内涵,不仅便于普及佛法,而且能够丰富汉语词汇,使汉语的表达更加形象细腻。

汉译佛经的一个特性就是它的口语性高。在将佛经翻译为中文的时候,许多译师使用了当时最通俗的口语、最通俗的汉语词汇来翻译佛经。佛教刚传入中国时,大量的典籍均为梵文,需要翻译为汉语才能为人所了解。而梵语与汉语属于不同的体系,为准确表达佛教典籍中的思想,译者自行创造了一些词语,如成语,以契合汉语的表达特点。佛陀以前在说法的时候,曾经有人问过他,说佛法这么庄严神圣,我们传播佛法,是不是要用典雅的梵文来传播? 佛陀说:"不是! 不是! 我们要用最通俗的方言俗语来传播佛法!"中外译师们在将佛经翻译为中文的时候,秉承了这样的精神,使用当时最通俗的口语、最通俗的汉语词汇来翻译佛经。同时,为便于传播佛法思想,僧人大多采取说教或说唱的方式。由于佛法中有许多精深的教义,难于为寻常百姓所理解,僧人讲法时便尽量采用通俗生动的表达方式,增加了许多富有想象力的故事,进而衍生出了大量的佛源成语。据统计,我国与佛教有关的成语就达300条之多,几乎占了汉语史上外来成语的百分之九十以上。这些佛教成语,有些出自佛教经典,有些来自佛教仪式,有些是说明僧人用功办道,有些出自佛教故事。另外有些成语本身就是佛教用语。这些成语为中国文学带来了新的意境,新的命意造词方法,且着实丰富了汉语体系。根据来源可划分为四类。

(1) 源自佛教故事的成语有:天女散花、天花乱坠、步步生莲、唯我独尊、借花献佛、敲骨吸髓、独具慧眼、大彻大悟、拣佛烧香、在劫难逃、水中捉月等。

（2）概括教义的成语有：六根清净、回光返照、一尘不染、苦海无边、回头是岸、不即不离、不可思议、大慈大悲、不二法门、三界唯心、普度众生、因果报应、自作自受、功德圆满、顶礼膜拜等。

（3）源自佛教名词的成语有：极乐世界、邪魔外道、清规戒律、大千世界、五体投地、阿弥陀佛、牛鬼蛇神、晨钟暮鼓等。

（4）与禅宗典故有关的成语有：立雪断臂、百尺竿头、泥牛入海等。

随着法会、庙会、荐灵、放焰口、讲经等佛事活动深入民间，百姓也通过自己的理解对佛法的描述进行再创造，出现了大量的俗语和谚语。这些俗语和谚语不仅字面意思明晰，而且十分生动有趣。这种更符合大众交流的语言形式，使得佛教思想在民间更便捷地传播。

总之，佛典的翻译和佛教的流传，对于汉语言词汇的变化发展的影响是巨大的。今天，我们很可能在不知不觉之中就在使用当年佛教创造或受佛教影响而产生的词汇，来表达我们的社会生活和思想的概念。总之，"佛典翻译对于丰富和发展汉语词汇，对于古代汉语词汇学的进步作出了极大贡献。通过介绍佛教、翻译佛典创造大量新词语，它们融入汉语之中，极大地增强了汉语表现功能，进而丰富了表现技巧。日本望月信亨的《佛教大辞典》收录汉语词条 35000 个左右，就是说，汉语里面有这么多表达佛教义理或与佛教有关的词语，其中多数是翻译过程中新创造的。当然其中有许多重复的、生僻的、被淘汰的等等，但仍在使用并具有鲜活生命力的占有相当大的比重"①。

九 佛教对唐代艺术发展的影响

1. 唐代寺院壁画的繁荣

佛教传入中国之后，就开始有寺院建设，从而也就有了寺院壁画艺术。

---

① 孙昌武：《中国佛教文化史》第 3 卷，中华书局 2010 年版，第 1307 页。

两晋时，佛寺壁画创作更盛。当时"寺庙图像崇于京邑"，顾恺之绘瓦棺寺壁募金百万。另外，与顾氏同时的著名画师戴逵亦善绘佛像，10余岁时即作画于瓦棺寺中，有文殊壁画传世。至南北朝，与佛教寺院大兴相一致的佛寺壁画大盛。宋时，"丹青之妙最推工者"的陆探微所绘天安寺惠明板像、灵基寺瑾统像，一时称妙。南齐画师宗测的永业寺佛像，"皆称臻绝"。萧梁时期，武帝崇饰佛寺，凡装饰佛寺，必命当时的著名画师张僧繇绘壁。

隋代绘画艺术的发展为唐代佛教寺院壁画的发展奠定了基础。隋文帝下诏修建寺院，宗教美术又重新活跃，并有大规模创作活动，长安、洛阳、江都等地的寺庙都有名家手笔。敦煌莫高窟现有隋窟70余座，题材和风格都有新的探索。隋朝是南北朝时期所形成的中国南北画家名手大融合的时期，当时活跃在京都长安的北方名画家有：杨子华、田增亮、展子虔、杨契丹等，他们是经历北齐、北周，最后在隋朝任职的名家；董伯仁、郑法士、孙尚子则是来自南方，是由南朝入隋的大画家。这些画家在入隋之前，都名震一方，各有专精。张彦远说他们"并祖述顾、陆、僧繇"，因此有所谓"中古之画，细密精致而臻丽，展、郑之流是也"。这些画家在南北朝崇佛的风气之下，分别在南北两地绘制寺院壁画，在宗教画上有特别的成就。入隋以后，佛教寺院的大规模兴建，为南北画家同室切磋画艺创造了条件。《历代名画记》卷八记载，来自北方的杨契丹和江南的郑法士，入隋后交往甚密，同时在佛教壁画方面享有盛名。他们与田增亮一起在光明寺小塔作壁画："郑图东壁、北壁，田图西壁、南壁，杨画外边四面，是称'三绝'。"《画史》记载，杨契丹所画《佛涅槃变》和《维摩变》为当时妙品。

来自河北的董伯仁和来自江南的展子虔也是隋代的大画家，时人并称董、展。董伯仁历经北齐、北周，在隋任朝散大夫、帐内都督，曾在上都定水寺、海觉寺、光明寺（大云寺）、崇圣寺等作壁画。《南宋馆阁续录》记载，展子虔绘有《伫立观音》《太子游四门》等图。后人认为他的画"意态具足，可为唐画之祖"。董伯仁画的《弥勒变》和展子虔画的《法华变》，在前代基础上更有创意。其作品虽无遗存，但敦煌莫高窟隋代壁画保留有这类经变的遗例。莫高窟第420窟为覆斗顶隋窟，窟顶四披的《法华变》是隋代规模最大、内容最丰富的经变画，北披为序品，南披为譬喻品，东披为观音普门品，西披为方便品。绘于北披的《涅槃图》分别绘佛涅磐、弟子举哀、焚棺、立塔供养等情节，是唐代流行的《涅槃变》的早期形式。东披《观音菩萨普门品》有不少观音救难的生动场面，有满载货物的商队，有拦路抢劫的群盗，有遇险的船只……通过这些敦煌壁画，不难看出展子虔所绘《法华变》的艺术风貌，真是"触物为情，备该绝妙"（《后画录》）。莫高窟第419窟后部顶上为《弥勒上生经变》，弥勒端坐殿中，宫殿两侧有多层楼阁，阁中众天女手执乐器，歌舞弹唱，渲染出一派歌舞升平的景象。也可从中领悟到董伯仁《弥勒变》的面貌。

唐代的造型艺术继续受到佛教的影响，成为接受和吸收西域文化和印度文化的一个突出的载体。唐代高水平的建筑、雕塑、绘画艺术，有相当大的部分集中在寺院里，有些还是僧侣亲手完成的。如著名的慈恩寺大雁塔，是玄奘参照西域样式修建的；净土宗大师善导擅长造像，他在实际寺时，被命赴龙门建造大卢舍那佛像，开凿了佛教东传以来最大的像龛，即雕塑史上的伟大杰作龙门奉先寺大像；密教大师善无畏长于工巧艺术，相传他制造模型，铸成金铜灵塔，备极庄严，所画密教曼陀罗尤其精妙。长安寺院里集中了一大批外来僧侣，他们带来了外国的文化成果，包括实物和技艺。这样寺院既是文化交流的场所，又像是保存文物的博物馆。这种文化交流在艺术方面的成绩尤其显著。

壁画艺术在隋唐时达到极盛。当时宫殿、衙署、厅堂、寺观、石窟、墓室都有壁画装饰。唐代壁画继承汉魏的传统又有巨大发展，壁画题材由图绘人物及佛道故事扩大到表现山水、花竹、禽兽等方面，内容及技巧均大大超过前代。仅就寺庙壁画来说，据俞剑华统计，以道释人物为题材的壁画，有183寺，画家有70人。单是吴道子一个人就画了25寺、300多间（两柱之间的一堵墙壁）。这些统计当然还是不完全的。据宋人李之纯《大圣慈寺画记》介绍，成都大圣慈寺有唐壁画96院，到宋代尚有8524间，其中佛1215尊，菩萨10488尊，罗汉、祖僧1785尊，天王、明王、神将263尊，佛会、经变、变相158图，其盛况可见一斑。

盛唐起密教兴盛，密教瑰丽奇异的艺术也随之传入。密教诸宗的威力在神咒，魅力在形相。各种奇丽夸张的曼陀罗图像创造出富于理性的中土人士所不能想象的艺术世界。在唐代，各种密教变形观音，如十一面观音，如意轮观音、特别是千手千眼观音造像大为流行，其中奇诡华丽的千手千眼观音造像特别受到人们的欢迎，直到今天还是中土佛寺的主尊之一。密教艺术的独特表现方法和风格特征影响了当时的艺术创作和人们的精神世界，不但在绘画、雕塑里，就是韩愈一派趋奇尚怪的诗风、剑侠题材的传奇，都受到它潜移默化的熏染。

中国佛寺壁画的兴盛有两大因素：一是古印度佛寺的示范启迪。据说佛寺壁画是释迦牟尼本人的旨意，早期的天竺佛寺便已有了彩绘寺壁的传统。《释氏要览》引《毗奈耶》云："给孤长者造寺后作念：'若不彩画，便不端严。'即白佛。"由这一记载可知，古印度佛寺中都有壁画，绘画主题有佛、菩萨像，有护卫各处的药叉神，也有画给信众的本生事、轮回图和地狱相等。天竺佛寺的壁画装饰、壁画主题、画内容，对以古印度佛寺为楷模的唐代佛寺壁画产生了直接而深刻的影响。二是中国传统文化中用于教化的"图壁"助推了佛寺壁画。中国自先秦以来就有用于政治教化的"图壁"。在春秋战国时期，壁画这一艺术形式已经出现在原始宗教的祠庙之中。据史书记载，孔子曾经"观乎明堂，睹四门墉，见尧舜之容、桀纣之像"。屈原《天问》则是"见楚有先王之庙及公卿祠堂，图画天地山川神灵、琦玮谲诡及古贤圣怪物行事，因书其壁"而成。此一传统得以延续，现今见于汉画像砖石之上的部分图画，当初也绘于各式祠庙的墙壁之上。①

从形式上看，唐代佛寺壁画可大致分为两种：一是绘于具有中国传统建筑特色的寺院中的壁画，主要分布于寺院之殿、堂、廊、庑及山门等壁上；其二为绘于具有印度、西域地区特点的石窟寺壁上，主要分布于窟的四壁及窟顶上。寺院壁画的内容，包括佛像画、佛教经变故事以及山水景物三类。唐代寺观壁画气势恢宏，色彩灿烂，在题材上一反南北朝流行的宣扬以牺牲及苦修为内容的本生故事，而大量盛行歌颂天国美好和欢乐的经变画，大量图绘《西方净土变相》，也出现不少描绘现实生活的场景。壁画成为寺院建设中不可或缺的部分，凡是新建佛寺，要请画工制作精美的壁画。壁画不仅使佛寺增添了神圣性、庄严性和艺术文化氛围，而且增强了寺院的吸引力、感召力和心灵冲击力。装饰有壁画的佛寺成为长安城重要的文化聚集地和壁画

---

① 肖占鹏主编：《隋唐五代文艺理论汇编评注》（修订版）下册，南开大学出版社2015年版，第1565页。

艺术展示中心，成为画家成长的摇篮和绘画艺术交流的园地。《南部新书》记载："西明、慈恩多名画，慈恩塔前壁，有湿耳狮子跃心花，时所重也。"以大安国寺为例，这里汇集了盛唐许多画坛名手的作品。《寺塔记》记载："长乐坊安国寺。东禅院亦曰木塔院，院门北西廊五壁，吴道玄弟子释思道画释梵八部，不施彩色，尚有典刑（型）。"

《历代名画记》有《记两京外州寺观画壁》，著录了当时长安、洛阳等地寺庙壁画的作者、题材、位置与艺术特点。在《历代名画记》《唐朝名画录》《寺塔记》等书所载的 206 名唐代画家中，就有 110 人曾参加过壁画创作活动。从唐初的展子虔、杨契丹、尉迟乙僧等人开始，吴道子、杨光庭、卢楞伽、杨惠之、王维、周昉等一批著名画家都曾图画寺壁，创作出大量精美的作品。

会昌灭佛时，令大州仅留佛寺二三。浙西镇守李德裕恐管内诸寺壁画遭毁，尽取置于甘露寺中，计有顾恺之绘"维摩诘"、戴安道绘"文殊"、陆探微画"菩萨"、谢灵运画"菩萨"6 壁、张僧繇画"神"与"菩萨"12 壁、展子虔画"菩萨"2 壁、韩干画"行道僧"4 壁、陆曜画"行道僧"4 壁、唐凑画"十善十恶"、吴道子画"僧"2 躯与"鬼神"、王陁子画"须弥山海水"等。

唐代诗人常到西明寺、慈恩寺、大兴善寺等长安著名寺院中去观赏壁画。温庭筠《题西明寺僧院》诗云："曾识匡山远法师，低松片石对前墀。为寻名画来过院，因访闲人得看棋。"郑谷《题兴善寺》诗云："寺在帝城阴，清虚胜二林。藓侵隋画暗，茶助越瓯深。"刘沧《夏日登慈恩寺》诗云："碧池静照寒松影，清昼深悬古殿灯。"

宋代文人画的兴起使画坛风气为之一变，对各式寺庙壁画产生了极大的冲击。尽管如此，佛寺壁画的创作在两宋（包括辽金）时期依旧颇有影响。与唐时长安一样，北宋都城汴京是当时画手名师聚集的中心，佳作名画遍见于各大寺院。其中，大相国寺壁画最为丰富，"大殿两廊，皆国朝名公笔迹"。熙宁年间，高丽王遣使崔思训入贡，带画工数人，即奏请摹写相国寺壁画归国，后绘于高丽王都兴王寺正殿两壁。山西高平开化寺始建于晚唐，其大殿为宋代遗构，殿内东、西、北三壁保存了一批宋代壁画，笔格遒劲细密，构图严谨，设色妍丽，人物冠饰及界画建筑物上大量施用沥粉贴金做法，以增加画面的辉煌灿烂，堪为宋代壁画的精品。

2. 尉迟乙僧与于阗画派

在初唐的画坛上，阎氏兄弟颇负盛誉。阎立本，善画人物、车马、台阁，尤擅长于肖像画与历史人物画，他的绘画，线条刚劲有力，神采如生，色彩古雅沉着，笔触较顾恺之细致，人物神态刻画细致，其作品备受当世推重，被时人列为"神品"。其兄阎立德长于书画、工艺及建筑工程，父子三人并以工艺、绘画闻名于世。李嗣真《后画品录》称："博陵大安，难兄难弟。自江左陆、谢云亡，北朝子华长逝，象人之妙，号为中兴。"在二阎之中，阎立本的画艺又要高出一筹。阎立本以及唐初一代画人在连接南北朝及隋佛教寺院壁画与盛唐佛教寺院壁画上，具有桥梁作用。"阎立本至荆州，观张僧繇旧迹，曰：'定得虚名耳。'明日又往，曰：'犹是近代名手。'明日往，曰：'名下无虚士！'坐卧观之，留宿其下十余日，不能去。"（《御定子史精华》）阎立本继承了南北朝佛教绘画艺术的手法和风格，并有所创新，注重形似，工于写真，状物高于达意，对唐代寺庙壁画艺术风格的发展有很大影响。

在初唐画苑中，最有影响的是尉迟乙僧及其所运用的"凹凸法"。尉迟乙僧出身于于阗王族尉迟氏，于贞观六年（632）来到长安，当时20多岁。他一生从事绘画70余年，为西域与中原文化艺术的交流和唐代绘画艺术作出了重大贡献。尉迟乙僧的父亲尉迟跋质那是一位"善画外国及佛像"的画家，在隋朝时从于阗到洛阳作画，享有盛名，人称"大尉迟"。《历代名画记》卷八记载："尉迟跋质那，西国人，善画外国及佛像。当时擅名，今谓之大尉迟。"唐时作《六番图》《外国宝树图》《婆罗门图》《鬼神》《菩萨》《净土经变》等画。尉迟乙僧从小从其父学画，造诣渐深，被称为"小尉迟"。

尉迟乙僧作画的题材多种多样，佛像、历史故事、民族人物和风俗，以及花鸟、动物，无所不包，他尤其擅长佛像画和西域人物画，并有独特的艺术成就。他所画的《千手眼大悲》《花子钵曼殊》，即被当时人称赞为"精妙之状，不可名焉"，"皆一时之绝妙"，达到了精、绝、奇的佛画艺术境界。

尉迟乙僧创作了大量的佛教壁画，《历代名画记》记载的有：唐仪凤二年（677）在光宅寺东菩提院内画《降魔变》等经变壁画；长安二年（702）前后在慈恩寺塔下南门画《千钵文殊》等壁画；神龙元年（705）后，在罔极寺（兴唐寺）画壁画；景云元年（710）左右，为安国寺画壁画；神龙二年

（706）五月，所居住宅敕建为奉恩寺，画于阗王族供养像于此寺内。他创作的特点是善于把宗教题材世俗化，尽可能地杂糅一些现实生活情景和西域风俗。他画的《西方净土变》，整个画面以阿弥陀佛为中心，在天宫里，数百人物云集在装饰着花树、禽鸟的七宝莲池周围，鼓乐齐鸣，香音飞渡，少女翩翩起舞，一派气象万千的天宫伎乐图。他所画的《降魔变》"千怪万状，实其纵也"，画中的释迦牟尼为"脱皮白骨"的苦行僧形象，而三魔女如现实生活中的美女形象，画在画面的显要位置。关于尉迟的寺院壁画，朱景玄在《唐朝名画录》中说："今慈恩寺塔前功德，又凹凸花面中间千手眼大悲，精妙之状，不可名焉。又光宅寺七宝台后面画《降魔像》，千怪万状，实奇踪也。凡画功德、人物、花鸟皆是外国之物象，非中华之威仪。"段成式在《酉阳杂俎》续集卷六记其《降魔变》说："变形三魔女，身若出壁。"

尉迟乙僧的西域民族人物和风俗为题材的绘画具有很大的现实性。他的人物画如《胡僧图》《外国人物图》等，从肖像画的角度正面刻画他们的面貌及其服饰，描绘他们的表情与性格特征；风俗图如《龟兹舞女图》《天王图》《番君图》等，生动地描绘了西域各民族的风俗特点。《番君图》是以番君为中心，左有抱小孩的妇女、佣人，右有乐师与舞女，背景为帐篷，反映了西域游牧民族的特点；《天王图》的下端有一婆娑起舞的胡女，姿态优美，动作轻柔，还有手执琴弦的乐工，都是西域胡人打扮。他在长安奉恩寺创作的《本国王及诸亲族》画是一幅历史题材的作品，以两起于阗遣使入唐朝的政治活动为背景。

尉迟乙僧画法有两大特点：一是善于运用"凹凸画法"，即用色彩的晕染和厚重的着色，使画面具有立体感，是不同于以线条为主的中国传统绘画技法，这种来自西域的艺术技巧，对后来中国绘画艺术的发展有着深远影响；二是"用笔紧劲，如屈铁盘丝"，线条的力度均匀而富有弹性，如弯曲的铁丝，刚中有柔。元人汤垕在《画鉴》中记其传世卷轴说："用色沉着，堆起绢素，而不隐指。"这种绘画技巧，都具有西域绘画艺术的风格，传入中原，又得到了进一步的提高。和田丹丹乌里克佛寺遗址发现一幅《龙女索夫》的壁画，其画风与尉迟乙僧的画风一致。尉迟乙僧既保持了于阗绘画艺术的特点，又吸收了中原绘画的艺术风格，使唐代绘画艺术更具鲜明的唐风特色。唐人窦蒙评论道："澄思用笔，虽与中华道殊，然气正迹高，可与顾（恺之）陆

（探微）为友。"

尉迟乙僧在唐初画坛上独树一帜，形成了明显的艺术风格，史称"于阗画派"，对此后中国美术的发展有很大的影响。

> 尉迟乙僧及其于阗画派是丝绸之路文化交流的产物，是西域这方沃土滋润的硕果。佛教自丝绸之路南北道传入西域后，作为承载佛教思想和教义的佛教艺术，诸如建筑、雕塑、壁画、佛曲等也流布起来。尉迟乙僧及其于阗画派就是佛教艺术在西域达到鼎盛期的画家和流派。自然，尉迟乙僧及其于阗画派亦深受本土文化的熏陶。佛国于阗文化是他赖以展示才华的土壤，而家庭的艺术渊源造就了他深厚的艺术造诣。①

尉迟乙僧的艺术风格及其于阗画派是中西文化交流的产物，是在多元文化影响下出现的新的艺术形式。意大利学者马里奥·布萨格里（Mario Bussagli）指出："于阗画派证明它已经吸收了印度、萨珊王朝、中国、粟特，甚至可能还有花剌子模的影响，它们所有都曾被吸收，又被无可争辩的创造力所改造。该派的影响标志着西藏艺术的产生，并且从初唐时期于阗大画家在中国所赢得的声誉中也得到反映。"② 于阗画派广泛吸收了东西方艺术的养分，同时，创造出具有本土特色的绘画艺术，并且经过尉迟乙僧等人的努力，它在唐代的画坛上大放异彩。

尉迟乙僧所代表的一派对于盛唐大家风格的形成以及造型手段的丰富，很有影响。吴道子也吸收了他的凹凸晕染技法，史称吴道子设色"于焦墨痕中，略施微染，自然超出缣素"（《画史会要》）。这种吴氏技法与尉迟乙僧的凹凸晕染法有一定联系。前文说到张僧繇就引进过凹凸晕染法，尉迟乙僧再次把这种绘画技法传入中原，对于中国绘画的发展具有重要意义。向达指出：

> 又如中国绘画，唐以前以线条为主。至唐吴道玄始以凹凸法渗入人物画中，山水树石亦别开生面。逮王维创水墨山水注重晕染，遂开后来南宗风气。宋代米芾亦以泼墨法为世所重。摩诘竺信象教，

---

① 仲高：《丝绸之路艺术研究》，新疆人民出版社 2008 年版，第 180 页。

② ［意］马里奥·布萨格里著，许建英、何汉民译：《中亚佛教艺术》，新疆美术摄影出版社 1992 年版，第 48 页。

元章或亦疑为异族。诚能以西域古代之画风与唐宋以来中国画家之作比观互较，究其消息，则宋元以后中国画之递变，不难知其故矣。①

3. "吴带当风"与"水月观音"

到了盛唐，佛教寺院壁画也进入了鼎盛发展的时期，大批具有很高造诣的壁画艺术家纷纷涌现，他们技巧纯熟，并创造了具有典型时代意义的风格样式。这一时期绘画作品的数量有很大的增长，形成了中国佛教寺院壁画创作的一个巅峰。张彦远在《历代名画记》中说："圣唐至今二百三十年，奇艺者骈罗，耳目相接，开元、天宝，其人最多。"

在这个千秀竞美的艺术芳园中，富有典型意义和充满历史意味的是吴道子、周昉两画家艺术风格的诞生。他们各自以其富有个性的艺术形象，以其精湛成熟的艺术技巧，分领艺坛一时之风骚。

吴道子是这一时期具有代表性的佛教寺院壁画艺术家，史称其"凡画人物、佛像、神鬼、禽兽、山水、台殿、草木皆冠绝于世，国朝第一"。吴道元，字道子，后改名为道玄，阳翟（今河南禹州）人，画史尊称"吴生"。初为民间画工，相传随张旭、贺知章学习书法，年轻时即有画名。曾任兖州瑕丘县尉，不久即辞职，漫游洛阳，从事壁画创作，时曾为将军裴旻作画。时与张旭草书、裴旻舞剑并称"三绝"。开元年间以善画被唐玄宗召入宫中，历任供奉、中书省内教博士，此后一直为宫廷作画。吴道子擅长道释人物画，他的画给人以身若出壁的视觉效果。吴道子的《天王送子图》是其佛教绘画名作之一。这幅画共分两段，前段描绘天王送子的情节，后段描绘释迦牟尼降生后，其父净饭王和摩耶夫人抱着他去向诸神礼拜的故事。前段图中天王按膝端坐，怒视奔来的神兽，一个卫士拼命牵住兽的缰索，另一卫士拔剑相向，共同将其制服，天王背后，侍女磨墨、女臣持笏秉笔，后段图中净饭王抱持圣婴，稳步前行，王后拱手相随，侍者肩扇在后。整幅作品中激烈与平和，怪异与常态，天上与人间，高贵与卑微，疏与密，动与静，喜与怒，爱与恨，比照映衬又处处交融相合。天女捧炉、鬼怪玩蛇、神兽伏拜等辅助部分的描绘，则使故事有了层次感，外物的映衬将主要人物的内在心态很好地

① 向达：《唐代长安与西域文明》，河北教育出版社 2001 年版，第 4 页。

表现了出来。

《地狱变相图》是吴道子佛画的代表作。在这幅壁画中，吴道子运用夸张变形的手法，笔力饱含动怒的情感态势，使"变状阴怪"的鬼神如真地从壁上走下，让观者脊腋淌汗，毛发森立，惧罪修善。所画众多变相人物的奇怪情状各不相同，或"虬须云鬓，数尽飞动"，或"毛根出肉，力健有余"，加上焦墨勾线，淡彩烘染，分制出新奇超群的"吴装"，使人物造型骨分高下，肉见起陷，八面生意，有立体感。所画人物衣褶飘举，线条遒劲，人称莼菜条描，具有天衣飞扬、满壁风动的效果，因此有"吴带当风"的评语。据《历代名画记》记载，赵景公寺老僧讲，吴道子《地狱变相》画成后，"都人咸观，皆惧罪修善，两市屠沽，鱼肉不售"。段成式看到长安赵景公寺吴道子所画白描地狱变相，"笔力劲怒，变状阴怪，睹之不觉毛戴"（《酉阳杂俎》续集）。北宋黄伯思见过吴道子的卷子本《地狱变相图》，"了无刀林、沸镬、牛头、阿旁之像，而变状阴惨，使观者腋汗毛耸，不寒而栗，因之迁善远罪者，众矣"（《跋吴道玄地狱变相图后》）。

吴道子在长安、洛阳两京作壁画 300 余间，而且"人相诡状，无一同者"。西京兴唐寺御注金刚经院，慈恩寺塔前面文殊普贤及西面降魔盘龙、小殿前面菩萨，景公寺地狱帝释龙神，永寿寺中三门两神等，"皆妙绝当时"。吴道子画中门内佛像，圆光在后，一笔而成。坊市老幼，每日有数百人"竞候观之"，及其下笔之时，"望者如堵"，只见他"风落电转，规成月圆"。围观的人群见他画技如此高明，"喧呼之声，惊动坊邑，或谓之神"。他画的人物，使人感到"虬须云鬓，数尺飞动，毛根出肉，力健有余"。向达说：吴道子"盖融合中国固有之旧法与西域传来之新知，而另成一派者，此吴生之所以为古今一人也"[1]。

吴道子的作品成为画师们学习的楷模，绘画作品被称为"吴家样"。朱景玄在《唐朝名画录·序》中评论道："近代画者，但工一物以擅其名，斯即幸矣。惟吴道子天纵其能，独步当世，可齐踪于陆（探微）、顾（恺之）。"张彦远在《历代名画记》中指出："自顾陆以降，画迹鲜存，难悉详之。唯观吴道玄之迹，可谓六法俱全，万象毕尽，神人假手，穷极造化也。所以气韵雄

---

[1] 向达：《唐代长安与西域文明》，河北教育出版社 2001 年版，第 403 页。

壮，几不容于缣素；笔迹磊落，遂恣意于墙壁；其细画又甚稠密，此神异也。"

吴道子的壁画给后世树立了楷模，形成了所谓"曹吴体法"。宋人郭若虚《图画见闻志·论曹吴体法》说："曹吴二体，学者所宗。按唐张彦远《历代名画记》称：'北齐曹仲达者，本曹国人，最推工画梵像。'是为曹。谓唐吴道子曰吴。吴之笔其势圆转而衣服飘举，曹之笔其体稠叠而衣服紧窄，故后辈称之曰：'吴带当风，曹衣出水。'……吴道子画，今古一人而已。爱宾称前不见顾陆，后无来者，不其然哉！尝观所画墙壁卷轴，落笔雄劲而傅彩简淡。或有墙壁间设色重处，多是后人装饰。至今画家有轻拂丹青者，谓之吴装。"

此后历代都对吴道子评价很高。苏东坡在《书吴道子画后》对吴道子的绘画审美给予极高评价，赞赏道："道子画人物，如以灯取影，逆来顺往，旁见侧出，横斜平直，各相乘除，得自然之数，不差毫末。出新意于法度之中，寄妙理于豪放之外，所谓游刃有余，运斤成风。盖古今一人而已。"汤垕的《画鉴》也说，"吴道子笔法超妙，为百代画圣"，"当时弟子甚多，如卢楞伽、杨庭光其尤者也"。

周昉是中唐时代的画家。他初学张萱而加以写生变化，多画贵族妇女，所作人物优游闲适，容貌丰腴，衣着华丽，用笔劲简，色彩柔艳，为当时宫廷、士大夫所重，称绝一时。周昉笔下的女性人物"多富贵秾丽"之态，体现着"以贵为美"的豪华。"画士女，为古今冠绝。"史称"绮丽人物"，又叫"绮罗人物"。《清河书画坊》记载，传闻他画的妇女像"目波澄鲜，眉妩连卷，朱口皓齿，修耳悬鼻"，不作纤弱娉婷的姿态。周昉在很多寺观挥笔作画，章敬寺、广福寺、胜光寺、禅定寺、上都水月观等寺观都有他的笔迹。宣和御府收藏了他的 72 幅画卷，其中各种天王像、老君等神像计 32 幅，占总数的百分之四十四。他的佛教绘画以观音像为代表，将观音绘于水畔月下，颇有艺术魅力，史称"水月观音"。张怀瓘说："今上都有观自在菩萨，时人云水月，大云西佛殿前行道僧，广福寺佛殿前面两神，皆殊妙也。"又说："其画佛像、真仙、人物、仕女，皆神也。"（《太平广记》）周昉画佛像，神态端严，时称"神品"。据载德宗朝"修章敬寺，召晧云：'卿弟昉善画，朕欲宣画章敬寺神，卿特言之'。经数月，果召之，昉乃下笔。落笔之际，都人竞观，寺抵园门，贤愚毕至。或有言其妙者，或有指其瑕者。随意改定，经月有余，是非语绝，无不叹其精妙，为当时第一"（《太平广记》）。周昉的画风被称为"周家样"，是中国佛画史上"四家样"的殿后人物。

到晚唐时期，初唐、盛唐和中唐见诸画史记载的经变画已经大大减少了，而释仪像的创作则相对地多了起来。在佛教诸仪像中，见诸记载的帝释、梵天、天王仪像较多而详细。帝释、梵天和天王等佛教神是佛教幻化出的镇于六合护及宇宙的"护法善神"。这类作品也多见于唐代前期的寺院中，但从画史诸书的记载情况来看，唐后期的创作无论在数量上，还是在名目样式上都比前期为多。

晚唐著名画家程修己早年师事周昉，"自贞元后以画艺进身，累承恩称旨，京都一人而已"。但在此后的艺术发展中，他批评周昉的人物画"侈伤其峻"，张萱的人物画"鲜忝其澹"。中唐时代那种浪漫情致所生发的豪华趣味"丰腴之风"已不为晚唐的画人所接受。他们要求重新构造新的审美对象，竖立新的美的典范。这就是去豪华、弃"丰腴"、非"怪逸玄通"的"清谨峻秀"风格。画史记程修己"尝画竹障于文思殿，文皇（文宗昂）有歌云："良工运精思，巧极似有神，临窗时乍睹，繁阴合再明""（《唐朝名画录》）。程修己在非"侈"、非"鲜"的风格批判中走出了自己清谨峻秀的风格，这是一种理胜于情，工过于神的艺术样式，它所追求的是一种"生植之姿，远无不详，幽无不显"。

唐朝自安史之乱后，皇帝多次奔蜀，长安文化精英也随之入蜀，将佛寺壁画艺术带到了成都。《益州名画录》记载："明皇帝驻跸之日，（卢棱伽）自汴入蜀，嘉名高誉，播诸蜀川。当代名流，咸伏其妙，至德二载起大圣慈寺，乾元初于殿东西廊下画行道高僧数堵，颜真卿题，时称二绝。"卢楞伽是吴道子的弟子，是长安画坛的高手，安史之乱后流落到成都。唐末，由长安去成都的画家更多。《图画见闻志》卷二记载："吕峣、竹虔，并长安人，工画佛道人物，僖宗朝为翰林待诏，广明中扈从入蜀。长安、成都皆有画壁。""刁光胤，长安人，天复中避地入蜀，工画龙水、竹石、花鸟、猫兔。黄筌、孔嵩皆门弟子。尝于大慈寺承天院内窗边小壁四堵上画四时花鸟，体制精绝。"长安画家大量入蜀，将佛寺壁画等长安文化的精华带到了成都，促进了成都绘画及文化艺术的繁荣。

孙位是唐代佛教寺院壁画后期一位重要人物，号会稽山人，唐末随僖宗入川。孙位活跃于晚唐佛教寺院壁画创作领域，曾在蜀中应天、昭觉、福海等寺院画过不少壁画，俱笔简形备，气势雄伟。画迹有《说法太上像》《维摩图》《神仙故实图》《四皓弈棋图》等。宋苏辙在《汝州龙兴寺修吴画殿记》中写道："予昔游成都，唐人遗迹遍于老、佛之居。先蜀之老有能评之者曰：'画格有四，曰能、妙、神、逸。'盖能不及妙，妙不及神，神不及逸。称神者二人，曰范琼、赵公佑；而称逸者一人，孙位而已。范、赵之工方圆不以规矩，雄杰伟丽，见者皆知爱之。而孙氏纵横放肆，出于法度之外，循法者不逮其精，有从心不逾矩之妙。"

孙位不仅擅长各种佛教题材的绘画，其龙水画尤为世所称。史称"蜀人画山水人物，皆以孙位为师，龙水尤位所长者也"。作风泼辣"笔力狂怪"，造型"千状万态"大幅度的运动和酣畅淋漓的气势是孙位的主要风格特征。《德隅斋画品》记其《春龙起蛰图》说："山临大江，有二龙自山下出。一龙蜿蜒骧首云间，水随云气布上，再自爪鬣中出，鱼虾随之，或半空而陨。一龙尾尚在穴前，踞大石而蹲举首望云中，意欲俱往。怒爪如腥，草木尽靡，波涛震骇，涧谷弥漫，山下槁路尽没。山中居民老少，聚观户阚牖。"孙位《春龙起蛰图》，山、水、云、气、人、龙、鱼、虾、草、木、屋、室聚于一图，上下左右，远、中、近全图所有物象无一不处于强烈的颤动之中，整个构思逸出常格，画出了一种狂放奔逸的气势，含纳着一种森然的气象，的确令人有"览之凛凛然"闻之而惊然的视听感受。尤其是那躯"意欲俱往"却"踞大石而蹲"的穴前之龙更出其敛而不甘，去而不行的奋激之态。宋人邓椿在《画继》中说："画之逸格，至孙位极矣。后人往往益为狂肆。石恪、孙太古犹之可矣，然未免乎粗鄙，至贯休、云子辈则又无所忌惮者也。意欲高而未尝不卑，实斯人之徒欤。"

4. 佛曲及其对音乐艺术的影响

唐代佛教音乐在创作、演唱和演奏上均达到很高的水平，进入了鼎盛时期。

佛教音乐中突出的是佛曲。向达指出："佛曲者，是西方传入中国的一种乐曲，有宫调可以入乐。内容大概都是颂赞诸佛菩萨之作，所以名为佛曲。

大约为朝廷乐署之中所有，不甚流行民间。"① 在隋代，来自西凉乐的佛曲就已进入宫廷，到唐代，佛曲有了很大发展，佛曲名目甚多。陈旸《乐书》卷一五九记载诸胡曲调，在记载的 29 曲中，除去没有佛曲之名的越调 2 曲，移风调 1 曲，还有 26 曲。南卓《羯鼓录》卷末附有诸宫曲名，其中有诸佛曲调11 曲，食曲一种 33 曲。

向达认为，《羯鼓录》所举食曲同《乐书》中的诸胡曲调颇多相似之处，如《羯鼓录》的《散花》，大约就是《乐书》乞食调的《妙花佛曲》，《婆娑阿弥陀》就是乞食调的《阿弥陀佛曲》，《龟兹大武》就是婆陀调的《龟兹佛曲》，《观世音》与《永宁贤者》就是羽调的《观音佛曲》《永宁佛曲》，《悉家牟尼》就是乞食调的《释迦牟尼佛曲》。由此看来，佛曲同食曲大概相同，俱为颂扬诸佛菩萨之作。②

另外，有关学者对敦煌卷子中的 500 余首曲名进行了考证研究，发现这些曲名中佛曲有：《婆罗门》《悉昙颂》《佛说楞伽经禅门悉昙章》《好住娘》《散花乐》《归去来》《太子五更转》《十二时》《百岁篇》等 281 首。

唐代佛教音乐还吸收和融合了民间音乐和古乐，如佛曲《五更转》《十二时》《百岁篇》《好住娘》等。现藏于法国，伯希和编号为 P3539，即写在"三藏法师阇那崛多译"的背面的两行残谱，编号为 P3808，即写于后唐长兴四年（933）中兴殿应圣节讲经文卷子背面的 25 首曲子，以及山西五台山鼓乐老谱等唐代字谱，是目前研究唐代佛教音乐的珍贵资料。

佛教音乐中还有法曲。早在南北朝时，"述佛法"的歌曲被引入宫廷。《隋书·音乐志上》记载："帝（梁武帝）既笃敬佛法，又制《善哉》《大乐》《大欢》《天道》《仙道》《神王》《龙王》《灭过恶》《除爱水》《断苦轮》等十篇，名为'正乐'，皆述佛法。"《洛阳伽蓝记·景明寺》记载："于时金花映日，宝盖浮云，幡幢若林，香烟似雾。梵乐法音，聒动天地，百戏腾骧，所在骈比。"但是，向达说："佛曲乃是外国，尤其是印度音乐传入中国以后，才逐渐兴起的。所以佛曲与梁武帝所制述佛法十曲的正乐，在音乐系统上各各不同。此外佛曲体制大都为颂赞诸佛菩萨之作，而武帝所制述佛

① 向达：《唐代长安与西域文明》，河北教育出版社 2001 年版，第 273 页。
② 向达：《唐代长安与西域文明》，河北教育出版社 2001 年版，第 272 页。

法诸曲则敷陈教理，演述佛法，两者内涵亦异，不可混而为一。"①

法曲主要为佛事仪式而制作，它结合了梵呗以及演奏佛曲的乐器，也掺入了中国传统器乐、民间音乐与古乐。隋炀帝、唐玄宗都曾对法曲作过贡献。《新唐书·礼乐志》记载："初，隋有法曲，其音清而近雅，其器有铙、钹、钟、磬、幢箫、琵琶……其声金、石、丝、竹以次作，隋炀帝厌其声澹，曲终复加解音。玄宗既知音律，又酷爱法曲，选坐部伎子弟三百教于梨园，声有误者，帝必觉而正之。"

一些资料记载了五台山佛教寺院以乐舞梵音娱神礼佛的活动。如赐进士及第翰林院修撰承务郎华亭唐文献撰《五台山狮子窟建十方义院碑铭》写道："金壁烨如睹史，闲俦秦望之鹊巢。琳琅灿若烂陀，寂等华林之虎穴。慧幢布影，妄知自破藤蛇；梵磬流音，尘梦顿空蕉鹿？上人以为可依神境，弘启慧门，遵古宿之懿矩，振我佛之玄纲。于是伐烦恼之稠林，雉无明之荒草，唱导檀那，缔构法苑，奠六度以为基，树三德而成厦。"

《古清凉传》卷下记载，唐沙门昙韵谒拜五台山时，频频耳闻钟磬之音，作《五台山赞》云："道场乞请暂时间，至心听赞五台山。""一万菩萨声赞叹，圣钟不击自然鸣。"可知此地寺院撞钟击磬与唱导赞叹风气之甚。《清凉山志·历代高僧传》记载了一位为五台山佛事法乐作出卓越贡献的高僧名士金璧峰，他竭力倡导以佛乐辅助诵经法会，因"师尝制华严佛事，梵音清雅，四十二奏，盛行于世"。在金璧峰身体力行的推举下，五台山普光寺成为远近闻名的梵音佛乐圣地，各地僧侣慕名而来，"于此灌顶受业焉"。

唐代吟唱佛曲，演奏佛乐的技艺也达到很高的水平。庙会在唐代已成为艺术表演的场所，寺院成为保存和传习佛教音乐的中心，僧人中演奏、演唱名家辈出。唐德宗时的段本善就是涌现出的众多艺僧中的高手。贞元年间，时称长安"宫中第一手"的著名琵琶演奏家康昆仑在东市彩楼演奏，其高超的技艺令闻者倾倒。恰巧，一位盛装的女郎出现在西市彩楼上，她将康昆仑所弹的《羽调绿腰》移入更难奏的风香调中弹出，昆仑惊服，请拜为师，这位女郎就是乔装的和尚段本善。《宋高僧传》卷二五称康所唱偈赞，"皆附会郑卫之声，变体而作。非哀非乐，不怨不怒，得处中曲韵"，其艺术魅力如

① 向达：《唐代长安与西域文明》，河北教育出版社 2001 年版，第 273 页。

"善医以饧蜜涂逆口之药，诱婴儿之入口耳"。唐《乐府杂录》和《因话录》说文溆"善吟经，其声宛畅，感动里人"，"听者填咽寺舍"。《太平广记》称唐文宗曾采其讲声成为小管的曲子。

在唐代，佛教音乐几乎成了社会生活的重要内容，对社会各阶层都很有影响。佛教音乐对中国民间说唱音乐、乐律、音阶以及音韵学、字谱学的发展，也都有重要影响。另外，崇奉佛教的音乐家和民间音乐艺人，还创作过不少宣传佛家思想的非宗教仪式所用的声乐作品和器乐作品。

十　佛教对中国人日常生活的影响

1. 佛教对中国人日常生活观念的影响

隋唐时，佛教在下层民众当中的影响日渐扩大，民众当中相当大的一部分人虔诚地信佛，佛教信仰不仅是他们信仰世界的一个重要组成部分，同时，也成了他们日常生活不可分割的内容。唐代佛教除了宣传教义以影响群众以外，还组织种种与大众生活密切相关的活动以吸引群众。如岁时节日在寺院里举行俗讲，用通俗的言词或结合着故事等来做宣传。又有化俗法师游行村落，向民众说教。有时寺院发起组织社邑，定期斋会诵经，令社僧为大众说法。有些寺院平素培植花木，遇到节日开放以供群众游览，或更约集庙会，这都有间接传教之效。通过对佛教的信仰，影响了中国人日常生活观念。

城市下层民众对佛教的信仰，使佛经更具有实用化的性质。民众对经卷的信奉，并不是去探讨其经文的内涵，而是关心它的实际作用。"经"是佛徒的基本修行手段，佛徒通过诵经可以领悟佛法的真谛，进而修成正果。下层民众对佛经的尊奉，从魏晋时就很普遍了，所奉之经主要是《法华经》《金刚经》和《观音经》。他们通过诵经和写经以祈福禳灾。隋唐之前民众大量诵写之经主要是《法华经》和《观音经》，唐以后民众诵写之经主要以《金刚经》为主。

《金刚经》又称《般若经》，是佛教禅宗崇奉的经典。唐中期以后，禅宗以其简便易行，成为受下层民众欢迎的佛家学说，《金刚经》的神力往往被捧得神乎其神。如在现世报应方面，诵读《金刚经》的作用被说得非常明显，《太平广记》卷一〇八记载："唐大和五年，汉州什邡县百姓王翰，常在市，日逐小利。忽暴卒，经三日却活，云冥中有十六人同被追，十五人散配他处，翰独至一司。见一青衫少年，称是己侄，为冥官厅子，遂引见推典。又云是己兄，貌皆不类。其兄语云：'有冤牛一头，诉尔烧畲枉烧杀之。又曾卖竹与杀狗人作筌筵，杀狗二头，狗亦诉尔。尔今名未注死籍，犹可以免，为作功德？'翰欲为设斋及写《法华经》《金光明经》，皆曰不可。乃请曰：'持《金刚经》七遍与之。'其兄喜曰：'足矣。'及活，遂舍业出家。"这则记载反映出《金刚经》空前的社会影响力，也表明城市民众对佛经的信奉是出于其逢凶化吉的神力。此外，在医疗、驯兽、驱邪、除恶等方面，有关《金刚经》神异力量的记载不胜枚举，是当时人们祈求消灾避祸思想的直接反映。

在唐代，很多佛僧借方术得以推进佛教的传播，承担着复杂的社会角色，"或矜持医道，轻作寒暑；或机巧异端，以济生业；或占相孤虚，妄论吉凶"（《弘明集》）。而民众也将此视为解决现实生活中实际问题所依赖的手段。据段成式《酉阳杂俎》卷一四记载，梁州"有龙兴寺僧智圆，善总持敕勒之术。制邪理痛，多著效，日有数十人候门"。驱除邪恶同样是他们所擅长的，《志怪》记载："沙门竺僧瑶得神咒，尤能治邪。广陵王家女病邪，瑶治之。入门，瞑目骂云：老魅不念守道而干犯人。女乃大哭云：'人杀我夫。'魅在其侧曰：'吾命尽于今。'因虚歇。又曰：'此神不可与事。'乃成老鼍，走出庭中。瑶令仆杀之也。"据《宋高僧传》所载，唐宋僧人们的神通还包括祈雨、预言、影响天象、使猛兽驯服、蝗虫离境等。他们还擅长与神明交通，能视鬼、入冥。唐昭宗时，凤翔府僧宁师经常入冥，为秦陇一带善男信女预言吉凶，据说非常灵验。民众在遇到突发事件时会求助于僧人，这时佛法的灵验被视为解决问题的手段，人们对佛教的咒言深信不疑，佛法与巫术几乎等同，普及到了社会的每一个角落。城市作为社会问题的积聚处，佛法的神异功能更为突出。

在民众的日常生活中，佛教的影子也随处可见。比如丧葬习俗深受佛教的影响。汉族传统的葬式是土葬，受佛教的影响，在民众中兴起了火葬。唐宪宗元和七年（812），有一妇人边氏留下遗愿，希望死后"权于府君墓侧，别置一坟，他时须为焚身，灰烬分于水陆"。

佛教根据"不杀生"的戒条,提倡放生。天台宗创立于江南水乡泽国,倡导不残害鱼类性命,在天台山麓修造多处放生池,由香客、施主放生鱼类,对当地民俗影响很大。唐肃宗诏令全国设放生池81所。颜真卿为此撰《天下放生池碑铭》,说:"去杀流惠,好生立辟。率土之滨,临江是宅。遂其生性,庇尔鳞翮。环海为池,周天布泽。致兹忠厚,罔弗怡怿。动植依仁,飞沉受获。"可见放生的范围扩大到各种动物。《唐国史补》卷上说,韦丹来到洛阳中桥,见渔民捕捉的一只大鳖被拴在桥柱上,像有求救之意。韦丹问多少钱可赎,渔民说五千文。韦丹说自己仅有一头驴,价值三千文,愿用来换鳖,渔民同意。韦丹于是把鳖放生洛河中,自己徒步而归,心安理得。

在饮食文化方面,印度佛教戒律规定僧尼不准吃荤,不是指禁食肉食,而是指禁食葱、蒜等气味浓烈、刺激性较强的食物。南朝佛教信徒梁武帝萧衍根据佛教禁杀生的戒律和《大般涅槃经》等的教义,提倡茹素,并在汉族僧尼中普遍实行。这种素食制度推动蔬菜、水果和食用菌的栽培和加工,促进了豆制品业、面筋制品业和制糖业的发展,并形成了净素烹饪流派。由于坐禅养神的需要,寺院饮茶成风。种茶、制茶、品茶、饮茶是山寺僧人的重要生活内容。名山、名茶、名刹几乎是三位一体。寺院的饮茶风气,带动了民间的饮茶习俗。

佛教对中国人日常生活的影响,更重要的是体现在中国人的生活观念上,它部分地影响甚至改变了中国人在日常生活中的态度。张中行指出,在这个方面,最值得重视的有三个问题:

> 一种是慈悲心。儒家讲仁,说人皆有不忍人之心,并主张能近取譬,己欲立而立人,己欲达而达人,也是慈悲一路。但没有佛家讲得那样深,要求那样严。南北朝以来,一千几百年,中土人民把心地善良、但行善事看作生活理想,与佛教教义的广泛传播是有密切关系的。另一种是依托感。现实难得尽如人意,于是而有想望,有遗憾,甚至有痛苦。宗教都是应允在这方面能够予以补偿的。不管事实上能不能补偿,尤其在科学知识贫乏的情况下,诚则灵,心理方面或主观上总可以得到补偿,如有不少人,虽然处在水深火热之中,却总以为得到佛、菩萨的保佑,心安理得地过了一生。还有一种是淡泊观。这本来是中土原有的,就是道家老庄的不贵可欲,

宁曳尾于涂中，可是佛家给火上加了油，进一步说一切都如梦幻泡影，没有实性。万法皆空，总喊，也会生些效果，这就导致了一贯的尊重隐逸，至少是在少数人心里，要推重视利禄如敝屣。①

佛教对中国人日常生活观念的影响，当然不仅是这些，实际上中国人的日常生活更多领域很可能渗透着佛教的思想和理念。但张中行指出的这三点确实是比较重要的、比较突出的，它在一定程度上改变了，至少是影响了中国人的生活态度。

2. 佛教与中国民间信仰

佛教对中国文化的影响，突出表现在其对中国民间信仰的渗透和改造，佛教把它的信仰与中国民间信仰结合起来，使佛教的崇拜对象进入到中国传统文化的万神殿之中。

民间信仰自从人类文化开始以来，即已普遍地发生在各个地区、各个民族之间。因此，从时间和空间上讲，民间信仰是信仰体系中产生时间最早的、历史最悠久的，其信仰范围也是最广的。中国民间信仰主要指俗神信仰，也就是非宗教信仰。这种信仰在中国具有悠久的历史，而且比佛教信仰和本土的道教信仰更具有民间特色。中国民间俗神信仰的一个典型特征，就是把传统信仰的神灵、各种宗教的神灵以及历史上的某些伟人、传奇人物等，进行反复筛选、淘汰、组合，构成一个复杂的没有系统和规律可循的神灵信仰体系。不问各路神灵的出身和来历，只要灵验就会有人去崇拜，就会香火旺盛。这鲜明地反映了中国民间信仰的多元性和功利性。

中国民间信仰为佛教在中国的传播提供了土壤。民间信仰表现的是民众对神灵鬼怪世界的理解、希望和祈求。这种对神灵的深厚感情，是宗教产生与发展的重要思想源头，也是宗教传播和发展的基础。佛教在传入中国后，也吸纳了不少与佛教教义相契合的民间信仰内容，使佛教本土化，让中国民众更容易接受以便传播弘扬，从而达到普遍传播佛教的目的。佛教在被广大民众接受的过程中，这些民风、民俗、传统习惯便以其强大的凝聚力对佛教的某些方面加以利用，甚至是完全改造，佛教的叩首、跪拜、行持坐卧大多来自于中国民间文化。因此，可以说，中国民间信仰在佛教的中国化、本土

---

① 张中行：《禅外说禅》，中华书局 2006 年版，第 78 页。

化进程中，起着不容忽视的作用。

佛教吸收的中国民间信仰内容很多，如"十殿阎王"就是从中国民间信仰中吸纳进来的。"十殿阎王"中除第五阎罗王和第十转轮王广见于佛教经论外，其他八王皆系中国民间信仰的内容，而且此处的转轮王与佛教所说的转轮王完全不同，只是借用了佛教的名词而已。"十殿阎王"历来也多被塑画在属于中国民间信仰体系的城隍庙中，起到警示世人莫作恶事的作用。民间传说，阎罗王一职，一向由刚正不阿之士担任。相传自隋唐至明清，就有多人担任此职。《隋书·韩擒虎传》记载，河南东垣人韩擒虎任凉州总管，因为人正直，作战勇猛，死后被冥府迎为阎罗王，韩叹道："生为上柱国，死作阎罗王，斯亦足矣。"另外，在民间传说中，寇准、范仲淹、包拯、岳飞等人，都担任过阎王爷。因"十殿阎王"的内容与佛教所讲的善恶因果报应相应，又与佛教《地藏经》中所详述的地狱之事相符，而且为社会大众所普遍接受，所以佛教就将其吸收进来，并塑画到佛教寺院的地藏殿中，以此作为劝导世人相信善恶因果报应之理的教材，让世人知道善有善报、恶有恶报，从而起到教化世人"诸恶莫做，众善奉行"的作用。

佛教所供的伽蓝菩萨——关公，是从中国民间信仰中吸收进来的。关公忠肝义胆、仁勇无畏的精神为世人所景仰，后人将其与文圣孔子并列，尊为武圣，进而将其当神来崇拜，关公甚至还得到了朝廷的祭祀，屡屡被加封。因其为武将，佛教将其吸纳为护法伽蓝菩萨，几乎寺寺供奉。据《佛祖统纪·智者大师传》记载，隋开皇十二年（592）十二月，天台智者大师入定，关公携子关平前来拜见，发愿"建寺化供护持佛法"，并大施威力促成玉泉寺，此后关公又于智者大师前归依佛门，求受五戒，遂为此寺伽蓝护法。

由于佛教在中国不断地发展壮大，且为中国民众普遍接受，中国民间信仰又吸收了不少佛教的内容，用以满足民间老百姓的崇拜需求。佛教丰富了民间信仰的内容，佛教偶像人物逐步走向民间，使民间的供奉发生了变化，佛教偶像在一定程度上甚至取代了民间原有的信仰对象，佛祖、弥勒、观世音菩萨逐渐走入普通百姓家庭。

在佛教中，观世音菩萨是慈悲的代表，大慈与人乐，大悲拔人苦，观音菩萨在现实娑婆世界救苦救难的品格，使其成为慈悲的化身，成了人们永远的信仰希冀。中国民间信仰把观音菩萨神格化，把观音菩萨当成民间信仰的神来膜拜，甚至把观音菩萨称为观音娘娘，还有专门为祈求生子生女而塑造的送子观音等等。佛教的观音信仰重在观音菩萨千处祈求千处应、救苦救难的精神，让信众去学习、实践菩萨的这种慈悲济世精神，去帮助别人，是追求一种精神的升华，"不为自己求安乐，但愿众生得离苦"。世俗民间的观音信仰重在观音菩萨救苦救难的能力，希望得到菩萨的救助和保佑。

民间对济公活佛的信仰，也是从佛教中吸收来的。济公本是佛门的一位不拘小节、外现颠相、内修密行的高僧。佛教界认为他是菩萨示现，应化在人间方便度化众生。但是世人对济公的认识多是来自于有关小说故事，济公是一个不守戒律、诙谐滑稽、癫狂不羁的酒肉僧，但却也是一个满怀慈悲、救苦济困且具有神通的活佛，在疯癫惫懒中隐含着神通救世的慈悲精神。在民间传说中，济公是个见义勇为、神通广大的传奇人物。他惩治嘲弄贪官污吏，扶困济贫，抱打不平，其行为举止幽默滑稽、嬉笑怒骂，是受苦受难者的朋友和救星，百姓尊称他为"济公""济公活佛"或"济公菩萨"。

五道将军原是佛教中居阎罗王之下较低等的掌死之神，南北朝时始见佛徒或上层对他进行供奉。到唐代，五道将军已成为民间广为流传的一路神明，常见于时人笔下。《广异记》卷五记载："王籍者，太常瑶之族子也。乾元中，客居会稽，其奴病死，数日复活，云地下见吏，吏曰：'汝谁家奴？'奴具言之。吏云：'今见召汝郎做五道将军。'因为著力。得免回。路中多见旌旗队仗，奴问为何所，答曰：'迎五将军尔。'既还数日，籍遂死。死之日，人见车骑缤纷，队仗无数，问其故，皆是迎籍之人也。"

3. 佛教与中国节日习俗

佛教对中国人的节日习俗也有很大影响，有些中国民间节日渗透了佛教文化的内容，也有些佛教的节日成了中国民间的传统节日。

我国传统节日的形成比较复杂，是由诸多因素综合而成的。但大致可分为三类：（1）传统节日大多和历法、节气有关，如春节与清明；（2）与神话传说或历史人物的纪念有关，如七夕节与端午节；（3）还与中国佛道节日有关，如中元节与腊八节。佛道节日的形成，主要与佛道本身有着密切关系。

佛教节日中有一类是诸佛菩萨的圣诞及纪念日。汉地各寺院流传着一些不见于经典的诸佛、菩萨诞日的纪念仪式。如正月初一是弥勒菩萨诞日，二月二十一日是普贤菩萨诞日，三月十六日是准提菩萨诞日，四月初四是文殊菩萨诞日，七月十三日是大势至菩萨诞日，七月三十日是地藏菩萨诞日，九月三十日是药师佛诞日，十一月十七日是阿弥陀佛诞日，特别是二月十九日观音诞日，六月十九日观音成道日，九月十九日观音涅槃日，等等。

佛诞节是佛教最隆重的节日，纪念释迦牟尼诞生。日期有二月初八、四月初八、腊月初八等三种说法，中国采四月初八说。佛教说，摩耶夫人怀上悉达多，按照习俗回娘家分娩。四月初八，她途经蓝毗尼园，暂作休息。她走到一株无忧树（阿输迦树）下，突然，一条树枝自动靠近她，她伸手握树枝，端然站立，悉达多从她的右胁出生，两（一说九）条龙立即向悉达多口喷香水，为他洗浴，悉达多即刻便能走路、说话。他的胸前有七处卍字符号，代表吉祥万德。他向四方各走七步，右手指天，左手指地，说："天上天下，唯吾独尊。"因此，我国寺院在四月初八举佛像游行，举行浴佛法会，在大殿中安放一个一手指天，一手指地的童子立像，僧人用香水沐浴童子像，或用湿布擦洗佛像。世俗制作香花宝幡，举行歌舞杂技表演。这一天也被称为"浴佛节"。

佛诞节影响中国的民间习俗，中国民间逐渐形成了庆生辰的民俗。春秋战国时我国便有了生辰的确切记载。《左传》记载，鲁桓公六年（前706）九月丁卯，其子鲁庄公出生，取名为"同"，因为父子生日相同。《史记·孟尝君列传》载战国孟尝君"以五月五日生"。《楚辞·离骚》说："摄提贞于孟陬兮，惟庚寅吾以降。"这是屈原说自己生于寅年寅月（夏历正月）庚寅日。但人们还不曾将庆祝生辰列于庆祝活动之中。直到隋唐时期，才出现了庆生辰活动。正式记载的庆生辰活动，最早是在隋文帝仁寿三年（603）。当时隋文帝63岁，下诏说："哀哀父母，生我劬劳，欲报之德，昊天罔极……六月十三日是朕生日，宜令海内为武元皇帝、元明皇后断屠。"（《隋书·高祖本纪》）这和后世的内容不同，其宗旨不在于自己的健康长寿或回顾经历，而在于追念父母。文帝由生日想到父母，想到生命之不易，为报答生育恩德，诏令全国在这天为他的考妣断屠吃素，以为他们追崇冥福。这次庆生辰活动体现了儒佛合璧的精神，也为唐代规定出原则。开元十七年（729），张说等大臣上表请将唐玄宗生日八月初五定为千秋节，说："孟夏有佛生之供"，"皇帝陛下二气含神，九龙浴圣"，"焉可不以为嘉节乎？"（《册府元龟》）唐人顾况《八月五日歌》也说："四月八日明星出，摩耶夫人降前佛。八月五日佳气新，昭成太后生圣人。"可以看出，世俗庆生辰活动的制度渊源是佛教的佛诞节。

腊月初八是释迦牟尼成道日。在我国古代，人们常在年终以禽兽祭祀天地、神灵、祖宗，称为腊祭，夏历十二月遂称为腊月。佛教说释迦牟尼出家六年，采用苦行法折磨自己，于解脱痛苦一无所得，反倒晕倒在地。一位牧羊女用羊奶、鹿奶喂他，使他恢复元气。他放弃苦行法，下尼连禅河洗净污垢，在毕钵罗树下冥思苦索七昼夜，于腊月初八这天悟道成佛。中国佛教因地制宜，把印度说法改成牧羊女用杂粮、水果熬粥救活释迦牟尼，于是在腊月初八这天诵经纪念，熬粥供佛，故"腊八粥"又叫"佛粥"。腊八粥通常用五谷杂粮、大枣、花生、栗子、核桃仁、杏仁等等做原料，用微火熬制。民间喝腊八粥渐成风俗，腊八节由佛陀成道节转化为民间节日。

佛教节日有一类是根据佛教戒律而制定的比较特殊的修行日子。如佛教规定，僧众应当于每月望晦（农历十五日、三十日）两日齐集一处，共诵《戒本》，自我检查有无违犯戒律之事。如有违犯，便应按照情节轻重，依法忏悔。这叫"布萨"，意即"长养"，即断恶长善。汉地简称为"诵戒"。在印度，四月十五日至七月十五日这三个月是雨季，僧众游方乞食不方便，于是居住寺院中，专心修道，称为"安居"或"结夏""坐腊"。本书前面说到法显的故事，曾多次提到"夏坐"。七月十五日安居结束，僧众集合，互相检举违背戒律的言论行为，并认错忏悔，称为"自恣"。从此，僧龄增长一岁，故僧龄称为"僧腊""夏腊"。这类节日与节气有一定关系。

"自恣"日这天，世俗举行"盂兰盆会"。"盂兰"是梵文"Ullambana"的音译，义为倒悬；"盆"为汉语，是盛供品的器皿。"盂兰盆"的意思是"解倒悬"，是超度祖先的仪式。《佛说盂兰盆经》说：佛的大弟子目犍连用天眼看见自己的先母在饿鬼道受着饥饿的折磨，如处倒悬，消瘦得只剩下皮包骨头。他立即以钵盛饭，借神通力量送给母亲吃。其母抓饭，刚送到嘴边，就化成火炭，不能食用。目犍连大哭，向佛请教解救其母的方法。佛说："汝母罪根深结，非汝一人力所奈何……当须十方众僧威神之力，乃得解脱。"佛告诉他，施主只要在七月十五日众僧自恣日设盂兰盆，"具饭百味五果，汲灌盆器，香油锭烛，床敷卧具，尽世甘美，以着盆中，供养十方大德众僧"，佛即命众僧在受食前"为施主家咒愿"，便可借众僧威神之力，使施主"现在父母，寿命百年，无病，无一切苦恼之患，乃至［已故］七世父母，离饿鬼

[道] 苦，生人、天 [道] 中，福乐无极"。《佛说盂兰盆经》于西晋时译成中文，由于和中国的孝道相合，受到人们的喜爱。南朝梁武帝大同四年（538）创设盂兰盆会，以后渐成风俗，成为国事大典和民间的孝亲节。宋元时期又由孝亲节变为鬼节，施主以钱财募僧人追荐死者。唐后期，这一节日融合了道教的中元节，成为民众的盛大节日。在"盂兰盆会"期间，除施斋供僧外，寺院还举行诵经法会，放焰口、放灯和水陆法会等佛事活动。日僧圆仁在唐武宗会昌四年（844），亲眼目睹了长安盂兰盆节的盛况，他说："城中诸寺七月十五日供养，诸寺作花蜡花饼、假花果树等，各竞奇妙……倾城巡寺随喜，甚是盛会。"（《大唐求法巡礼行记》）人们到寺庙来游逛寻欢，于是寺院周围出现了杂耍、百戏等表演，以及卖杂货和饮食的庙会。

民间元宵灯节也是从佛教法会演变而来的。佛教视火光为佛陀的神威，谓灯火的照耀，能现佛陀的光明，象征佛陀的智能，破人世的暗，摧众生的烦恼。所以灯是佛像、菩萨像前的供具之一。据传，佛祖释迦牟尼示现神变、降伏神魔是在东土正月十五日。为纪念佛祖神变，佛教于是日举行燃灯法会，以表佛法大明。在佛教法会的影响下，从唐代起，元宵张灯渐成民间习俗。

4. 佛教与中国娱乐习俗

佛教在唐代的充分发展，加深了它自身的世俗化程度。当人们把佛教当作日常生活中的一项内容来看待时，它的神圣性就被冲淡了，人们对它首先产生的并不是敬畏感，而是亲切感和娱乐感，佛教文化渗透到人们的娱乐活动中，成为娱乐习俗的一项主要内容。

唐朝廷常利用京城寺院举行各种各样盛大、华丽的法会，有的以祈福消灾（包括祈雨、治病等颇有"道术"意味的仪式）为目的，一般则多带有祝祷、庆贺、纪念性质，往往伴以欢快的游艺活动。通常帝王诞辰、国忌日，两京会设斋，齐集僧、道和百官。唐肃宗上元二年（761）九月初三，是天成地平节，即唐肃宗的生辰纪念日。唐肃宗在京师大明宫麟德殿内设置道场，让宫女打扮成佛、菩萨，北门卫士打扮成金刚神王，披坚执锐，守卫在佛、菩萨宝座旁边。然后，焚香赞呗，大臣近侍围绕佛、菩萨顶礼膜拜，设斋奏乐，极欢而罢。参与这个活动的人，得到多少不等的赏赐。这种活动借佛教来增加庆生辰的欢乐气氛，属于娱乐活动而不是庄严肃穆的宗教活动。

寺院的法事，如斋会、祈祷、迎送经像等，都是鼓乐喧天，热闹异常，美国学者薛爱华直接把它们说成是"收入丰裕的佛寺中举办的各种大型的节日活动、舞会以及戏剧演出等"。自唐初朝廷即举行一种颇具游乐色彩的法会"盂兰盆会"，还多次举行奉迎佛骨的活动，这些都成为长安城里群众性游艺活动的重要部分。这些活动实际像是一种欢乐喜庆的集会。

遍布全国各地的佛教寺院成为僧俗聚集的娱乐场所，韩愈即有"街东街西讲佛经，撞钟吹螺闹宫廷"的诗句。各种娱乐活动，常在佛寺举行。"长安戏场多集于慈恩，小者在青龙，其次荐福、永寿。"唐代寺院俗讲活动十分活跃，这些戏场是进行俗讲和表演"百戏"的地方，像慈恩寺那样的大寺里戏场不只一处。寺院戏场的出现，使佛教寺院几乎成了一个综合性的娱乐场所和商业场所，民众对佛教的信仰也就在这种愉悦的气氛当中得到了表达，娱乐与拜佛已经不自觉地结合了起来。美国学者谢弗指出："佛寺举办的这些新奇的文娱活动最初可能起源于印度和突厥斯坦的佛教国家。这些活动不仅具有强烈的诱惑力，而且还可以起到教化人心的作用。"[1] 中唐以后，城市戏场、游艺活动等都集中在寺院周围。在有关长安"戏场"的资料中，常被引用的是宣宗女万寿公主事："（大中二年）十一月，庚午，万寿公主适起居郎郑颢……颢弟顗，尝得危疾，上遣使视之，还，问：'公主何在？'曰：'在慈恩寺观戏场。'上怒……亟命召公主入宫，立之阶下，不之视。公主惧，涕泣谢罪。上责之曰：'岂有小郎病，不往省视，乃观戏乎！'遣妇郑氏。"（《资治通鉴》）

据任半塘研究，唐代所谓"戏场"，应与南宋瓦舍同，兼容百戏、戏剧与杂剧、杂技三类，并不如后世之戏院、茶园为专门演剧之所。唐代"戏场"设在佛寺中是普遍的现象。《太平广记》卷三四记载，贞元中，崔炜居南海，"中元日，番禺人多陈设珍异于佛庙，集百戏于开元寺"。《太平广记》卷四一记载，宝历中，越州宝林寺，"军吏州民，大陈伎乐"。《太平广记》卷八三记载，汉阳郡，"每四月八日，市场戏处，皆有续生。郡人张孝恭不信。自在戏场，对一续生；又遣奴子往诸处验看"。"四月八日"为佛诞，这些戏场

---

① ［美］谢弗著，吴玉贵译：《唐代的外来文明》，中国社会科学出版社 1995 年版，第 36 页。

亦在佛寺。《宗镜录》卷三引《大宋吴越国慧日永明寺主智觉禅师延寿集》如《楞伽经》偈所说，佛教寺庙中有五道地、古戏场，内常有"歌舞立技之人"搬演"生死戏"："心为工技儿，意如和技者，五识为伴侣，妄想观技众。如歌舞立技之人，随他拍转，拍缓则步缓，拍急则步急……如彼技儿，取诸乐器于戏场地，作种种戏，心之技儿亦复如是。种种业化以为衣服。戏场地者，谓五道地。种种装饰，种种因缘，种种乐器，谓自境界。技儿戏者，生死戏也，心为技儿种种戏者，无始无终，长生死也。"

据《太平广记》卷三九四徐智通条引《集异记》说，龙兴寺之"寺前素为郡之戏场，每日中，聚观之徒，通计不下三万人……寺前，负贩戏弄，观看人数万众"。《隋书》《旧唐书》均有"故戏场亦谓之场屋"之说，亦有"乐棚""舞榭""歌舞楼"之喻。如《东京梦华录》卷六说："内设乐棚，差衙前乐人作乐、杂戏，并左右军百戏在其中。"元稹《哭女樊》诗说："腾踊游江舫，攀缘看乐棚。"张籍《法雄寺东楼》诗说："汾阳旧宅今为寺，犹有当时歌舞楼。"在寺院附近演出的不仅有艺僧，还有许多民间艺人。孟郊《教坊歌儿》写寺院演出的盛况，说道：

> 十岁小小儿，能歌得朝天。
>
> 六十孤老人，能诗独临川。
>
> 去年西京寺，众伶集讲筵。
>
> 能嘶竹枝词，供养绳床禅。
>
> 能诗不如歌，怅望三百篇。

又有宋璟《请停仗内音乐奏》说："十月十四十五日，承前诸寺观，多动音声，今传有仗内音声，拟相夸斗。官人百姓，或有缚绷，此事傥行，异常喧杂。"

再如《太平广记》卷七四引《仙传拾遗》说："与父母往涟水省亲，至县，有音乐戏剧，众皆观之，定独不往。父母曰：'此戏甚盛?'……置于庭中，禹步绕三、二匝，乃倾于庭院内，见人无数，皆长六七寸，官僚、将吏、士女、看人、喧阗满庭，即见无比设厅，戏场、局筵、队仗、音乐、百戏、楼阁、车棚，无不精审。"

不少寺院还有专门的舞乐班子，像清禅寺，"寺足净人，无可役者，乃选取二十头，令学鼓舞。每至节日，设乐像前，四远问观，以为欣庆。故家人子弟，接踵传风，声伎之最，高于俗里"（《续高僧传》）。寺院既有自己的乐舞队伍，也培养出一批批杰出的艺术家。

民众的闲暇生活充斥着佛教的影响，寺院成为了民众旅游玩耍的场所。当时众多的寺、观都成为公共游乐之地。宏伟的殿庭可供游览，高耸的佛塔可供登临，又有为数众多的各类艺术作品可供欣赏。大慈恩寺地处曲江池与芙蓉苑、杏园一带，"水竹森邃，为京都之最"，"花卉环周，烟水明媚，都人游赏，盛于中和、上巳节"。大慈恩寺从每年的正月十四开始连续三天都会举行传统庙会，人称"雁塔庙会"，吸引了众多百姓和文人学士前来游玩，场面十分热闹。

有时皇帝率领百官行幸寺院，常去的是慈恩寺、荐福寺、安国寺、章敬寺等景观宏伟优美的大寺。这时候群臣往往要应制赋诗。这是君臣赏心的游乐，更是粉饰太平的盛集。此外，"唐代佛教的繁荣以及由此带来的寺院文化的发达，不仅为诗人寺院之游提供了条件与可能，而且围绕寺院这一特殊处所，也为诗人的创作提供了种种机缘"①。

赏花是京城一项重要游艺活动，长安寺观遍植花木，不少寺观都是赏花的好去处，自天宝年间，长安盛赏牡丹，"兴唐寺有牡丹一窠，元和中着花一千二百朵……又有花叶中无抹心者，重台花者，其花面径七八寸。兴善寺素师院，牡丹色绝佳。元和末，一枝花合欢"。到中唐时"长安三月十五日，两街看牡丹甚盛。慈恩寺元果院花最先开，太平院开最后"。裴潾有《白牡丹》诗云："长安豪贵惜春残，争赏先开紫牡丹。别有玉杯承露冷，无人起就月中看。"就是歌咏大慈恩寺的牡丹。西明寺的牡丹也很有名，元稹、白居易等都写过赏花诗。《太平广记·霍小玉传》里面的李生曾"与同辈五六人诣崇敬寺玩牡丹花，步于西廊，递吟诗句"。白居易《秦中吟》里所写的全城如痴如狂的赏花热潮主要在寺观里，所以当时才有"执金吾铺官围外寺观种以求利，一本有直数万者"的事。段文昌在会昌毁佛后有《桃源僧舍看花》诗云："前年帝里探春时，寺寺名花我尽知。今日长安已灰烬，忍能南国对芳枝。"浙西杭州盛行赏玩杜鹃花之俗。鹤林寺杜鹃花种得最好，每当花开时节，"节使宾僚官属，继日赏玩。其后一城士女，四方之人，无不载酒乐游纵，连春

---

① 李芳民：《唐五代佛寺辑考》，商务印书馆2007年版，第329页。

入夏，自旦及昏，闾里之间，殆于废业"（《幻戏志》）。

十一　作为中华文化组成部分的佛教在东亚的传播

起源于印度的佛教传入中国后，经过中华文化的改造和剪裁，变成中国化佛教，成为中华文化的一个组成部分。正如前文所说，在唐代，经过中国佛教学者们持续的努力，佛教大体上完成了中国化的过程，成为中华文化的重要组成部分，成为代表中华文化精神内涵的巨大的文化丛。

佛教传入中国不久，就开始了向朝鲜、日本的传播。中华文化圈流行的佛教，主要是中国化的佛教。中国化佛教主要有两个特征。一是汉译《大藏经》的完成与流传。除了陀罗尼外，中国流传的佛典均是汉文译成的，尤其是初唐时玄奘以国家的力量从事译经事业，使庞大的汉译《大藏经》得以完成。中华文化圈内的各国，大量引进汉译佛典，僧侣们诵念的不是印度的原始经典，而是由中国翻译、注释以后的佛典。二是中国隋唐时期建立了天台、华严、净土及禅宗等大乘佛教宗派。这些佛教宗派从中国传到东亚各国的，或是这些佛教宗派在当地产生的支派。中国化佛教传至朝鲜、日本等国，并得到广泛流传和发展，使其成为中华文化圈的基本要素之一。

中国化佛教在朝鲜、日本和越南传播十分广泛，对当地的社会生活和文化产生重大影响。求法传经的佛教僧侣，成为东亚各国往来人员的主要成员之一。在佛教文化的交流中，许多僧侣不畏艰险，或西行取经，或东渡传法，如法显、义净、玄奘等远赴印度，在学习佛教文化的同时也将中华文化介绍过去；鉴真和尚率弟子东渡日本，为日本带去了内容广泛的中国文化，对日本文化产生了极为深远的影响，鉴真被誉为"日本文化的恩人"。朝鲜、日本历代有许许多多的佛教僧侣来中国巡礼、请益，回国后他们不仅模仿中国佛教建制，传播中国佛教宗派，并携回大批汉文佛典，还将其他中国典籍、书法绘画作品和工艺品等携带回国，成为传播中华文化的使者。

早在佛教肇始时期，三国时期一些朝鲜佛教僧侣便来华求法，把中国的佛教文化移植于朝鲜半岛。在这些先行者中，有圆光、慈藏、义湘等高僧。"新罗统一之后，佛教极度兴隆，无数佛僧争先恐后地乘黄海万里波涛去唐朝钻研佛教。回国后，他们不仅对振兴佛教，而且在直接或间接地输入唐的文物，发展新罗文化方面，做出了不少贡献。"① 据李朝末年李能和所著《朝鲜佛教通史》记载，从 6 世纪前半期到 10 世纪初的 380 年间，入华求法的新罗高僧共 64 人，其中包括去印度二次求法的高僧 10 人。又据日本学者中吉功《海东的佛教》统计，自隋初（581）到唐末（907）的 328 年间，新罗来华的僧人共 66 人。而韩国学者金得榥估计，新罗统一时代入唐求法僧可达数百人。新罗建立了一套管理佛教的比较完善的系统：中央设大书省、小书省主管佛教事务；教内则置统僧，由其领导整个教团；统僧之下设大都维那和都维那娘，前者由男性僧人担任，后者由女尼担任。全国性的宗教活动如仁王百高座会和八关筵会等由统僧出面主持。新罗社会也由等级森严的骨品制而趋向佛教化。新罗统一后，佛教得到了进一步的传播，并日益普及到朝鲜半岛各地，社会崇佛风气日盛一日。

在中日文化交流史上，佛教文化的交流占有十分突出的地位，特别是在隋唐时代以后，一直到日本江户时代，在这个相当长的历史时期内，佛教文化成为中日之间文化交流的主要载体。日本学者道端良秀说：

> 在日中之间的交往中，放在首位的仍然应该是佛教徒的往来。当我们追念起从奈良时代的入唐僧，到入宋僧、入元僧，以及以唐代鉴真和尚为代表的历代跨海而来的众多中国僧人时，我们应该说，日本的文化，确实是通过日中佛教徒的手建立起来的。②

佛教在很早就传到了日本，但直到唐代，随着中日文化交流的高潮的到来，佛教文化的东传才掀起了一次浪潮。在这一时期，许多日本僧侣跨海东来，又有以鉴真为代表的大唐高僧负笈东渡，他们共同建起佛教文化东传的生命之桥。有唐一代，日本入唐的学问僧在史籍留有姓名的共 92 人，到达长

---

① ［韩］金得榥著，柳雪峰译：《韩国宗教史》，社会科学文献出版社 1992 年版，第 85 页。
② ［日］道端良秀著，徐明、何燕生译：《日中佛教友好二千年史》，商务印书馆 1992 年版，序，第 2 页。

安者 40 余人。遣唐学问僧不远万里，西渡求法，入唐后便寻访名寺名师，刻苦研习佛教经典。长安城内宏伟的佛教寺院、规模空前的译经事业、循循善诱的高僧，吸引着远道而来的日本学问僧、请益僧。"当时在长安留学的日本学问僧，亲眼看到这样的壮观，不仅传入了佛教教义，带回了珍贵的经典，对于佛寺的建筑和佛像的塑造，以至各种佛教艺术，也可能带回许多新的知识。"①

在这股浪潮的推动下，中国佛教宗派在日本得到繁衍和发展。奈良时代，中国佛教的三论宗、成实宗、法相宗、俱舍宗、华严宗和律宗都传到日本并发展起来，形成所谓"奈良六宗"或称"南都六宗"，尤以三论宗和法相宗最为兴盛，出现不少学识渊博、慈悲济世的高僧，所以日本学者村上专精将此时代称作"三论法相时代"。三论宗和成实宗搭起了佛教理论框架，法相宗和俱舍宗铺陈出博大精深的佛教知识体系，华严宗张扬出如来藏体系的判教理论，律宗规范了日本僧人的生活方式。正是在这一时代，日本人对传入的中国佛教的宗派或学派才开始有所认识、接受和研究，并有意识地进行修习传承。

佛教的传播不仅包括中国的教派和汉译佛典，还包括宗教礼仪、造像、绘画、雕刻艺术和寺塔建筑技术等等。美国历史学家海斯（C. J. H. Hayes）等撰写的《世界史》说："佛教的一个重要影响，就是凡是佛教使徒所到的地方，如朝鲜、日本、西藏、蒙古和安南，中国的文明就随着传布开来。"② 日本学者村上专精也指出："佛教传播的地方几乎遍及整个东亚，经过几千年的星霜，同政治、风俗、文化、美术和工艺具有最密切的关系。佛教研究不能只停留在佛教的事迹，实际上对于解释世界史上的东亚文明，它无疑好像一把钥匙。"③ 宗教还包含了其他多种文化要素，是一个巨大的文化丛，宗教也就成了多种文化要素传播的媒介。例如在中国化佛教传播的过程中，中国的

---

① ［日］木宫泰彦著，胡锡年译：《日中文化交流史》，商务印书馆 1980 年版，第 157、162—163 页。

② ［美］海斯等著，冰心、费孝通译：《世界史》，生活·读书·新知三联书店 1975 年版，第 317 页。

③ ［日］村上专精著，杨曾文译，汪向荣校：《日本佛教史纲》，商务印书馆 1981 年版，第 1 页。

建筑、雕塑、绘画、音乐等艺术形式，乃至中国的工艺技术、饮食习俗、医药之学、文学和哲学思想，也随佛教的传播而传播。中国宋代理学最初就是附着于禅宗佛教传入日本的。英国学者赫德逊指出："佛教作为改头换面的中国文明的传播者，所完成的任务和基督教会在当时欧洲所起的作用差不多。正如德国和斯堪的纳维亚从未被罗马军所征服，却被罗马基督教所赢得了，岛国日本，虽没有中国军队进攻之虞，却同样为中国佛教所征服。最后确立了包括中国本身、朝鲜、日本和安南在内的中国文化领域。"①

① ［英］赫德逊著，王遵仲译：《欧洲与中国》，中华书局 1995 年版，第 6 页。